"十二五"国家重点图书出版规划项目

中国社会科学院创新工程学术出版资助项目

总主编：金 碚

经济管理学科前沿研究报告系列丛书

THE FRONTIER REPORT ON
DISCIPLINE OF
FINANCIAL MANAGEMENT

何 瑛 主编

财务管理学学科前沿研究报告

经济管理出版社

ECONOMY & MANAGEMENT PUBLISHING HOUSE

图书在版编目（CIP）数据

财务管理学学科前沿研究报告 2012/何瑛主编. —北京：经济管理出版社，2016.8
ISBN 978-7-5096-4566-6

Ⅰ.①财…　Ⅱ.①何…　Ⅲ.①财务管理—研究报告　Ⅳ.①F275

中国版本图书馆 CIP 数据核字（2016）第 196351 号

组稿编辑：张　艳
责任编辑：杨　雪
责任印制：黄章平
责任校对：王淑卿

出版发行：经济管理出版社
　　　　　（北京市海淀区北蜂窝 8 号中雅大厦 A 座 11 层　100038）
网　　　址：www. E-mp. com. cn
电　　　话：（010）51915602
印　　　刷：三河市延风印装有限公司
经　　　销：新华书店
开　　　本：787mm×1092mm/16
印　　　张：27.75
字　　　数：629 千字
版　　　次：2016 年 11 月第 1 版　　2016 年 11 月第 1 次印刷
书　　　号：ISBN 978-7-5096-4566-6
定　　　价：98.00 元

《经济管理学科前沿研究报告》
编辑委员会

总主编：金 碚

副总主编：徐二明　高　闯　赵景华

编辑委员会委员（按姓氏笔划排序）：

万相昱	于亢亢	王　钦	王伟光	王京安	王国成	王默凡	史　丹
史小红	叶明确	刘　飞	刘文革	刘戒骄	刘兴国	刘建丽	刘　颖
孙久文	孙若梅	朱　彤	朱　晶	许月明	何　瑛	吴东梅	宋　华
张世贤	张永军	张延群	李　枫	李小北	李俊峰	李禹桥	杨世伟
杨志勇	杨明辉	杨冠琼	杨春河	杨德林	沈志渔	肖　霞	陈宋生
陈　宪	周小虎	周应恒	周晓明	罗少东	金　准	贺　俊	赵占波
赵顺龙	赵景华	钟甫宁	唐　镬	徐二明	殷　凤	高　闯	康　鹏
操建华							

序　言

为了落实中国社会科学院哲学社会科学创新工程的实施，加快建设哲学社会科学创新体系，实现中国社会科学院成为马克思主义的坚强阵地、党中央国务院的思想库和智囊团、哲学社会科学的最高殿堂的定位要求，提升中国社会科学院在国际、国内哲学社会科学领域的话语权和影响力，加快中国社会科学院哲学社会科学学科建设，推进哲学社会科学的繁荣发展具有重大意义。

旨在准确把握经济和管理学科前沿发展状况，评估各学科发展近况，及时跟踪国内外学科发展的最新动态，准确把握学科前沿，引领学科发展方向，积极推进学科建设，特组织中国社会科学院和全国重点大学的专家学者研究撰写《经济管理学科前沿研究报告》。本系列报告的研究和出版得到了国家新闻出版广电总局的支持和肯定，特将本系列报告丛书列为"十二五"国家重点图书出版项目。

《经济管理学科前沿研究报告》包括经济学和管理学两大学科。经济学包括能源经济学、旅游经济学、服务经济学、农业经济学、国际经济合作、世界经济、资源与环境经济学、区域经济学、财政学、金融学、产业经济学、国际贸易学、劳动经济学、数量经济学、统计学。管理学包括工商管理学科、公共管理学科、管理科学与工程三个学科。工商管理学科包括管理学、创新管理、战略管理、技术管理与技术创新、公司治理、会计与审计、财务管理、市场营销、人力资源管理、组织行为学、企业信息管理、物流供应链管理、创业与中小企业管理等学科及研究方向；公共管理学科包括公共行政学、公共政策学、政府绩效管理学、公共部门战略管理学、城市管理学、危机管理学、公共部门经济学、电子政务学、社会保障学、政治学、公共政策与政府管理等学科及研究方向；管理科学与工程包括工程管理、电子商务、管理心理与行为、管理系统工程、信息系统与管理、数据科学、智能制造与运营等学科及研究方向。

《经济管理学科前沿研究报告》依托中国社会科学院独特的学术地位和超前的研究优势，撰写出具有一流水准的哲学社会科学前沿报告，致力于体现以下特点：

（1）前沿性。本系列报告能体现国内外学科发展的最新前沿动态，包括各学术领域内的最新理论观点和方法、热点问题及重大理论创新。

（2）系统性。本系列报告囊括学科发展的所有范畴和领域。一方面，学科覆盖具有全面性，包括本年度不同学科的科研成果、理论发展、科研队伍的建设，以及某学科发展过程中具有的优势和存在的问题；另一方面，就各学科而言，还将涉及该学科下的各个二级学科，既包括学科的传统范畴，也包括新兴领域。

（3）权威性。本系列报告由各个学科内长期从事理论研究的专家、学者主编和组织本领域内一流的专家、学者进行撰写，无疑将是各学科内的权威学术研究。

（4）文献性。本系列报告不仅系统总结和评价了每年各个学科的发展历程，还提炼了各学科学术发展进程中的重大问题、重大事件及重要学术成果，因此具有工具书式的资料性，为哲学社会科学研究的进一步发展奠定了新的基础。

《经济管理学科前沿研究报告》全面体现了经济、管理学科及研究方向本年度国内外的发展状况、最新动态、重要理论观点、前沿问题、热点问题等。该系列报告包括经济学、管理学一级学科和二级学科以及一些重要的研究方向，其中经济学科及研究方向15个，管理学科及研究方向45个。该系列丛书按年度撰写出版60部学科前沿报告，成为系统研究的年度连续出版物。这项工作虽然是学术研究的一项基础工作，但意义十分重大。要想做好这项工作，需要大量的组织、协调、研究工作，更需要专家学者付出大量的时间和艰苦的努力，在此，特向参与本研究的院内外专家、学者和参与出版工作的同仁表示由衷的敬意和感谢。相信在大家的齐心努力下，会进一步推动中国对经济学和管理学学科建设的研究，同时，也希望本系列报告的连续出版能提升我国经济和管理学科的研究水平。

金碚

2014 年 5 月

目　录

第一章 财务管理学学科 2012 年国内外研究综述

财务管理实务已有很悠久的历史，而财务管理理论则出现得相对较晚。直到 20 世纪 50 年代，才形成了比较规范的财务管理理论，但之后财务管理理论研究便如雨后春笋般迅速发展。由于诸多方面的原因，对于财务管理的理论结构问题，国内外始终没有进行过充分的讨论。没有理论指导的实践，是盲目的实践。为了系统地梳理 2012 年财务管理理论研究的最新进展，本报告精选了国内外与财务管理理论相关的 892 篇文章、186 种图书及 6 次重要的国内会议进行文献述评和比较分析研究，为财务管理理论未来可能的研究趋势和方向提供有价值的建议。

第一节 财务管理理论结构

财务管理的理论结构是指财务管理理论各组成部分（或要素）以及这些部分之间的排列关系（王化成，2000），科学合理地构建财务管理理论结构，不仅能够使得财务管理研究更完善，而且能够非常高效地指导财务管理的实践活动。综观目前国内外财务管理理论结构方面的研究，与跟财务管理相关的文章相比，深入系统地研究财务管理理论结构的文章相对较少，且这些文章视角不同，对财务管理理论结构的划分也不尽相同。

国外具有代表性的观点有：Aswath Damodaran 提出财务管理理论主要包括筹资决策、投资决策和股利决策，其余大多数学者重点从应用角度提出了许多有见地、有深度的财务理论，如美国佐治亚州立大学 William Megginson 教授将其归纳为 12 项，成为财务管理理论的核心。国内关于财务管理理论结构的文章数量虽然不多，但仍有学者提出了比较有代表性的观点：刘恩禄等将财务管理理论体系分为基本理论和应用理论两个部分。其中，基本理论包括：经济效益理论、资金时间价值理论、资金保值理论、财务控制理论、财务分析理论、财务公共关系理论、资金运动规律、资金成本理论、财务系统理论、财务信息理论、财务机制理论。应用理论又包括按环节分的应用理论和按对象分的应用理论两种。按环节分的应用理论主要包括：财务预测理论、财务决策理论、财务计划理论、财务调控理论、财务分析诊断理论；按工作对象分的应用理论主要包括：资金筹措理论、资金投资理论、资金日常管理理论和资金分配理论等。王庆成将财务管理理论体系的构成要素概括为以下几个方面：财务管理对象、财务管理职能、财务管理主体、财务管理环境、财务管理目标、财务管理原则、财务管理体制、财务管理环节、财务管理方法。并指出：对象、职能、主体、环境主要是从财务本质出发展开的；目标、原则、体制主要是从资金运动规律性出发展开的；而环节和方法主要是从资金运动规律的运用展开的。李相国等认为，遵循理论与实践辩证关系的原理，作为财务管理实践的系统化的认识，财务管理基本理论体系可按认识的不同层次划分为以下五个组成部分：描述财务管理及其基本特征、目标的理论；描述财务管理的主体、客体和理财环境的理论；描述财务管理职能、研究财务管理运行机制的理论；研究财务管理规范的理论和关于财务管理方法原理的理论。郭复初等提出财务理论体系包括财务基本理论、财务规范理论和财务行为理论三个组成部分。其中，财务基本理论包括财务本金理论、财务对象理论、财务职能理论、财务假设理论和财务发展史；财务规范理论则包括财务法规理论、财务政策理论、财务管理体制、财务人员管理和财务组织管理；财务行为理论包括财务管理的目标、筹资理论与方法、投资理论与方法、资金耗费理论与方法、收益理论与方法和分配理论与方法。王化成等从财务管理环境出发，将财务管理理论划分为基础理论、通用业务理论、特殊业务理论和其他理论四个部分，四者都包含若干子理论。张先治认为可将财务管理分为理论范畴（基本理论、基础理论和拓展理论）和应用范畴（应用主体和应用领域）两个部分，在此基础上，进一步提出了按照财务管理依赖的基础理论，将其划分为基于经济学的财务学、基于管理学的财务学、基于会计学的财务学和基于统计学和数学的财务学四个方面。李心合认为传统财务管理在数理的新古典框架内发展，形成了数理财务理论体系，包括一个目标函数（公司价值最大化）、四个模块（投资决策、融资决策、股利决策和营运资本管理）和一个财务工具箱（会计报表与比率、现值、风险收益模型、期权定价模型），但是随着财务管理实践的发展，传统数理财务学的现实偏离性、学科断裂性和环境滞后性表现得更加明显，因此就需要不断拓展财务研究视角和研究领域，向制度财务学、利益相关者财务学、行为财务学、生态财务学、财务社会学等学科领域拓展。

本报告借鉴了王化成、李志华、卿小权、于悦、张伟华和黄欣然在《中国财务管理理论研究的历史沿革与未来展望》一文中提出的对财务管理理论研究的分类标准，并根据需要对分类标准进行了局部修改和细节补充，在此基础上构建了财务管理理论结构。本报告将财务管理理论结构划分为基础理论、通用业务理论、特殊业务理论和其他理论四个部分，并以此结构为基础，对2012年国内外发表的财务管理理论方面的期刊、图书和会议进行了梳理和分类。财务管理理论结构按内容分类如表1所示。

表1　财务管理理论结构

理论结构	一级内容	明细内容
基础理论	基本范畴	财务管理的内涵、目标、环境、假设、本质、职能、内容、出发点等
	财务与会计的关系	—
	财务管理方法	财务预测方法、财务决策方法、财务控制方法和财务分析方法、财务预警方法、财务指标设计、财务工具研究等

续表

理论结构	一级内容	明细内容
基础理论	价值观念	资金的时间价值、投资的风险价值等
	代理理论	基于代理理论的业绩评价系统、非效率投资行为、股权激励、岗位薪酬设计、内部控制、会计信息披露等
	市场效率	—
	治理结构	公司治理机制、公司治理模式等
通用业务理论	筹资理论	资本结构、资本成本、控制权收益、融资顺序、融资方式、融资战略、融资决策、筹资困境、融资风险等
	投资理论	资本预算、投资管理、价值评估与管理、投资者行为等
	营运资本管理理论	营运资本筹资、营运资本投资、营运资金管理绩效、现金管理等
	分配理论	股利分配、对企业其他利益相关者的分配问题、股利分配与管理者激励等
特殊业务理论	集团公司财务管理	集团公司财务管控模式、集团公司财务管理战略、集团公司对子公司的内部控制、集团公司财务治理结构、集团公司激励与约束机制、集团公司资金管理模式、内部银行制度、内部金融服务体系构建、企业集团的股权设计、内部资本市场理论、集团公司绩效管理、集团企业财务风险等
	企业并购财务管理	并购战略的确定、并购过程中换股比率的确定、资产重组中的交易费用问题研究、并购的协同效应、并购的风险管控、对被并购企业负债的管理和资金杠杆的利用、控制权的落实、并购税制问题、并购价值、并购绩效、并购信息披露、跨境并购、并购支付方式等
	国际企业财务管理	国际结算与信用管理、跨国企业资金管理、跨国企业财务管理战略、跨国企业财务管理模式、跨国企业税务筹划、跨国企业资本运营、跨国企业转移价格制定、跨国企业治理结构、跨国企业绩效等
	企业破产财务管理	破产企业资金管理、破产企业治理结构、破产会计信息质量监控、节税收益、破产成本与最优资本结构、破产财产清理估价、破产财产管理、破产财产出售、破产费用管理、破产财产分配等
其他理论	其他	财务管理发展理论、财务管理比较理论、财务管理教育理论、行为财务、非营利组织财务、绿色财务等

第二节　财务管理理论 2012 年国内外研究综述

　　随着经济和社会的快速发展，无论是在营利性的企业，还是在非营利性的政府机关事业单位，财务管理的地位都不断提升。同时，财务管理环境的不断改善与财务管理实践的飞速发展成为财务管理理论的蓬勃发展的助推器，这在我国改革开放以来的 30 多年里体现得尤为明显。近年来，中国的经济水平实现了跨越式发展，国家深化改革的效果不断凸显，政府的宏观调控观念也在发生重大转变，以上多种因素的相互交织进一步改善了财务管理环境，我国财务管理理论的研究也正是在此契机下全面展开。

通过归纳总结前文的财务管理理论结构框架，本报告梳理了 2012 年国内外与财务管理理论相关的文献资料，并对框架内容进行了补充，使之更系统、更完善。在本次文献资料搜集整理过程中，共得到与财务管理理论相关的期刊文章 892 篇，其中国外期刊文章 296 篇，国内期刊文章 596 篇（见表 2）；图书 186 种，其中国外图书 58 种，国内图书 128 种；在国内共召开与财务管理理论相关的重要会议 6 次。

表 2　2012 年财务管理理论期刊文章统计

文献类别	检索地域	理论结构	小计	合计
期刊	国外	基础理论	134	296
		通用业务理论	125	
		特殊业务理论	35	
		其他理论	2	
	国内	基础理论	245	596
		通用业务理论	271	
		特殊业务理论	77	
		其他理论	3	

财务管理是一门综合性学科，财务管理理论涉及多门学科内容，包括管理学、经济学、统计学等。在进行文献检索时，文献来源的权威性和专业性非常重要，为保证文献的质量，本次文献资料整理的检索来源为：期刊方面，国内期刊主要为来自 CSSCI 检索的 78 种期刊，包括管理学、经济学、统计学期刊和高校综合性社科学报，另外考虑到专业的特殊性，加上了《中国会计评论》，共计 79 种；国外期刊则挑选了上海财经大学会计学院公布的"会计财务英文期刊目录"中的 14 种，另外增加了 *Financial Management*，共计 15 种；图书方面，英文图书主要来自亚马逊英文网站和 Wileyson 数据库，中文图书则以亚马逊中文网站和当当网上搜索到的 2012 年财务管理理论图书为准（见表 3）。

表 3　文献检索来源

文献类别	检索地域	检索范围
期刊	国外	1. *Accounting Review* 2. *Accounting Organization and Society* 3. *Behavioral Research Accounting* 4. *Financial Management* 5. *Journal of International Financial Management and Accounting* 6. *Journal of Management Accounting Research* 7. *Journal of Business Financial & Accounting* 8. *Journal of Corporate Finance* 9. *Journal of Empirical Finance* 10. *Journal of Financial Management & Analysis* 11. *Journal of Finance* 12. *Management Accounting Quarterly* 13. *Management Accounting Research* 14. *Review of Quantitative Finance and Accounting* 15. *Review of Financial Studies*

文献类别	检索地域	检索范围
期刊	国内	1. CSSCI 来源的 20 种管理学期刊 2. CSSCI 来源的 44 种经济学期刊 3. CSSCI 来源的 4 种统计学期刊 4. CSSCI 来源的 10 种高校综合性社科学报 5.《中国会计评论》
图书	国外	亚马逊英文网站、Wileyson 数据库
	国内	亚马逊中文网站、当当网
会议	国外	—
	国内	1. 中国会计学会 2012 年学术年会 2. 中国会计学会财务成本分会 2012 年学术年会暨第 25 届理论研讨会 3. 中国会计学会财务管理专业委员会 2012 年学术年会暨第 18 届中国财务学年会 4. 中国会计学会管理会计与应用专业委员会 2012 年学术年会 5. 2012 营运资金管理高峰论坛 6. 第四届海峡两岸会计学术研讨会

一、基础理论

本报告所谓的基础理论指的是和财务管理基本问题相关的理论，包括财务管理基本范畴、财务管理方法、价值观念、代理理论、市场效率、治理结构、财务与会计的关系等。2012 年国内外公开发表的期刊中，内容涉及财务管理基础理论的文章共有 379 篇，其中国外的文章有 134 篇，文章来源主要是 *The Accounting Review*、*Financial Management*、*Journal of Financial*、*Review of Financial Studies*、*Journal of Corporate Accounting & Financial* 等期刊；国内的文章共有 245 篇，主要来源于《会计研究》、《管理世界》、《金融研究》、《中国会计评论》等期刊。在基础理论方面，国内外的研究重点都集中在代理理论和治理结构这两部分，具体的研究成果如下详述：

（一）国外研究成果

2012 年，国外研究成果中，涉及基础理论的文章共有 134 篇，主要侧重于财务管理方法、代理理论、市场效率、价值观念和治理结构五个方面，其中重点研究了治理结构和代理理论两个方面。

1. 代理理论

在代理理论方面，国外公开发表的文章共有 56 篇，研究的内容主要包括基于代理理论的业绩评价系统、股权激励、岗位薪酬设计和会计信息披露等，其中重点研究了股权激励、岗位薪酬设计和基于代理理论的业绩评价系统三个方面。

在股权激励方面，Kiridaran Kanagaretnam、Gerald J. Lobo 和 Robert Mathieu 探讨 CEO 股票期权与分析师的盈利预测准确性和偏差之间的关系。研究发现，高的股票期权可能诱发 CEO 承担高风险项目，改变自身的行为（如盈余管理和信息披露管理）。这些管理行为导致分析师预测复杂性和不准确性的增加。分析师乐观的预测偏差也可能随着股票期权薪酬水平的增加而增加。因为预测复杂性随着股票期权薪酬增加而增加，分析师需要更多的管理信息进行精确的预测，并且有动机增加他们乐观的预测偏差。另外，更多股票期权薪酬可能导致改善信息披露，使管理层和股东的利益一致。反过来，改善信息披露可能导致分析师更准确和更少的预测偏差。研究表明，分析师的盈利预测精度降低和预测乐观性随着 CEO 股票期权的增加而增加。Thouraya Triki 和 Loredana Ureche-Rangauy 以法国企业为样本，研究基于薪酬股票期权的长短期绩效及员工股票期权计划（ESO）的市场反应。研究发现，企业的 ESO 产生的市场反应与授予的大小和价值无关，并且长期影响企业的财务绩效和市场绩效，但是没有证据显示企业绩效与 ESO 授予的大小之间的关系。结果表明，基于薪酬的股票期权与企业绩效之间的关系是不存在的。Bart Dierynck、Wayne R. Landsmanh 和 Annelies Renders 研究比利时私人公司的管理层满足零收益基准时，管理层激励对劳动力成本的影响。假定相对于管理层报告合理的利润，当活动减少时，满足零收益基准的管理层会在小范围内增加劳动力成本。这对于报告小额利润的公司来说，会形成一个更加对称的劳动力成本形式。研究结果与预测是一致的。通过使用详细的员工数据，结果表明，报告小额利润的管理层会集中于解雇相对低成本的员工。为了在劳动力市场保护他们的声誉，报告正常利润的管理层会通过改变员工工作的时间来限制解雇员工的数量和活动的改变。Kenneth W. Shaw 研究 CEO 激励和债务成本之间的关系，通过使用 CEO 股票的敏感性和选择投资组合的股票价格和股票回报波动性来衡量 CEO 投资高风险项目的动机。结果表明，新发行的债券利差低的公司股价更高，与 CEO 无关。并且，利差较高的公司 CEO 持有更多的股票和股票期权。Mao-Wei Hung、Yu-Jane Liu 和 Chia-Fen Tsai 以中国台湾公司为样本，研究管理者个人多样化和股权激励的关系。研究发现，当管理者交易的是其他公司的股票，他们会有降低风险的动机。投资组合多样性也会影响到管理者股权激励和公司的筹资决策。研究表明，管理者个人多样化可以弥补已经带来的损失，从而减少股权激励的代理成本。

在高管薪酬方面，Costanza Meneghetti 提出一个简单的模型，研究在完全信息下管理层激励性薪酬选择在公众举债和银行举债之间的关系。实证分析结果表明，当管理层薪酬和企业业绩挂钩时，管理层更愿意向银行举债。此外，研究发现管理层薪酬和公众举债成本之间呈正相关关系，而借债多少与薪酬激励没有关系。最后发现，如果 CEO 的薪酬与企业绩效有关，银行更愿意在债务合同中包含抵押条款。Katherine Guthrie、Jan Sokolwsky 和 Kam-Ming Wan 以 865 家公司为样本，研究 CEO 薪酬和董事会结构的关系。研究发现，薪酬委员会独立性需求会增加 CEO 的薪酬总额，特别是股东监管越有效时。研究表明，独立董事的有效性约束 CEO 薪酬，验证了管理层权力假说。Huasheng Gao、Jarrad Harford 和 Kai Li 研究 CEO 薪酬减少和强迫离职之间的原因和影响因素。当 CEO 薪酬减少时，薪酬和业绩的敏感性异常高，因此 CEO 会通过改善业绩来避免薪酬减少。当减薪或者离职后，CEO 会减少投资和负债，改善业绩。结果表明，高额的薪酬对 CEO 改善企业业绩有激励作用，一旦薪酬减少，CEO 就会采取措施来改善业绩。薪酬减少和离职相比，高额的薪酬减少可作为离职的替代，这也能说明为什么强迫离职是罕见的。Terrance R. Skantz 研究在自愿或强制《财务会计准则公告第 123 号（修订）》[简称 SFAS123 (R)]下，期权费用化是否与 CEO 薪酬有关。研究发现，报告期权会影响 CEO 的薪酬决策。当股东利用权力满足自己的利益时，SFAS 123 (R) 后的 CEO 薪酬减少得更多。结果表明，SFAS 123 (R) 的激励效率低，CEO 薪酬减少的作用小。Mark R. Huson 等研究薪酬委员会在 CEO 任职时支付薪酬与盈余的关系。研究发现，在 CEO 任职的最后年限，在决定现金薪酬时，应计操控利润会有明显的变化。同时，在任职的前几年，CEO 会避免销售额以及一般行政支出对薪酬的影响，但是这种影响在最后几年会改变，薪酬委员会会减少资产的投资。结果表明，薪酬委员会会在 CEO 任职不同年限来设置不同的支付方案。Alex Edmans 等建立一个动态框架，研究 CEO 消费不同时期，如私下取消合同或增加收入时的薪酬问题。通过建立一个简单的封闭合同，明确预测不同时期和不同公司收益水平与薪酬的敏感性。Jesse Edgerton 研究上市公司和非上市公司旗下的飞船舰队公司的代理问题。非上市公司拥有的股份占有 40%，而上市公司会少，同时经过杠杆收购后的公司舰队相对减少。通过回归分析发现，上市公司的高管享受额外的薪酬和补贴。Chia-Jane Wangy 研究董事会规模大小与公司风险政策选择的相关性。研究发现，管理层薪酬—业绩敏感性和管理层薪酬—公司风险敏感性与董事会规模呈负相关。相比大规模董事会，规模小的董事会给予 CEO 更多的激励以及承担更多的风险。当控制管理层薪酬对公司投资和筹资决策的影响后，小规模董事会会采取低负债、风险大的投资。并且，在控制财务决策对公司整体风险的影响后，董事会规模越小，未来的风险越高。这个结论支持了董事会规模与公司风险程度呈负相关关系的假设。Zhiguo Hey 研究规避风险代理人获取私有收益的动态代理问题：现金薪酬是最失败的；当代理人的业绩好时，薪酬支付会增加；当代理人由于不好的业绩被解雇时，他会获取离职费来维持之后的薪酬水平。这解释了薪酬契约中的期权问题和离职时的高额离职费。Hsihui Chang、Hiu Lam Choy 和 Kam-Ming Wan 研究萨班斯法案对股权结构和 CEO 薪酬—业绩敏感性措施的影响。萨班斯法案检验了股权结构和薪酬结构如何调整去适应法律环境的变化。通过对 1994~2005 年标准普尔 1500 家公司的薪酬数据研究发现，股权结构和薪酬业绩敏感性会降低，表明萨班斯法案对股东和 CEO 有微弱的激励效果。并且，萨班斯法案颁布之后，在监管环境下的股权结构和 CEO 薪酬业绩敏感性没有发生变化。Martin Bugeja、Zoltan P. Matolcsy 和 Helen Spiropoulos 以 1998~2010 年的 291 家美国公司为样本，研究 CEO 薪酬与性别之间的关系。通过全样本和控制公司性质样本检验，发现 CEO 薪酬与性别没有关系，这说明女性薪酬获取和男性是一样的。Sudarshan Jayaraman 和 Todd T. Milbourn 研究股票流动性对 CEO 年度薪酬以及管理层财富—股价敏感性的影响。研究发现，当股价流动性上升时，基于股权的薪酬在总薪酬中的比例上升，基于现金的薪酬比例下降，相较于股价的薪酬业绩敏感性增加。结论与最优契约理论相一致。Umit G. Gurun 研究教育网络、共同基金与投票形式和 CEO 薪酬的关系，研究发现，共同基金的管理层在相同教育网络下，CEO 更可能对股东提议限制高管薪酬的决议投反对票。同时，与共同基金所有权连接的高教育水平的 CEO 有更高的薪酬。Shawn Mobbs 和

Charu G. Raheja 研究公司管理层在内部激励和 CEO 继任方面的晋升机制。研究发现，相比特定的继任，继任激励的公司可以给予更多的薪酬业绩报酬。这些公司的人力资本对于 CEO 是非常重要的，潜在的外部 CEO 代替会受到限制。研究表明，适合继任激励的晋升机制的公司价值比较低。John R. Graham、Si Li 和 Jiaping Qiu 研究管理者特质和高管薪酬之间的关系。通过分析高管薪酬的变化和管理者对多种变化的特定影响发现，管理者的特定影响可以减少潜在的变量偏差，薪酬与管理者风格不同有着很大的关系。

Bart M. Lambrecht 和 Stewart C. Myers 建立了一个动态代理模型：在资本市场约束下，为了最大化地进行寻租行为，管理者进行的股利支付、投资和融资决策。支付（分红和回购）模型是 Lintner 的调整模型，支付决策可以稳定当前收入的冲击和逐渐调整长久的收入变化，并且支付决策不减少金融资本投资。风险厌恶会导致管理层产生投资不足，但习惯形成会削弱投资不足的程度。Giovanni Favara 建立了一个企业家和金融家之间的投资波动代理问题模型。在此模型中，投资决策屈居于企业家事前投资项目选择和金融家的事后控制激励。太多的控制阻止企业家事前进行新投资的动机，太少的控制会降低生产率。这种主动控制的权衡能引起内生逆转投资狂潮，引起利润的减少。因此，尽管代理完全理性和没有外部冲击，也会出现投资波动。

Andrew Van Buskirky 以美国 386 家零售企业为样本，研究信息披露的频率与信息不对称程度之间的关系。研究发现，经常提供月收入披露与降低信息不对称无关。相比之下，披露的信息越多，越能减少信息不对称。结果表明，信息披露和信息不对称之间的关系是受多方面影响的。Pinghsun Huang 和 Yan Zhang 通过检验潜在的现金资产和投资风险价值，验证大量披露信息是否会减少管理层使用企业资源。研究发现，越少披露信息的公司持有流动资产价值越少。信息披露大大提高了现金资产的价值。并且，通过内部资本投资和外部收购的价值损坏项目集中于不透明的信息披露的公司。研究表明，资本市场的监督和详细披露可以防止现金资产的转移。Suresh Radhakrishnan、Albert Tsang 和 Yong George Yang 以 31 个国家的公司为样本，研究非财务信息披露和分析师预测准确性的关系。使用企业社会责任报告作为非财务信息披露的替代，研究发现，发行独立的企业社会责任报告与分析师预测误差低有关。这种关系在以股东为导向和企业社会责任报告更可能影响财务业绩的国家中更明显。对于不透明的财务信息披露的公司和国家，企业社会责任报告对财务披露进行了补充。Sugata Roychowdhury 和 Ewa Sletten 研究自愿披露激励和盈余信息之间的关系。研究发现，当企业季度收益较差时，管理层不愿意披露信息。此时信息不对称程度最严重，管理层掌握了股票的充分信息。

Raffi J. Indjejikian 和 Michal Matějka 研究业务经理的业绩评价系统。研究发现，公司倾向于使用财务措施来评价当地业务经理。当业务经理对内部会计制度的设计有更大的影响力时，公司依赖财务措施确定经理奖金的程度越轻。同时发现，绩效措施的选择与管理层权威制定经营决策没有关系。制定经营决策的当地权威者与当地管理者对会计系统的影响有关。Nikos Vafeas 和 Adamos Vlittis 基于代理理论研究采用首席运营官（COO）职位的绩效影响。研究发现，COO 代表决策权可以通过信息传递和代理问题来解释。通过实证分析表明，信息传递与 COO 采纳的可能性相关，而 CEO 所有权和董事会特征会降低相关的绩效损失。Margaret H. Christ、Karen L. Sedatole 和 Kristy L. Towry 以 2007~2010 年斯托克全球指数中的 23 个国家的 123 家上市公司为样本，研究管理层持股对市场价值、绩效和风险的影响。在控制银行性质、监管条件和宏观条件后发现，管理层持股与市场价值和企业绩效呈正相关关系，而与风险呈负相关性关系。银行的市场价值和绩效与管理层持股呈非线性的倒 U 型关系，银行风险与管理层持股呈非线性的 U 型关系。Mirko S. Heinle、Christian Hofmann 和 Alexis H. Kunz 研究管理者身份对激励和绩效评估的影响。研究发现，当管理者更有权管理公司时，他会有更多的激励和面临更多的绩效评估。而且，当管理者在公司地位低时，公司倾向于使用不精确的政策来评估，如股价；当管理者在公司地位高时，公司倾向于使用更精确的措施来评估，如收益。Steve Buchheitd 等研究结果反馈、激励和绩效之间的关系，研究发现，激励可以替代结果反馈，因此财务激励和结果反馈可以相辅相成，改善绩效。Ole-Kristian Hope 等研究私营企业的代理冲突和审计关系。研究发现：①审计费用与公司的所有权结构和家族关系有关；②审计财务报告的审计公司质量越高，如采用四大会计师事务所（简称"四大"），代理成本越高。并且，如果 CEO 与第一大股东关系密切或董事会成员关系密切，对于四大审计的需求没有影响。

2. 治理结构

在治理结构方面，2012 年国外公开发表的论文共有 44 篇，研究的内容主要是公司治理模式、公司治理机制等。在公司治理模式方面，重点研究了内部治理，包括董事会特征、外部董事、管理层等；而在公司治理机制方面，主要的研究内容是公司的激励机制、监督机制以及公司治理的效率分析。

管理层作为公司治理的重要角色，学者们对其进行了不同的研究。Vivek Mande 和 Myungsoo Son 以 2000~2005 年标准普尔 500 指数的 500 家公司为样本，研究 CEO 向心性（CEO 权力）和公司会议频率以及金融分析师盈余预测的关系。在控制了管理者激励和盈余、预测变量后，研究发现，CEO 向心性与会议频率和分析师预测呈负相关关系。并且 CEO 向心性与管理者报告收益有关，结果表明，CEO 向心性作为 CEO 权力的替代变量，CEO 向心性越高，可能越会引发管理者粉饰财务报告的行为。Sam Allgood、Kathleen A. Farrell 和 Rashiqa Kamal 以 1992~2006 年的 CEO 任期时间为样本，研究雇佣 CEO 的合适时间。将任期超过四年的 CEO 定义为有良好的经验。研究发现，有经验的 CEO 有更高的初始薪酬，并且内部的 CEO 比外来的 CEO 有更高的费用。将样本分为三类：1992~1997年、1998~2002 年和 2003~2006 年，研究发现，2002 年之后的内部的 CEO 和外来的 CEO 的薪酬是有区别的。Sam（Sunghan）Lee、Steven R. Matsunaga 和 Chul W. Park 研究管理者预测准确性和 CEO 变更的关系。研究发现，当公司业绩不好时，CEO 变更与预测错误率呈正相关关系。研究表明，董事会将管理者是否能准确预测作为 CEO 管理能力的一个象征，管理者对不准确的预测会承担相应的成本。Jean Helwege、Vincent J. Intintoli 和 Andrew Zhang 以 1992~2006 年公司为样本，研究机构投资者对 CEO 变更的影响。研究发现，激进机构投资者在分析中占重要的作用。当不影响变更结果时，用"脚"投票的行为会减少。并且，激进机构投资者是公平的，机构投资者增加会抑制用"脚"投票。Ateven N. Kaplan、Mark M. Klebanov 和 Morten Sorensen 研究参与收购、风险资本交易公司的 CEO 候选人的个人特质，这些特质有三个维度：捕捉能力、人际交往能力和执行能力。研究发现，企业之后的绩效与 CEO 的执行能力呈正相关关系。Baolei Qi 和 Gaoling Tian 以 2002~2009 年的 8765 家中国公司为样本，研究政府政策对管理层盈余管理行为的影响。盈余的测量是两种模型：1997 年 Burgstahler 和 Dichev 提出的盈余分配法以及 1994 年 DeFond 和 Jiambalvo 提出的修正道琼斯模型。研究发现，中国证监会颁布的政策会使上市上司的管理层为避免不好的结果或满足需求而进行盈余管理行为。尽管政府的目的是保护投资者和促进证券市场的健康发展，但是政策的实施会是一把"双刃剑"：如果没有严格或有效的控制机制，政府政策会损害投资者的利益并扰乱资本市场的正常秩序。Erwan Morellec，Boris Nikolov 和 Norman Schurhoff 建立了一个动态权衡模型，验证在资本结构决策中管理者和股东之间产生冲突的重要性。在模型中，企业面临税收再融资成本和清算费用，管理层拥有公司的小部分股权、部分自由现金流以及实施企业融资决策。研究发现，平均 1.5% 股权价值的代理成本可以解决低负债问题。David L. Dicks 研究高管薪酬和公司治理监管角色。公司治理可以减少代理成本，使公司提供少的薪酬激励。当一个公司加强治理和减少薪酬激励时，其他公司也会提供少的薪酬激励。当公司强制实施监管时，大型公司会增加企业价值，小型公司则会减少企业价值，所有的公司都会减少薪酬激励。Augustine Duru、Raghavan J. Iyengar 和 Ernest M. Zampelli 研究公司借债决策和 CEO 奖金计划的因果关系。研究发现，负债越高、债务契约越少、贷款利率越高以及高管薪酬大部分是以股票期权形式发放的公司，越不愿意用 ROE 来衡量高管的奖金。企业利益相关者之间的冲突，特别是股东和债权人之间的冲突，使公司将高管薪酬和公司绩效如 ROA 联系在一起，这样使股权和债权之间的代理成本达到平衡。

董事作为公司治理的关键角色，John C. Easterwood 和 Charu G. Raheja 研究当公司业绩下降时，董事和 CEO 的变化。研究发现，在公司业绩下降的三年内，超过 40% 的原董事会离开。将 CEO 持股作为原始 CEO 对董事会影响的变量，发现它与较强的董事会独立性和较少的董事变更有关。绩效不好的公司经过改善后，董事没有变更和没有改变董事独立性的公司绩效改善最大。结果表明，绩效不好的公司经历董事会变更后，在改善业绩时会面临更大的挑战。David H. Erkens、Mingyi Hung 和 Pedro Matos 以 30 个国家的 296 家金融公司为样本，研究 2007~2008 年金融危机期间公司治理机制对金融公司绩效的影响。研究发现，董事会独立性越强，机构投资者持股比例越高，金融危机期间股票回报率越低。原因是：①机构投资者持股比例越高的公司在危机前会有更大的风险，使股东遭受更大的损失；②董事独立性越高的公司在危机期间增加更多的股权资本，导致财富从当前股东转移到债务持有者身上。Wen-Chun Lin 和 Shao-Chi Chang 研究公司治理机制对公司新产品策略的财富效应的作用。研究发现，董事会规模、董事独立性、审计委员会独立性、CEO 基于股权的薪酬、分析师和股东权利解释了新产品的财富效应。结果表明，公司治理机制越好，发布新产品策略会产生更高的股票市场价值。Thomas H. Noe 和 Michael J.

Rebello 建立了一个关于企业长期绩效、管理层薪酬和公司治理的模型。研究发现，薪酬变化与管理层控制有关，董事被动性与管理层薪酬和企业好的业绩正相关。管理层的机会主义可能导致改善企业的业绩，并且，改变管理层薪酬可以减少代理冲突。Vicente Cunat、Mireia Gine 和 Maria Guadalupe 研究内部公司治理改善是否会为股东创造价值。通过分析治理决策在年度会议上是否通过的市场反应后发现，采用一个治理决策会增加2.8%的股东价值，反收购越多、机构投资者持股越多、投资者行动越强的公司的市场反应越大。除此之外，还发现采用治理决策会减少并购和资本支出以及改善长期绩效。

此外，学者们还从其他角度来研究公司治理。如：Greg Nini、David C. Smith 和 Amir Suf 以 1996~2008 年美国证券交易所所有非金融公司为样本，研究债权人在公司治理中的作用。研究发现，随着并购和资本支出下降，违反金融契约的行为会随之发生，负债和股东分红减少，CEO 变更增加。违反公司投融资决策行为的变化符合有强行限制条件的修正借贷协议，债权人对公司治理也会产生影响。Naohisa Goto 和 Konari Uchida 以日本企业为样本，研究银行如何解决公司的财务困境。研究发现：陷入财务困境的企业如果有更多的银行借款，更可能成功进行债务重组；陷入财务困境的公司被要求报告负值期间，私有债务会进行重组，因为如果没有重组，就不会有大量的损失；负资产的公司更可能结合债务减免或债转股。研究表明，银行会解决公司的财务危机来保护股东和债权人利益。Benjamin E. Hermalin 和 Michal S. Weisbach 研究信息披露和公司治理之间的关系，研究发现，公司越大，越会进行严格的披露；披露更完全的公司会进行更好的管理。并且，强制性的披露会增加 CEO 薪酬和 CEO 变更频率。Wenxia Ge、Jeong-Bon Kim 和 Byron Y. Song 以 2003~2007 年 22 个国家的非美国公司为样本，研究在国际借贷市场上公司治理对借贷合约各种特性的影响。研究发现，贷款利率越低的银行，能给公司治理好的公司提供越多的贷款和越少的限制条款。并且法律制度严的国家，公司治理越好的企业对借贷合约的影响越大。结果表明，银行成为一个内部治理的角色，减少了代理和信息风险。国家法律制度和公司治理机制共同影响借款合约。Annita Florou 和 Peter F. Pope 研究强制国际财务报告准则（IFRS）和机构投资者决策之间的关系。研究发现，强制实施 IFRS 时，机构投资者持股增加，这种变化主要在第一次年度报告时显著；当投资者认为他们从高质量财务报告中获得更多利益时，IFRS 对机构投资者的作用更明显。最后发现，当某些国家实施的报告激励更强烈和当地公认会计准则与 IFRS 差异大时，机构投资者持股更多。Qi Chend 等以中国上市公司为样本，研究现金持有量对公司治理的敏感性。研究发现，公司治理弱和股份改革前面临财务约束的公司，现金持有量减少得更多，改革会降低公司平均储蓄率。同时，与国有企业相比，改革对民营企业的现金管理政策、投资决策、股利分配政策和筹资决策影响更大。

3. 基本范畴

在基本范畴方面，主要的研究观点包括：Dipankar Ghosh 和 Anne Wu 研究财务和非财务绩效测量对分析师关于投资和剥离建议的影响。分析师的建议通常是：卖、持有和买。研究发现，财务和非财务绩效测量以及他们的意愿相互影响分析师的建议。当绩效不好时，不管是财务绩效测量还是非财务绩效测量，分析师的意见都是"卖"。当财务绩效测量不好时，非财务绩效测量无关紧要。但是当财务绩效测量好时，非财务绩效测量对分析师建议的影响取决于其测量的结果是好还是不好。当非财务绩效测量不好时，分析师的建议一般是"持有"；当非财务绩效测量好时，分析师的建议一般是"买"。Li Zhangy 研究当预测下一季度的盈余与当前季度的盈余报告是捆绑在一起时，事前管理预测精确性对事后盈余报告变化的影响，由此建立了一个复杂的事前管理预测精确方法，考虑到预测能力、预测困难性和预测环境，结果表明，事前预测准确的捆绑预测会减少投资者对当前盈余的反应程度和减小事后盈余报告变化的幅度。Rui Albuquerque 等认为建立一个资本资产定价模型能解释"目前股票市场回报呈负偏态，公司股票回报呈正偏态"的问题，并且，公司公告事件造成了股票回报相关性和负偏态回报的不对称。David Morelli 以上海证券交易所 A 股市场为样本，研究安全回报率与 β（"β"指不可分散风险）大小及账面价值与市值之比的关系。研究发现，没有证据表明安全回报率与 β 之间有关系。而 β 大小和账面价值与市值之比有关系，且作为安全回报的重要因素。Adrian Buss 和 Grigory Vilkov 利用期权价格和隐含期权相关性来测量股权风险。研究发现，随着斜率接近市场超额收益，风险回报增加。证明了风险回报的线性因子模型与其他预测方法相比：①能够预测 β 指标；②显示出小的系统预测错误。并且，β 与隐含期权特性和回报之间没有关系。Christine A. Palour、Richard Stanton 和 Johan Walden 研究财务灵活性、银行资本流动和资产定价之间的关系。研究发现，市场分配与财务灵活性有关，资本流动与预期收益和银行风险有关。Andrew J. Patton 和 Michela Verardo 研究股票的 β 值是否会随着公司特定的新闻变化，研究发现，财务报告的当天 β 会增加，在接下来的两到五天内会恢复到平均水平。当财务报告有正面或者负面的消息时，β 会增加得更大。Chen Lin、Ping Lin 和 Hong Zou 以 55000 家中国公司为样本，研究产权保护对风险管理决策的影响。研究发现，产权安全会使公司对产权保险有更高的需求，因此产权保护成为公司风险管理的重要方面。Stephanie A. Sikes 和 Robert E. Verrecchia 研究资本利得税和预期回报率的关系。研究发现，在三种情况下，它们之间呈负相关关系：①公司的系统风险非常高时；②市场风险溢价高时；③无风险回报率低时。因为这三种情况减少了投资者的预期税后现金收入以及风险。

（二） 国内研究成果

2012 年，国内研究成果中涉及基础理论的文章共有 245 篇，主要侧重于代理理论、治理结构、财务管理方法、价值观念、基本范畴、财务与会计的关系、市场效率等方面，其中重点研究了代理理论和治理结构两个方面。

1. 代理理论

在代理理论方面，国内公开发表的文章共有 108 篇，和国外研究的内容一样，国内的研究重点也主要包括非效率投资行为、股权激励、岗位薪酬设计、内部控制、会计信息披露和对于代理成本的探讨等。

学者们从代理问题的角度来研究非效率投资的问题。蔡吉甫利用投资价值效应的一般原理对我国上市公司的非效率投资产生的原因及其表现形式重新进行了审视和研究。研究发现，无论是国有控股公司还是非国有控股公司，公司经营业绩均与其投资支出呈倒 U 型的曲线关系。倒 U 型曲线关系表明我国上市公司的非效率投资既包含投资不足，又存在过度投资，因而是融资约束和代理问题共同作用的结果。张宗益和郑志丹也同样将融资约束与代理成本同时纳入前沿异质性双边随机边界模型框架下对我国上市公司的非效率投资程度进行了实证度量，并探讨了各种财务因素对融资约束与代理成本的影响。实证结果表明：融资约束的存在使得上市公司的投资支出较最优水平低了 37.5%，而代理成本导致上市公司的投资支出超出其最优水平的 30.6%，两者的净效果使我国上市公司整体上表现为投资不足，投资不足率为 6.9%。此外，流动资产净额和资本存量的增加有助于减轻公司面临的融资约束程度，而规模较大、持有较多自由现金流的公司内部代理问题更为严重，并且不同规模和地区之间的上市公司，非效率投资程度存在较大的差异。

当企业股东与管理层之间存在信息不对称并且契约不完全时，代理成本的产生难以避免。股权激励通过激励对象与企业共享利润，共担风险，激励管理层从增加股东财富的角度出发，制定决策减少或消除短期行为，从而有利于公司的长远发展。股权激励是一种长期激励机制有助于抑制盈余管理与短期行为，降低代理成本。李春玲和苏广濋以 2010 年沪深主板上市公司为研究样本，运用 Logistic 回归模型对控制权配置与股权激励偏好的关系进行分析，研究结果表明：实际控制人性质为民企的上市公司股权激励偏好高；第一大股东控制力强的上市公司股权激励偏好低；两职合一的上市公司股权激励偏好高；股权集中度、高管持股比例高的上市公司股权激励偏好高。沈红波、潘飞和高新梓运用制度经济学的基本原理实证检验了股权分置改革、国有控股、产品市场竞争这三种外部制度环境对管理层持股激励效率的影响。研究结果表明，制度环境是管理层持股激励发挥作用的重要前提，在实施管理层持股激励的同时还应重视相关制度环境的改善，使管理层持股发挥应有的激励效应。张治理和肖星采用事件研究法，对我国上市公司股权激励计划择时问题进行研究。结果表明，以股票期权为标的物的上市公司在公告日前累积超额收益率显著为负，其股票估值水平也显著低于同行业企业；而以限制性股票为标的物的上市公司在公告日前累积超额收益率则显著为正，并且相对于股票期权公司和同行业公司都具有显著更高的股票估值水平。并且，实施以股票期权为标的物的股权激励计划的企业存在择时机会主义行为，它们倾向于在公司股价较低时推出激励计划，以增加管理层利益。李乐和毛道维从理论上阐明了企业的股权激励计划实质上是以市场强制力来替代组织强制力的一种制度安排。以 2006~2009 年实施了股权激励的国内上市公司为样本所进行的实证分析显示，高科技企业与传统行业企业的股权激励制度存在显著的差异，并且这种差异可以用市场强制力与组织强制力的替代效应来解释。

杨慧慧、潘飞和赵媛研究后股权分置改革时代股权激励契约下的盈余管理行为。后股权分置改革时代股权激励契约会引发管理层自利的盈余操纵行为，管理层会在应计项目盈余管理和真实活动盈余操纵中相机选择风险最小的盈余管理方式，股票期权并非是当前市场环境下最优的股权激励方式。股权分置改革后，大股东通过真实活动的"隧道行为"减弱，但对应计项目盈余管理并未起到抑制作用，董事会和监事会治理机制也未发挥抑制股权激励引发盈余管理的监督作用。王烨、叶玲和盛明泉从管理层权力的角度研究股权激励后发现，管理层权力越大，股权激励计划中所设定的初始行权价格就相对越低，即：在当前公司内部治理机制弱化的背景下，管理层可能会利用其对公司的控制权影响股权激励方案的制定，使其于己有利。并且，相对于非国资控股公司，国资控股公司推出的股权激励计划所设定的行权价格更低。这表明，要想使得股权激励真正成为解决代理问题的有效手段，必须重视其设计的有效性。

宋文阁和荣华旭以沪深交易所 2006~2008 年所有实施股权激励的 A 股上市公司为样本，实证研究了股权激励与盈余管理之间的关系，研究发现：股权激励数量与盈余管理程度显著正相关，行权限制期与盈余管理程度显著负相关，国有上市公司股权激励的盈余管理效应比非国有上市公司明显，市场化程度高的地区上市公司股权激励的盈余管理效应较之于市场化程度低的地区要弱一些。此外，高质量的外部审计可以有效地抑制企业的盈余管理程度。毕晓芳和韩传模对股权激励报酬契约与盈余质量的关系研究发现：盈余质量可靠性和及时性较低的上市公司更倾向于授予管理者较多的股权；管理者持股对盈余及时性产生正向影响；上市公司实施股权激励后盈余可靠性明显降低。王忠、赵黎明和高常水针对企业型科技企业孵化器高管道德风险，建模分析孵化器高管最优投资策略，构建了使高管个人和孵化器利益兼容的股权激励模型，论证了高管持股都能遏制过度投资和在职消费，企业型治理结构应加强对不务主业的监管，最后从持股比例、激励方式、激励周期和内部监督四个角度研究了企业型科技企业孵化器高管股权激励。

丁保利、王胜海和刘西友探析了股票期权激励机制在我国的发展方向，归纳了股票期权激励机制在我国发展所取得的成就，重点探讨了可能存在盈余管理的条件和时机，股票期权的终止再授予行为的影响因素，以及制度保障力度情况。在此基础上，他们对我国股票期权激励机制的发展方向从市场监管、激励机制设计和会计制度基础三方面进行了分析。

股权激励制度曾被视为降低经理层代理成本、完善公司治理的良方，但安然事件等一系列公司丑闻逐渐暴露出该制度的弊端。宫玉松认为在表面繁荣、貌似合法与市场化的背后，隐藏着大量问题，部分公司的股权激励已被扭曲为公司管理层牟取暴利的寻租工具。这表明，在资本市场有效性程度低、上市公司治理不规范的情况下，不宜大规模推广股权激励制度。

控制权私人收益问题伴随公司法人制度的产生而出现，并日益成为公司治理、代理问题上的一个难题。陈晓军和杜凤君通过对中国国有公司控制权私人收益形成中的悖论的揭示和分析，指出国外公司法理论对控制权私人收益的解释与宽容态度并不适用于中国的国有公司。他们认为，中国国有公司在价值目标和市场地位等方面的独特秉性使中国公司立法上决不能对因内部人控制而产生的控制权私人收益问题有丝毫的迁就，如何有效地防范国有公司内部人控制权的私人收益，是目前中国公司治理领域内一个亟待研究和解决的问题。为此，中国应在立法上对国有公司的管理层施加更高的道德要求，同时积极探索制定专门适用于国有公司的规则体系。大股东对中小股东利益的侵害问题是公司治理领域的一个重要问题，通过测算控制权私人收益可以了解大股东对中小股东利益的侵害程度，对我国控制权私人收益进行了度量。在限售股解禁背景下，相关学者检验了限售股解禁给控股股东所带来的市场预期收益与控制权私人利益之间的相关关系，并同时对控制权私人利益的影响因素进行了相关分析，研究发现，公司盈利水平、公司规模股权制衡度与控制权私人收益负相关、非流通股溢价倍数、公司负债率、股权转让比例、股权离散度与控制权私人收益正相关，流通股规模可能并不是影响控制权私人收益的主要因素。最后提出了全流通条件下国有股权转让和上市公司治理的对策建议。

上市公司高管薪酬一直是社会广泛关注的一个问题，近年来，高管天价薪酬事件激起公众对高管薪酬更大的质疑声。国内学者关于高管薪酬的研究大多是研究高管薪酬的各种决定因素，包括公司业绩、规模、资本结构、行业等，但是，公司业绩这一信号显然无法体现代理人努力程度的全部信息，一个自然的想法就是引入其他信号来完善这一激励机制，Holmstrom 提出的相对业绩评价（Relative Performance Evaluation，RPE）假说认为，公司的业绩除了和代理人的努力程度相关以外，还与其所处的外部经济环境密切相关。如果将代理人薪酬与公司业绩相关联的话，公司将面临与代理人行为无关的公司业绩支付的风险，这一部分业绩来自外生性的行业需求冲击，或者技术冲击，或者其他的总量冲击，忽视这些外生性冲击将导致公司将更多的风险转移到代理人身上，因此，较好的激励机制是在薪酬合约中通过与同市场或同行业的企业业绩的比较，过滤掉一些影响共同业绩的因素，使得对代理人努力程度的评价更为准确，这样就可以更为有效地激励代理人。胡亚权和周宏利用 2001~2009 年沪深两市 551 家上市公司的数据，检验了 RPE 假说是否存在，以及公司成长性与薪酬合约中 RPE 使用程度之间的关系。实证分析的结果显示，当基于同行业公司来划分参照组，公司业绩用资产收益率来衡量时，存在支持 RPE 假说的证据。在此基础上进一步的检验结果表明，公司成长性越高，RPE 的使用程度越低，两者是一种负相关的关系。陈骏和徐玉德从我国不完善的信贷约束制度背景出发，研究了债务期限约束对上市公司高管薪酬激励强度的影响，研究发现：债务期限约束强度与高管薪酬业绩敏感性负相关，对国有企业而言，其天然的政治关系消除了债务期限约束的负面影响；相反，随着债务期限约束的弱化，高管激励强度逐渐增强。研究结果表明：在信贷强约束条件下，公司在制定高管薪酬契约过程中会关注债权人利益，降低高管薪酬业绩敏感性，削弱管理层风险转移的动机；而在信贷软约束时，债务融资的这种治理功能将受到限制。刘绍娓和万大艳选取 2003~2010 年沪深两市 296 家国有 A 股上市公司和 176 家非国有 A 股上市公司为样本，在控制了高管持股比例、公司规模、股权集中度和两职兼任等因素之后，实证分析了不同所有权结构的公司高管薪酬对公司绩效影响的差异。研究结果表明，高管薪酬水平与公司绩效显著正相关，且随着高管持股数量越多，非国有上市公司高管薪酬对公司绩效的影响程度越高，但国有上市公司则相反；公司规模的扩大会降低高管薪酬对公司绩效的影响，且只有当国有上市公司和非国有上市公司的股权集中度在不同的区间范围内，高管薪酬与公司绩效才表现出显著正相关。程新生、宋文洋和程菲对高管员工薪酬差距、董事长成熟度与创造性产出表明，出于对组织目标和激励机制的关注，董事长会影响薪酬差距，用竞争性和公平性以调节薪酬差距的激励效率和效果，而董事长领导行为的成熟程度所起的调节作用存在差异，董事长成熟度越高，越有助于形成竞争性和公平性兼顾的高管员工薪酬差距，越有助于促进高管员工薪酬差距与创造性产出的关系。陈胜蓝和卢锐以 2002~2009 年中国上市公司为样本，考察股权分置改革促进公司提高高管薪酬业绩敏感性和诱发公司高管操控盈余提高业绩的净效应。基于公司财务业绩变量的检验结果表明，股权分置改革显著提高了上市公司高管薪酬业绩敏感性，相对于国有控制公司而言，非国有控制公司的这种提高效应更加明显。股权分置改革后，非国有控制公司盈余管理对高管薪酬的影响大幅提高，并显著高于国有控制公司，而剔除盈余管理对公司财务业绩的影响后，高管薪酬业绩敏感性显著提高的现象消失了。由此说明，公司采用最优契约激励高管时应该设置相应的监督机制，这样才能激励高管提高公司真实经济价值。张圣利以中国沪深两市 2002~2009 年的上市公司为研究样本，通过对上市公司关联交易发生额和余额两方面的数据进行分析，研究了关联交易对薪酬契约的影响。研究发现，我国上市公司业绩和高管薪酬之间存在正相关关系，同时高管薪酬存在"黏性"特征，而关联交易的发生降低了业绩与薪酬之间的敏感性，加剧了薪酬"黏性"程度，降低了会计盈余信息的契约有效性，且这种影响只发生在关联资金往来和关联担保两大类关联交易之中，关联销售和关联购买这两类关联交易对薪酬契约有效性则没有显著影响。

冯根福和和赵珏航从合作博弈的角度出发，在非对称 Nash 讨价还价模型的基础上，通过引入内生化的讨价还价力，构建了一个内生化的讨价还价模型，并应用此模型系统地分析了管理者年薪、股权激励与在职消费之间的关系。运用 2005~2010 年沪深两市 A 股上市公司面板数据对上述分析结果以及管理者年薪、股权激励、在职消费与公司绩效之间关系进行了实证分析，结果发现，管理者持股比例和在职消费之间存在替代关系，管理者持股比例的增加能够抑制在职消费，从而提高公司绩效。

2. 治理结构

在治理结构方面，2012 年国内公开发表的文章共有 81 篇，国内研究的侧重点主要是公司治理机制和公司治理模式，以及治理结构与财务管理其他方面的关系，包括公司治理与信息披露的关系、公司治理对于企业绩效的影响、公司治理结构评价体系、公司治理对于企业社会责任的影响、公司治理与企业价值和经营绩效的关系等。

在信息披露方面，学者们从公司治理的视角去研究。企业环境信息披露体现了上市公司对环境信息披露制度的遵守和执行，同时增加了公众对上市公司行为的了解；反过来，这将促使上市公司改变它们的一些行为。毕茜、彭珏和左永彦在给出企业环境信息披露制度定义的基础上，采用我国重污染行业上市公司 2006~2010 年年报和独立报告中披露的环境信息进行实证研究，研究证明：制度对企业环境信息披露有显著的正向关系，即环境信息披露法律法规的颁布及实施提高了企业环境信息披露水平；同时，研究验证了公司治理具有增强制度对企业环境信息披露的促进作用。郁玉环以深圳证券交易所信息披露考评结果作为信息披露水平的代理变量，对公司治理因素与信息披露水平之间的关系进行实证分析，从而发现影响上市公司信息披露水平的决定性因素。研究表明，上市公司产权性质、股权集中度、机构投资者持股比例、高管持股比例、董事会规模、审计机构权威性、审计意见与交易状态等因素对信息披露水平有显著影响；提高流通股比例和独立董事比例、董事长与总经理两职分离、设置审计委员会等制度设计对信息披露水平的作用并不显著。赵颖以 2009 年 1388 家上市公司为研究样本，以治理环境和股权特征对非财务信息披露的影响为主要内容，展开实证研究。研究发现，股权制衡度、内部人持股比例、公众持股比例及国家所有权性质会对非财务信息披露产生显著影响；在当前资本市场发展的既定时期，治理环境也表现出一定的影响作用，但对企业非财务信息披露行为的调节作用有限；另外，政府控制的上市公司比非政府控制的上市公司在投资者关系管理活动中更容易受到治理环境的影响。

随着社会责任理论与实践的发展，将社会责任落实到公司治理机制中已是大势所趋。高汉祥认为，由于传统公司治理理论体系的局限，无法在其理论体系中找到社会责任的位置，导致在实践中表现为公司治理对来自于外界的社会责任压力进行"被动回应"，难以有效地履行企业社会责任。在价值创造导向下重新审视公司治理理论体系，可以突破原有以委托代理为核心的公司治理理论体系的局限，构建一个涵盖各种价值创造要素的公司治理机制，在这一治理机制中，社会责任作为一种有利于价值创造的要素就自然内生嵌入公司治理，这不仅为公司治理与企业社会责任的融合奠定了坚实的理论基础，也有助于价值创造目标的实现。张正勇以中国 A 股上市公司 2008~2010 年社会责任报告为样本（共 1150 个观测值），考察了产品市场竞争、公司治理与社会责任信息披露之间的关系。研究结果表明，公司治理结构的合理安排能够对社会责任信息披露产生一定的促进作用，而产品市场竞争则对部分公司治理机制产生了替代或互补的效应。实证结论表明，在中国目前的制度背景下，要提升社会责任信息披露水平，保护利益相关者利益，需要进一步完善上市公司治理机制。与此同时，在中国上市公司治理机制面临诸多问题，而相应的改革进展迟缓的情况下，通过降低进入壁垒等方式加强产品市场竞争，也可以有效地提高公司的社会责任信息披露水平。

在公司治理与盈余管理的关系中，学者们从不同的视角展开研究。顾鸣润、杨继伟和余怒涛首先考察了产权性质对上市公司真实盈余管理活动的影响，发现国有企业的真实盈余管理活动显著高于民营企业。在此基础上，论文基于产权视角考察了公司治理与真实盈余管理活动的关系，发现产权性质显著影响了公司治理对真实盈余管理活动的抑制效果。具体而言，国有上市公司的董事会规模和公司治理综合水平能够显著地降低真实盈余管理，但作为外部公司治理机制之一的独立审计不能有效地抑制国有企业管理者的真实盈余管理活动；民营上市公司的董事会规模和公司治理综合水平对真实盈余管理的影响不显著，但是外部独立审计和董事会独立性能够显著地抑制管理层的真实盈余管理行为。研究表明，产权性质不仅对公司真实盈余管理行为具有重要影响，而且也显著地影响了公司治理机制对真实盈余管理的限制作用。宋建波、高升好和关馨姣从盈余持续性角度探讨机构投资者作用。研究结果发现，相对于没有机构投资者持股的上市公司而言，有机构投资者持股的上市公司的盈余持续性显著更低；机构投资者持股比例越高，上市公司的盈余持续性越低；机构投资者年度间的增持行为会显著降低上市公司的盈余持续性。研究结果表明，在我国，机构投资者会促使上市公司增加更多的暂时性盈余，从而降低上市公司的盈余持续性。可见，现阶段我国机构投资者并没有发挥促使上市公司改善经营实质的积极作用，反而使上市公司增加了更多的短期行为。刘斌和张健以 2004~2008 年 A 股盈利性上市公司为研究样本，运用非线性 Minshkin 检验方法以及线性多元回归方法，对我国证券市场应计异象的存在性进行了检验，并分析了机构投资者持股能否减缓应计异象。结果表明，我国证券市场总体上存在显著的应计异象，并且机构投资者能够起到减缓应计异象的作用。随后，他们研究了会计信息质量对机构投资者减缓应计异象的影响，高质量的会计信息有助于机构投资者对应计利润更准确定价，进一步削减应计异象。罗进辉、吴祖光和黄震利用 2002~2011 年沪深两市 A 股上市公司的样本数据进行了实证研究，结果表明：在建工程占总资产的比例越大，会计盈余水平与市场回报率之间的盈余价值相关性就越低；新会计准则的实施，显著降低了在建工程对盈余价值相关性的负面影响；股权制衡机制能够显著降低在建工程对盈余价值相关性的负面影响；而第一大股东持股比例则显著增强了在建工程对盈余价值相关性的负面影响。孙茂竹、张雯和代江蕾分析了盈余管理对董事长变更、CFO 变更的影响，以及两权分离度对盈余管理与董事长变更、CFO 变更关系的影响。研究结果表明：正向的盈余管理程度越高，CFO 越容易变更，董事长却越不容易变更，而负向的盈余管理程度越高，CFO 越不容易变更，董事长却越容易变更；两权分离度越高，董事长与盈余管理之间的负相关关系越显著，而两权分离度对 CFO 与盈余管理之间的关系没有显著影响。林芳和许慧就股权制衡这一治理结构安排与公司管理层进行的真实交易盈余管理予以实证检验，研究发现，股权制衡能在一定程度上有效地降低管理层在产品成本方面和可操纵性费用方面的真实交易盈余管理水平和整体调节利润的操纵程度。此论文对股权制衡会抑制真实交易盈余管理的研究结论提供了新的解释，为进一步认识股权制衡的公司治理功效提供了支持性证据。

企业的业绩是相关利益者关注的焦点之一，很多学者研究公司治理与企业业绩的关系。吴先聪研究了股权分置改革前和改革过程中作为中小股东代表的机构投资者对公司业绩的不同影响。首先从机构持股比例和持股的机构数量两方面研究了机构投资者与公司业绩的关系，发现当机构持股比例较高时，持股机构数目越多，公司绩效越好，而机构持股比例较低的一组得到了相反的结论。然后创造性地研究了股权分置改革与机构持股的交互作用对所持股上市公司绩效的影响以及股权分置改革前后国有控股与机构持股的交互作用对上市公司绩效的影响。结果显示，股权分置改革与机构持股的交互作用与公司绩效负相关而且股权分置改革过程中国有控股与机构持股的交互作用对公司绩效产生的负面影响大于股权分置改革前的。刘新民和王垒以上市公司 2005~2009 年高管更替数据为研究样本，引入了高管团队重组和战略连续性作为中介变量，探讨了不同高管更替模式对企业绩效的影响路径。研究结果表明，上市公司高管强制更替外部聘任对高管团队重组有正向影响，对战略连续性有负向影响，对企业绩效有负向影响，其中高管团队重组和战略连续性在强制更替外部聘任与企业绩效之间起到中介效应；上市公司高管强制更替内部聘任对高管团队重组影响不显著，对战略连续性有正向影响，对企业绩效有正向影响，其中，战略连续性在强制更替内部聘任与企业绩效之间起到中介效应；另外，高管团队重组对企业绩效有负向影响，战略连续性对企业绩效有正向影响。冯旭南和李心愉以 2000~2010 年的地方国有上市公司为样本，研究国企高管变更的决定因素。结果发现，如果上市公司的经营业绩相对较差，则其高管发生变更的可能性较大，更为重要的是，在市场化程度较高的地区，高管变更对经营业绩的敏感性更高，说明经营业绩已经成为考核国企领导人的重要决定因素。孙蔓莉、王竹君和蒋艳霞以代理关系类型为分类基础，将公司治理模式划分为代理型、混合型和剥夺型三种类型，并分别以美国公司、我国国有公司和日本公司为代表，检验：基于业绩的变化，样本公司是否存在自利性归因倾向，以及在自利性程度上是否存在差异。研究结果显示：业绩自利性归因行为确实存在；同时，美国公司、我国国有公司、日本公司的业绩自利性归因倾向程度呈递减状态。徐虹以 2004~2005 年沪深 A 股上市公司资产剥离事件为研究对象，基于同属管辖交易的独特视角，探讨市场化进程差异、资产剥离同属管辖交易以及企业产权配置三个方面对上市公司资产剥离业绩改进的影响。研究发现，市场化程度越高、地方政府干预越少，上市公司资产剥离后的业绩越好。但是，如果资产剥离交易双方同属地方政府管辖，则对上市公司的业绩具有显著的负面影响。进一步的研究发现，地方政府控制的产权性质对上市公司资产剥离后业绩改进产生负面影响，非政府控制的产权性质对上市公司资产剥离后业绩改进则有显著的正面促进作用。余玮和郑颖以 1996~2007 年在沪深两地上市的 210 个民营化企业作为研究样本，分析民营化对上市公司业绩的影响。实证检验结果表明，相比国有上市公司，无论是原创型民营公司还是民营化公司的绩效都更好，说明民营化带来企业业绩的提高。民营化效应受企业最终控制人特征的影响：当收购者是相关专业人士时，民营化带来业绩的提高；而收购者具有政治关联性或为本公司管理层时，民营化前后企业业绩没有显著差异。进一步对董事会构成进行研究后发现，民营化后，上市公司董事会更加独立，专业性更高，同时有政治关联的董事减少，但这一结果仅适用于收购者具有专业背景的情况。周建等选取 2009~2010 年在创业板上市的 51 家公司作为样本，实证研究了创新型企业公司治理结构对公司绩效的影响。研究发现，中国创新型企业存在着实际控制人权力过大的问题，其治理结构表现出较明显的内部人控制现象，而独立董事的引入在一定程度上缓解了这一问题，并在公司绩效中得以体现。高管薪酬与公司绩效正相关，较高的薪酬水平能够有效激励高管团队创造良好的业绩。由于风险投资机构追求短期收益以及成为公司股东的时间较短，风险投资的引入并没有为创新型企业带来更高绩效。薛华溢和吴青应用回归分析方法，构建我国银行机构的公司治理与银行绩效模型。通过研究发现，银行机构的董事会、独立董事是影响银行机构绩效的重要因素，但监事会、委员会等内部监督机构对银行绩效的影响存在不确定性。同时，对于董事、监事、高管等内部人，建立合理的薪酬机制对于银行机构的绩效至关重要。

除了上述研究方向之外，也有相关学者对公司中相关的治理者或投资者进行研究。有些学者主要针对董事会进行研究。如：陈运森和谢德仁基于"董事在董事会同时任职的直接或间接联结关系"而形成的董事网络，利用社会网络分析方法检验了独立董事的网络特征对其发挥在促进高管激励有效性影响中的作用的机理。结果发现：公司独立董事网络中心度越高，高管薪酬—业绩敏感性越强；与非国有上市公司相比，国有上市公司中独立董事网络中心度与高管薪酬—业绩敏感性的正相关关系更弱；进一步研究发现，用独立董事网络中心度解释的高管薪酬部分对未来业绩有促进作用。该结论丰富了"网络和治理"研究的证据。陈云森从独立董事所处董事网络的位置特征出发，通过社会网络分析方法衡量了独立董事在整个董事网络中位置的差别及其对降低代理成本和提高代理效率的影响，实证结果发现，公司独立董事网络中心度越高，管理层股东的第一类代理问题及大股东、中小股东的第二类代理问题都越少，但公司的产权背景会削弱这种作用的发挥；进一步地，独立董事网络中心度越高，公司资产运营越有效率，即代理效率也越高。结论表明，不同董事网络背景的独立董事治理行为是有差异的，这为"独立董事作用之谜"的揭示提供了经验证据。杨青等以 CEO 寻租空间、监督成本等构建最优董事会抉择模型，研究发现：治理成本的存在，使得 CEO 寻租空间对董事会规模和独立董事比例有积极影响，而监督成本对两者有负面影响；从边际治理成本角度，最优董事会与其独立性存在一定程度的替代性。以我国 1999~2008 年上市公司为样本进行实证研究发现：一定监管条规下，最优规模与独立性的替代假说成立，鉴于公司经营差异性，僵化的监管制度将提升治理成本，造成董事会效率低下。陈云森认为，现行公司治理框架的内在逻辑关系实际上建立在股东所有权的法律基础上，假定股东利益与公司利益相一致，并以解决代理问题为主要方向，表现为股东权利导向。从作为主要治理对象的董事会行为的角度看，现行公司治理框架隐含的股东所有权与公司法人所有权的复合和冲突以及有限责任制度可能诱发公司治理内在逻辑关系的冲突，使得以董事会为核心的代理人的行为陷入困惑之中：向公司负责，还是向股东负责？向全体股东负责，还是向大股东负责，或者向推荐自己的股东负责？在此基础上理解现行的公司治理实践，公司治理应该是法规导向，而不是情理导向；而站在治理对象的角度，董事及董事会的行为通常情况下是一种治理法规约束下的相机抉择和伦理决策。

同时，不少学者研究公司治理中股东这一角色的重要作用。如：祝继高和王春飞通过对国美电器的案例研究发现，国美电器中最为突出的委托代理问题为大股东与管理层之间的控制权之争。对于处于相对控股地位的大股东黄光裕，他主要通过控制董事会来控制以陈晓为代表的管理层，但是，这种控制并非是稳定和有效的，管理层通过利用法律适用、引入外部投资者、内部人控制董事会等途径和方式来摆脱大股东的控制。此文的研究结论表明，在大股东相对控股的情形下，股权资本控制处于不稳定状态，社会资本控制成为控制权的组成部分，并对股权资本控制形成一定的替代效应。而且，法律制度会对股权资本和社会资本影响控制权起到调节作用。章卫东、张洪辉和邹斌研究了国有控股上市公司资产注入中的"支持"、"掏空"现象。研究发现，政府控股股东比民营控股股东资产注入的动机更强烈。当上市公司盈利时，政府控股股东通过向上市公司注入资产"掏空"上市公司的动机比民营控股股东更加强烈，从而导致盈利的国有控股上市公司在资产注入之后业绩下降更多；而当政府控股上市公司被 ST 时，政府控股股东通过向国有控股上市公司注入资产"支持"上市公司的动机和力度比民营控股股东更加强烈，从而导致 ST 国有控股上市公司在资产注入之后业绩增长更快。黎文靖利用深圳证券交易所的社会公众股东网络投票数据，研究了中小股东参与网络投票与公司决策的影响因素和经济后果。结果表明，大股东代理问题严重、机构投资者持股比例较高的公司，中小股东的网络投票参与率较高；中小股东的网络投票参与率与公司股票异常回报正相关，并且这种关系随着大股东代理问题的严重程度而增强。与小股东利益更为相关的股权分置改革提案中，中小股东投票参与率更高，并且这种更高的投票参与率在股权分置改革提案中能为中小股东增进财富。余玉苗、周楷唐和苏巨雄以湖北宜化控股股东宜化集团的改制案例为研究对象，分析了国有企业改制的动机及其由此产生的市场反应。研究表明，政府主导下国有企业改制成功是由于满足了政府的政治动机，即实现了政府推动和企业良好经营绩效的有效契合，且湖北宜化股权收购使全体流通股股东获得了超额收益，进一步研究还发现，由于优质资产的注入，市场对国企改制给予了积极的评价。瞿旭等对会计违规背景下的高管变更中是否存在"创始人保护"现象进行了研究，并首创性地检验了这种创始人保护现象对高管变更中的"替罪羊效应"（CEO 不变而 CFO 发生变更）以及"连坐效应"（CEO 与 CFO 同时变更）的影响机制，研究结果发现：①会计违规会导致高管更高的更换率；②当公司存在会计违规行为时，创始人 CEO 的更换率比非创始人 CEO 低，存在创始人 CEO 被保护的情形，即存在创始人保护现象；③创始人保护会增强"替罪羊效应"，即在发生会计违规后，创始人 CEO 公司中 CEO 保留而 CFO 离职的概率大于非创始人 CEO 公司中的这种高管更换情况；④创始人保护会弱化"连坐效应"，即在发生会计违规后，创始人 CEO 公司中 CEO 和 CFO 同时离职的概率小于非创始人 CEO 公司中的这种高管更换情况。刘星、代彬和郝颖以 2004~2008 年的国有上市公司为研究样本，实证发现：①总体上高管变更与公司业绩呈负相关，而高管权力的增强会降低其因业绩低劣而被强制性更换的可能性，表明国企高管的权力在高管变更决策中发挥了显著的职位堑壕效应；②发生了高管变更的公司其未来业绩有明显的提高，但这一促进效应仅在权力较小的高管被变更后出现，而权力较大的高管被变更后公司业绩并没有得到改进；③进一步的研究显示，政府控制层级的提升和制度环境的改善能够抑制国企高管的权力寻租行为。马晨和张俊瑞以我国 2005~2009 年 A 股市场补充与更正报告中出现"会计差错更正"项目的公司为研究对象，以是否发生财务重述为因变量，采用配对样本分析的 Logit 回归方法研究了管理层持股、领导权结构与财务重述之间的关系。研究发现，管理层持股比例与财务重述之间存在显著的 U 型关系。领导权结构对财务重述没有显著影响，然而管理层持股的利益协同效应（堑壕效应）在两职分离（两职合一）的公司中更容易得到发挥。高文亮和程培先结合政府对国有企业薪酬控制的制度背景，就政府控制对国企管理层代理动机的影响进行了理论分析和实证检验。研究发现，政府对薪酬的控制加大了国有企业的代理成本，国企垄断属性加重了此影响。同时，研究结果还显示，管理层权力越大，代理成本越高。相应的治理对策是：从公司治理入手，提高高管薪酬契约的有效性；在垄断行业中引入竞争机制，降低垄断属性的负面影响；提高董事会的独立性，约束管理层权力，降低管理层寻租能力。

在机构投资者方面，王俊飚、刘明和王志诚研究机构投资者持股对上市公司增发新股价的影响，探讨机构投资者是否可以减少市场对上市公司的信息不对称。实证结果表明，机构投资者减少投资者的信息处理成本，从而降低增发折价率。杨海燕、韦德洪和孙健以2006~2009年深圳A股上市公司为研究样本，实证检验了机构投资者总体以及各类型机构投资者持股对会计信息质量的影响。结果发现，机构投资者总体持股降低了财务报告可靠性，但能提高信息披露透明度。分类来看，证券投资基金、保险公司、社保基金和QFII等机构持股不影响财务报告可靠性，但能提高信息披露透明度；一般法人持股降低了财务报告可靠性，特别是加大了公司向下盈余管理程度，但不影响信息披露透明度；信托公司持股既不会影响财务报告可靠性，也不会影响信息披露透明度。结果表明，不仅机构投资者总体对上市公司会计信息质量影响的渠道不同，而且不同类型机构投资者对上市公司会计信息质量影响的渠道也存在差异。宋玉、沈吉和范敏虹在分析我国上市公司地理分布特征的基础上，考察了地理特征变量在机构投资者持股决策中的作用。研究发现，位于东部地区的上市公司更受机构投资者的青睐，即使在控制上市公司财务信息和市场表现信息的情况下，区域地理特征变量仍然显著影响机构投资者的持股决策；上市公司办公地与机构投资者之间的距离远近负向影响机构投资者的持股比例，但是在控制上市公司基本面信息的情况下，距离特征变量的影响力下降。雷倩华、柳建华和龚武明研究机构投资者与流动性成本之间的关系后发现，我国机构投资者持股增加了报价价差、有效价差和PIN值；进一步地，证券投资基金持股比其他机构投资者持股更可能导致流动性成本的增加。因此，监管层应严厉打击机构投资者获取内幕信息，加强上市公司信息披露监管，减少逆向选择问题，同时应减少机构投资者操纵股票市场等影响股价信息效率的行为。

学者还从外部治理角度来研究公司治理。贺建刚和魏明海以财务报告重述为研究视角，实证检验了我国转轨市场环境下媒介功用改善对大股东控制权治理的效应。研究表明，财务报告重述导致市场风险与不确定性的增加，但与控制权的负相关性并不显著，彰显近年来控制权治理缺陷纠偏的动态成效初见。同时，控制权治理效应受媒介机制作用，在媒介功用发挥弱的市场环境下，控制权提升加剧了低质量会计信息引致的资源错配，体现为显著的负市场治理效应；而随着媒介环境改善和监督功用的增强，控制权治理效应得以修正，表明媒体对约束大股东行为起到积极的治理功能。此外，审计委员会、审计意见和重述及时性同样对大股东控制权治理效应具有显著影响。罗进辉从双重代理成本视角实证检验媒体作为一种外部监督机制能否帮助上市公司缓解代理问题。实证分析结果表明，上市公司的双重代理成本——股东与管理者间的第一类代理成本和大股东与中小股东间的第二类代理成本越高，受到的媒体关注和报道就越多，而高水平的媒体报道能够有效降低公司的双重代理成本，且媒体报道的上述治理作用在第一类代理问题中表现得更强。进一步，此文还分析了媒体与市场化环境两种目前学术界最为关注的外部监督机制间的交互影响，发现这两种机制的治理作用存在显著的替代效应。作为公司治理的法律外制度，税收制度能通过影响公司管理层行为减轻或者放大公司治理问题。基于此，张斌和徐琳梳理了有关税收制度公司治理效应的研究文献，以公司税为例从税收制度的公司治理效应及其对公司价值的影响两个方面对国外研究进行了述评，最后对未来研究方向进行了展望。

此外，学者还从其他角度来研究公司治理。黄志忠以 2006~2010 年的 IPO 公司为样本，从优化资源配置的角度分析了国有企业和民营企业的公司治理策略。研究发现，在优化资源配置方面，国有企业的公司治理应该与民营企业有所不同。国有企业的主要问题是所有权与控制权的完全分离带来的代理问题，因此公司治理的重点在于减轻代理问题。研究发现，薪酬激励、股权激励和股权制衡有助于提高国有企业经营效率，降低代理成本。陈永丽和龚枢相较于以往财务治理结构方面的研究，引入信息传染效应，在日本福岛核电危机的背景下，分析不同的财务治理结构对信息传染效应的敏感程度，进而发掘不同财务治理结构的有效性。王满四和邵国良以市场化程度较高的广东地区的企业为样本，以相对较长时期的数据为证据，将银行债权细化为短期债权和长期债权，将上市公司细分为民营公司与国有公司，对银行债权的公司治理效应展开实证研究。研究进一步证明，我国银行债权在公司治理中的独特优势没有得到发挥，近年来银行对企业的财务约束虽然在不断加强，但财务约束仍只是简单的约束机制，可能进一步加剧企业融资难问题，并不能真正实现银企双赢。研究还得到了一些新的发现：银行债权对国有公司存在"财务软约束"，而对民营公司则存在"市场软约束"；在金融危机爆发时，银行债权对民营公司表现出更为有利的公司治理效应，而对国有公司却相反。

3. 财务管理方法

在财务管理方法方面，国内公开发表的文章共有 24 篇，主要研究了财务分析方法、财务危机预警方法、财务指标设计、财务决策方法、财务控制方法、财务预测方法等，其中重点研究了财务分析方法和财务危机预警两个方面。

在财务分析方法方面，学者们从不同的角度来研究。①杜邦分析法是一种常见的企业综合财务分析方法。马春华根据中小企业盈利模式优化路径分析的需要，在杜邦分析法传统思路的基础上，扩展了定量分析功能，建立了企业盈利模式分析模型，为中小企业盈利模式的优化路径分析提供了定量工具，对于改善企业的运营管理和财务分析工作有一定的启发和促进作用。②由于 EVA 指标自身存在一些缺陷，自从国资委决定从 2010 年起对央企采用 EVA 指标考核经营业绩后，不少人对央企绩效的 EVA 评价有效性产生了质疑。为了研究央企绩效的 EVA 评价有效性，赵岩和陈金龙选择 2010 年 EVA 排名在前 30 名的央企为研究样本，从绝对有效性、相对有效性和一致性三个方面对国资委运用 EVA 指标评价央企经营业绩的有效性提出假设，构建计量经济模型，对央企的 EVA 指标和传统财务绩效评价指标进行回归分析和相关性分析。研究表明，运用 EVA 指标评价央企经营业绩时，在绝对有效性上与传统财务绩效评价指标存在一定差异，但在相对有效性上与传统财务绩效评价指标相对一致；运用 EVA 指标、单位净资产实现的 EVA 指标、单位资产实现的 EVA 指标评价央企经营业绩与传统财务绩效评价指标评价央企经营业绩具有内在一致性，从而证明运用 EVA 指标评价央企经营业绩是科学有效的。长青、张永正和白丽娜通过对 EVA 指标考核现状进行分析，探讨了该指标在 EVA 指标考核现状中存在的问题与不足，构建了一个能使企业在运营收益和现金流风险管理方面实现综合管理的绩效评价指标，并以十个上市钢铁企业为例，对比分析说明了新指标的优越性。结果表明，增强流动性风险管理特性的新指标具有普遍性，能为企业绩效评价管理提供新思路与方法。③平衡计分卡（简称 BSC），是由哈佛大学商学院教授 Robert S. Kaplan 和复兴全球战略集团的总裁David P. Nonon 于 1992 年提出的一种新型绩效管理工具，支晓强和戴璐基于定性分析，提出了系统性的战略联盟绩效评价，并将这一维度纳入平衡计分卡的框架中，探讨组织间合作与企业内业绩维度的关系，实现对平衡计分卡的改进以及企业内外部业绩评价的一体化。佟瑞和李从东基于案例，建立了平衡计分卡理念下的产业技术路线图战略执行力模型，创新性地发展了平衡计分卡，尝试解决技术路线图后期跟进、更新和战略执行问题，这对于企业价值进行合理的评估，对于投资者和经营者做出合理的决策至关重要。④大多数学者对实物期权法价值评估方法进行研究，如李汶华、丁慧娟和郭均鹏详细介绍了基于区间分析的分布函数估计方法，提出了在实物期权定价中将不确定的输入变量表示为随机变量，基于区间分析并利用 Black-Scholes 公式为之定价，得到期权值的分布函数，最后通过实例验证了该方法的有效性。俞云和何朝林假设投资项目价值服从多突发事件的跳跃—扩散过程，构建美式实物期权基于最小二乘蒙特卡罗模拟算法的定价模型，并用实例验证模型的有效性。实证结果表明，跳跃导致期权价值的降低，并且期权价值随着跳跃幅度的加大而加速降低；期权价值的降低和跳跃方向没有关系；忽略跳跃或将多突发事件归结为单一跳跃严重低估了投资项目的真实价值。张卫民和王冠根据中国林业企业的特点，运用连续时间模型，推导出了基于实物期权法的林业企业价值评估模型，对模型中的参变量和估测方法进行了探讨。通过选取一家林业上市企业进行案例研究后发现，与自由现金流量估值法相比较，实物期权法能够估测出林业企业所具有的实物期权的价值，并通过敏感性分析，找到影响企业价值的主要变量，从而有利于企业的股东和决策者对企业的发展做出正确的判断。

在财务危机预警方法方面，龚小凤建立 BP 神经网络模型预测财务危机，采用功效系数法将财务指标转化后的单项功效系数作为输入变量，与直接将财务指标作为输入变量进行对比。实证结果发现，标准化后的变量产生的误差率小于直接将财务指标作为输入变量产生的误差率。通过使用 BP 神经网络模型并消除行业差异，财务危机预警的准确性得到有效提高。梁琪、过新伟和石宁以 2005~2009 年首次被实施 ST 的中小上市公司为研究对象，综合利用财务指标和公司治理指标并采用考虑极端值样本的稳健 logistic 回归构建了财务失败预警模型。研究结果显示，公司治理指标对中小上市公司的财务失败预警具有重要作用，在财务指标基础上加入公司治理指标可以提高财务失败的预测效果，而这种预测效果的提升在排除了含有财务指标极端值样本的情况下表现得更加显著。此研究结论对开展中小企业信用风险评估具有一定的参考价值。罗怡和廖运岗选取我国现有的 9 家上市饲料公司，应用财务管理中的 Z 计分模型和逻辑回归模型，分别对其 2010 年的财务数据进行财务预警分析和模型检验结果比较研究。研究表明，2010 年这些上市饲料公司均不存在财务危机。通过财务预警分析，可以及时采取措施来降低饲料公司经营中的财务风险。李清和于萍以我国沪深 A 股上市公司为研究对象，将被特别处理的 ST 公司视为财务危机公司，使用多种方法建立了财务危机预测模型，并对各模型的预测准确率、优缺点进行了对比，结果表明，人工智能方法预测准确率更高，遗传算法模型成为最优预测模型。

在财务指标设计方面，王海林和张书娟构建了上市公司网络财务报告系统评价指标体系，以上海证券交易所制造业和信息技术业上市公司为样本进行了评价分析，在此基础上提出了发展我国上市公司网络财务报告系统的建议。范惠玲和孟丁计算了 2008~2010 年我国中小上市企业 12 个基本财务比率的行业均值，并通过 Kruskal–Wallish 检验证实大部分财务比率在金融危机影响下行业间的差异显著。

在财务决策方法方面，洪荭、胡华夏和郭春飞基于 GONE 理论，剖析了财务报告舞弊诱因的影响机理和舞弊行为的决策权衡机理，并选取 2006~2009 年因财务舞弊受处罚的上市公司为样本，实证分析了贪婪、机会、需要和暴露四因素与财务报告舞弊的关系，结果发现：在控制了一系列因素以后，管理层的风险偏好和剩余索取权引发的个体贪婪程度越高，治理结构不完善制造的舞弊机会越多，增发配股引发的组织需要程度越高，舞弊的可能性越大；审计意见类型和会计师事务所变更代表的发现机制越完善，暴露的可能性越大，舞弊的可能性越小。

在财务控制方法方面，孟凡生和甄晓非基于双重成本控制标准的成本计算与收益分配进行研究，提出双重成本控制标准作用下的收益分配，是根据员工控制成本的实际结果对比双重成本控制标准产生的成本控制差异进行的分配，有利于调动员工控制成本的积极性。

在财务预测方法方面，饶品贵和岳衡采用公司基本面盈余预测模型并结合剩余收益模型对上市公司的内在价值进行估计，并分析内在价值与市价比率（V/P）与股票未来回报之间的关系。研究发现，基于 V/P 分组的投资组合，在未来一至三年规模调整的持有超额回报套利分别达到 15.2%、37.9% 和 55.9%；在控制了市账比等因素以后，V/P 对股票未来回报仍然具有显著的预测作用。此文的研究克服了以往文献中运用证券分析师盈余预测进行剩余收益模型估值的内在局限，并提供了我国资本市场背景下切实可行的基于剩余收益模型估值的投资组合策略。

4. 价值观念

在价值观念方面，国内研究文献共有 22 篇，主要集中于研究企业价值以及投资风险价值方面。

企业价值方面，张俊瑞等主要研究了资产结构与资产效率、资产效率与企业价值之间的关系。利用 1999~2006 年存在管理层持股的 745 个企业数据，研究发现，在资产结构与资产效率、资产效率与企业价值之间存在倒 U 型规律，但管理层持股比例与企业价值之间存在正 U 型关系，因此可以得出资产结构能够影响生产效率和企业价值的结论。陈海强、韩乾和吴锴分析 1999~2008 年沪深两市上市公司年样本数据，发现现金流波动率与公司价值显著负相关，而盈利波动率对公司价值的影响并不显著。通过分解盈利波动率，投资者能够辨识盈利中各组成部分的信息内涵，对于现金流波动和盈余操纵程度较低的公司给予更高的估值。进一步的研究发现，现金流波动率主要通过提高投资者的权益资本成本影响公司价值，只有受市场环境影响的系统性现金流波动率才会对公司价值产生显著效应。上市公司管理层应当通过风险管理手段降低系统性现金流波动率，从而提高公司价值。林晓华、林俊钦和高燕以 2010~2011 年化学原料及化学制品行业上市公司为样本，研究大股东身份与企业履行生态社会责任之间的关系，以及履行生态社会责任对企业价值的影响。研究发现，企业履行生态社会责任与大股东持股比例、大股东所持股份为非流通股显著正相关，大股东的国有身份对履行生态社会责任不具有显著影响。刘行和李小荣从企业税负的角度探究地方国有企业的金字塔结构对企业价值的影响路径。研究发现：相比非国有企业和中央政府控制的国有企业，地方政府控制的国有企业肩负着更沉重的税收负担；然而，地方国有企业的金字塔结构则可以降低其税负，表现为金字塔层级与实际所得税率的显著负相关；此外，地方国有企业税负的降低显著提升了其市场价值，也带来了显著为正的累积超额回报。研究结论表明，企业的税收负担是影响地方国有企业金字塔结构与运营效率之间关系的重要路径。万华林、朱凯和陈信元以我国 2009 年增值税转型为基础，结合 2008 年公司所得税税制改革，检验了增值税转型过程中公司投资决策的价值相关性变化趋势。研究结果表明，增值税转型对投资价值相关性的影响存在投资补贴的正面效应和所得税负面效应。实证结果发现，2009 年的增值税转型中，公司投资补贴的正面效应大于所得税负面效应，这在整体上增加了公司投资价值相关性；此外，所得税税率越低，增值税转型对投资价值相关性的促进作用越大。因此，我国的税制改革在整体上提高了资本市场的资源配置效率。戴天婧、张茹和汤谷良明确了企业现金流结构是连接企业价值与盈利模式的关键变量，架构了"企业价值—财务战略（现金流结构主导）—盈利模式（轻资产模式）商业活动与资本行为—财务业绩"的财务战略驱动盈利模式的理论框架。以美国苹果公司为分析对象，选取该公司 2001~2011 年的主要业务经营资料与关键财务数据，从财务战略驱动视角，透视苹果公司持续轻资产模式运营的基本要点，包括实施简化生产和标准化零配件、快速供应链、极短的存货周转期、高额现金储备和营运资本、小额固定资产投资、巨额研发与销售、终端投资、并购技术性优势企业、内源融资主导等，这些轻资产战略的基本特征的概括既丰富了财务战略的理论主张，也给企业战略管理实践提供了许多启示。李海英和毕晓芳在制度分析的基础上，通过面板数据模型，实证分析中国机构投资者提升上市公司市场价值的制度条件。结果发现，机构投资者提升上市公司市场价值的作用受到机构持股数量和上市公司所有权性质的影响。较高的持股比例是机构投资者提升上市公司市场价值的重要条件；而上市公司的国有控制特征降低了机构投资者对上市公司的提升作用，并且这种限制作用主要来自地方政府控制的上市公司。蔡维灿和李春瑜将利益相关者理论延伸到财务战略领域，提出了相关者利益最大化企业财务战略的命题设想，分析比较了相关者利益最大化财务战略与股东财富最大化企业财务战略，此文指出，在知识经济时代，相关者利益最大化是企业财务战略的理性选择，并阐述了相关者利益最大化企业财务战略的若干特点。针对相关者利益最大化企业财务战略的构建，明确提出相关者利益最大化企业财务战略选择和实施的重点方向：资本经营、合理收益分配、适度债务融资、成本领先、绩效薪酬、顾客资源驱动、绿色理财等，最后探讨了实施相关者利益最大化财务战略的保障机制。王雪梅按照终极控股权和控制层级理论，将北京 109 家样本公司分为八类，用 EVA 验证各类公司的价值创造能力，结果得出：样本公司 2009 年的平均 EVA 值偏低，均值为 0.03%；终极控股股东性质对 EVA 的影响不显著，控制层级与 EVA 显著负相关；非政府一级控股公司 EVA 值最高，其次是政府二级控股公司，它们显著优于政府控股四级控股公司和非政府三级控股公司。

投资风险价值方面，吴良海选取我国沪深 A 股制造业上市公司的数据为样本，基于 Parks 面板模型实证检验了财务变量的风险信息含量。结果表明，杠杆调整后的 β 系数要优于市场模型估计的 β 系数；现金流、流动比率、成长性、企业规模等财务变量具有显著的系统风险信息含量；相比之下，利息保障倍数与股利支付率两个财务变量还不能正确揭示公司系统风险的性质与变化；财务杠杆也具有显著的系统风险信息含量；财务杠杆与营业杠杆的异向变动加大了上市公司系统风险，相应降低了公司价值与股东财富，并据此提出构建基于财务变量的风险报告等相关政策建议。朱宏泉、范露萍和舒兰以我国 A 股上市公司为研究样本，通过将资产风险 β 分解为成长性风险和现有资产风险两个部分，探讨了公司的成长性和现有资产对 β 的影响。研究结果表明，总体上我国证券市场中上市公司的成长性风险显著地大于现有资产风险，但不同行业间差异显著。进一步分析显示，若公司规模越大、账面市值比越高、同所处行业的市场竞争程度越低，不仅成长性风险对 β 的影响更大，而且成长性风险与现有资产风险间的差异也越明显。这表明，在我国证券市场中，成长性风险既是 β 取值大小的重要因素，也是风险的主要来源。

5. 基本范畴

在财务管理的基本范畴方面，曹越认为有效率的企业是经济增长的关键，为指导财务实践，提升公司价值，有效保护利益相关者的财产权益，助推经济发展，有必要在不同流派财务理论体系中抽象出高度认可的基本概念，形成公司财务概念框架，财务概念框架就是财务理论体系中认可度高的一系列基本概念的总结，旨在为财务活动的开展提供逻辑一致的理论指导，为发展高质量的财务规范奠定坚实基础。企业财务行为具有的内部私密性、自主性、创造性等个性化特征，并不是否定建立统一、一致认可的公司财务概念框架的充分条件。金怡运用案例研究法，对上市公司财务管理的理论基础进行了分析，结合财务工程魔方与目标管理法提出了 5S 管理创新，并对徐工集团进出口有限公司 5S 管理体系的实践经验进行了总结，认为 5S 管理体系是一种动态平衡的管理模式，能够通过不断的自我调节，保障企业高速平稳发展。孙光国和杨金凤主要从财务报告质量标准、财务报告质量的衡量方法及财务报告质量评价指标三方面对财务报告质量评价的相关文献进行回顾，着重论述了关于财务报告质量衡量方法的研究，即从财务报告总体质量衡量方法、财务报告质量特征的衡量方法、财务报告透明度及披露质量的衡量方法三方面对财务报告质量的衡量方法进行归纳，分析了财务报告质量评价研究的现状与不足，并在此基础上，提出进一步研究的方向——建立一套行之有效的财务报告质量评价指数。

6. 财务与会计的关系

针对财务与会计的关系，学者们从不同的角度来研究。曹宇论证财务会计的信任功能，在此之后建立了一个初步的分析框架，将其他信任机制与财务会计联系起来，进一步地，将理论应用于分析制度对财务会计信息的影响，厘清了现有研究中的一些争论。刘峰和葛家澍针对次贷危机以来会计领域关于非历史成本会计的讨论与争论，从会计职能与会计目标的讨论切入，提出会计的核心价值仍然是维系人类社会的相互信任，在此基础上，此文提出重构多重目标的财务报告模式，其中，基本财务报表仍然以历史成本为基础，满足经济社会信任需求；其他财务报告按需订制，满足不同使用者的差异化需求，可以采用非历史成本计量属性。

7. 市场效率

全流通市场中解禁的大股东已经成为我国股票市场最重要、最活跃的参与主体，由于大股东特殊的地位和身份，其交易行为对股票市场效率的影响一直都备受争议。韩京芳和王珍义从特质信息提供者的角度对大股东交易在影响股价信息含量中所起的作用进行了理论分析和实证检验，实证结果表明，大股东交易确实可以提高股价信息含量，而稳健性检验进一步证实了股价信息含量的改变是由于大股东交易所致而不是噪声所致。陆宇建和蒋玥将会计制度变迁、配股政策的变革和股权分置改革作为资本市场制度变革的典型代表，引入 Ohlson 剩余收益模型，结合盈余持续性分析了其对市场定价行为的影响。研究发现：随着我国证券市场的发展，营业利润在市场定价中发挥着主导作用，线下项目的定价作用减弱；随着配股政策和会计制度等制度的改革，线下项目对配股权在市场定价中的作用下降；会计制度改革和股权分置改革增强了持续性盈余的定价作用，这说明，制度变革提高了市场效率。股权分置改革后，解禁股份减持中的内幕交易曾为全流通环境下大股东利益输送的新途径，可能会影响市场效率。蔡宁以上市公司业绩报告前后的减持事件为研究对象，考察大股东利用信息优势的内幕交易问题。首先，在交易时点上，大股东倾向于在业绩预告披露"坏消息"之前、"好消息"之后出售股份；其次，在交易规模上，在业绩预告之前（后）出售股份时，业绩预告的利空（利好）程度越高，交易的规模也越大；最后，在业绩预告前减持时，正式业绩相对预告业绩的利空程度要大于在业绩预告后减持的情况，这在业绩预告为"好消息"的情况下尤为突出。这进一步证明了股东的信息优势，即股东的择时行为不仅基于业绩预告这一重大信息，还充分考虑了公司的业绩前景。

二、通用业务理论

本报告所谓的"通用业务理论"是指与企业通常的财务管理活动相关的理论，通常的财务管理活动包括筹资管理、投资管理、营运资本管理和分配管理，接下来就从这四个方面进行研究成果总结。在 2012 年国内外公开发表的期刊中，涉及财务管理通用业务理论的文章共 396 篇，其中国外公开发表的文章共 125 篇，主要来源于 *The Accounting Review*、*Behavioral Research Accounting*、*Journal of Corporate Finance*、*Management Accounting*

Research 等期刊；国内公开发表的文章共 271 篇，主要来源于《会计研究》、《管理世界》、《财经研究》等期刊。从统计的文章数量来看，2011 年国内外通用业务理论的研究重点仍然是筹资理论和投资理论两部分，具体研究成果如下：

（一）国外研究成果

1. 筹资管理理论

2012 年，国外公开发表的与筹资理论相关的文章共有 42 篇，研究的主要内容包括资本成本、资本结构、融资方式、股权融资、资产证券化方面等，其中，资本成本、资本结构和融资方式是国外研究的重点。

在资本成本方面，Yuan Huang 和 Steven X. Wei 研究了投资者的广告强度认知，结果显示，更高的广告强度与更低的隐性资本成本有关。投资者认知在吸引投资者、提高流动性并最终减少资本成本上起到重要作用。Carolyn M. Callahan、Rodney E. Smith 和 Angela Wheeler Spencer 以 1998~2005 年的 1389 家公司为例，利用比较分析，研究了 2003 年美国财务会计准则委员会的 46 号文件（FIN46）以及 ARB 的 51 号文件的应用是否改变了受影响公司的资本成本。研究发现，FIN 46 通过影响可变利益主体，明显增加了公司的资本成本，相对于报告了没有实质影响的公司，增加了大约 50 个百分点。John L. Campbell、Dan S. Dhaliwal 和 William C. Schwartz Jr. 研究了公司的加权平均资本成本与采用强制养老金作为内部融资来源替代的内部融资来源的关系。研究发现，增加强制性养老金会增加资本成本，但是当公司面临更大的外部融资限制时除外。研究还发现，金融市场摩擦会影响实际公司经济活动，尤其是公司投资方面。Narjess Boubakri 等利用倾向得分匹配模型，研究了有政治关联的公司的股权资本成本。研究发现，有政治关联的公司比那些没有政治关联的同级公司更倾向于较低的股权资本成本。研究还发现，对于那些政治关联性很强的公司来说政治关联更加具有价值。投资者对政治关联公司会要求更低的股权资本成本，通常也认为政治关联公司比非政治关联公司风险更低。

在资本结构方面，Viet Anh Dang、Minjoo Kim 和 Yongcheol Shin 利用资本结构的动态面板阈值模型，测试了动态权衡理论，允许公司目标杠杆调整中的不对称性。研究发现，有巨大融资失衡、大量投资以及低收益波动的公司比没有这些特征的公司会调整得更迅速。Teodora Paligorova 和 Xu Zhaoxia 探究了金字塔公司和它们使用负债融资的动机。研究发现，金字塔公司比非金字塔结构的公司有更高的杠杆作用，而且负债的使用也与其偿债风险相关联。结果说明，金字塔公司的资本结构受有额外控制权的最终所有者的追偿债务行为影响。Qigui Liu 和 Gary Tian 研究了在中国非流通股改革前后，非国有企业内过多控制权对杠杆率决定的影响。研究发现，有过多控制权的公司会用更多的杠杆，并且它们的控股股东利用这种资源来"挖空"而不是"投资"在正的净现值的项目上。研究还发现，在非流通股改革后，过多的杠杆会减少并且市场对关联方交易宣布的反应更加积极。Ronald W. Anderson 和 Andrew Carverhill 利用一个企业结构动态模型，找出了流动资产持有、股息和股票与短期债券发行的最优策略。Zhiyong An 利用双重差分模型和中国工业企业数据库 2002~2008 年的数据，研究了外商投资企业是否通过提高债务比率来应对中国新的企业所得税法。研究发现：外商投资企业通过提高债务比率来应对法律；中国香港、中国澳门、中国台湾的投资企业比其他外商投资企业的应对效果要更好；对国企限制的控制组的效果比对私企限制的控制组的效果要差。David J. Smith、Jianguo Chen 和 Hamish D. Anderson 研究了 1984~2008 年间新西兰公司的资本结构是否影响它们的产品市场表现。研究表明，使用杠杆的新西兰上市公司会使相关行业的销售增长，但是会使相关行业的资产回报率减少。

在融资方式方面，David J. Denis 和 Stephen B. McKeon 通过研究发现，有意通过巨额债务来提高杠杆的公司这样做是为了操作需要，而不是大量股权支付的愿望。随后的债务削减既不迅速，也不是积极尝试平衡公司资本结构的一个长期目标。相反，公司的杠杆比率变化主要取决于公司是否会出现财政盈余。Guilherme Kirch 和 Paulo Renato Soares Terra 利用 12 年间来自 5 个南美国家的 359 家非金融公司的样本数据，研究了一个国家的金融发展水平或机构的质量是否是影响企业债务期限决定的第一要素。研究发现，大量的动态因素决定公司的债务期限，而且企业对它们的最佳债务期限会面临适度的调整。更重要的是，金融发展的水平并不影响债务期限，即使一个国家机构的质量会对公司资本结构中的长期负债水平有显著的积极影响。Ming Dong、David Hirshleifer 和 Siew Hong Teoh 利用事前投资者衡量从市场价格中发现的公司的规模和成长前景，研究了股票估值过高是否影响和怎样影响公司融资决策。研究发现，股票发行和融资总额随着股票估值过高而增加，但只有在估值过高的市场中是这样，而且对投资者来说股票发行比债券发行更敏感。与经理人追求的保持高估和规模报酬所一致的是，当公司有潜在增长机会和高营业额时，对投资者来说股票发行和融资总额的敏感性更强了。Andre's Guiral 研究了借款加强企业社会绩效并且加强创新强度是怎样影响信贷员的信用判断和贷款决策的。研究发现，企业社会责任绩效投资被信贷员理解为一种卓越的财务绩效的指示器。然而，在创新强度与贷款决策之间并没有正相关关系。Daniel L. Thornton 和 Giorgio Valente 研究了样本外债券超额收益率的预测。研究表明，远期收益率的信息内容对投资者来说不能产生系统的经济价值。障碍期权与利息税盾之间是相关联的。Robert Couch、Michael Dothan 和 Wei Wu 用传统的估价方法把这种联系结合在一起，在连续债务、延期债务和债务再融资这三种具有违约风险的债务情况下，为利息税盾列出实际的价值公式。

在股权融资方面，Gustavo Grullon、Evgeny Lyandres 和 Alexei Zhdanov 的研究表明，公司层次的股票收益与回报波动性的正相关关系是由于公司的实物期权。与实物期权理论相一致，研究发现，对有更多实物期权的公司来说，股票收益与回报波动性的正相关关系更强，并且在公司行使实物期权后，公司价值改变的波动敏感性会显著降低。Amedeo De Cesari 等分析了美国公开市场股票回购的详细月度数据，该市场在遵循严格的披露要求后变得有效。研究发现，公司从回购时机中得到的利润与所有权结构密切相关。机构所有者减少公司用便宜的价格回购股票的机会。Feng Zhang 研究了信息精度在 IPO 定价中的作用。研究表明，信息精度越高，对报价的影响越大。在等待报价期间，作为 IPO 公司价值改变的一种衡量，行业的收益比例会增加行业回报的精度。Antonio Gledson de Carvalho 和

George G. Pennacchi 研究了公司自愿迁出交易清单来提高公司信息披露和管理的承诺的影响。研究发现，公司迁出清单会给股东带来正的异常回报，尤其是当公司股票没有在美国股市优先交叉上市前，并且公司选择最高级别的保费清单时。

在资产证券化方面，Mary E. Barth、Gaizka Ormazabal 和 Daniel J. Taylor 研究了与资产证券化相关的信用风险的来源，并探索信用评估代理和债券市场是否在评估这些风险时有所不同。通过使用信用评级测量信用风险，研究发现，证券公司的信用风险与公司证券化资产中的留存收益是正相关的，与没有留存在公司的债券化资产是不相关的。通过利用债券利差衡量信用风险，发现证券公司的信用风险与公司资产中的留存收益和没有留存在公司的证券化资产都是正相关的。Marco Pagano 和 Paolo Volpin 提出一个模型，这个模型支持资产证券的发行人选择发布不完整的信息来提高一级市场的流动性，并以减少次级市场流动性为代价。如果二级市场流动性的社会价值超过初始价值，那信息透明度就会非常低。研究发现，各种类型的公共干预（强制性透明度标准、向陷入困境的银行提供流动资金或二级市场价格支持）有很大不同的福利影响。

2. 投资管理理论

2012 年，国外公开发表的文章关于投资理论的共有 65 篇，主要集中于投资者、资本结构与投资、资产估值、风险投资以及投资决策方面进行研究。

在投资者方面，Itzhak Ben-David 和 David Hirshleifer 研究了对于盈利和损失，投资者的行为和理念怎样影响交易。研究发现，在利润函数中，卖出的可能性是 V 型的；在短期持有期间，投资者更有可能卖掉损失大的公司而不是损失小的公司。一般说来，由于回报的可预见性引起的均值回归，股票回报的长期年化波动比短期要低。而 Lubos Pastor 和 Robert F. Stambaugh 利用预测系统和 1802~2007 年间的 206 年的数据，并从投资者角度计算出真实股票收益的长期方差，该类投资者认为参数是不确定的，预测也是不完美的。研究发现，从投资者角度看，股市在长期内更加不稳定。Matti Keloharju、Samuli Knüpfer 和 Juhani Linnainmaa 利用从经纪业和汽车行业得到的微数据，研究发现，顾客关系、公司所有权和股权的大小之间有正相关关系。投资者更倾向于购买而不是卖掉他们通常作为顾客的公司股份。Azizjon Alimov 和 Wayne Mikkelson 研究了在投资者情绪良好时期承担 IPO 决策的真实影响。研究发现，一般说来，公司在投资者情绪良好时上市，要比公司在其他时期上市会投入更多，尤其是收购。投资者良好情绪对于公司初期的投资影响更明显。Terence J. Pitre 利用一个组间实验，研究了改变财务报告的发布时机或频率会怎样影响非专业投资者的盈利预测准确性和方差。研究发现，更频繁的财务报告导致较低的准确性和更大的方差，尤其是当一个很强的季节性模式存在时，结果更明显。Brian K. Akins、Jeffrey Ng 和 Rodrigo S. Verdi 研究发现当有更多的竞争时，信息不对称的定价更低。消息灵通的投资者之间的竞争在信息环境怎样影响资本成本方面有很显著的效果。Ron Kaniel 利用纽约证券交易所的一个独特数据集，研究了盈余公告中的投资者知情交易。研究发现，在盈余公告日及之后，个人投资者购买或卖出预示了巨大的正或负异常收益。研究还发现，在宣布盈余公告后，个人投资者通过正向与逆向方式交易。作为一个有效的投资策略，投资者经常组建一个财团来共同投资一家公司。Lanfang Wang 和 Susheng Wang 提出一个投资财团的内源性网络理论并分析了几个关键要素，比如风险规避、生产力、风险和成本是怎样影响激励和联合投资的。R. David Mclean、Tianyu Zhang 和 Mengxin Zhao 研究投资者保护对投资、筹资和成长性的影响。研究发现，投资者保护与高的投资—托宾 Q 敏感性、低的投资—现金流敏感性有关系。投资者保护更好的国家，外源筹资随着托宾 Q 增加得更多，随着自由现金流减少得更多。并且，托宾 Q—现金流敏感性与投资效率有关系；托宾 Q 越大和自由现金流越少，成长性和利润越好。最后，投资者保护可以提升股价，减少财务约束和提高投资效率。Jeffrey Hobbs、Tunde Kovacs 和 Vivek Sharma 研究对于普通投资者来说分析师建议变化频率的投资价值，研究发现，频繁修改股票意见的分析师胜过没有修改的分析师，这个更适合提供有利的投资组合建议。频繁修改可以提供更好的建议，结果表明，普通投资者应该接受频繁修改的分析师的建议。

在资本结构与投资方面，Guohua Jiang、Donglin Li 和 Gang Li 研究了资本投资是否能影响股价动量。研究表明，动量策略对有大量资本投资或投资变化的股票来说更有利可图。研究结果也与行为金融理论相一致：当公司价值的评估变得困难或不准确时，投资者心理偏差会增长并且会出现更多的有限套利机会。Evan Dudley 证明了总投资项目为公司提供了在较低的边际成本上调整杠杆的机会。研究发现，在公司融资项目的融资期限间，公司会把股权排在债权之前；公司会在投资期间针对其目标杠杆调整它的杠杆比率。研究还发现，在其他研究中观察到的主动增加的杠杆率可以解释为在项目融资期间的公司目标杠杆率。Ali K. Ozdagli 利用一个企业融资和投资模型，研究了投资的财务杠杆作用，解释了账面值对市值和股票回报之间的正相关关系。Vasia Panousi 和 Dimitris Papanikolaou 证实了在美国非系统风险与投资上市公司之间具有因果关系。研究发现，当经理持有较高的公司股份时，投资的非系统风险的负作用更强了，与这种负作用来自于糟糕的多样化管理相一致。Dirk Hackbarth 和 David C. Mauer 研究当公司发行多种债券和股东选择及时投资时投资决策和筹资决策的相互关系。研究发现，公司会调整结构来回应负债、借贷条件的变化。成长机会少、无融资约束的公司更偏向初级债券，而有融资约束或没有成长机会的公司更偏向高级债券。评级低的公司会增加债券的等级。

在资产估值方面，Andy Heughebaert 和 Sophie Manigart 研究了风险投资公司在对它们投资组合的公司的估值上讨价还价能力的影响。相对于有较弱能力的风险投资公司，有更强讨价还价能力的风险投资公司更倾向于达成更低的估值。Francis A. Longstaff 和 Jiang Wang 研究了信贷市场的中心作用。研究发现，通过允许没有规避风险的投资者承担杠杆作用和处理更多的风险，信贷市场促进了最优的风险分担。大小不同的信贷市场修正了很多风险分担，进而影响了资产价格，比如预期股票收益、股票收益率的波动性和利率期限结构。Andre Carvalhal 利用一个独特的资料组分析了上市公司的股东协议，并研究了股东协议怎样影响公司价值。研究发现，所有权和控制权集中在一些大型投资者手中，他们会在控制股东和少数股东之间引发利益的冲突。Thierry Foucault 和 Laurent Frésard 利用 1989~2006 年在美国交易所交叉上市的 633 家国外公司的样本数据，研究了美国交叉上市能够让经理人从股市获得更多信息反馈来制定提高投资价值的决策的假设。研究发现，相对于没有交叉上市公司来说，交叉上市公司的投资对它们的股价更敏感。

在风险投资方面，Vladimir Atanasov、Vladimir Ivanov 和 Kate Litvak 利用手工收集的诉讼数据，研究了声誉在限制机会主义行为上的影响，这种行为是风险投资针对四种类型的对手时采用的：企业家、投资者、其他风险投资者和风险投资支持的初创企业的买家。研究发现，风险投资的声誉越好，被诉讼的可能性越小。研究还发现，相对于其他风险投资公司，受到诉讼的风险投资公司在未来的业务量上会减少。Lanfang Wang 和 Susheng Wang 利用一份由 1906 家国外风险投资公司得出的 10205 份跨境风险投资样本，研究了跨境风险投资效果的决定因素。研究发现，国内经济自由对跨境风险投资效果是至关重要的。尤其是在一个经济更为自由的国家，一个国外风险投资支持的投资组合公司更有可能通过 IPO 或者并购成功退出，并且一个国外风险投资公司可能会在投资组合公司上花费很短的时间。Sandeep Dahiya 和 Korok Ray 研究创业筹资的分阶段投资问题，发现分阶段筹资是有效的。分阶段投资让投资者放弃早期低的投资回报，区分好的项目和不好的项目。Nick Wilsond 等研究全球经济衰退时期私募投资的公司绩效问题，发现全球经济衰退前和期间，私募支持收购可以获得更好的经济和财务绩效。回归结果显示，与非收购公司相比，收购公司生产力增加 5%~15%，利润增加 3%~5%。并且，私募投资的企业在经济衰退时期收入和员工增长率更好。Francesco Franzoni、Eric Nowak 和 Ludovic Phalippou 认为私募可以带来各种利益，但是这些利益可能会比预期的低。相比公开招募，私募会有各种流动性风险。无条件流动性风险溢价大约为 3%，在四因素模型中，这个风险溢价会减为 0。并且，私募回报率和全球市场流动之间的关系通过资金流动性通道连接。

在投资决策方面，Mark Hirschey、Hilla Skiba 和 M. Babajide Wintoki 以 1976~2010 年美国公司为样本，研究公司的研发支出问题。研究发现，研发支出是由公司和行业特征决定的。并且，研发支出会随着公司规模、盈利能力和市值/账面比的变化而变化。同时，研发支出比广告和资本支出增长得更快。Ashiq Ali、Mustafa Ciftci 和 William M. Cready 以美国公司为样本，研究研发支出和财务报告的关系。研究发现，财务报告后，研发支出带来的超常收益增加。并且，市场预期会低估研发增加带来的好处。同时，在未来收益预测时，分析师也会低估研发支出增加的影响。结果表明，研发支出增加带来的超常回报是由于市场低估研发带来的收益好处。W. Brooke Elliott、Frank D. Hodge 和 Lisa M. Sedor 研究网上视频公告陈述对投资决策的影响，研究发现，当 CEO 接受内部归因重述责任时，与网上公告内容信息相比，通过网上视频进行公告投资者会建议更大的投资，而当 CEO 不接受时，结论与此相反。结果表明，投资者信任减少披露和归因对投资建议的影响。投资组合的修改开始于资产的投资组合而不是现金。因此，一些资产必须清算，允许投资于其他资产，这会使产生的交易成本集中到投资组合的优化问题上。Andrew H. Chen、Frank J. Fabozzi 和 Dashan Huang 分析交易成本在均值—方差组合和风险价值策略下对最优投资组合的影响。Anders G. Ekholm 建立了一个模型来研究投资组合和管理者活动的关系。研究发现，企业未来绩效与过去股票选择呈正相关关系，与过去市场时效呈负相关关系。并且，随着时间变化，投资组合管理者活动是固定的，说明股票选择增加企业绩效而市场时效减少企业绩效。Brandon Julio 和 Youngsuk Yook 研究政策不确定性和企业投资活动的关系后发现，控制成长性和经济条件后，在国家选举期间，公司会减少 4.8% 的投资支出。投资的程度会随着国家和选举特点的不同而不一样。在政策的不确定性确定前，公司会减少投资支出。

3. 营运资本管理理论

在营运资本管理方面，国外公开发表的文献共有 11 篇，主要集中于对现金流的研究。通常来说，在公司资产和证券投资组合中持有更多的现金应当是更安全的。现金充足的公司会有较低的违约概率和债券差价。Viral Acharya、Sergei A. Davydenko 和 Ilya A. Strebulaev 认为，一个处在财务困境的公司更有可能采取保守的现金流政策。因此，更多的现金持有会与更高的信用风险相关。在现金持有水平的研究上，Dichu Bao、Kam C. Chan 和 Weining Zhang 利用 1972~2006 年的一个制造企业样本，使用一个增强的实证模型研究了现金的现金流敏感性问题。研究发现，当一个公司处在正的现金流环境中时，现金的现金流敏感性通常是负的；但是当公司处在负的现金流环境中时，这种敏感性是正的。研究还发现，现金的现金流敏感性与现金流不相关。

在长期负债与现金流方面，Kaya 和 Banerjee 研究了经济周期中零售商和批发商之间长期负债和现金流水平的差别影响。通过调查零售商和批发商之间存货水平、贸易信贷和营运资本融资的不同后发现，相比于批发商来说，零售商在经济不景气时表现得更差。研究还发现，批发商的营运资金净额和长期负债水平受经济周期的影响不显著，而在经济不景气时零售商则有更少的营运资金净额和更多的长期负债。

在现金流冲击方面，Maria Ogneva 利用一个简单的基于盈余反应系数的框架，把实现的收益分解为存在现金流冲击影响的收益和不存在现金流冲击影响的收益。研究发现，在过去 37 年里，具有差的（或好的）应计质量的股票相对来说会遭受到更低（或更高）的现金流冲击。这些更低（或更高）的现金流冲击会抵消具有差的（或好的）应计质量的公司的预期收益。

4. 分配管理理论

在分配理论方面，国外公开发表的文献共有 7 篇，主要集中于研究分配政策。在股利政策方面，Roni Michaely 和 Michael R. Roberts 比较了上市公司和私营公司的股利政策，以说明公司股利的制定情况，并为私营公司提供些许借鉴。研究表明，私营公司比上市公司分派更少的股利，并且，公开资本市场的监督在公司分派股利方面起到关键作用。上市公司相对来说比其他私营公司分派更高的股利。Balasingham Balachandran 等在控制股份回购和税收的影响后，分析了股利分配时机和信息内容之间的相互影响。股利削减与股份回购没有关联，与未来异常收益和股份削减的信息内容有显著关联关系。短时间内股份削减的百分比要比最终的股份削减百分比要大。Thomas J. Boulton、Marcus V. Braga-Alves 和 Kuldeep Shastri 通过调查巴西的公司，研究了现金分配的税负影响。法律允许这些公司用两种途径分配现金股利：现金股利和具有税收优惠的股票股利。研究发现，税收在巴西公司的分配政策里是一个非常重要的决定因素，正如获利和派息股利与公司分配股票股利的可能性是正相关的。然而，尽管在分配股票股利上有税收优势，但许多公司继续分配现金股利。Mohammed Alzahrani 和 Meziane Lasfer 研究了税收和管理系统在股利分配上的影响。研究发现，当传统的税收制度落实时，处在较强投资者保护国家的公司要比处在较弱投资者保护国家的公司分配的现金股利更少，但它们会购买更多的股份来最大化它们的股东税后收益。在弱投资者保护国家，现金股利和股份回购非常少，对税的作用也很少。研究还发现，当投资者受到保护时，他们宁愿增加股利的税收而不是从降低代理成本中获利。但是，当投资者没有受到保护时，他们会接受任何水平的股利，即使这会让他们承担高额税收。Jin Wang 研究了公司与主要客户的关系是否影响它的股利政策。研究发现，高财务风险成本与专用性投资相关，并且信息认证影响主要客户。此外，一个有客户—供应者关系的公司与它的股利分配之间是负相关关系。Theo Cotrim Martins 和 Walter Novaes 研究了巴西的上市公司的投资与股利分配情况。研究表明，这些公司一个非常显著的共性是它们利用了巴西分红政策的漏洞来避免分配股利，尽管这些分红政策是有效的。这也解释了为什么巴西的平均股利收益率要比美国高。这让公司的投资变得非常容易。

（二）国内研究成果

1. 筹资理论

2012 年，国内公开发表的与筹资理论相关的文章共有 136 篇，研究的主要内容包括资本成本、资本结构、融资约束、融资困境、投资和融资关系、融资方式、股权融资、债务融资等，并在各个研究领域对中小企业融资问题进行了关注，其中资本成本、资本结构、融资约束、融资困境是国内研究的重点。

在资本成本方面，学者们从不同角度研究。权益资本成本（CofEC）是公司筹资和投资决策时需要考虑的重要问题。然而，如何测定公司的权益资本成本，目前尚未得出统一的结论。毛新述、叶康涛和张頔在现有研究的基础上，从事后和事前两个角度测度了我国上市公司的权益资本成本，并从经济和统计两个角度对不同的测度进行了评价。研究得出，不同方法得出的权益资本成本测度差异明显，最大差异达到了 12.13%，这些差异对我国公司融资顺序（偏好）是否主要基于资本成本考虑的判断会造成重大影响。李伟和曾建光研究了我国上市公司会计稳健性与权益资本成本之间的关系。研究发现，会计稳健性与公司的权益资本成本显著负相关。相对于非国有企业，国有企业的会计稳健性更能降低权益资本成本。高芳和傅仁辉以中国 A 股上市公司为样本，首次对会计准则改革的资本市场效果进行了全面的实证检验。经验证据显示，会计准则改革显著增强了股票流动性、降低了上市公司的权益资本成本，进而提高了企业价值。周黎明、史晋川和王争从企业融资成本的角度对金融危机以来中国典当业整体盈利状况的变化提供了可能的解释。他们利用实地调研数据和跨国文献资料研究发现，中国典当业具有迥异于其他经济体的特点，即中国的典当需求更多地来自于中小企业的投资需求，而非普通消费者的消费需求。基于此发现，他们借助一个企业融资行为模型提出了对典当业盈利变化的一个解释：金融危机后的经济刺激政策从各方面降低了企业通过银行借贷的成本，而与此同时，典当成本却具有刚性，作为合理的反应，企业自然偏向银行借贷而非典当融资，典当业因此大量失去企业的融资需求。而经济紧缩政策的作用恰好相反。宏观政策导向的变化和典当行业的盈利波动之间的关系印证了上述假说。魏卉、吴昊旻和谭伟荣以2004~2006年非金融行业上市公司为样本，将管理层与股东、终极控制人与中小股东之间的代理冲突置于同一框架下，考察管理层激励与股权融资成本的关系，以及这种关系是否会受到终极控制人与中小股东之间代理冲突的影响；进一步结合终极控制人性质，检验管理者权力对股权融资成本的直接负面影响及对管理层激励与股权融资成本关系的影响。实证研究发现：管理层货币薪酬激励有助于降低股权融资成本，而管理层持股比例对股权融资成本没有显著影响。终极控制人的两权分离程度及管理者权力均弱化了管理层激励对股权融资成本的降低效应，而终极控制人的现金流权则对管理层激励与股权融资成本的负相关关系具有强化作用，且终极控制人的政府性质对管理者权力所产生的负面影响有抑制作用。张长海和吴顺祥以2007~2008年上市公司为样本，实证检验了会计稳健性和权益资本成本的关系以及国有所有权对两者关系的影响。结果表明，会计稳健性与权益资本成本负相关！而国有所有权则削弱了会计稳健性在降低权益资本成本方面的作用。杨兴全、魏卉和吴昊旻以2004~2006年非金融上市公司为样本，结合中国转轨经济背景，基于终极控制人视角，实证检验中国上市公司的股权制衡结构是否有助于降低其股权融资成本，进而检验股权制衡与股权融资成本的关系是否受公司终极控制人、制衡股东性质及其外部治理环境的影响。研究发现：中国上市公司股权制衡与股权融资成本虽呈负相关关系但并不显著；在终极控制人、制衡股东分属不同性质的公司中，股权制衡与股权融资成本显著负相关，而在两者分属于同一性质的公司中，股权制衡与股权融资成本呈正相关或不显著的负相关关系；进一步检验发现，上市公司所处地区的治理环境越差，股权制衡与股权融资成本的负相关关系越显著，公司股权制衡与其治理环境在影响股权融资成本方面存在越显著的替代效应。

在资本结构方面，学者们主要从两个角度来研究：资本结构与企业绩效、战略的关系，资本结构与公司治理的关系。针对前者，陈德萍和曾智海通过建立资本结构与企业绩效的联立方程模型，应用广义矩估计法（GMM）对联立方程进行估计研究，考察创业板上市企业资本结构与企业绩效之间的互动关系。研究结果表明，资本结构与企业绩效确实存在互动关系。在企业绩效中，资本结构、成长能力、股权集中度、董事会兼任经理人和企业规模都对其有显著影响；而在资本结构中，盈利性、成长能力、偿债能力、资产担保价值和企业规模五个因素对企业资本结构选择具有显著影响。周翼翔以1999~2008年沪深两市509家上市公司为研究对象，在动态面板数据模型中控制住内生性问题的影响后发现：在静态分析框架下，第一大股东持股与绩效之间是相互影响的，但管理层持股与绩效之间无任何显著性关联；在动态分析框架下，股权结构与绩效之间存在跨期动态作用的可能，不过证据比较微弱。祝继高、饶品贵和鲍明明基于2004~2009年城市商业银行数据，分析了我国城市商业银行的公司治理结构对其信贷行为、不良贷款和银行业绩的综合影响。此文研究发现股权结构是影响我国城市商业银行信贷行为和经营业绩的重要因素。第一大股东的控股能力越强，银行的不良贷款率越高，贷款集中度越高，经营绩效也越差；银行的大股东同样存在"掏空"动机，第一大股东股权性质为地方政府的银行不良贷款率更高。而银行中的独立董事对银行大股东"掏空"行为有着显著的抑制作用。研究还发现，股权结构会通过影响城市商业银行的贷款集中度和贷款流向影响银行经营业绩，从而揭示了股权结构影响银行绩效的作用途径和机制。燕玲以 2008~2010 年为时间窗口，研究发现内部人持股及大股东持股与公司绩效之间呈倒 U 型关系，同时发现机构投资者持股与企业绩效之间呈现显著的正向关系。这个结果证实公司绩效是股权结构的函数，为我国企业合理安排股权结构提供借鉴，也进一步丰富了股权结构与公司绩效的研究。于晓红和卢相君以 2006~2009 年部分制造业（8 个子行业）上市公司为样本，考察了在不同的行业环境下上市公司创新战略与资本结构之间的关系。研究结果表明，当公司处于不确定性较弱的行业环境下，创新战略与资本结构正相关；当公司处于不确定性较强的行业环境下，创新战略与资本结构负相关。也就是说，公司越注重创新，其资本结构构成中的负债比例就应越低。同时还发现，当公司处于不确定性较弱的行业环境下，其资本结构与创新战略正相关，说明在这种环境下高财务杠杆有利于实施创新战略；当公司处于不确定较强的行业环境下，其资本结构与创新战略负相关，说明在这种环境下低财务杠杆更有利于实施创新战略。杨广青和丁茜用跨层次研究模型检验了不同行业特征以及公司层面自身因素对公司资本结构的内在作用机制。研究发现：①行业特征是影响微观企业资本结构的重要因素，跨级相关系数值（ICC）显示了行业特征可以解释资本结构变异的 9.67% 的方差；②大多数上市公司在实行创新战略时往往通过债务融资的方式，面临着很大的困境和财务风险；③行业竞争程度既对公司资本结构有着显著的直接作用，也会通过影响公司创新战略来间接影响资本结构决策，即行业竞争能够促使公司在采取创新战略时，保持一个较低的负债水平，从而降低由于采取创新战略带来的高风险；④行业成长性对公司资本结构决策具有间接作用，即行业成长性会加强创新战略与资本结构之间的内在关系，也就是说，处于成长阶段的行业内公司在采取创新战略时，更多的是借助债务融资来实施。对于公司治理和资本结构的关系，周颖等用我国上市家族企业 2007~2009 年面板数据检验了金字塔式持股结构与资本结构的关系。结果表明，家族企业终极控股股东构建不同类型的金字塔结构对上市公司资本结构产生不同的影响：相对于非分离的金字塔式持股结构，终极控股股东构建分离型金字塔式持股结构，使得上市公司更倾向选择较高的负债水平；相对于单链条金字塔式持股结构，终极控制人通过构建多链条金字塔式持股结构，使上市公司更倾向于从集团内部融入更多的资金。另外，研究显示，两权分离程度与公司负债水平呈正相关关系；而金字塔结构越复杂，上市公司将从集团内部融入越多的资金。苏坤以 2004~2009 年中国非金融类上市公司为研究对象，利用面板数据模型，使用金字塔代理链层级和金字塔代理链条数从纵向和横向两个维度衡量金字塔内部结构。深入探讨金字塔内部结构对公司资本结构的影响，并在此基础上进一步检验不同制度环境下金字塔内部结构对公司资本结构影响的差异。研究表明，金字塔代理链层级越长，其杠杆效应就越强，金字塔代理链层级对资本结构具有显著正向影响，而金字塔代理链条数对资本结构没有显著影响。与制度环境较差的地区相比，在制度环境较好的地区，金字塔代理链层级对资本结构的影响相对较小。其政策含义是应采取措施缩短金字塔代理链条，简化控制结构，并从根本上改善制度环境，进一步提高市场化程度，减少政府干预，加强对投资者的法律环境保护。肖作平使用中国非金融上市公司截面数据，应用一系列 OLS 实证检验终极所有权结构对资本结构选择的影响。研究发现，终极所有权结构确实影响资本结构选择。具体而言：①现金流量权与债务水平正相关；②控制权与债务水平负相关；③控制权和现金流量权的分离度与债务水平负相关；④控制权超过现金流量权的公司具有显著低的债务水平；⑤终极控制股东是国有公司的企业的债务水平显著低于终极控制股东是民营等非国有公司的企业的债务水平；⑥董事会成员中终极控制股东派出的董事越多的公司具有越高的债务水平。结果表明，在控制权超过现金流量权的情况下，终极控制股东会利用手中的控制权"掏空"上市公司，股权融资偏好和减少债务融资以摆脱对"隧道"行为约束的效应明显。张海龙和李秉祥通过引入经理管理防御影响因子，以 Blmk 和 Scholes 资产定价模型为基础，构建了公司价值及相关利益者价值动态决定模型，对经理管理防御与公司价值及资本结构关系进行了研究。算例分析的结果表明：首先，经理管理防御不仅会对公司价值和股东价值造成减损，而且对公司经济效率也造成减损，并对减损程度具有放大效应。其次，经理管理防御增大了公司违约风险，而且对公司原有违约风险也具有放大效应。最后，公司资本结构变动时，经理管理防御对公司违约风险更为敏感，而对公司价值相对不敏感；相对于短期负债，经理人更偏好长期负债，负债对于经理人的管理防御行为的抑制作用会因经理人选择长期负债而被削弱。吴文莉考察了股市收益波动与公司资本结构决策之间的关系，以此分析上市公司是否存在违规举债炒股行为。研究发现：股市收益波动与公司负债水平正相关，即上市公司会根据市场收益情况举债进行证券投资，这种正相关关系在非国有企业中更为显著；政府的监管政策效果不明显。研究结果证实了上市公司存在违规举债炒股行为，检验了政策效果并明确了监管的重点与方向。苏坤和张俊瑞以 2004~2008 年我国上市公司为研究对象，从终极控制人的视角实证检验了终极控制股东特征对公司资本结构的影响。研究表明，负债融资扩大了终极控制股东可控制的资源，便利了其攫取行为，且不会导致控制权的稀释，终极控制股东两权分离程度与资本结构显著正相关。较高的现金流权能够有效制约终极控制股东通过扩大负债融资获取私有收益的行为，终极控制股东现金流权对其两权分离程度与资本结构间的关系具有显著的调节作用。与非国有控制公司相比，国有终极控制股东通过扩大负债融资获取私有收益的动机相对较弱，其两权分离程度对资本结构的正向影响也相对较小。肖作平和廖理采用总债务占总资产比重，银行借款占总资产比重和商业信用占总资产比重度量融资结构，使用中国非金融上市公司截面数据，应用一系列 OLS 实证检验终极控制股东、法律环境与融资结构选择之间关系。研究发现：商业信用水平不受终极控制股东和法律环境的影响；现金流量权和控制权分离度低的公司具有显著高的总债务水平和银行借款；终极控制股东是国有公司者，其总债务水平和银行借款显著低于终极控制股东是民营等非国有公司者；法律环境好的地区的上市公司具有显著低的总债务水平和银行借款；终极控制股东与融资结构选择之间的关系受法律环境的影响。除此之外，还有学者从其他方面研究资本结构。王欣和王磊在回顾相关文献的基础上，修正发展了财务权变理论，提出财务权变理论的路径依赖、外部环境、内部因素和可持续发展四个维度，试图构建起企业资本结构调整问题研究的综合性分析框架。通过分析J集团的资本结构调整行为，提出企业可以通过实践财务权变理论来获得最优资本结构，进而实现企业的可持续发展。马文超和胡思玥依据"信贷观"下的贷款渠道及信贷配给理论，分析表明，当货币政策变化影响到信贷供给时，未受约束企业的资本结构在政策紧缩时受影响较小，而受约束企业的杠杆率随着政策的紧缩（宽松）而减小（增大）。考察我国 2003~2009 年的非金融类上市公司的资本结构，在政策紧缩时经验证据与理论分析一致；但在政策宽松时资本结构的调整与"信贷观"并不一致，受约束企业的杠杆仍然较小，未受约束企业的权益及债务均较大。王聪和宋慧英运用 SFA 法测度证券公司的成本效率，借鉴国际通用的新实证产业组织方法——PR 模型测度市场竞争度，进而描述我国证券业的市场结构，在此基础上，实证分析股权结构、市场结构与证券公司成本效率之间的关系。研究结果显示：国有性质证券公司的效率低于非国有性质的证券公司，股权集中度与证券公司成本效率之间是一种 U 型关系，市场竞争度与证券公司效率之间呈倒 U 型关系，且现阶段效率处于下降区间。股权结构、市场结构对证券公司成本效率的影响不存在交互作用。郭杰和张英博以沪深两市 2000~2010 年间首次公开发行的 A 股公司为样本，研究了 IPO 市场时机选择对资本结构的影响。研究结果表明：在现行新股发行制度下，中国的 IPO 市场时机不但包括基于企业自主选择的时机，也包括基于政府发行管制的时机。市场时机对资本结构具有显著影响，但是这种影响主要来源于政府择时而不是企业择时。由于发行管制的存在，政府择时对企业杠杆率有长期显著影响，但企业择时并不能对杠杆率产生显著影响，Baker 和 Wurgler 发现的企业择时与资本结构的显著负相关关系并不存在。因此，政府管制是造成我国实际状况与西方市场时机理论产生偏差的主要原因。李延喜等针对管理者认知偏差对其债务政策选择的影响问题进行研究，通过建立认知偏差影响下的最优资本结构决策模型，从行为金融学的角度研究了债务政策选择的税收效应，并以中国上市公司 2006~2009 年的数据为样本，使用多元回归分析等方法对相关结论进行了实证检验。研究表明：上市公司的债务政策受到了认知偏差的影响，即随着财务困境成本的不断增大，上市公司对其变化的敏感性不断降低；认知偏差严重时，上市公司会选择过度保守负债或过度积极负债，导致最优资本结构与税率无关；认知偏差不严重时，上市公司会选择适度负债，且负债水平与税率正相关。结论表明：中国上市公司需要更为客观地评价财务困境成本，更为理性地利用负债的税收收益，尽可能避免认知偏差对企业价值的损害。陈辉、顾乃康和朱雪嫣在将信息不对称划分为内部人和外部人之间以及知情交易者和非知情交易者之间的基础上，借鉴金融市场微观结构和财务学的相关理论成果测度这两类信息不对称，使用中国上市公司的数据，考察了这两类信息不对称与企业资本结构的关系。结果表明，两类信息不对称程度越高，杠杆水平越低；前者对杠杆的影响程度在小公司中更强，而后者对杠杆的作用效果在大公司中更强。此外，股权分置改革在某种程度上降低了前者的影响程度，而提升了后者的作用效果。这表明，我国资本市场的主要问题可能已由原先的内部人和外部人之间的利益冲突，转变为知情投资者和非知情投资者之间的利益冲突。

在融资约束方面，罗宏和陈丽霖基于 2009 年增值税转型改革，研究了后危机时代税制改革对企业融资约束的缓解作用。研究发现，增值税转型主要是通过对内源融资约束的缓解改善企业的融资约束，其政策效应呈逐年显现的状态。进一步研究发现，增值税转型对非国企融资约束的缓解作用强于国企；高管的金融背景越强，增值税转型对融资约束的缓解作用越大；企业所处地区的市场化程度越高，增值税转型对融资约束的缓解作用越明显。叶建华和韩鹏在理论分析资产增长如何影响股票收益率及融资约束关系的基础上，以 1998~2011 年 A 股上市公司为样本进行了实证检验，结果发现，资产增长负向影响股票收益率，并且这种负向关系在融资约束较为严重的公司中比较明显。刘康兵通过在附加现金流的简化型 Q 模型中引入营运资本投资变量以解决现金流的多重角色问题，对融资约束假说进行了深入检验。从实证角度研究厂商面临融资约束时营运资本和固定资本投资行为存在的三个可检验的预测：①如果厂商固定投资对现金流的过度敏感性反映其受融资约束程度而非遗漏的投资需求变化，则营运资本投资的估计系数应为负数；②面临融资紧约束厂商的固定投资对营运资本存量的变化应更敏感；③如果忽略营运资本的作用，可能会低估现金流波动对固定投资的总量影响。此文应用我国制造业上市公司面板数据，结合我国经济制度特征，运用工具变量法、以资产报酬率等替代托宾 Q、估计动态投资方程等方法证实了上述预测，从而为融资约束假说及其数量效应提供了新的证据，并为解释金融与实体经济的关系，包括本轮金融危机对实体经济的影响提供了经验证据。唐毅和郭欢在 FHP 模型的基础上，结合我国非上市中小企业的特性，对 FHP 模型的变量进行修正，建立了适于我国非上市中小企业融资约束的识别与估计的分析框架。以产能利用率为控制变量，超额现金流为解释变量，对非上市中小企业融资约束进行度量，其实证结果是显著的。顾群、翟淑萍和苑泽明以 Logistic 模型构建高新技术企业融资约束指数，并采用数据包络分析法测度高新技术企业 R&D 投资效率，在此基础上，理论分析并实证检验了高新技术企业融资约束与 R&D 投资效率的关系。实证结果显示高、低融资约束组的 R&D 投资效率均值分别为 0.5121 和 0.3870，具有显著的差异，并且企业面临融资约束程度的上升会显著促进 R&D 投资效率的提高，该结果表明融资约束的客观存在会在一定程度上减轻企业代理问题的负面影响。何光辉和杨咸月基于 2003~2009 年中国制造业上市公司面板数据，运用附加融资约束变量的增广生产函数和系统广义矩估计方法，研究国企和民企资金可获得性在影响生产率方面的差异。结果发现，上市公司生产率从总体上看不受制于内源融资，但按所有制分类后，只有民企存在融资约束并显著影响生产率，生产率高的民企通常拥有丰裕的内源资金；进一步按流动性与负债状况分类后仍不改变结论，而且流动性差、负债率高的民企所受约束更加严重。

在融资困境方面，王卫星和赵刚以长江三角洲地区中小企业为研究对象，认为长江三角洲地区中小企业融资困难是长期困扰其发展的"瓶颈"之一，形成这种局面既有企业自身经营和管理方面的原因，也有外部法律环境和金融环境的原因。破除困境的路径关键在于中小企业要调整结构、科学发展，更需要强化内部控制，诚信守约。政府和银行也需要进行管理创新和服务创新，为中小企业发展建立良好的外部环境。黄立新和叶冬艳从基金资产配置的视角，展开了中小企业融资解困方式的创新研究。为研究方便，此文提出了存在非流动资产时机构投资者的最优资产配置模型。其中，把中小企业的融资视为非流动资产，而把基金看作机构投资者。在模型中，机构投资者的目标函数是财富效用的期望增长率。此文将该类资产配置问题简化为有限时间上的控制问题，给出了价值函数满足的偏微分方程以及对应的初始条件、终止条件以及边界条件，求解了最高的财富效用期望增长率及对应的最优资产配置。陶雪飞基于中国渐进式改革的背景，对现阶段我国民营企业的融资困境进行深入的分析，并通过理论模型加以验证。此文认为解决民营企业融资问题的关键在于发展多元金融市场，即应从设立多元化中小企业金融机构、发展资本市场、放开民间金融等方面为民营企业融资提供便利。刘钢和张明喜剖析了宁波、上海两地开展"小贷险"的主要做法，并指出其存在的主要问题：保险营销机制尚未完全建立，再保险问题难以解决。缺乏相应的政策扶持，社会信用体系需进一步完善。下一步应建立政府引导多方分担的"小贷险"经营模式，加大"小贷险"推广力度，建立风险分散机制，加大政策扶持力度；加强科技型中小企业信用体系建设。在融资制度方面，郑曙光认为民营中小企业普遍存在"资金贫血症"难题，究其原因主要是直接融资渠道不够通畅、银行经营政策与金融环境不佳、非正规融资的金融压制等，创新融资制度具有正当性与合理性。在创新民营中小企业融资制度的法制化路径上，可采取组建新型融资机构、建设资本市场、完善融资征信制度、规范非正规金融市场等多种途径。谢平和邓晓兰针对以中央政府行政控制为主要特征的地方公债融资管理制度在实施过程中存在的问题，运用 SSP（状态—结构—效应）分析范式，围绕地方公债发行各参与方所产生的依赖关系，分析评价了现行中国地方公债融资管理制度现状，探索了中国地方公债融资制度的变迁方向。研究认为，不同的利益方对于中国地方公债融资制度的效应有着不同的期望和评价，进而影响到制度的选择与安排；中央政府行政控制的放宽与相关制度的完善将是未来中国地方公债融资管理制度改革的主要方向。王广深对日本和美国水利投融资制度作了深入比较分析，发现日本水利建设主要依靠政府财政投入，而美国水利建设主要依靠市场机制采用发行债券、贷款、政府投资回收及建设者自有资金等方式筹集资金，并进一步探讨日、美水利建设投融资机制的合理性，并结合我国的实际情况提出优化我国水利建设投融资制度的政策选择。同时，王广深还对印度水利投融资制度进行深入分析，发现印度政府投资水利占政府总投资比重大、水利投资以农业灌溉为主、注重利用外资等特点，并结合我国的实际情况提出优化我国水利投融资制度的建议。葛永盛和童盼从关系专用性投资的视角，考察了中小企业对融资关系的处理以及融资契约的安排，通过数学建模检验了静态博弈的非效率性，以及动态博弈下不同融资模式的子博弈完美纳什均衡的参与约束条件，进而为解决我国中小企业融资难问题提出了政策性建议。王建秀、李常洪和张改枝通过建立信息不对称下的中小企业融资博弈模型，研究了具有不同风险偏好的中小企业融资过程中的逆向选择与道德风险问题，分析了风险偏好、利率以及项目预期收益等影响中小企业守信概率的因素以及取得

（守信，贷款）这一均衡战略的概率区间，并在此基础上提出了解决中小企业融资困境的对策建议。

在投资和融资关系方面，早期的 MM 理论定义为企业的融资方式与投资决策无关，但是，随着公司治理理论的发展，以及不对称信息理论、信号传递理论、委托代理理论、契约理论等的形成和广泛运用，企业投资与融资之间存在很强的相互作用机制已经得到了共识。李芸达、范丽红和费金华从企业产权制度出发，主要对不同产权性质企业的投融资关系进行了研究。结果发现，国有产权控制企业存在着"先投后融"的财务行为特征，但是私有产权控制企业却体现着"先融后投"的行为特点。通过此文的研究，不仅是对企业投融资关系研究的进一步深入，而且也从产权制度视角对公司财务行为提供了一个新的解释。高友才和刘孟晖在追索终极控制人所有权与控制权的基础上，对公司投融资策略进行了划分，并利用 2009~2010 年中国沪深两市制造业 A 股上市公司的样本数据，实证检验了终极控制人股权特征与公司投融资策略之间的关系。研究结论表明：随着终极控制人所有权与控制权比例的逐渐提高，公司投融资策略趋于保守；过度集中或分散的终极控制人所有权与控制权比例都会导致不匹配的投融资策略，适度的所有权与控制权集中会使公司投融资策略相互匹配；国有性质的终极控制人能够抑制保守投融资策略或风险投融资策略，但私有性质的终极控制人却使公司投融资策略更加趋于保守或更具风险。此文的研究结论对于规范公司终极控制人投融资行为、改善公司治理水平具有重要启示作用。吴超鹏等研究风险投资机构对上市公司投融资行为的影响机制和作用效果，结果发现：风险投资的加入不仅可以抑制公司对自由现金流的过度投资，而且可以增加公司的短期有息债务融资和外部权益融资，并在一定程度上缓解因现金流短缺所导致的投资不足问题。进一步研究还发现，不同特征的风险投资机构均可起到抑制自由现金流过度投资的作用，但只有高持股比例、高声誉、联合投资或非国有背景的风险投资机构才能够显著地改善外部融资环境，缓解现金短缺公司的投资不足问题。曾海舰利用收集到的我国上市公司年报中的房屋建筑物数据，匹配以全国省级层面和城市层面的房屋价格数据，检验和识别资产价值波动对公司投融资变动的影响。实证检验结果显示，在房价上升较快的 2003~2009 年，上市公司房屋建筑物市场价值每增加 1 元，负债大约增加 0.04~0.09 元，投资大约增加 0.04 元，针对不可观测的公司特质性因素和内生性问题，此文还设计了双重差分与工具变量估计的检验策略，均得到相似结论。研究表明，我国存在显著的抵押担保渠道效应。为避免房价下滑对投资的负面传导效应，建议在抑制房价的同时应该扩大中小企业融资渠道，刺激企业投资。基于不完全契约理论，王声凑和曾勇在阶段融资架构下，分析了控制权初始占优配置以及随阶段进程的重新谈判与转移过程。通过分析两种不同控制权初始配置的优劣势并对其效率进行比较，发现项目发展前景和双方阶段融资时刻的谈判能力将影响控制权的初始占优配置；在阶段融资时刻，项目的盈利能力水平决定了风险投资家的最优阶段投资决策以及阶段时刻控制权的最优调整。研究结论解释了 Kaplan 和 Stromberg 关于控制权配置的实证结果。

在融资方式方面，企业融资方式有很多种，主要为股权融资和债务融资。

在股权融资方面，IPO 作为企业融资的一种渠道，学者们对其进行了很多研究。祝继高和陆正飞研究了 2004~2008 年的企业上市问题。研究发现，相比国有企业，民营企业是否申请上市与企业外部融资需求的相关性更强。这说明外部融资需求对于民营企业是否申请上市的影响较大，而国有企业申请上市更有可能是出于非经济因素的目的。进一步的研究表明，中国证券监督管理委员会发行审核委员会（简称"发审委"）更有可能批准国有企业的上市申请。此文还发现，外部融资需求大、盈利能力好、位于市场化程度高的地区的企业更容易被批准上市。总之，此文的结论表明，目前的证券监管体制能够保证盈利能力好的企业更有可能被批准上市，从而使得证券市场的有限资源能够配置给业绩优良的企业。但是，核准制只能在一定程度上保证资源配置的有效性，政府在权益融资方面依然会照顾国有企业。胡志颖、周璐和刘亚莉以 2009~2011 年在创业板上市的 IPO 公司为样本，综合动态分析了风险投资和风险投资联合差异对 IPO 前和锁定期结束当年的盈余管理的影响。研究发现，风险投资的参与影响了 IPO 公司的盈余管理，具体表现在风险投资的参与降低 IPO 前的盈余管理，以实现在锁定期结束当年的盈余反转，从而获得更高的股份减持收益。实证结果支持风险投资 IPO 行为的道德风险假设。在此基础上，研究还发现，在我国当前环境下，风险投资联合的差异增加了 IPO 前的盈余程度，却同时降低了锁定期结束当年的盈余管理程度，这说明风险投资联合并没有恶化风险投资的盈余管理，相反起到了抑制的作用。黄福广、李西文和张开军以中小板上市公司为对象，基于 2003~2009 年数据，利用修正 Jones 模型对 IPO 盈余管理程度及 VC 持股的影响进行检验，发现 IPO 盈余管理现象不显著，也就是中小企业没有明显利用盈余管理提高上市可能性；另外，作为中小企业上市前的重要投资者，VC 的参股并没有明显改变中小企业 IPO 盈余管理，即 VC 参股没有明显改变中小企业 IPO 逆向选择成本。李敏才和刘峰采用中小板成立以来至 2010 年 12 月 31 日止参加中小板过会审核的公司为样本，从发审委社会资本的角度来研究 IPO 资源分配的影响因素。实证结果表明，过会时企业拥有的中介机构的发审委社会资本，能够提高其上市成功率；区分企业性质后发现，中介机构的发审委社会资本能够显著提高民营企业的上市成功率，但对国有企业影响不显著；单独检验各个中介机构的发审委社会资本的作用时，则发现会计师事务所的发审委社会资本能够显著提高上市成功率，而律师事务所则没有显著作用。进一步研究发现，有发审委社会资本的会计师事务所能够收取约 15% 的审计收费溢价，但是中介机构的发审委社会资本降低了资源配置效率。肖星、徐永新和陈诣辉以 1993~2009 年上市公司 IPO 过程中无形资产的剥离和付费信息为基础，分析了 IPO 时资产重组的影响因素及其经济后果。我们的研究发现，大股东后续获取控制权收益的成本越低，就越有可能在 IPO 时保留无形资产的所有权，并在 IPO 后安排更多与之相关的关联交易。此文的研究结果表明，大股东在 IPO 时和上市后如何从上市公司获取收益最终都取决于其获取控制权收益的成本，因此，保护中小股东的利益要从完善制度环境、改善公司治理以提高大股东获取控制权收益的成本入手。覃家琦、邵新建和赵映雪以中国 1993~2009 年的 1158 家 IPO（其中 A+H 公司 36 家）为样本，实证检验了 A+H 双重上市与公司 IPO 行为之间的关系。研究发现：A+H 双重上市与单位权益发行价、IPO 定价效率、融资规模效率均显著负相关，表明 A+H 双重上市非但没有给公司带来 IPO 溢价，反而导致更高的 IPO 抑价。进一步分析表明，A+H 公司的更高 IPO 抑价与其大规模的股票发行数量显著正相关，正是 A+H 公司的大规模股票发行迫使发行人和承销商采取低价策略以保证成功 IPO，并导致 A+H 公司具有偏好在热市期上市的择时行为。于富生和王成方研究了国有股权与 IPO 抑价之间的关系及其在政府定价管制程度不同情况下对国有股权与 IPO 抑价关系的影响。研究结果显示，国有股权比例与 IPO 抑价正相关；随着政府定价管制程度的提高，国有股权比例与 IPO 抑价的正相关关系显著减弱，甚至转向负相关关系。此文的研究结论深化了我们对国有股权与 IPO 抑价之间关系的认识，可以帮助我们理解政府对 IPO 定价的影响机制。刘阳和彭韶兵将应计模型引入企业生命周期的代理变量后，运用 1998~2008 年上市公司的数据，检验先前关于 IPO 企业正的可操控性应计是否会出现正向偏误。结果显示，当 IPO 企业按照生命周期分类后，处于上升阶段的 IPO 企业有显著的正向可操控性应计，而处于下降阶段的 IPO 企业则出现了显著的负向可操控性应计。张亦春和洪图基于信息不对称及新股发行利益链等理论的分析表明，承销商声誉与私募股权投资是影响创业板 IPO 市盈率与超募率的潜在重要因素。针对创业板 260 家公司 IPO 数据进行的实证研究结果表明：①承销商声誉与发行市盈率及超募率均显著正相关；②私募股权投资与发行市盈率存在显著正相关关系，但私募股权投资并不显著提高 IPO 公司的超募率。王晓梅和龚洁松参考 Ritter J. R. 融资成本分类方法，以创业板 177 家公司为样本，从直接和间接融资成本两方面，考察影响创业板 IPO 成本因素。研究发现：创业板 IPO 直接成本与公司发行规模、上市前负债率负相关；间接成本与信息不对称程度显著正相关，与公司发行规模、中签率、发行后市盈率负相关。李旭松和崔学刚在综合分析现有理论的基础上，以如家快捷酒店在美国纳斯达克上市为例，从其境外上市的融资规模、融资后资产结构与资本结构变化、公司治理改善状况等方面，系统研究了企业境外上市的融资效果。研究发现，企业境外上市能够有效克服融资约束，改善财务结构，完善公司治理，提高公司价值。章铁生、徐德信和祝传玲以我国 2006~2009 年民营企业的 IPO 申请为研究样本，同时考察企业拥有的企业层面政治关系和所在辖区层面政治关系，实证研究了政治关系是否有助于民营企业得到 IPO 机会。研究发现，政治关系对民营企业的 IPO 机会存在显著影响，拥有政治关系越多的民营企业越可能通过发审委 IPO 审核。研究结果表明，在中国这样的缺乏产权法方面的正式法律和司法体系、私有产权容易被侵害的制度环境下，政治关系作为一种重要替代机制正在发挥作用。邹高峰、张维和常中阳选取自 2005 年 1 月实施询价制以来至 2010 年 6 月 30 日在我国沪深股市发行的 461 个 IPO 样本，分别采用事件时间和日历时间的研究方法，使用不同市场基准计算 IPO 等权平均、总市值加权平均收益率，并实证检验了 IPO 长期表现的影响因素，研究结果表明：询价制下中国 IPO 状况在三年内总体上表现为长期弱势，与询价制实施之前的长期强势结果相反；新股发行的高定价、投资者情绪和意见分歧是我国 IPO 长期弱势的主要因素；IPO 的长期表现受到不同的事件时间和日历时间研究方法，以及使用不同的市场基准收益率和不同的 IPO 超额收益率加权方式等的影响。文守逊、黄文明和张泰松以创业投资声誉为视角，选取创业板 IPOs 为样本，实证研究有无创业投资参与、创业投资持股比例、创业投资声誉对 IPO 初始收益和长期业绩的影响效应。研究发现：中国创业板市场创业投资核证作用微弱，有无创业投资参与、创业投资持股比例和创业投资声誉均对 IPOs 初始效应无影响，创业投资声誉凝聚效应不佳；有创业投资参与的 IPO 企业的长期业绩优于无创业投资参与的 IPO 企业的长期业绩，创业投资声誉对 IPO 后企业长期业绩有提升作用且显著正相关；同时，此文从中国创业板市场特性和非理性投资行为视角分析了理论假设和实证结果差异之所在。焦明宇和安慧琴针对创业板上市首日存在大量的噪声交易者，着重从二级市场的角度来对创业板溢价的因素进行实证分析，得出创业板的噪声交易程度与溢价水平存在显著的相关性。衣龙新以 2010 年度前上市的创业板公司为研究样本，通过规范分析与实证检验，发现一级市场的机构投资者热情与二级市场的公众投资者情绪及券商在利益驱动下的"推手"作用，是造成创业板上市公司严重超募的主要动因。郑志丹、张宗益对影响中国 IPO 超额抑价的各种因素进行了结构分解与再检验，结果表明，发行人、承销商和机构投资者等多方博弈的结果使得我国 IPO 整体上表现为发行抑价，但实际抑价水平仅为 12.9%，这一结果支持了定价效率观，而并不符合租金分配观。同时，政府管制溢价和二级市场溢价分别使得 IPO 新股高出其发行价格的 55.6% 和 2.6%。实证结果不仅支持了供给管制假说，还表明股票定价的市场化必须以供给市场化为前提，只有在此基础上，供需双方才能通过直接交易和博弈机制形成真正的市场化定价。夏芸和徐欣在对 2006~2010 年深市 A 股市场上市公司 IPO 超募资金使用情况刻画的基础上，探讨公司内部治理与 IPO 超额募集资金使用之间的关系。研究发现，上市公司在使用 IPO 超募资金过程中普遍存在着严重的过度投资行为，公司内部治理机制能够有效地缓解 IPO 超募资金使用过程中的代理问题；其中，董事长和总经理两职合一、高管的货币薪酬较高会引发 IPO 超募资金的过度投资，而公司股权制衡度的提高则有利于减少 IPO 超募资金使用中的过度投资行为。此外，非国有控股上市公司 IPO 超募资金的过度投资问题比国有控股公司严重。定向增发作为上市公司募集资金的新渠道，近年来规模迅速扩大。冯科、赵洋和何理采用事件研究法对定向增发的股票在解禁期的市场表现进行了描述性统计，并分析了实施定向增发上市公司的股利政策、大股东行为方式以及股市周期对解禁期股价走势的影响，以求对投资者的投资行为给予指导。俞军以沪深两市定向增发的 564 家上市公司为研究样本，运用行为心理学中的锚定效应理论，对定向增发折扣率确定的过程进行了检验和解释。研究结果表明：上市公司定向增发折扣率的确定并非是一种完全理性的经济决策行为，而是以"初始的 5 家上市公司定向增发折扣率均值"和"截止前一组已经实施增发的所有上市公司定向增发折扣率均值"为基点，按照外部锚启动范式和内部锚启动范式进行定价决策，存在明显的锚定效应现象。李增福、黄华林和连玉君采用了应计项目操控与真实活动操控两种模型研究了我国上市公司定向增发新股过程中盈余管理行为以及之后的业绩表现，结果发现：中国上市公司在定向增发过程中会同时使用应计项目操控与真实活动操控两种盈余管理方式；进一步研究发现，应计项目盈余管理会导致上市公司定向增发后业绩的短期滑坡，真实活动盈余管理会引起公司业绩的长期滑坡，真实活动盈余管理是上市公司定向增发之后业绩滑坡的主要原因。股权质押融资是一种大股东常用的财务融资策略。从理论上分析，大股东股权质押融资后可能会产生控制权让位风险与杠杆化风险，这两类风险可能对上市公司造成负面的影响。因为，大股东"易位"可能影响上市公司稳定性并造成公司价值受损，大股东过度杠杆化可能产生对上市公司中小股东的利益侵占或利益输送，透过这些机理关系，艾大力和王斌提出需借助市场反应来检验的两个命题：配股融资对市场的实际影响程度有多大，以及内在的影响机制与途径是什么？饶明在样本筛选的标准更加严格、信息泄露时间点的估计更加准确和多窗口 CAR 的计算基准更统一的基础上，再结合配股融资的关键进程，研究发现：配股融资公告后，股票价格表现出阶段性特征，并不完全为负价格效应，而且各条途径影响股价的机制也随时间长度变化，但配股价格的折让率一直是配股影响股价的最重要途径。倪敏和张耀中基于我国特殊的制度背景，运用 Myers和 Majluf 的模型框架，对上市公司配股融资后的会计业绩及其影响因素进行了理论分析和实证检验。实证结果表明：配股后公司业绩出现了显著下滑，在股权集中的治理结构下，控股股东的机会主义行为是造成业绩下滑的直接原因，包括配股前的盈余管理和配股后的圈钱行为；公司治理结构对业绩下降具有重要影响，随着股权集中度的增加，发生控股股东机会主义行为的可能性越大，配股后的业绩下滑程度也越严重。梁上坤、赵刚和董宣君以 2000~2010 年中国 A 股上市公司股权再融资行为为研究对象的实证检验表明，会计稳健性水平越高的企业进行股权再融资的可能性越大，再融资费用率和再融资金额也越低。在多种稳健性测试下，这一结果仍保持稳定。

在债务融资方面，王秀祥和张建方以浙江省中小企业为研究对象，主要讨论三方面内容：①全面分析中小企业财务结构与融资特征，并与大企业作比较，得出部分中小企业在偿债能力、营运能力和盈利能力等方面均不逊色于大企业。②从微观角度，对中小企业主要的债务融资行为作实证分析，识别影响中小企业债务融资的显著因素。同时根据回归结果证实中小企业主要债务融资行为的成本比较优势依次为：银行贷款、商业信用和非正规融资。③利用 Kruskal-Wallis 非参数检验方法判定行业因素对中小企业债务融资行为具有显著差异，而宏观经济周期变化对其影响却不显著。此文的研究结论填补主流文献仅从金融机构或政府金融体制建设等方面寻求破解中小企业融资难的答案，从企业自身经营和财务管理角度解释中小企业融资难的原因。杨继伟、汪戎和陈红以 2007~2008 年非金融类上市公司为样本，研究了债权治理与盈余质量之间的关系，得到以下研究结论：资产负债率与盈余质量显著负相关，短期资产负债率与盈余质量显著负相关，长期资产负债率与盈余质量呈现出不显著的正相关关系。进一步研究后发现，短期债务融资是引发盈余质量恶化的主要原因，而长期债务融资虽然在一定程度上改善了上市公司的盈余质量，但这种效果总的来说并不显著。此外，最终控制人的国有性质加剧了债务契约引发的盈余管理动机，恶化了盈余质量。吴娅玲采用主成分分析法估算我国上市公司会计稳健性，运用多元回归分析法考察会计稳健性对公司债权融资效率的影响。实证结果表明，会计稳健性与债权融资效率正相关，即会计稳健性的提高有助于改善公司债权融资效率。此外，我国新会计准则实施后，公允价值计量的重新运用对于会计稳健性与债权融资效率之间的相关性没有显著性影响。稳健的会计政策可以降低债权人面临的债务契约的违约风险，提高公司的债权融资效率，所以，会计稳健性对债权人是一种有效的制度安排。刘浩、唐松和楼俊依据已有的文献，总结出关于独立董事监督和咨询角色的理论框架，并以银行背景独立董事这一特定人群为研究对象，讨论独立董事在中国上市公司中的实际作用。利用沪深两市 2001~2008 年的数据研究发现：①银行背景独立董事咨询功能的发挥较为明显，企业的信贷融资得到改善，但监督功能没有明确的体现，甚至较其他独立董事更弱。②在信贷寻租更严重的情况下，即金融市场不发达的地区和银根紧缩的时期，银行背景独立董事的咨询功能发挥得更为明显，所在的上市公司获得了更多的信贷。王建琼、闵连星和洪璐从融资供给的角度考察了债券融资供应与我国上市公司债务融资决策之间的关系，并利用 2008~2010 年沪深两市非金融类上市公司的截面数据进行了实证检验。结果表明：采用债券融资的公司的负债水平更高，说明债务融资供给扩大了债务融资需求；并且具有相对债券融资偏好，T 检验结果显示结论显著成立；进一步的回归结果显示，在控制债务需求因素后，债券融资供给与公司长期负债率显著正相关。

此外，学者们还研究了其他的融资方式。供应链金融是 21 世纪初期国内商业银行在贸易融资领域的重要创新业务，牛晓健等借鉴 JP 摩根银行和合作企业于 1997 年提出的 Credit Metrics 模型的思路，通过实地调研国内 S 银行 2009~2011 年开展汽车行业供应链融资的真实交易数据，在国内首次计算了供应链融资的风险转移矩阵，结合供应链融资的特点对我国商业银行开展的供应链融资进行量化风险测度，揭示了供应链融资的风险程度，通过对测算的结果的全面分析，比较 S 银行三家分行三条汽车行业供应链上的融资业务资产组合的风险差异，为商业银行如何进行供应链融资风险管理提出切实可行的建议。鲁其辉、曾利飞和周伟华根据供应链应收账款融资交易模型，建立了包含供应商、下游厂商和金融机构的多阶段供应链决策模型，研究了包含和不包含融资情况下相关企业的决策问题，得到供应链中各参与方各阶段的期望收益，并通过数值分析研究了供应链应收账款融资对供应链成员和整个供应链的价值，分析发现：在没有其他融资的情况下，中小供应商有可能出现生产不连续的情况，而供应链应收账款融资能够使其进行连续生产，并在快速增长的市场中能在较短的周期内达到最优产量；应收账款融资也能使厂商得到连续供货，收益持续增长，供应商的初始现金越多，厂商的期望收益越高；当供应商的实力较弱时，金融机构能够得到较大的融资总收益，供应商的实力达到一定程度后，金融机构得到的总收益呈下降趋势。供应链应收账款融资对中小供应商、厂商和金融机构都具有很大的应用价值。项目融资租赁租金的确定以项目本身的资产和未来的收益为依托，涉及项目成本、收益、利率等多个参算因子。但在不确定环境下，参算因子的取值往往会发生较大变动，这大大增加了租金确定的难度，从而影响出租人对收益的保障。宋晓华等首先对不确定环境下影响项目融资租赁租金计量的主要因素进行敏感性分析，以判断对租金计量具有重要影响的因素。在此基础上构建了不确定环境下的项目融资租赁的租金计量模型，将参算因子取值的不确定性嵌入模型中，使其计算结果能更大程度地保障出租人收益。最后结合实际案例，验证了不确定环境下模型的有效性。张新民、王珏和祝继高以 2004~2010 年我国 A 股上市公司数据为样本，检验企业市场地位对其商业信用及经营性融资的影响。研究发现，商业信用和银行借款都会向市场地位高的企业集中。进一步的研究还发现，企业商业信用融资和银行借款融资的替代关系在市场地位高的企业中更为显著，即市场地位高的企业同时可以获得来自商业信用和银行借款的融资；而两者的替代关系在市场地位低的企业中相对不明显甚至不存在，由此凸显出市场地位低的中小企业的融资困境，为我国亟待发展的"草根金融"及中小企业融资环境的改善提供了企业微观层面的实证支持。以互联网为代表的现代信息科技，特别是移动支付、社交网络、搜索引擎和云计算等，将对人类金融模式产生根本影响。可能出现既不同于商业银行间接融资，也不同于资本市场直接融资的第三种金融融资模式，称为"互联网金融模式"。谢平和邹传伟研究了互联网金融模式的支付方式、信息处理和资源配置。王克敏和刘博针对中国上市公司公开增发业绩门槛变化进行研究后发现，公司公开增发前确实通过可操控应计向上盈余管理，且随着业绩门槛提高，公司间业绩差异缩小，公司应对低质量公司冒充的盈余管理激励减弱，进而应对投资者打折的盈余管理水平下降，反之亦然。此文研究表明，高业绩门槛因传递公开增发公司间业绩差异缩小的信息而具有抑制公司盈余管理作用，即高业绩门槛可以筛选高质量公开增发公司。谭之博和赵岳运用静态、动态面板模型和横截面 Tobit 模型，检验了企业规模对融资来源的影响。研究发现，企业规模越小，不仅银行融资占其总资产的比重越小，而且银行融资相对于股权融资的比例越小。与股权融资相比，银行融资对小企业的抑制作用更明显。不同于传统文献中小企业的融资难题由其自身因素所致，此文实证结果表明，小企业受到的融资抑制也与它们所处环境的宏观金融体系相关。马健、刘志新和张力健在双重异质信念假设下，基于我国上市公司融资环境建立了融资决策模型，分析双重异质信念对我国上市公司股权债权融资选择的影响，得到结论：①卖空限制下，投资者异质信念越大，公司越倾向于股权融资；②投资者—管理者异质信念越小，公司越倾向于股权融资。并以 2005~2009 年沪深 A 股再融资公司为样本，采用单变量分析和 Probit 多元回归方法，对模型结论进行实证检验，实证结果支持模型结论，并从双重异质信念的视角对我国资本市场融资异象进行解释。品牌质押融资是中小企业拓宽融资渠道、解决资金短缺的重要手段之一。有效开展品牌质押融资的关键在于对品牌质押物的合理估值，刘红霞在对现有品牌估值方法进行综合分析和深入思考的基础上，从品牌收益和反映品牌市场竞争能力的品牌强度系数两个方面构建品牌质押物的估值模型，从而客观地反映品牌质押物的内在价值，提高品牌评估结果的公信度和影响力。罗磊和苏晓华梳理了十年来西方社会资本与企业融资研究相关的文献，对现有研究取得的主要成果、研究方法及尚存不足进行了系统评价，并在此基础上对未来研究方向进行了展望。

2. 投资理论

2012 年，国内公开发表的与分配理论相关的文章共有 77 篇，研究的主要内容包括投资管理、价值评估与管理、投资者行为等，其中投资管理、投资者行为是国内研究的重点。

在投资效率方面，由于信息不对称和代理问题的存在，企业投资活动往往偏离了企业价值最大化的目标，非效率投资现象普遍存在。曹亚勇、王建琼和于丽丽以 2009~2010 年度披露了社会责任报告的 459 家 A 股上市公司共计 824 份数据为研究样本，按照润灵环球责任评级（RKS）构造的指标来衡量公司社会责任信息披露水平，首次对我国上市公司社会责任信息披露与投资效率之间的关系进行了实证研究。结果表明：上市公司社会责任信息披露与公司投资效率显著正相关；上市公司社会责任信息披露与公司投资过度显著负相关。刘慧龙、吴联生和王亚平研究了国有企业改制模式对上市公司投资效率的影响，以及独立董事在其中的作用。研究结果表明，由于存续分立公司的大股东代理问题和管理者代理问题比非存续分立公司严重，使得其投资效率显著低于非存续分立公司，独立董事可以减少因大股东的利益输送而造成的投资不足问题，但没有证据显示独立董事可以减少因管理者代理问题而产生的过度投资问题。上述结果说明，国有企业改制模式和董事会独立性对于国有企业改制效果具有重要影响，由于投资不足和过度投资的形成机制不同，因而独立董事对公司治理的作用也有所差异。应千伟与罗党论通过研究授信额度与投资效率的关系发现，银行授信的确有缓解融资约束、提高投资效率的功能，但在融资约束越小、公司治理质量越差、政企关系越强的企业中，授信额度的利用效率（即对投资效率的提升作用）越低。研究结果表明，在一定程度上，银行授信固然有缓解融资约束的作用，但在代理成本较高的企业中也可能引起过度投资和投资效率的扭曲。李培功与肖珉基于管理者在一定约束条件下追求自身利益最大化的逻辑思路，分析管理者任期与企业资本投资之间的关系，重点检验我国上市公司 CEO 的既有任期和预期任期对企业投资水平和投资效率的影响。研究结果发现，在管理者任期与投资水平的关系上，国有企业与非国有企业表现一致：CEO 的既有任期越长，企业的投资水平越高；CEO 的预期任期越短，企业的投资水平越低。在管理者任期与投资效率的关系上，国有企业与非国有企业表现不同：非国有企业的过度投资程度与 CEO 的既有任期及预期任期无关；而国有企业 CEO 的既有任期越长，过度投资问题越严重，CEO 的预期任期越短，过度投资问题越能得到缓解。黄珺和黄妮以 2006~2010 年房地产上市公司为研究样本，借鉴 Richardson 投资模型对我国房地产上市公司的过度投资行为进行度量，发现房地产开发企业存在用自由现金流进行过度投资的行为。进一步通过债务融资与过度投资之间的关系进行实证分析，发现债务融资总体上对房地产企业过度投资行为具有抑制作用，其中银行借款不能抑制其过度投资行为，反而与过度投资呈正向关系；商业信用能有效抑制其过度投资行为。徐细雄和刘星以金融契约理论为基础，从控制权视角考察了企业"核心控制权"、"一般控制权"和"现金流权"的交互关系及其对过度投资的影响效应，并利用中国上市公司数据进行实证检验。研究发现：①管理者利用控制权地位攫取私利是引发企业过度投资的主要诱因，随着管理者控制权强度增加，过度投资水平明显上升；②投资者拥有的核心控制权能够对管理者一般控制权行使产生有效约束，相比较于股权分散、负债较少的企业，股权集中、负债较多企业投资者拥有的核心控制权更集中、干预动机更强，因而企业过度投资水平明显降低。张会丽和陆正飞以我国 A 股上市公司子公司的现金持有状况为考察对象，实证检验了集团型上市公司内部现金在母子公司间的分布状况对公司总体过度投资水平的影响。结果表明，在公司总体持现水平一定的条件下，现金在母子公司间的分布越分散，即子公司持现比率越高，集

团公司整体的过度投资越严重。进一步的研究显示，完善的公司治理机制能够在一定程度上降低子公司高持现对集团公司整体过度投资水平的影响。黎来芳、程雨和张伟华通过制造业上市公司 2006~2008 年的面板数据，实证检验投资者保护能否抑制企业的过度投资行为并影响企业融投资关系。研究发现：我国制造业上市公司过度投资水平与融资规模显著正相关；而地区的投资者保护水平显著抑制了上市公司的过度投资行为；在投资者保护水平较高的地区，上市公司过度投资程度与融资规模的正向关系显著下降。张丽平和杨兴全以 2004~2009 年中国上市公司为样本，从管理者权力角度考察管理层激励对过度投资的治理效应。结果表明，货币薪酬激励和股权激励对上市公司的过度投资行为具有抑制作用，但是管理者权力和国有性质均弱化了管理层激励的这种治理效应。在国有上市公司中，管理者权力对管理层激励效应的抑制作用更强。

在研发投资方面，当前创新对中国经济发展的重要性是毋庸置疑的，企业的研发活动作为创新的最主要载体，也受到越来越多的关注。肖海莲、唐清泉和李萍应用《企业会计准则》(2006) 之后中国 A 股上市公司研发（R&D）投资结构数据，实证考察了研究（R）投资、开发（D）投资对企业价值的影响。研究发现：研究（R）、开发（D）相结合投资时，能提高企业经营利润，存在显著的协同效应；其中，独立投资时，研究（R）投资与企业未来经营利润显著正相关，开发（D）投资与企业当期经营利润显著正相关。肖虹和曲晓辉基于中国上市公司与投资者的行为互动视角，对公司 R&D 投资行为的误定价迎合性进行研究检验。总体而言，此文研究结果支持了 R&D 投资迎合行为假说，发现在中国制度环境下 R&D 投资迎合行为的实施主体为民营终极控制上市公司。误定价影响R&D 投资的传导路径与股权融资渠道密切相关，与股票市场外部治理压力下的理性迎合渠道不显著相关，不存在公司管理者为最大化股权薪酬利益而迎合投资者的短视的 R&D 投资行为。此外，R&D 投资迎合行为与盈余管理行为之间的关联性也主要是通过股权融资渠道而结合起来。赵武阳和陈超对近 30 年来中英文主流学术期刊有关影响研发投入因素的重要文献进行了梳理，为了突出对会计及财务学者的意义，他们着重介绍那些基于企业内部契约关系来探讨研发投入决定因素的文献。具体来说，从管理层动机及会计选择、公司治理以及公司战略诉求三个方面对相关文献进行了综述。接着，对近 30 年来中英文相关文献的主要话题及其演化趋势进行了总结。最后，此文提出了在中国独特背景下的研究机会。陈闯和刘天宇将创始经理人与一般经理人、股东区分开来，并利用研发决策这一典型因素来分析创始经理人对公司治理的影响。对于创始人仍为管理层的企业而言，创始人比例、管理层的股权分散度以及创始人是否担任企业 CEO 都会影响企业的研发投入。中小板上市企业数据的实证表明：①创始经理人在高管团队中的比例抑制了企业的研发投入；②高管团队持有的股份越均匀，创始经理人对企业研发投入的影响越小，而创始人担任 CEO 则会进一步抑制研发投入。李中和周勤基于动态内生性的视角，运用系统 GMM 估计考察了研发投入、研发效率与企业绩效之间的关系。研究发现：研发投入与研发效率有显著的正相关关系。研发存量资本投入和研发人员投入存在明显不足；研发效率处于较低水平，但对企业绩效的贡献已经显现；在研发投入、研发效率与企业绩效框架中，研发效率处于中介变量的地位，企业的研发投入改善了研发效率，从而进一步提升了企业的绩效，而企业的绩效又对研发投入存在明显的反馈效应。强国令基于股权分置制度变迁的视角，通过考察管理层股权激励对公司投资决策的影响，检验管理层股权激励的有效性及内在机理。实证结果表明，股权分置改革显著改善了管理层股权激励的治理效应，降低了因管理层自利行为而导致的过度投资，此外，有微弱的证据表明，股改后国有公司管理层的股权激励缓解了公司投资不足，上述研究对解决由公司内部人控制而产生的投资过度及投资不足等代理问题具有重要的现实意义，也为从制度层面研究公司投资行为和治理机制提供了一个有益的视角。张杰和芦哲用 1999~2007 年的中国工业企业统计数据，从微观层面分析知识产权保护对中国制造业企业研发投入的影响效应及其作用机理，研究发现，随着知识产权保护力度的增强，由于模仿成本显著提高、创新收益逐步降低等原因，我国知识产权保护与企业 R&D 投入之间呈现倒 U 型关系；面对不断提高的知识产权保护水平，国有企业和民营企业的研发行为出现截然相反的变化，国有企业倾向于对研发增加投入，而民营企业则倾向于减少研发投入。同时，知识产权保护力度增强会使本土企业利润下降，而外资企业的利润却因此增加。知识产权保护强化的结果是使得竞争力强的本土企业获得更高利润，因此，提高自身核心竞争能力是中国本土企业应对知识产权保护强化这一外部环境及提升自身发展能力的主要途径之一。

在融资和投资的关系方面，王锦华、程兵和胡翔以 2006 年 12 月 31 日之前上市的民营企业为研究对象，结合国外文献中的投资和融资理论，建立面板数据的多元线性回归模型。此文运用固定效应模型、FGLS、滞后一阶回归方法研究民营企业负债和投资行为，同时加入 ST 样本作了稳健性检验。最后得出：第一，民营上市企业负债和投资行为呈负相关关系，现金流量、企业规模和企业投资有显著的正相关关系；第二，在高成长民营企业中，负债和投资有显著负相关关系，波动性强的民营上市企业负债和投资显著负相关；第三，在同一个行业内部，负债率高的民营企业具有较低的投资比例，资产负债率的高低影响企业在行业内的成长速度和地位。程新生、谭有超和刘建梅从上市公司自愿披露的未来发展前景的非财务信息视角探讨其能否以及如何影响投资效率。通过实证研究发现，外部融资是非财务信息和投资效率之间的中介变量，同时受到外部制度约束的影响：对于总样本，非财务信息具有"双刃剑"效应，虽然缓解了投资不足但也导致了过度投资；当市场化进程较低时，低质量的非财务信息也可以获取大量的外部融资，从而使得投资规模扩大，一方面容易导致一些公司投资过度，另一方面虽然缓解了其他一些公司的投资不足，但控股股东同时还会通过资金占用的方式转移外部融资以享受控制权私有收益；当市场化进程较高时，非财务信息质量较高，获取的外部融资额更接近最优融资额度，既缓解了投资不足，也避免了投资过度，但由于声誉机制在非财务信息影响外部债务融资的过程中起到了重要作用，而随着市场化进程加深，声誉的作用受到弱化，并且在此类地区，信息不对称程度更弱，也降低了非财务信息的增量作用，从而削弱了非财务信息与外部融资的相关性，并最终降低了非财务信息对投资效率的影响力。马如飞和王艳利用2001~2010 年中国制造业上市公司的平衡面板数据检验了杠杆、债务期限与企业投资之间的关系。研究发现，当企业不存在流动性风险时，缩短债务期限能够有效地促进企业投资。然而，如果考虑流动性风险的影响，缩短债务期限对企业投资的影响效果将因为流动性风险的存在而减弱，此时降低杠杆更能缓解企业投资不足的问题。此文进一步发现，国有控股企业倾向于利用债务期限结构工具缓解投资不足的问题，而非国有控股企业则更倾向于通过降低杠杆促进企业投资，表明国有控股企业与政府之间的特殊关系可以保障国有控股企业避免陷入"流动性陷阱"。蒲文燕、张洪辉和肖浩运用 1999~2008 年中国上市公司的不平衡面板数据，采用动态面板模型进行实证分析债务保守、投资机会与中国上市公司资本投资之间的关系。实证结论表明：公司的财务保守行为与公司未来的投资机会高度显著相关；公司的财务保守行为与公司未来的资本投资高度显著相关。同时，动态面板回归结果也显示，公司的财务保守行为和公司的投资支出都具有时间连续性，与其滞后项高度显著相关。刘凤良和连洪泉以 2002~2009 年全部上市公司的季度数据作为样本，在产品市场竞争视角下分析公司负债和投资两者之间的关系，实证回归结果发现：公司的资产负债水平与投资在资不抵债和资可抵债的上市公司当中分别表现出互补和替代的关系；产品市场竞争策略强度在资不抵债上市公司中不起作用，但产品市场竞争策略强度和产品市场竞争策略类型却对资可抵债的上市公司的投资产生显著的影响效应，并且在不同营业利润率类别当中表现出差异性效应。张西征、刘志远和王静从微观层面分析货币政策影响公司投资的双重效应，采用面板向量自回归技术，通过正交化的脉冲响应函数，区分货币政策影响公司投资的需求效应和供给效应，使用中国上市公司面板数据进行实证检验。研究结果表明，货币政策对公司投资的影响既存在需求效应又存在供给效应；对不同融资约束的公司，货币政策影响其投资的双重效应存在非对称性，货币政策对低融资约束公司投资影响的需求效应强于高融资约束公司，对高融资约束公司投资影响的供给效应强于低融资约束公司。

在投资决策方面，冉戎、郝颖和刘星以控股股东的不同控制权利益动机为切入点，考察了公司成长期权对控股股东投资时机的影响及其差异，进而对公司价值产生的影响，并解释其内在机理。研究结论表明，成长期权对控股股东投资时机决策的影响会随着控股股东所持利益动机的不同而存在差异。以成本补偿为动机的控股股东，其投资时机与公司目标较为接近，偏离程度远小于在利益侵占动机驱使下的偏离程度。公司所拥有的成长期权对控股股东修正延迟投资行为具有激励作用，但是这种激励作用在控股股东持成本补偿动机时更为明显。另外，这种激励作用随着成长因子的增大和控股股东所占股份的增多而更加明显。毕晓方和姜宝强在阐述代理成本、产品市场竞争对企业财务冗余政策影响的基础上，以中国上市公司为研究样本，对财务冗余如何影响投资规模，以及影响程度是否受到代理成本和产品市场竞争的调节进行了实证检验。研究发现：财务冗余和企业未来投资正相关；产品市场竞争对财务冗余—投资相关性产生正向影响；代理成本对财务冗余—投资相关性的正向影响在低产品市场竞争的企业中表现明显。陈德球、李思飞和雷光勇以 2002~2008 年间我国家族上市公司为研究样本，实证检验发现，超额控制程度较高的家族企业，其内部人有动机为实现其私人收益，忽略资本市场股票价格所提供的投资机会信号，偏离最优投资决策，降低公司投资—股价敏感度。而较高的地方政府治理水平一方面通过约束内部人的机会主义行为，另一方面使企业拥有更多的外部融资便利，减少与政府的协调成本，提高市场配置资源的能力，从而提高投资股价敏感度。进一步研究发现，家族超额控制降低投资—股价敏感度的动机在地方政府治理水平较差的家族企业中更为显著，并且会降低投资对公司业绩的贡献程度。

在价值评估、价值投资方面，黄惠平和彭博从价值规律的基本理论出发，利用上市公司财务信息和市场交易信息，寻找和构造适用于中国证券市场的有效投资策略。将财务信息与估值指标相结合，筛选出财务状况好且价值被低估的公司，并证明此种策略较之其他策略能获得更大收益。此文将财务信息划分为 9 个指标，每个指标以"1"和"0"表示优劣，并加总得到 F_SCORE 值。9 个指标度量了公司的盈利能力、杠杆率/流动性、经营效率。F_SCORE 值越大说明公司基于财务视角的基本面越好。在估值指标中，用低 P/B（P/E、P/S）表示股票价值被低估。此文证明了价值投资在我国的有效性，并证明通过选取高 F_SCORE 值和低估值指标公司组合的策略能产生更大的收益。郭瑜旨在验证我国市场上价值投资策略是否具有超额收益，并试图对此进行解释。他基于 1998~2011 年我国 A 股市场数据进行研究后发现，基于 B/M 和 E/P 指标划分的价值股组合能分别获得相对成长股组合 0.33% 和 9.04% 超额收益率，同时，资本资产定价模型（CAPM 模型）不能解释我国价值股组合超额收益，而包含了风险补偿变量的两因素模型能更好地解释价值股组合较高收益的来源。王熹阐述了品牌价值的内涵，通过品牌价值评估指标的选择，确定了评估的指标，重点阐述了客户导向、财务导向以及客户与财务导向相结合的三种品牌价值评估方法，以期为企业进行品牌价值评估与管理提供参考。何瑛和郝雪阳对国内外品牌价值评估方法进行了全面系统的分类总结，在充分考虑影响品牌价值的四个基本要素的基础上，提出了改进的 Interbrand 品牌价值评估模型，并基于此模型对我国电信运营企业品牌价值进行评估，通过评估结果的对比分析为我国电信运营企业的品牌建设和价值提升提供借鉴。胡海川、张心灵和范文娟对奶牛这种典型的生物资产价值的特殊性进行分析，重点介绍评估方法的选择，最后提出相应的建议和对策。

在投资者方面，权小锋和吴世农基于应计误定价视角，以投资者认知特征分析为切入点，检验了投资者注意力、应计误定价及盈余操纵间的关系。研究发现：①投资者注意力具有"认知效应"，投资者注意力的提高能够显著提高其对盈余构成信息的认知效率，并降低市场中投资者对应计信息的定价高估；②投资者注意力具有"治理效应"，即投资者对股票的充分注意能够显著降低管理层主观的盈余操纵行为。综合而言，投资者注意力具有"认知效应"和"治理效应"，投资者注意力调节了投资者的认知效率并提升了对会计盈余构成信息的定价效率，进一步影响了管理层主观的盈余操纵行为。深化投资者注意力的研究具有很高的理论价值和现实意义。张继勋和张丽霞实验检验了对会计估计的准确性进行事后披露这一机制是否有助于个体投资者做出正确的判断和决策，以及行业共识信息对这一机制发挥作用的影响。研究发现：①事后披露会计估计准确性的信息只有通过行业共识信息的辅助才能有效发挥作用，即只有在两者的共同作用下，个体投资者才能够正确识别会计估计准确的原因，也才能够进行正确的归因，并做出正确的判断和决策；②投资者对合计估计的准确性会产生不同的归因，投资者的归因进一步影响了其对管理层的评价，而对管理层的评价影响了其对公司市盈率的评价，对公司市盈率的评价进一步影响了授资者对其投资可能性的判断。刘京军和徐浩萍从长期、短期机构投资者对资本市场的影响进行了研究，发现短期机构投资者的持股变化比例对收益率以及市场的稳定性的影响较长期投资者显著。结论表明，短期机构投资者的交易变化导致市场波动加剧，而长期机构投资者对稳定市场具有一定的作用。曾洋通过解读我国的投资者适当性制度并进行一定的国际比较后发现，投资者适当性制度主要由投资者识别、分类、确认以及风险揭示等规则构成，但是，该制度的缺陷也十分突出，主要表现在：剥夺了部分投资者的公平投资机会、投资者风险承受能力的评判标准失当、适当性制度的义务主体不明确且法律责任规定不具体，这些缺陷限制了该制度的发展，需要进一步修正、完善。付雷鸣、万迪昉和张雅慧以创业板上市公司为研究对象，探讨了机构投资者持股与企业创新投入之间的关系，进一步地将机构投资者划分为机构投资者和非普通机构投资者，并比较了他们在促进企业创新投入方面所存在的差异，结果发现，机构投资者持股能够显著地提高企业的创新投入水平。与非普通机构投资者相比，机构投资者在促进企业提高创新投入方面的效率更高。在对内生性问题、替代变量问题和奇异值问题进行处理后发现，上述的结果仍然是稳健的。俞庆进和张兵实证检验了百度指数和创业板股票市场表现的相关性，在此基础上验证了投资者有限关注能影响股票的市场交易活动。投资者的有限关注能给股票带来正向的价格压力，而这种压力会很快发生反转。同时，该研究还利用百度指数逐日可测的优点，发现非交易日的投资者关注将显著影响下一交易日股票集合竞价时的价格跳跃。田澍、林树和俞乔研究以中国为代表的新兴资本市场中机构投资者的投资行为。研究发现，以证券投资基金为代表的机构投资者偏好净损失成本较低的个股，同时关注股票所在地域的经济发展水平和行业特征。基金对经济发展较好地区的个股采取价值投资策略，而对上游行业产值较高和垄断行业产值较低地区的个股则表现出"题材"式迎合策略与价值型策略兼顾的投资行为。而这种两者兼顾的投资策略可以带来更好的业绩。朱顺泉在投资者与创业投资家之间的委托代理中，构建了他们之间的报酬机制合约优化模型，求出了在创业投资家最佳的努力水平下，投资者愿意支付给创业投资家的创业基金利润的最优比例以及创业投资家愿意注入的最优资本金额，进而从报酬激励和风险承担的角度分析对创业投资家的激励，以降低创业投资家的道德风险。肖继辉和彭文平通过系统检验经理个人特征与基金业绩、投资风格的关系，发现：第一，年龄、基金从业经验、海外从业经验、教育程度、CPA/CFA资格、理工＆财经双专业是代表基金经理风险态度的个人特征；第二，海外从业经验是代表股票市值选股风格的特征；第三，CPA/CFA资格、理工＆财经双专业是代表股价动量选股风格的特征；第四，经理所毕业大学排名既是代表股票成长性选股风格的特征也是代表基金经理投资能力的特征。进一步研究发现，基金从业经验和教育程度个人特征将影响投资者申赎行为，投资者决策时依据的是代表投资风格而非投资能力的个人特征。

在风险投资方面，党兴华、董建卫和杨敏利以 Heckman 模型为基础构建一个两步回归模型研究风险投资机构网络位置影响成功退出的机理。先通过第一步选择模型计算出反米尔斯比率，然后在第二步回归模型中引入反米尔斯比率，从网络位置对成功退出的总影响作用中分离出"项目选择"和"增值服务"各自的影响作用。运用清科数据库 2000 年 1 月 1 日至 2009 年 12 月 31 日的数据，研究发现：在联合投资网络中处于有利位置的风险投资机构既可以选到高质量的风险项目，也可以为风险项目提供高质量的增值服务，因而能够实现更高的成功退出率。董建卫、党兴华和陈蓉以中国风险资本市场为研究背景，研究风险投资机构的网络位置对退出期限的影响。运用清科数据库 2000 年 1 月 1 日至 2009 年 12 月 31 日的数据，运用 Cox 比例风险模型，研究发现：风险投资机构的网络中心性越高，退出期限越短。这表明风险投资机构的网络位置对退出期限有显著的影响，提升自身的网络位置有助于投资机构缩短退出期限。孙杨、许承明和夏锐以深圳中小企业板的 2004~2009 年的上市公司为样本，在理论分析的基础上实证研究了风险投资机构自身特征如何影响了企业的经营绩效。研究发现，风险投资机构的经验和持股比例与风险企业的经营绩效呈正相关关系；相比于外资和民营的风险投资机构，国有风险投资机构并不能对企业的经营绩效有很好的改善。吴翠凤、吴世农和刘威通过收集我国创业板上市公司 2009 年 10 月~2011 年 12 月的有关数据，运用实证分析方法探讨风险投资（VC）在我国创业企业中的作用与动机。研究结果表明，总体上 VC 介入创业板上市公司的主要目的并非发挥认证监督作用，而是注重追求声誉，且强烈追逐声誉的动机实质上是追逐利润。研究的主要结论是：①有 VC 介入的上市公司，其上市首日折价率显著高于没有 VC 介入的上市公司，可见 VC 在创业企业中注重"追求声誉"；②通过减持，VC 收益颇丰，获得了显著的正超额收益率和累计超额收益率；③VC 减持之后，上市公司的创利和创现能力都显著下降，表明 VC 择机退出且并未发挥其强化公司治理的认证监督与提升公司价值的作用。总之，此文发现我国 VC 的作用有别于国外的研究结论：在我国创业板上市公司的发展中，VC 在介入时旨在"追求声誉"，在退出时旨在"追逐利益"，不仅赢得了"成功上市的神话"，也获得了"高额的收益"，可谓"名利双收"，但 VC 忽略了对上市公司的监督和治理，给投资者造成重大损失。范宏博收集了 1998~2005 年的投资样本，采用 Logit 回归的方法对我国风险投资业绩的影响因素进行了实证分析。研究结果表明：风险投资的业绩主要由被投企业的质量来决定，风险投资的经验和网络联系并没有提高其投资业绩；风险投资获取利润的主要方式是通过投资于成熟企业，将这些企业推向 IPO 市场上获得的。我国风险投资并没有体现出为被投企业提供增值服务的特征。戴维奇、魏江和余纯国基于展望理论探讨过往绩效与公司风险投资的关系，接着从威胁—刚性理论出发讨论高管政治网络——经济转型背景下对企业具有特殊意义的一类社会网络——对于过往绩效与公司风险投资关系的影响。研究发现：①过往绩效对于公司风险投资的影响是负向的；②高管政治网络对上述两者的关系具有显著的正向调节作用。这一结果表明单一的理论视角难以全面解释公司风险投资的动因，将展望理论与威胁—刚性理论结合能增进我们对这一现象的理解。买忆媛、李江涛和熊婵利用美国考夫曼创业企业基金会的"考夫曼企业调查"（Kauffman Firm Survey，KFS）数据进行了实证分析后发现，具有风险投资融资背景的创业企业更关注企业长期竞争力的构建与维持，注重创新活动的投入与质量，从而在R&D费用投入强度方面比天使投资参与的创业企业要高；具有天使投资的创业企业则更看重短期创新活动的产出效果，从而在专利申请量上略高于风险投资参与的创业企业。郑晓博和吴晓晖研究创业投资对新创企业的治理行为与新创企业绩效之间的关系，在将企业投资治理行为划分为价值保护和价值创造两类行为基础上，此文构建了一个结构方程模型，探讨了内控系统完备性和管理自由度在治理行为与绩效作用路径上的完全中介作用。通过149个样本的实证验证，此文得出结论：价值保护和价值创造治理行为对新创企业成长绩效均起到了促进作用，但是作用的路径和程度不同。前者通过内控系统完备性自下而上间接影响绩效，而后者通过管理自由度自上而下间接影响绩效。其中，价值创造治理行为拥有更强的促进作用。此研究回应了创业投资干预与新创企业绩效之间的争论，验证了中介变量的完全中介效应，揭示了创业投资治理行为与新创企业绩效之间作用的路径。

3. 营运资本管理理论

2012年，国内公开发表的与分配理论相关的文章共有29篇，研究的主要内容包括现金管理、运营效率、营运资金管理等。

在现金管理方面，学者们从不同角度进行研究。王福胜和宋海旭以2004~2010年我国593家A股上市公司的面板数据为样本，运用固定效应模型进行实证检验后发现，多元化程度与现金持有水平显著负相关，这主要是因为多元化经营具有分散风险和内部融资的优势。为降低现金持有成本，企业倾向于持有较少现金，多元化经营由此起到了对现金持有水平的优化配置作用。但是，当企业的终极控制人为政府，尤其是地方政府时，由于这类企业受到的外部融资约束较小，通过内部融资获取资金的动力和意愿较弱，所以多元化战略对现金持有水平的优化作用也有所减弱。另外，当终极控股股东与中小股东之间的代理问题较为严重时，在控股股东谋取私利的驱动下，企业的内部资金配置优势得不到充分体现，多元化战略对现金持有水平的优化作用也不太明显。陈栋和陈运森考察了在货币政策变更背景下企业建立银行股权关联对现金管理的影响，实证结果发现：具有银行股权关联的公司现金持有水平较无关联公司低，且当货币政策从紧时，具有银行股权关联的公司现金持有和调整水平均更低。进一步分析发现，具有银行股权关联的公司维持现金持有的融资渠道也显著区别于无银行股权关联的公司，不同的现金管理政策对公司价值产生了不同的影响。张会丽和吴有红借鉴公司战略经济学理论，探索性地研究了企业超额持现对产品市场竞争优势的影响，为企业财务决策与产品市场竞争之间的紧密联系提供了新的经验证据。研究发现，企业超额持现具有战略效应，且超额持现水平与产品市场竞争优势呈倒U型关系。进一步的研究显示，与民营企业相比，国有企业在相对较低的超额持现水平上出现对产品市场竞争优势影响的负向净效应。韩忠雪、尚娟和程蕾通过利用2001~2008年上市公司财务数据，采用GMM动态面板分析方法，研究了公司持有现金和债务比例的相互关系以及两者随现金流变动的规律。尽管总体样本表明，我国上市公司都存在显著的正的现金—现金流敏感性和负的债务—现金流敏感性，且现金持有和负债存在显著的替代关系，但是，在逐步考虑融资约束和对冲需求的条件下，公司持有现金和降低债务的偏好随之发生较大的差异和分化，而且，现金和债务的严格替代关系主要存在于未来现金流紧张的融资约束公司中。这些实证结果说明，我国上市公司既有与发达国家相似的持有现金与债务择机而变的现金流管理政策，同时也存在我国资本市场不完善条件下自有的财务最优行为。曹森以 1998~2011 年中国 A 股上市公司的非平衡面板数据为研究对象，采用 Dittmar 等提出的公司超额现金持有量估计方法。在回归方程中加入交叉上市的虚拟变量，对比分析 A 股与 AB 股、AH 股以及发行美国证券存托凭证（ADR）企业所处治理环境的不同对超额现金持有价值的影响。实证结果表明，中国上市公司的超额现金持有普遍存在折价现象；只在 A 股市场上市的企业，超额现金资产的边际价值为负；既在 A 股市场上市同时又在 B 股市场或 H 股市场交叉上市的企业，超额现金资产的折价程度降低，且私有上市公司的折价降低程度更加明显。上述结果表明，严格的治理环境和治理约束有助于改善公司治理和降低现金资产折价；中国的 A 股上市公司，特别是私有公司，可以通过交叉上市增加外部治理约束，降低现金资产的折价程度，提升公司价值。杨兴全和曾春华基于中国市场化进程，将多元化经营与公司现金持有问题相结合进行创新研究，以 2004~2009 年的中国上市公司为样本，基于市场化进程，采用分组分析和多元回归方法，实证检验多元化经营对公司现金持有水平和价值的影响。研究结果表明：上市公司的多元化经营及其程度与公司的现金持有水平和价值显著负相关，市场化进程的推进进一步强化了公司多元化经营程度与现金持有水平和价值的负相关性。此研究结论不仅有利于正确认识中国多元化公司的现金持有行为，而且有助于从现金持有水平及其价值的结果判断公司多元化经营的收益和成本以及市场化进程与内部资本市场的相互作用。刘银国和张琛以 2007~2010 年沪市上市公司为样本，研究自由现金流对管理层防御的影响程度并考察管理层防御与企业绩效的相关性。研究发现：①有充裕自由现金流的企业管理层防御现象更严重；②非国有企业的管理层防御现象更严重；③管理层防御对企业绩效有负面影响。此外，刘银国和张琛还选取 2006~2010 年沪市上市 A 股企业数据为样本，实证检验我国上市公司自由现金流和在职消费程度的关系，并进一步考察不同的所有制性质和公司治理水平对自由现金流和在职消费之间关系的影响。刘金霞等按照文献相应分类及时间顺序，对现金流风险理论及其经验研究进行了梳理，较为系统地总结了现有研究的关键问题和主要贡献。着重阐述和评价了风险现金流度量、现金流风险信息传递、现金流风险管理策略三方面的研究成果，以期对现金流风险在内部控制、公司治理、宏观调控等理论和应用方面提供有益的思路与方向。对于公司高额现金持有行为的理论解释主要有委托代理理论和融资约束理论，宋常、刘笑松和黄蕾利用中国上市公司样本数据进行多角度考察与实证检验，发现高额现金持有公司具有盈利能力强、成长性好、股利支付少、高管持股少、代理成本小等诸多特征；通过融资约束分组检验发现，高融资约束公司现金—现金流敏感性显著为正，融资约束使得上市公司具有较强的现金积累倾向与偏好。实证研究表明：与委托代理理论相比，融资约束理论更适用于解释中国上市公司的高额现金持有行为。武晓玲、詹志华和翟明磊从现金持有理论和股东控制权理论出发，以 2002~2006 年沪深两市 526 家上市公司为研究对象，通过对大股东控制权进行可靠的度量，建立了实证分析模型，研究了大股东控制及其约束机制对我国上市公司现金持有的影响。研究结果表明：大股东控制并不是导致我国上市公司高额现金持有的直接原因，大股东控制度较高的上市公司反而会持有较少的现金；股东之间的制约能够有效地减少上市公司的现金持有量。姜毅等以2006~2010年沪深两市的上市公司为样本，在控制了行业因素、年度因素和相关财务变量的基础上，基于融资约束的视角，对大股东行为与上市公司现金持有量的关系进行了实证检验。研究发现，第一大股东持股比例在"30%"点与现金持有量呈显著的倒U型关系，在融资约束企业中，这种关系更加显著，而在非融资约束企业中，这种关系则不明显；融资约束企业的第一大股东性质为国有企业时，企业会增加现金持有量，非融资约束企业则不存在这种关系。徐光伟、刘星和谭瑾以我国上市公司2003~2008年的数据为样本，实证检验了上市公司终极控制特征对现金持有水平及其市场价值的影响。研究结果发现：①终极控制人性质为国有的上市公司的现金持有比例显著低于民营上市公司；②终极控制人性质为国有的上市公司多数不存在控制权与现金流权分离的现象，终极控制特征并不显著影响上市公司的现金持有水平；③民营上市公司中普遍存在控制权与现金流权分离的现象，并且分离度越大，公司持有的现金比例越低；④在终极控制权与现金流权分离的情况下，提高现金持有水平将降低股票横截面收益，说明终极控制权与现金流权分离降低了上市公司持有的现金的市场价值，但多元回归系数并未通过显著性检验，需待未来做进一步的探讨。陈辉和顾乃康通过发掘现有理论中蕴含的信息不对称与现金持有量之间的理论关系，并结合我国的制度背景，借鉴市场微观结构研究中测度信息不对称程度的方法，考察信息不对称程度与现金持有量之间的关系，以及投资者保护程度、终极控制人两权分离度和股权分置改革等对这一关系的影响。研究结果表明，信息不对称程度与现金持有量显著正相关，投资者保护程度越低、两权分离度越显著，这一正相关关系就越显著，而股权分置改革弱化了这一相关关系。

在运营效率方面，学者进行了不同的研究。雷海民、梁巧转和李家军选取1999~2010年281家中国A股上市公司为样本，从董事长、总经理二职分离，党委书记兼任董事长或总经理（即所谓"两肩挑"的问题），总经理、董事长、党委书记一人担任等治理组合，实证检验其对基于运营周转和现金保障维度的企业运营效率的影响。检验发现：①党委书记不兼任董事长和总经理，同时总经理兼任董事长最有利于提高企业运营效率；②董事长与总经理分离有益于企业运营效率提高，一定条件下总经理兼任董事长，比董事长与总经理分离更有效；③党委书记、董事长和总经理三职合一，企业运营效率最低。此文从运营效率视角为当前国有企业党建"双向进入、交叉任职"、"两肩挑"等棘手问题的解决提供了实证支持，并给出了相关政策建议。以生产技术创新为主题和以经营方法创新为主题的商业模式是我国企业谋求竞争优势的两种主流商业模式。程愿等通过实证研究发现，"营运差异化"和"营运确定化"在前者影响绩效的过程中无显著作用，而在后者影响绩效的过程中发挥显著的中介作用。研究揭示，目前以技术创新为主题的企业对提高企业营运水平重视不够，也提示我国企业从经营方法创新入手提高竞争力的战略思路是有效的。研究指出，"营运竞争"与"产品竞争"同样重要，通过营运竞争获取竞争优势尤其值得我国企业予以重视。罗彪等引入企业生命周期作为调节变量，基于中国 A 股房地产与电器行业上市公司 2003~2009 年的季度面板数据，分析了营运效率、竞争有效性及两者间交互作用对企业绩效的影响机制。实证结果表明：对于成长期企业，影响绩效的关键因素是营运效率，竞争有效性与营运效率之间具有一定的替代性；而对于成熟期企业，营运效率则与绩效呈倒 U 型关系，影响绩效的关键因素转变为竞争有效性，两者之间存在互补性，并且这种互补作用主要体现在竞争程度较低的行业中。韩磊和苑春荟运用四阶段 DEA 方法，选取我国电信业 2003~2008 年的省际面板数据，对我国 31 个省、市、自治区的电信业运营效率进行了测度与评价。针对传统数据包络分析模型（DEA 模型）的固有缺陷，此文利用四阶段DEA 方法对外生环境因素给效率评估带来的干扰进行了有效控制，然后对省际电信行业运营效率重新进行了估算，并分析了电信业运营效率的影响因素和区域特征。研究发现：使用四阶段 DEA 方法进行效率估算可以更加接近真实值；我国电信业运营效率基本呈现逐年升高趋势；在剔除环境影响后，我国电信业实际运营效率的区域差异明显缩小；2008 年我国电信业的市场结构重组对当年的电信业运营效率造成了较大的负面影响。

在营运资金管理方面，王秀华和王竹泉从冗余资源视角确认了两类营运资金对企业价值影响机理的差异性，选取 2007~2010 年制造业上市公司为样本对此进行检验。研究表明：在经济繁荣时期经营状况较差的企业以及经济危机时期经营状况较好的企业的经营活动营运资金周转期与企业价值显著负相关；经济繁荣和经济危机时期，经营状况较差的企业的理财活动营运资金周转期与企业价值正相关；经济危机时期，经营状况较好的企业的理财活动营运资金周转期与企业价值负相关。王竹泉等分别以 2011 年 2177 家上市公司、2010~2011 年 1864 家可比上市公司和 2007~2011 年 1347 家可比上市公司作为研究对象，进行了营运资金管理绩效的行业总体分析、行业趋势分析、地区比较分析和专题分析（外向型行业、分析战略性新兴产业分析等），从渠道和要素两个视角对上市公司营运资金管理状况进行了全面调查和透视，得到以下结论：①上市公司营运资金整体占用水平持续增高，营运资金管理绩效降低较为普遍；②上市公司营运资金要素管理水平较为成熟，但渠道管理意识有待加强；③上市公司对商业信用的依赖度较强、短期借款和供应链依赖度较为稳定；④高度外向型行业营运资金管理绩效较低或有较大幅度的降低；⑤战略性新兴产业营运资金管理绩效全面下滑。曹玉珊基于 2007 年有定向增发行为的中国上市公司资料，采用描述性统计法与配对的均值检验法等寻找相关证据。研究发现，中国企业倾向于稳健型的营运资金政策，其定向增发行为兼有筹资战略、营运资金管理和投机等目的，企业资金使用效率可能存在长期的下降趋势并伴有较大的不确定性。相应的政策建议包括倡导配合型的营运资金政策、完善对定向增发行为的监管、在财务战略层面看待营运资金管理问题等。

4. 分配理论

2012 年，国内公开发表的与分配理论相关的文章共有 29 篇，研究的主要内容包括股利分配政策、对企业其他利益相关者的分配问题等，其中，股利分配政策是国内研究的重点。

对于股利分配政策，学者们各抒己见。肖淑芳和喻梦颖以《上市公司股权激励管理办法》颁布后的 2006 年 1 月 1 日至 2011 年 6 月 30 日沪深两市公告股权激励计划的上市公司为对象，研究了股权激励与股利政策的关系，结果表明：股权激励公司的送转股水平和现金股利水平从公告计划前一年起显著高于非股权激励公司；上市公司公告股权激励计划对送转股和现金股利水平均有正向的影响，但从股利政策影响因素的回归结果来看，上市公司的现金股利政策较为适合自身的特征，但在送转能力不足的情况下依然异常高送转，表明送转股是管理层眼中最大化其股权激励收益的更为理想的掘金工具。吕长江和张海平研究我国股权激励计划背景下公司的股利分配行为。研究发现：相比非股权激励公司，推出股权激励方案的公司更倾向减少现金股利支付；股权激励公司在激励方案推出后的股利支付率小于方案推出前的股利支付率；进一步研究发现，具有福利性质的股权激励公司对公司现金股利政策的影响更显著。此文结论表明，部分实施股权激励计划的公司高管利用股利政策为自己谋福利。余静文从信贷约束角度来研究企业股利分红不足的问题，通过三个指标来度量企业信贷约束程度，并以此来分析企业信贷约束对企业股利分红行为的影响。进一步地，此文利用了 2005 年短期融资券的推行来解决计量模型可能存在的内生性问题。研究结果表明：企业信贷约束是影响企业股利分红，进而影响企业预防性储蓄的关键性因素；企业信贷约束程度越高，企业股利分红比例越小，并且短期融资券的推行改变了企业股利分红行为，提高了企业股利分红比例约 1.5%。孙刚、朱凯和陶李研究了上市公司控股股东的税收成本差异对上市公司股利政策的影响。作为股利政策的决策者，控股股东须权衡股利政策的成本和收益，其中，税收成本是影响股利政策的重要因素之一。不同性质的控股股东对税收成本的关注程度存在显著差异：由于税利分离程度较高，民营控股股东对现金股利的税收成本更为敏感，尤其是在自然人直接控股的上市公司。研究发现，自然人控股公司最不偏好采用现金股利的分配方式以规避税收成本，而国有控股公司更倾向于发放较高的现金股利。实证结果支持了此文的假说，即不同产权所隐含的税收成本差异是影响上市公司股利政策的重要因素。股利政策的重要性对于上市公司不言而喻，但近年来我国上市公司热衷于高送转的股利政策，这对上市公司的持续发展和证券市场稳定造成了极大的影响。徐慧玲和吕硕夫以高送转为研究对象，从股权结构的角度分析其影响因素和方式，选取我国历年 A 股上市公司的股利政策进行分析，从股权角度阐述股权结构对高送转股利政策的可能影响，将 2010 年我国 A 股上市公司作为样本进行实证分析，得出股权结构对高送转股利政策的具体影响情况和方式。程子健、张俊瑞在拓展了拉波塔等、艾加德和本阿马尔理论框架的基础上，以 2007~2010 年中国上市公司为研究样本，采用 Tobit 与 OLS 模型探讨了不同类型交叉上市对股利政策稳定性的影响。结果表明：由于交叉上市能改善企业外部投资者保护环境并提升企业内部公司治理水平，A+H 股与 A+B 股交叉上市公司的股利政策比非交叉上市公司更稳定；而 A+H+N 股交叉上市公司的股利政策又比其他 A+H 股交叉上市公司更稳定。霍晓萍从盈利水平、增长机会、信息传递效应、代理成本及环境因素五个角度，对国内外股利政策影响因素的研究进行了系统归纳和对比评价，提出了股利政策视角下能够融合多元影响因素的理财目标实现路径。安青松认为，随着监管部门一系列鼓励上市公司分红政策的发布和实施，我国上市公司分红水平逐步改善，上市公司分红总额持续增加，上市公司透明、持续、稳定的分红机制初步形成；分红公司占比、分红净利润占比、股息率、分红持续性和集中度等指标趋于成熟市场水平。部分上市公司的持续分红机制成为蓝筹股投资价值的重要源泉，相对稳定的股息率水平成为财富保值投资选择。基于这些研究结论，此文建议积极倡导上市公司建立透明、持续、稳定的分红机制，进一步加强分红税收优惠政策支持，让公众投资者充分共享经济增长成果。2006 年和 2008 年，证监会分别出台了两项将上市公司股利分配水平与再融资资格挂钩的半强制分红政策。以此为背景，王志强和张玮婷将再融资资格看作公司的期权，首次从财务灵活性的角度探讨期权价值的大小，构建我国上市公司股利迎合策略的分析模型，对该股利行为的决策机制和经济后果进行了实证研究。研究结果表明：财务灵活性是理解公司在半强制分红背景下股利行为的关键因素。2008 年政策中限定的股利分配形式仅为现金股利的规定，提高了高成长性公司的融资门槛，可能导致监管悖论。实际上，在公司根据财务灵活性进行自利选择的过程中，市场资源得以优化配置，因此监管当局应该减少在再融资资格筛选中的行政干预，加速资本市场的市场化进程。

其中，针对现金股利政策方面，王爱国和宋理升以 2004~2006 年沪深证券交易所的民营上市公司为样本，对实际控制人与现金股利之间的关系进行了实证研究。研究结果证实：实际控制人通过 IPO 的方式获得上市公司的控制权同现金股利显著正相关，控制权与现金流权发生分离和采用金字塔控制方式同现金股利显著负相关。而且，与通过非 IPO 的方式获得上市公司控制权的实际控制人相比，通过 IPO 的方式获得上市公司控制权的实际控制人其控制权与现金流权对现金股利的影响更加显著，控制权与现金流权发生分离和控制方式为金字塔时发放的现金股利更多。徐寿福以 2003~2010 年我国 A 股上市公司为研究样本，采用 Panellogit 模型和 Paneltobit 模型，以上市公司被出具的审计意见类型和选聘的会计师事务所作为代理变量衡量独立审计质量，从独立审计的角度实证检验上市公司现金股利政策与公司治理机制之间的关系。研究发现：上市公司现金股利支付倾向和支付水平均与独立审计质量显著正相关，而且这种关系在非国有控股上市公司中表现更加显著。此文的结论表明，从会计信息的角度来说，我国上市公司现金股利政策是公司治理机制改善的结果，而且因产权性质的差异有不同的表现。魏锋借鉴 LaPortal 等提出的两个竞争性理论（结果理论与替代理论）利用 Logistic 和 Tobit 回归方法检验了外部审计和现金股利在公司治理中扮演的是替代角色还是互补角色。结果表明，注册会计师的外部审计与现金股利之间呈显著负相关关系，外部审计在降低管理层与股东之间的代理冲突方面是现金股利的一种可替代治理机制，该结论支持股利支付的替代理论，后续的一系列稳健性检验也支持这一观点。强国令基于股权分置改革的制度背景通过建立 Probit 及 Tobit 模型考察了股权分置制度变迁和管理层股权激励对公司现金股利的影响。研究结果表明，股权分置改革显著提高了上市公司现金股利的分配倾向和分配力度，进一步研究发现，股权分置改革一方面缓解了无股权激励公司中的股利分配不足，另一方面矫正了股权激励公司中的高股利分配。魏志华、吴育辉和李常青基于上市公司现金股利政策的视角，深入考察机构投资者的监督治理效应、投资行为偏好，以及不同类型的机构投资者之间是否存在异质性。以中国A股上市公司为样本，实证发现：①机构投资者持股比例较高的上市公司具有显著更高的现金股利支付意愿和支付水平，表明机构投资者对上市公司现金股利政策发挥了积极的监督效应；②高派现上市公司吸引了更高的机构投资者持股比例，显示机构投资者将现金股利视为其构建投资组合的关键要素，遵循了"谨慎人规则"；③不同类型的机构投资者在现金股利的监督效应、股利偏好方面并没有呈现出明显的异质性，揭示着我国各类机构投资者可能存在趋同的投资风格；④我国机构投资者倾向于将现金股利政策视为上市公司传递的一种"信号"而非解决传统代理冲突的治理机制。张跃文分析了2000~2010年我国A股上市公司的现金分红决策，发现上市公司总体分红水平已接近发达国家，但分红的持续性和稳定性以及分红决策的透明度仍有待提高，分红决策的行业趋同和集中化趋势比较明显，财务指标对于公司分红决策的影响有限。目前不仅要采取措施增强上市公司现金分红的持续性和稳定性，还需要重点关注少数盈利公司长期不分红现象。文章最后有针对性地提出了改善上市公司现金分红决策的建议。吴卫华和万迪昉通过搜集2008~2011年我国A股上市公司年报中十大股东和十大流通股东的数据，研究了QFII持股比例与上市公司现金股利政策之间的关系。实证结果表明：QFII偏好现金分红的公司，而现金分红的公司也能够吸引QFII持股；QFII持股能够促进上市公司提高现金股利支付率，但是具有更高现金股利支付率的上市公司并不能吸引更多的QFII持股，这表明，QFII在改善我国上市公司现金股利政策方面起到了积极的作用，引入QFII制度有助于我国证券市场的健康稳定发展。黄祥钟以2008年底前中国沪深两地上市A股公司为样本，对新股现金分红后的长期表现进行研究。匹配股票差异显著性分析表明，新股上市后三年内现金分红2次和1次分别是判断长期股票收益率和长期净资产收益率的重要分界线。回归分析表明，中国股票分红后长期收益率与新股上市后三年内现金分红次数呈正相关关系；分红后未来净资产收益率与新股上市后三年内分红次数大体也呈正相关关系。研究结论整体上支持新股上市后三年内现金分红次数对股票长期表现具有信号效应的观点。黄雷、李明和叶勇以完成股权分置改革的上市公司作为对象，运用普通多元回归方法对上市公司的现金股利分配政策进行研究。实证表明，上市公司股改后一年内分配的现金股利与其在股改中支付的综合对价水平呈显著负相关关系。对价越高，上市公司股东获得的现金股利越低，无论是在国有企业中还是在非国有企业中都是如此。在对样本进行分组研究后发现，两类企业股改后支付的现金股利水平明显存在差异，国有控股企业比非国有控股企业支付更多的现金股利。至于上市公司的资产负债率和控制权，则都与上市公司股东获得的现金股利呈显著正相关关系。

在股利分配与管理者激励方面，韩慧博、吕长江和李然使用2006~2010年中国上市公司股权激励的数据检验股权激励方案的实施如何影响公司的股票股利行为。在检验股票股利长期市场反应的基础上，发现实施股权激励的公司更倾向于发放高额股票股利且股权激励的程度越高，发放高额股票股利的可能性也越大。进一步研究还发现，不同类型的股权激励制度对股票股利政策的影响也不同。结果表明，在非效率定价的市场环境下，管理层为了自身利益会充分利用市场的非有效定价现象来影响公司的股利行为。

三、特殊业务理论

本报告所谓的特殊业务理论是指只在特定企业或者某一企业的特定时期采用的财务管理业务的理论。特殊业务理论主要包括集团公司财务管理、企业并购财务管理、国际企业财务管理、企业破产财务管理等。在 2012 年国内外公开发表的期刊中，涉及特殊业务理论的文章共有 115 篇，其中，国外公开发表的文章共有 36 篇，主要来源于 *Financial Management*、*Journal of Finance*、*The Accounting Review* 等期刊，国内公开发表的文章共有 79 篇，主要来源于《会计研究》、《管理世界》、《管理科学》等期刊。在特殊业务理论方面，国内外的研究重点主要集中在企业并购财务管理方面，具体研究成果如下：

（一）国外研究成果

2012 年，特殊业务理论方面，国外公开发表的文章共有 35 篇。其中，国际企业财务管理和企业并购财务管理方面的研究文献较多，分别为 15 篇和 15 篇；企业破产财务管理和集团公司财务管理方面的文献较少，分别有 4 篇和 1 篇。

1. 国际企业财务管理

国际企业财务管理方面的研究主要涉及跨国公司税收、本土偏好、股利政策等。其中，具有代表性的研究有：

在跨国公司税收方面，Anja De Waegenaere、Richard C. Sansing 和 Jacco L. Wielhouwer 建立了一个公司最优投资和生产决策模型（这些公司参与了 R&D 投资中的专利竞赛），并研究跨国公司激励开发和利用知识产权对税收的影响。研究显示，如果在国内市场销售产品，国内的高税率会使公司减少 R&D 投资；如果在国外销售产品，公司就会增加 R&D 投资。如果产品在国内销售，国内税收收入的现值就为强正，如果产品在国外销售，国内税收收入的现值就会为弱负。T. J. Atwood 等研究了跨国公司避税中三个税收系统的特点（财税一致性要求、国际通用方法与本地方法的冲突和意识到税收的力量）是否会影响到公司跨国避税。研究发现，当财税一致性要求较高，使用国际通用的方法，意识到税收的力量更加强大时，公司通常会少避税。然而，避税与这三种税收系统特点之间是因果关系，依赖于可变薪酬的薪酬管理程度。

在本土偏好方面，Wioletta Dziuda 和 Jordi Mondria 提出的委托资产管理模型解释了国际市场中以下内容的经验性规律：本土偏好的存在；投资国内的共同基金要比投资国际的少；投资国内的共同基金的能力和市场价值较高。研究表明，个体水平的信息不对称和经理产生异常收益能力的不确定性能解释一系列经验观察。

在股利政策方面，Jennifer L. Blouin、Linda K. Krull 和 Leslie A. Robinson 通过研究 1999~2004 年跨国公司 479 份公开报告和 98 份非公开报告，发现美国跨国公司的上市公司报告对美国汇出的外汇收入产生不利影响，但有利于国外现金流的积累。

2. 企业并购财务管理

企业并购财务管理的研究主要涉及并购中投资者行为、并购信息披露、跨境并购、内幕交易、并购中股东的研究、二次购买的研究、估值溢价的研究等方面。

在并购中投资者行为方面，Daniel A. Bens、Theodore H. Goodman 和 Monica Neamtiu 研究了经理参与并购后的谎报是否对股票市场造成负面影响。作者假设经理人试图通过并购后强劲的表现以及建立误报的激励手段来缓解压力。研究发现，有更多负面并购公告的企业，其回报的受让方更有可能在投资后期误报财务报表，发布这种误报的财务报表至少在短时间内会减缓压力。Sris Chatterjee、Kose John 和 An Yan 基于一个米勒模型的简单应用，分析了总收购溢价、收购宣布前目标公司股价上涨及宣布后的股票溢价。研究表明，当投资者有很大的意见分歧时，总收购溢价、收购宣布前目标公司股价上涨和宣布后股票溢价会更高。当分歧越大时，尽管成功收购后协同效应会更高，但一个公司也不太可能成为收购的目标。

在并购信息披露方面，Junming Hsu、Weiju Young 和 Hsin-Yi Wang 研究了行动、收购披露和 IPO 前并购与购买成本和长期绩效之间的关系。研究发现，IPO 前收购方比他们的配对公司有更高的发行机会成本，但是抑价没有显著差异，说明收购方更倾向于通过发行更多的股票来增加更多的资金。同时研究发现，IPO 前收购方使他们的收购对象在长期绩效上表现不佳，这些没有披露在计划书中的并购信息比他们所披露的更差。Yuan Gao 和 Derek Oler 利用盘中数据，发现收购宣布前目标企业所在的股票市场所增加的卖出抵消了增加的买入。在传闻反应过度的市场上，交易的卖方是理性的投资者。在实际宣告前有传闻时，卖方损失时，大多数例子中实际宣告结果与传闻不一致。Adam S. Koch、Craig E. Lefanowicz 和 John R. Robinson 研究了公司收购中收购前盈余预期如何影响目标股票价值。研究发现，在目标公司管理层在第一次公告发布了预盈公告前发布盈利指导时，目标公司给股东的并购溢价正在增加。

在跨境并购方面，Isil Erel、Rose C. Liao 和 Michael S. Weisbach 分析了 1990~2007 年 56978 份跨境并购的样本，发现地理因素、会计信息披露的质量和双边贸易会增加两国之间企业并购的可能性。估值在鼓励兼并时的作用很重要：那些股票市场价值增加的国家、货币升值的国家、市价账面价值比相对较高的国家，这些国家中的公司往往是购买者，而来自经济疲软的经济体的公司往往是目标。

在内幕交易方面，Anup Agrawal 和 Tareque Nasser 利用几个内幕交易措施的双重差分回归，研究了 1988~2006 年宣布的 3700 个由内幕人控制的公开市场股票交易情况。研究发现，内幕人在收购宣布前并没有增加他们的购买，相反，他们减少了购买。虽然内幕人减少购买的程度低于正常水平，但是他们更多地减少销售，因此会增加净购买。

在并购中股东的研究方面，Neelam Rani、Surendra S. Yadav 和 P. K. Jain 研究了印度 2003~2008 年兼并公司后股东的回报、由于宣告并购而获得的异常回报和并购前后五年内的股票基金的回报。研究表明，并购会产生异常回报，同样，收购方的股东也会有很高的回报。并购所提供的现金回报要高于收购的股票回报。被批准上市的公司的收购方会产生明显的异常收益，而在发展中国家中，这种情况恰恰相反。C.N.V. Krishnan 等采用手工收集的数据，考察了并购活动中股东集体诉讼的目标，并研究了这些诉讼中报价完成率和收购溢价的关系。研究显示，在控制选择偏见、不同司法标准、主要报价特点、并购财务和法律顾问的声誉及行业和年份固定的影响后，并购受到股东诉讼影响时完成率明显低于不受诉讼影响时的完成率。在完成的交易中，受到股东诉讼影响的并购报价明显高于收购溢价。

在二次购买的研究方面，Yingdi Wang 研究了经济逻辑与二次收购定价，这是一种已经变得非常流行的融资购买形式。研究表明，当股市变"冷"、债务市场条件变好、卖方面临高流动性需求的时候，企业更有可能通过二次购买退出。另外，由于良好的债务市场环境，二次购买比第一次购买价格更高。总之，二次购买是为减轻私募股权公司的资金需求服务的。

在估值溢价的研究方面，Onur Bayar 和 Thomas J. Chemmanur 利用手工收集的 1995~2007 年上市公司的数据和一份同时期的 IPO 数据，研究了很多私企选择被收购而不是高估值上市的原因。研究发现，在控制影响一个公司倾向于选择 IPO 而不是收购的因素后，由于有更大的风险投资支持公司，IPO 估值溢价会消失。研究还发现，甚至没有更大的风险投资支持公司时，IPO 估值溢价也会消失，并且对小公司来说，情况相同。

3. 集团公司财务管理理论

Ronald C. Anderson、David M. Reeb 和 Wanli Zhao 利用 Fama-MacBeth 回归方法，探究了创立家族控制与为美国上市公司使用每天汇总的卖空信息的知情交易之间的关系。研究发现，家族企业要比非家族企业在盈亏的冲击前有更高的卖空可能性；家族企业中日常的卖空所得具有预测股票收益的重要作用，然而，非家族企业没有可以识别的显著影响；卖空活动与职位高、有影响力的股东，也就是家族股东，具有很强的相关关系。

4. 企业破产财务管理

Federico Ciliberto 和 Carola Schenone 利用来自美国航空公司的数据研究了处在破产保护中的公司及其产品市场中的竞争对手是否改变了它们的产品质量。研究发现，在破产申请中，航空公司并不经常会出现航班延误和取消，但是一旦破产公司从破产中走出，它们的服务就会回到破产前的水平。Tereza Tykvová 和 Mariela Borell 研究了 2000~2008 年收购事件中欧洲公司的财务危机风险，还研究了收购公司是否比没有收购的公司更容易破产。研究表明私募股权投资者会选择那些财务没有陷入困境的公司而不是那些没有收购事件的公司。研究还发现，收购后公司的财务危机会增加，但是，私企比那些没有收购事件的公司会有更低的破产率，而且当公司有资深私募股权基金时，它们的破产率会更低。

（二）国内研究成果

2012 年，特殊业务理论方面，国内公开发表的文章共有 77 篇。其中，企业并购财务管理方面的文献较多，共有 51 篇；集团公司财务管理理论、国际企业财务管理、企业破产财务管理方面的文献相对较少，分别为 17 篇、7 篇、2 篇。

1. 企业并购财务管理

企业并购财务管理方面的研究主要涉及企业并购绩效、管理层结构对并购的影响、并购的价值、并购的支付方式、横向并购、跨国并购、并购的风险、并购的投融资方式、并购的价格等方面。其中，具有代表性的研究有：

在企业并购绩效方面，祁继鹏和王思文研究控股权性质、控股方式及距离这三个因素对企业并购后长短期绩效的影响，以找出影响上市公司并购绩效的因素。实证结果表明：控股权为国有的企业长期绩效得以改善，而控股权为民营的企业短期绩效恶化，同时控股方式及区域因素也分别对企业的长期和短期绩效产生显著的影响。杨军敏和曹志广以医药行业上市公司并购前后的专利增量作为研发绩效指标，以是否发生技术并购、并购企业规模、并购次数、现有专利水平、研发强度为自变量，对 2006~2009 年的面板数据进行了回归分析。实证结果认为：技术并购对研发绩效有正面作用，而其他目的的并购对研发绩效有负面作用。乐琦基于制度理论的视角引入合法性的概念，通过 123 份并购样本实证分析了并购后高管变更、合法性以及并购绩效之间的关系。研究结果显示：并购后高管变更与并购的外部合法性和内部合法性之间均存在显著的负相关关系；而外部合法性和内部合法性对于并购绩效具有显著的积极作用。乐琦和蓝海林通过实证分析揭示并购后主并企业对被并企业的控制方式/程度的不同对主并企业并购绩效的影响，并在制度理论的基础上引入合法性作为调节变量，探讨在不同的外部/内部合法性条件下，并购后控制与并购绩效之间关系的差异。韩坚和钱淳以 2001~2007 年以来在沪深 A 股市场发生并购重组的 125 家江、浙、沪地区民营上市公司为样本，采用因子分析、Wilcox-on 秩检验和多元线性回归分析研究民营企业重组前后绩效变化状况。实证结果表明：民营上市企业重组在重组当年绩效便显著下降，持续性明显不足；同时交易类型、交易双方关联性、第一大股东持股比例、股权制衡度等影响因素均与重组绩效直接相关。陆桂贤选取沪深上市公司 2005 年发生的 37 起并购案作为研究样本，利用会计数据，分别计算 2004~2009 年各个并购公司的 EVA 值并分析其变化趋势，发现大多数并购公司在并购后两年内经营绩效没有得到提升，反而损害了股东的利益，并购三年后，有些公司的绩效才有所改善。研究还发现：国有控股并购减少了股东财富，且国有控股并购对 EVA 的影响最为复杂，但横向并购增加了股东财富。王宋涛和涂斌采用会计研究法分析中国上市公司的并购绩效，结果表明：上市公司并购不能提升盈利指标，但能提高企业的内在价值，并购在短期内具有协同效应，尤其对于相关并购，协同效应更为明显；对于第一股东绝对控股的企业，其并购往往能改善盈利指标，但实际上更容易转移企业的现金流。张雯、孙茂竹和张胜从企业并购的角度研究了国有股权对企业行为及其经济后果的影响。研究结果显示，国有企业比民营企业更可能并购国有企业；当并购双方都是国有企业时，并购后并购企业的业绩不仅显著下降，并且显著差于其他情况下并购企业的业绩。王凤荣和高飞以 2006~2008 年发生的地方国有上市公司并购事件为样本，研究地方政府干预对处于不同生命周期企业的并购绩效的影响。研究发现，政府干预下的企业并购绩效呈现生命周期差异。具体来说，较高的政府干预对处在成长期的地方国有企业的并购绩效有负面影响，而处在成熟期的地方国有企业并购行为，在较高政府干预情形下，绩效能够得到明显改善。郭妍基于 1996~2009 年我国银行业国内和海外并购的案例研究银行并购后效率的变化及其影响因素。结果表明：我国银行的并购，尤其是海外并购、市场主导型并购提高了主并方的效率，且效率的改进主要来自于技术进步；对我国银行并购后效率的影响较大的因素依次是：目标方成长性、交易主导类型、相对资产规模、地理集中度、相对盈利能力，而产品集中度、主并方经验类型、相对成本利润率对并购效率的影响不显著。

在管理层结构对并购的影响方面，张广宝和施继坤依据管理者过度自信和委托代理等基本理论，以我国上市公司过度自信管理层发起的并购事件为研究样本，利用 OLS 回归模型检验并购频率是否会影响管理层货币薪酬和在职消费水平，并利用非参检验方法进一步检验并购频率与公司并购绩效之间的关系。经验研究发现，有着过度自信管理层的上市公司的并购频率与管理层货币薪酬和在职消费之间存在显著的正向关系，表明过度自信管理层更可能是出于谋取个人私利动机而发起高频率的并购活动，而频繁并购后上市公司绩效却呈现降低趋势。胡朝晖主要从董事会的结构、规模、领导结构等方面出发，研究综述了并购中的董事会特征与股东财富之间的相互关系。结论认为，随着我国证券市场制度和企业内部治理机制的进一步完善，并购中的董事会特征研究不仅会为并购股东价值创造提供新的理论依据，也会为实践并购操作提供有益的指导。杨林和杨倩选取我国信息技术行业 2005~2010 年沪深 A 股上市公司作为研究样本，实证考察了高管团队结构差异性（包括高管团队背景特征以及高管团队与董事长垂直对差异性）是否影响以及如何影响企业并购发生的概率与模式。Logistic 回归模型分析结果表明：其一，高管团队背景特征会对企业并购发生概率和模式产生显著影响效应，其中，高管团队平均年龄和任期会对并购发生概率与模式产生显著负相关影响，而高管团队男性占比会对并购发生概率和模式产生显著正相关影响。其二，高管团队的年龄差异和性别差异会对并购发生概率产生显著正相关效应。陈骏和徐玉德以评估增值率和评估方法的选择作为"掏空"或支持行为的观测变量，实证检验了 2001~2010 年上市公司并购重组过程中控股股东与地方政府的"掏空"或支持行为，并考察了不同盈亏状况下他们所存在的行为差异。研究发现，关联并购交易和同属并购交易中存在控股股东的"掏空"行为和地方政府的支持行为；盈利企业的控股股东将通过操纵资产的评估增值率来实现其对上市公司的"掏空"，并试图通过选择评估方法来掩盖其行为，而亏损公司所属地方政府则可能通过干预同属公司间并购交易的资产评估实现对上市公司的支持。付强和郝颖对 2007~2009 年三年间中国证券市场上所发生的以上市公司为标的的并购事件进行了实证研究，检验了终极所有权结构对并购过程中控制权转移的影响和并购前后投资效率的变化状况。研究发现，并购目标公司终极控制人的两权分离度与并购过程中控制权发生转移的倾向具有显著的关联，并购交易前后资本投资效率具有显著变化。

在并购的价值方面，王竞达和瞿卫菁以我国 2010 年和 2011 年创业板公司并购价值评估案例为研究对象，对其整体评估和交易定价情况进行描述性统计，并从评估技术方面对创业板并购中的资产评估增值度、资产评估方法选择差异、收益法参数进行确定，并对关联和非关联交易、重大和非重大并购重组进行分析，提出应综合运用各种评估方法，规范收益法评估参数的确定方法。蒋弘和刘星通过模型构建与实证检验相结合的方式，考察了股权制衡对并购信息披露质量以及主并公司价值的影响。研究结果显示，股权制衡能够显著改善并购信息披露质量，同时提升主并公司的价值。并且，由于控股股东在并购活动中一贯采用不共谋策略，使得股权制衡对主并公司价值的正面促进作用不受大股东之间股权性质异同的影响，能够保持良好的稳定性。研究还发现，公司规模、盈利能力、独立董事比例以及股权集中度与并购信息披露质量显著正相关，资产负债率与并购信息披露质量显著负相关，增加独立董事比例和采用关联并购方式都有利于主并公司价值的增长。唐兵、田留文和曹锦周采用案例法对并购价值创造的复杂过程及影响因素作了深入考察，构建了一个并购价值创造机理模型。研究表明：并购动因增值力来自协同效应、市场力量和战略动因，并通过并购活动对并购价值创造产生驱动性作用，并购环境适应力来自并购与面临机遇、挑战和政策环境的适应程度并通过并购活动对并购价值创造产生关键性作用，并购企业领导力来自高管决策、沟通、激励和影响力，并通过并购活动对并购价值创造产生主导性作用；并购活动有效性来自三力作用下的充分准备、合理交易和有效整合并通过其内在的非线性关系影响决定并购价值创造；三力越强，并购活动有效性越强，并购价值创造越大。陈泽、侯俊东和肖人彬利用 296 个中国企业海外并购事件的相关数据，统计分析了 17 个因素对我国企业海外并购价值创造的决定作用。结果表明：并购企业所有权性质与价值创造显著负相关，即民营企业并购绩效显著优于国有企业；并购双方相对规模、文化距离以及治理因素中的并购目标对抗董事权力指数对海外并购价值创造具有显著正向预测作用；美元对人民币汇率并购交易值以及治理因素中的集中度、法律体系等对我国企业海外并购累计超常收益有显著负面影响。此研究结果对于引导我国企业有效进行海外并购，推动"走出去"战略有效实施具有重要价值。袁晓玲、白天元和李政大对 2007~2009 年央企控股上市公司多元化类型与 EVA 关系进行了研究，并分析了多元化构成要素的专业化率和关联率对 EVA 的影响。研究表明：相关多元化央企 EVA 最高，单一型央企 EVA 最低；关联率与 EVA 正相关，专业率与 EVA 呈 U 型相关。在此基础上提出了政策建议，此文的研究成果对推进央企重组具有参考价值。

在并购的支付方式方面，周媛媛和李帮义通过使用博弈学习理论，研究了在信息不对称条件下和参与人有限理性条件下，并购方以债转股形式进行并购支付的最优行动及其影响因素。结论表明：并购方可以通过影响和操纵外部投资者和被并购方对谈判破裂风险的判断，将并购方股权融资比例和债转股比例控制在一定范围内，就可以顺利融入外部资金以实现对被并购方的并购支付，同时也能从被并购方获取更多利益，从而使自身利益最大化。李双燕和汪晓宇构建了一个基于控制权私利动态性的并购支付方式选择的理论框架，并对 2004~2007 年上市公司 774 个并购事件进行的实证分析表明，并购支付决策是控股股东在控制权稀释威胁、债务融资约束及预期并购后所面临的监督之间权衡的结果，前者促进了现金支付偏好，而后两者均减低了该偏好。赵立新、蔡曼莉和陈晓洁简要介绍了国内上市公司并购重组支付体系概况，重点分析存在的问题，并结合国内外并购市场案例及实证数据，对并购创新支付工具作了评述，提出完善上市公司并购重组支付体系的政策建议，包括在并购交易中先行推出定向可转债、引入储架发行制度、论证认股权证试点的可行性、支持券商提供并购支付融资工具等。万迪昉、高艳慧和徐茜运用模型研究了可转债和阶段性支付在抑制双边道德风险以及减小不确定性风险中所发挥的作用，并通过 SZ 能源集团并购案例详细考察了我国国有上市公司在并购过程中所存在的各种风险。结果表明，内嵌转股期权的可转债支付合约可以有效抑制并购中的双边道德风险，在阶段性支付的辅助下，则更能有效地防范市场相关风险。

在横向并购方面，杨蕙馨、王继东和徐召红在分析了房地产业集中度变化的基础上，探讨了房地产业实现良性发展的路径。余东华在对并购反垄断控制福利标准进行界定的基础上归纳出福利标准的主要类型，对比分析经常使用的消费者福利标准和社会总福利标准，深入研究横向并购的福利影响和福利标准选择的理论依据，进而明确提出中国企业横向并购反垄断控制的福利标准。白雪、林平和臧旭恒基于古诺竞争模型构建了一个"三阶段"的博弈模型，分析了外资企业合并控制中的资产剥离问题，探讨了资产剥离的有效性及福利效应。研究发现：在一定条件下，资产剥离能够削弱合并带来的单边效应，改善社会福利，增加合并被批准的可能性。在此基础上，此文探讨了消费者福利标准与社会总福利标准之间的差别，认为提高社会总福利的资产剥离很有可能会降低消费者福利。

在跨国并购方面，谢运对 15 个国家的面板数据进行回归模型分析，验证了 OFDI 逆向知识溢出效应的存在，同时发现跨国并购的逆向溢出效应没有绿地投资的逆向溢出效应显著。张建忠根据不完全合约理论，同时借助钱德勒关于企业并购成功与否受企业组织能力影响的基本思想，并且假设异地并购的收益是本地和异地经理协调行动的函数，结果发现，中国跨区域并购的一体化机制的形成取决于两地经理的双边协调努力，而地方政府更加宽松的市场准入政策、合理的税收安排和可信的股权激励有助于跨区域大型公司的形成。孔群喜、宣烨和袁天天在大量调查问卷基础上，以江苏制造业企业为样本，从微观行为模式层面考察了影响我国企业跨国并购隐性知识转移的关键因素。研究结果表明：在控制了吸收能力、组织支持、接收动机、初级转移、高级转移、非正式群体与沟通和成功知识等相关因素后，知识模糊性和显性转移模式与隐性知识转移的效果之间呈现较显著的正向关系，而且这种正向关系还会因为知识嵌入性和隐转移模式解释变量的舍去而得到不同程度的加强。

在并购的风险方面，孙轶和武常岐通过对 2004~2010 年间中国上市公司 509 例并购交易数据进行分析，实证结果显示，并购企业在跨行业并购、对目标企业缺乏投资经验、外部市场环境恶劣、并购交易规模较大、非全资并购的情况下，更倾向于使用专业咨询机构以控制并购前和并购后的风险。

在并购的投融资方式方面，张荣刚、尹永波和周璐从企业集聚资源追求螺旋式成长的论断出发，结合吉利收购沃尔沃案例对企业生命周期理论进行修正，认为要素集聚客观上推动吉利必须谋求并购式的快速成长，因而其资金需求及融资战略就需要分外关注，并提出了正视并有效控制风险、融资战略与成长战略匹配等从投融资战略方面保障并购成功，并进而推动企业持续成长的建议。翟进步、王玉涛和李丹考察了为减少公司并购过程中融资方式选择引起的交易成本，管理层会考虑哪些影响因素。实证结果发现：当公司存在充足自有资金时，会选择自有资金；当债务融资能力较强时，会选择债务融资；当股价表现好和交易规模较大时，会选择权益融资。同时，当股权集中度较低时，会选择债务融资；成长能力较强时，会选择权益融资。

在并购的价格方面，刘淑莲、张广宝和耿琳以 2006~2009 年间的 265 例并购交易为研究样本，采用 Logistic 回归方法，将微观公司特征变量与宏观经济冲击变量纳入同一研究框架，重点考察在我国特有的宏观环境下并购对价方式选择决策的驱动因素。研究结果表明：并购公司在选择对价方式时，主要关注公司债务融资能力、目标公司的信息不对称、公司未来投资需求以及经济发展水平和货币政策的影响，较少考虑控制权稀释威胁的影响；股票市场的发展水平与并购对价方式选择不存在显著关系，这意味着"市场择时"理论在中国并购市场上并不适用。周军对企业并购定价的内部控制进行了研究，提出并购企业通过建立内部控制体系，以期识别与控制企业并购定价过程中的风险。企业并购定价过程中内部控制应注重财务报表背后的经济实质，注重协同价值背后的整合成本，注意议价技巧，避免急于求成。

2. 集团公司财务管理

集团公司财务管理方面的研究主要集中在内部资本市场理论、集团财务管理、内部资金配置、整体上市、现金持有水平、集团企业财务风险等问题，具有代表性的研究有：

在内部资本市场理论方面，邵毅平和虞凤凤在对内部资本市场和关联交易理论分析的基础上，着重探究内部资本市场中的关联交易对我国公司价值的影响。实证研究发现：总体上我国内部资本市场成员间的关联交易表现为促进公司价值提升，这种促进作用主要来自公允的内部资本市场关联交易，尤其表现为内部资本市场关联流入；我国内部资本市场配置低效的结论主要与非公允的关联交易相关；外部资本市场的金融抑制状态，使得国内企业通过内部资本市场中的关联交易实现降低交易成本和市场风险、放松融资约束、提升公司价值的目的。张瑞君和孙寅以内部资本市场理论为基础，以中国石油天然气集团公司资金结算模式创新三个阶段为研究对象，从制度、流程和信息技术的创新及融合来详细分析每个阶段的作用机制，并从信息不对称、融资约束、交易成本和资金传导效率几个角度进行数据验证。结果表明，从制度、流程和信息技术应用三个方面对资金结算模式不断创新和融合有效地改善了内部资本市场经济后果。王化成和曾雪云考察了三峡集团的内部资本市场及其价值创造效应，研究揭示了专业化战略对企业价值的重要性，以及内部资金支持机制的有用性与效用边界，对于深入理解企业的价值创造机理，改善和提升我国企业的资本配置效率具有重要参考价值。

在集团财务管理方面，罗乾宜从当今央企的投资经营多元化、多级治理和日益对接资本市场等新变革出发，在文献分析基础上明确了整合央企集团财务治理、财务管控体系和经营目标与价值创造的基本逻辑，提出了强化总部的财务领导力与经营分权、多样化控制机制等基本原则，阐明了央企集团财务治理体系是：以经济增加值 EVA 为核心的业绩管理体系、以全面预算为主的多级治理体系、以风险边界为重心的财务结构管控体系和以财务增加值为基础的分配控制。刘剑民利用动态能力的分析框架研究企业集团财务控制组织与管理、位置、发展路径，认为我国传统行政管理色彩所形成的集权为主模式下的重构路径应通过财务控制资源与能力的创新，迅速提高母公司的财务控制能力直接形成新型的集权财务控制模式。张克慧和牟博佼通过分析财务总监委派制依存的条件，研究发现，被委派的财务总监不能够准确及时向集团母公司汇报子公司的经营信息，财务总监委派会造成集团管控的混乱，存在多种其他方式能够更好地替代财务总监所能发挥的作用。

在内部资金配置方面，高永如基于公平理论视角论证了企业资金配置的边际效益均衡，从完全激励以及非完全激励两种情况建立模型，将企业集团有限的资源在其不同分部以及不同分部的项目之间进行合理的分配，以便在总体上得到最优或满意的效果。

在整体上市方面，王永海和章涛采用沪深证券交易所 2006 年 7 月 1 日至 2008 年 6 月 30 日间已实施整体上市的上市公司样本数据，检验了整体上市对公司经营业绩及股东财富的影响，实证结果表明整体上市可以提高上市公司的经营业绩和增加股东的财富。魏成龙、许萌和杨松贺运用因子分析法对我国 2004~2009 年已整体上市的国有企业整体上市前后三年的绩效进行了实证研究，研究表明整体上市模式选择、注入资产质量和上市后的整合直接影响着整体上市的效果，为推动整体上市的健康发展，必须不断完善与中小股东利益相关的法律法规和政策制定，完善一系列与整体上市相配套的制度安排，严格制定整体上市标准、选择适合企业发展的整体上市模式，以整体上市为契机，促进企业主营业务的深度整合。

在现金持有水平方面，纳鹏杰和纳超洪以股改后 2006~2009 年沪深股市 3958 个 A 股上市公司为样本，考察了企业集团财务管控对上市公司现金持有水平的影响。实证发现，集团控股的上市公司现金持有水平较高，国有集团控股的上市公司现金持有水平更高。集团财务管控方式显著影响上市公司现金持有水平，集团选派 CFO 使之显著降低，拥有财务公司的集团选派 CFO 使之降幅更大，高达 30%。财务公司对现金持有水平影响不显著，但按 CFO 选派、ERP 财务信息系统、产权性质分组后发现，当集团选派 CFO 或上市公司有 ERP 财务信息系统或民营控股时，财务公司显著降低上市公司现金持有水平。上市公司 ERP 财务信息系统能够提升公司现金管理水平，提高其现金持有水平，而集团选派的 CFO 可能会通过财务公司和 ERP 财务信息系统配置现金，降低其控股上市公司现金持有水平。曾义通过集团多元化和内部资本市场效率这两个表征企业集团化经营行为的关键变量，研究集团化经营对现金持有水平的影响。研究发现，集团化经营的公司现金持有量更低，集团多元化程度和内部资本市场效率越高的企业集团现金持有水平更低，市场化进程的推进能增强集团化经营公司与现金持有量的负向关系。魏志华、吴育辉和李常青以 2004~2008 年 1378 家中国 A 股上市公司为样本，考察了家族控制、双重委托代理冲突对于公司现金股利政策的影响。实证结果表明：家族上市公司具有相对消极的现金股利政策，在控制其他影响因素后，家族上市公司的派现意愿和派现水平要比非家族上市公司低 35% 以上；在我国两类代理冲突都会对上市公司现金股利政策产生显著负向影响；家族上市公司具有相对消极现金股利政策的一个重要原因在于，家族控制加剧了第一类代理冲突而非第二类代理冲突并进而降低了上市公司的派现意愿和派现水平。

在集团企业财务风险方面，张继德和郑丽娜利用规范研究方法，依据系统性、环境分析起点等原则，构建了新型集团企业财务风险管理框架，从宏观视角建立了自上而下的风险管理体系，为促进我国集团企业财务风险管理做出了一定的理论贡献。

3. 国际企业财务管理

国际企业财务管理方面的研究涉及跨国公司风险管理、跨国交易模式选择、权益资本跨国流入、跨国公司创新绩效等内容，具有代表性的研究有：

在跨国公司风险管理方面，张辑从分析企业跨国经营面临的风险出发，深入研究了企业应对这些风险的转移定价策略，并在此基础上为我国跨国公司转移定价规避风险提出建议。

在跨国交易模式选择方面，吕延方和王冬基于交易成本经济学分析框架，采用连续指标"纵向一体化水平"以反映企业交易模式的动态变动特征，选取2000~2010年跨国交易比较频繁的30家代表性企业，综合分析了跨国交易模式选择的决定因素，并检验了跨国交易模式选择对企业绩效的传递效应。研究认为，当我国企业选择跨国交易模式时，应采用"成本+绩效"的动态分析模式，并且应该关注中国跨国企业的主体特征。

在权益资本跨国流入方面，王昱和成力为利用73个不同国家经济体的年度数据（1995~2008），结合理论模型以及动态面板回归实证模型分析了国内金融市场发展以及国际权益资本流入对本国R&D投资行为的影响，得到以下结论：对于国内金融市场的发展而言，国内股权市场的发展对R&D投资行为存在显著的正向影响，而国外权益资本的流入依然对本国R&D投资行为存在显著的正向影响，所以说R&D投资更加倾向于国内外的权益融资；经济体的实物资产特性与金融发展的相互作用项对研发投资产生负向影响，因此实物抵押品的匮乏会显著影响R&D融资活动；金融市场的发展可以通过R&D活动，进而影响一国的生产率和经济增长水平。

在跨国公司创新绩效方面，秦剑制利用中国13个省165家在华跨国公司中高层管理人员填写的调查问卷，采用因子分析、路径分析和结构方程模型的方法，考察了吸收能力和知识转移对跨国公司在华突破性创新的成功驱动机制。实证结果表明：吸收能力有助于跨国公司在华知识转移的开展，吸收力和知识转移同时促进了突破性过程创新，而吸收能力也有助于突破性产品创新绩效的提升。同时，研究还发现，过程创新对跨国公司在华的突破性产品创新绩效也具有正向驱动效应。研究结果不但为在华跨国公司和本土企业的突破性创新过程提供了实践指导，也为识别和培育具有高成长潜力的突破性创新产品提供了理论支持。易加斌从跨国公司母子公司知识冲突对知识转移绩效的影响机理出发，运用实验研究方法对知识冲突与知识转移绩效的关系进行了假设检验。研究结果表明，结构型知识冲突和存量型知识冲突对知识转移的个体绩效、团队绩效、组织绩效具有正向影响作用；关系型知识冲突对知识转移的个体绩效、团队绩效、组织绩效具有负向影响作用；跨国公司母子公司知识转移的个体绩效、团队绩效、组织绩效呈现出层层递进的演进机制。

结构型知识冲突和存量型知识冲突属于良性知识冲突，适度的良性冲突对提升跨国公司母子公司知识转移绩效水平具有积极的促进作用。关系型知识冲突属于恶性知识冲突，对跨国公司母子公司知识转移绩效水平具有消极的负面效应。

4. 企业破产财务管理

杨海珍等在用单变量检验方法检验备选财务指标有效性的基础上，建立了加权 Logit 模型，利用模型贡献度指标分析财务因素的显著性和影响程度，研究了美国商业银行破产的财务影响因素。实证结果表明，不仅资产回报率、资本充足率、净贷款占比和金融衍生产品投资对银行破产具有显著影响，资产回报率和净贷款占比的变化率也具有显著作用；而且资产回报率和资本充足率的影响远远大于其他因素。

四、其他理论

本报告所谓的财务管理其他理论主要包括财务管理发展理论，财务管理比较理论，财务管理教育理论，中国香港、中国台湾地区、西方国家财务管理方面的介绍，以及行为财务、绿色财务、财务协同理论、非营利性组织财务管理等理论。在 2012 年国内外公开发表的期刊中，涉及财务管理其他领域的文章共有 5 篇，其中国外公开发表的文章有 2 篇，主要来源于 *Journal of Empirical Finance* 期刊；国内公开发表的文章共有 3 篇，主要来源于《会计研究》、《经济管理》等期刊。财务管理其他领域的研究重点主要是行为财务、绿色财务、非营利性组织财务管理，具体研究成果如下：

(一) 国外研究成果

Jan Bena 和 Peter Ondko 利用 1996~2005 年欧洲微观层面数据，研究了金融市场发展是否促进资源分配效率。研究发现，在经济较为发达国家的有增长机会的产业中，企业会使用更多的外部融资。

(二) 国内研究成果

在行为财务方面，新企业是创业者个体行为的延续，创业者的心理特征影响新企业的行为和绩效。牛芳、张玉利和田莉选择创业者两个重要的心理特征——自信和乐观为研究对象，考察了自信、乐观对企业绩效的影响以及影响路径。并以创业导向为中介变量构建研究模型，并通过随机抽样的方式收集了 145 家技术型新企业的数据进行实证检验。实证研究发现：乐观和自信通过影响风险承担间接正向影响企业绩效；乐观对企业绩效存在直接正向影响；创业导向的三个维度（创新、超前行动和风险承担）都正向影响新企业的绩效。

在绿色财务方面，目前，我国企业在实施可持续发展战略的同时，极力增强企业社会责任和环境责任意识，但是尚未形成一套反映企业业绩与环境协调持续发展状况的评价指标体系。尤为严重的是，以提升经营业绩为根本目标的企业传统发展观与整个社会系统资源枯竭、环境污染、生态失衡等之间的矛盾日益激化。陈永丽和邹航在总结学者们关于企业绩效评价理论的基础上，拟从环境的视角探析企业价值链，提出基于环境价值链视角下重构企业经济管理、生态和社会三个维度的绩效评价模式，并运用实证方法对所构建的指标体系和模型进行验证。

在非营利性组织财务管理方面，非营利组织绩效会计是会计学的一个分支，是会计理论在非营利组织中基于绩效管理的目标要求框架下的应用。姜宏青以会计基本理论为基础，将非营利组织运营管理活动转换成绩效会计的语言，提出以资源、负债、资源剩余、投入、产出和效果为会计要素，设计了绩效会计财务报表体系和内容，旨在通过会计途径全面披露非营利组织绩效信息，以提升非营利组织的社会公信力。

第三节　财务管理理论 2012 年国内外研究评述

一、研究内容

在对 2012 年国内外样本文献进行全面收集和系统整理的基础上，通过结合上文对财务管理理论的分类，我们可以得出 2012 年财务管理理论各研究内容的分布情况。从图表中（如表4、图1、图2所示）可以看出，筹资理论和投资理论是 2012 年财务管理研究的重点，两者文献总数达到 320 篇，占总数的 35.88%。筹资理论和投资理论一直是财务管理理论的研究重点，不仅因为筹资和投资是企业日常经营活动的主要方面，而且筹资和投资的效果影响企业的短期乃至长远发展。近年来，我国一直积极推行量化宽松的货币政策，拓宽企业融资渠道，然而，中小企业仍然存在融资难问题，形成这种局面不仅有外部法律环境和金融环境的原因，还与企业自身的经营和管理密不可分，因此如何解决企业融资困境、加强企业投融资管理等方面的研究逐渐成为国内外学者关注的焦点。另外，上市公司高层管理者薪酬一直是社会广泛关注的一个问题，近年来，高管天价薪酬事件激起公众对高管薪酬更大的质疑声，代理成本的居高不下与信息不对称是影响企业良好业绩和健康发展的主要因素，这也促使我国代理理论和治理结构领域相关研究的不断发展。2012年，国内关于代理理论和治理结构的研究文献数量都超过了国外，分别为108篇和81篇，其所占比重之和为21.19%。总之，2012 年国内外的研究重点呈现出相同的发展趋势，主要以筹资理论、投资理论、代理理论和治理结构为主。

表4　2012 年国内外财务管理理论研究内容分布情况一览表

理论结构	内容分类	合计		国内		国外	
		数量(篇)	占比(%)	数量(篇)	占比(%)	数量(篇)	占比(%)
基础理论	财务管理方法	50	5.61	24	2.69	26	2.91
	财务与会计的关系	4	0.45	4	0.45		0.00
	基础范畴	11	1.23	3	0.34	8	0.90

续表

理论结构	内容分类	合计		国内		国外	
		数量(篇)	占比(%)	数量(篇)	占比(%)	数量(篇)	占比(%)
基础理论	代理理论	164	18.39	108	12.11	56	6.28
	价值观念	22	2.47	22	2.47		0.00
	市场效率	3	0.34	3	0.34		0.00
	治理结构	125	14.01	81	9.08	44	4.93
通用业务理论	筹资理论	178	19.96	136	15.25	42	4.71
	投资理论	142	15.92	77	8.63	65	7.29
	分配理论	36	4.04	29	3.25	7	0.78
	营运资本管理	40	4.48	29	3.25	11	1.23
特殊业务理论	企业并购财务管理	66	7.40	51	5.72	15	1.68
	国际企业财务管理	23	2.58	7	0.78	16	1.79
	集团公司财务管理	18	2.02	17	1.91	1	0.11
	企业破产财务管理	7	0.78	2	0.22	5	0.56
其他理论	其他	6	0.67	3	0.34	3	0.34
合计		892	100.00	596	66.82	296	33.18

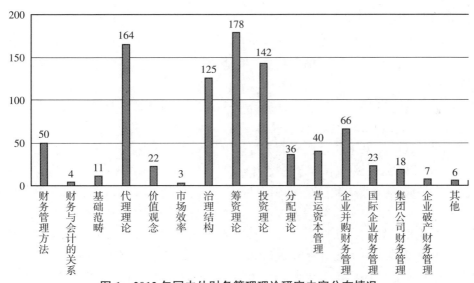

图1 2012年国内外财务管理理论研究内容分布情况

二、研究方法

财务管理理论的研究方法非常丰富，主要包括规范研究、实证研究（大样本）、调查研究、案例研究、比较研究、模型研究、实验研究、框架研究、档案研究、综述研究和分析研究。在早期，规范研究是国内外研究的主要方法，这种研究方法是通过演绎推理的方

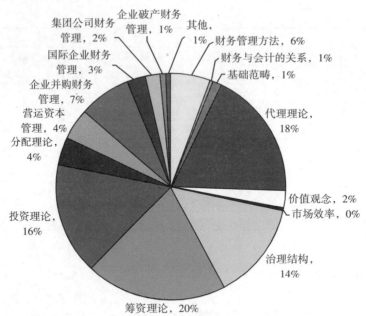

图 2　2012 年国内外财务管理理论研究内容分布情况占比

式对财务管理理论进行研究，它解决财务管理理论中"应该怎样解决"的问题，注重定性研究，对资料的依赖性较强。而财务管理理论研究的意义主要在于，通过形成正确的财务管理理论对财务管理实践进行正确的指导，即财务管理理论的研究需要和实践相结合。随着财务管理环境的变化以及企业财务管理实践的不断深入，单纯地依靠规范研究方法已不能适应财务管理理论的快速发展。实证研究（大样本）已经越来越受到国内外学者的普遍欢迎，通过理论与实践的结合，已经成为主流的财务管理理论研究方法。表 5、图 3、图 4 显示，2012 年国内外采用实证研究（大样本）方法的文献数量为 657 篇，占到文献总数的 73.65%。实证研究（大样本）方法使用客观的实际证据来进行检验，具有较强的科学性。其次，实证研究（大样本）是一种定性分析与定量分析相结合的方法，其结果具有更高的使用价值。同时，实证研究（大样本）具有鲜明的直接经验特征，能够很好地将财务管理理论与实践相结合，且研究对象所涵盖的内容也很丰富。例如：股权制衡、管理者过度自信与企业投资过度的实证研究（胡国柳、周德建，2012），股权结构影响上市公司绩效的实证研究（燕玲，2012），企业流动性与资本结构相关性的实证研究（Ronald W. Anderson、Andrew Carverhill，2012），CEO 激励与债务成本相关性的实证研究（Kenneth W. Shaw，2012）。

　　除了规范研究和实证研究（大样本）这两种方法外，案例研究、模型研究和分析研究方法的使用也逐渐增加，它们也是比较常用并且行之有效的研究方法，2012 年，这三种研究方法的国内外文章总数分别是 27 篇、34 篇和 28 篇，占比为 3.03%、3.81%和 3.14%。总体来看，2012 年国内外文献关于财务管理理论的研究所使用的研究方法大致趋同，即更加关注理论与实践结合较为紧密的研究方法，主要包括实证研究（大样本）、模型研究、案例研究和分析研究,但在基于心理学视角的实验研究法的使用上与国外还有一定差距。
此外,随着财务理论的创新与发展,实验研究法将会得到更广泛的使用。

表5 2012 年国内外财务管理理论各研究方法分布情况一览表

研究方法	合计		国内		国外	
	数量(篇)	占比(%)	数量(篇)	占比(%)	数量(篇)	占比(%)
规范研究	28	3.14	21	2.35	7	0.78
实证研究(大样本)	657	73.65	427	47.87	230	25.78
调查研究	14	1.57	12	1.35	2	0.22
案例研究	27	3.03	21	2.35	6	0.67
模型研究	34	3.81	20	2.24	14	1.57
比较研究	19	2.13	14	1.57	5	0.56
框架研究	15	1.68	11	1.23	4	0.45
综述研究	21	2.35	15	1.68	6	0.67
档案研究	7	0.78	5	0.56	2	0.22
实验研究	19	2.13	9	1.01	10	1.12
分析研究	28	3.14	21	2.35	7	0.78
其他方法	23	2.58	20	2.24	3	0.34
合计	892	100.00	596	66.82	296	33.18

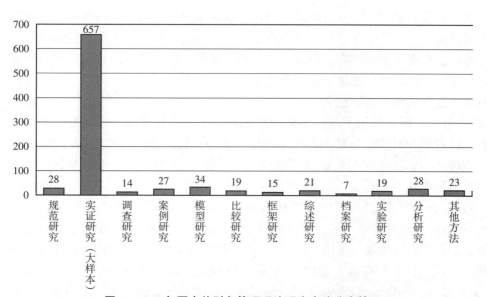

图 3 2012 年国内外财务管理理论研究方法分布情况

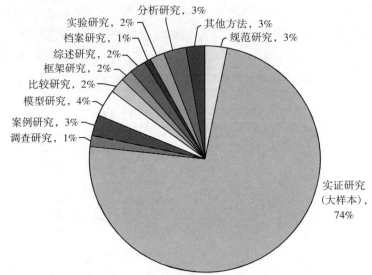

图 4 2012 年国内外财务管理理论研究方法分布情况占比

三、研究视角

从学科分类上来看，财务管理是一门综合性的学科，它涉及经济学、金融学以及管理学等方面的内容。随着财务管理理论的不断发展与完善，对于财务管理的研究已经不仅仅局限于传统的管理学和经济学，而是逐渐涉及心理学、统计学、组织行为学等方面。学科间的融合使学者们对财务管理理论的研究领域更加广泛，研究更有深度，对企业的财务管理实践活动具有更深的指导意义。

表 6、图 5、图 6 列示了基于不同研究视角的财务管理理论分布情况。从研究视角分布来看，管理学和经济学仍然占据主导地位。其中，管理学的研究比例占 50.45%。例如：对于商业模式、营运效应与企业绩效的研究（程愚，2012）；对于企业集团财务管控与上市公司现金持有水平的研究（纳鹏杰、纳超洪，2012）。经济学占总体的比例为 32.51%。例如：对并购对价方式选择、公司特征与宏观经济冲击的研究（刘淑莲、张广宝、耿琳，2012），对地方公债融资管理的制度经济学分析（谢平、邓晓兰，2012）。在组织行为学方面，学者们主要从管理层、董事会等方面进行研究。例如：对董事网络：定义、特征和计量的研究（谢德仁、陈运森，2012），对私募股权投资与被投资企业高管薪酬契约的研究（王会娟、张然，2012），对高管薪酬与公司绩效：国有与非国有上市公司的实证比较研究（刘绍娓、万大艳，2012）。在心理学方面也有不少研究。例如：对并购频率与管理层私利的研究（张广宝、施继坤，2012），股权制衡、管理者过度自信与企业投资过度的实证研究（胡国柳、周德建，2012）。

与前几年相比，财务管理理论的研究视角依然朝多元化方向发展，学者们仍然更多地是从管理学和经济学两个视角进行研究，组织行为学、统计学和心理学与财务管理的衔接也有所增加：但是环境学等其他学科还是处于薄弱的环节。因此，随着财务管理理论的不断发展，其研究视角的多元化也在不断地变化之中。

表6 2012年国内外财务管理理论研究视角分布情况一览表

研究视角	合计		国内		国外	
	数量（篇）	占比（%）	数量（篇）	占比（%）	数量（篇）	占比（%）
管理学	450	50.45	304	34.08	146	16.37
经济学	290	32.51	178	19.96	112	12.56
统计学	30	3.36	19	2.13	11	1.23
心理学	15	1.68	8	0.90	7	0.78
组织行为学	70	7.85	54	6.05	16	1.79
环境学	4	0.45	2	0.22	2	0.22
其他学科	33	3.70	31	3.48	2	0.22
合计	892	100.00	596	66.82	296	33.18

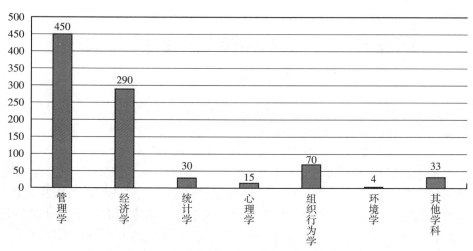

图5 2012年国内外财务管理理论研究视角分布情况

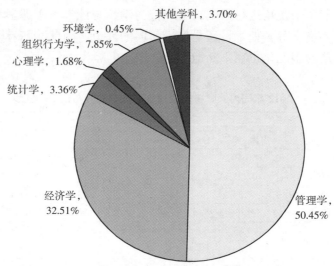

图 6　2012 年国内外财务管理理论研究视角分布情况占比

第四节　财务管理理论研究建议与展望

我国学者王化成认为，"财务管理理论是根据财务管理假设所进行的科学推理或对财务管理实践的科学总结而建立的概念体系，其目的是用以解释、评价、指导、完善和开拓财务管理实践。" 财务管理理论是对财务管理实践的系统化和理性化的科学总结。随着市场经济的不断完善，财务管理理论也在不断完善，面对经济全球化与知识经济的快速发展，创新财务管理理论是必然的选择。从整体角度来讲，世界各国的经济往来日渐密切，知识经济有待更进一步的发展，电子科技和信息技术等现代电子商务模式也在不断快速发展，这些都在不断冲击传统的企业财务管理理论。而从企业内部来讲，跨国公司、外资企业、合资企业等企业模式的发展致使现代企业内部结构有了很大变化，企业之间的合并与重组、虚拟公司的兴起等，各方面的因素和环境都表现出对新时期下符合企业经济发展趋势的现代财务管理理论的迫切需求，要求中国的财务管理理论进行系统化、动态化的创新，以更有效地指导中国的财务管理实践。

从研究内容来看，财务管理研究的内容丰富多彩。除了一些基础理论以及通用业务理论外，企业并购、集团财务、行为财务等都开始有所涉及，可见财务管理研究的范围越来越广泛。其中，投资和筹资决策仍然是财务管理领域研究的重点，并且随着企业经营权和所有权的分离，股东和管理者之间出现了代理冲突，代理理论和公司治理的研究也显得越来越重要。但是，我国财务管理理论研究大多是以单个公司为研究对象，对集团化公司财务管理理论研究相对较少，存在对内部资本市场问题的重视不足等问题。在传统的经济条件下，我国财务管理理论研究都是以单个企业为主，但是随着社会经济的发展，对财务管理理论的要求越来越高，只有站在更高的层面上才能实现财务管理理论的全面发展，保证企业财务管理理论体系的不断完善。当前，我国财务管理理论尽管涉及控制权，但并不全面，如何更好地对集团化公司控制权进行优化配置，避免产生不必要的问题才是最重要的。另外，我国在财务管理理论研究方面对资本市场的运用状况也涉及较少，只有按照中国特色的财务管理理论方法进行研究，将市场运行和控制权配置相互结合，才能促进我国财务管理理论的发展。同时，随着知识资本和人力资本在企业运行中所起的作用越来越大，基于投资者及管理层的心理特征角度的行为财务研究也变得越来越重要，加强这方面的研究，能为我国财务管理理论研究体系的建立创造更大、更好的平台和空间。

从研究方法来看，主要的研究方法有实证研究（大样本）、模型研究、案例研究和分析研究等。叶澜教授曾指出，"在一定意义上，一门学科的方法论水平，可以成为衡量这门学科成熟度的重要标志，而方法论的发展也必将成为促进学科成熟度提高的最基本手段。"对任何一门学科的研究，选择合适的研究方法尤为重要。不论从国内还是国外看，实证研究（大样本）仍然是主流的研究方法，其他方法都极少涉及。研究者应该综合运用多种研究方法，从多个方面和多个视角对财务管理问题进行研究，切忌使用单一的研究方法。如果单纯使用一种研究方法，就很容易失去一些重要的信息，造成研究的不全面、不客观，以至于影响了研究的信度和效度。任何盲目地崇拜某一种研究方法或蔑视另外一种研究方法的做法都是不恰当的、不明智的。在具体的研究中，研究者应该遵循以问题为中心的原则来选择研究方法，避免方法中心倾向，造成研究方法的滥用、误用。同时，在研究过程中要根据课题研究的需要，注意研究方法的多样化综合，这样既可以使各种研究方法长短互补，又可以使不同方法的结果互相比较验证，从而提高研究的科学性。

从学科分类来看，财务管理是一门综合性的学科，它涉及经济学、金融学以及管理学等方面的内容，因此，近几年对于财务管理理论的研究已经逐渐从多元化视角展开，涵盖了经济学、管理学、心理学等方面。学科间的融合，不仅拓宽了财务管理理论的研究范围，还挖掘了财务管理理论的研究深度。随着宏观环境的不断变化，跨学科间不同视角的研究为企业财务管理活动实践提供了更大的价值。

财务管理是现代企业正常运转的关键，良好的财务管理是企业生存、发展和壮大的基础，而对于财务管理理论研究是一项长期复杂的工作，我们必须从我国社会发展的趋势出发，按照我国经济社会发展的客观情况，对我国财务管理问题进行科学的分析和规划，并且能根据效率评价机制进行一定程度的改革，有选择地对财务管理理论进行吸收和借鉴，在坚持理论和实践的同时，借鉴西方发达国家的管理经验，同时结合我国的国情，对我国财务管理理论研究体系进行优化和发展，只有这样，我国的财务管理研究才能形成一个完整的框架，进而构建出符合现代企业制度的财务管理理论。

第二章 财务管理学学科 2012 年 期刊论文精选

　　本报告以上述财务管理理论结构为划分基础，对 2012 年国内外与财务管理理论相关的期刊论文进行梳理和内容划分。本次文献资料整理共得到与财务管理理论相关的期刊论文 892 篇，其中：国外期刊文章 296 篇，国内期刊文章 596 篇。本次文献资料整理的检索来源：国内期刊主要来自 CSSCI 检索的 78 种期刊（经过挑选），包括管理学、经济学、统计学和高校综合性社科学报，另外考虑到专业的特殊性，加上了《中国会计评论》，共计 79 种；国外期刊则从上海财经大学会计学院公布的"会计财务英文期刊目录"中精选 14 种，另外增加了 *Financial Management*，共计 15 种。基于此，考虑到财务管理理论发展的系统性、前瞻性、融合性、实用性等方面的要求，从研究内容、研究方法、研究视角等方面，通过财务管理专家团队的一致评选，评选出 12 篇中文期刊优秀论文和 20 篇英文期刊优秀论文。

第一节

中文期刊论文精选

公司治理、投资者异质信念与股票投资风险
——基于中国上市公司的实证研究 *

李维安　　张立党　　张　苏

【摘　要】基于中国资本市场中股票投资存在巨大风险和投资者缺乏可靠投资决策依据的现状，本文通过分析公司治理、投资者异质信念和股票投资风险三者之间的关系，从微观层面揭示了公司治理对股票投资风险的影响机制，并利用中国 A 股上市公司样本验证了这一机制的存在。结果表明：公司治理水平的提高有利于降低投资者信念的异质程度和股票的投资风险；投资者信念异质程度的降低有利于减小股票的投资风险；投资者异质信念是公司治理影响股票投资风险的完全中介变量。本文结论可为研究公司治理对资本市场的影响及其在资本市场中的应用提供一些可借鉴的思路和经验证据。

【关键词】公司治理；投资者异质信念；股票投资风险；中介效用

据新华网报道：[①] "2011 年的中国资本市场，沪深两市主要指数基本呈单边下跌走势，跌幅超过两成；中国 A 股总市值蒸发了 5.97 万亿元，流通市值蒸发了 2.83 万亿元，公募基金、私募基金和个人投资者也是业绩惨淡、损失惨重，平均每人一年亏损了 4.12 万元；同年，证监会共发布 44 份行政处罚决定书，涉及的违规行为主要包括内幕交易、虚假陈述、隐瞒重大事项、关联交易、未履行信息披露义务、操纵股价、利用他人账户买卖股票等内容。"以上报道表明，现阶段我国资本市场中的股票投资存在巨大风险。究其原因，业界分析主要着眼于宏观层面：一是国际方面，如欧债危机持续发酵、信用评级机构下调

* 本文选自《南开管理评论》2012 年第 15 卷第 6 期。

基金项目：长江学者和创新团队发展计划、国家社会科学基金重大招标课题（10zd&035）、中央高校基本科研业务费专项资金（NKZXB10089）项目。

作者简介：李维安，东北财经大学工商管理学院、南开大学中国公司治理研究院教授、博士生导师，管理学、经济学博士，研究方向为公司治理；张立党，南开大学商学院、中国公司治理研究院博士研究生，管理学硕士，研究方向为公司治理与企业制度；张苏（通讯作者），南开大学商学院、中国公司治理研究院讲师，管理学博士，研究方向为运营管理。

① http://www.gd.xinhuanet.com/newscenter/2012-01/01/content_24461093.htm，新华社深圳 1 月 1 日专电题：回眸2011：枯燥的数字下中国股民的酸甜苦辣。

多国主权信用等级、资金从新兴市场不断向发达国家回流、我国出口形势严峻等因素的影响；二是国内方面，如 A 股市场快速扩容、通胀压力、货币紧缩政策等因素的影响。但从证监会发布的 44 份行政处罚决定书来看，我们认为，除以上原因外，微观层面的公司治理因素也是造成这一结果的重要原因。

近年来，我国资本市场中由公司治理问题引发的股票投资风险不胜枚举，从早期的红光实业、银广夏、郑百文、科龙电器的虚构利润，到中科创业、亿安科技的操纵股价，再到最近的胜景山河、绿大地等公司的造假上市等行为，无一不使股票投资者承受了巨大风险。《中国公司治理评价报告》（2004~2011 年）的数据表明，虽然我国上市公司的整体治理水平连续八年（2003~2010 年）呈不断上升趋势，但整体治理水平相对不高，历年 A 股上市公司治理指数的平均值均低于 60（理想值为 100）。为引导投资者的价值投资理念和促进上市公司治理水平的改善，监管当局虽然出台了一些强制性的政策、法规，但由于其执行门槛过高和滞后性等原因，仍不能有效改善这种现状。

基于以上认识，本文拟通过分析公司治理、投资者信念与股票投资风险之间的关系，考察从公司治理到投资者异质信念，再到股票投资风险的传导机制，并验证投资者异质信念这一中介变量的存在性，从而揭示公司治理对股票投资风险的影响机制，为研究公司治理对资本市场的影响及其在资本市场中的应用提供一些可借鉴的思路和经验证据。同时，也希望启发监管当局利用这一机制采取相关措施，引导和鼓励独立第三方公司治理评价机构公开发布其公司治理评价结果，以激励上市公司主动提高公司治理水平，从而降低股票的投资风险。

一、文献综述

对于股票的投资风险，经典金融领域通常用股价或收益的波动性来表示。这方面研究早在 20 世纪初就已开始。其一是随机波动理论，Bachelier 在其博士论文中首次把股价的无规则变动看作布朗运动。随后，Kendall 和 Hill、Roberts 和 Osborne 等人也从不同研究角度得出股票价格的随机波动规律。其二是有效市场理论。该理论起源于 Samuelson 和 Mandelbrot 提出的有效市场理论期望模型，在此基础上 Fama 总结了有效市场理论的完整框架，根据价格对信息的反映程度将有效市场分为弱式、半强式和强式三种。其三是分形和混沌市场理论。它把股票市场看作一个由投资主体与客体组成的复杂非线性系统，系统的波动是由影响市场的内部因素之间、内部与外部因素之间的非线性关系决定的，其运动类似随机，但实际上有某种规律可循。内部因素是系统的组成部分，它的变化直接产生系统的波动，会造成市场的不稳定性；外部因素通过作用于内部因素而导致系统波动，两者相互渗透，相互影响。其四是 Vaga 提出的协同市场假说。他认为资本市场风险与收益率的总值是由外部基本经济环境和投资者集体情绪两个因素共同决定，两者不同的结合方式，会导致股票市场的多种状态。一般来说，当股票市场出现协同牛市时，股价下跌风险较低，市场收益率较高，而当股票市场出现协同熊市时，股价下跌风险较高，市场收益率较低。其五是行为金融理论。它突破了传统金融理论的投资者理性、信息独立性和市场有效性假设，把心理学和行为科学的理论与金融学相结合。如 Kahnemn 和 Tversky 研究发现，在收益框架下决策时，多数投资者是风险厌恶者；而在损失框架下决策时，多数投资者变成了风险偏好者。

以上述五种理论为基础，国内外学者围绕影响股票投资风险的各种因素开展了许多理论与实证研究。限于篇幅，本文主要从公司治理和投资者异质信念两方面进行文献梳理。

1. 公司治理对股票投资风险的影响

Bushman 和 Smith 曾指出，未来的公司治理研究应转向资本市场，加强对公司治理与股票价格关系的研究。事实上，自 20 世纪 90 年代开始，公司治理研究就已经转向了资本市场。已有文献主要考察了公司治理对股票收益和股票价格的影响。

（1）公司治理对股票收益的影响

这方面的研究主要集中于治理溢价。通常认为，好的公司治理能为投资者和企业带来溢价。按考察对象的不同可分为单治理要素溢价、多治理要素溢价和总体治理水平溢价三类。如 McConnell 和 Servaes 分析纽约证券交易所 1976 年的 1173 家公司和 1986 年的 1093 家公司发现，托宾 Q 与公司内部股东的股权之间呈倒 U 型曲线关系。Bebchuk、Cohen 和 Ferrell 运用 1990~2003 年 IRRC 报告的数据构建经理层堑壕指数，实证分析发现，买入低堑壕指数公司的投资组合和卖出高堑壕指数公司的投资组合，在大多数时期收益高于市场水平。南开大学公司治理评价课题组运用其编制的公司治理综合评价指数（CCGI^{NK}）研究发现，良好的公司治理能使公司具有较高的未来财务安全性，有利于提高公司的盈利能力，投资者愿意为此支付溢价。王福胜和刘仕煜以 2007 年中国沪市 578 家 A 股上市公司为样本，以公司治理效率替代公司治理水平，以流通盘市场附加值作为治理溢价变量，得出中国股票市场存在公司治理溢价的结论。

基于对治理溢价的不同理解，已有文献还分别以投资者支付意愿、公司市场价值和股票超额收益等指标衡量治理溢价，研究了公司治理对它们的影响。如麦肯锡调查报告（2000、2001）显示，大多数调查对象愿意为治理良好的公司支付溢价；[1] 澳洲会计师公会、香港浸会大学公司管治与金融政策研究中心调查发现，国际投资者更看重中国企业的公司治理水平，愿意为拥有良好公司治理的企业支付 28% 的溢价。Dernev 和 Kim 利用 CLSA 的公司治理评价结果研究了治理水平与公司市场价值的关系，结果发现，平均而言，

---

① 麦肯锡发表 2000 年的投资者意向调查报告指出：75% 的投资者认为，对于他们投资决策的影响，董事会行为至少与财务表现同样重要；拉美地区的投资者甚至认为董事会行为比财务指标更重量；63% 的调查对象表示会避免对低治理水平的企业进行投资；57% 的投资者表示会依据治理水平增持或减持某些公司的股票。2001 年，麦肯锡调查 200 个代表 3.25 万亿美元资产的国际投资人发现：在其他因素相同的情况下，80% 的投资人表示愿意为"治理良好"的公司支付溢价；75% 的调查对象认为公司治理质量至少与公司财务指数同等重要；在财务状况类似情况下，投资人愿意为"治理良好"的亚洲公司支付 20%~27% 的溢价，愿为"治理良好"的美国公司支付 14% 的溢价。

治理水平标准差的 1% 增加，会引起 9% 的企业市场价值增加，并且在较弱的法律环境下，这种影响更明显。Gompers、Ishii 和 Metrick 以 Carhart 四因子定价模型[①] 计算的超额收益衡量治理溢价，以 1500 家美国公司为样本，以 24 项公司治理规则构建的"治理指数"衡量股东权力水平，发现买入治理水平排名前 10% 的股票和卖出后 10% 的股票，年超额收益率为 8.5%，验证了公司治理溢价的存在。潘福祥以自己构建的公司治理指数衡量治理水平，用托宾 Q 和市净率衡量公司价值，实证分析发现，公司治理指数与公司价值显著正相关。李维安和牛建波利用上市公司的年度累计超额收益率（CAR）衡量治理溢价，以公司治理指数（CCGI[NK]）衡量治理水平，验证了治理溢价的存在性。李维安和郝臣借鉴 Fama-French 三因子定价模型研究中国上市公司的治理溢价发现，在考虑市场溢价因子和规模因子的情况下，买入公司治理好的投资组合和卖出公司治理差的投资组合，可以获得 8.4% 的超额收益。

（2）公司治理对股票价格的影响

随着监管机构和资本市场对公司治理的日益重视，公司治理对股票价格的影响也越发凸显和引人关注。这方面的研究主要考察了公司治理对股价波动性、同步性以及股票信息含量和流动性的影响。如 Bushee 和 Noe 的研究显示，上市公司的信息披露的改善，会吸引短期机构投资者增加持股数量，进而导致公司股票收益的波动性增加。吴齐华、刘景和饶刚研究股权集中度与股价波动之间的关系发现，两者正相关。Newell 和 Wilson 研究六个新兴市场发现，公司治理状况最差与最好公司的股价相差 10%~12%。雷明全和肖小锋分行业实证分析了第一大股东持股比例对股价波动的影响，结果表明，除家电行业外，其他行业中第一大股东持股比例均与股价波动显著负相关。李增泉、余谦和王晓坤实证分析我国上市公司股价同步性与所有权安排之间的关系发现，所有权结构对股价同步性具有显著影响。Ferreira 和 Laux 从并购限制的角度实证分析治理机制与股价信息含量的关系发现，反并购条款的数量与股价波动性负相关。蒋海、张博和王湛春以南开大学公司治理评价课题组相关论文中的 464 个公司年度数据为样本，实证分析发现，上市公司的微观治理机制越好，其股价波动同步性越低。袁知柱和鞠晓峰实证分析制度环境与公司治理因素对股价波动同步性的影响发现，制度环境较好的省市，股价信息含量较高，第一大股东持股比例与股价信息含量呈倒 U 型关系，双重上市、股权制衡度、独立董事比例、董事会规模、股东与董事会年度会议次数和管理层持股比例与股价信息含量显著正相关，两职合一和审计质量对股价信息含量没有显著影响。Dechow 和 Dichev 认为，较好的公司治理会导致较高的信息披露频度和信息价值含量，有助于增强股票流动性。沈艺峰、肖珉和林涛考察国内 1184 家上市公司的自查报告和整改计划发现，公司层面较差的投资者保护机制增加了投资者之间的信息不对称，从而降低了其股票流动性。

---

① Carhart 四因子模型是对 Fama-French 三因子模型的改进，包含了市场因素（Market Factor）、规模因素（Size Factor）、价值因素（Value Factor）和动量因素（Momentum Factor）四个因子。详见 Carhart M. M. on Persistence in Mutual Fund Performance [J]. Journal of Finance, 1997, 52（1）: 57-82.

2. 投资者异质信念对股票的影响

早期关于投资者异质信念的代表性研究是 Miller 的投资者异质信念理论。他认为投资者对证券的未来收益与风险估计存在异质信念，这种信念的异质程度与股票收益正相关。在此基础上，Diether、Malloy 和 Scherbina，Goctzmann 和 Massa 专门对投资者异质性信念的形成机制进行了探讨，认为投资者对证券未来价格预期的分歧包括先验信念的异质性、后验信念的异质性和信念更新的异质性。Hong 和 Stein 则把投资者异质信念的形成方式总结为渐进信息流（Gradual Information Flow）、有限注意（Limited Attention）和先验异质性[①]（Heterogeneous Priors）三种。由此引发了大量关于投资者异质信念对股票影响方面的理论和实证研究。

（1）投资者异质信念对股票影响的理论研究

首先是静态分析。为描述证券价值溢价，Miller 假定市场上存在 N 个对证券估价不同的投资者，证券的供给是有限的，根据供需原理对投资者估价进行排序发现，在卖空限制条件下，当投资者之间的估价差异增大时，证券被高估的程度会增加，随着投资者信念趋于一致，股票价格将回到真实值。在此基础上，张维和张永杰也构建了一个基于投资者异质信念的风险资产价格均衡模型，从理论上证明了影响股票价格的不仅包括那些影响公司经营前景的因素，还包括投资者意见分歧的程度。

其次是以 Miller 的静态模型和异质信念形成的机制为基础，学者们还从动态的角度分析了投资者异质信念对股票的影响。基于投资者信念的"先验异质性"，Harris 和 Raviv 对交易量的形成机制及其与股票价格的关系进行了理论分析，Morris 则考察了投资者信念异质水平对股价的影响，认为在投资者完全了解股票价格的真实分布之前，存在由再售期权（Resale Option）导致的投机溢价（Speculative Premium），但随着投资者的不断学习，最终会收敛于真实分布。Hong 和 Stein 则在"渐进信息流"视角下把投资者分为信息观察者（News Watchers）和动量交易者（Momentum Traders），并分析了两种投资者的非完全理性行为对股票价格的影响。另外，Hong 和 Stein 还从"渐进信息流"和"有限注意"的视角对交易动机产生的原因进行了理论分析，认为投资者收到或注意到的信息不同导致了他们对股票价值判断的不同，从而产生不同的交易信念，做出不同交易决策。

（2）投资者异质信念对股票影响的实证研究

采用不同的衡量指标，学者们还实证检验了投资者异质信念对股票价格和收益的影响。如徐艳和谢赤以机构投资者"看多"与"看空"之间的差异衡量投资者信念的异质程度，以上证综合指数衡量证券价格，实证分析发现，投资者信念异质与大盘价格指数之间存在长期均衡互动影响。Houge 等人以机构退出比率（Flipping Ratio）衡量投资者异质信

---

① 先验异质性是指投资者对相同的信息会由于自身偏好做出不同的判断；渐进信息流是指信息到达不同投资者的时间点不同；对于有限注意，Miller 认为是投资者对各种证券的关注概率不同，Hirshleifer 和 Teoh 则解释为投资者的有限理性。

念，在控制发行量的条件下，得出投资者信念异质程度越高，IPO 长期收益越低的结论。Gao、Mao 和 Zhong 以收益波动率衡量投资者异质信念，通过控制公司规模、杠杆率等因素的影响，得出股票 IPO 后 25 天、75 天和 100 天的超额收益波动率与 IPO 后一年、两年和三年的长期超额收益显著负相关的结论。Diether、Malloy 和 Scherbina 选取的投资者异质信念衡量指标为分析师预测分歧，他们利用 1983~2000 年美国上市公司的数据，实证分析得出的结论是分析师预测分歧与股票未来收益负相关。Boehme、Danielsen 和 Sorescu 以股票的换手率和超额收益波动率衡量异质信念，研究所有美国上市公司股票发现，在存在卖空限制的条件下，投资者异质信念越强，股票的后期收益率越低。张峥和刘力对中国股票市场换手率与股票预期截面收益进行了实证分析，得出二者负相关的结论。Verardo 以分析师的收益预测衡量投资者异质信念，利用美国股票收益的截面数据，在控制股票的透明度、信息传递速度、基本面的不确定性、信息准确度和波动性后，得出投资者异质信念与连续性收益显著正相关的结论。陈国进、胡超凡和王景以换手率和收益波动率衡量投资者异质信念，实证分析异质信念对股票收益的影响发现，异质信念会导致当期股价的高估并与未来收益负相关。

梳理已有研究发现：①直接研究公司治理水平对股票投资风险影响的文献不多；②直接研究投资者异质信念对股票投资风险影响的文献也很少；③已有研究关注的重点都是两个变量之间的相关性，均未考察两个变量之间内在作用机制，即二者之间是否存在中介变量。因此，本文认为厘清公司治理、投资者异质信念与股票投资风险之间的关系，验证投资者异质信念是否是公司治理影响股票投资风险的中介变量，可为研究公司治理对资本市场的影响提供经验证据，为监管当局制定政策、上市公司改善治理状况以及投资者制定投资决策提供参考依据。

二、理论分析与研究假设

1. 公司治理与股票投资风险

对于公司治理的理解，学者们着重强调了其功能：Tricker 认为，治理是确保运营处于正确的轨道之上。Shleifer 和 Vishny 认为，公司治理是投资者确保获得投资回报的途径。李维安认为，公司治理的核心和目的是保证公司决策的科学化和利益相关者的利益最大化，它有利于降低代理成本，提高企业运作效率和降低管理成本。Klapper 和 Love 认为，公司可能会通过增加信息披露、构建功能良好且独立的董事会以及采用一些约束机制来限制经理人和控股股东侵害中小股东的利益，内部治理机制的改善可以弥补外部制度环境的不足，从而更好地保护投资者的利益。Dechow 和 Dichev 认为，较好的公司治理会导致较高的信息披露频度和信息价值含量。

基于以上观点，我们认为，公司治理的核心功能至少包括两点：一是有利于提高企业的未来投资价值。即好的公司治理有利于公司决策的科学化和企业的运作效率的提高，为投资者和企业创造更多的价值。二是有利于通过提高信息披露的质量，减少公司与投资者间的信息不对称程度。也就是说，信息披露既是公司治理的内容之一，又是公司对外展示其治理状况的一种表现形式，其所披露信息的内容（如公告、年报、半年报和季报等）远不止信息披露本身。好的公司治理能够通过改善公司的信息披露质量，有效减轻代理问题，抑制大股东对中小股东和其他利益相关者的侵占动机，从而提高企业信息披露的透明度和可信度，向投资者披露的信息更多、更真实，让其实实在在地认识到企业的未来投资价值。

由以上分析看出，好的公司治理不但有利于提高企业未来价值，而且有利于提高企业的信息披露质量，通过有效的信息披露使广大投资者更好了解企业的未来价值，引导他们制定长期投资决策，这有助于降低股票的投资风险。因此，我们提出：

H1：良好的公司治理有利于降低资本市场中的股票投资风险。

2. 公司治理与投资者异质信念

近年来，伴随国内外诸多公司丑闻的发生，监管机构和投资者更加关注和重视上市公司的治理状况。相对于影响投资者信念的其他公开信息，公司治理信息在投资者信念中所占的决策权重也越来越大，而且更适合作为投资者进行长期投资的决策依据。

一般来说，对于上市公司的真实治理状况，只有管理层和大股东等内部人了解，广大中小投资者只能通过上市公司披露的公开信息自行判断。Diamond 指出，管理层和投资者之间的信息不对称会增强投资者获取私人信息的动机，导致交易者之间更大的交易信念的异质性。沈艺峰等通过研究国内 1184 家上市公司公布的自查报告和整改计划发现，上市公司差的公司治理增加了外部投资者之间、内部人与外部投资者之间的信息不对称程度。相关研究还表明，高质量的公司治理能够使上市公司具有更可信的财务信息系统，更多和更准确的盈余预测，有利于增强上市公司披露信息的频度和信息价值含量。也就是说，好的公司治理有利于降低外部投资者之间，内部人与外部投资者之间的信息不对称程度，从而有利于降低广大外部投资者之间信念的异质程度。因此，我们提出：

H2：上市公司的治理水平与投资者信念的异质程度负相关。

3. 投资者异质信念与股票投资风险

相关研究表明，资本市场中交易发生的主要动因在于投资者对同一证券未来价值的不同预期所导致的异质信念，股票交易量会随着投资者信念异质程度的增加而增加，同时，股票交易量的变化与股票价格正相关。因此，在资本市场的实际运行中，我们看不见的是催生交易量的投资者异质信念，看得见的是交易量与股价的交替上升，互为促进。因此，投资者信念异质程度的增加是导致股票价值高估和投资风险放大的直接推手。因此，我们提出：

H3：投资者信念异质程度的增加会抬高股票的投资风险。

4. 投资者异质信念的中介效用

为揭示公司治理对股票投资风险的影响机制，我们需要在两者之间找到一个合适的中介变量。由以上分析，公司治理作为提高企业未来投资价值和减少企业与投资者之间信息不对称程度的一种机制，在资本市场中，它以信息的形式影响着投资者信念的异质程度和股票的投资风险，而投资者异质信念又是影响股票投资风险的直接推手。因此，我们认为公司治理对股票投资风险的影响是通过投资者异质信念的部分或全部中介来实现的。也就是说，如果我们把公司治理和股票投资风险分别作为自变量和因变量，那么投资者异质信念就是两者之间的中介变量。因此，我们提出：

H4：投资者异质信念是公司治理影响股票投资风险的中介变量。

三、研究设计

1. 变量的定义

（1）公司治理与中国公司治理评价指数

本文以南开大学公司治理研究中心开发的中国公司治理指数（CCGI[NK]）作为上市公司治理状况的衡量指标。CCGI[NK]是在充分考虑中国情景和借鉴国外公司治理评价体系的基础上针对我国 A 股上市公司构建的。该指数综合考虑了基本的、内在的制度性因素，下设六个一级指标和二级、三级指标若干（见表 1），采用层次分析法（AHP）合成，最优值规定为 100，指数越大代表治理水平越高。

表 1　中国公司治理指数评价体系

一级指标	二级指标	三级指标	指标说明
股东权益与控股股东行为	关联交易情况	—	根据公司控股股东的行为特征及中小股东保护状况，评价股东权利、股东大会的规范性、控股股东行为的规范性
	上市公司独立性		
	股东大会状况		
	中小股东保护		
董事与董事会	董事权利与义务	—	根据董事会运作质量和效率、保障公司科学决策的目标，以有效的董事会结构和运作机制为重点，评价上市公司的董事会
	董事会运作效率		
	董事会组织结构		
	董事薪酬		
	独立董事制度		
监事与监事会	监事会能力保证性	—	以"有效监督"为核心，评价监事会治理状况
	监事会运行有效性		
经理层	任免制度	—	评价任免机制和执行保障机制是否有利于经理层做出科学决策，激励与约束机制是否能实现经理层的激励相容
	执行保障		
	激励机制		
信息披露	完整性	—	以增强公司信息透明度为核心，对中国上市公司信息披露的全面质量进行评价
	真实性		
	及时性		

续表

一级指标	二级指标	三级指标	指标说明
利益相关者	公司员工参与程度	—	从利益相关者参与程度、公司与各利益相关者和谐程度等方面评价公司的利益相关者治理水平
	公司社会责任履行情况		
	投资者关系管理		
	公司与监管部门的关系		
	公司诉讼与仲裁事项		

（2）投资者异质信念、换手率与超额收益波动率

Morris 指出，如何确定投资者异质信念的衡量指标是实证检验投资者异质信念与股票收益关系的关键问题。我们认为，在确定投资者异质信念衡量指标之前，有必要对投资者的范围加以界定。按不同的持股目的和安定性，上市公司的投资者可分为三类：第一类是以支配、控制为目的的企业法人股东。作为公司治理信息的制造和发布者，其安定性最强，其投资信念不受公司治理信息影响。第二类是以获取红利为目的的大股东。本文将其定义为持股份额排名前十的大股东。作为公司治理的直接参与者或控制者，他们更了解企业的真实治理状况，具有长期投资偏好，其投资信念也基本不受公司治理信息影响。第三类是以获取短期利益为目的的社会个人股东（中、小投资者），相对于企业法人股东和大股东，其安定性最差，由于信息不对称，他们的投资信念受公司治理信息影响最大。目前，我国二级股票市场采用实名开户和委托交易制度，股票的定价机制为集合竞价和连续竞价相结合的方式，分析股票交易的行情数据可以看出，参与交易的绝大多数为中小投资者，虽然他们中的单个或少数几个不足以显著影响股票的交易量和股价的变化，但市场中股票交易量和价格的变化却是持有相反信念中小投资者的共同作用结果。因此，投资者异质信念衡量指标的选择应以最能体现广大中小投资者信念的变化为依据。

到目前为止，关于投资者异质信念的衡量指标主要包括 Houge 等人采用的机构退出比率，Diether、Malloy 和 Scherbina 使用的分析家预测分歧，Gao、Mao 和 Zhong 与 Boehme、Danielsen 和 Sorescu 使用的超额收益波动率、换手率等。以上指标中，机构投资者退出比率受到了 Gao、Mao 和 Zhong 的质疑，认为该指标只衡量了不确定性。分析师预测分歧指标也因不能代表所有投资者的实际判断和包含不确定性影响受到了争议。相对而言，我们认为，以 Boehme、Danielsen 和 Sorescu 提出的换手率和超额收益波动率更能体现广大中小投资者的异质信念。因此，本文拟采用年度平均换手率和超额收益波动率来衡量投资者异质信念。

股票的换手率通常是指某交易期间内股票交易量与流通股总量的比率，是反映股票流通性强弱的指标之一。年度平均换手率（hand）计算公式为：

$$\text{hand} = \frac{\sum_{i=1}^{n} \text{hand}_{dt}}{n} \qquad \text{hand}_{dt} = \frac{Q_{Ht}}{Q_{Tft}} \times 100\%$$

其中，$hand_{dt}$ 为股票的换手率，Q_{Ht} 为第 t 个交易日股票的交易量，Q_{Th} 为股票的流通股总量，n 为一年中股票的实际交易天数。

关于年度超额收益波动率（S_{ar}），本文是通过计算一年中股票所有实际交易日超额收益的方差获得的。其计算公式为：

$$S_{ari} = \frac{\sqrt{\sum_t (ar_{it})^2 - \frac{1}{n}\left(\sum_t ar_{it}\right)^2}}{n-1}$$

$$ar_{it} = (r_{it} - r_{ft}) - \beta_{it}(r_{mt} - r_{ft})$$

其中，ar_{it} 表示股票在第 t 个交易日的超额收益率，r_{it} 表示股票在第 t 个交易日考虑分红的收益率，r_{mt} 表示市场第 t 个交易日的平均收益率，用沪深两市 A 股流通市值加权市场指数的收益率代替，β_{it} 表示第 t 个交易日股票的系统性风险系数，r_{ft} 表示无风险收益率，用股票第 t 个交易日的一年期固定存款利率代替，n 为股票一年中的实际交易天数。

（3）股票投资风险与 Sigma 系数

根据 Markowitz 的投资组合选择理论，投资者制定投资决策的过程，本质上是对不确定性收益和风险的选择，可用投资组合收益率的均值和方差来刻画这两个关键因素。因此，借鉴这一思路，本文以股票收益率的年度标准方差（Sigma 系数）来衡量股票的投资风险，Sigma 系数越大，股票的投资风险越高。其计算公式如下：

$$sigma_i = \frac{\sqrt{\sum_t (r_{it})^2 - \frac{1}{n}\left(\sum_t r_{it}\right)^2}}{n-1}$$

其中，r_{it} 表示股票第 t 个交易日考虑分红的收益率，n 为股票一年中的实际交易天数。

此外，参考已有研究，考虑到公司规模（size）、资产负债比（level）、企业性质（type）、上市年限（lyear）、公司上市交易所（mtype）和股票系统性风险（beta）分别对公司治理、投资者信念和股票投资风险的影响，以及时间（year）和行业（indus）影响，我们在回归模型中对这些变量进行了控制（见表 2）。

表 2　变量定义及说明

变量类型	变量名称	变量代码	变量定义及说明
因变量与自变量	股票投资风险	sigma	以股票收益率的标准差衡量股票的投资风险
	公司治理（CCGI^NK）	CG	以中国公司治理指数衡量上市公司治理水平
	投资者异质信念	hand	以换手率衡量投资者信念的异质程度
控制变量	公司规模	size	以公司总资产的自然对数表征公司规模
	公司负债资产比	level	以财务杠杆率表征公司负债资产比
	行业	indus	按证监会行业分类标准（2001），制造业按二级代码分类取前两位，其余行业按照一级代码分类，剔除金融保险业，以农、林、牧、渔业为基础系。1 表示隶属某行业，0 表示其他
	企业性质	type	两个虚拟变量，以国有企业为基础系，1 表示某类型企业，0 表示其他（企业性质包括国有、民营和其他三类）

续表

变量类型	变量名称	变量代码	变量定义及说明
控制变量	公司上市交易所	mtype	公司在上交所上市为1，在深交所上市为0
	公司上市年限	lyear	各年度样本公司的上市年限
	股票系统性风险	beta	以样本公司股票的β系数衡量股票的系统性风险
	时间	year	三个时间虚拟变量，以2006年为基础系，1表示某年份，0表示其他

2. 模型构建

为验证H1，我们以股票收益率的年度标准方差（Sigma）作为因变量，以年度公司治理指数（CG）作为自变量构建回归模型（Ⅰ）：

$$sigma = \alpha_0 + c_1 CG + \alpha_1 size + \alpha_2 level + \alpha_{i+2} \sum_{i=1}^{3} year + \alpha_6 mtype + \alpha_{i+6} \sum_{i=1}^{2} type +$$

$$\alpha_{i+8} \sum_{i=1}^{20} indus + \alpha_{29} lyear + \alpha_{30} beta + \varepsilon \qquad （Ⅰ）$$

为验证H2，我们以股票年度平均换手率（Hand）作为因变量，以年度公司治理指数（CG）作为自变量构建回归模型（Ⅱ）：

$$hand = \alpha_0 + a_1 CG + \alpha_1 size + \alpha_2 level + \alpha_{i+2} \sum_{i=1}^{3} year + \alpha_6 mtype + \alpha_{i+6} \sum_{i=1}^{2} type +$$

$$\alpha_{i+8} \sum_{i=1}^{20} indus + \alpha_{29} lyear + \alpha_{30} beta + \varepsilon \qquad （Ⅱ）$$

为验证H3，我们以股票收益率的年度标准方差（Sigma）作为因变量，以股票年度平均换手率（Hand）作为自变量构建回归模型（Ⅲ）：

$$sigma = \alpha_0 + b_1 hand + \alpha_1 size + \alpha_2 level + \alpha_{i+2} \sum_{i=1}^{3} year + \alpha_6 mtype + \alpha_{i+6} \sum_{i=1}^{2} type +$$

$$\alpha_{i+8} \sum_{i=1}^{20} indus + \alpha_{29} lyear + \alpha_{30} beta + \varepsilon \qquad （Ⅲ）$$

为验证H4，我们在模型（Ⅰ）的右边加入年度平均换手率（Hand），构建模型（Ⅳ）：

$$sigma = \alpha_0 + c_1' CG + b_2 hand + \alpha_1 size + \alpha_2 level + \alpha_{i+2} \sum_{i=1}^{3} year + \alpha_6 mtype + \alpha_{i+6} \sum_{i=1}^{2} type +$$

$$\alpha_{i+8} \sum_{i=1}^{20} indus + \alpha_{29} lyear + \alpha_{30} beta + \varepsilon \qquad （Ⅳ）$$

借鉴温忠麟等人检验中介变量的三步法原理，通过对模型（Ⅰ）、（Ⅱ）和（Ⅳ）变量中心化后的回归结果进行验证。第一步是检查模型（Ⅰ）的回归结果，如果自变量CG的系数 c_1 不显著，则投资者异质信念的中介效用不存在；如果显著，则进入第二步，检查模型（Ⅱ）和模型（Ⅳ）的回归结果，如果系数 a_1 和 b_2 都不显著，中介效用不存在；如

果系数 a_1 和 b_2 都显著，且 c_1' 不显著，说明 hand 起完全中介作用；若 c_1' 显著，且 $c_1' < c_1$，说明 hand 起部分中介作用；当 a_1 和 b_2 中有一个不显著时，进入第三步的 sobel 检验，[①] 如果结果显著，则存在中介效用，否则，不存在中介效用。

同时，为避免股票投资风险与公司治理、股票系统性风险之间反向因果关系导致的内生性问题，我们在回归分析时把公司治理（CG）和股票系统性风险（beta）两个变量做了滞后一期处理。

3. 样本选择与数据来源

2005 年 10 月 27 日颁布并于 2006 年 1 月 1 日施行的新《公司法》和《证券法》是中国资本市场走向法治化和规范化的重要里程碑，特别是两部新法中对上市公司法人治理结构的完善要求和重要性的强调，进一步加强了对广大中小投资者的保护程度，[②] 这无疑会使投资者更加关注上市公司的治理水平和加大公司治理信息的决策权重。因此，我们选择 2006~2009 年国内所有 A 股上市公司作为基础样本，然后进行了如下筛选：①剔除数据缺失等原因未评价的上市公司；②剔除金融、保险业上市公司；③剔除同时发行 B 股、H 股的上市公司；④剔除交易天数不足一年中总交易天数 80% 的上市公司；⑤剔除其他变量数据缺失的上市公司。经过以上样本筛选，最后得到四年的样本总数为 3866 个，其中，2006~2009 年各年的样本公司数为 703 家、838 家、974 家和 1351 家。

本文所有样本的公司治理指数（CCGI[NK]）来源于南开大学公司治理数据库；计算换手率、超额收益波动率、Sigma 系数所需的数据、模型中其他变量的数据均来源于上市公司公开数据和 CCER 的股票价格收益数据库、证券市场指数数据库以及一般上市公司财务数据库。

四、实证检验与结果分析

1. 变量的描述性统计

表 3 列出了模型中主要变量的各年度统计结果。可以看出，样本公司各年度的 Sigma 系数均值差别较大。最大值为 0.045，最小值为 0.031；各年度的平均治理水平呈不断上升趋势，但均值不足 60，并且标准差较大，表明我国上市公司的整体治理水平不高，不同上市公司之间存在较大差距；样本公司各年度换手率均值的最大值为 11.181，最小值为 5.851，表明各年度投资者信念的异质程度差别较大，特别是 2007 和 2009 两年相对较高，

---

① Sobel M. E. Asymptotic Confidence Intervals for Indirect Effects in Structural Equation Models [J]. Sociological Methodology，1982（13）：290–312.

② 新《公司法》完善了对公司法人治理结构的要求，有力保障了上市公司的规范运作和有效治理；新《证券法》对发行新股条件做出调整，强调公司治理结构重要性，进一步明确和强化了上市公司控股股东和实际控制人在证券发行、信息披露、公司收购等关键环节应当承担的法定义务及其违反义务时所应当承担的法律责任。

这可能与投资者对 2007 年我国股市的牛熊难辨和 2009 年金融危机后经济复苏预期的不确定性有关；从样本公司的总资产规模和财务杠杆率来看，各年度变化不大；从样本公司年度 beta 系数的均值来看，2006 和 2009 两年的系统性风险明显低于 2007 年和 2008 年，这与我国资本市场 2007 年形成的股市泡沫和 2008 年的全球金融危机是相符的。

表 3　变量描述性统计

年份	变量	数量	均值	标准差	最小值	最大值
2006	sigma	703	0.031	0.006	0.018	0.068
	CG	703	57.128	3.948	43.656	70.504
	hand	703	6.368	2.298	0.999	16.200
	size	703	21.369	1.018	17.537	25.741
	level	703	0.580	0.425	0.044	5.598
	lyear	703	8.800	3.072	1.500	17.000
	beta	703	1.056	0.275	0.067	1.911
2007	sigma	838	0.041	0.005	0.027	0.065
	CG	838	57.863	3.242	48.837	70.262
	hand	838	11.142	3.720	0.666	36.881
	size	838	21.585	0.988	18.814	25.697
	level	838	0.507	0.172	0.009	1.032
	lyear	838	9.644	3.326	2.500	18.000
	beta	838	1.165	0.263	0.318	2.052
2008	sigma	974	0.045	0.006	0.027	0.097
	CG	974	57.917	3.657	46.655	70.229
	hand	974	5.851	3.360	0.447	25.006
	size	974	21.586	1.104	17.855	26.573
	level	974	0.540	0.307	0.018	5.423
	lyear	974	10.714	3.244	3.000	19.000
	beta	974	1.114	0.184	0.407	1.646
2009	sigma	1351	0.034	0.004	0.014	0.074
	CG	1351	58.415	4.216	44.257	71.024
	hand	1351	11.181	5.459	1.394	59.749
	size	1351	21.544	1.171	16.962	26.762
	level	1351	0.534	0.390	0.018	6.741
	lyear	1351	9.956	4.511	1.500	20.000
	beta	1351	1.030	0.276	−0.147	1.969

2. 变量的相关性分析与回归方法选择

为初步判断各变量间的关系，我们对模型中的主要变量进行了 Pearson 相关性检验（见表 4）。结果发现，股票投资风险（sigma）与公司治理（CG）显著负相关，与投资者信念的异质程度（hand）显著正相关；公司治理与投资者异质信念显著负相关，这与前文的分析结果一致。其他变量中，企业规模（size）、负债资产比（level）分别与股票风险（sigma）和投资者异质信念显著负相关；股票的系统性风险（beta）分别与股票投资风险、投资者异质信念显著正相关，与公司治理不相关；企业上市年限（lyear）与股票投资风险显著正相关，与投资者异质信念显著负相关。

表 4　主要变量的 Pearson 相关性检验

变量代码	sigma	CG	hand	size	level	lyear	beta
sigma	1						
CG	−0.040**	1					
hand	0.167***	−0.031*	1				
size	−0.035**	0.337***	−0.229***	1			
level	−0.038**	−0.224***	−0.050**	−0.031*	1		
lyear	0.076***	−0.221***	−0.184***	0.061***	0.104***	1	
beta	0.475***	0.007	0.165***	0.082***	−0.061***	0.060***	1

注：表中为主要变量的 Pearson 相关系数，*** 表示 $p < 0.01$，** 表示 $p < 0.05$，* 表示 $p < 0.1$。

　　另外，由于我们构建的是多元线性回归模型，若采用常规 OLS 回归法，变量数据需要严格满足误差的正态、独立、同分布条件，测试发现，存在异方差。因此，不能采用常规 OLS 回归法。鉴于 STATA10 中的稳健多元回归方法（Huber/White 方法）不需要以上条件，而且在数据非正态时能取得比常规 OLS 高得多的效率。因此，本文采用该方法进行回归分析。

　　3. 回归分析结果

　　（1）假设 H1、H2、H3 的验证

　　表 5 列出了模型（Ⅰ）~（Ⅲ）的回归分析结果。模型（Ⅰ）的回归结果表明，公司治理与股票的投资风险显著负相关，即良好的公司治理可以降低股票的投资风险。这证明了本文的第一个假设；模型（Ⅱ）的回归结果表明，公司治理与投资者信念的异质程度显著负相关，这证明了本文的第二个假设；模型（Ⅲ）的回归结果表明，投资者信念的异质程度与股票投资风险显著正相关，这证明了本文的第三个假设。

表 5　公司治理、投资者异质信念与股票风险的回归分析

	sigma		hand
	Ⅰ	Ⅲ	Ⅱ
CG	−0.0000798** (−2.30)		−0.0751*** (−3.01)
hand		0.000567*** (9.90)	
size	−0.000819*** (−7.46)	−0.000242** (−2.04)	−1.089*** (−11.97)

续表

	sigma		hand
	I	III	II
level	0.00151** (2.20)	0.00117** (2.30)	0.755 (1.57)
year	yes	yes	yes
mtype	−0.000126 (−0.59)	0.0000298 (0.15)	−0.233 (−1.25)
type	no	no	no
indus	yes	yes	yes
lyear	−0.00000834 (−0.23)	0.00000991 (0.33)	−0.0229 (−0.84)
beta	0.00480*** (10.05)	0.00383*** (9.16)	1.714*** (4.92)
cons	0.0584*** (21.67)	0.0345*** (11.15)	39.84*** (18.31)
Obs	2211	2211	2211
R^2	0.5839	0.6712	0.3466
F test	117.79***	179.12***	55.61***

注：括号内为标准差。*** 表示 $p < 0.01$，** 表示 $p < 0.05$。

其他变量中，公司规模与股票投资风险、投资者信念的异质程度均显著负相关，公司资产负债比与股票投资风险显著正相关，股票的系统性风险与股票投资风险显著正相关。这与统计结果和已有的相关研究是一致的；公司财务杠杆率与投资者信念异质程度的关系不显著，公司上市年限分别与股票风险、投资者信念异质程度的关系也不显著，这与统计结果并不一致，其原因可能是受到了其他因素的干扰。此外，虚拟变量中，时间、行业对股票投资风险和投资者异质信念都有显著影响，公司性质、上市交易所对股票风险和投资者异质信念的影响不显著。

（2）假设 H4 的验证

表 6 为把模型（Ⅰ）、（Ⅱ）和（Ⅳ）中的各变量进行中心化处理后的回归结果。按温忠麟等人的中介效用判定步骤，首先检查模型（Ⅰ）中 CG 的系数，由于 c_1 是显著的，于是进入第二步，检查模型（Ⅱ）中 CG 的系数和模型（Ⅳ）中 Hand 的系数，由于 a_1 和 b_2 都显著且模型（Ⅳ）中 CG 的系数 c_1' 不显著，说明 Hand 起完全中介作用。也就是说，在公司治理对股票投资风险的影响机制中，投资者异质信念是一个完全中介变量，这证明了本文的第四个假设。

4. 稳健性检验

对比表 4 与表 5、表 6 中公司治理、投资者异质信念和股票投资风险之间的相关性发现，变量的相关性检验与实证分析结果是一致的，这表明实证结果并非数据挖掘或回归模型有意选择的结果。回归分析之前，我们还对模型中的自变量进行了共线性检验，结果发

表6 投资者异质信念中介效应验证回归结果

	sigma		hand
	I	IV	II
CG	−0.0000813** (−2.32)	−0.0000391 (−1.25)	−0.0747*** (−2.96)
hand		0.000565*** (9.85)	
size	−0.000818*** (−7.45)	−0.000203* (−1.64)	−1.089*** (−11.97)
level	0.00151** (2.20)	0.00109** (2.11)	0.751 (1.57)
year	yes	yes	yes
mtype	−0.000100 (−0.45)	0.0000328 (0.16)	−0.236 (−1.25)
type	no	no	no
indus	yes	yes	yes
lyear	−0.0000160 (−0.45)	−0.00000762 (−0.25)	−0.0149 (−0.54)
beta	0.00481*** (10.05)	0.00384*** (9.17)	1.712*** (4.91)
cons	0.00453*** (6.48)	0.00162** (2.59)	5.152*** (6.83)
Obs	2211	2211	2211
R^2	0.5840	0.6715	0.3465
F test	117.83***	176.86***	55.63***

注：括号内为标准差。*** 表示 $p < 0.01$，** 表示 $p < 0.05$，* 表示 $p < 0.1$。

现，变量的 VIF 值最大不超过 2，表明模型中的变量间不存在多重共线性问题。此外，我们还进行了以下敏感性分析：

（1）改变 Sigma 系数计算公式中的参数

在 Sigma 系数的计算公式中，我们用不考虑分红的股票收益率替代考虑分红的股票收益率，利用重新计算的 Sigma 系数对表5和表6的结果重新进行验证，结果未发生实质性改变。

（2）改变投资者信念的衡量指标

借鉴 Gao、Mao 和 Zhong 与 Boehme、Danielsen 和 Sorescu 对投资者异质信念衡量指标的选取思路，我们以年超额收益波动率替代换手率衡量投资者异质信念，对表5和表6的结果重新进行验证，结果未发生实质性改变。

（3）改变估计方法

我们采用面板数据估计法对模型进行了验证。使用固定效应面板回归发现，不能通过 F 检验，说明模型不适合固定效用面板估计，但 Hausman 统计量显著通过检验，这种情况下，我们采用了 FGLS 法对表5和表6结果重新进行分析（由于采用面板分析，模型中去掉了 Year 虚拟变量），估计结果未发生实质性改变。

五、结论与政策建议

为揭示公司治理对股票投资风险的影响机制，本文引入投资者异质信念作为中介变量，在对三者关系理论分析的基础上，以中国公司治理指数（CCGI^{NK}）衡量上市公司的治理水平，以股票的换手率衡量投资者信念的异质程度，以股票收益的标准方差（Sigma系数）衡量股票的投资风险，在控制其他系统性风险和非系统性风险指标的同时，利用我国 A 股上市公司四年的数据（2006~2009 年），验证了这一机制的存在性。结果表明：①公司治理水平的提高有利于降低股票的投资风险和投资者信念的异质程度；②投资者信念异质程度的降低有利于减少股票的投资风险；③投资者异质信念是公司治理影响股票风险的完全中介变量。值得注意的是，尽管我们对模型和结论的稳健性进行了相关检验，但基于不同时期各国政治、经济和法律环境的差异性，结论的一般性有待于不同样本的进一步检验。

鉴于我国资本市场中股票投资存在巨大风险和投资者缺乏可靠投资决策依据的现状，要想有效提振广大投资者的信心和热情，引导和培养他们的价值投资和理性投资理念，确保资本市场资源配置有效性的充分发挥，仅靠强制性的信息披露和滞后性的法律法规很难实现。依据本文揭示的公司治理对股票投资风险的影响机制，我们的政策建议是：监管当局应在完善相关政策法规的同时，积极鼓励和引导独立第三方公司治理专业评价机构公布其评价结果。对上市公司来讲，这是一个有效的激励约束机制，能促进其主动改善治理状况；对投资者来讲，是一个有效的信息传导机制，可以降低信息成本和投资风险，引导其进行长期投资，减少投机行为；对市场管理者和监管当局来讲，是一种降低监管压力的第三方治理机制，有助于充分把握全局，制定一些针对性较强的政策法规，进一步提高管理和监管效率。

参考文献

［1］Bachelier L. Théorie Mathématique du jeu ［J］. Annales Scientifiques de l'école Normale Supérieure，1901，18（3）：143-209.

［2］Bebchuk L. A.，Cohen A.，Ferrell A. What Matters in Corporate Governance ［J］. Review of Financial Studies，2009，22（2）：783-827.

［3］Boehme R. D.，Danielsen，B. R.，Sorescu S. M. Short-sale Constraints，Differences of Opinion and Overvaluation ［J］. Journal of Financial and Quantitative Analysis，2006，41（2）：455-487.

［4］Bushee B. J.，Noe C. F. Corporate Disclosure Practices，Institutional Investors，and Stock Return Volatility ［J］. Journal of Accounting Research，2000，38（3）：171-202.

［5］Bushman R. M.，Smith A. J. Financial Accounting Information and Corporate Governance ［J］. Journal of Accounting and Economics，2001，32（1-3）：237-333.

［6］ Dechow P. M., Dichev I. D. The Quality of Accruals and Earnings: The Role of Accrual Estimation Errors [J]. Accounting Review, 2002, 77 (Sup.): 35-59.

［7］ Diamond D. W. Optimal Release of Information by Firms [J]. Journal of Finance, 1985, 40 (4): 1071-1094.

［8］ Diether K. B., Malloy C. J., Scherbina A. Differences of Opinion and the Cross Section of Stock Returns [J]. Journal of Finance, 2002, 57 (5): 2113-2141.

［9］ Durnev A., Kim E. H. To Steal or Not to Steal: Firm Attributes, Legal Environment, and Valuation [J]. Journal of Finance, 2005, 60 (3): 1461-1493.

［10］ Fama E. F. Efficient Capital Markets: A Review of Theory and Empirical Work [J]. Journal of Finance, 1970, 25 (2): 383-417.

［11］ Farber D. B. Restoring Trust after Fraud: Does Corporate Governance Matter [J]. Accounting Review, 2005, 80 (2): 539-561.

［12］ Ferreira M. A., Laux P. A. Corporate Governance, Idiosyncratic Risk and Information Flow [J]. Journal of Finance, 2007, 62 (2): 951-989.

［13］ Gao Y., Mao C. X., Zhong R. Divergence of Opinion and Long-Term Performance of Initial Public Offerings [J]. Journal of Financial Research, 2006, 29 (1): 113-129.

［14］ Goetzmann W., Massa M. Dispersion of Opinion and Stock Returns [J]. Journal of Financial Markets, 2005, 8 (3): 325-350.

［15］ Gompers P. A., Ishii J. L., Metrick A. Corporate Governance and Equity Price [J]. Quarterly Journal of Economic, 2003, 118 (1): 107-155.

［16］ Harris M., Raviv A. Differences of Opinion Make a Horse Race [J]. Review of Financial Studies, 1993, 6 (3): 473-506.

［17］ Hirshleifer D., Teoh S. H. Limited Attention, Information Disclosure and Financial Reporting [J]. Journal of Accounting and Economics, 2003, 36 (1-3): 337-386.

［18］ Hong H., Stein J. A Unified Theory of Underreaction, Momentum Trading, and Overreaction in Asset Markets [J]. Journal of Finance, 1999, 54 (6): 2143-2184.

［19］ Hong H., Stein J. C. Disagreement and the Stock Market [J]. Journal of Economic Perspectives, 2007, 21 (2): 109-128.

［20］ Houge T., Loughran T., Suchanek G., Yan X. Divergence of Opinion, Uncertainty, and the Quality of Initial Public Offerings [J]. Financial Management, 2001, 30 (4): 5-23.

［21］ Kahneman D., Tversky A. Prospect Theory: An Analysis of Decision under Risk [J]. Econometric, 1979, 47 (2): 263-291.

［22］ Karamanou I., Vafeas N. The Association between Corporate Boards, Audit Committees, and Management Earnings Forecasts: An Empirical Analysis [J]. Journal of Accounting Research, 2005, 43 (3): 453-486.

［23］ Kendall M. G., Hill A. B. The Analysis of Economic Time Series Part I: Prices [J]. Journal of the Royal Statistical Society, 1953, 116 (1): 11-34.

［24］ Klapper L. F., Love I. Corporate Governance, Investor Protection, and Performance in Emerging Markets [J]. Journal of Corporate Finance, 2004, 10 (5): 703-728.

［25］ Mandelbrot B. Forecasts of Future Prices, Unbiased Markets, and "Martingale" Models [J]. Journal of Business, 1966, 39 (1): 242–255.

[26] Markowitz H. M. Portfolio Selection [J]. Journal of Finance, 1952, 7 (1): 77–91.

[27] McConnell J. J., Servaes H. Additional Evidence on Equity Ownership and Corporate Value [J]. Journal of Financial Economics, 1990, 27 (2): 595–612.

[28] Miller E. M. Risk. Uncertainty and Divergence of Opinion [J]. Journal of Finance, 1977, 32 (4): 1151–1168.

[29] Morris S. Speculative Investor Behavior and Learning [J]. Quarterly Journal of Economics, 1996, 111 (4): 1111–1133.

[30] Newell R., Wilson G. A Premium for Good Governance [J]. Mckinsey Quarterly, 2002 (3): 20–23.

[31] Osborne M. F. M. Brownian Motion in the Stock Market [J]. Operations Research, 1959, 7 (2): 145–173.

[32] Roberts H. V. Stock Market "Patterns" and Financial Analysis: Methodological Suggestions [J]. Journal of Finance, 1959, 14 (1): 1–10.

[33] Samuelson P. A. Proof that Properly Anticipated Prices Fluctuate Randomly[J]. Industrial Management Review, 1965, 6 (2): 41–49.

[34] Shleifer A., Vishny, R. W. A Survey of Corporate Governance [J]. Journal of Finance, 1997, 52 (2): 737–783.

[35] Tricker R. I. Corporate Governance [M]. New York: Gower Publishing Company Limited, 1984.

[36] Vaga T. The Coherent Market Hypothesis [J]. Financial Analysts Journal, 1990, 46 (6): 36–49.

[37] Verardo M. Heterogeneous Beliefs and Momentum Profits [J]. Journal of Financial and Quantitative Analysis, 2009, 44 (4): 795–822.

[38] 陈国进，胡超凡，王景.异质信念与股票收益——基于我国股票市场的实证研究 [J].财贸经济，2009 (3): 26–31.

[39] 黄振胜.公司治理结构也能溢价 [J].商界，2008 (1): 96.

[40] 蒋海，张博，王湛春.公司治理机制与股价波动同步性研究[J].价格月刊，2010 (4): 22–34.

[41] 雷明全，肖小锋.公司治理结构与股价波动 [J].经济论坛，2005 (7): 82–84.

[42] 李维安，郝臣.中国上市公司治理溢价实证研究 [R].武汉：第六届管理科学国际大会特邀报告，2007.

[43] 李维安，牛建波.公司治理、治理指数与治理溢价：基于中国公司治理指数 (CCGI) 的经验研究 [C].北京：首届中国管理现代化研究会年会，2006.

[44] 李维安.公司治理学 [M].北京：高等教育出版社，2005.

[45] 李维安.社会个人股东的安定性分析 [J].财贸经济，1996 (7): 19–25.

[46] 李增泉，余谦，王晓坤.掏空、支持与并购重组——来自我国上市公司的经验证据 [J].经济研究，2005 (1): 95–105.

[47] 南开大学公司治理研究中心公司治理评价课题组.中国上市公司治理指数与治理绩效的实证分析 [J].管理世界，2004 (2): 63–74.

[48] 南开大学公司治理研究中心公司治理评价课题组.中国上市公司治理指数与治理绩效的实证分析——基于中国 1149 家上市公司的研究 [J].管理世界，2006 (3): 104–113.

[49] 潘福祥.公司治理与企业价值的实证研究 [J].中国工业经济，2004 (4): 107–112.

[50] 沈艺峰，肖珉，林涛.投资者保护与上市公司资本结构 [J].经济研究，2009 (7): 131–142.

[51] 王福胜，刘仕煜. 基于联立方程模型的公司治理溢价研究——兼谈如何检验公司治理评价指标的有效性 [J]. 南开管理评论，2009，12（5）：151–160.

[52] 温忠麟，张雷，侯杰泰，刘红云. 中介效应检验程序及其应用 [J]. 心理学报，2004，36（5）：614–620.

[53] 吴齐华，刘景，饶刚. 持股集中度与股价波动关系的实证分析 [J]. 证券市场导报，2001（6）：4–9.

[54] 徐艳，谢赤. 投资者信念异质与证券价格互动关系研究 [J]. 管理学报，2009，6（10）：1361–1367.

[55] 袁知柱，鞠晓峰. 制度环境、公司治理与股价信息含量 [J]. 管理科学，2009，22（1）：17–29.

[56] 张维，张永杰. 异质信念、卖空限制与风险资产价格 [J]. 管理科学学报，2006，9（4）：58–64.

[57] 张峥，刘力. 换手率与股票收益：流动性溢价还是投机性泡沫 [J]. 经济学季刊，2006，5（3）：871–892.

Corporate Governance，Investors'Heterogeneous Belief and Stock Risk：Empirical Research on Chinese Listed Companies

Li Wei'an   Zhang Lidang   Zhang Su

Abstract：In China's current capital market，stock risks are high and investors lack reliable basis for investment decisions. It is difficult to increase investors'confidence，guide value investment and improve market efficiency with low corporate governance level. This paper discloses the influence mechanism of corporate governance on stock risks through analyzing the relationships between corporate governance，investors'heterogeneous belief and stock risk. CCGI[NK] (an index developed by China Academy of Corporate Governance of Nankai University to evaluate corporate governance level of Chinese listed companies)，turnover rate/abnormal return volatility and sigma coefficient (standard deviation) of stock return are used to measure corporate governance level，heterogeneous degree of investors'belief and stock risk，respectively. Using the samples of Chinese A –share listed companies and controlling other systemic and non –systemic risks，the existence of this mechanism is empirically verified. Furthermore，the model passes robustness test. The conclusions show：the improvement of corporate governance level helps to decrease the heterogeneous degree of investors'belief and stock risk；the decrease of the heterogeneous degree of investors'belief helps to decrease stock risk; investors'heterogeneous belief is the complete intermediate variable between corporate governance and stock risk. This paper extends the research on the relationship between corporate governance and stock risk, which can provide some new ideas and empirical evidence for future research. These results also could enlighten policy –makers to pay more attention to the application of corporate governance in capital market. According to the influence mechanism of corporate governance based on investors'heterogeneous belief, regulatory authority should encourage independent third –party corporate governance evaluation organizations to publish corporate governance evaluation results. It helps listed companies to improve governance level on their own, and helps investors to decrease investment risk in the long run. And it also helps regulatory authority itself to develop targeted policies and improve management efficiency.

Key Words: Corporate Governance; Investors' Heterogeneous Belief; Stock Risk; Intermediate Effect

"借道"MBO：路径创新还是制度缺失？

——基于双汇MBO的探索性案例研究 *

王 欢 汤谷良

【摘 要】2005年起我国政府叫停了大型国企的MBO，但近些年各种"曲线"或"隐性"MBO先后走入前台，双汇MBO是其中既典型又新颖的一例。本文在文献回顾的基础上提炼了MBO理论分析框架，通过双汇案例探索性研究验证了总结的理论框架和MBO主要理论主张，文章的重点是通过探索双汇"借道"外资财务投资者完成MBO及境内机构投资者与管理层的博弈等过程，丰富了现有MBO的理论内涵。从实践操作的角度，本文发掘了双汇成功实施MBO的关键因素，即与外资各取所需的合作、地方政府的配合以及管理层对境内机构投资者权益诉求的妥协。透过财务数据对比分析，发现存在高分红、关联交易利益输送等MBO典型行为。"借道"MBO体现了国有股权改制中监管制度的缺失，只有通过创新性的制度改进予以屏蔽。

【关键词】MBO；借道外资；利益输送；制度缺失；单案例研究

一、引 言

自1997年5月浦东大众（SH600635，现已更名为大众公用）首开上市公司MBO先例（益智，2003），众多公司先后启动与实施MBO，此项改革承载国有企业改制、国退民进战略、管理人员激励等制度使命。但是实操过程不规范、信息不透明、财富转移、国有资产流失等问题日益凸显，就此2003年财政部等下达《国有企业改革有关问题的复函》表明，"在相关法规制度未完善之前，对采取管理层收购（包括上市公司和非上市公司）的

* 本文选自《管理世界》（月刊）2012年第4期，为"中国企业管理案例与理论构建研究论坛（2011）"暨"第五届中国人民大学管理论坛"的会议论文。

基金项目：本文受到教育部人文社会科学研究项目（11YJA630111）立项资助。

作者简介：汤谷良，对外经济贸易大学国际商学院教授。

行为予以暂停受理和审批"；2005 年《企业国有产权向管理层转让暂行规定》则直接叫停大型国有及国有控股企业的国有股份向管理层转让①。尽管受到政策限制，管理层的 MBO 冲动仍无法抑止，各种"曲线"、"隐性"MBO 被创造性地运用于绕开政策瓶颈。双汇 MBO 就是新近发生且较有影响力的"路径创新"案例：2010 年 11 月 29 日，停牌达 8 个月之久的双汇发展（SZ000895）宣布资产重组预案出台，公司股票复牌并连续 6 个交易日涨停，最高时股价达到 96.44 元。在重组安排中，备受关注的议题就是"长期潜伏"的 MBO 走向台前。双汇 MBO 借道外资及独特的曲线持股安排②凸显现行制度哪些弊端？又如何通过制度的进一步完善予以规范呢？这是写作本案例的动机之一。

理论上 MBO 包括了收购主体、融资来源与支付方式、估值与定价、信息披露等一系列议题。西方文献表明 MBO 具有优化公司股权结构、通过所有权与经营权的融合激励管理层、降低代理成本、提高公司运营绩效等效果（Jensen，1986；Kaplan，1989b），这是西方文献的主流。当然也有学者认为 MBO 对企业绩效改进并不十分乐观，可能是由减税和财富转移效应等因素引起（Lowenstein，1985；Kaplan，1989a）。国内文献这种"财富转移观"占主导，更有甚者认为 MBO 在中国只是吞噬国有资产、转移财富的工具（郎咸平，2006）。我们关注的是在限制或"叫停"的制度背景下，MBO 案例是否依然存在财富转移问题？如果存在，又是如何转移的呢？结合双汇 MBO 的"路径创新"是否能给现行研究文献和 MBO 理论以新的贡献与启示？双汇 MBO 的独特之处在于其"借道"外资成为管理层突破国有股权直接转让限制的关键，以及基金等境内机构投资者通过集体行使投票权阻碍管理层的利益输送与财富转移行为。以往的 MBO 理论并未涉及管理层收购活动中外资扮演的角色，对社会公众股东的角色定位也一直只是简单的利益被侵占的"受害者"。双汇案例给 MBO 进程中不同股东之间的制衡和公司治理纷争这一理论问题提供了新的理论内涵。这种股东间的治理纷争是否可通过一些外部监督手段来加以制衡？这是探索研究本案例另一动机。

本文通过对双汇 MBO 案例的剖析验证并补充以往的 MBO 理论框架，同时寻找双汇 MBO 得以规避管制成功实施的原因是什么，这其中反映的是"路径创新"的进步还是监管缺失的遗憾，以期为 MBO 监管制度的创新和完善提供启示。案例研究发现，双汇 MBO 过程中"挤牙膏式"的信息披露方式饱受争议；为了配合 MBO，高派现和关联交易等转移利益、加速回收投资的行为的确存在，但资本市场对于 MBO 消息给予了积极的回应。

---

① 根据 2005 年 4 月颁布的《企业国有产权向管理层转让暂行规定》第三条："国有资产监督管理机构已经建立或政府已经明确国有资产保值增值行为主体和责任主体的地区或部门，可以探索中小型国有及国有控股企业国有产权向管理层转让（法律、法规和部门规章另有规定的除外）。大型国有及国有控股企业及所属从事该大型企业主营业务的重要全资或控股企业的国有产权和上市公司的国有股权不向管理层转让。"

② 所谓"曲线"有两层含义：第一，双汇管理层并未直接收购上市公司，其 MBO 的对象为母公司双汇集团的控股公司；第二，未选择直接向漯河市国资委收购所持双汇集团股份，而是先由外资收购，再由双汇管理层与外资方协议换股实现。

双汇 MBO 是一个具有分析意义的普遍性[1]的典型案例，案例研究结果基本可以验证以往的理论体系，即 MBO 市场依然如理论所言存在诸多问题；同时其"路径创新"和实施过程中涌现出的新问题又能充实现有理论，具体体现在外资的"桥梁"作用和境内机构投资者的"反抗"力量。本文的研究结果表明，MBO 市场饱受诟病的种种问题依然存在：信息披露不规范、收购过程近似暗箱操作、法律监管不力、内部人控制与财富转移等代理问题进一步加剧。双汇 MBO 的"成功"实施充分体现了监管制度的失灵，MBO 市场（尤其是曲线、隐性 MBO）亟须通过制度的到位与创新予以规范。

　　本文其余部分的篇章安排如下：第二部分是文献回顾与理论框架；第三部分是研究方法和数据来源；第四部分是案例概况，介绍双汇"创新式 MBO"是怎样炼成的；第五部分通过案例进行理论的验证和实践的分析；第六部分透过财务数据获得相关证据；第七部分则试图通过资本市场股价信息探究此次 MBO 的市场反应；最后是研究结论和政策建议。

二、文献回顾与理论框架

（一）MBO 概念的界定

　　案例研究首先要对构想进行清晰的界定（毛基业、李晓燕，2010）。MBO（Management Buyouts，管理层收购）是从西方引进的概念，指公司管理层利用借贷融资或股权交易收购本公司发行在外的全部股本，并终止公司上市地位（Going Private）的行为。在西方的概念中，强调 MBO 本身就是排斥股权多元化的，并辅以公司下市安排。但"中国特色"的 MBO 并非如此，中国情景下的 MBO 并不以公司下市为目的，而是管理层（包括一些员工）会成为公司的第一大股东，并同时实际控制着公司的经营（益智，2003）。因此本文在益智文中对"中国特色的 MBO"界定的基础上稍做修正：收购者为公司的管理层、内部员工或由其组建的法人实体，收购较大比例的公司股权或其控股公司的股权，意在获取公司控制权或成为公司的实际控制人[2]。换言之，小比例的股权激励措施或非取得控制权意图的其他安排不在本文界定的 MBO 之内。

---

　　①"分析意义的普遍性"（Analytical Generalization）适合案例研究，指的是应用先前已有理论作为模板与案例研究的结果进行比较（毛基业、李晓燕，2010）。

　　②不少学术文章中将 MBO 定义为：目标公司管理者利用杠杆融资的方式来购买公司的股份，从而改变公司所有权结构、控制权结构和资产结构，进而达到重组公司的目的。实际上这近似于杠杆收购（Leveraged Buying-Out，LBO）的定义，是 MBO 的一种特例。本文认为，虽然管理层常常需要利用杠杆以支付巨额的收购资金，但杠杆融资并不构成 MBO 的要件，取得控制权的目标表述更为直接；并且，国内法律禁止 MBO 过程中运用银行借贷融资。

（二）MBO 理论研究的主要议题

从现有文献看，中西方学者对于 MBO 的研究角度存在较大差异。西方的 MBO 理论着重于 MBO 的动因、目标公司的条件或特征、给股东带来的财富效应（DeAngelo，DeAngelo 和 Rice，1984）和 MBO 完成后会计业绩和公司价值的变化（Kaplan，1989b）等方面。由于法律制度、所有权结构、股票发审制度、融资、税收等环境差异，我国的 MBO 与国外存在重大差异。中国和美国的 MBO 只是名词相同，形式相似，本质基本没有相同之处（郎咸平，2006）。这些差异主要体现在：第一，国内 MBO 收购对象主要为政府持有的国有股份。国有控股上市公司实施 MBO 本质上是公司非国有化过程。一般而言，上市公司的其他股东难以通过将所持股份出售给管理层获取额外收益。第二，西方公司 MBO 意味着下市，国内公司 MBO 后，依然保持上市身份，管理层可能只是相对控股，成为上市公司或者上市公司母公司的实际控制人。这就使得公司 MBO 过程中和 MBO 以后，管理层与公司其他股东的利益纷争、关联方交易、财富转移、信息不透明等成为中国上市公司 MBO 的特有现象。第三，西方 MBO 让代理人（管理者）直接参与经营决策与经营管理全过程，分享全部收益和所有风险，极利于减少代理成本和提升企业价值；但在中国特色的 MBO 中，管理层只是控股股东，依然无法按照全体股东尤其是中小股东的利益行事，代理成本不一定能降低，却可能反而凸显内部人"一人独大"的问题，在内部人控制下出现管理层寻求控制权回报的机会主义行为。鉴于中西方的 MBO 制度和实践情景的巨大差别，国内的 MBO 研究视角亦有所不同——主要关注 MBO 实施条件、实施过程本身（重点）及其经济后果。

1. MBO 的实施条件

根据之前的文献，公认的 MBO 实施条件或 MBO 公司的特征有：传统行业领头企业，隐性资产价值较大，较大的管理效率提升潜力，高层领导人任职时间长、贡献大、威望高，受到政府的认可和支持等（毛道维、蔡雷、任佩瑜，2003）。

2. MBO 的实施过程

（1）MBO 的运作模式

在国内已有的 MBO 案例中，管理层的收购对象基本都是选择非公众流通股，尤其是国有股，采用协议收购的方式，避免从二级市场购买。尤其是股权分置改革前，上市公司流通股与非流通股之间的巨大价差成为 MBO 的主要推动力量，甚至成为最终决定力量；并且非流通股的价格更依赖于账面净资产计量的"情结"，MBO 中交易价格基本上是采用政府和管理层协议转让的方式，以每股净资产作为基准参考价，在此基础上给予调整比例，操纵空间很大（刘燕，2008；朱红军、陈继云、喻立勇，2006）。另外，收购过程中一般都没有引入有管理层以外的收购主体公开参与的竞价与拍卖机制。所以"中国上市公司 MBO 并非是管理层看好整个公司未来前景而采取的承担风险的经营性收购行为，而是针对上市公司部分存量资产的一种寻租性收购行为"（益智，2003）。

MBO 的运作模式大致可以分为直接收购和间接收购（隐性 MBO、曲线 MBO）。顾名思义，直接收购指针对上市公司股权的收购完成 MBO。这种直接收购会引发"做亏模式"，典型案例是"中关村"，为了到达将企业做亏后再卖的目的，经营者处心积虑，采取措施逼大股东就范（杨咸月、何光辉，2006）。"做亏模式"不仅包括将企业真的做亏，还包括在行业平均向好的情况下公司资产增长却多年停滞不前的情况。背后的原因很可能是管理层将收购前的利润转移隐藏，使资源积累、盈利能力积聚处于较低的水平安排，以压低收购价格，达到财富转移的目的，这已经得到实证结果的验证（刘燕，2008）。

因直接收购上市公司非常敏感，尤其在涉及国有股权转让而变更实际控制人时须报审，审批程序复杂严格通过率低，间接收购应运而生，在政府管制逐渐收紧至明令禁止的背景下，其比重逐渐增加。何光辉、杨咸月（2004）总结了上市公司隐性 MBO 的四大类型：收购母公司间接控制型；收购子公司迂回实现型；拍卖、托管等快捷变通型和地下隐蔽型。这些间接收购可以简化流程，规避有关法律监管和信息披露义务，易获通过。例如宇通客车 MBO 的案例就采取了拍卖的间接方式，巧妙地避开了财政部和证监会有关国有股权的审批（朱红军等，2006）。

（2）收购资金来源

MBO 涉及标的金额往往远远大于管理层个人和收购平台的资金能力，现有的可供管理层收购使用的合法融资渠道太少，收购资金来源就成了管理层讳莫如深的话题，很少有公司在公告中披露 MBO 的资金来源。学者推测资金的可能来源有管理层自筹、股权质押贷款、现金分红、关联交易等，其公正性和合规性一直受到质疑（益智，2003；毛道维等，2003；刘燕，2008；何光辉等，2003）。

（3）收购价格

收购标的资产的定价是 MBO 各种问题的焦点。实证结果表明上市公司管理层获得的事前控制权越大，操纵上市公司资源的余地也越大，其能获得更大比例的价格折扣（刘燕，2008）。管理层同时作为买卖双方的代理人，会导致对少数股东的不公正待遇（DeAngelo，DeAngelo 和 Rice，1984）。在我国，以净资产作为定价基础使得这种"不公正"愈加严重，因为上市公司管理层除了可以通过盈余管理产生有利于自己的成交价格[①]，还能绕开市场竞争、形成"合谋"，透明度低，再考虑到每股净资产本来就不能代表国有股和法人股的真实价值（刘燕，2008；朱红军等，2006；益智，2003；高伟凯、王荣，2005），所以有学者提出 MBO 的障碍不是质疑经济上的合理性，而是质疑其程序上的公正性，其中"收购价过低"和"收购资金来源"问题是质疑国有存量资产改革中"分配的公正性"（毛道维等，2003）。

（4）信息披露

MBO 最大的制度风险是内部人交易问题，解决该问题首先要规范信息披露（高伟凯等，2005）。MBO 涉及上市公司实际控制权的变化，属于重大事项，应对其各个环节予以

[①] 例如"粤美的"案例中，管理层在 MBO 前有意增大固定资产折旧和减值准备，增发应付工资和股利及增大期间费用来降低收购价格（李智娟、干胜道，2006）。

及时完整的披露。我国上市公司对 MBO 一般程序的披露尚可，但对资金来源、定价标准等问题基本不予解释，关键环节都带有暗箱操作的色彩（益智，2003），甚至有的公司以变相的方式完成了 MBO，而并没有将事件的详情做出充分披露（刘燕，2008）。

（5）地方政府的角色

地方政府在一批国有上市公司中兼任着"政府管理者"和"国有股东"的双重角色，但其往往表现出更"股东"（经济求利）而非更"政府"（偏重社会公平、追求制度完善）的特征。王红领、李稻葵和雷鼎鸣（2001）建立模型验证了政府放弃国有企业并不是为了增加企业的效率，而是为了增加政府的财政收入，或者说是为了减轻因补贴亏损国有企业而造成的财政负担。这在一定程度上解释了"做亏模式"MBO 实施者和地方政府的"心思与底线"。朱红军等（2006）专门从中央政府、地方政府和国有企业利益分歧和管制失效的角度研究了宇通客车管理层收购的案例，该案中地方政府迫于管理层转移利益甚至搬离其辖区的要挟，不得已与管理层合作避开审批成功实现 MBO。在洞庭水殖捆绑上市和 MBO 的案例中，研究者认为作为大股东的地方政府听任第二大股东通过占用资金和关联交易侵害上市公司特别是外部其他股东利益，而自身目标函数则通过股权转让（即 MBO）得到满足（曾庆生，2004）。

根据现行国有资产处置收益权划分制度，地方国有企业的处置收益划归地方政府；中央政府（如国家国资委、财政部）负责监管、审批中央企业的国有资产处置。分析现有 MBO 案例，我们没有发现中央企业或央企控股上市公司的 MBO 案例，或者说国有企业 MBO 均属于地方国有企业[①]。地方政府则从增加即期地方财政收入等自身利益出发，多表现出支持或放松性管制策略（朱红军等，2006；刘燕，2008）。我们相信国有公司 MBO 中"做亏模式"、"财富转移"、"资产定价不公允"、"信息不对称"等一定与地方政府的"默许"或失职密切相关。在国企 MBO 进程中，如何使地方政府（国有股权代表）在国有企业治理中"政府"角色和"股东"角色之间找到应有的平衡尚属理论盲点。

3. MBO 的经济后果

MBO 经济后果研究的切入点主要有三个角度：公司绩效或会计业绩的变化、流通股东的财富效应和上市公司的行为变化（现金分红、关联交易等）。在西方 MBO 中，由于管理层需要向社会公众股东溢价收购本公司发行在外的股票，资本市场公众股东财富得以增加（DeAngelo 等，1984）；同时，在实现经营者与所有者统一之后，长期激励机制得以建立，代理成本大大降低，企业价值增加（Kaplan，1989b）。但中国情景下 MBO 不满足这两个条件，其研究发现经济后果也有所不同，益智（2003）采用每股收益、净资产收益率和总资产收益率作为衡量指标，发现 MBO 发生当年及前一年，公司绩效的各项指标均有可观升幅，但 MBO 后一年却大幅下挫；对于流通股东，MBO 并没有给流通股东带来财富

---

① 另一个典型的案例是 2004 年"豫光金铅"MBO 案例，地方政府对改制和 MBO 非常支持，省级国资委也予以了批复，但遭中央国资委否决。地方政府称还是会支持豫光金铅的 MBO，"如果 51%的控股不行，就收购 49%好了"——参见 2004 年 11 月 23 日《中国证券报》，《上市公司 MBO：围剿抑或拯救》。

效应。刘燕（2008）发现，MBO 首次公告前一个月有显著正的财富效应，而临近 MBO 首次宣告日和日后市场没有正的财富效应[①]；管理层收购对上市公司的财务绩效也没有提高。黄荣东（2007）在对 MBO 前后公司经营效绩差异的实证分析结果发现，MBO 后资产运用效率未有显著改善，盈利能力显著下降，研发和创新能力也没有明显改善。相似的研究发现也存在于其他研究之中（杨咸月等，2006；李智娟等，2006）。

　　MBO 实施前后上市公司行为的变化，尤其是高额现金分红和关联交易等行为引人注目。高分红普遍存在于众多 MBO 案例中[②]，MBO 所需巨额资金给管理层带来巨大的还本付息压力，使其产生从高现金分红中获取资金、回收投资的动机。而通过关联交易等手段进一步攫取包括地方政府在内全体股东的利益也是管理层实施财富转移，寻求控制权回报的典型行为（朱红军等，2006；毛道维等，2003；曾庆生，2004）。

（三）MBO 研究的理论框架及本文的理论创新

　　如前文文献回顾所述，国内现有的 MBO 研究主要从 MBO 的实施条件、MBO 实施过程本身和 MBO 的经济后果三个角度进行 MBO 的理论探索。其中，由于中国特色 MBO 的特殊性，MBO 的实施过程是研究者们最多着墨的关注点。所以我们归纳文献后的理论分析框架如图 1 所示。

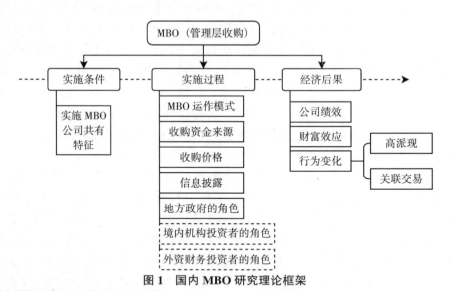

图 1　国内 MBO 研究理论框架

注：图中虚线部分为本文补充的理论贡献。

---

　　① 作者认为这是信息披露制度缺陷，不成熟的管理层收购市场和残缺的管理层收购融资体系所致。

　　② 典型案例如"水井坊"，MBO 前仅有两次微薄分红，2003 年 MBO 实现后现金分红力度不断增强，连续 5 年总分红达到 6.33 亿元，总资产增长却不到 1 亿元。参见 2009 年 5 月 11 日《中国经营报》，《MBO 成高分红话柄　揭秘水井坊营收之谜》。

值得重点说明的是图 1 下方两个虚框，这是本文讨论的重点和创新性的理论要点：MBO 中境内机构投资者的角色和外资财务投资者的角色。本文所指境内机构投资者是以基金为代表的"外部"公众投资者（流通股东），并非为战略重组和技术引进等目的而引入的"内部"投资者。社会公众投资者常常"处于大股东和内部控制人肆意剥削的境地之中"（朱红军等，2006），对信息的获取和公司决策的影响都明显处于弱势地位。囿于案例实践限制，以往文献中未能关注 MBO 过程中境内外机构投资者所能发挥的作用及其相应的制度安排。

双汇 MBO 外资嵌入案例（这是国内企业借助境外财务投资者顺利完成 MBO 的首例）需要有新的理论进行分析，而已有文献大多从外资的角度研究其通过并购进入中国市场的动因，却鲜有文献站在企业（尤其是非银行类企业）的角度讨论引入外资投行或财务投资者的动因。陈文瀚（2007）认为上市公司引入外资的动机有以下几种：①继续完善公司治理结构；②增加融资渠道，促进产业升级；③促进公司市场化、国际化发展。但这些结论无法与双汇引资完成 MBO 相匹配。通过 MBO 案例分析外资投行在国企重组中扮演的新角色及其经济后果是本文理论探究的新要点。

国内的 MBO 实践多集中于 1999~2003 年，MBO 研究文献也多集中于 2006 年之前的 MBO 案例。这些年 MBO 实践中出现的新情形应当并且可以充实现有的理论体系。本文的理论创新之处在于整理了一个 MBO 理论框架，并利用双汇案例的分析结果验证和补充现有理论框架。具体来说，社会公众投资者包括境内机构投资者在以往的 MBO 案例中对于抵抗管理层的信息不透明和财富转移等行为往往力不从心，他们的作用也基本没有出现在 MBO 研究的视野之内。但此次双汇 MBO，以基金为主的境内机构投资者通过联合起来表达反对意见而迫使管理层做出让步，最终选择了相对而言有利于公众投资者的资产重组方案，这种股东之间的博弈与制衡丰富了 MBO 研究的治理内涵，为今后深化 MBO 的监督提供了新的启发和思路。同时，外资财务投资者在双汇 MBO 中扮演了"桥梁"的角色，既为管理层规避政策限制助了一臂之力，又从中获取了巨额的财务收益，反映出在日益开放的资本市场中外资对 MBO 市场参与度的提高，但如何看待境外财务投资者的作用，这种外资嵌入是否需要特殊的监管制度？本文将会关注双汇 MBO 新的实践启示，以从双汇的"路径创新"中折射出制度缺失和理论缺陷。由此归纳的双汇 MBO 的"创新路径"与理论特征如图 2 所示。

三、研究方法和数据来源

考虑到本案例的"创新性"和"独特性"，本文只能采用单案例研究方法。本文的研究目的是从双汇 MBO 的"路径创新"中验证既有 MBO 理论的适用性，发掘此案例"分析意义的普遍性"，并从新经验中探索丰富、提升现有理论体系。关于资料获取：①案例

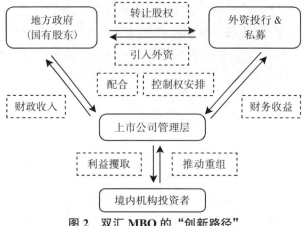

图 2　双汇 MBO 的"创新路径"

资料数据来源主要依赖于过去五六年对双汇发展年报和公告的长期跟踪、收集与整理；②由于资料的长期性与案例故事的隐蔽性，我们经多方途径与多次联系还是无法获取对双汇管理层进行实地访谈的机会，但联系到某证券公司双汇项目知情人士，通过面对面和电话沟通，本文的关键数据资料和内容经其确认；③我们长期收集了关于本案例的媒体报道，尤其是：2007 年 2 月 13 日《上海证券报》，《外资收购双汇后有打算》；2010 年 3 月 19 日《21 世纪经济报道》，《一场远未落幕的改制双汇》；2010 年 7 月 10 日《经济观察报》，《双汇发展重组搁浅，公司管理层漫天要价激怒基金》；2010 年 11 月 11 日 《中国经营报》，《双汇 MBO 七年成正果》；2011 年 12 月 26 日《中国经营报》，《揭幕双汇控制权变更迷局》等。基于本文采用多渠道收集资料，构造了完整、可靠的资料证据链，并符合 Yin 的证据能够相互印证的要求，能够确保研究的信度，增强研究结论的说服力。

四、案例概况

（一）双汇集团与双汇发展的基本情况

河南省漯河市双汇实业集团有限公司（以下称"双汇集团"）曾是中国最大的国有肉类加工企业，总部位于河南省漯河市，漯河市国资委持有其 100% 股权。双汇集团董事长为万隆，其同时担任上市公司双汇发展及集团旗下 20 多家子公司和关联公司的董事职位。2006 年 3 月 3 日，漯河市国资委将持有的双汇集团全部股权在北京产权交易所挂牌转让。高盛策略投资（Goldman Sachs Strategic Investment，以下简称"高盛"）和鼎晖国际投资（CDH Shine Limited，以下简称"鼎晖"）组建的财团罗特克斯有限公司（Rotary Vortex Limited，以下简称"罗特克斯"），以 20.1 亿元人民币中标，成为双汇集团的 100% 控股股东。

1998 年 10 月，双汇集团发起成立河南双汇股份公司，并于同年 12 月在深圳证券交易所上市交易。后更名为"双汇发展"，交易代码为 SZ000895。根据双汇发展 2008 年年报，双汇集团持有双汇发展 30.27% 的股权，罗特克斯持有 21.18%，其余 48.55% 则由社会公众股东持有（见图 3 和表 1）。在前十大股东中，以基金为主的机构投资者占据八席。

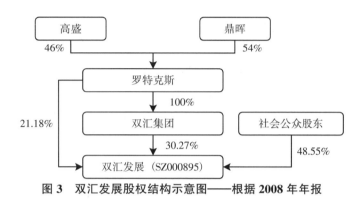

图 3 双汇发展股权结构示意图——根据 2008 年年报

表 1 双汇发展前 10 名股东持股情况——根据 2010 年年报

股东名称	股东性质	持股总数	持股比例
河南省漯河市双汇实业集团有限责任公司	境内法人	183416250	30.27%
罗特克斯有限公司	境外法人	128393708	21.18%
兴业趋势投资混合型证券投资基金	其他	14468175	2.39%
诺安股票证券投资基金	其他	9957038	1.64%
兴业全球视野股票型证券投资基金	其他	7268305	1.20%
易方达价值成长混合型证券投资基金	其他	7100000	1.17%
博时主题行业股票证券投资基金	其他	6801100	1.12%
上投摩根中国优势证券投资基金	其他	6800000	1.12%
信达投资有限公司	其他	6675510	1.10%
全国社保基金一零二组合	其他	6200000	1.02%
合计		377080086	62.21%

（二）双汇发展管理层八年 MBO 终成正果

随着高盛减持双汇股权等消息从 2009 年底开始见诸报端，双汇管理层通过接手高盛所持有的双汇集团股权进行曲线 MBO 的做法才初见端倪。双汇发展在澄清公告中宣称公司没有施行"管理层股权激励"计划，但回顾 2002 年以来双汇管理层所做的种种努力（见表 2），曲线 MBO 的猜测并非空穴来风。2009 年底，迫于舆论压力，双汇发布公告承认其管理层已通过在英属维尔京群岛（BVI）设立的 Rice Grand（以下称兴泰集团）的全资子公司 Heroic Zone（以下称雄域公司）间接持股双汇集团。直到 2010 年 11 月 29 日，在停牌 8 个月之久后，随着重组预案①的公布，双汇 MBO 终于明朗化，管理层不再遮遮掩掩，兴泰集团即将成为上市公司实际控制人。

表 2　双汇发展管理层的八年 MBO 之路

时间	事件
1998 年 10 月	双汇发展于深圳证券交易所上市
2002 年 6 月	万隆等 12 名双汇管理层及其他自然人出资设立漯河海汇有限责任公司（以下简称海汇投资）。海汇投资先后参控股 18 家企业，围绕肉制品加工行业生产流通、渠道流通的多个环节，与双汇集团和双汇发展发生关联交易
2003 年 6 月 11 日	双汇发展时任董事长贺圣华等 5 名高管和其他 11 名自然人发起成立漯河海宇投资有限公司（以下简称海宇投资）
2003 年 6 月 13 日	海宇投资与双汇集团签订《股权转让协议》，以 4.14 元/股的价格受让双汇发展 25% 的股份。当日双汇发展收盘价为 13.48 元，净资产为 4.49 元/股。因国资部门提出国有股权转让底线不应低于净资产，经过商量将价格提到 4.7 元/股
2005 年初	因未及时披露关联交易，河南证监局责令整改，海汇投资旗下多家企业股权被迫转让
2005 年 12 月 31 日	证监会正式发布《上市公司股权激励管理办法》试行稿，其中规定股权激励计划所涉及的标的股票总数不得超过公司股本总额的 10%。而贺圣华等高管实际持有海宇投资 55.6% 股权，间接持有双汇发展 13.9% 股权，遇到政策红线，MBO 努力失败
2006 年 7 月	高盛和鼎晖以 20.1 亿元收购双汇集团，同时以 5.62 亿元收购海宇投资所持 25% 股权
2007 年 6 月 13 日	罗特克斯收购双汇集团和双汇股权的转让手续全部办理完毕
2007 年 10 月（2009 年 12 月才公告披露）	高盛和鼎晖进行了内部重组，通过 Shine B、Shine C（即双汇国际）间接持有罗特克斯股权；以万隆为首的双汇管理层在 BVI 设立兴泰集团，并通过其全资子公司雄域公司持有 Shine C 股权
2009 年上半年	双汇发展在公众股东并不知情的情况下，放弃了 10 家公司少数股权的优先认购权，并将之转让罗特克斯
2009 年 12 月 14 日	双汇发展发布澄清公告，就高盛鼎晖在境外进行内部重组的情况予以披露
2009 年 12 月 31 日	双汇发展再次发布澄清公告，就管理层间接持股双汇集团情况予以披露
2010 年 3 月 3 日	2010 年第一次临时股东大会，公众股东以高票否决上述少数股权转让议案
2010 年 3 月 23 日	深交所下发关注函，要求公司尽快拟定整改方案，公司股票停牌
2010 年 6 月 29 日	双汇发展 2009 年度股东大会，《关于日常关联交易的议案》再次被公众股东悉数否决
2010 年 11 月 29 日	双汇发展历经 8 个月连续发布 32 个《重大事项进展暨停牌公告》后，重组方案终于在 29 日凌晨公告，双汇集团和罗特克斯将主业相关资产注入上市公司实现肉制品业务整体上市并解决关联交易问题，双汇将以 50.94 元/股价格向二者定向增发 6.32 亿股作为对价；通过投票权安排，兴泰集团成为双汇的实际控制人，已触发全面收购要约义务（实际控股超过 75%）；公司股票当日复牌

此次双汇 MBO 的平台为管理层设立于 BVI 的兴泰集团。兴泰集团由双汇集团及其关联企业（包括上市公司）的员工 263 人（其中上市公司 101 人）设立，通过全资子公司雄

① 2010 年 11 月 29 日，双汇发布《发行股份购买资产及换股吸收合并暨关联交易预案》，主要内容包括：第一，重组按照"主辅分离"原则，双汇集团和罗特克斯将肉类主业相关公司股权注入上市公司，解决关联交易问题；第二，上市公司将双汇物流 85% 股权置出给双汇集团，差额部分向集团非公开发行 A 股股票作为对价；第三，向罗特克斯非公开发行 A 股股票作为其认股资产的对价；第四，以换股方式吸收合并广东双汇等 5 家公司；第五，按停牌前 20 日均价考虑分红除权后价格 50.94 元/股作为发行价格，合计向双汇集团发行 6132723321 股，向罗特克斯发行 19218997 股。

域持有双汇国际从而持有双汇集团 31.82%[①] 的股份。

实际上从 2002 年起,双汇管理层就未停止过实施管理层激励计划的步伐。海汇投资通过关联交易的方法从上市公司掘金,海宇投资则直接采用资本途径——低价受让上市公司股权。遭遇政策红线而失败后,管理层并没有就此放弃,而是采用"借道"的曲线战略:第一步引入外资高盛和鼎晖收购双汇集团全部股权并接手海汇投资所持双汇发展股权;第二步管理层通过在 BVI 设立的兴泰集团的全资子公司雄域公司从高盛一方接手 Shine C(双汇国际)股权,从而控制双汇集团 31.82% 的股权;第三步借助资产重组的一揽子预案,通过投票权安排[②],成为双汇集团及双汇发展的实际控制人,将 MBO 明朗化,预案在 2010 年第三次临时股东大会上通过[③]。图 4 为根据 2010 年 11 月 29 日发布的《董事会关于本公司实际控制人变动事宜致全体股东的报告书》和 12 月 28 日发布的《2010 年第三次临时股东大会决议公告》整理的股权结构示意图。表 3 为根据《董事会关于本公司实际控制人变动事宜致全体股东的报告书》整理计算的双汇发展高管通过兴泰集团在双汇集团拥有的权益。

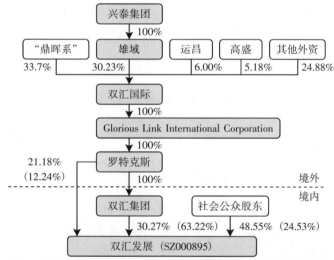

图 4　双汇发展股权结构示意图——根据 2010 年相关公告整理

注:"鼎晖系"由 4 家公司构成,共计持有双汇国际 33.7% 股权,虽占股权大多数,但由于前文投票权安排并非实际控制人;灰色标出公司均为双汇管理层实际控制;括号内斜体数字为按《2010 年第三次临时股东大会决议公告》计算增发后股权比例。

---

① 指此次境外股权变动之前,雄域持有双汇国际股权 31.82% 的股权,变动之后为 30.23%。

② 双汇国际的股东以投票方式表决普通决议时,雄域公司及运昌公司就所持每股股份投 2 票,其他股东就其所持每股股份投 1 票。同时规定运昌公司根据雄域公司的指示投票,因此雄域公司拥有双汇国际股东会表决权比例的 53.19%,成为其实际控制人,进而成为罗特克斯、双汇集团、双汇发展的实际控制人。其中运昌公司股权(持有双汇国际 6% 的股权)为双汇管理团队一项为期 3 年的员工激励计划的标的股份。

③ 根据《2010 年第三次临时股东大会决议公告》内容,经中联资产评估有限公司的评估,置入和置出资产的评估价值与重组预案中初步评估价值相比均有所降低,增发价格不变,实际应向双汇集团发行 574447121 股,向罗特克斯发行 18323813 股,合计约 5.93 亿股。

表 3　双汇发展高管通过兴泰集团在双汇集团拥有的权益 a

姓名	在双汇发展担任职务 b	在兴泰集团持股比例	换算为在双汇集团权益比例
张俊杰	董事长	6.18%	1.868%
龚红培	董事、总经理	0.02%	0.006%
万隆	董事	14.41%	4.356%
游牧	董事	0.20%	0.060%
王玉芬	董事	2.79%	0.843%
祁勇耀	董事、董秘	0.67%	0.203%
李俊	副总经理	0.28%	0.085%
朱龙虎	副总经理	0.80%	0.242%
贺圣华	副总经理	0.51%	0.154%
胡兆振	财务总监	1.42%	0.429%
楚玉华	监事会主席	1.46%	0.441%
乔海莉	监事	3.30%	0.998%
合计		32.04%	9.685%

注：a. 根据《董事会关于本公司实际控制人变动事宜致全体股东的报告书》整理计算。b. 其中，龚红培、王玉芬、祁勇耀于重组预案发布之前几日（2010 年 11 月 25 日）辞职。

五、双汇 MBO 的理论验证和实践启示

（一）双汇案例对 MBO 理论的验证和补充

1. MBO 的实施条件

根据公司及其产业背景，双汇处于肉食品加工行业领先地位，市场份额大，品牌认可度高；以万隆为首的管理层在公司任职时间长，贡献显著，经历了公司的发展壮大历程，在公司内部和当地都很有影响力[①]；MBO 也就很容易获得地方政府的支持和配合。双汇的条件符合文献中发生 MBO 公司的典型特征。

2. MBO 的实施过程

之前采用设立关联公司和低价收购股权的方法均因遭遇政策红线而失败后，双汇管理层采取了迂回之道换股实现控股母公司，属于曲线或隐性 MBO。再次验证在国内的政策环境下，间接 MBO 依然是管理层收购的首选之道。收购主体为管理层于 BVI 成立的收购公司，免受国内公司证券法限制，收购资金来源只有含混的一句"境外银行融资"。据双

---

① 在《中国经营报》的采访中，一位政府人士提到，"不管是在企业还是在政府中，万隆的地位都是非常高的。不论采用什么样的激励方式，都无可厚非"。

汇公告披露，管理层筹资收购了境外一些公司的股权与外资交换双汇国际的股份从而实现控股，但交易价格未有披露，因此收购价格无从得知。在信息披露上，如前所述，双汇MBO 没有披露收购资金来源和收购价格，透明度较低；不仅如此，2007 年开始境外股权就已发生变动，管理层也已经收购了双汇国际的股份，但年报中未有丝毫痕迹，直至2008 年的年报依然以图 3 列示公司的股权结构，直至被媒体揭露才勉强给予解释，这种遮遮掩掩一段一段"挤牙膏"式的信息披露违反了《上市公司收购管理办法》和相关信息披露准则的要求。

地方政府在双汇 MBO 案例中扮演了重要的角色。根据河南省漯河市税务局资料，2006 年双汇集团上缴税金 11.59 亿元，占该年漯河市税收收入的 30%[①]。对于地方政府来说，企业的控制权在谁手里并不那么重要，它们往往更加看重企业对地方经济、市政建设、就业和税收的贡献（朱红军等，2006）。引入国际知名外资，对于当地政府来说亦是一项顺水推舟的政绩。阻碍管理层前两次 MBO 努力的，是中央对于国有股权 MBO 政策的收紧，地方国资部门不仅将双汇集团全部国有股权转让给罗特克斯为管理层持股铺平道路，对于海汇投资的成立，海宇投资低价受让股权，政府都是采取支持的态度。作为国有资产的经营者，地方政府的确是"很愿意出让上市公司国有股权并让外商控股，以使归属权本不明晰的国有产权变为事实上的地方政府收益的产权"（陈文瀚，2007）。本案例进一步证明了朱红军等（2006）及曾庆生（2004）的研究结论，反映出了中央和地方政府利益目标不一致引起的监管失效。

双汇发展停牌之前，基金、保险、社保等 117 个机构投资者共计持有双汇发展67.33%的流通股。对于双汇管理层来说，同样一笔收益，若是放在上市公司，由于公众股东的稀释，兴泰集团可以分享到 16.37%[②]，若是放在双汇集团，则可以分享到 31.82%。因此，管理层有动机并有能力利用对公司经营的实际控制权，通过大规模关联交易、将优质资产的优先认购权让与罗特克斯等方式转移上市公司收益，增厚集团利润。但是随着管理层持股的曝光和整体上市预期的渐渐明朗，以基金为主的机构投资者决定不再忍受"掏空"行为，上演了两次集体投出反对票的"投票门"事件，引发了深交所的关注，也在客观上推动了资产重组的进程。对于管理层和外资来说，让罗特克斯或双汇集团在 H 股上市是更好的选择（第一，在 H 股上市较少受到禁售限制，有利于外资和管理层的退出和套现；第二，如前文所述，双汇集团或罗特克斯的收益直接归属于外资和管理层，而上市公司收益则须与公众股东分享）[③]，但机构投资者们的抗争迫使他们选择了将集团资产注入上市公司，从而实现整体上市切断关联交易通道，这在一定程度上维护了投资者的利益（见图 5）。同时，在为进行资产重组而停牌的长达 8 个月的时间中，机构投资者们得以就重组方案、资产定价和增发价格等关键问题表达反对意见，起到了制约管理层肆意侵占利

---

① 参加《中国经营报》2010 年 11 月 11 日报道《双汇 MBO 七年成正果》。
② 指（21.18%+30.27%）×31.82%=16.37%。
③ 本文作者在一次鼎晖内部人士的讲座中得知管理层和外资的原本设计确实是偏好 H 股上市的。

益的作用①。可见，国内机构投资者可以在 MBO 收购过程和利益转移中扮演监督和制衡的角色，这为 MBO 的外围监管提供了启示。

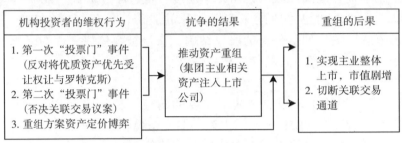

图 5　国内机构投资者的制衡角色

"外资过桥"是此次双汇 MBO 的路径创新。双汇引入高盛、鼎晖等外资并非为了筹资，也未在改善公司治理和促进公司市场化、国际化等方面有所动作，排除了这些常见动因后，其真正的目的在于"借道"。根据毛道维等（2003）的研究发现，国有股权越小，MBO 成功实施的可能性就越大。既然从政府手中直接获得国有股权受到制度限制，只能借外资这道桥梁曲线获得。高盛和鼎晖与管理层的此项合作可谓各取所需的典范。一个值得注意的细节是，在早期的公告中，双汇从未称高盛和鼎晖为"财务投资者"，防止引发"贱卖国有资产"的责问；但在 2010 年 11 月 29 日《实际控制人变更公告》中反复称二者为"财务投资者"，以强调管理层持股对维持公司股权稳定的合理和必要性。对于财务投资者来说，低买高卖是永恒的法则。2007 年 6 月收购双汇集团和双汇发展股权的转让手续刚刚办理完毕，9 月就开始"重组计划"（此举即可排除其战略持股的可能性），从公开资料看高盛一直在减持。虽然无从得知几番交易的成交价格，但依照其对资本市场规则的熟稔和交易能力，同时还有助力 MBO 的功劳，高盛所得必然极其丰厚。鼎晖在高盛减持时充当了接盘者，按照重组预案，增发完成后鼎晖共间接持有双汇发展 25.43% 的份额，虽然存在 36 个月禁售期的限制，但可以预期到重组完成后上市公司市值将大幅增加，鼎晖通过持有最大比例的股份充分享有资本收益，而双汇管理层则通过投票权掌握对经营的剩余控制权，此种收益权与控制权分开的安排堪称各取所需的经典设计。

（二）双汇 MBO 的实践启示

从实践的角度说，平衡各方利益是双汇 MBO 得以成功实施的基础。①选择正确的合作伙伴很重要。引入国际知名的外资投行高盛和鼎晖，让管理层和当地政府可以理直气壮地宣布引入外资和先进管理经验，既能在资本市场换取"声誉溢价"，又为股权的置换和

---

① 参见 2010 年 7 月 10 日《经济观察报》报道《双汇发展重组搁浅，公司管理层漫天要价激怒基金》："接近重组的人士向本报透露，重组方案难产的主要原因是在资产估价上，双汇发展的利益相关方——管理层与以基金为代表的流通股股东之间未能达成一致。国金证券分析师陈钢也透露，分歧主要在双汇发展的增发价格上。"

管理层的接手扫清障碍，再通过投票权安排与外资达成收益权与控制权分开的协议，达到双赢目的。②地方政府的配合是基础。双汇作为当地最大的企业，是政府财政收入的重要源头，凭借对地方就业税收等的影响力，地方政府很容易选择放弃所持股份的分红权，而愿意配合管理层的激励措施。③双汇集团通过放弃关联公司的优先受让权以及关联交易等手段侵占上市公司利益，利益输送愈演愈烈，最终导致境内机构投资者的集体反抗，在股东大会上两次否决议案引发关注，迫使管理层最终选择将关联资产注入上市公司以切断利益输送的渠道，这在一定程度上维护了上市公司股东的利益，资产重组和 MBO 最终得以实现。

双汇 MBO 的成功实施从另一个角度说折射出监管制度的缺失：①虽然明令禁止大型国企的 MBO，却没能防范住曲线和隐性 MBO 的实施。各类隐性 MBO 的公开化本身就意味着现有简单直接"叫停"、"堵截"的 MBO 制度亟须在"道高一尺魔高一丈"的博弈中修订完善。②中国社会和政策层面长期拥有"外来的和尚好念经"大举引进外资尤其财务投资的心态必须调整。缺乏对外资在 MBO 等类似国有股权流动和改制中的角色监管和风险防控，是制度建设的又一缺失。③中央政府和地方政府在对待国有资产、股权运作的态度差异和利益分歧有待新的制度来协调。低价出售国有资产和"协同"地方国企曲线 MBO 的地方政府是否应监管，如何被监管亦是制度难题。④如何提高国有股权流动的透明度、提高国企产权交易的公信力、防范新的内部人控制、对公司信息披露违规行为惩戒力度都是本案例引发的制度建设要点。

六、MBO 中的利益输送——财务数据的证据

由于 MBO 涉及标的金额巨大，往往超过管理层的资金能力，使他们产生利用经营控制权转移利润、加速回收投资的动机。在以往的案例中，高分红和关联交易是屡见不鲜的利益输送手段。在此次双汇 MBO 中，管理层选择的持股对象为母公司双汇集团，这就引发了利用控制权向母公司转移利润的担忧。以境内基金为主的社会公众股东要求将集团关联资产注入上市公司以切断关联交易通道，也说明了双汇的关联交易是管理层"财富转移"、"利益输送"的主要通道。下文的分析通过比较双汇发展与雨润食品的财务数据说明这一点。

中国雨润食品集团有限公司是中国最大的肉制品生产企业之一，总部位于江苏省南京市，其产品包括冷鲜肉、冷冻肉，以及以猪肉为主要原材料的低温和高温肉制品。雨润食品于 2005 年 10 月在香港联交所上市，交易代码为 1068。雨润食品与双汇发展主业相同，

互为主要竞争对手，本文将两者的财务数据①进行比较。

（一）高额现金分红

单看每股分红的数据，双汇发展就比雨润食品"慷慨"得多，2009年甚至达到1元/股，而雨润食品在2010年最高，不过才0.4港元/股。再从现金分红占归属于上市公司股东的净利润的比例来看，2004年甚至达到103%（见表4），其分红比例波动较为剧烈且绝对值较大，从2002年之后维持在相对稳定的高位，这与双汇管理层开始MBO之路的时间恰好契合。2010年双汇MBO公之于世并选择了资产重组的方案，若想在禁售期结束时获得较高的资本利得，将股价维持在高位是必然的选择，可以预期今后几年双汇发展的分红将不会像以前那么慷慨。相比较而言，雨润食品的分红比例十分稳定，平均在26.6%左右（见图6），显示出公司股利分配政策的稳定和合理性。双汇发展的股利政策也许有公司自身的合理考虑，但联想到管理层对其母公司的持股以及外资的入股和退出，很容易得出通过高分红作为收购资金来源和加快投资回收的结论。尽管巨额分红本身并不能作为侵害投资者利益的证据，但其再次验证MBO前后典型的公司财务行为变化。

表4 双汇发展与雨润食品现金分红情况对比

年份	双汇发展（人民币万元）			雨润食品（港币万元）		
	每股分红	派现额度	占净利润比重	每股分红	派现额度	占净利润比重
1998	0	0	0	—	—	—
1999	0	0	0	—	—	—
2000	0.5	146189	97.03%	—	—	—
2001	0.13	4382	25.70%	—	—	—
2002	0.5	17118	85.33%	—	—	—
2003	0.7	23966	90.89%	—	—	—
2004	0.6	30813	103.25%	—	—	—
2005	0.5	25678	69.19%	0.065	9438	27.34%
2006	0.8	41084	87.88%	0.084	12303	25.15%
2007	0.8	48480	86.28%	0.15	22904	26.65%
2008	0.6	36360	52.02%	0.19	29090	25.57%
2009	1	60599	66.54%	0.3	50185	28.75%
2010	0.5	30300	27.82%	0.4	71506	26.21%

---

① 虽然两家公司所采用的会计准则和货币单位都不相同，但本文主要进行比率的对比，不影响可比性。

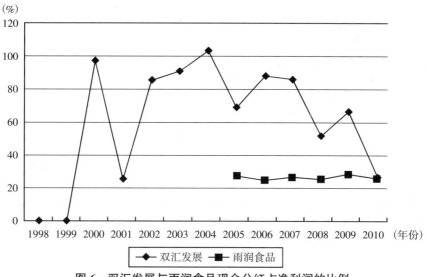

图 6　双汇发展与雨润食品现金分红占净利润的比例

（二）盈利能力受损与财富转移——关联交易

　　雨润食品的销售净利率远高于双汇发展（见表 5）。双汇发展 4% 不到的销售净利率与其开展的"买断式委托销售"有关。根据其公告，上市公司与集团和罗特克斯关联方签订《委托销售协议》，上市公司向关联方采购委托销售的产品，由上市公司确认受托销售产品的收入和成本。关联采购和受托销售带来的后果就是较大的销售额和较低的毛利率，实际上上市公司的利润被此种协议安排转移到了集团和罗特克斯，无疑这是典型"财富转移"与"利益输送"行为。

表 5　双汇发展和雨润食品的销售净利率对比

企业名称 \ 年份	2005	2006	2007	2008	2009	2010
双汇发展	3.33%	3.61%	3.02%	3.14%	3.90%	3.61%
雨润食品	8.06%	10.34%	9.97%	8.73%	12.61%	12.75%

七、MBO 市场反应——资本市场的证据

　　双汇管理层的曲线 MBO 路径本身并未与现行的法律法规明显冲突，但其瞒而不报直到在舆论压力下才一段一段"挤牙膏"式披露的行为违反了信息披露制度。同时，关联交易、放弃优先受让权都可能被投资者理解为转移收益，掏空上市公司的行为。管理层的这

一系列行为是否影响到投资者信心和公司股票的资本市场表现呢？本文采用事件研究法，通过计算管理层第二次澄清公告，2010 年第一次临时股东大会决议结果公告两个时间窗口前后双汇发展的异常累计收益率（CAR）来进行分析。

（一）事件日和事件窗口

2009 年 11 月 5 日，媒体称高盛已签订协议转让双汇一半股权并计划进一步减持，将其在双汇集团的持股比例降到 5% 以下。对此，双汇发展于 2009 年 12 月 14 日发布第一次澄清公告，将 2007 年 10 月高盛与鼎晖进行的"内部重组"予以披露，并采用文字形式解释了境外部分的股权结构；同时发布关于 2007 和 2008 年报的更正公告，对"公司实际控制人情况"部分进行补充更正，但并未提及管理层持股双汇国际的事实。翌日又有媒体称随着高盛减持行为得到证实，双汇欲施行管理层激励和双汇集团整体上市的猜测亦浮出水面。迫于舆论压力，2009 年 12 月 31 日，双汇发展发布第二次澄清公告披露了管理层于境外成立兴泰集团（当时称 Rice Grand）收购双汇国际股权的事实并最终公告了完整的股权结构示意图。由于两次公告时间十分接近，从内容上看可以当作是对同一性质事件的连续披露，12 月 31 日的公告是对 14 日公告的进一步解释，并揭露了管理层持股信息，更为关键，本文以 12 月 31 日作为零时刻，充分考虑资本市场吸收消息的预先性和滞后性，同时为了剔除较长时间其他事件的干扰，选取公告发布前 45 日至发布后 20 日（[−45，20]）作为事件公告的时间窗口①。

2010 年 3 月 4 日，双汇发展发布《2010 年第一次临时股东大会决议公告》，公告揭示《关于香港华懋集团有限公司等少数股东转让股权的议案》被否决。由于 3 月 22 日双汇股票即告停牌，最后一个交易日为 3 月 19 日，本文以 2010 年 3 月 4 日为零时刻，选取公告发布前 10 日至发布后 10 日（[−10，10]）作为时间窗口。

（二）CAR 的确定

本文运用市场模型法来计算 CAR 值。股票 j 在第 t 日的实际收益率表示为：$R_{jt} = \alpha_j + \beta_j R_{mt} + \varepsilon_{jt}$。

其中，R_{jt} 为样本公司 j 在第 t 日的收益率，$R_{jt} = (P_{jt} - P_{jt-1})/P_{jt-1}$，其中 P_{jt} 为股票 j 在 t 日的收盘价；R_{mt} 为第 t 日市场收益率，$R_{mt} = (I_t - I_{t-1})/I_{t-1}$，其中 I_t 是第 t 日的股票指数（深圳成指）；β_j 为股票的系统性风险系数，通过选取事件窗口前 [−200，−40] 的 161 个日收益率进行市场模型回归求得。

异常收益率 $AR_{jt} = R_{jt} - (\hat{\alpha}_j + \hat{\beta}_j R_{mt})$ 等于股票 j 第 t 日的实际收益率减去预期正常收益率。异常累计收益率 $CAR = \sum AR_{jt}$。

---

① 零时刻之前选到"−45"是考虑为了将 11 月 5 日的报道、第一次澄清公告的影响都包括在内，因为三者实质上是对同一性质事件的逐步披露；零时刻之后选到 20 是为了排除后一事件（临时股东大会决议公告）影响。

（三）结果分析

图 7 展示了 2009 年 12 月 31 日澄清公告发布前后双汇发展在股票市场上 AR 和 CAR 的表现。大约从媒体报道开始直至公告发布后的 20 天，虽然 AR 在正负区间内波动，但 CAR 一直维持正值，资本市场对双汇 MBO "隐现"的消息给予了积极的回应。在零时刻，AR 为 3.69%，翌日甚至达到 4.79%。澄清公告实质上是对管理层持股的披露，虽然不满于管理层遮遮掩掩 "挤牙膏"式的披露方式，投资者还是从正面解读了这一信息。本文认为可能的原因是双汇管理层锲而不舍的 MBO 努力向投资者传达了其对公司未来业绩的信心。

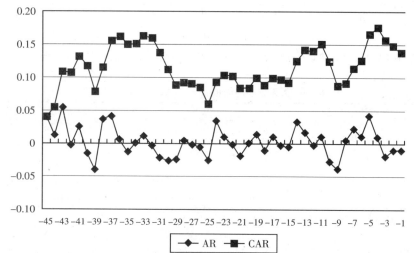

图 7　澄清公告发布［−45，20］时间窗口内双汇发展 AR 与 CAR 表现（局部）

图 8 显示在 2010 年双汇发展临时股东大会决议公告前 10 天投资者持有双汇发展股票异常累计报酬为−9.39%。尤其是在零时刻，也就是少数股权转让议案被流通股东否决的公告发布出来当天，AR 值达到−3.77%，成为整个时间窗口内的最低值，资本市场的反应是灵敏的。管理层不仅将本具有优先受让权的优质资产拱手让与罗特克斯，还 "先斩后奏"将前一年即已完成的此次事项拿出来表决，这是对社会公众股东决策权和知情权的公然轻视，以基金为主的机构投资者给予了有力的回击。一方面，该少数股权转让议案被高票否决，另一方面，股价放量下跌反映出投资者 "用脚投票"的基本取向。境内机构投资者 "手脚并用"，对管理层的利益转移行为予以抵制。

总之，管理层发布澄清公告这一事件时间窗口内 CAR 为正，且事件发生后比发生前的日均异常收益更大，反映出管理层曲线 MBO 的消息给市场带来了积极的效应，并且消息发布后的一段时间内仍可以持续获得超常回报，市场需要一段时间解读和消化管理层持股信息；而临时股东大会决议公布这一事件时间窗口 CAR 为负值，且事件发生前比发生后的日均异常收益的绝对值更大。临时股东大会上少数股权转让议案被否决标志着基金们

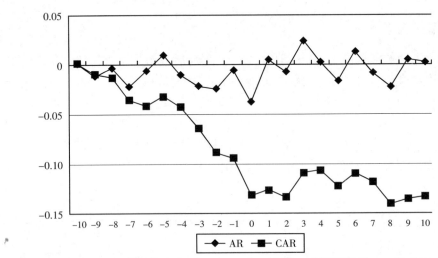

图8　临时股东大会决议公告发布 [−10，−10] 时间窗口内双汇发展 AR 与 CAR 表现

表6　两个事件不同时间窗口的 CAR 和 ACAR 值

澄清公告发布			临时股东大会决议公告发布		
[−45，−1]	[0，20]	[−45，20]	[−10，−1]	[0，10]	[−10，10]
CAR	CAR	CAR	CAR	CAR	CAR
0.1384	0.1157	0.2542	−0.0939	−0.0393	−0.1332
ACAR	ACAR	ACAR	ACAR	ACAR	ACAR
0.31%	0.55%	0.39%	−0.94%	−0.36%	−0.64%

注：ACAR = CAR/N，其中 N 为对应时间窗口内包含天数。

的"揭竿而起"，而决议公布前几个交易日股价就开始下跌，不排除基金们在正式大会之前就根据内幕消息互相沟通达成共识的可能性。无论背后具体原因是什么，股价下跌都是公众投资者对抗管理层的利益转移行为的直接反应。

八、研究结论及政策建议

通过借道外资绕开管制限制再从外资手中换得母公司股份实现曲线 MBO，双汇 MBO 的"路径创新"代表了双汇管理层在监管机构政策收紧的背景下寻求实现控股的努力。本文的理论贡献在于首先基于文献尝试提出一个 MBO 理论框架，然后通过对双汇案例的研究对理论框架进行验证，扩充了 MBO 研究相关文献的视角、内容与结论，并由此得到了一系列的操作、制度改进的启发。

第一，双汇 MBO 案例是一个具有分析意义普遍性的典型案例。案例的研究结果可以有效验证 MBO 理论框架，证明其外部有效性并丰富现有的理论体系。在对以往理论的验证尤其是 MBO 的实施过程方面，成立壳公司作为收购平台实现曲线 MBO、收购资金来源和收购价格不予说明、"挤牙膏式"的信息披露、获得地方政府的支持和配合、高分红与关联交易等现象和行为确实存在。在新的环境下，MBO 的各种问题依然未有改变，现有的理论研究结论得到进一步论证。当然本文新的理论启示集中在机构投资者与 MBO 的复杂关系。境外财务投资者作为"桥梁"参与到国企 MBO 中，这对现有资本监管理念提出挑战：依靠引入境外财务投资者改善国有股权结构、完善国企治理的理论依据与制度企图是苍白无力的。低风险与谋求短期丰厚的财务收益始终是这些境外机构投资者的不变取向。相反，境内以基金为主的机构投资者联合起来能够成为完善国有股权流动、防范管理层利益输送、抑制地方政府的"失范"行为的强大群体。可以肯定境内机构投资者在我国上市公司治理中应该也必须发挥更大作用。

第二，从实践操作的角度，双汇发展成功实施 MBO 的经验是各方利益的平衡：选择正确的"合作伙伴"，地方政府（国有股东）的配合，各取所需的投票权安排，皆为 MBO 的顺利实施奠定了基础，而满足境内机构投资者的权益诉求则为管理层扫清了最后的阻力，使 MBO 走向台前。虽然事件研究表明资本市场是给了 MBO 信息积极的回应，可能是 MBO 向投资者传达了管理层对公司未来的信心，但是在关联交易、增发定价等关键问题的博弈中，境内机构投资者通过"手脚并用"抵制管理层利益输送行为，这是一股无论是外部社会还是公司内部都不应小觑的制衡力量。

第三，双汇 MBO 的成功实施与其说是一种"路径创新"，倒不如说反映出了监管制度的缺失。虽然政策的愿望是禁止大型国有企业 MBO 的实施，但曲线和隐性 MBO 的存在让政策可能成为一纸空文。制度上必须再度思考、设计：①有学者认为"寄希望于 MBO 解决中国上市公司的代理问题，是不现实的。中国上市公司关键的代理问题在于大股东与外部中小股东之间，而非管理层与股东之间"（曾庆生，2004），本文的研究结论再次证明了这一点。换言之，制度上可以继续实施特别从紧甚至全部叫停国企 MBO。②鉴于地方政府的各 MBO 案例中的"拙劣"表现或者"合谋"行为，强化对地方政府在国有股权转让、国企改制中的行为监管成为制度建设中的重点。严格透明程序，强制导入公开竞标、挂牌交易已经成为这一制度建设基本选择。③我国先后出台的一系列鼓励境外机构投资者参与国企上市、国企改制、股权转让的优惠条件和特殊待遇的政策制度设计必须改变。相反，提高境外财务投资者参与国企股权的政策门槛、合理定价和严格禁售条件等制度建设是必须的和迫切的。④多方着手，公司内外结合，加大境内机构投资者参与上市企业的公司治理的力度是今后一段时间制度建设的方向之一。⑤不断改进上市公司的信息披露，防范内部人控制，严查关联交易，提高资产定价的公正性，引导符合全体股东长期价值的财务行为始终是我国企业治理与市场监管制度的长期任务，依然任重道远，只是在 MBO 方案中尤为重要。

由于双汇重组尚未正式完成，加上"瘦肉精"事件对业绩的干扰，本文未对 MBO 后公司业绩水平和管理效率的变化进行研究，双汇 MBO 的经济后果还需进一步经验数据的证实；此外，还需要更多案例夯实本文提出的扩充的理论框架、研究结论和由此提出的政策建议，这也就成为本文或本议题未来继续研究的方向。

参考文献

[1] DeAngelo H., DeAngelo L., Rice E. M. Going Private: Minority Freezeouts and Stockholder Wealth [J]. Journal of Law and Economics, 1984 (27): 367–401.

[2] Jensen M. C. Agency Costs of Free Cash Flow, Corporate Finance and Takeovers [J]. American Economic Review, 1986 (76): 323–329.

[3] Kaplan S. Management Buyouts: Evidence on Taxes as a Source of Value[J]. The Journal of Finance, 1989 (44): 611–632.

[4] Kaplan S. The Effects of Management Buyout on Operating Performance and Value [J]. Journal of Financial Economics, 1989 (24): 217–254.

[5] Lowenstein L. Management Buyouts [J]. Columbia Law Review, 1985 (85): 730–784.

[6] 陈文瀚. 外资战略持股能否创造价值——中国上市公司的实证 [D]. 上海: 上海交通大学硕士学位论文, 2007.

[7] 高伟凯, 王荣. 浅析我国证券法对管理层收购规制 [J]. 管理世界, 2005 (10).

[8] 何光辉, 杨咸月. 管理层收购的四大问题 [J]. 经济理论与经济管理, 2003 (4).

[9] 何光辉, 杨咸月. 上市公司隐性 MBO 的四大类型 [J]. 当代经济科学, 2004 (6).

[10] 黄荣冬. 实施 MBO 的中国上市公司行为变化与公司绩效研究 [D]. 成都: 四川大学博士学位论文, 2007.

[11] 郎咸平. 中国式 MBO: 布满鲜花的陷阱 [M]. 北京: 东方出版社, 2006 (12).

[12] 李智娟, 干胜道. "粤美的" MBO 前后管理层对财务指标的调控 [J]. 审计与经济研究, 2006 (5).

[13] 刘燕. 中国上市公司的管理层收购: 理论和实证研究 [D]. 成都: 西南财经大学博士学位论文, 2008.

[14] 毛道维, 蔡雷, 任佩瑜. 1999~2002 年中国上市公司 MBO 实证研究——兼论 EMBO 对国有企业改革的意义 [J]. 中国工业经济, 2003 (10).

[15] 毛基业, 李晓燕. 理论在案例研究中的作用——中国企业管理案例论坛 (2009) 综述与范文分析 [J]. 管理世界, 2010 (5).

[16] 双汇发展 (S2000895) 公告、年报, 雨润食品 (1068) 年报 (其中最主要的依据有《河南双汇投资发展有限公司澄清公告 (2009)》、《河南双汇投资发展有限公司澄清公告 (2009)》、《河南双汇投资发展有限公司 2010 年第一次临时股东大会决议公告》、《河南双汇投资发展有限公司 2009 年度股东大会决议公告》、《河南双汇投资发展有限公司发行股份购买资产及换股吸收合并暨关联交易预案》、《河南双汇投资发展有限公司有限公司 2010 年第三次临时股东大会决议公告》)。

[17] 王红领, 李稻葵, 雷鼎鸣. 政府为什么会放弃国有企业的产权 [J]. 经济研究, 2001 (8).

[18] 杨咸月, 何光辉. 从"中关村"论我国管理层收购"做亏模式"的控制 [J]. 中国工业经济, 2006 (7).

[19] 益智. 中国上市公司 MBO 的实证研究 [J]. 财经研究, 2003 (5).

[20] 曾庆生. 政府治理与公司治理: 基于洞庭水殖捆绑上市与 MBO 的案例研究 [J]. 管理世界, 2004 (3).

财务管理学学科前沿研究报告 2012

[21] 朱红军，陈继云，喻立勇. 中央政府、地方政府和国有企业利益分歧下的多重博弈与管制失效——宇通客车管理层收购案例研究［J］. 管理世界，2006（4）.

"Ask for a Road" MBO: is it an Innovation in the Path or an Institutional Lack: A Tentative Case Study Based on the Shuanghui MBO

Wang Huan   Tang Guliang

Abstract: China's central government called off MBO in large-scale state-owned enterprises in 2005. However, in recent years, various "curves" or various "hidden" MBO has been created, in which Shuanghui MBO is a typical, new and original case. Based on the existing MBO theories, we have developed the analytical framework, and tested and verified, through a tentative study of the case of Shuanghui, this framework and the main theoretic proposition of MBO. The main points of this article are to show the process of the investors' accomplishing MBO and the process of the games between domestic institutional investors and the manager team. We have, in this paper, enriched the existing theoretical connotation of MBO. From the angle of practical operation, we have, in this paper, unearthed the key factors of Shuanghui successfully carrying out MBO, they are the cooperation in which each takes what he needs with those with foreign capital, the support from the local government and the compromise of the management team with the domestic institutional investors in the demand of their right and interests. Based on the comparative analysis of the accounting date, we have found the typical behavior of MBO such as excessive dividends and sending each other interests through transactions between related parties. "Asking for a road MBO" reflects the absence of regulating systems in the restructuring of the state-owned equity, and, only by the innovative improvement of the system, can this drawback can be removed.

129

董事网络：定义、特征和计量*

谢德仁　陈运森

【摘　要】 董事的行为镶嵌于社会网络，本文定义了"董事通过在董事会同时任职建立的直接和间接联结关系"而形成的董事网络，并从"结点"和"关系"两个维度界定了董事网络的边界；基于社会学的镶嵌理论、弱联结优势理论、结构洞理论和社会资本理论分析了其社会网络特征，也利用社会网络分析方法对董事的网络中心程度进行了计量；最后简析了独立董事在我国上市公司董事网络中的核心地位和如何基于董事网络对独立董事治理行为展开研究。本研究可为我国"社会网络和公司治理"交叉研究的展开提供一定的理论基础。

【关键词】 董事网络；独立董事；社会网络分析；公司治理；社会资本

一、引言

以往的公司董事会治理行为与效果研究过于关注董事的个体属性特征，然而，随着资本市场监管制度的演进和公司治理的适应性变革，很多外在可观察的用以区分不同治理效果的董事会特征趋同，以至于基于此展开的董事会治理研究无法得到科学的结论。如在我国资本市场，从 2003 年开始，我国 A 股上市公司的独立董事比例 25%分位数、平均数、50%分位数和 75%分位数都集中于 33%，而且在 2003~2009 年的七年间非常稳定！这一比例更多的是满足了相关监管要求。现有的这些研究其实是忽略了董事与董事之间的关系特征，这种关系特征产生于互相的直接联结关系以及基于直接关系而产生的间接联结关系，

* 本文选自《会计研究》2012 年第 3 期。

　　基金项目：国家自然科学基金（71172010）、教育部人文社会科学研究青年基金（12YJC630021）、教育部高等学校博士学科点专项科研基金（20100002110060）、中央财经大学"211 工程"重点学科建设项目和北京市教育委员会共建项目的资助。

　　作者简介：谢德仁，清华大学经济管理学院教授；陈运森，中央财经大学会计学院副教授。

进而构成了董事的社会网络。Granovetter（1985）认为经济人是在社会网内的互动过程中做出决定的，个人行为和制度镶嵌在社会网络中，作为经济社会中重要的角色，董事的治理行为受到所处社会网络的影响。从社会网络视角研究公司财务和治理的文献刚刚起步（Hochberg 等，2007；Cohen 等，2008；Kuhnen，2009），但作为跨学科研究，其中的诸多概念及其间关系急需很好地做一个界定。本文则试图对董事网络进行清晰界定，基于社会学关于社会网络分析的相关理论方法来讨论董事网络的特征，并讨论如何对不同董事在董事网络中的位置进行定量化衡量以及如何基于董事网络来研究独立董事的治理行为。

本文的后续安排如下：第二部分界定董事网络，第三部分分析董事网络的特征，第四部分对董事的网络位置进行定量化衡量，第五部分对如何基于董事网络研究独立董事的治理行为进行简单分析，结论在第六部分。

二、董事网络的定义

1. 董事社会网络研究现有文献的局限性简析

从社会网络视角看待董事的公司治理行为的研究刚刚起步，现有文献检验了董事的社会网络关系对管理层监督（Barnea 和 Guedj，2009；Andres 和 Lehmann，2010）、公司政策制定（Bizjak 等，2009；Bouwman，2011；Chiu 等，2010）、业绩和资本成本（Schonlau 和 Singh，2009；Cai 和 Sevilir，2009；Larcker 等，2010）等的影响，但这类文献面临的首要问题是概念和逻辑关系的混乱。首先，对董事所处社会网络的界定不清晰，有文献认为公司通过连锁董事的直接关系形成了网络（Chiu 等，2010），有文献认为通过连锁董事产生的直接和基于连锁董事产生的第二维间接关系都属于网络关系（Cai 和 Sevilir，2009），也有文献认为董事面临的所有直接和间接关系都属于网络的一部分（Larcker 等，2010）。其次，董事网络边界并没有明确，导致有研究人为地隔断了诸多网络关系，从而易得出错误结论。如 Barnea 和 Guedj（2009）只把董事网络边界限定在 S&P 1500 公司，切断了很多不包括在此范围内的公司，从而使得网络位置指标有偏差。最后，董事所处社会网络的性质并不统一，有教育背景（Fracassi，2008；Nguyen，2009；Cohen 等，2008，2010）；职业背景（Fracassi，2008；Hwang 和 Kim，2009）以及其他社会关系（Subrahmanyam，2008；Hwang 和 Kim，2009；Schmidt，2009；Hoitash，2010）。最重要的是大部分研究都仅是借鉴了社会网络的概念，并未深入探讨具体的逻辑机制，比如 Barnea 和 Guedj（2009）的论证逻辑是"当董事没有关系的时候，他们通过提供更严格的监督来建立声誉；但当董事拥有更多关系的时候，由于在网络关系中的位置是安全的，他们倾向于提供更'软'的监督"。而 Fama 和 Jensen（1983）认为正是董事获得了声誉才更有动机和能力来监督管理层，而非建立声誉之后就更不去监督了。Andres 和 Lehmann（2010）认为社会联结中的个人倾向于互相照顾，而且建立和维持网络联系要花费时间，所以处于董事网络中心的董事可能花费更少的时间和努力去监督管理层。但从社会网络理论角度，董事网络属于非正式的弱联结为主的网络关系，不需花费过多的时间来维系。至于具体的董事社会网络关系如何影响董事治理行为，则更是一个"黑匣子"。

2. 董事网络的定义

董事作为经济中的个体，同时扮演着多种社会角色，也同时受到不同社会人群的影响。为了更直接研究其公司治理角色，我们选取了董事之间互相联结形成的网络关系。由于董事网络是社会网络的一种，故在定义董事网络之前需要先厘清社会网络的概念。社会网络是指一组行动者及连接他们的各种关系（如友谊、建议和沟通等关系）的集合（Kilduff 和 Tsai，2003）。如果用图论表达，一个社会网络就是一张图，是结点（Nodes）和它们之间关系（Connections）的组合，所以一个社会网络包含了结点和线两种集合（Wasserman 和 Faust，1994），同时还赋予结点和线以社会学的意义：结点可以代表一个人或一个组织，线则代表互相的联结关系。社会网络分析要探讨的正是各个结点之间的社会关系连带（Social Ties）以及网络结构（Network Structure）。基于此，本文对董事网络的定义如下：

公司董事会的董事个体以及董事之间通过至少在一个董事会同时任职而建立的直接和间接联结关系的集合。

在董事网络中，结点就是网络中的单个董事；连带为董事之间的联结关系。如果两个董事同时在至少一个董事会同时任职，那么这两个董事是相连的。董事网络有两个重要特征：首先是董事作为独立的个体本身（作为图论中的点）；其次是董事之间因至少在同一个董事会任职而带来的相互间的联结关系（作为图论中的边）。

在董事网络中，董事之间沟通的方式主要来自各种正式场合或私下的交流。不同性质的董事沟通方式有所区别，独立董事与内部董事之间，以及独立董事之间主要通过公司董事会、专业委员会会议、非正式场合的沟通交流来产生联结关联；而内部董事之间由于可能同时在公司管理层任职，属于同事或隶属关系，接触、交流、沟通的时间和机会更多。需指出的是，这种联结关系产生的董事网络是松散的和非正式的。Lin（2002）认为社会网络从本源上是正式性较弱的社会结构，因为它在位置和规则以及对参加者分配权威中几乎不存在正式性。董事网络也并不是通过正式的权威性来分配权力，镶嵌在董事网络中的社会资本更多的是针对董事的公司治理职能，在董事网络中的权威关系和非正式影响力更多地体现在董事对管理层和控股股东的监督职能中。如樊纲（1994）所说，中华文化传统的一个重要特征是重视非正式的社会关系和非正式的制度安排，而不重视"理性化"的正式关系及制度的建立与实施。在正式制度约束比较弱的中国市场，非正式的约束可能在促进经济交换上扮演着重要角色，关系实际上是通过充当正式制度的替代物而对公司产生影响（罗家德，2010）。所以这种非正式的董事网络关系对董事的治理行为是非常重要的。

在本文定义的董事网络中，连锁董事是上市公司董事网络互相联结的重要条件，因为如果任何两个公司董事会之间都没有连锁董事，那么每个董事会的网络都成为一个孤立的点集，而只存在单个董事会内部的董事之间互相构成的关系集。卢昌崇和陈仕华（2009）

发现 2008 年中国资本市场超过 80%的上市公司有连锁董事，意味着 A 股上市公司的董事会已经形成一个基于连锁董事而构成的网络。尽管连锁董事是整体董事网络形成的重要条件，但是具体到董事个人，如果兼任了多家上市公司董事，一般来说在董事网络中处于较中心位置的概率会更高①，然而这并不是绝对的，董事个人在网络中的位置还需看他所联结的其他董事的联结关系，如果董事并不同时在多家公司董事会任职，也可能因其所联结的其他董事的网络关系而处于整个董事网络较中心的位置。

3. 董事网络的边界

社会网络是由结点和联结关系组成的集合，因而分别从结点和关系入手来厘清本文的"董事网络"之边界：首先是董事网络的结点边界，在定量化研究董事网络的时候，如果没有完全包括所有相关的董事个体，那么就有可能会人为地隔断某些网络结点而使定量化描述数据失真。这一网络边界比现有的关于董事的网络研究相比的优势在于网络结点更完整，他们的研究多选择部分上市公司，比如 Wong 和 Gygax（2009）使用美国 S&P 500 公司，Barnea 和 Guedj（2009）使用美国 S&P 1500 公司，这就人为地隔断了同一环境下的其他公司网络（比如某个董事在 S&P 1500 公司担任独立董事，但与他联结紧密的董事所在的公司都不在 S&P 1500 公司中，计算出来的该董事的网络中心度就要比现实更小），会使实证研究分析衡量结果产生偏差。

其次是董事网络中联结关系的边界。董事不但在公司董事会担任角色，同时也扮演其他诸多社会角色，如公司高管、行业协会领导、政府官员、高校教授、各种俱乐部成员、老乡会和校友会成员，以及"为人夫、为人妻、为人父、为人子"等。身兼诸多社会角色的董事自然也拥有多种多样的社会网络联结关系，比如专业协会、校友网络、俱乐部、老乡会、姻亲和血缘关系等。本文定义的董事网络的联结关系专门是指董事通过在董事会同时任职建立的直接和间接联结关系，从而区别于通俗意义上的网络联结关系。我们认为，董事的网络因定义而可以区分为不同的种类，比如把老乡关系、校友关系，或者各种关系的综合作为联结关系。董事网络和"董事的网络"、"董事的社会网络"以及其他董事的其他特定网络的区别在于对"董事—董事"联结关系含义的区别。我们将董事网络的联结关系限定为至少在同一个董事会任职而建立的直接和间接的关系，而通过其他维度定义的连接关系（比如亲属、老乡、校友等）就形成了不同类型的董事的社会网络。在对董事的社会网络进行大样本实证研究之前，必须考虑所定义的社会网络能够准确地衡量。董事的其他网络关系大多属于私人连带关系，无法准确地分析（比如在某个会议互相认识而产生联结关系）和全面计量（每个人都扮演着诸多社会角色，很难对模糊的网络联结关系进行考

---

① Fama 和 Jensen（1983）认为外部董事市场被视为外部董事获取作为监督专家的声誉的重要来源。多个文献用外部董事的董事席位数量作为董事在外部劳动市场声誉的代理变量（Shivdasani，1993；Vafeas，1999；Brown 和 Maloney，1999；叶康涛等，2011）。比如唐雪松等（2010）和叶康涛等（2011）发现独立董事兼职的上市公司家数越多，声誉越强，说"不"的可能性越大；但也有研究发现兼任多家董事席位会降低治理效果（Fich 和 Shivdasani，2006；Andres 和 Lehman，2010）。

察），而董事之间通过同时任职产生的网络能够找出互相之间的直接联结关系，且通过公开数据可以搜集并较系统地计量。当然，董事个体的其他网络关系无疑也会对董事的治理行为有效性产生影响，但董事的网络关系类型不影响本文对董事网络特征的分析。

三、董事网络的社会网络特征分析

作为社会网络的一种类型，董事网络也同样具备其他社会网络所共有的一般特征，因此可以用社会网络分析的核心理论来进行分析。

1. 基于镶嵌理论的分析

以镶嵌观点为基础的社会网络分析研究重点是在一个网络之中的个人如何在动态的互动过程中相互影响（Granovetter，1985）。社会网络行动者的行为既是"自主"的，同时又"嵌入"在网络中，受到社会网络关系和结构的限制（罗家德，2010）。这种观点避免了低度与过度社会化，从而避免了"社会性孤立"的假设。

为了更清晰地描述董事网络的镶嵌特征，我们绘制了图1，假设总共只有A、B、C三个上市公司，那么图1描述的就是整个上市公司的董事网络图，其中，A公司有3个董事，其中I11和I12为内部董事，O1是独立董事。B公司有I21和I22两个内部董事以及O1、O2和O3三名独立董事，C公司则拥有I31、I32、I33和O3四名内部董事以及一名独立董事O1。该董事网络中，O1分别是A、B、C三个公司的独立董事，O2是B公司的独立董事，O3是B公司独立董事及C公司的内部董事。独立董事O1在做公司治理决策时毫无疑问会受到其个人属性特征的影响，比如他是财务会计背景的大学教授，那么在涉及财务信息披露方面的公司治理职责就是专家；假设独立董事O2也是同样背景的教授，那么在现有的公司治理研究中很可能就认为独立董事O1和O2在B公司都发挥了同样效果的公司治理作用（在其他背景类似的情况下），但有可能在A公司中内部董事I11是法

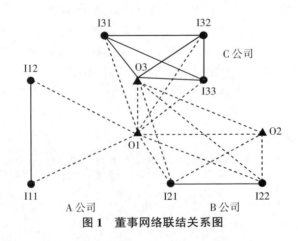

图1 董事网络联结关系图

律背景，C 公司中内部董事 I33 是行业专家（假设 B 公司和 C 公司属于同一个行业），那么在与 I11 和 I33 交流和沟通过程中，O1 能获取关于法律和行业层面的信息和专业知识，但 O2 由于只在 B 公司任职，无法直接接触和获取类似信息和知识。在其他条件都一致的情况下，独立董事 O1 在 B 公司发挥的公司治理作用比独立董事 O2 发挥的治理作用更加有效，这就是董事网络镶嵌观点所需考虑的因素。

我们从社会网络观看待董事行为，认为董事的治理行为受到所处的董事网络的影响，董事治理行为的这种嵌入性调和了低度社会化和过度社会化的观点。它一方面保留了在公司董事会决策中董事的个人自由意志，认为董事会依据自身的专业背景、知识积累和偏好做出决策；另一方面又把其治理行为和决策置于其人际关系互动网络中观察，强调在董事做一项具体决策之前，固然有自己的理性计算和个人偏好，但其理性和偏好却是在一个动态的互动过程中做出行为决定的。他会和所处的社会网络不断地交换信息、获取专业知识、受到影响和改变偏好，所以董事的行为既是自主的，也"镶嵌"在互动网络中，受到社会网络的影响。

2. 基于弱联结优势理论的分析

Granovetter（1973）提出了联结强度的概念，将联结定义为人与人、组织与组织之间因为发生交流和接触而存在的一种纽带关系，并将其分为强联结关系和弱联结关系。强联结容易在性别、年龄、职业身份、教育程度、收入水平等社会经济特征相类似的个体之间发展起来，而弱联结则容易在社会经济特征不同的个体之间发展。由于群体内部相似性高的行动者对事物的了解通常是相似的，因此通过强联结所获得的信息冗余性和同质性往往比较高，而弱联结是在相似性比较低的行动者之间发生的，其分布范围更广，因此与强联结相比更容易充当跨越社会界限获得信息、知识和其他资源的桥梁，也更可能将某些群体内部的重要信息传递给不属于这些群体的其他个体，所以，Granovetter（1973）认为能够充当信息桥[1]的必定是弱联结，弱联结关系之所以"强"，原因在于它在群体、组织之间建立了纽带关系，传递着信息，而强联结常常处于群体内部，维系着组织内部的关系。

在董事网络中，我们把公司董事会成员大概区分成内部（执行）董事和独立（非执行）董事，由于内部董事属于公司内部成员且大部分都是公司管理层，开会、工作等接触机会多，时间也长，互动频率高，自然亲密程度也高，互相之间的关系就属于组织内的强联结关系[2]。而独立董事一般为高校教授、会计和法律职业人士、其他公司管理层或行业协会领导等，相对于公司董事会的内部董事之间的关系来讲，认识时间要短，互动频率也少，主要是靠董事会议和专门的委员会会议以及私下的各种交流来进行沟通。由于独立董事都有自己的主要职业，与所属公司关系达不到"亲密"的程度，独立董事的选拔要求是

---

[1] 有时从一个团体传递信息于另一个团体，仅仅依赖于两团体中各有一名成员互相认识，而形成的唯一的一条通路，这条唯一的信息通路就被称为"桥"（Granovetter，1973）。

[2] Granovetter（1973）主张从认识时间的长短、互动频率、亲密程度和互惠交换程度四个方面来测量联结力度的强弱。

与公司没有利益往来，其治理作用主要是靠声誉（Fama 和 Jensen，1983），所以独立董事与内部董事以及独立董事之间的互惠交换程度也低，因此我们认为同一个董事会中内部董事与独立董事之间的关系以及独立董事之间的关系为董事网络的弱联结关系。由于同一公司董事会中的内部董事之间的关系建立比较稳固和持久，互相的了解程度和知识背景都类似，进行治理决策的时候往往会发生"信息冗余"现象，相互联结获得的信息、知识、资源等同质化程度高。而独立董事主要的职业和精力都不在所任职的公司，知识背景和精力与内部董事都有较大差异，掌握的信息与公司内部董事相比异质性较大，特别是如果独立董事兼任多家公司职位的时候，接触的知识和信息更加多元化和差异化，从而能给公司董事会决策带来更多样化和丰富的知识、信息和资源，容易充当董事网络之间的"桥"功能（Cai 和 Sevilir，2009；Farina，2009；Chuluun 等，2010；等）。

为了更好地说明董事网络的具体特征，我们把图 1 描述的董事网络图拆分说明，如图 2 所示，实线表示强联结关系，虚线表示弱联结关系。在 A 公司中，由于内部董事 I11 和 I12 接触的时间、频率等都比较频繁，属于强联结关系，而独立董事 O1 并非全职在 A 公司，平时在 A 公司工作的时间较短，与内部董事 I11 和 I12 接触的时间和机会也不多，主要是通过公司召开董事会、各种专业委员会和临时的碰面以及私下沟通，与两个内部董事的关系属于弱联结关系；B 公司与 A 公司相比更复杂一些，其董事会有 5 个董事，两个内部董事 I21 和 I22，以及三个独立董事 O1、O2 和 O3。一般而言，三个独立董事除了平时与内部董事接触不多之外，互相之间的沟通时间和机会也较少，所以独立董事互相之间也属于弱联结关系；C 公司同样也是 5 个董事，但只有 O1 一个独立董事和 O3、I31、I32、I33 四个内部董事，四个内部董事之间属于强联结关系，独立董事和内部董事之间都属于弱联结关系。

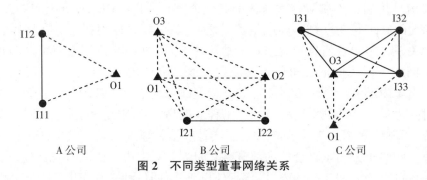

图 2　不同类型董事网络关系

三个公司中，O1 同时担任 A、B、C 三个公司董事会的独立董事，与 A 公司有两条联结关系、与 B 公司有 4 条联结关系、与 C 公司也有 4 条联结关系，共有 9 条联结关系（其中 O1 和 O3 同时在 B 公司和 C 公司董事会任职，则只算作 1 条联结关系）；O2 只担任 B 公司独立董事，有 4 条联结关系，O3 既担任 B 的独立董事，同时也是 C 公司的内部董事，与 B 公司有 4 条联结关系，与 C 公司也有 4 条联结关系，共有 7 条联结关系（道理同前）。三个董事对比可知，O1 在三个公司都任独立董事，在图 1 的董事网络中拥有最多网络关系，且都是弱联结关系，O3 次之，且同时拥有强联结关系和弱联结关系，O2 拥有的网络关系数量最少。所以 O1 了解对所有 3 个公司的行为决策和公司治理信息、知识等。在其中任何一个公司发挥公司治理职能时，其掌握的信息、知识等的异质性和广泛化特点就会体现在具体公司治理决策中。举个例子，如果 A 公司首先实施了对管理层的业绩型股权激励计划，这种具有较大创新的知识可能 O2 和 O3 并不知晓，但在 B 公司也需要对高管进行股权激励时，O1 便能借鉴其在 A 公司了解到的对高管股权激励的治理知识。

3. 基于结构洞理论的分析

Burt（1991）指出个人和组织的社会网络表现为两种形式：一种是无洞结构网络，即网络中的任何一个个体与其他所有个体都有联结关系，网络中的任何两个个体之间不存在关系间断现象。这种形式一般存在于小群体中；另一种则是有洞的结构网络，即网络中的某个个体与某些个体建立直接联结，但也与其他部分个体未发生直接联结，因此在个体之间就出现了关系间断的现象，这从网络整体来看，好像网络结构中出现了洞穴，就是所谓的"结构洞"。充满结构洞的稀疏网络比密集网络更具有优势：在关系稠密的网络中，每个行动者所能获得的信息都基本相同，存在大量的冗余性信息，而在关系比较稀疏的网络中存在一些结构洞，处于结构洞地带的行动者能够得到处于结构洞两端的不同的关系稠密地带的信息，能够得到大量异质性信息，并有利于行动者利用这些差异化的信息取得先行优势或主导地位。

在董事网络中，每个公司董事会的董事都可以看成一个小团体（Clique），每个公司的非兼任董事与其他公司的董事之间就没有直接的联系，而是通过连锁董事的关系间接地交流，这样整个上市公司董事网络就充满了每个公司董事小网络性质的结构洞，此时连锁董事通过在不同公司董事会任职而在董事信息传递网络中间形成了信息优势和控制优势。所以整个上市公司董事形成的网络具有诸多"结构洞"优势，而连锁董事作为信息传递的媒介发挥了很大的作用，进而使整个董事网络的信息沟通畅通，信息异质化和交流性得以提高。通过图 1 可以发现，如果 O1 并不同时兼任 A 公司和 B 公司的独立董事，那么 A 公司的内部董事 I11 和 I12 跟 B 公司的 I21、I22、O2 和 O3 就不再有联系，A 公司和 B 公司就形成了一个结构洞，独立董事 O1 便是连接 A 公司董事和 B 公司董事的桥梁，毫无疑问，充当桥梁的行动者属于弱联结关系，O1 跟 A 公司和 B 公司的所有董事都是弱联结关系。如果 O1 和 O3 都不再兼任，分别只任一家公司的董事，那么图 1 描述的董事网络中的三个公司将互不联系。

在中国 A 股上市公司中，拥有连锁董事的公司在 2001 年占所有上市公司的比例超过 50%，2009 年这一比例达到近 85%，这意味着整个 A 股上市公司的董事会已经形成一个基于连锁董事而构成的网络。而在所有连锁董事中，我们分别对独立董事和非独立董事进行统计①，结果发现，独立董事占所有董事比例在 2001 年为 15% 左右，2002 年为 55% 左

---

① 若同一个董事在某一个公司担任独立董事，在另一个公司担任内部董事，我们把其列入独立董事样本组。

右，从 2003 年一直到 2009 年都在 65% 和 70% 之间，这说明从 2003 年独立董事制度规范之后，在董事网络中扮演结构洞的"桥"作用的连锁董事中，独立董事占据主要位置，作为在董事网络中占据信息优势和控制优势的角色，独立董事作用更加突出。

4. 基于社会资本理论的分析[①]

Lin（2002）认为社会资本应该在社会网络背景中考虑，即作为通过占据战略网络位置和/或重要组织结构位置的社会关系而获取的资源。而且，社会资本可操作化地定义为行动者在行动中获取的嵌入在社会网络中的资源。它突出了嵌入在社会关系中而不是独立存在的个体。我们认为，镶嵌在董事网络中的社会资本可以分为声誉、信息和知识以及战略资源三种。

第一，网络位置是获得声誉的一种重要方式（Freeman，1979），在董事网络中拥有不同网络关系和不同网络结构的独立董事其对声誉的获得和重视程度是不一样的[②]，我们结合社会网络对声誉的具体影响细分为三个部分进行剖析：首先，如果董事居于整个上市公司董事网络的中心位置，能获得更多有关于治理行为的信息和知识以及在董事会的决策影响力（将在后面两部分详述），从而积累的关于董事会中公司治理领域的专家声誉较高，未来潜在的拥有额外董事席位的概率更大，这就是董事网络带来的专家声誉资本；其次就是镶嵌在董事网络中的社会声望[③]的获得。Kilduff 和 Tsai（2003）把在社会网络中居于中心位置的行动者称为明星（The Star）。Lin（2002）认为社会网络带来的声望具有符号效用，行动者即使不能使用或动员镶嵌于社会网络中的这些资源，它们也有很大的符号效用，即让别人知道自己的社会资本，可以很好地改善自己的社会地位和声望。社会关系可以被他人确定为个人的社会信用的证明，部分社会信用反映了个人通过社会网络与社会关系获取资源的能力。社会网络的符号效用、认知平衡和获得社会信用的证明都预期在其他情况相同时，处在董事网络中心位置的独立董事所能获得的镶嵌在董事网络中的社会声望也越大。同时，社会关系可以强化身份和认同感，确信和认识到自己是一个共享相似利益和资源的社会群体的成员，不仅为个人提供了情感的支持，而且为个人使用某些资源权利的资格给予了公共承认（Lin，2002）；最后，董事网络中如果独立董事的网络中心度比较高，以他为中心的董事就构成了一个虚拟的小团体，小团体的成员大都是社会的精英人士，即所谓的精英圈子（Davis 等，2003；Nguyen，2009）。已有研究发现，精英圈子的成员容易产生一种"关系认同"（汪建和，2007）。周建国（2010）就发现，在中国，人际交往已经从传统的以差序格局为代表的"关系信任"过渡到以"同事、同行和'朋友的朋

[①] 本文主要分析董事镶嵌在董事网络中的社会资本，他们其他类型社会关系可获取的社会资本不在研究主题范围内。

[②] Kilduff 和 Krackhardt（1994）也发现如果个体被认为在组织中拥有一位声名显赫的朋友，会提升该个体作为好的工作执行者的声望，尽管实际上拥有这样的朋友可能并没有这样的效果，这就是认知平衡理论（Cognitive Balance Theory）的体现。

[③] 声望（Prestige）在社会学著作中用来代表位置的地位（如职业声望）和个人的地位。社会声望的获得有很多渠道，我们讨论独立董事因与拥有更多网络关系和更核心网络结构而获得的镶嵌在董事网络中的声望，但不意味着如果此种类型的声望低，那么独立董事的整个社会声望就低，因为还存在着其他声望获取的渠道。

友'"为纽带的"关系认同"。在董事网络中处于核心位置或者说网络中心度高的独立董事会更加在乎其他精英对自己的认同感，从而更加努力地参与公司治理。独立董事相对于管理层和大股东的独立性程度是因所处的社会网络关系强度和结构位置的差别而有差异的。如果独立董事处于董事网络的中心位置，那么他认识更多其他公司的董事（认识的董事也具有很强的社会网络关系，而且能通过较紧密的网络密度形成精英圈子的忠诚度并获得因此带来的社会资本），能获得更多的社会资本比如更多的潜在董事席位等。Cashman 等（2010）发现，如果董事网络中心度越高，未来更可能获得额外的董事席位。由于没有了对自身职业生涯的"后顾之忧"，同样在面临着大股东或者管理层的压力情况下，较不易于屈服于各种制约，对管理层的"要挟"更不敏感，有更强的与大股东或者管理层"讨价还价"的能力，在董事会决策时会更加独立。

第二，Lin（2002）认为，处于某种战略位置的社会关系能够为个人提供其他方式不易获得的关于机会和选择的有用信息。而嵌入在董事网络中针对董事公司治理决策有用的信息可大概分类为：在监管层面，有国家、行业、地区的产业政策、各种法律法规信息以及监管制度的变化；在投融资层面，有各种投资机会和投资项目信息、兼并收购机会和被收购方的关键信息及融资渠道和融资方式信息；在战略经营层面，有行业趋势、新兴产业机会的核心技术、市场条件和其他核心市场数据等，这些信息可以通过不同公司董事的关系来获取。此外，消费者、供应商和公司竞争者的行为等信息同样可以通过董事网络传递。董事由于自身知识框架的差别和知识不对称，并非完全了解各种完善和先进的公司治理机制知识，比如反恶意收购的"毒丸计划"、业绩型股权激励政策，通过薪酬差距扩大管理层激励力度的知识等，也并非完全知晓各种公司政策比如战略制定的重要方向、利用会计政策的改变（如 R&D 的费用化与资本化、股权激励的会计处理）来达到各种目的等，董事则可能通过董事网络的关系强度和网络结构来获取这些知识。而且，董事网络可能是有价值增值的创业创新知识传递的重要机制，一个公司商业实践的成功或失败能够给另一个正考虑实行类似决策的公司提供有价值的信息。比如：公司可以通过董事网络学会有效率的公司治理机制、有效率的技术和创新性的薪酬结构（Larcker 等，2010）。

第三，除了声誉、信息和知识，董事还能获得镶嵌在董事网络中的其他对公司运营和战略发展有用的直接资源。资源依赖理论强调了独立董事获取资源（关键在于信息、金融和物质）的能力对公司业绩的影响（Wernerfelt，1984；Smith，2009）。董事之间的网络关系能够改善合约，这可以通过几种渠道发生：首先，社会资本可以用来谈判以要求更好的合约条款。比如，两个公司从事的有利于双方的交换行为可能因为董事社会关系的存在而加强（Mizruchi，1996）。其次，董事间的社会网络可以降低签约过程中的信息不对称。如果一个公司的独立董事在供应商公司也担任董事则能够降低双方供销合约的信息不对称，从而降低目标公司的投入成本。最后，独立董事可能拥有通过董事网络传递的重要和有用的商业合约关系，这能够成为有用商业关系的来源或者其他经济利益的来源（政治利益），从而能够提高公司的整体经济业绩（Larcker 等，2010）。在转型经济中，公司面临高度不确定的制度环境，企业通过连锁董事或企业间的连锁董事网络可以获取安全可靠的资源，从而有利于公司做出正确的决策，确保经济效率。

依然用图 1 进行说明，在图中独立董事 O1 同时在三家公司董事会任职，O3 同时在两家公司董事会任职，拥有最多的网络联结关系（分别为 9 条和 7 条），不仅如此，从网络结构位置上看，O1 和 O3 董事网络中处于中心位置，如果其他董事不经过 O1 和 O3，不同公司的董事就没有联结的渠道。而 O1 和 O3 对比，O1 不仅拥有的网络关系数量更多，而且在网络中所处的战略位置更加中心（不经过 O1，只有 B 公司和 C 公司的董事互相连接，如果不经过 O3，所有其他公司的董事可以通过 O1 进行互相连接，且连接的路径更短），同时拥有更多网络关系和更中心网络位置的独立董事 O1 无疑在董事网络中拥有更多的信息通路，能获得更多的有关公司治理的信息和专业知识，且处于网络中资源交换和获取的关键位置。

四、董事网络的计量

我们通过图论方法来表述董事网络，设定所有上市公司的董事以及董事之间的网络为无向图 G[1]：$G = (V, E)$，图 G 包含董事的点集 V(G)，以及董事与董事联结关系的边集 E(G)，边集 E(G) 的产生是由于董事 α 和董事 β 在至少一个董事会同时任职，意味着他们是相连的，而且联系是邻接的（Adjacent），即：$e_{\alpha\beta} \in E(G)$。为了更直观地表达董事网络，我们可以用双向图[2]的方式把所有网络的信息和结构编码为一个 $M \times N$ 的矩阵形式，M 为董事的人数，N 为董事会的数量。双向图的邻接矩阵可以表示为：$C_{\alpha,i} = \begin{cases} 1 & \text{如果董事 } \alpha \text{ 在董事会 i 任职} \\ 0 & \text{其他} \end{cases}$

这是从公司董事会层面构建的二模矩阵，为了更好地描述董事和董事的联结关系，也可以转换为一模矩阵：$C_{\alpha,\beta} = \begin{cases} 1 & \text{如果董事 } \alpha \text{ 和董事 } \beta \text{ 至少在一个董事会同时任职} \\ 0 & \text{其他} \end{cases}$

需要指出的是，由于是 [0，1] 矩阵，如果两个董事在超过两个董事会同时任职，他们的联结关系依然是 1。

社会网络分析中的中心度分析可以将社会网络中结点的重要程度通过指标进行刻画。Kilduff 和 Tsai（2003）把中心度指标定义为行动者通过下列途径之一占据网络中心位置的程度：与许多其他行动者相联结；彼此之间没有直接联结的其他行动者通过该行动者联结起来；能以较短的距离接触到网络中的许多其他行动者；与居于网络中心位置的行动者有

---

[1] 所谓无向图，即行动者的关系没有方向，举个例子：A 到 B 的联结关系跟 B 到 A 的联结关系是一样的。我们认为董事和董事之间的联结关系是互相平等的，并没有方向上的差别。

[2] 社会行为的"双向性"是指，根据每个参与者的正常预期，他们各自的意向互相是"相应的"，而不是单边关系（马克斯·韦伯，1984）。

紧密的联结关系。与该定义对应的中心度指标便是社会网络分析中常用的四种定量化工具
（Freeman，1979；Wasserman 和 Faust，1994）：程度中心度（Degree Centrality）、中介中心
度（Betweenness Centrality）、接近中心度（Closeness Centrality）和特征向量中心度
（Eigenvector Centrality）。中心度分析方法在经济社会学、组织行为学、心理学等学科都有
较广泛的运用，但在金融财务和公司治理领域才刚开始引起学者重视。我们借鉴这四个常
用的网络中心度指标可以计算董事网络中每个董事在整个上市公司董事网络中所处的中心
程度。

（1）程度中心度为：$Degree_i = \dfrac{\sum\limits_{j} X_{ji}}{g-1}$

其中，i 为某个董事；j 为当年除了 i 之外的其他董事；X_{ji} 为一个网络联结关系，如果
董事 i 与董事 j 至少在一个公司董事会共事则为 1；否则为 0。g 为上市公司当年担任董事
的总人数，由于不同年份的上市公司董事数量不同，我们用（g-1）来消除规模差异。

（2）中介中心度为：$Betweenness_i = \dfrac{\sum\limits_{j<k} g_{jk(n_i)}/g_{jk}}{(g-1)(g-2)/2}$

其中，g_{jk} 是董事 j 与董事 k 相联结必须经过的捷径数[1]，$g_{jk(n_i)}$ 是董事 j 与董事 k 的捷
径路径中有董事 i 的数量，$\sum\limits_{j<k} g_{jk(n_i)}/g_{jk}$ 表示在整个董事网络的其他所有"董事—董事"联
结捷径中有董事 i 的程度；同样的 g 是上市公司当年董事网络中的人数，我们用（g-1）
（g-2）/2 消除不同年份上市公司董事网络的规模差异（Freeman，1979）。

（3）接近中心度为：$Closeness_i = \left[\dfrac{\sum\limits_{j=1}^{g} d(i,\ j)}{g-1} \right]^{-1}$

其中，d（i，j）为董事 i 到董事 j 的距离（测地线）。如果某个董事不会跟所有董事都
有联系，那么这种非完全相连的关系无法准确计算接近中心度，在此情况下则先除以该董
事所直接接触的所有董事数量之和，再乘以这些董事数量在整个董事网络数量的比例。类
似的方法参见 Liu（2010）。

（4）特征向量中心度为：$Eigenvector_i = \dfrac{1}{\lambda} \sum\limits_{j} b_{ij} E_j$

该中心度可以通过求解标准的"特征值—特征向量"问题方程获得：BE = λE。其中，
b_{ij} 是邻接矩阵，董事 i 和董事 j 如果在至少一个董事会共事则 b_{ij} 为 1，否则为 0；λ 是 B
的最大特征值，E_j 是董事 j 中心度的特征值。在社会网络中，那些本身收到很多信息的行
动者也是比较有价值的信息源，该中心度为找到最居于核心的行动者，并不关注比较"局

---

① 捷径（Geodesics）：图论（Graph Theory）中的概念，就是两个结点之间最短的路径。而路径是所有结点和所有
线都没有重复的途径。

部"的模式结构（Bonacich，1972）。特征向量中心度指标可以很好地刻画出董事的网络关系质量，即：董事的网络关系强弱与他所接触的其他董事的网络关系相关。

以上四种中心度指标各有优缺点：程度中心度最容易理解，为某董事直接与其他董事相联结关系的数量，体现了网络中个人的活跃度，但并没有考虑非直接的关系，且对每个结点都同等对待。中介中心度强调了对董事网络中不同联结关系的控制度。接近中心度衡量的是董事个人到董事网络中其他所有人需要多少步，考虑了整个网络中潜在的接触，但有人会批评说超过两步的个人联结就没有真正联系了。特征向量中心度用递归加权的方法（Recursive Weighted Method）衡量了联结数量的"质量"。Wasserman 和 Faust（1994）指出每个指标都是中心度概念中的一个方面，人们不应该单独使用任何单个中心度指标，每个指标都有优点和效用。Freeman（1979）也指出，每个指标都部分地基于自身特有的结构特征，这些特征分别基于不同的交流心理、政策或经济性。为了更全面地衡量网络中心度，可以将四个指标综合考虑（Wasserman 和 Faust，1994；Larcker 等，2010）。而且，自我中心社会网（Egocentric Network）只能分析董事社会连带关系，却不能分析网络结构，整体网络（Whole Network）则可以分析董事在整个董事网络的战略结构位置（罗家德，2010）。将四个指标综合也考虑了对自我中心网络和整体董事网络的同时刻画。

五、拓展性研究

内部董事和独立董事由于自身性质的不同，在董事网络中扮演的角色也不一样，独立董事在中国上市公司整体董事网络中起着关键结点和"桥"连接的作用，研究董事网络对董事治理行为的影响首先值得研究的对象是独立董事。这是因为，首先，据我们统计，中国上市公司中内部董事兼任现象较少，且较常发生在"同一系族"的不同上市公司，2003~2009 年连锁董事中的独立董事比例为 70% 左右，独立董事作为董事网络中的"桥"的作用突出，占据了信息优势和控制优势，而内部董事在整个上市公司董事网络中的位置往往流动性不大，属于相对孤立的个体，处于"被动接受"的位置，网络特征不明显。其次，弱联结优势理论认为独立董事掌握了董事网络中的大部分弱联结关系，这种弱联结关系不仅起了信息沟通的作用（Granovetter，1973），也掌握了资源的交换、借用和攫取（Lin，2002）；而结构洞理论显示在董事网络中以独立董事为主的连锁董事扮演了"桥"的核心作用，所以在董事网络中起关键作用的是独立董事，独立董事网络更具优势，在获取和发挥异质性资源作用中起了主导作用。最后，董事会治理更多地突出了董事会独立性的作用（Armstrong 等，2010），其中独立董事扮演的角色又非常关键。内部董事大部分同时也是管理层（或者在控股股东任职），更容易产生潜在的利益冲突而降低对公司管理层的监督能力（Fama 和 Jensen，1983），特别是在中国作为内部董事最重要代表的董事长更多的是扮演了 CEO 的角色而不是董事的角色（Firth 等，2006；叶康涛等，2011）。而独立董事是其他组织或公司有经验的专家，更为重视声誉，且他们同时拥有管理技术和决策制定技术，能发挥更有效的监督作用（Nguyen 和 Nielsen，2010）。所以在实证研究中，为了更直接地研究董事的公司治理行为，选择董事网络对独立董事的决策影响更具有现实意义。

如前面的分析，不同网络中心度的独立董事获得的镶嵌在董事网络中的社会资本有着重要差异，进而对其治理行为形成了不同程度的影响。那么独立董事获得的社会资本如何影响其公司治理行为呢？Lin（2002）认为，嵌入在社会网络中的资源增强了行动的效果的原因一般有四种：第一，促进了信息的流动。在通常的不完备市场情况下，处于某种战略位置的社会关系能够为个人提供以其他方式不易获得的信息。第二，这些社会关系可以对组织的管理者施加影响。第三，社会关系可以被组织或代理人确定为个人的社会信用（Social Credentials）的证明，部分社会信用反映了个人通过社会网络与社会关系获取资源的能力。第四，社会关系可以强化身份和认同感。确信和认识到自己是一个有价值的个体，是一个共享相似的利益和资源的社会群体的成员，不仅为个人提供了情感支持，而且为个人对某些资源权利的要求提供了公共承认。在董事网络中，独立董事通过网络联结关系而获得的不同社会资本同样可以通过信息流动、决策影响力、社会信用证明和身份强化认同等因素影响独立董事的公司治理能力。具体来说，针对学术界和社会公众对于独立董事的"不作为"、"不独立"和"不懂事"看法，我们认为，董事网络通过治理动机和治理能力两方面影响独立董事的公司治理行为。镶嵌在董事网络中的社会资本有声誉、信息和知识以及诸多战略性资源，由于董事网络中社会资本的获取具有结构效应，在董事网络中居于中心位置的独立董事获取这些资源的能力更强。具体来说，首先，拥有更高的社会声望和关系认同，这种网络位置给独立董事带来的声誉增加以及潜在更大的声誉受损风险促使他们更有动机去参与公司治理决策，使得独立董事更"作为"；其次，由于网络关系能给董事带来更多职业机会（Cashman 等，2010），所以处于董事网络中心位置的独立董事受管理层"要挟"的概率下降，相对于管理层的独立能力较强，在董事会的决策影响力提升，从而能有效防止管理层机会主义，使得独立董事在主观上更加"独立"；最后，独立

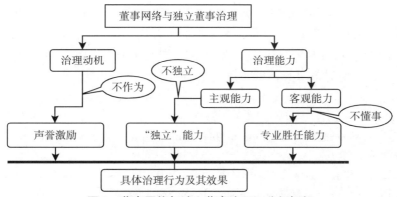

图 3　董事网络与独立董事治理：分析框架

董事治理有效性的约束是信息（Adams 和 Ferreira，2007），在董事网络中网络中心度越高的独立董事，所获得的发挥公司治理职能所需的各种信息、专业知识就越多，从而能更好地发挥专业能力，提高其公司治理的客观胜任能力，使得独立董事更"懂事"。综合来看，董事连锁网络通过声誉激励、主观"独立"能力和专业胜任能力三个具体方面，通过影响独立董事的治理动机和治理能力来对独立董事的具体治理行为及其效果产生作用。

2010 年 12 月 18 日上海证券交易所主办的"第九届中国公司治理论坛"中首次评选出了上市公司十佳优秀独立董事（分别为秦荣生、王联章、宋思忠、张铁岗、孙笑侠、贡华章、陈清泰、钱颖一、李若山和韩武敦）。我们的研究表明，这 10 位独立董事的网络中心度在我国上市公司所有独立董事中排在前 25%（从高往低排序），其中 7 位排在前 10%，5 位排在前 5%。这些数据说明，本文所计量的董事网络中心度指标具有一定的准确度和代表性，也说明，在我国，董事网络和独立董事的网络位置对独立董事的治理行为和效果确实有影响，值得展开更深入的研究。

六、结 论

本文从定义、特征和计量方面系统性地分析了董事网络，为董事网络的实证研究提供了可资借鉴的理论基础。借鉴社会网络概念，我们把董事网络定义为"公司董事会的董事个体以及董事之间通过至少在一个董事会同时任职而建立的联结关系的集合"，并界定了董事网络在"结点"和"关系"两个维度的边界；进一步地，基于社会网络分析的镶嵌理论、弱联结优势理论、结构洞理论和社会资本理论研究了董事网络的社会网络特征，并利用社会网络分析的中心度分析方法对不同董事居于董事网络的中心程度进行了定量化衡量；最后分析了独立董事在董事网络中的核心地位和如何基于董事网络展开对独立董事治理行为的研究。在公司治理研究中，通过董事网络特征的分析能够调和"过度社会化"和"低度社会化"的两个方法论个人主义极端，也可以很好地联结公司治理研究的"微观"和"宏观"层面，提供中观层面的经验证据，而本文的理论分析对涉及董事社会网络与公司治理的文献具有较强的意义，不同网络位置的董事能够获得不同的社会资本，从而影响自己参与公司治理决策的声誉动机、与管理层/大股东的独立性能力和各种公司治理机制的专业胜任能力，进而对董事具体的治理行为有效性产生影响。

参考文献

[1] Andres C., Lehmann M. Is Busy Really Busy? Board Governance Revisited [D]. Working Paper, University of Mannheim, 2010.

[2] Barnea A., Guedj I. Director Networks [D]. Working Paper, University of Texas at Austin, 2009.

[3] Bonacich P. Factoring and Weighting Approaches to Status Scores and Clique Identification [J]. Journal

of Mathematical Sociology, 1972 (2): 113–120.

［4］Bouwman. Corporate Governance Propagation through Overlapping Directors ［J］. Review of Finance Studies, 2011, 24 (11): 2358–2394.

［5］Burt R. S. Structure Holes: The Social Structure of Competition ［J］. Orlando: Academic Press, 1992.

［6］Burt R. S. The Contingent Value of Social Capital ［J］. Administrative Science Quarterly, 1997 (42): 339–365.

［7］Cashman G. D., Gillan S. L. Whitby R. Expertise, Connections, and the Labor Market for Corporate Directors: Is It What You Know or Who You Know ［D］. Working Paper, Texas Tech University, 2010.

［8］Cohen L., Frazzini A., Malloy C. The Small World of Investing: Board Connections and Mutual Fund Returns ［J］. Journal of Political Economy, 2008, 116 (5): 951–979.

［9］Fich E. M., Shivdasani A. Are Busy Boards Effective Monitors ［J］. The Journal of Finance, 2006 (2): 689–724.

［10］Fracassi C. Corporate Finance Policies and Social Networks ［D］. Working Paper, UCLA, 2008.

［11］Freeman L. Centrality in Social Networks: Conceptual Clarification［J］. Social Networks, 1979(1): 215–239.

［12］Granovetter M. The Strength of Weak Ties ［J］. American Journal of Sociology, 1973 (78): 1360–1380.

［13］Granovetter M. Economic Action and Social Structure: The Problem of Embeddedness, American Journal of Sociology, 1985, 91 (3): 481–510.

［14］Hochberg Y., Ljungqvist A., Lu Y. Whom You Know Matters: Venture Capital Networks and Investment Performance ［J］. The Journal of Finance, 2007 (62): 251–301.

［15］Kilduff M., Krackhardt D. Bringing the Individual Back In: A Structural Analysis of the Internal Market for Reputation in Organizations ［J］. Academy of Management Journal, 1994, 37 (1): 87–108.

［16］Kilduff M., Tsai W. Social Networks and Organizations ［M］. London: Sage Publications Ltd, 2003.

［17］Kuhnen C. M. Business Networks, Corporate Governance, and Contracting in the Mutual Fund Industry ［J］. Journal of Finance, 2009 (5): 2185–2220.

［18］Larcker D. F., So E. C., Wang C. C. Y. Boardroom Centrality and Stock Returns ［D］. Working Paper, Stanford University, 2010.

［19］Lin N. Social Resources and Instrumental Action ［A］// Marsdon P.V., N. Lin. Social Structure and Network Analysis ［M］. CA: Beverly Hills, Sage, 1982.

［20］Lin N. Social Capital: A Theory of Social Structure and Action ［M］. Cambridge University Press, 2002.

［21］Scott J. Social Network Analysis: A Handbook ［M］. Sage Publications, 2000.

［22］Wasserman S., Faust K. Social Network Analysis: Methods and Applications ［M］. NY: Cambridge University Press, 1994.

［23］樊纲. 中华文化、理性化制度与经济发展 ［J］. 二十一世纪（香港），1994.

［24］林南. 社会资本：关于社会结构与行动的理论 ［M］. 张磊译. 上海：世纪出版集团，上海人民出版社，2005.

［25］卢昌崇，陈仕华. 断裂与重构：连锁董事及其组织功能 ［J］. 管理世界，2009（5）：52–62.

［26］罗家德. 社会网分析讲义（第二版）［M］. 北京：社会科学文献出版社，2010.

［27］汪建和. 解读中国人的关系认同［J］. 探索与争鸣，2007（12）：32-36.

［28］吴增基，吴鹏森，苏振菁. 现代社会学（第三版）［M］. 上海：上海人民出版社，2005.

［29］周建国. 关系强度、关系信任还是关系认同——关于中国人人际交往的一种解释［J］. 社会科学研究，2010（1）：97-102.

Board Network：Definition，Characteristics and Measurement

Xie Deren　　Chen Yunsen

Abstract：The directors'behavior is embedded in social network. This paper defines the board network as the directors'connections based on sitting at least in one same board，and figure out its boundary from the "node" and "relation" perspectives. Based on the definition，we analyze the social network characteristics of the board network and measure different directors'centrality using social network analysis method. Lastly，we explore the different role played by independent directors in the board network. This paper's result can do a favor to the empirical research on board network in the future.

上市公司股权激励计划对股利分配
政策的影响 *

吕长江　　张海平

【摘　要】本文研究我国股权激励计划背景下公司的股利分配行为。我们发现，相比非股权激励公司，推出股权激励方案的公司更倾向减少现金股利支付；股权激励公司在激励方案推出后的股利支付率小于方案推出前的股利支付率；进一步研究发现，具有福利性质的股权激励公司对公司现金股利政策的影响更显著。本文结论表明，部分实施股权激励计划的公司高管利用股利政策为自己谋福利。本文的研究不仅为中国制度背景下的股利代理理论提供了新的分析视角，同时还为管理者权力理论提供了相关证据。

【关键词】股权激励计划；股利支付率；股利收益率

一、引 言

公司股利政策和高管股权激励一直是国内外学术界研究的热点问题，并取得了丰富的研究成果。尽管公司股利政策和高管股权激励都反映了公司股东与公司高管之间的利益分配关系，并且在实践层面，有许多公司同时面临股利分配和高管股权激励问题，公司高管在公司股利分配和股权激励的制定和执行过程中承担重要角色，但是较少有文献同时将这两个重要的问题纳入同一个研究框架，尤其是在我国转轨经济制度背景下，公司高管作为公司股利分配和股权激励的核心，其角色如何？是否利用股利政策影响其股权激励的效用？中国制度背景下的股利代理成本理论是否因为股权激励发生实质性变化？本文从代理

* 本文选自《管理世界》（月刊）2012 年第 11 期。

基金项目：本文得到国家自然科学基金项目（70872022），教育部人文社科规划基金项目（06JA630016），上海市哲学社会基金（2008BJB021）以及复旦大学金融研究中心的资助。

作者简介：吕长江，复旦大学管理学院会计系教授。

理论角度出发，对两者进行探讨研究，试图找到答案，并解释两者之间的关系。

自 Lintner（1956）提出股利分配理论模型以来，学术界试图从代理、信号及行为金融等各种理论解释股利，但却没有取得一致结论。Fischer（1976）将股利政策视为"股利之谜"，20 世纪各国普遍推行的股权激励制度为股利分配问题提供了新的研究视角和理论解释。

股权激励（Stock Option）是一种以公司股票为标的对其董事、高级管理人员、核心员工及其他人员进行长期激励的方式。公司高管持有一定的股权可以缓解公司高管与股东之间的利益冲突（Stulz，1988），降低代理成本。近年来，国外学者通过对股权激励和股利政策的研究发现，股权激励中公司高管的私人利益影响了公司股利政策的制定。Lambert、Lanen 和 Larcker（1989）首次研究了公司股利政策与公司高管股权激励之间的关系，发现公司实施股权激励后，现金股利支付比期望值明显降低，他们认为公司高管基于薪酬契约的私人利益影响了公司的现金股利政策。Fenn、Liang（2001），Aboody、Kasznik（2001）及 Bhattacharyya 等（2003）通过研究也得出了相同的结论，即由于现金股利直接减少公司高管获授的股票期权价值，导致公司高管不惜牺牲现有股东的收益分配权而降低公司的股利支付。

基于我国的制度背景，我们发现股权激励计划与公司股利政策的确存在着微妙的关系。东百集团（600693）于 2007 年实施 10 转增 10 的分红计划，2008 年每股派息 0.15 元，而 2009 年每股收益 0.24 元、净资产收益率 14.5%，获利能力提高，但是当年却不分配。我们发现，2009 年 12 月 19 日，东百集团推出了股权激励方案。我们进一步发现，2008 年推出股权激励方案的 19 家公司前 3 年平均股利支付率为 47%，这些公司 2008 年的盈利能力提高而平均股利支付率仅为 33%，下降幅度达 30%。

2006 年 1 月开始，我国上市公司股权激励[1]正式进入有法可依的实质操作阶段，截至 2009 年底，我国共 136 家[2]上市公司推出了股权激励方案。由于我国上市公司股权激励制度推行较晚，股权激励制度是否真正实现制度设计目标呢？吕长江等（2009）从公司治理角度研究了各上市公司推出的股权激励方案，发现我国上市公司设计的股权激励方案既存在激励效应，又存在福利效应。部分上市公司的公司高管权力过大，影响了董事会对股权激励方案的制定，使得股权激励成了高管为自身谋福利的工具。吴育辉、吴世农（2010）也发现了上市公司高管在其薪酬制定中的自利行为。

股利代理成本理论较好地解释了成熟市场公司稳定发放现金股利的现象，但由于中国特殊的股权结构和市场体系，投资者的投机心理使得投资者并不关注、关心股利政策，股利政策可能成为代理成本的结果。根据股权激励方案，公司高管获授的股票期权，从授予日至实施结束一般历时较长，其间如果上市公司实施分红派息，依据 Black-Scholes 期权

---

① 2005 年 12 月 31 日，中国证监会颁布《上市公司股权激励管理办法（试行）》。
② 61 家公司在金融危机影响下，中止了股权激励方案。但截至 2009 年底，5 家公司中止方案重新提出了股权激励方案。

定价模型，上市公司的现金股利支付将直接减少公司高管的股票期权价值（陈清泰，2001），这样，股利政策实质上已构成了薪酬契约的重要内容，并与公司高管的利益息息相关。实务中，股利分配的程序是董事会决议通过股利分配方案，并经公司股东大会审核通过。近年来许多文献发现，公司高管在很大程度上影响甚至决定自己的薪酬。那么，在当前的股权激励制度设计背景下，公司的股利方案是否由公司的决策层独立提出并实施的呢？上市公司的股利分配政策较之前会发生哪些变化？是否进一步降低了代理成本呢？具体结合股权激励制度，相比非股权激励公司，推出股权激励方案的公司股利政策有何不同？福利型公司相对激励型公司股利政策有何区别？我国股权激励 A 股上市公司激励方案推出前后股利分配政策是否存在显著差异？

本文以 2006~2009 年期间推出股权激励计划的公司为样本，对比分析了各年度股权激励公司和 A 股非股权激励公司股利支付率数据，以及各股权激励公司在推出股权激励方案前后各年的股利支付率数据。分析发现，2006~2009 年各年度，支付现金股利的公司中，股权激励公司的股利支付率明显小于 A 股非股权激励公司；股权激励公司在激励方案推出后的股利支付率小于方案推出前的股利支付率。通过建立回归模型，我们发现，股权激励是影响上市公司股利政策的重要因素之一，具有福利性质的股权激励公司对公司现金股利政策的影响更显著。结论表明，实施股权激励计划的公司高管存在利用股利政策为自己谋福利的动机。

本文对已有文献提供了以下发展，第一，本文的研究为中国特色的股利代理理论提供了新的分析视角，进一步丰富了股权激励和股利的文献。第二，股权激励是影响 A 股上市公司股利支付政策的重要因素。第三，从激励、福利公司角度研究股权激励对上市公司股利政策的影响，一定程度为管理者权力理论提供了证据。

本文的结构如下：第二部分进行理论分析和文献回顾，并提出假设，第三部分进行实证研究，第四部分得出结论，并指出本文的局限性。

二、理论分析及研究假设

根据委托代理理论，两权分离以及现实经济生活中存在的契约不完全和信息不对称问题，使得委托人不容易或不可完全观察到代理人的行为。Arya Fellingham、Glover（1997）和 Wolfson（1985）的研究表明，虽然内部监督和市场有助于控制管理者的道德风险，但是代理问题不能完全消除，由此，需要设计有效的激励制度。

股权激励的核心宗旨是通过让被激励者与企业利润共享，风险共担，使被激励者有动力按照股东利益最大化的原则经营企业，减少或消除短期行为。文献上关于高管激励主要有最优契约论和管理者权力论。

最优契约论认为，薪酬尤其是股权激励是解决代理问题的主要手段，有助于降低信息不对称带来的负面影响。委托人通过将代理人的报酬和他的产出绩效相联系，并将产出作为代理人努力程度的一个信号，可使委托人能更好地识别代理人的行动，使薪酬方案更接近最优。

公司高管权力论是从代理问题的另一个角度看薪酬问题，公司高管权力论指出，要达到最优的薪酬契约，需要有股东权力的有效行使、独立的董事会以及产品、经理人和资本市场机制的完善。公司高管权力论认为公司高管有影响自己薪酬的能力，独立性不强的董事会通过的薪酬计划，往往会偏离最优契约。因此，理论上通过设计有效的股权激励制度，即通过合理的薪酬契约可以降低公司委托人与代理人之间的代理成本，但是，如果公司管理者具备影响公司董事会的能力，那么，即便设计股权激励也不能保障薪酬契约目标的实现。

2005年12月，中国证监会发布《上市公司股权激励管理办法（试行）》，拉开了中国上市公司股权激励的大幕，股权激励制度设计的主要目的是为了保障两权分离的条件下，管理者与公司所有者利益的一致。但从国内学者的研究结果看，我国起步阶段的上市公司股权激励实施效果差强人意。吕长江等（2009）以2005年1月1日到2008年12月31日公布股权激励计划草案的公司为样本，研究发现我国上市公司设计的股权激励方案既存在激励效应又存在福利效应，相比激励型公司，福利公司成为公司高管自谋福利的机会主义手段。吴育辉、吴世农（2010）通过分析2004~2008年中国上市公司前3名高管的薪酬水平，考察高管薪酬与公司绩效、高管控制权、政府管制及代理成本之间的关系，证实了我国上市公司的高管在其薪酬制定中存在明显的自利行为，且这种自利行为降低或者消除了薪酬的激励作用。

根据股利代理成本理论，通过股利支付可以降低管理者手中可以控制的现金流，达到降低代理成本的目的，因为，通过支付股利，一方面，促使管理者努力工作实现利润以支付未来的股利，同时减少管理者浪费在非盈利投资项目上的投资；另一方面，促使管理者为投资项目筹集外部资金，增加外部监督机会。Rozeff（1982）、Easterbrook（1984）等分别建立模型构建股利代理成本理论，在他们的模型中，发放现金股利是降低公司代理成本的重要途径。Jensen在1986年提出"自由现金流量"理论，将自由现金流量定义为公司所持有的超过投资所有净现值为正的项目所需资金的剩余现金，并指出股利是减少自由现金流量的办法之一，可以减少管理者的在职消费和过度投资，有利于提升公司价值。

而我国证券市场是在国企改革的历史背景下成立和发展起来的，至今仅有20余年的历史。与国外公司相比，我国无论是在市场机制、上市公司股权结构以及公司治理等方面都与国外有所不同，代理问题也将更加复杂，导致我国上市公司的股利政策与国外存在差异。国内不少学者从不同角度对上市公司的股利政策进行研究，原红旗（2001）、廖理、方芳（2005）、肖珉（2005）等实证研究表明，中国上市公司现金股利变成控股股东从上市公司转移现金、剥削中小股东的合法途径。李礼、王曼舒、齐寅峰（2006）采用结构方程模型研究了我国非国有上市公司股利政策的决策以及股利政策的选择动因，认为西方股利代理成本理论适用于我国的非国有上市公司，公司所有者比公司经营者对股利政策具有更大的影响，"未来投资机会"、"再融资能力"、"公司股票价格"和"未来偿债能力"是非国有上市公司制定股利政策时所考虑的重要因素。罗宏（2006）从现金股利分配决策和现金股利支付水平两方面就公司治理对上市公司现金股利政策的影响进行了实证研究，认为代理理论能够解释我国上市公司的现金股利政策。

尽管文献对股利代理成本理论的认识不一致，上述学者的研究都是基于股权激励方案推出前的上市公司数据。那么，中国式的"股利之谜"是否因为股权激励制度的设计发生实质上的改变？考察中国上市公司股权激励背景下的股利支付行为，既是对股利代理理论在中国的再检验，也是从一个独特的视角进一步考察中国特有制度背景下股权激励的实施效果。

一般来说，股权激励背景下，公司高管的目标应是努力经营，实现公司股票价格上涨，从而顺利行使股票期权，以获得可观收益实现分享公司剩余索取权的目标。但公司高管从股票期权获授日到行权有效期止的一段期间内，需要经过等待期、行权期、限售期等不同阶段。等待期以及行权期之前，公司高管手中持有的是不能行权的股票期权，行权之后及抛售之前，公司高管持有的则是限售期股票[①]。因此，公司高管的目标在行权前是确保股票期权在价内，即保持可行权价值，以在等待期满后顺利行权。但研究发现，上市公司现金红利会直接减少公司高管股票期权的价值（陈清泰，2001）。实际上，根据 Black-Scholes 模型，股票期权定价基于 6 个关键因素：期权的到期日、期权的行权价格、标的证券的现值、标的证券的预期股息、风险的变动和无风险利率，定价公式如下：

$$C = S^{-q(T-t)} N(d_1) - Ee^{-r(T-t)} N(d_2)$$

其中：C 为看涨期权的价值，S 为股票现价，E 为期权的行权价格，q 为预期股息，T-t 为到期期限，r 为预期无风险利率，$N(d_x)$ 为从标准正态分布中推出的随机变量低于 d_x 的概率。

经过对 q 求偏导得出：

$$\frac{\partial C}{\partial q} = -(T-t) \times LnS \times e^{-q(T-t)} N(d_1) < 0$$

由于股票期权一般都是看涨期权，而且实施股权激励公司的股价 S 大于 e，因此上述 C 对 q 的偏导数小于 0，从单调减函数的性质可以得知，变量股息的增加，期权价值就会减少，公司高管倾向于减少股息的支付。而股份回购或者股票股利的填权效应则可提高标的证券的现值，根据 Black-scholes 模型，证券的现值增加，期权价值也相应增加。

为保持股票期权的价值，上市公司高管有动机偏离最优契约，设法减少现金股利支付避免股票期权价值损失。Lambert、Lanen 和 Larcker（1989）通过研究发现，随着公司首次采用公司高管股权激励计划，公司的股利支付水平相对期望水平明显下降。部分公司高管为了提高自身持有的股票期权价值，宁可选择回购股票或者保留盈余，而不是提高现金

[①] 我国对高管行权的股票仍有限售期规定，如《上市公司董事、监事和高级管理人员所持本公司股份及其变动管理规则》（证监公司字〔2007〕56 号）。

股利（Weisbenner，2000）。Liljeblom、Pasternack（2002）发现，股权激励对公司股利分配方式的选择影响，要区别公司高管持有的股票期权是否受股利支付保护，如果股票期权受股利支付保护，那么公司股利支付和公司高管期权计划显著正相关，反之亦然。Mondher Kouki（2009）用加拿大上市公司数据同样证明了公司高管股权激励与公司股利支付率负相关。

此外，公司高管获授股票期权在行权之前，上市公司现金分红除了相应调整行权价外，公司高管并不能享受真正股东的收益权，即在未行权的情况下，公司高管是不能获得现金分红的。况且，目前不少公司采取分批授予、分批行权的公司高管股票期权，公司高管持有未行权股票期权的期限更长。Carter等（2007）对比限制性股票和股票期权两种激励手段，分析其对上市公司股利政策的影响，结果差异很大。因为限制性股票除限售外，不影响现金分红权。相反，如果上市公司实行股票红利政策，则公司高管获授的股票期权的数量会根据公司派送股票红利情况同步调增，同时未行权的股票期权的行权价格也相应调整，这对公司高管更有利。

从国内来说，因为监管层对实施股权激励公司的质量有一定要求，拟实施股权激励的公司质量好，盈利能力也较高，我们通过对比2006~2009年期间，股权激励公司与非股权激励公司的盈利指标和流动性指标，发现股权激励公司的资产报酬率以及经营性现金流量指标均显著高于非股权激励公司。

易颜新、柯大钢、王平心（2008）对上市公司财务总监进行股利分配决策问卷调查中发现，上市公司在决定现金股利支付水平时，首先考虑公司是否有足够的现金储备和持续经营现金净流入量；其次，公司高管考虑公司盈利能力，根据公司利润水平决定现金股利。魏刚、蒋义宏（2001），吕长江、王克敏（1999），陈国辉、赵春光（2000），以及原红旗（2001）均得出类似结论，公司的盈利能力和偿债能力是公司股利政策的最重要因素。根据股利代理理论，结合当前监管层对公司现金股利支付的监管要求，这些公司更应该支付股利。因为降低公司高管可以控制的自由现金流量，可以起到降低代理成本的监督治理作用（杨熠、沈艺峰，2004）。但事实上，因为国内公司内外部治理的缺陷，股权激励制度并没有很好地解决委托代理问题，吴育辉、吴世农（2010）分析了82家上市公司的股权激励计划草案，发现尽管拟实施股权激励的公司的盈利能力和成长性都较好，但这些公司在其股权激励方案的绩效考核指标设计方面都异常宽松，有利于高管获得和行使股票期权，体现出明显的高管自利行为。张海平、吕长江等（2011）从资产减值会计的视角，研究股权激励计划对公司会计政策选择的影响，发现在股权激励方案推出前后，实施股权激励计划的公司高管基于自身利益的考虑，利用资产减值政策操纵会计盈余影响股权激励的行权条件，推动股权激励方案的顺利实施，为自己谋利。苏冬蔚、林大庞（2010）根据我国资本市场独特的制度变化，从盈余管理的角度对股权激励的公司治理效应进行研究，结果发现正式的股权激励具有负面的公司治理效应。肖淑芳（2009）发现，股票股利和公积金转增成为经理人操纵其股票期权收益的主要方式。

综合上述，一方面，公司可以通过股权激励计划激励管理者努力工作，降低代理成本；另一方面，公司通过支付股利在回报股东的同时，可以降低管理者手中可以控制的自由现金流，使其努力工作通过公司业绩的提升，赢得再融资的机会。但是在我国目前市场体系和公司治理相对不完善，制衡和监督机制不健全的制度环境下，一方面，制度环境为管理者制定有益于个人利益的财务政策提供了可能，突出表现为国有企业高管的在职消费问题（陈冬华等，2005）；另一方面，相对于国外发达资本市场中股利政策的市场反应，中国资本市场投资者的投机心理使得投资者对股利政策的关注弱化，导致上市公司的股利政策受管理者操纵，使得股利支付成为代理成本的结果。因此，相对于非股权激励公司，股权激励公司的业绩更好，本应更有能力支付股利，但由于股东与管理者之间的代理成本较高，却更倾向于减少股利支付，以提高管理者自身的利益，因此，我们提出如下假设。

H1：相对于非股权激励公司，股权激励公司更倾向减少现金股利支付。

上市公司实施股权激励计划，需要经过董事会审议草案、独立董事发表独立意见、董事会公告、中介机构出具法律意见书、独立财务顾问报告、中国证监会备案、股东大会审议同意后方可实施。授权日，上市公司董事会根据股东大会审议批准的股票期权计划，向激励对象一次或分次授出股票期权。授予日之后，上市公司高管才真正拥有可行权的股票期权。进一步分析推出股权激励方案的公司，我们发现，授予日后，上市公司现金股利才对公司高管的股票期权价值产生影响。股权激励方案推出前，或者说股票期权授予日前，上市公司高管未真正获授股票期权，公司高管没有动机影响公司现金股利政策。因此，我们提出如下假设。

H2：股权激励降低了公司股利支付倾向，与股权激励方案推出前相比，推出股权激励方案后的股利支付倾向降低。

股权激励背景下，上市公司股利分配实质上已成为薪酬契约的一部分。股东大会选举董事会，董事会再选聘公司高管并确定其薪酬，被认为是现代企业公司高管激励机制运行的基本模式，也是解决代理问题的重要公司治理机制。但上述机制有效发挥的前提是董事会的独立性。但是，近年来的很多文献发现，公司高管在很大程度上影响甚至决定自己的薪酬，管理者作为人力资本的提供者和企业决策的执行者所拥有的管理者权力不可忽视。Finkelstein（1992）将"管理者权力"定义为管理者影响或实现关于董事会或薪酬委员会制定的薪酬的意愿和能力。Bebchuk、Fried 和 Walker（2002）认为，管理者俘获了董事会，管理者激励不再被看作解决代理问题的工具，而成了代理问题的一部分，部分代理问题就是管理者利用激励补偿为自身谋取租金。结合股权激励，Yermack（1997）发现，公司高管在好消息发布前行使股票期权，在坏消息发布后延期行权，说明管理者可以通过控制股票期权的行使进行自我激励。Carter、Lynch（2001）发现，公司高管能够在股价下滑且股票期权到期无法行权的情况下，要求董事会重新确定期权行权价。Bebchuk 等（2002）发现高管通过影响力能够建立起有利于自己的各种期权激励条款。进一步研究股权激励和公司现金股利政策，Lambert、Lanen 和 Larcker（1989）发现，股票期权在 CEO 的薪酬体系中占比份额越高，公司的股利支付水平就越低。Weisbenner（2000）发现，股票期权授予高级公司高管和授予普通员工对公司股利政策的影响迥异。Aboody. D、Kasznik

（2001）发现 CEO 和公司其他高管持有股票期权对公司现金股利政策的影响明显不同，说明 CEO 权力足以影响现金股利政策。Mondher Kouki（2009）研究也发现 CEO 的股票期权持有水平和股利支付负相关。由此说明公司高管权力大的公司更容易影响现金股利政策的制定。在国内，潘飞、童卫华（2005）发现，我国上市公司中高级管理人员职责不清，薪酬的制定和考核者与激励对象互相重叠，容易出现高级管理人员自己给自己制定报酬、考核业绩的现象。张必武、石金涛（2005）认为，如果董事会受经理人控制，董事会的监督流于形式，便可能导致经理人自定薪酬，经理人薪酬与企业绩效背离的现象发生。卢锐（2008）从单维度指标和综合维度指标两个维度，检验了公司高管权力是否会对薪酬激励产生影响，研究发现公司高管权力型企业的高管倾向于在股权激励中寻租。吕长江等（2009）研究发现，我国上市公司设计的股权激励方案既存在激励效应又存在福利效应，一般来说，激励型公司有更严格的行权条件和更长的行权期，而福利型公司由于公司高管有更大的权力，激励方案中的行权指标更容易达到，行权期也更短[1]，股权激励的激励作用也越弱，自利行为更明显。由于上市公司现金分红减少公司高管股票期权价值，我们根据吕长江等（2009）激励、福利两种类型公司的划分标准，提出如下假设。

H3：相对于激励性股权激励公司，福利型股权激励公司的现金股利支付倾向更低。

三、实 证 研 究

（一）样本

本文研究的是国内上市公司中股权激励对其股利政策的影响。我们选择 2006 年 1 月 1 日至 2009 年底的股权激励公司为样本数据，即《上市公司股权激励管理办法（试行）》正式实施日至 2009 年底的数据。截至 2009 年底，我国共有 136 家[2]上市公司推出了股权激励方案。同时，受金融危机影响，上市公司股价大幅波动，有 61 家公司中止了股权激励方案，我们在分析中予以剔除，股权激励公司样本实际为 80 家，本文的股权激励数据均是未行权的数据。股权激励样本数据及财务数据来自 Wind 和 CSMAR 数据库，使用的统计软件为 SAS for Windows 9.0。

本文描述性统计和回归分析中剔除了以下几类公司[3]。

---

① 可行权期由公司自己确定，但证监会规定股票期权的有效期从授权日计算以 10 年为先，行权期越长，说明股权激励动机越强，但是，吕长江、郑慧莲（2009）研究发现，福利型股权激励公司大都用 5 年作为行权期。

② 金发科技、农产品、中信证券、士兰微、新大陆、宁波韵升、格力电器 7 家公司系股权分置改革中且在《上市公司股权激励管理办法（试行）》颁布前提出股权激励方案，样本中予以剔除。

③ 剔除第 2~4 类公司的原因在于这些公司有动机减少现金股利支付。

（1）金融类公司。

（2）当年度归属于母公司股东净利润为负值的公司。

（3）当年度未分配利润为负值的公司。

（4）当年度每股企业自由现金流为负值的公司。

（二）模型

本文用股利支付率（PAYRT）代表上市公司现金股利支付数据。股利支付率是指普通股净收益中股利所占的比重，反映公司的股利分配政策和支付股利的能力。股利支付率的计算公式即：股利支付率=［∑（税前每股股利×基准股本）/净利润］×100%；本文该指标时间参数为"年度"，公式中"∑"是年度内分红汇总，分红方案进度为已实施；"基准股本"为上市公司分红公告日的总股本。相对于每股股利，股利支付率的优点在于：一是上市公司可分配股利是包括累计盈余在内的累计未分配利润，用股利支付率更能体现股利政策背后的动机。二是股本规模大小对上市公司每股股利绝对数有影响，而股利支付率可以避免这个问题。

为提高研究的可靠性，本文还用股利收益率（PAYYD）作为因变量，进行回归分析，股利收益率=每股股息/每股市价，本文以 PAYYD 代表股利收益率，设计 3 个假设模型，依次为：

$$PAYRT/PAYYD = \alpha + \beta_1 \times SIZE + \beta_2 \times ROA + \beta_3 \times CFO + \beta_4 \times LEV + \beta_5 \times PB + \beta_6 \times FCF + \beta_7 \times Option + \varepsilon$$

$$PAYRT/PAYYD = \alpha + \beta_1 \times SIZE + \beta_2 \times ROA + \beta_3 \times CFO + \beta_4 \times LEV + \beta_5 \times PB + \beta_6 \times FCF + \beta_7 \times YEAR + \varepsilon$$

$$PAYRT/PAYYD = \alpha + \beta_1 \times SIZE + \beta_2 \times ROA + \beta_3 \times CFO + \beta_4 \times LEV + \beta_5 \times PB + \beta_6 \times FCF + \beta_7 \times WEL + \varepsilon$$

模型中的变量解释见表 1。

表 1 变量描述表

变量	符号	定义
被解释变量	PAYRT	股利支付率
	PAYYD	股利收益率
主变量	OPTION	股权激励公司，1 表示激励，0 表示非激励
	WEL	激励或福利公司，福利取 1，激励取 0
	YEAR	激励方案推出前后，1 为激励方案前，0 为激励方案后
控制变量	SIZE	股本总量的对数，反映公司规模
	ROA	总资产报酬率
	CFO	每股经营性现金流量
	LEV	总负债/总资产
	PB	市净率

变量	符号	定义
控制变量	FCF	自由现金流量
	NBDS	内部董事占比
	IND	行业哑变量
	NIAN	年度哑变量

（三）描述性统计分析

根据股利理论和相关文献（原红旗，2001；杨淑娥，2000），盈利能力和流动性是影响公司股利支付的重要因素，为此，本文首先对比分析 2006~2009 年股权激励公司和非股权激励 A 股公司股本规模、盈利能力以及部分流动指标发现，相对于非股权激励公司，实施股权激励公司总体规模大、盈利能力、现金流及偿债能力较好（见表 2），说明我国目前实施股权激励的公司大多是平均规模大、业绩好、现金流充足的公司。正常情况下，这部分公司更有能力实施现金股利分配。

表 2　2006~2009 年度股权激励与非股权激励公司盈利指标和流动性指标比较

项目	2006~2009 年	SIZE[a]	ROA	PB	LEV	CFO
均值	股权激励公司[b]	8.62	0.11	4.18	0.46	0.64
	非股权激励公司	8.57	0.09	3.79	0.46	0.50
	t 值	0.92	2.58**[c]	1.45	0.81	1.52
中位数	股权激励公司	8.53	0.10	3.69	0.47	0.64
	非股权激励公司	8.52	0.08	2.97	0.47	0.43
	z 值	0	3.61***	2.53**	0.18	2.62***
N		股权激励公司：104		非股权激励公司：2170		

注：a. 表 2 中 SIZE 数据单位为取对数后数据。b. 激励公司的样本数据均已剔除股权激励方案中止的公司；因 2006 年为《上市公司股权激励管理办法（试行）》第一年，2007~2009 年各年度除当年推出股权激励方案公司数据外，同时包括以前年度推出股权激励方案但仍处于方案实施环节的公司数据。c. *、**、*** 分别表示在 10%、5%、1%水平下显著，下表同。

数据来源：CSMAR 数据库。

事实情况是否如此呢？在支付现金股利的前提下，我们对比分析了 2006~2009 年股权激励公司和非股权激励 A 股公司股利支付率，具体如表 3 所示。

从描述性统计的数据分析看，2006~2009 年期间，股权激励公司的平均股利支付率为 34.62%，低于非股权激励 A 股公司同期 43.82%的平均值，说明即使股权激励公司更有能力支付股利，但是股权激励公司却减少了现金股利支付。

为进一步说明问题，我们对比分析了 2006~2009 年股权激励公司和非股权激励 A 股公司股利收益率（见表 4）。2006~2009 年期间，股权激励公司的平均股利收益率 1.15%，小于非股权激励 A 股公司同期 1.62%的平均值，与股利支付率的计算结论一致。

表 3 2006~2009 年度股权激励与非股权激励公司股利支付率均值、中位数比较

项目	年份	2006	2007	2008	2009	2006~2009
均值	股权激励公司	37.10	26.04	34.37	37.06	34.62
	非股权激励公司 ª	53.31	38.05	43.35	41.23	43.82
	t 值	2.51**	2.87***	2.28**	1.34	4.53***
中位数	股权激励公司	31.13	19.16	28.01	28.21	28.21
	非股权激励公司	49.84	36.89	34.22	33.83	38.39
	z 值	3.64***	2.35**	1.42	0.81	3.82***
样本个数	股权激励公司	23	23	43	62	151
	非股权激励公司	379	394	456	428	1657

注：a. 部分 A 股非股权激励公司股利支付率异常，均值计算采用截尾均值，以增强稳健性，N = 1。
数据来源：WIND 数据库。

表 4 2006~2009 年度股权激励与非股权激励公司股利收益率均值、中位数比较

项目	年份	2006	2007	2008	2009	2006~2009
均值	股权激励公司	1.27	0.58	1.67	0.94	1.15
	非股权激励公司	2.07	0.87	2.42	0.96	1.62
	t 值	3.78***	2.89***	3.11***	0.13	4.34***
中位数	股权激励公司	1.05	0.48	1.43	0.61	0.74
	非股权激励公司	1.58	0.67	1.86	0.76	1.12
	z 值	1.92*	1.49	2.11**	1.76*	4.16***
样本个数	股权激励公司	23	23	41	52	139
	非股权激励公司	366	364	432	357	1519

数据来源：CSMAR 数据库。

从表 3 和表 4 可以看出，2006~2009 年各年度的股利支付率、股利收益率，无论是均值还是中位数，股权激励公司的数据均明显小于非股权激励公司的数据，说明即使公司有能力更多支付股利，股权激励上市公司却减少了现金股利。2008 年 10 月，中国证监会颁布了《关于修改上市公司现金分红若干规定的决定》（主席令第 57 号），将上市公司新股发行条件中的股利分配政策进行调整，即"最近三年以现金或股票方式累计分配的利润不少于最近三年实现的年均可分配利润的百分之二十"调整为："最近三年以现金方式累计分配的利润不少于最近三年实现的年均可分配利润的百分之三十"。由此我们发现，鉴于政策的影响，2006~2009 年期间，股权激励公司和 A 股非股权激励公司股利支付率和股利收益率均值的差额有逐渐收敛的趋势。

根据上述分析我们得知，股权激励公司较非股权激励公司，更倾向于减少现金股利的支付，那么股权激励公司，在其股权激励方案推出前后现金股利政策是否存在差别？我们对 2006~2009 年期间推出股权激励方案且仍处于实施阶段的 80 家公司进行了总体和分年度的数据统计，发现 80 家公司股权激励方案推出后的平均股利支付率为 34.35%，明显低于股权激励方案推出前 39.98% 的平均股利支付率。具体见表 5。

表5　2006~2009年各年度激励公司方案推出前后股利支付率均值和中位数比较

项目	年份	2006ª①	2006②	2007	2008	2009	2006~2009
均值	方案推出前	40.88	44.05	38.31	32.81	31.07	39.98
	方案推出后	33.13	33.60	33.80	32.15	38.01	34.35
	t值	1.45	2.86***	0.76	0.13	−1.11	2.25**
中位数	方案推出前	42.83	42.56	36.05	30.48	28.39	35.64
	方案推出后	40.65	28.74	27.69	27.31	33.32	28.74
	z值	0.47	2.08**	0.58	1.52	−1.05	1.94**

注：a. 2006年深振业、新安股份、风帆股份的股权激励方案推出时间早于2005年年报数据披露时间，因此对该3家公司以2005年为起点，进行了前后各5年的股利支付率数据对比分析。随后各年度中，若有公司的股权激励方案早于上一年的股利分配方案预告日，均将其并入上年推出激励方案公司进行前后数据比较。

数据来源：WIND数据库。

从表5的数据看，2006~2008年期间，股权激励方案推出前后，股利支付率明显存在差别，各年度股权激励方案推出前的股利支付率均明显大于股权激励方案推出后的股利支付率，但我们也发现只有2009年股权激励推出前的股利支付率却反而较推出后的小，原因可能是两个方面：一是在于2008年10月证监会颁布的《关于修改上市公司现金分红若干规定的决定》对上市公司均产生了较大的影响。二是因为股权激励公司的方案均需要到证监会报备，上市公司提高了现金分红比例应是主动配合监管要求的实际体现。

为进一步说明问题，我们对2006~2009年各年度推出激励公司的股利收益率进行了方案推出前后的数据比较（见表6），发现80家公司股权激励方案推出后的平均股利收益率为1.17%，明显低于股权激励方案推出前1.76%的平均股利收益率，与股利支付率的结论一致。

表6　2006~2009年各年度激励公司方案推出前后股利收益率均值和中位数比较

项目	年份	2006ª①	2006②	2007	2008	2009	2006~2009
均值	方案推出前	1.64	1.79	1.93	0.88	3.04	1.76
	方案推出后	2.18	1.31	0.73	0.91	0.89	1.17
	t值	−0.93	2.31**	3.01***	−0.18	3.42***	3.79***
中位数	方案推出前	1.49	1.53	1.47	0.65	2.10	1.47
	方案推出后	1.73	0.85	0.69	0.65	0.80	0.79
	z值	0	2.75***	4.29***	−0.43	3.47***	4.54***

注：a. 部分A股非股权激励公司股利支付率异常，均值计算采用截尾均值，以增强稳健性，N＝1。
数据来源：CSMAR数据库。

（四）实证分析

我们分别以PAYRT和PAYYD为因变量，依次对3个假设进行检验，检验结果见表7~表9。

由上述回归可以看出，在股利支付率、股利收益率为因变量情况下，变量OPTION系

表 7 是否实施股权激励计划对股利政策影响的回归结果

Parameter Estimates				
Dependent Variable	PAYRT		PAYYD	
Variable	Beta	t Value	Beta	t Value
Intercept	28.17***	2.62	−0.05***	−8.04
SIZE	2.72**	2.25	0.007***	8.62
CFO	1.53**	2.01	0.002***	3.26
LEV	−31.04***	−8.87	0.0002	0.07
PB	0.69***	3.12	−0.0007***	−4.76
ROA	−115.79***	−9.63	0.009	1.27
FCF	0.56	0.79	0.0007	1.58
OPTION	−4.55*	−1.80	−0.003*	−1.83
F Value	13.20		24.14	
N	1995		1995	
Adjusted R²	0.114		0.196	

表 8 股权激励方案推出前后对股利政策影响的回归结果

Parameter Estimates				
Dependent Variable	PAYRT		PAYYD	
Variable	Beta	t Value	Beta	t Value
Intercept	1.22***	3.49	0.008	0.66
SIZE	−0.07**	−1.76	0.0005	0.33
CFO	0.05***	2.98	0.0009	1.39
LEV	−0.40***	−3.36	0.003	0.73
PB	−0.004	−0.63	−0.001***	−4.94
ROA	−0.91***	−2.93	0.02**	2.10
FCF	−0.003	−0.22	0.0008	1.38
YEAR	0.013	0.42	0.003**	2.56
F Value	2.56		4.21	
N	261		261	
Adjusted R²	0.092		0.173	

表 9 激励型与福利型股权激励计划对股利政策影响的回归结果

Parameter Estimates				
Dependent Variable	PAYRT		PAYYD	
Variable	Beta	T Value	Beta	t Value
Intercept	0.81	1.64	−0.02	−1.35
SIZE	0.05	0.85	0.003*	1.65
CFO	0.006	0.35	−0.0002	−0.24
LEV	−0.85***	−5.37	−0.006	−1.06
PB	0.01	1.18	−0.0007**	−2.26

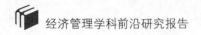

Parameter Estimates				
Dependent Variable	PAYRT		PAYYD	
Variable	Beta	T Value	Beta	t Value
ROA	−2.37***	−5.54	−0.001	−0.08
FCF	0.005	0.32	0.001*	1.66
WEL	−0.08**	−2.10	−0.003*	−1.83
F Value	3.61		3.56	
N	309		309	
Adjusted R²	0.151		0.148	

数显著为负。由于 OPTION 为表示推出股权激励与否的虚拟变量,因此,结果说明相对于非股权激励公司,推出股权激励计划的公司更不倾向于发放现金股利。

上述回归结果中,变量 YEAR 的系数显著为正,由于激励方案出来之前 YEAR 取 1,因此 YEAR 系数为正说明了股权激励方案出来之后,公司更不倾向于发放现金红利,其中因变量为 PAYYD 的回归结果显著。

福利型激励型公司的划分我们参考了吕长江等 (2009) 的文章,该文中有 3 种分类方法,我们根据 3 种分类方法均作了计算,结果发现变量 WEL 系数均为负值。2008 年以后,公司高管为弥补股权激励制度的漏洞,连续出台了 3 个备忘录,提高了股权激励的门槛,为避免政策影响,本文该部分的样本和吕长江等 (2009) 的样本数据相同。本文数据是根据第二种[①] 分类列示,由上述检验结果可以看出,WEL 项的系数均显著为负,由于公司为福利型时,WEL 取 1,因此实证结果说明,相对于激励型公司,福利型公司更不倾向于发放现金股利。

由上述检验结果我们可以发现,由于公司推出了股权激励计划,上市公司的股利分配政策和高管利益息息相关,股利分配政策演化成薪酬契约的一部分。鉴于上市公司的现金股利分配会削减高管利益,相比非股权激励公司,推出股权激励方案的公司更倾向减少现金股利支付。同时我们发现具有福利特征公司的管理者,更有能力影响股利政策的制定,以采取对自己更有利的股利方案。

进一步,我们用 LOGISTIC 回归检验了股权激励公司的股利支付倾向 (见表 10),因变量 PAYRT 为 1 代表公司发放现金股利,0 代表不发放现金股利。在选择 PAYRT 为 1 的概率模型中,发现变量 OPTION 系数显著为负值,说明股权激励是影响公司现金股利政策的因素之一,且推出股权激励的公司倾向少支付现金股利。

---

① 其他两种激励福利分类方法,WEL 项回归系数也为负值,支持我们的结论。

表 10 是否实施股权激励计划对股利支付倾向影响的回归结果

Parameter Estimates PAYERT = 1				
Parameter	Estimate	Standard Error	Wald Chi-Square	Pr > ChiSq
Intercept	−4.78***	0.96	25.07	< 0.0001
SIZE	0.53***	0.11	24.68	< 0.0001
CFO	0.09*	0.05	2.91	0.088
LEV	−0.76***	0.25	8.99	0.003
PB	−0.08***	0.02	18.66	< 0.0001
ROA	18.67***	1.22	234.96	< 0.0001
FCF	0.25***	0.06	16.29	< 0.0001
OPTION	−0.31**	0.13	5.64	0.018
Likelihood Ratio	—	—	575.92	< 0.0001
Score	—	—	432.16	< 0.0001
Wald	—	—	399.17	< 0.0001

四、稳健性测试

为提高研究结果的严谨性，我们主要做了如下 4 组稳健性检验。

第一，我们分析了董事长为激励对象公司的股利支付率数据，发现实施股权激励公司中，董事长同时获授股票期权的公司 2006~2009 年的平均股利支付率为 33.53%，较同时期的激励公司 34.62% 的平均值要低（见表 11），说明董事长参与股权激励的公司，董事长担当公司高管的角色，且更有动机减少现金股利的支付。

表 11 董事长为激励对象公司和股权激励公司 PAYRT、PAYYD 均值中位数比较

公司类别	股利支付率（PAYRT）		（股利收益率）PAYYD	
	股权激励公司	董事长激励公司	股权激励公司	董事长激励公司
均值	34.62	33.53	1.15	0.88
t 值	18.35***		1.87*	
中位数	28.21	27.91	0.74	0.28
z 值	−13.35***		−2.40**	

第二，我们分析了内部董事持股比例对股利支付率的影响，回归结果见表 12，发现 NBDS×ROA 交叉项的系数均为负，同时以 PAYRT、PAYYD 为因变量回归结果均显著。交叉项为负说明内部董事持股比例越高，代理成本越高，现金股利支付越少。

第三，我们考察了管制行业和非管制行业对股利分配政策的影响。管制行业以 Regu-Ind 表示，借鉴夏立军、陈信元（2007）对管制行业的分类方法，将"涉及国家安全的行

表12 稳健性检验回归结果

Parameter Estimates				
Dependent Variable	PAYRT		PAYYD	
Variable	Beta	t Value	Beta	t Value
Intercept	−0.05	−0.10	−0.04	−1.42
SIZE	0.02	0.61	0.0006	0.33
CFO	0.02*	1.88	0.0003	0.52
LEV	−0.39***	−3.54	−0.0007	−0.11
PB	−0.003	−0.55	−0.0005*	−1.71
ROA	8.46**	2.46	0.48***	2.65
FCF	−0.003	−0.25	−0.00008	−0.16
NBDS	1.01*	1.73	0.07**	2.15
NBDS × ROA	−13.79***	−2.64	−0.072***	−2.62
F Value	3.12		2.18	
N	132		132	
Adjusted R²	0.252		0.159	

业、自然垄断的行业、提供重要公共产品和服务的行业以及支柱产业和高新技术产业"界定为管制性行业,具体包括以下行业:采掘业(B);石油、化学、塑胶、塑料(C4);金属、非金属(C6);电力、煤气及水的生产和供应业(D);交通运输、仓储业(F);信息技术业(G)。括号内为中国证监会2001年颁布的《上市公司行业分类指引》所确定的行业代码。当公司属于管制性行业时,变量Regu−Ind取值为1,否则为0。我们发现,管制行业的股利支付率、股利收益率比非管制行业的股利支付率、股利收益率高;管制行业公司中,实施股权激励公司的股利支付率、股利收益率较非激励管制行业公司小(见表13)。说明即使管制行业,公司高管也因股权激励影响公司股利政策的制定。因管制行业公司中激励公司样本数据较少,所以回归结果并不显著。

表13 2006~2009年度管制及非管制行业公司股利 PAYRT/PAYYD 均值、中位数比较

项目	公司类别	均值	t 值	中位数	z 值
PAYRT	管制行业	42.01	−2.98***	39.08	2.17**
	非管制行业	38.23		34.43	
	激励管制行业	32.64	−4.25***	20.64	4.59***
	非激励管制行业	33.81		33.29	
PAYYD	管制行业	1.46	0.17	0.93	−1.77*
	非管制行业	1.09		0.62	
	激励管制行业	0.86	0.52	0.63	−0.71
	非激励管制行业	0.97		0.71	

第四,在对上述假设进行回归检验中发现,因变量PAYRT与自变量ROA的回归系数为负,与国内学者以往的研究有差异。一般认为,公司绩效表现越好,公司股利水平越

高，本文的发现却不支持这个结论。实际上，吕长江、许静静（2010）根据上市公司发布的股利变更公告，没有发现我国上市公司的现金股利发放存在信号传递效应。我们认为，这一情况与监管层一而再地出台上市公司现金分红的政策和规定有关，实质上，当前监管层对于上市公司不分红的制约仅限再融资环节，若上市公司无再融资计划和要求，分红政策对其约束不强。2010 年中报后，媒体揭露 62 家上市公司已连续 3 年未分红，典型的如美菱电器已连续 11 年未分红，本文的发现与市场情况不谋而合；另外，部分公司可能考虑市场融资成本及周期，把不分配红利节省的资金作为内源性融资的一种渠道。本文根据以往学者的研究，将公司股本规模作为主变量进行了稳健性检验，结果发现，主变量 OPTION 和主变量 SIZE 的回归系数显著为正，但是交叉项 OPTION × SIZE 系数均显著为负（见表 14），回归结果表明，股权激励影响上市公司的现金股利行为。

表 14　股权激励与公司规模对股利政策交叉影响的回归结果

Parameter Estimates				
Dependent Variable	PAYRT		PAYYD	
Variable	Beta	t Value	Beta	t Value
Intercept	24.13**	2.22	−0.06***	−8.24
SIZE	3.17***	2.60	0.007***	8.81
CFO	1.50**	1.98	0.002***	3.24
LEV	−30.81***	−8.81	0.0003	0.13
PB	0.71***	3.17	−0.0007***	−4.72
FCF	0.46	0.65	0.0007	1.47
OPTION	85.26**	2.23	0.04*	1.75
ROA	−116.19***	−9.67	0.009	1.25
OPTION × SIZE	−10.50**	−2.36	−0.005*	−1.87
F Value	12.88		23.23	
N	1995		1995	
Adjusted R²	0.115		0.197	

五、结论

　　本文研究我国股权激励计划背景下公司股利分配政策及行为。通过理论与实证分析，我们发现：相比非股权激励公司，推出股权激励方案的公司更倾向减少现金股利支付；股权激励公司在激励方案推出后的股利支付率小于方案推出前的股利支付率。进一步研究发现，具有福利性质的股权激励公司对公司现金股利政策的影响更显著。本文结论表明，实施股权激励计划的公司高管利用股利政策为自己谋福利。本文的研究为中国制度背景下股利代理理论提供了新的分析视角，进一步丰富了股权激励和股利研究文献。

经济管理学科前沿研究报告

通过理论和实证分析，我们发现，股权激励是影响上市公司股利政策的重要因素之一，之前国内不少学者以各种股利政策理论为出发点，从公司股权结构、资产规模、盈利能力、成长能力、偿债能力、顾客偏好、代理问题等各种因素入手，研究公司股利政策的驱动因素和影响程度。但由于我国上市公司股权激励制度推出较晚，目前尚未发现有学者对股权激励背景下的上市公司股利政策进行研究，本文的研究是这一领域的一次积极有益的探索。

本文进一步发现，福利型的公司的股利支付率明显较激励型的公司小，从激励福利公司角度研究股权激励对上市公司股利政策的影响，一定程度上为管理者权力理论提供了证据。也为监管层进一步完善股权激励制度提供了积极参考。

本文局限性在于：一是股利分配不可忽视税收因素，但本文未考虑税收对我国上市公司股利政策的交互影响；二是随着上市公司高管获授的股票期权陆续行权，公司高管手中的股票期权将逐渐兑换成限售期股票，限制性股票和股票期权对上市公司股利政策的影响必然不同，但由于目前完全行权的公司数量不多，且观察时间较短，本文的研究仅基于未行权数据的分析。

参考文献

[1] Aboody D., Kasznik R. Executive Stock Option Compensation and Corporate Cash Payout Policy [D]. Working Paper, 2001.

[2] Arya A., J. Fellingham, J. Glover. Teams, Repeated Tasks and Implicit Incentives [J]. Journal of Accounting and Economics, 1997 (23): 7–30.

[3] Black, Fischer. The Dividend Puzzle [J]. Journal of Portfolio Management, 1976 (2): 5–8.

[4] Bhattacharyya, Nalinaksha. Good Managers Work More and Pay Less Dividends: A Model of Dividend Policy [D]. Working Paper, 2003.

[5] Bebchuk L. A., Jesse M. Fried, David I. Walker. Managerial Power and Rent Extraction in the Design of Executive Compensation [D]. Working Paper, 2002.

[6] Carter M. E., L. Lynch. An Examination of Executive Stock Option Repricing [J]. Journal of Financial Economics, 2001 (61): 207–225.

[7] Carter, Lynch, Tuna. The Role of Accounting in the Design of CEO Equity Compensation [J]. The Accounting Review, 2007 (82): 327–357.

[8] Easterbrook F. H. Two Agency-cost Explanations of Dividends [J]. American Economic Review, 1984 (74): 650–659.

[9] Fenn, George, Nellie Liang. Corporate Payout Policy and Managerial Stock Incentives [J]. Journal of Financial Economics, 2001 (60): 45–72.

[10] Finkelstein. Power in Top Management Teams: Dimensions, Measurement and Validation [J]. The Academy of Management Journal, 1992 (35): 505–538.

[11] Jensen M. C. Agency Costs of Free Cash Flow, Corporate Finance and Takeovers [J]. American Economic Review, 1986 (76): 323–329.

[12] Lambert Richard, William Lanen, David Larcker. Executive Stock Options and Corporate Dividend

Policy [J]. Journal of Financial and Quantitative Analysis, 1989 (24): 409–425.

[13] Lintner J. Distribution of Income of Corporations Among Dividends, Retained Earnings and Taxes [J]. American Economics Review, 1956 (46): 92–113.

[14] Liljeblom E., D. Pasternack. Share Repurchases, Dividend and Executive Options: Empirical Evidence from Finland [D]. Working Paper, 2002.

[15] Mondher Kouki. Stock Options and Firm Dividend Policy: Evidence From Toronto Stock Exchange [J]. International Research Journal of Finance and Economics, 2009 (25): 97–113.

[16] Rozeff Michael S. Growth, Beta and Agency Costs as Determinants of Dividend Payout Ratios [J]. The Journal of Financial Research, 1982: 249–259.

[17] Stulz R. M. Managerial Control of Voting Rights [J]. Journal of Financial Economics, 1988 (20): 25–54.

[18] Wolfson M. A. Empirical Evidence of Incentive Problems and Their Mitigation in Oil and Gas Tax Shelter Programs [M] // J.W. Pratt, R. J. Zeckhauser. Principals and Agents: The Structure of Business, Boston, MA: Harvard Business School Press, 1985: 101–125.

[19] Weisbenner Scott. Corporate Share Repurchases in the 1990s: What Role do Stock Options Play? Board of Governors of the Federal Reserve System [D]. Finance and Economics Discussion Paper, 2002.

[20] Yermack D. Good Timing: CEO Stock Option Awards and Company News Announcements [J]. The Journal of Finance, 1997 (52): 449–476.

[21] 陈冬华, 陈信元, 万华林. 国有企业中的薪酬管制与在职消费 [J]. 经济研究, 2005 (2).

[22] 陈清泰, 吴敬琏. 美国企业的股票期权计划 [M]. 北京: 中国财政经济出版社, 2001.

[23] 陈国辉, 赵春光. 上市公司选择股利政策动因的实证分析 [J]. 财经问题研究, 2000 (5).

[24] 廖理, 方芳. 股利政策代理理论的实证检验 [J]. 南开管理评论, 2005 (5).

[25] 李礼, 王曼舒, 齐寅峰. 股利政策由谁决定及其选择动因——基于我国非上市国有企业的问卷调查分析 [J]. 金融研究, 2006 (1).

[26] 罗宏. 上市公司现金股利政策与公司治理研究 [D]. 暨南大学博士学位论文, 2006.

[27] 卢锐. 公司高管权力、薪酬激励与绩效——基于中国证券市场的理论与实证研究 [M]. 北京: 经济科学出版社, 2008.

[28] 吕长江, 王克敏. 上市公司股利政策的实证分析 [J]. 经济研究, 1999 (12).

[29] 吕长江, 郑慧莲, 严明珠, 许静静. 上市公司股权激励计划设计: 是激励还是福利? [J]. 管理世界, 2009 (9).

[30] 吕长江, 许静静. 基于股利变更公告的股利信号效应研究 [J]. 南开管理评论, 2010 (2).

[31] 潘飞, 童卫华. 我国高级管理人员激励契约: 现状与分析——来自我国上市公司的证据 [C]. 中国会计学会 2005 年学术年会论文集, 2005.

[32] 苏冬蔚, 林大庞. 股权激励、盈余管理与公司治理 [J]. 经济研究, 2010 (11).

[33] 魏刚, 蒋义宏. 中国上市公司股利分配问卷调查报告 [J]. 经济科学, 2001 (4).

[34] 肖珉. 自由现金流量、利益输送与现金股利 [J]. 经济科学, 2005 (2).

[35] 夏立军, 陈信元. 市场化进程、国企改革策略与公司治理结构的内生决定 [J]. 经济研究, 2007 (7).

[36] 肖淑芳, 张超. 上市公司股权激励、行权价操纵与送转股 [J]. 管理科学, 2009 (12).

[37] 吴育辉, 吴世农. 企业高管自利行为及其影响因素研究——基于我国上市公司股权激励草案的

证据 [J]. 管理世界，2010（5）.

　　[38] 吴育辉，吴世农. 高管薪酬：激励还是自利？——来自中国上市公司的证据 [J]. 会计研究，2010（11）.

　　[39] 杨淑娥，王勇，白革萍. 我国股利分配政策影响因素的实证分析 [J]. 会计研究，2000（2）.

　　[40] 原红旗. 中国上市公司股利政策分析 [J]. 财经研究，2001（3）.

　　[41] 杨熠，沈艺峰. 传递盈利信号还是起监督治理作用 [J]. 中国会计评论，2004（1）.

　　[42] 易颜新，柯大钢，王平心. 我国上市公司股利分配决策的调查研究分析 [J]. 南开管理评论，2008（1）.

　　[43] 张必武，石金涛. 董事会特征、高管薪酬与薪绩敏感性——中国上市公司的经验分析 [J]. 管理科学，2005（4）.

　　[44] 张海平，吕长江. 上市公司股权激励与会计政策选择：基于资产减值会计的分析 [J]. 财经研究，2011（7）.

The Influences of Stock Option Incentive Plan on Corporate Payout

Lv Changjiang　　Zhang Haiping

Abstract：This paper studies the dividend policy and behavior of Chinese listed companies under the background of stock option incentive plan. Through theoretical and empirical analysis，we find compared with non-stock option companies，companies which introduced the stock option incentive program are more inclined to reduce cash dividends；the dividend of the companies which has launched the incentive program is less paid than before. Furthermore，companies with the characteristic of welfare have significant influence on their cash dividend policy. This paper summarizes that some corporate managers which introduced the stock option incentive plan use the dividend policy for their own interest. This study can not only provide the relevant evidence for the management power theory，but also provide a useful reference for regulators in building a sound stock option incentive plan system and dividend policy.

Key Words：Stock Option Plans；Dividend Payout Ratio；Dividend Yield

融资需求、产权性质与股权融资歧视
——基于企业上市问题的研究 *

祝继高　　陆正飞

【摘　要】本文研究了 2004~2008 年的企业上市问题。研究发现，相比国有企业，民营企业是否申请上市与企业外部融资需求的相关性更强。这说明外部融资需求对于民营企业是否申请上市的影响较大，国有企业申请上市更有可能是出于非经济因素的目的。进一步的研究表明，证监会发审委更有可能批准国有企业的上市申请。论文还发现，外部融资需求大、盈利能力好、位于市场化程度高的地区的企业更容易被批准上市。总之，论文的结论表明，目前的证券监管体制能够保证盈利能力好的企业更有可能被批准上市，从而使得证券市场的有限资源能够配置给业绩优良的企业。但是，"核准制"只能在一定程度上保证资源配置的有效性，政府在权益融资方面依然会照顾国有企业。

【关键词】企业上市；产权性质；融资

一、引言

当以上市公司为研究对象的时候，我们面临的第一个问题是：企业为什么要上市？Ritter 和 Welch 在他们的综述中指出，在大多数情况下，企业上市是为了进行权益融资，同时企业上市还可以使得企业的创始股东和其他股东将手中的股票套现。企业上市还存在非财务因素，如提高企业的社会知名度。事实上，对实务界的调查也有类似

* 本文选自《南开管理评论》2012 年第 15 卷第 4 期。

基金项目：本文受国家自然科学基金项目（71102077、71132004）、教育部人文社会科学研究规划基金项目（09YIA630012）资助。

作者简介：祝继高，对外经济贸易大学国际财务与会计研究中心/国际商学院讲师，管理学博士，研究方向为公司财务、会计信息与资本市场；陆正飞，北京大学光华管理学院教授、博士生导师、经济学博士，研究方向为公司财务、会计信息与资本市场。

的回答。① 当然，企业上市也有其弊端，例如，上市成本高昂、创始人的控制权被分散等。因此，企业是否上市是在上市收益和成本之间进行权衡。

但是，与国外的新股发行体制不同，中国政府对企业公开发行新股和上市交易（以下简称"上市"）采取了严格的管理制度。从 1990 年到 1999 年，企业上市采用的是"审批制"。在该模式下，中国证券监督管理委员会（以下简称"证监会"）直接控制企业的上市指标，企业只有获得上市指标才能申请上市，而证监会则将上市指标通过行政手段分配给中央各部委和地方政府。这种模式导致严重的政治寻租问题。1999 年 7 月以后，"审批制"被废止，取而代之的是"核准制"。根据"核准制"的相关规定，企业只要原则上符合上市条件即可申请上市。② 但是，"程序公平"并不能保证实质意义上的公平，企业的上市申请依然需要得到中国证券监督管理委员会发行审核委员会（以下简称"发审委"）的审核。

本文正是在"核准制"的制度背景下研究这样一个基本问题：中国的上市监管体制是如何筛选"合格"上市企业的？具体而言，论文主要回答两个问题：第一，影响企业申请上市的因素是什么？第二，哪些企业更有可能通过证监会发审委的审批？论文利用中国工业企业数据库发现，外部融资需求是民营企业申请上市的重要因素，但它对国有企业是否申请上市无显著影响。上述发现说明，国有企业申请上市更多地受到非经济因素影响。进一步的研究也表明，证监会发审委更有可能批准国有企业的上市申请。研究还发现，外部融资需求大、盈利能力好、位于市场化程度高的地区的企业更容易被批准上市。总之，论文的结论表明，目前的证券监管体制能够保证盈利能力好的企业更有可能被批准上市，从而使得证券市场的有限资源能够配置给业绩优良的企业。但是，"核准制"只能在一定程度上保证资源配置的有效性，政府在权益融资方面依然会照顾国有企业。

本文的贡献主要体现在以下两个方面：第一，论文的研究丰富了关于企业上市的文献。现有的文献主要分析了意大利、德国、英国和美国等发达国家的企业上市问题，鲜有文献研究新兴市场国家的企业上市问题。Du 和 Xu 虽然研究了中国企业的上市问题，但是他们讨论的是"审批制"下国有企业的上市问题，两篇论文研究的制度背景和研究对象存

---

① 上海证券交易所在其网站上列举了企业上市的好处：第一，公司首次发行上市可以筹集到大量的资金，上市后也有再融资的机会，从而为企业进一步发展壮大提供了资金来源；第二，可以推动企业建立规范的经营管理机制，完善公司治理结构，不断提高运行质量；第三，股票上市需满足较为严格的上市标准，并通过监管机构的审核。公司能上市，是对公司管理水平、发展前景、盈利能力的有力证明；第四，股票交易的信息通过报纸、电视台等各种媒介不断向社会发布，扩大了公司的知名度，提高了公司的市场地位和影响力，有助于公司树立产品品牌形象，扩大市场销售量；第五，可以利用股票期权等方式实现对员工和管理层的有效激励，有助于公司吸引优秀人才，激发员工的工作热情，从而增强企业的发展潜力和后劲；第六，股票的上市流通扩大了股东基础，使股票有较高的买卖流通量，股票的自由买卖也可使股东在一定条件下较为便利地兑现投资资本；第七，公司取得上市地位，有助于提高自身信用状况，增强金融机构对企业的信心，使公司在银行信贷等业务方面获得便利；第八，上市后股票价格的变动，形成对公司业绩的一种市场评价机制；第九，企业发行上市，成为公众公司，有助于公司更好地承担起更多的社会责任。（资料来源：http://www.sse.com.cn/sseportal/ps/Zhs/sjs/nsszl/qyssdhc.shtml）

② 史美伦（2003）表示："对于私营企业的上市问题，在上市程序上并没有对它们进行歧视。"（资料来源：http://www.chinamoney.com.cn/content/zongheng/guonei/200308/410G14QW039314.htm）

在很大的差异。第二，论文实证检验了政府在 IPO 市场资源配置中的作用。关于政府对证券市场管制的效率问题存在不同的答案，而且缺乏实证数据的支持。例如，Pistor 和 Xu、Du 和 Xu 认为，由于中国的法律环境和公司治理较差，政府采取的"审批制"能够提高证券市场的资源配置效率，而 Song 等则认为，政府同时是证券市场的所有者和监管者，政府的双重身份降低了市场的资源配置效率。本文则采用"核准制"下企业上市的数据对上述观点进行了系统的实证检验，并为该领域的研究提供了新的证据。

二、文献回顾

1. 企业上市影响因素分析

Brau 和 Fawcett、Brau 等、Bancel 和 Mittoo 的调查发现，企业上市的原因很多，包括融资需求、行业和市场估值水平、融资成本、股权结构和信息不对称等。大多数文献都支持融资需求是企业上市的主要动机。Pagano 和 Roell 通过理论模型分析发现，企业的外部融资需求越大，企业的上市动机越强烈。Fischer 以德国企业为样本，发现德国企业上市的主要目的是股权融资，那些无形资产比率高、研发费用投入多以及资产负债率高的企业更有可能选择上市。Kim 和 Weisbach 分析了美国企业的新股发行行为，他们发现，企业融资是企业上市的重要因素，具体表现为投资增长快、债务偿还压力大以及现金增长快的企业更可能选择上市。Kim 和 Weisbach 分析了全球的 IPO 市场，他们发现 IPO 之后，企业的资本性支出会大幅度增加。他们以此推论企业 IPO 的重要动机是股票融资。Aslan 和 Kumar 研究了 1996~2006 年英国和爱尔兰的企业上市行为，他们发现投资需求大、固定资产增长快、内部融资不足，而且债务融资成本高的（具体表现为高资产负债率）企业更有可能选择上市。

还有的文献从其他方面讨论了企业上市的动机。例如，Zingales、Pagano 和 Roell 认为，控股股东在决定企业是否上市时会充分考虑股权结构变化的成本和收益。Pagano 等研究了意大利企业的上市行为，他们发现，企业规模越大、行业的市账率（Market-to-Book Ratio）越高，企业越有可能选择上市。Chemmanur 等则从产品市场竞争的角度进行了分析，他们使用美国的 Longitudinal Research Database（LRD）数据库，发现市场份额、竞争程度、资本密集度和现金流波动性等会显著影响企业上市的可能性，而且信息不对称程度低的企业更有可能选择上市。

总之，以上文献支持企业上市动机的多样性，这取决于企业上市的成本和收益的权衡。非上市公司数据库的缺乏使得以往的研究主要讨论发达资本市场的企业上市行为，这些研究结论是否适用于转型经济国家存在一定的疑问。

2. 企业上市与政府监管

中国股票市场的建立和发展与国有企业的改革密切相关，早期的股票市场主要是为国有企业改革服务，民营企业根本不可能参与到股票发行中。随着证券市场的发展，政府对企业上市的监管在逐渐放开，越来越多的民营企业加入到企业上市的行列中，但是政府作为证券市场所有者和监管者的角色依然没有发生改变。

在大部分发达国家，政府在企业上市过程中只负责信息披露的规定，即奉行"以披露为基础的监管"（Disclosure-based Regulation）。与发达国家不同，中国政府对于企业上市监管体现在各个方面，包括决定谁能上市、发行数量、发行定价以及发行时间等。那么这种模式的监管效率如何呢？现有的文献给出了不同的答案。一种观点认为，政府的监管对资源配置的效率产生了不利影响，而且政府在监管中更偏袒国有企业。例如，周业安指出，发行价格和发行额度管制增加企业的直接融资成本。Aharony 等发现，管制行业中的国有企业与政府关系更密切，在 IPO 中更有可能得到政府的特殊帮助。Tian 和 Megginson 研究了 1991~2004 年中国 IPO 市场的折价现象（Underpricing），他们认为政府对于 IPO 发行的控制（股票发行供给、发行价格和发行时间）导致中国 IPO 市场的折价现象十分严重。吴联生和刘慧龙研究了 1994~2004 年国有企业改制上市的问题，他们发现政府会让采用存续分立上市的国有企业（政策性负担重的企业）筹集更多的资金，而且政府对采用存续分立上市的国有企业的"偏袒"在"审批制"下比"核准制"下更严重。企业上市后的业绩表现证明，政府干预影响了资源配置的效率。另一种观点则认为，中国的法律制度不完善和投资者保护较差，如果政府全面放开对于 IPO 市场的管制可能导致市场的崩溃。因此，政府对于证券市场的全面监管是一种较优的选择，能够提高资源配置效率。例如，Pistor 等、Du 等认为，由于中国的法律环境和公司治理较差，政府采取的"审批制"能够选择出业绩较好的国有企业上市。

总结以上文献，我们发现政府对于证券市场的全面监管是中国 IPO 市场的重要特色，但对于政府监管的效率问题，不同的学者存在不同的观点。现有的关于中国企业上市方面的研究主要是以被批准上市的企业为研究对象，通过比较不同类型企业上市后业绩表现来判断资源配置效率的高低。也就是说，这类研究无法观察到企业申请上市的整个过程，无法比较被批准上市企业和未被批准上市的差异，而这恰恰是最能体现政府监管效率的环节。

三、研究假设

通常而言，处于成长阶段的企业对资金需求强烈，而留存收益往往不能满足企业快速发展的需要，因此，企业就会寻求外部融资，包括外部股权融资和债权融资。但是，不同产权性质的企业融资行为存在很大的差异。在债务融资方面，国有企业更容易获得银行贷款，而民营企业通常面临债务融资歧视。Allen 等发现，私营企业主要通过非正规的渠道进行债务融资，而这种融资方式主要基于企业的声誉和关系。由于国有企业债权融资的可获得性强，债权融资能够较好地满足企业的外部融资需求，而且国有企业也更容易获得政府补贴。因此，国有企业申请上市与外部融资需求的相关性较弱；而民营企业很难通过债权融资满足其外部融资需求，若能上市，民营企业不但能够获得股权融资，还能因为身份的转变而获得更多的债权融资，因此，民营企业申请上市与外部融资需求的相关性较强。

相比民营企业，国有企业申请上市的影响因素更多，外部融资需求对于国有企业上市的影响程度更弱。例如，通过上市改善国有企业的公司治理结构就是国有企业上市的重要推动力量。国务院国有资产监督管理委员会前主任李荣融在 2006 年提出："加快大型企业股份制改革步伐，建立完善现代企业制度"，"继续支持具备条件的国有大型企业通过规范的改制，实现境内外上市，有条件的实现主营业务的整体上市"。而且，国有企业高管通过上市还能获得私人收益。例如，Hung 等发现，有政治关联的国有企业更有可能去海外上市，这些企业高管更容易受到媒体的报道或者晋升到更高的行政岗位上。基于上述分析，我们提出第一个假设：

假设 1：在其他条件相同的情况下，相比国有企业，民营企业是否申请上市与企业外部融资需求的相关性更强。

通过上市来改造国有企业一直是中国证券市场发展的主要推动力。在"审批制"下，上市指标主要分配给了国有企业，而在"核准制"下，虽然国有企业和民营企业均能申请上市，但是由于预算软约束问题的存在和国有企业改革的需要，政府在企业上市程序方面依然优先照顾国有企业。[①] Aharony 等指出，保护性行业中（被视为与政府关系更为密切）的国有企业在公开发行股票时更有可能获得特殊照顾。例如，保护性行业中的国有企业申请上市的盈利要求更低。胡旭阳发现，高管在行业协会担任会长或理事的具有政治关系的拟发行人更容易通过发行审核。相比民营企业，国有企业与政府的联系更为密切，受到政府照顾的可能性越大。因此，预期国有企业的上市申请更有可能获得政府批准，民营企业的上市申请更难获得政府批准。基于上述分析，我们提出第二个假设：

假设 2：在其他条件相同的情况下，相比国有企业，民营企业上市申请的通过率更低。

四、研究设计

1. 数据来源

（1）非上市公司数据

论文以非上市公司为研究对象，非上市公司数据库来源于国家统计局编制的"中国工

---

① 在企业上市的法律中也能体现政府对国有企业的照顾。例如，《中华人民共和国公司法》（2004 年修正）规定："股份有限公司申请其股票上市开业时间在三年以上，最近三年连续盈利；原国有企业依法改建而设立的，或者本法实施后新组建成立，其主要发起人为国有大中型企业的，可连续计算。"该法律规定大大缩减了国有企业上市的准备时间。

业企业数据库"。"中国工业企业数据库"涵盖的对象为销售额 500 万元以上的大中型制造业企业。截止到 2007 年底共收录了中国 31 万多家企业，占中国工业总产值的 95% 左右，涵盖中国工业制造业 40 多个大类、90 多个中类、600 多个小类。已有的很多文献也采用了"中国工业企业数据库"进行相关的学术研究，并在一定程度上证实了数据的可靠性。

论文获得的非上市公司数据区间为 1998~2007 年，1998 年和 1999 年变量缺失较为严重，予以删除。同时，考虑到期初值的需要，论文最终的样本区间为 2001~2007 年。2001~2007 年全国工业企业数据库的观测个数为 1736466 公司/年。① 论文研究的企业上市区间为 2004~2008 年，因此，论文在研究中剔除了 2004 年以前上市的企业、2004 年以前通过发审委审核并于 2004 年或以后年度上市的企业。

根据《中华人民共和国公司法》、《中华人民共和国证券法》等法律法规，公司首次公开发行股票需要在公司治理和盈利能力等方面满足一定的规定。本研究采用如下标准来筛选样本公司：第一，最近三个会计年度净利润均为正数；第二，公司发行前股本总额不少于人民币 3000 万元。② 由于相关规定众多，无法按照这些要求对样本公司进行逐一限制。研究将在回归模型中尽可能控制影响企业首次公开发行股票的相关因素。

本研究还剔除了缺少期初和期末总资产数据、所有者权益小于或等于 0 以及其他计算相关指标所需要数据缺失的观测。样本的筛选过程见表 1。非上市公司数据库的数据缺失较为严重，以往的文献在使用该数据库的时候也存在同样的问题（例如，Fan 等、Cull 等、Li 等）。论文采用 Winsorization 的方法对异常值进行处理，对所有小于 1% 分位数（99% 分位数）的变量，令其值等于 1% 分位数（99% 分位数）。论文最终获得样本观测 24685 个。

表 1　样本筛选过程

过程	样本合计 （个）	备注
第一步：初始样本 原始数据	1736466	
第二步：中间样本 1 减：所有者权益小于或等于 0 的公司	1285623	
第三步：中间样本 2 减：不符合企业上市标准的公司	116348	第一，最近三个会计年度净利润均为正数；第二，公司发行前股本总额不少于人民币 3000 万元
第四步：最终样本 减：研究所需变量缺失的公司	24685	变量缺失严重的主要原因：由于企业规模、销售增长、外部融资需求的计算需要上一期的数据，而"工业企业数据库"中公司名称和公司代码等变量上缺失或者不一致现象较为严重，造成很多公司无法找到上一年度可匹配的公司

---

① 其中，2001 年 169031 个、2002 年 181557 个、2003 年 196222 个、2004 年 279092 个、2005 年 271835 个、2006 年 301961 个、2007 年 336768 个。
② 上述两点是企业首次公开发行股票必须满足的条件。根据《中华人民共和国公司法》的规定，公司发行新股必须最近三年内连续盈利；根据《首次公开发行股票并上市管理办法》，企业发行前股本总额不少于人民币 3000 万元。

（2）申请上市的公司数据

企业申请上市的相关数据来源于 Wind 数据库。Wind 数据库提供了 2004~2008 年发审委审核企业上市申请的相关数据，包括申请企业的名称、过会日期、审核结果等相关信息。发审委的审核意见分为四种：通过、未通过、暂缓表决和取消审核。本研究将未通过和取消审核均定义为"未通过"。[①]

从 2004 年 1 月到 2008 年 12 月，发审委共审核股票发行申请 428 件，[②] 整体通过率为 81.69%。本研究将申请上市的公司与非上市公司数据库根据"省份"和"公司名称"进行匹配（如果出现同一省份中公司重名，则核对上市公司和非上市公司的财务信息予以确认），同时剔除研究中所需变量缺失的观测，最终获得申请上市样本 111 个，[③] 整体通过率为 80.91%。[④] 具体的样本选择过程见表 2，样本公司的行业分布见表 3。从表 3 可知，具备申请上市资格的企业、申请上市的企业以及被批准上市的企业行业分布比例基本相同。

表 2　申请上市的企业样本

单位：个

	2004 年	2005 年	2006 年	2007 年	2008 年	合计
（1）原始样本	97	3	65	147	116	428
其中：通过	72	1	62	117	96	348
未通过	25	1	3	26	20	75
暂缓表决	0	1	0	1	0	2
取消审核	0	0	0	3	0	3
审核通过率（%）	74.23	50.00	95.38	80.14	82.76	81.69
（2）最终样本	21	2	30	41	17	111
其中：通过	17	1	27	31	13	89
未通过	4	1	3	8	4	20
暂缓表决	0	0	0	1	0	1
取消审核	0	0	0	1	0	1
审核通过率（%）	80.95	50.00	90.00	77.50	76.47	80.91

注：①在计算通过率时未考虑"暂缓表决"的观测；②审核通过率="通过"的观测/（总观测－"暂缓表决"的观测）。

---

① 根据《中国证券监督管理委员会发行审核委员会办法》第三十条规定，发审委委员发现存在尚待调查核实并影响明确判断的重大问题，应当在发审委会议前以书面方式提议暂缓表决。暂缓表决的发行申请再次提交发审委会议审核时，原则上仍由原发审委员审核。发审委会议对发行人的股票发行申请只能暂缓表决一次。也就是说，"暂缓表决"并没有否决或者取消上市申请。因此，论文未将"暂缓表决"归为"未通过"。

② 如果在 2004~2008 年，一个公司多次向发审委提交股票发行申请，论文以发审委对该公司股票发行申请的最后一次审核结果为准。

③ 论文最终申请上市的样本是 111 家，与从 2004 年 1 月到 2008 年 12 月，发审委共审核股票发行申请 428 件存在一定的差距。造成上述问题的原因是没有匹配到非上市公司数据，而利用企业上市前的财务数据和股权结构数据是本文研究的重要基础。未匹配到非上市公司数据的原因有三点：第一，工业企业数据库的行业分布有限。在论文的样本中，电子（C5）、建筑业（E）、交通运输、仓储业（F）、批发和零售贸易（H）、房地产业（J）、社会服务业（K）、传播与文化产业（L）、综合类（M）等行业的观测数是 0；第二，存在工业企业未把数据报送给国家统计局的情形；第三，工业企业向统计局报送的数据存在变量缺失，使得论文无法计算所需的研究变量。

④ 由于"中国工业企业数据库"涵盖的行业主要为工业企业，因此非工业类企业申请上市的样本将被剔除。上述因素是样本减少的主要原因。申请上市企业的原始样本审核通过率为 81.69%，最终样本为 80.91%，这在一定程度上保证了样本选择的无偏性。

表 2 和表 3 的结果在一定程度上保证了样本筛选的无偏性。

表 3　样本企业行业分布①

行业名称	具备申请上市资格的企业		申请上市的企业		被批准上市的企业	
	数量（家）	比率（%）	数量（家）	比率（%）	数量（家）	比率（%）
农、林、牧、渔业（A）	36	0.15	0	0.00	0	0.00
采掘业（B）	753	3.05	2	1.82	2	2.25
食品、饮料（C0）	2148	8.70	8	7.27	8	8.99
纺织、服装、皮毛（C1）	2568	10.40	6	5.45	6	6.74
木材、家具（C2）	428	1.73	1	0.91	1	1.12
造纸、印刷（C3）	1091	4.42	4	3.64	4	4.49
石油、化学、塑胶、塑料（C4）	3372	13.66	14	12.73	11	12.36
电子（C5）	0	0.00	0	0.00	0	0.00
金属、非金属（C6）	3604	14.60	15	13.64	13	14.61
机械、设备、仪表（C7）	5697	23.08	31	28.18	21	23.60
医药、生物制品（C8）	924	3.74	8	7.27	6	6.74
其他制造业（C9）	264	1.07	1	0.91	1	1.12
电力、煤气及水的生产和供应业（D）	1905	7.72	1	0.91	0	0.00
建筑业（E）	0	0.00	0	0.00	0	0.00
交通运输、仓储业（F）	0	0.00	0	0.00	0	0.00
信息技术业（G）	1894	7.67	19	17.27	16	17.98
批发和零售贸易（H）	0	0.00	0	0.00	0	0.00
房地产业（J）	0	0.00	0	0.00	0	0.00
社会服务业（K）	1	0.00	0	0.00	0	0.00
传播与文化产业（L）	0	0.00	0	0.00	0	0.00
综合类（M）	0	0.00	0	0.00	0	0.00
合计	24685	100.00	110	100.00	89	100.00

注：行业分类参照"上市公司行业分类指引"。

2. 变量定义

（1）被解释变量

如果企业的新股发行申请在 2004~2008 年被发审委审核，则 APPLY 取值为 1，否则为 0；如果企业的新股发行申请在 2004~2008 年被发审委审核通过，则 PASS 取值为 1，否则为 0（见表 4）。

（2）解释变量

1）股权性质

由于"中国工业企业数据库"只提供各种股权类型（包括国家资本、集体资本、法人

---

① "中国工业企业数据库"采用的行业分类标准为"国民经济行业分类标准"，论文为了研究的需要，将"中国工业企业数据库"数据按照中国证监会发布的"上市公司行业分类指引"进行了重新分类。

资本、个人资本、港澳台资本和外商资本六种类型）的比率，本研究无法确定企业的最终控制人类型。因此，本研究采用企业注册资本中国家资本是否超过 50% 作为判断企业产权性质的标准，即如果企业注册资本中国家资本占 50% 以上，则定义 STATE1 取值为 1，否则为 0。考虑到股权结构可能发生变更，本研究中的股权结构数据采用了离新股发行申请最近一年的数据。当然，也可能存在企业注册资本中国家资本占比小于 50%，但最终控制人的产权性质为国有的情形。如果将企业注册资本中国家资本是否超过 45%，或者 40%，或者 35% 作为判断企业产权性质的标准，论文的主要研究结论依然成立。[1]

在申请新股发行的 110 家企业（剔除"暂缓表决"的观测）中，本研究通过查询申请企业的新股发行申请申报稿和企业网站等方式确定了最终控制人的产权性质。如果企业的最终控制人性质为国有，则 STATE2 取值为 1，否则为 0。

2）外部融资需求

本研究借鉴 Demirguc–Kunt 和 Maksimovic、Durnev 和 Kim 的做法，用企业项目投资对外部资金的需求来度量企业的外部融资需求。外部融资需求定义为：企业的实际增长率减去可持续增长率。其中，实际增长率是总资产增长率（（总资产$_t$ − 总资产$_{t-1}$）/总资产$_{t-1}$），可持续增长率为 $ROE_t/(1 - ROE_t)$。Durnev 和 Kim 解释了为什么可持续增长率定义为 $ROE_t/(1 - ROE_t)$。一个年度增长率是 g% 的企业外部融资需求可以表达为：$g \times Assets - (1 + g) \times Earnings \times b$，其中，b 为企业留存收益中用于投资的部分。式中的第一项是企业要求的投资，第二项是企业内部可以用于投资的资金。因为资产的来源不是负债，就是权益，所以第一项可以表达为 $g \times E$，其中，E 是股东权益的账面价值。假设企业不支付股利（b = 1），如果企业的外部需求为 0，则通过公式计算可求得企业的可持续增长率为 $ROE/(1 - ROE)$。[2]

非上市公司数据库提供的数据范围为 2001~2007 年，而企业申请新股发行的年份为 2004~2008 年，论文将企业申请新股发行前每年的外部融资需求进行平均（例如，A 公司在 2004 年申请新股发行，A 公司的外部融资需求定义为 2001~2003 年 A 公司外部融资需求的平均；B 公司在 2008 年申请新股发行，B 公司的外部融资需求定义为 2001~2007 年 B 公司外部融资需求的平均[3]），同时按照企业平均外部融资需求的大小排序分成 10 组，并将排序值标准化，[4] 从而得到变量 EXTFIN。EXTFIN 值越大，外部融资需求越大。其他财务变量（EBIT、SIZE、LEV、GROWTH、AM 和 DEBTTERM）也采取类似的方法，即将企业申请新股发行前每年的财务变量进行平均。

---

[1] 但是，如果选取 30% 为标准，则论文主要结论不成立。
[2] 外部融资需求计算的进一步推导说明请参见 Demirguc–Kunt 等。
[3] 需要说明的是，"中国工业企业数据库"收录企业有一定的标准，如果企业的业绩波动较大或者其他原因造成企业不再符合数据库收录标准，就可能存在企业的观测在某些年度存在缺失的情况。
[4] 即将企业外部融资需求变量的取值范围限定为 [0，1]。

表 4　主要变量定义

变量名称	变量定义
APPLY	如果企业的新股发行申请在 2004~2008 年被证监会股票发行审核委员会审核，则取值为 1，否则为 0
PASS	如果企业的新股发行申请在 2004~2008 年被证监会股票发行审核委员会审核通过，则取值为 1，否则为 0
EBIT	(利润总额 + 利息费用)/期末总资产
SIZE	期初总资产的自然对数
LEV	负债总额/资产总额
GROWTH	销售收入增长率
EXTFIN	外部融资需求
DEBTTERM	长期负债①/负债总额
AM	固定资产/总资产
STATE1	如果企业注册资本中国家资本占 50%以上，则取值为 1，否则为 0
STATE2	如果企业最终控制人的股权性质为国有，则取值为 1，否则为 0
MARKET	滞后一期的市场化指数（樊纲等），值越大，市场化程度越高

五、实证结果

1. 描述性统计

表 5 是主要变量的描述性统计。由表 5 的 Panel A 可知，具备上市申请资格的企业中，申请上市的企业仅为 0.4%，国有企业比率为 11.9%，资产负债率为 47.3%；由表 5 的 Panel B 可知，申请上市的企业中，被批准上市的比率为 80.9%，国有企业比率为 7.3%（如果采用最终控制人性质来定义国有企业则为 21.8%），资产负债率为 53.1%。

表 5　主要变量描述性统计（1）

Panel A：具备申请上市资格的企业							
变量	观测数	均值	标准差	最小值	25%	中值	75%	最大值
APPLY	24685	0.004	0.067	0.000	0.000	0.000	0.000	1.000
EXTFIN	24685	0.500	0.319	0.000	0.222	0.444	0.778	1.000
STATE1	24685	0.119	0.324	0.000	0.000	0.000	0.000	1.000
EBIT	24685	0.084	0.077	0.000	0.032	0.062	0.110	0.509
SIZE	24685	19.164	1.053	17.420	18.404	19.007	19.732	22.912

---

① 由于非上市公司数据库中未提供长期借款数据，论文采用长期负债作为长期借款的代理变量。因为中国企业很少能发行债券，长期借款构成了长期负债的绝大部分，所以论文认为采用长期负债作为长期借款的代理变量是合理的。

Panel A：具备申请上市资格的企业								
变量	观测数	均值	标准差	最小值	25%	中值	75%	最大值
LEV	24685	0.473	0.204	0.024	0.328	0.488	0.627	0.900
GROWTH	24685	0.251	0.351	−0.691	0.059	0.189	0.368	2.870
MARKET	24685	8.909	2.106	0.790	7.260	9.170	10.800	11.710
Panel B：申请上市的企业								
变量	观测数	均值	标准差	最小值	25%	中值	75%	最大值
PASS	110	0.809	0.395	0.000	1.000	1.000	1.000	1.000
EXTFIN	110	0.490	0.275	0.000	0.222	0.444	0.778	1.000
STATE1	110	0.073	0.261	0.000	0.000	0.000	0.000	1.000
STATE2	110	0.218	0.415	0.000	0.000	0.000	0.000	1.000
EBIT	110	0.126	0.051	0.036	0.101	0.118	0.140	0.414
SIZE	110	19.467	0.790	17.845	18.982	19.362	19.667	22.228
LEV	110	0.531	0.128	0.126	0.447	0.548	0.631	0.882
GROWTH	110	0.323	0.286	−0.650	0.164	0.283	0.400	1.407
MARKET	110	8.603	1.929	4.230	7.110	9.100	10.180	11.390

表 6 的 Panel A 是申请上市的企业和未申请上市的企业财务特征比较。在控制了企业申请上市资格门槛的情况下，申请上市的企业盈利能力更高、规模更大、销售增长更快、资产负债率更高、债务期限结构更长、固定资产占总资产的比重更低。上述财务特征说明，申请上市的是那些成长较快、更依赖债务融资的企业。Panel B 是上市申请被批准和上市申请被否决的企业样本。研究发现，被批准上市的企业盈利能力更好，销售增长更快（仅中值检验显著）。这说明，盈利能力强、销售增长快的企业更有可能被批准上市。

在表 6 的 Panel C 至 Panel F 中，样本被分成国有组和民营组，以比较产权性质对于企业上市整个过程的影响。需要说明的是：表 6 中的 Panel C 和 Panel D 中采用 STATE1 定义来度量国有企业，主要原因是论文无法获得所有符合上市申请条件的企业的最终控制人数据。Panel E 和 F 则采用 STATE2 来度量国有企业。Panel C 的结果表明，国有企业盈利能力更差、规模更大、销售增长更慢、固定资产占总资产的比重更高、外部融资需求更大、资产负债率更高、债务期限结构也更长。这说明尽管国有企业对于投资资金的需求更大，它们也更容易通过债务融资来满足融资需求。Panel D 的结果显示，申请上市的样本中，国有企业的盈利能力更差、销售增长更慢、债务期限结构更长。如果采用 STATE2 来度量企业的产权性质（见 Panel E），研究结论基本类似。由 Panel E 和 Panel F 可知，国有企业的上市申请通过率（87.5%）要高于民营企业（79.1%）。但是，国有企业盈利能力更差，销售增长更慢。总之，相比国有企业，民营企业的财务状况更好。

表 7 和表 8 是主要变量的相关系数表。在具备申请上市资格的企业中（见表 7），盈利能力水平高、规模大、资产负债率水平高、销售增长快的企业更有可能申请上市；在申

请上市的企业中（见表 8），盈利水平高、位于市场化程度高的地区的企业更有可能被批准上市。

表 6 主要变量的描述性统计（2）

| | Panel A：具备申请上市资格的企业 | | | | | |
| | 申请上市的企业（0 组） | | 未申请上市的企业（1 组） | | 均值检验
（0 组–1 组） | 中值检验
（0 组–1 组） |
	均值	中值	均值	中值		
EXTFIN	0.491	0.444	0.500	0.444	−0.32	−0.85
STATE1	0.072	0.000	0.119	0.000	−1.91*	−1.53
EBIT	0.126	0.118	0.084	0.062	8.65***	9.61***
SIZE	19.466	19.361	19.163	19.005	4.04***	4.09***
LEV	0.531	0.549	0.473	0.488	4.80***	2.76***
GROWTH	0.322	0.281	0.250	0.189	2.66***	3.90***
DEBTTERM	0.192	0.146	0.128	0.014	3.94***	7.71***
AM	0.349	0.338	0.399	0.375	−3.21***	−2.95***
观测个数	111		24574			

| | Panel B：申请上市的企业 | | | | | |
| | 被批准上市的企业（0 组） | | 未被批准上市的企业（1 组） | | 均值检验
（0 组–1 组） | 中值检验
（0 组–1 组） |
	均值	中值	均值	中值		
EXTFIN	0.506	0.444	0.423	0.333	1.24	1.29
STATE1	0.067	0.000	0.095	0.000	−0.44	−0.44
STATE2	0.236	0.000	0.143	0.000	0.92	0.92
EBIT	0.131	0.120	0.105	0.105	2.84***	1.69*
SIZE	19.436	19.357	19.598	19.442	−0.84	−1.69*
LEV	0.525	0.549	0.554	0.532	−0.92	0.24
GROWTH	0.340	0.302	0.251	0.196	1.28	1.69*
DEBTTERM	0.182	0.146	0.239	0.216	−1.37	−0.24
AM	0.360	0.343	0.315	0.274	1.14	0.72
观测个数	89		21			

| | Panel C：具备申请上市资格的企业 | | | | | |
| | 国有企业
（0 组：STATE1=1） | | 民营企业
（1 组：STATE1=0） | | 均值检验
（0 组–1 组） | 中值检验
（0 组–1 组） |
	均值	中值	均值	中值		
EXTFIN	0.526	0.556	0.496	0.444	5.36***	6.67***
EBIT	0.058	0.039	0.087	0.066	−23.05***	−22.63***
SIZE	19.701	19.518	19.092	18.946	26.03***	21.26***
LEV	0.519	0.542	0.467	0.481	13.06***	11.28***
GROWTH	0.199	0.158	0.258	0.195	−9.94***	−8.56***
DEBTTERM	0.240	0.173	0.113	0.004	27.86***	32.31***
AM	0.498	0.479	0.386	0.361	25.73***	19.93***
观测个数	2940		21745			

Panel D：申请上市的企业					
	国有企业 （0 组：STATE1=1）		民营企业 （1 组：STATE1=0）		均值检验 （0 组−1 组）	中值检验 （0 组−1 组）
	均值	中值	均值	中值		
EBIT	0.102	0.106	0.128	0.119	−2.37**	−0.73
SIZE	19.777	19.725	19.443	19.357	1.16	2.19**
LEV	0.590	0.575	0.526	0.532	1.38	2.19**
GROWTH	0.188	0.169	0.333	0.298	−2.42**	−1.46
EXTFIN	0.403	0.444	0.497	0.444	−0.93	−0.78
DEBTTERM	0.332	0.304	0.182	0.136	2.45**	2.19**
AM	0.536	0.552	0.337	0.329	3.52***	2.19**
观测个数	8		102			

Panel E：申请上市的企业					
	国有企业 （0 组：STATE2=1）		民营企业 （1 组：STATE2=0）		均值检验 （0 组−1 组）	中值检验 （0 组−1 组）
	均值	中值	均值	中值		
EXTFIN	0.468	0.444	0.496	0.444	−0.45	−0.33
EBIT	0.112	0.108	0.130	0.121	−1.93*	−1.84*
SIZE	19.840	19.518	19.363	19.288	2.29**	2.76***
LEV	0.529	0.552	0.531	0.541	−0.08	0.00
GROWTH	0.235	0.185	0.347	0.301	−1.73*	−1.84*
DEBTTERM	0.267	0.258	0.173	0.133	2.44**	1.84*
AM	0.428	0.424	0.330	0.319	2.31**	2.76***
观测个数	24		86			

Panel F：被批准上市的企业					
	国有企业 （0 组：STATE2=1）		民营企业 （1 组：STATE2=0）		均值检验 （0 组−1 组）	中值检验 （0 组−1 组）
	均值	中值	均值	中值		
EXTFIN	0.460	0.444	0.520	0.556	−0.84	−1.04
EBIT	0.112	0.105	0.137	0.123	−2.41**	−2.18**
SIZE	19.893	19.569	19.295	19.240	2.58**	2.79***
LEV	0.530	0.556	0.524	0.541	0.25	0.31
GROWTH	0.239	0.190	0.371	0.324	−1.57	−2.18**
DEBTTERM	0.280	0.278	0.152	0.128	2.79***	2.29**
AM	0.437	0.440	0.336	0.323	2.16**	2.79***
观测个数	21		68			

注：* 表示在 10%水平上显著，** 表示在 5%水平上显著，*** 表示在 1%水平上显著（后同）。

表 7 主要变量的相关系数表（具备申请上市资格的企业）

	APPLY	EXTFIN	STATE1	EBIT	SIZE	LEV	GROWTH	MARKET
APPLY	1	−0.002	−0.010	0.060***	0.028***	0.019***	0.025***	−0.013
EXTFIN	−0.002	1	0.031***	−0.396***	−0.061***	0.088***	0.211***	0.000
STATE1	−0.010	0.031***	1	−0.161***	0.170***	0.084***	−0.055***	−0.283***
EBIT	0.037***	−0.395***	−0.124***	1	0.100***	−0.124***	0.237***	0.085***
SIZE	0.019***	−0.053***	0.187***	0.030***	1	0.443	0.048***	−0.068***
LEV	0.019***	0.085***	0.083***	−0.176***	0.405***	1	0.101***	−0.055***
GROWTH	0.014**	0.196***	−0.054***	0.184***	0.005	0.076***	1	0.036
MARKET	−0.009	−0.004	−0.309***	0.051***	−0.084***	−0.057***	0.015***	1

注：表格左下方是 Pearson 相关系数表，右上方是 Spearman 相关系数表（后同）。

表 8 主要变量的相关系数表（申请上市的企业）

	PASS	EXTFIN	STATE1	STATE2	EBIT	SIZE	LEV	GROWTH	MARKET
PASS	1	0.112	−0.042	0.089	0.191**	−0.111	−0.053	0.196**	0.207**
EXTFIN	0.118	1	−0.081	−0.036	−0.180*	−0.214**	0.121	0.413***	−0.012
STATE1	−0.042	−0.089	1	0.530***	−0.143	0.187**	0.133	−0.165*	−0.267***
STATE2	0.089	−0.043	0.530***	1	−0.173*	0.247***	−0.040	−0.198*	−0.334***
EBIT	0.204**	−0.278***	−0.133	−0.148	1	−0.382***	−0.363***	0.180*	0.127
SIZE	−0.081	−0.149	0.110	0.251***	−0.263***	1	0.318***	−0.248***	−0.030
LEV	−0.088	0.132	0.131	−0.008	−0.477***	0.257***	1	0.129	−0.009
GROWTH	0.122	0.350***	−0.132	−0.164*	0.160*	−0.181*	0.194**	1	0.044
MARKET	0.220**	−0.030	−0.278***	−0.355***	0.036	−0.085	−0.032	−0.050	1

2. 企业外部融资需求与上市申请

表 6、表 7 和表 8 的结果只是单变量分析，未考虑其他因素对研究结果的影响。为了与 Pagano 等的结果对比，本研究采用 Probit 回归的方法。① 由表 9 中 Panel A 的回归结果可知，EXTFIN 显著为正，说明外部融资需求大的企业更有可能申请上市，即外部融资需求是企业申请上市的动机之一，这与 Pagano 和 Roell、Fischer、Kim 和 Weisbach 等人的研究结论相符合。"EXTFIN×STATE1"在模型 2 中显著为负，说明相比国有企业，民营企业是否申请上市与企业外部融资需求的相关性更强。由于可能存在企业注册资本中国家资本占比小于 50%，但最终控制人的产权性质为国有的情形，表 9 Panel A 中的模型 3 报告了"注册资本中国家资本占 40% 以上，则 STATE1=1，否则为 0"的结果。我们发现，"EXTFIN×STATE1"依然显著为负。在表 9 的 Panel B 中，我们对表 9 Panel A 中的模型 2 和模型 3 进行了分组检验，发现 EXTFIN 只在民营企业组中显著，并且 EXTFIN 在民营企

———————————

① 如果采用 Logit 的回归方法，研究结论保持不变。

业组中的系数要显著大于国有企业组中的系数。上述结果支持了假设 1。①

根据表 9 的结果可以发现，盈利能力好、规模大、销售增长快、资产负债率高和位于市场化程度高的地区的企业更有可能申请上市。企业上市需要符合一定的财务指标，比如盈利能力、规模等。而且，财务状况好的企业也更有可能通过证监会的审核。当然，也可能是企业为包装上市通过盈余管理提高会计盈余。Aslan 和 Kumar 指出，高负债会增加企业的负债融资成本，从而影响企业的债务融资能力。由表 6 的 Panel A 可知，申请上市企业的资产负债率要比未申请上市的企业高 5.8%。上述结论表明，这些企业希望通过股权融资来降低资产负债率，调整资本结构。市场化程度高的地区经济发展较快，企业成长性更高，因此申请上市的动机更为强烈。

表 9　企业是否申请上市的影响因素分析

	Panel A：混合检验		
		STATE1=1（注册资本中国家资本占 50%以上，则 STATE1=1，否则为 0）	STATE1=1（注册资本中国家资本占 40%以上，则 STATE1=1，否则为 0）
	模型 1	模型 2	模型 3
Constant	−6.094*** (10.478)	−6.207*** (10.578)	−6.236*** (10.588)
EXTFIN	0.259*** (2.691)	0.286*** (2.871)	0.290*** (2.885)
STATE1		0.014 (0.072)	0.003 (0.019)
EXTFIN × STATE1		−0.502* (1.896)	−0.503** (2.092)
EBIT	3.737*** (12.820)	3.687*** (12.434)	3.680*** (12.417)
SIZE	0.135*** (4.815)	0.145*** (5.007)	0.147*** (5.038)
LEV	0.650*** (4.203)	0.653*** (4.233)	0.650*** (4.203)
GROWTH	0.118* (1.738)	0.113* (1.663)	0.111 (1.635)
MARKET	0.044* (1.702)	0.036 (1.392)	0.035 (1.354)
Industry	Controlled	Controlled	Controlled
Year	Controlled	Controlled	Controlled
Observations	24685	24685	24685

① 我们采用样本匹配的方法来解决申请上市企业和未申请上市企业样本不匹配的问题。我们采用如下标准来选择配对公司（1∶1 配对）：第一，同行业；第二，同年度；第三，同一总资产规模（将样本按照资产规模大小分成三组）；第四，ROA 最接近。我们发现，选择配对公司后，回归模型中 "EXTFIN×STATE1" 依然显著为负，说明相比国有企业，民营企业是否申请上市与企业外部融资需求的相关性更强。上述结果支持了假设 1。

续表

		Panel A：混合检验	
		STATE1=1 （注册资本中国家资本占 50%以上， 则 STATE1=1，否则为 0）	STATE1=1 （注册资本中国家资本占 40%以上， 则 STATE1=1，否则为 0）
	模型 1	模型 2	模型 3
Pseudo R^2	0.2047	0.2072	0.2076

	Panel B：分组检验			
	如果注册资本中国家资本占 50%以上，则 STATE1=1，否则为 0		如果注册资本中国家资本占 40%以上，则 STATE1=1，否则为 0	
	模型 1 STATE1=0	模型 2 STATE1=1	模型 3 STATE1=0	模型 4 STATE1=1
Constant	−6.452*** (10.203)	−4.337*** (2.825)	−6.553*** (10.193)	−3.564** (2.473)
EXTFIN	0.282*** (2.831)	0.179 (0.562)	0.284*** (2.827)	0.192 (0.688)
EBIT	3.607*** (11.941)	9.532*** (4.556)	3.590*** (11.856)	8.802*** (4.325)
SIZE	0.157*** (5.026)	0.011 (0.186)	0.162*** (5.094)	−0.016 (0.256)
LEV	0.621*** (3.764)	1.167*** (2.616)	0.623*** (3.746)	1.025** (2.521)
GROWTH	0.123* (1.776)	−0.027 (0.109)	0.128* (1.849)	−0.202 (0.618)
MARKET	0.041 (1.512)	0.013 (0.121)	0.042 (1.524)	−0.003 (0.032)
Industry	Controlled	Controlled	Controlled	Controlled
Year	Controlled	Controlled	Controlled	Controlled
Observations	21745	2940	21457	3228
Pseudo R^2	0.2030	0.2076	0.2034	0.1919

注：括号中为 Z 值，标准误差经聚类（cluster，按公司聚类）和异方差调整。

3. 产权性质与上市审批

企业最终能否上市取决于证监会发审委的审批。采用 Probit 回归的方法分析在申请上市的样本中，哪些公司最终被证监会批准上市。由于 STATE1 可能低估国有企业的比率，本研究在表 10 中采用最终控制人性质是否为国有来定义国有企业（变量 STATE2）。在模型 1 中，STATE2 显著为正，这说明在控制其他因素的情形下，国有企业更有可能被批准上市。表 10 的 Probit 回归结果支持了假设 2，即在其他因素相同的情形下，民营企业的上市申请通过率更低。

表 9 发现，融资需求大的民营企业更有可能申请上市，那么这些企业是否更有可能通过审批？本研究设置了交互项"STATE2×EXTFIN"，发现交互项并不显著（见表 10 中的模型 2）。从表 10 还可以发现，盈利能力强、外部融资需求大的企业更容易被批准上市。

那么民营企业的通过率更低是否因为其财务业绩更差？表11比较了两类企业（被批准上市的国有企业和未被批准上市的民营企业）的财务业绩，从中可以发现，两组样本在盈利能力、销售增长和资产负债率等方面并无显著差异。也就是说，民营企业的低通过率并不是因为财务业绩差，而是因为企业的产权性质。表10和表11的结果说明，目前的证券监管体制能够筛选出盈利能力好的企业，但是，政府在企业上市审批中会照顾国有企业。①

表 10 企业上市申请是否通过的影响因素分析

	模型 1	模型 2
Constant	−4.367 (1.080)	−4.087 (1.017)
EXTFIN	1.129* (1.716)	1.378* (1.921)
STATE2	1.219** (2.166)	1.909*** (2.593)
EXTFIN × STATE2		−1.519 (1.074)
EBIT	13.068** (2.533)	13.055** (2.536)
SIZE	−0.005 (0.023)	−0.028 (0.140)
LEV	0.297 (0.203)	0.489 (0.328)
GROWTH	0.739 (1.050)	0.748 (1.079)
MARKET	0.335*** (3.533)	0.325*** (3.377)
Industry	Controlled	Controlled
Year	Controlled	Controlled
Observations	110	110
Pseudo R^2	0.2401	0.2481

注：括号中为 p 值，标准误差经聚类（cluster，按公司聚类）和异方差调整。

表 11 被批准上市的国有企业和未被批准上市的民营企业财务业绩比较

	被批准上市的国有企业 （0 组：STATE2=1）		未被批准上市的民营企业 （1 组：STATE2=0）		均值检验 （0 组−1 组）	中值检验 （0 组−1 组）
	均值	中值	均值	中值		
EBIT	0.112	0.105	0.104	0.105	0.75	0.49
SIZE	19.893	19.569	19.619	19.469	0.93	0.49
LEV	0.530	0.556	0.559	0.545	−0.80	−0.15

① 已有的文献表明，国有企业的债务融资更为便利，债务融资成本更低，股权融资成本也更低。但是，国有企业对于募集资金的使用效率更低。研究发现同等条件下国有企业更有可能被批准上市，说明有限的金融资源被配置给了效率较低者。因此，目前的"核准制"会导致低效率的资源配置。

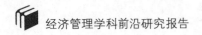

续表

	被批准上市的国有企业 （0 组：STATE2=1）		未被批准上市的民营企业 （1 组：STATE2=0）		均值检验 （0 组－1 组）	中值检验 （0 组－1 组）
	均值	中值	均值	中值		
GROWTH	0.239	0.190	0.260	0.216	−0.19	−0.15
DEBTTERM	0.460	0.444	0.407	0.333	0.45	0.49
AM	0.280	0.278	0.250	0.227	2.06**	1.76*
观测个数	21		18			

六、研 究 结 论

本研究从企业申请上市和上市审批两个环节研究了中国企业上市的相关问题。在申请上市环节，本研究发现，相比国有企业，民营企业是否申请上市与企业外部融资需求的相关性更强。以上结论表明，外部融资需求对于民营企业是否申请上市的影响较大，国有企业申请上市更有可能是出于非经济因素的目的；在上市审批环节，研究发现，国有企业更有可能被批准上市，盈利能力好的企业更有可能被批准上市，但是未被批准上市的民营企业和被批准上市的国有企业财务业绩并无显著差异。这表明，"核准制"能够筛选出业绩较好的公司上市，但是政府在企业上市审批中会照顾国有企业。

本文也存在如下不足：首先，本文的研究样本局限于工业企业，其他行业是否存在上述研究结论有待进一步的讨论；其次，由于"中国工业企业数据库"的限制，在具备上市申请资格的企业中，我们无法准确获知企业的最终控制人产权性质，因此未能采用文献中常用的按照最终控制人产权性质定义企业产权性质；最后，企业在 2004~2008 年未提出上市申请，并不意味着企业未来不会提出上市申请。[①] 因此，表 9 中最为合适的研究方法应该是 Cox Proportional Hazard Model。由于"中国工业企业数据库"中提供的企业注册年份存在严重的错误（许多企业标注的成立年份是企业转制时的年份，而非企业真正注册成立的年份），研究无法采用该方法进行计算。

参考文献

［1］Aharony J., Lee C. J., Wong T. J. Financial Packaging of IPO Firms in China ［J］. Journal of Accounting Research, 2000, 38（1）: 103–126.

［2］Allen F., J. Qian, M. J. Qian. Law, Finance, and Economics Growth in China ［J］. Journal of Financial Economics, 2005, 77（1）: 57–116.

---

① 如果删除未来三年（2009~2011 年）申请上市的企业，表 9 中的研究结论依然保持不变。

［3］Aslan H., Kumar P. Going Public and Going Private: What Determines me Choice of Ownership Structure ［D］. Working Paper, 2007.

［4］Bancel F., Mittoo U. R. Why European Firms Go Public ［D］. Working Paper, 2008.

［5］Brandt L., Li. H. B. Bank Discrimination in Transition Economies. Ideology, Information or Incentives ［J］. Journal of Comparative Economics, 2003, 31 (3): 387–413.

［6］Brau J. C., Fawcett S. E. Initial Public Offerings: An Analysis of Theory and Practice ［J］. Journal of Finance, 2006, 61 (1): 399–436.

［7］Brau J. C., Ryan P. A., DeGraw I. Initial Public Offerings: CFO Perceptions ［J］. The Financial Review, 2006, 41 (4): 483–511.

［8］Chemmanur T. J., Fulghieri P. A Theory of the Going–Public Decision ［J］. The Review of Financial Studies, 1999, 12 (2): 249–279.

［9］Chemmanur T., He S. Nandy D. The Going Public Decision and the Product Market ［D］. Working Paper, 2007.

［10］Chen H., Chen J. Z., Lobo G. J., Y. Wang. Effects of Audit Quality on Earnings Management and Cost of Equity Capital: Evidence from China ［J］. Contemporary Accounting Research, 2011, 28 (3): 892–925.

［11］Cull R., Xu L. X., Zhu T. Formal Finance and Trade Credit During China's Transition ［J］. Journal of Financial Intermediation, 2009, 18 (2): 173–192.

［12］Demirguc–kunt A., Maksimovic V. Law, Finance, and Firm Growth ［J］. Journal of Finance, 1998, 53 (6): 2107–2137.

［13］Du J., Xu C. Which Firms Went Public in China? A Study of Financial Market Regulation ［J］. World Development, 2008, 37 (4): 812–824.

［14］Durnev A., Kim E. H. To Steal or Not to Steal: Firm Attributes, Legal Environment, and Valuation ［J］. Journal of Finance, 2005, 60 (3): 1461–1493.

［15］Fan J. P. H., J. Huang, N. Zhu. Distress without Bankruptcy: An Emerging Market Perspective ［D］. Working Paper, 2007.

［16］Fan J. P. H., Li J., Zheng G. J. Internal Capital Market in Emerging Markets: Expropriation and Mitigating Financing Constraints ［D］. Working Paper, 2008.

［17］Fischer C. Why Do Companies Go Public? Empirical Evidence from Germany's Neuer Market ［D］. Working Paper, 2000.

［18］Hung M., T. J. Wong, T. Zhang. Political Considerations in the Decision of Chinese SOEs to List in Hong Kong ［J］. Journal of Accounting and Economics, 2012, 53 (1–2): 435–449.

［19］Kim W., Weisbach M. S. Do Firms Go Public to Raise Capital ［D］. Working Paper, 2005.

［20］Kim W., Weisbach M. S. Motivations for Public Equity Offers: An International Perspective ［D］. Working Paper, 2006.

［21］Li K., Yue H., Zhao L. Ownership, Institutions, and Capital Structure: Evidence from China ［J］. Journal of Comparative Economics, 2009, 37 (3): 471–490.

［22］Lin J. Y. F., Tan G. F. Policy Burdens, Accountability, and the Soft Budget Constraint ［J］. The American Economic Review, 1999, 89 (2): 426–431.

［23］Pagano M., Panetta F. Zingales L. Why Do Companies Go Public ［J］. Journal of Finance, 1998, 53 (1): 27–64.

［24］ Pagano M., Roell A. The Choice of Stock Ownership Structure： Agency Costs， Monitoring， and the Decision to Go Public ［J］. The Quarterly Journal of Economics，1998，113（1）：187–225.

［25］ Petersen M. A. Estimating Standard Errors in Finance Panel Data Sets ［J］. Review of Financial Studies，2009，22（1）：435–480.

［26］ Pistor K. P., Xu C. G. Governing Stock Markets in Transition Economies： Lessons from China ［J］. American Law and Economics Review，2005，7（1）：184–210.

［27］ Ritter J. R.， Welch I. A Review of IPO Activity， Pricing， and Allocations ［J］. Joumal of Finance，2002，57（4）：1795–1828.

［28］ Song F. M.， Ma J. Y.， Yang Z. S. The Dual Role of the Government： Securities Market Regulation in China 1980–2007 ［D］. Working Paper，2009.

［29］ Tian L.， Megginson V. L. Regulatory Underpricing： Determinants of Chinese Extreme IPO Returns ［D］. Working Paper，2007.

［30］ Zingales L. Insider Ownership and the Decision to Go Public ［J］. The Review of Economic Studies，1995，62（3）：425–448.

［31］ 樊纲，王小鲁，朱恒鹏. 中国市场化指数——各地区市场化相对进程 2009 年报告 ［M］. 北京：经济科学出版社，2010.

［32］ 方军雄. 所有制、制度环境与信贷资金配置 ［J］. 经济研究，2007（12）：82–92.

［33］ 胡旭阳. 什么样的拟发行人受发审委"青睐" ［J］. 财贸经济，2011（6）：60–67.

［34］ 李荣融. 国有企业改革的四大重点 ［J］. 中国企业家，2006（1–2）：133.

［35］ 林义相. 国企改革和资本市场发展的关系 ［J］. 经济导刊，2006（12）：56–57.

［36］ 林义相. 证券市场的第三次制度创新与国有企业改革 ［J］. 经济研究，1999（10）：46–52.

［37］ 卢峰，姚洋. 金融压抑下的法治、金融发展和经济增长 ［J］. 中国社会科学，2004（1）：42–55.

［38］ 唐清泉，罗党论. 政府补贴动机及其效果的实证研究——来自中国上市公司的经验证据 ［J］. 金融研究，2007（6）：149–163.

［39］ 吴联生，薄仙慧，王亚平. 避免亏损的盈余管理程度：上市公司与非上市公司的比较 ［J］. 会计研究，2007（2）：44–51.

［40］ 吴联生，刘慧龙. 国有企业改制上市模式与资源配置效率 ［D］. 北京大学工作论文，2009.

［41］ 周业安. 金融抑制对中国企业融资能力影响的实证研究 ［J］. 经济研究，1999（2）：13–20.

［42］ 祝继高，陆正飞. 产权性质、股权再融资与资源配置效率 ［J］. 金融研究，2011（1）：131–148.

Financing Demand, Ownership Type, and Equity Financing Discrimination: A Research Based on the Issue of Going Public

Zhu Jigao   Lu Zhengfei

Abstract: This paper investigates the issue of why firms go public during 2004 to 2008. We try to find out how firms'financing demand and ownership type affect firms'propensity to apply for initial public offering (IPO), as well as how firms' financing demand and ownership type affect firms'probability of getting IPO approval from China Securities Regulatory Commission (CSRC). We argue that the positive relationship between firms'propensity to apply for IPO and external financing demand is stronger in Non–state–owned enterprises (non–SOEs) than that of State–owned enterprises (SOEs). We further argue that compared with SOEs, non–SOEs have a lower probability of getting IPO approval from CSRC. Our hypotheses are tested using private firm data from the Annual Industrial Survey Database of the Chinese National Bureau of Statistics. Our empirical results show that, compared with SOEs, non–SOEs are more likely to apply for IPO when their external financing demands are large. This result indicates that non–SOEs are more likely to be affected by external financing demand while SOEs are more likely to apply for IPO for non–economic reasons. Further investigation also shows that CSRC is more likely to approve SOEs'IPO applications. Besides, firms with greater external financing demand, higher profitability, and located in more developed regions are more likely to be approved for IPO. These results indicate that firms with better performance have a higher probability of going public under the sanction system, and limited financial resource can be allocated to these well–performed firms. But the sanction system cannot guarantee the efficiency of resource allocation. Compared with non–SOEs, SOEs are given a priority to issue equity. Our findings have implications for firms'IPO decisions and how to improve efficiency of the sanction system. The paper contributes to the literture of firms'going public in emerging markets and the role of government in resource allocation in IPO market.

Key Words: Going Public; Ownership Type; Financing

类金融模式研究

——以国美和苏宁为例[*]

姚　宏　魏海玥

【摘　要】近年来类金融模式作为企业扩张的重要助力，在国内外零售业、房地产业以及居民生活服务类等行业中发展迅速，受到业界广泛关注。根据融资优序理论及财务战略理论，本文通过对国美电器和苏宁电器的对比研究发现：以占用供应商资金为特征的类金融模式是一把"双刃剑"，运用得当能够发挥其低成本优势及由此带来的快速规模扩张和强劲的盈利能力，可一旦失控则会导致资金链断裂，其多米诺骨牌般的风险传导效应甚至会危及金融安全和社会稳定。研究表明，在零售业规模扩张中，重视供应链管理、确保投融资策略与期限相匹配的财务策略、提升营运资本的运营速度和周转能力，有助于控制类金融模式的风险。

【关键词】类金融模式；财务风险；零营运资本；资产营运能力

一、问题提出

类金融模式是指如同商业银行一样，低成本或无成本吸纳、占用供应链上各方资金并通过滚动的方式供自己长期使用，从而得到快速扩张发展的营商模式（郎咸平，2010）。近年来，连锁企业类金融模式已经被零售业、房地产业，以及高尔夫球会、书店、美容院、洗衣店、快递业务等生活服务业广为采用。类金融模式发展源于商业信用行为，按照

* 本文选自《中国工业经济》2012 年 9 月第 9 期。

基金项目：国家自然科学基金面上项目"外部治理环境、利益相关者声誉与上市公司盈余管理研究"（批准号 71172136）；教育部人文社会科学青年项目"利润操纵的治理机制及治理效率评价研究"（批准号 10YLJC630346）；辽宁省经济社会发展课题"促进辽宁省中小企业信用担保体系的发展研究"（批准号 2011LSLKTJJX-20）。

作者简介：姚宏（1973~），女，辽宁锦州人，大连理工大学管理与经济学部讲师，管理学博士；魏海玥（1987~），女，山西长治人，大连理工大学管理与经济学部硕士研究生。

融资优序理论，在不对称信息和融资成本的影响下，企业融资一般遵循内源融资、债务融资、权益融资的先后顺序。在债务融资中，商业信用的融资成本低于银行借款的融资成本。Tirole J.（2006）实证发现，在发达国家，向供应商融资占企业融资总额的比例分别为：美国 8%，日本 17.9%，德国 8.2%，英国 5.7%，法国 15.5%，意大利 12.5%。此外，融资优势比较理论认为，商业信用是资本市场融资渠道的一种重要补充。当企业资金紧张、贷款困难时，使用供应商资金便成为破解资金困境的一种重要手段。Fisman 和 Love（2003）证实，在发展中国家，由于金融服务业欠发达，向供应商融资在企业融资结构中的比例更大；谭伟强（2006），张铁铸、周红（2009）也有相似结论，即商业信用与银行信用之间存在着相互替代的关系。

良好的商业信用有助于实体经济的发展。Fisman（2001）发现，较多使用商业信用的企业具有较高生产效率；Fisman（2002）利用 44 个国家实证研究表明，在金融体系较差的国家，使用较多应付款（商业信用）行业中的企业具有较高的增长率；张良（2007）通过实证研究认为使用商业信用能够促进企业的业务增长；刘程蕾、田治威（2010）证实商业信用能有效缩短企业的营运周期，且商业信用融资方式对主营业务收入的贡献大于银行信用。

然而，过度使用类金融模式则容易导致企业资金链脆弱，一旦失控不但会破坏商业环境的公平，而且容易引发流通领域的信用危机，造成经济不稳定，诱发诸多经济和社会问题（吴小丁，2004；赵亚平、庄尚文，2008）。Fewings（1992）用理论模型描述了其系统风险，企业与企业之间通过商业信用联结而形成一条长长的马尔可夫支付链，链条上任何一家企业由于市场风险而出现危机都可能导致整个链条的断裂。事实上，类金融的这种风险类似于多米诺骨牌效应：当不信任因素消除时，信用不断扩张，投资盛行；然而，如果一家类金融企业的资金链发生危机，会导致本行业乃至上游供应商的危机，不信任情绪增长；同时，为避免可能损失，放贷者会压缩贷款模式或者控制信贷规模，从而诱发类似运营模式的多条供应链危机，严重时会导致市场需求减少，通胀严重，社会信用缺失，乃至整个经济的不景气（见图 1）。例如，20 世纪 90 年代初我国曾出现大面积的"三角债"，导致商业信用瘫痪，银行系统出现大量坏账，国家不得不花费两年的时间专项治理企业之间的债务清欠问题。在经济繁荣时期，过度使用类金融模式的风险还不易暴露，可一旦遭遇经济危机，货币政策紧缩，企业资金链紧张，国家被迫对市场投放更多货币，导致市场流动性过剩，原材料价格上涨，成本上升使企业资金更加紧张，从而形成恶性循环。因此，如何识别并控制风险关键点是类金融企业亟待解决的重大问题。

本文选择典型的借助类金融模式发展成为家电连锁零售业两大巨头的"国美电器控股有限公司"（香港上市公司，493，HK，以下简称"国美"）和"苏宁电器股份有限公司"（深交所上市公司，002024，以下简称"苏宁"）为对象，以案例研究法来研究企业采取类金融模式发展中可能存在的风险。

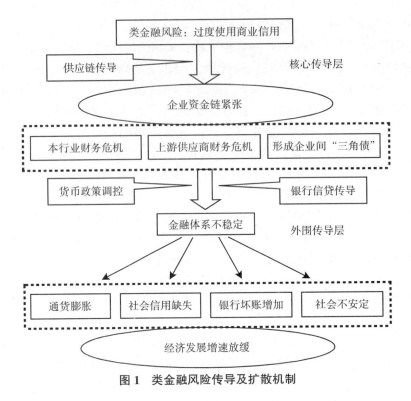

图1　类金融风险传导及扩散机制

二、类金融模式的解构

1. 国美与苏宁：相似的资本运作模式

与传统的家电销售渠道相比，专业家电连锁企业具有不可比拟的业态优越性，它能实现单位成本递减、收益递增的经济规律，即把专业化和连锁结合起来，形成一种集约化的经营规模，从而形成价格低、品牌全和服务体系完善的竞争优势。在飞速崛起的过程中，国美和苏宁均采取了连锁发展战略，其发展的资本运作模式大同小异，即同样是采用类金融模式、上市融资以及"零售+地产"相结合的三部曲。

（1）类金融模式

根据2004年国美香港上市时的招股公告透露，国美开设一家大卖场的成本约为1000万~1500万元；另根据两家企业一年营业额和门店数量，国美和苏宁单一门店营业额平均为2亿~3亿元，考虑到存货的周转率，如果公司不占用供应商资金，新增门店开店初需要购置的家电总货款（一个月）为2500万元，后续货款可通过资金周转来实现（吴红光，2005）。根据以上资料，可计算出新增一家家电连锁门店至少需要4000万元左右的资金。根据国美的扩张速度，若按每年新开店200家计算，国美所需资金约为80亿元。然而，据国美电器的年度报表显示，以 2004 年为例，其资产负债表上的货币资金只有 16.59 亿元，远远小于规模扩张的需求。实际上，虽然国美的负债以短期负债为主，但向银行的短期借款却非常少，导致有息负债率也很低，而支持规模扩张的是大量的无息负债，即应付账款和应付票据，因此推断支持国美新增门店的资金主要来源于占用供货商资金。同样，苏宁的扩张也得益于占用供应商资金。表 1 是对国美与苏宁类金融模式运作的验证。

表 1 国美与苏宁类金融模式下的资金结构

年份	国美电器				苏宁电器			
	货币资金(亿元)	银行借款(亿元)	应付款项(亿元)	有息负债率(%)	货币资金(亿元)	银行借款(亿元)	应付款项(亿元)	有息负债率(%)
2004	16.59	0	31.93	0	5.31	0.20	9.12	1.69
2005	10.79	0	68.05	0	7.03	0.80	27.67	2.59
2006	14.52	7.29	126.15	4.58	33.40	2.76	50.88	4.89
2007	62.70	3.00	135.57	1.54	74.65	1.40	97.29	1.22
2008	30.51	1.70	129.18	0.90	105.74	1.56	107.30	1.25
2009	60.29	3.50	158.15	1.46	219.61	0	190.02	0
2010	62.32	1.00	169.00	0.47	193.52	3.18	211.16	1.27
2011	59.71	0	171.40	0	227.40	16.66	291.42	4.53

注：有息负债率 = 银行借款/负债总额。
资料来源：作者根据国美电器、苏宁电器披露的上市公司年报整理。

资料显示，国美电器的短期负债从 2004 年末的 35.76 亿元增长 5.59 倍达到 2011 年末的 212.16 亿元（其中应付款项占短期负债的比重保持在 80% 以上）。而其主营业务收入也同步地由 2004 年的 97.16 亿元增长 6.16 倍达到 2011 年的 598.20 亿元。其次，2004~2011 年，国美的货币资金与流动资产的比例快速上升，特别是 2007 年该比例达到 28.07%，证明收入增长的提高为国美带来了更多的账面现金。

从苏宁 2004~2011 年的短期负债规模与销售规模看，当苏宁的短期负债由 2004 年的 11.86 亿元上升 30 倍至 2010 年的 356.38 亿元时（其中应付款项占短期负债的比重维持在 85% 以上），其主营业务收入也有 8 倍的增长，由 2004 年的 91.07 亿元上升至 2010 年的 938.89 亿元，即短期负债规模与它的主营业务收入呈正比关系。另外，苏宁的货币资金与流动资产的比例也得到了迅速的提升，到 2009 年更是达到了 72.73%。由此可见，苏宁爆炸性地扩张，但其账面现金仍可保持快速增长。

总体来看，苏宁与国美均有通过类金融模式占用供应商资金支持其店铺快速增长的行为。由此可推断：类金融模式不但保证了国美与苏宁获得运营资金，而且在规模扩张上发挥了主力作用，支持了国美与苏宁主营业务的快递发展。两者比较，2004~2008 年期间国美占压供应商资金的幅度比苏宁高，对供应商的控制能力更强，总体而言，国美运用类金融模式比苏宁更加激进。2008~2011 年苏宁实行积极扩张的战略，类金融模式的运用风格也有了明显改变。

（2）上市融资

2004 年 6 月，香港上市公司"中国鹏润"以发行新股和可转换债券方式支付 88 亿元人民币收购了由 BVI 公司（英属维尔京群岛）持有的 Ocean Town 100% 的股份，而 Ocean Town 则拥有国美电器 65% 的股份，收购不涉及现金。至此，国美实现了在香港上市的目的。仅仅一个月后，苏宁在深交所成功上市，上市首日股票受到投资者的热捧，成功募集资金 3.95 亿元。

从上市地点和上市方式的选择上看，国美通过借壳间接登陆香港资本市场，而苏宁经过多年的努力实现了在内地 A 股市场的 IPO，两者的选择各有自身优势。国美的借壳上市没有资金流入，但香港资本市场相对宽松的再融资政策会使国美获得持续性的资金支持。而苏宁的 IPO 一次性获得了充足的资金流入，但从长远看，国内再融资环境并不乐观，再融资的时间、资金额度受到证监会限制，以及投资者对再融资的态度摇摆不定，难以满足连锁扩张的持续性资金需求。

（3）"零售+地产"互补

类金融模式给企业带来了大量闲余资金，对企业的投资结构和投资支出产生重要影响。Messmacher（2001）从投资角度研究了商业信用与实体经济之间的关系，实证检验了1998~2000 年墨西哥商业信用的使用与此阶段经济中固定资产投资之间有很强的正相关性。研究认为相互提供商业信用的企业之间建立了长期关系，企业可以节省沉淀成本并能够挪出其他资源用于投资，使用商业信用能够使企业更好地管理现金和存货，从而增加利润，反过来又会刺激企业投资。因而，商业信用能够促进企业投资。电器连锁业归根结底属于零售业，利润较薄，但由于采用类金融模式发展，企业会拥有大量低成本的浮存现金；而房地产业属于利润较高，但资金需求量大，资产负债率高，财务成本高的行业。国美与苏宁发现，两者结合，以零售业的低成本资金支持房地产前期开发的资金需求，则可达到以零售业的现金"反哺"房地产业，以房地产业的利润"带动"零售业发展的目的。

2004 年在香港成功上市后，国美着力开拓房地产业，在原有的鹏润地产的基础上，先后设立了国美置业、尊爵地产、明天地产等新的地产公司，显著加大地产业务的拓展力度。苏宁电器则在全国多个城市布局，自建商场，致力于向商业地产领域发展，为自身发展提供网点铺面，同时降低门店租金价格不断上涨的压力。

"零售+地产"的模式不但可以将电器零售带来的庞大现金流充分利用以赚取更多的利润，而且通过资金分流能够适当地控制家电销售门店扩张过快所带来的风险。

2. 类金融模式的财务特征

通过"账期"占用供应商的资金，将获得的无成本或低成本短期融资，通过周期循环投入到企业的日常经营当中，或通过变相手段转作他用，这种依靠无偿借用外部资金获得自身发展的模式十分相似于金融企业，故被称为"类金融"（闫昕，2007）。类金融模式企业的特征可以从营运资本结构、净现金需求、现金周转期等方面分析。

营运资本是指企业进行经营周转使用的日常性流动资金，其涉及的范围很广，触角可以延伸至企业生产经营的各个方面。狭义的营运资本也称为净营运资本，是企业用于非流动资产和用于清偿非流动负债的资金来源，其可测度企业资金的流动性，也影响着企业的负债筹资能力。国美与苏宁 2004~2011 年的净营运资本状况如表 2 所示。零售业的净营运资本较多，他们除了流动资产外没有其他可以偿还同样稳定的流动负债，从表 2 可看出，相对于国美电器，苏宁电器的净营运资本规模更大，短期偿债能力更强，经营风险更小。

表 2　国美与苏宁的净营运资本状况

单位：亿元

年份	2004	2005	2006	2007	2008	2009	2010	2011
国美	12.28	9.10	5.42	61.57	33.35	25.90	39.39	28.67
苏宁	6.22	7.72	25.44	22.08	47.10	94.77	99.41	77.87

资料来源：根据国美电器和苏宁电器披露的上市公司年报整理。

营运资本结构状况，还可以从流动资产内部结构和流动负债内部结构两个方面来分析。国美与苏宁 2004~2011 年的流动资产内部结构、流动负债内部结构和负债内部结构如表 3、表 4 所示。2004~2011 年，国美电器与苏宁电器的流动资产总额中，货币资金所占比重呈现上升趋势。研究表明，从现金占有率对比来看，我国零售企业的现金占有率普遍高于 20%，苏宁电器的这一指标甚至一度超过 50%，而沃尔玛、家乐福等海外零售商的现金占用率均在 20% 以内。说明类金融模式运作使国美和苏宁电器通过延期支付供应商货款使其账面上长期存有大量浮存现金。流动负债总额中，短期借款所占比重极低，均低于 5%；而应付账款和应付票据两项合计均在 80% 以上，是债务的主体。而从负债的内部结构来看，两家公司的债务主要为短期负债，几乎没有长期负债。

表 3　国美电器的营运资本结构

单位：%

年份	流动资产内部结构					流动负债内部结构				负债内部结构		
	货币资金	应收款项	存货	…	合计	银行借款	应付款项	…	合计	流动负债	非流动负债	合计
2004	33.36	1.45	22.31		100.00	0.00	85.32		100.00	100.00	0.00	100.00
2005	12.84	0.00	32.42		100.00	0.00	90.78		100.00	100.00	0.00	100.00
2006	9.37	0.49	31.51		100.00	4.88	84.35		100.00	93.85	6.15	100.00
2007	28.07	0.44	24.10		100.00	1.85	83.79		100.00	83.21	16.79	100.00
2008	16.51	0.24	29.61		100.00	1.12	85.28		100.00	80.59	19.41	100.00
2009	25.91	0.23	28.07		100.00	1.69	76.47		100.00	86.32	13.68	100.00
2010	26.53	0.88	34.42		100.00	0.51	86.45		100.00	91.03	8.97	100.00
2011	24.80	0.83	39.97		100.00	0.00	80.79		100.00	99.56	0.44	100.00

注：应收（付）款项=应收（付）票据+应收（付）账款。
资料来源：根据国美电器披露的上市公司年报整理。

表4 苏宁电器的营运资本结构

单位：%

年份	流动资产内部结构					流动负债内部结构				负债内部结构		
	货币资金	应收款项	存货	…	合计	银行借款	应付款项	…	合计	流动负债	非流动负债	合计
2004	29.18	3.51	42.28		100.00	1.67	76.26		100.00	100.00	0.00	100.00
2005	18.22	5.34	52.28		100.00	2.59	89.66		100.00	99.92	0.08	100.00
2006	41.35	1.14	42.19		100.00	4.99	88.02		100.00	99.94	0.06	100.00
2007	54.90	0.97	33.48		100.00	1.23	85.41		100.00	99.90	0.10	100.00
2008	61.52	0.64	28.56		100.00	1.25	85.99		100.00	99.78	0.22	100.00
2009	72.73	1.17	20.95		100.00	0.00	91.72		100.00	99.06	0.94	100.00
2010	56.13	3.21	27.48		100.00	1.30	86.07		100.00	97.89	2.11	100.00
2011	52.37	4.26	30.92		100.00	4.67	81.78		100.00	96.96	3.04	100.00

注：应收（付）款项=应收（付）票据+应收（付）账款。
资料来源：根据苏宁电器披露的上市公司年报整理。

经营周期内，流动资金供给与流动资金需求间的差额反映了公司的净现金需求。净现金需求是反映财务流动性的概念之一，是指企业生产经营过程中，来自应付款项的资金来源不能满足生产经营上存货、应收账款等流动资产的资金占用，需要企业另行筹集的那部分现金需求。决定生产经营过程中现金需求的因素主要有：存货、预付账款、应收账款和应收票据；而决定生产经营过程中资金来源的因素有：预收账款、应付票据、应付账款。分析国美与苏宁的净现金需求（见表5），可以看出，两家公司的净现金需求均为负，意味着这两家企业占用供应商的资金超过了他们在存货和应收款项上被客户占用的资金，即企业的经营周期内不仅不需要提供资金，反而会从生产经营中产生一定的富余现金。这恰恰是类金融模式的魔力所在。国美与苏宁正是发现甚至利用渠道优势进一步延长了供应商在货款结算上的信用政策，从而获取了丰富的低成本资金，即使不能投资获利，至少也会为公司带来一笔可观的财务收入。

表5 国美与苏宁的净现金需求

单位：亿元

年份	2004	2005	2006	2007	2008	2009	2010	2011
国美	−21.54	−42.18	−76.45	−78.03	−75.45	−93.56	−79.83	−51.11
苏宁	2.06	1.41	−4.82	−43.04	−48.14	−116.50	−81.87	−105.5

资料来源：根据国美电器和苏宁电器披露的上市公司年报整理。

与企业短期筹资需求量相关的另一个概念是现金周转期。现金周转期可以表示为经营周期减去应付账款周转期，即存货周转期加上应收账款周转期减去应付账款周转期。当经营周期无限接近于或等于应付账款周转期时，现金周期为零；当应付账款周期大于经营周期时，表现为负现金周期。现金周期越长，营运资本占用越多，企业所需筹集资金越多，而负现金周期则表明企业筹资成本低，经营期内有资金沉淀。两家企业的现金周转期见表6。

表6　国美与苏宁的现金周转期

单位：天

年份	国美电器				苏宁电器			
	应收账款周转期	存货周转期	应付账款周转期	现金周转期	应收账款周转期	存货周转期	应付账款周转期	现金周转期
2005	0.72	42.32	110.36	−67.32	3.05	34.84	46.02	−8.12
2006	0.55	61.22	156.27	−94.50	2.05	43.85	61.73	−15.83
2007	0.73	48.14	122.73	−73.86	1.01	41.71	76.50	−33.78
2008	0.56	47.22	115.16	−67.37	0.87	41.20	89.09	−47.02
2009	0.42	56.27	134.66	−77.97	1.43	41.97	111.07	−67.66
2010	0.92	58.48	130.88	−71.48	3.48	45.85	116.40	−67.07
2011	1.22	60.99	117.24	−55.02	5.67	54.17	118.87	−59.04

资料来源：根据国美电器和苏宁电器披露的上市公司年报整理。

现金周期短是类金融模式运作的特点之一。现金周期越短，意味着运用供应商融资时间越长，若现金周期为负值，则表明供应商不仅垫付了企业经营所需的流动资金，企业还可将多余的资金用于再投资。从表5和表6可知，随着两家企业占用供应商的资金规模越来越大，时间也越来越长，国美占用供应商资金均超过110天，而苏宁后来居上，从2005年约46天延长至2011年约118天；从均值上看，国美占用供应商资金的规模和时间均超过苏宁。研究发现，使用商业信用有助于企业加快存货、应收账款的周转，提高营运速度，释放占用的资金。通过对上述数据比较发现，存货周转很快，应收账款周转更快，高效的营运速度有助于企业账面产生大量浮存现金。

类金融模式运作是将账面上大量的浮存现金通过变相手段融资给企业，用于规模扩张或多元化经营。资金的体内循环降低了企业外部融资的需求，从财务费用与流动负债的匹配情况看，财务费用为负是类金融企业特有的财务特征。按照融资优序理论和综合资本成本理论，显然类金融模式遵循了"交易成本决定优先融资顺序"，以及"综合资本成本最低"两大原则，在众多债务融资方式中最为安全易得。从两家企业的财务成本和财务收入项目看，财务支出部分金额相对较小，财务收入大于财务支出，表现为财务净收益（见表7）。当然，从两家企业的净现金需求和现金周转期来分析，财务净收益现象不难理解。以2010年为例，国美与苏宁的负净现金需求近80亿元，现金周转期为−70天，80亿元资金沉淀70天，其潜在的财务收益十分诱人。2005~2011年，国美的年均利息净收益为0.92亿元，而苏宁的年均净收益则达到3.36亿元。当然，这种盈利模式尽管高明，为其股东带来了丰厚的回报，但也蕴含着极大的经营风险和财务风险。

表7 国美与苏宁的财务净收益状况

单位：亿元

年份	国美电器			苏宁电器		
	财务收入	财务成本	财务净收益	财务收入	财务成本	财务净收益
2005	0.70	0.00	0.79	0.09	0.03	0.06
2006	1.26	0.65	0.61	0.24	0.13	0.11
2007	4.24	1.93	2.31	2.18	0.15	2.03
2008	4.41	2.12	2.29	4.05	0.17	3.88
2009	3.41	3.49	−0.08	3.71	0.02	3.69
2010	3.39	4.42	−1.03	6.24	0.01	6.23
2011	4.00	2.42	1.58	7.67	0.12	7.55

资料来源：根据国美电器和苏宁电器披露的上市公司年报整理。

三、类金融模式的风险控制

1. 国美类金融模式的危机

（1）来自供应链上游的压力

国美在造就其连锁帝国的过程中，向供应商收取巨额的进场费、广告费、促销费、租赁费甚至包括新店开张费等；每年近200家新门店开张的过程中，国美要求门店所在地的物业管理部门提供至少3个月免租期以供其完成装修和供应商进场；新门店的装修工程，国美方面则要求由施工方垫付装修款，其应付工程款账期最长的甚至达5年以上，应付装修工程款高峰时达20多亿元。国美一贯强硬地长期占用供应商的资金、不合理的促销要求和突然降价等，使得其与供应商的关系几度交恶。

2004年2月17日，成都国美与格力电器爆发争端，国美在没有提前通知厂家的情况下，突然大幅降低格力空调的价格，而格力电器在与国美交涉未果的情况下，正式停止向成都国美供货。3月下旬，国美在全国清理格力空调，格力电器也宣布退出国美，双方正式合作伙伴关系结束。同一年内，三星冰箱、洗衣机等产品撤出国美，双方对进店费以及返利的折扣问题未能达成共识，三星当时甚至有计划逐步撤出国美。

2005年11月，20多个家电厂商及经销商的重庆地区负责人发起"重庆家电俱乐部"，成员包括一二线品牌，如长虹彩电、创维彩电、康佳彩电、TCL彩电、海信彩电、厦华彩电、科龙空调、伊莱克斯、格兰仕小家电、能率等。他们认为，国美吞噬了家电厂商太多利润空间，有损市场公平，通过公开信的形式，希望家电零售业能够从货款关系开始得到根本性规范。仅以彩电品牌为例，在重庆地区国美占压的资金，平均每个厂商约400万~500万元，按全国接近30个地区分公司计算，平均每家彩电企业就有1亿元左右资金压在国美。但是，大量资金被压，家电厂商投鼠忌器，这场供应商与零售商的公开叫板最终不了了之。

这样的事件不胜枚举。经历了 2007 年的"美的断货"风波后，国美长期坚持的拖延货款和直接扣款的方式受到挑战：西门子、索尼、飞利浦等国外生产厂家和一向强硬且拥有发达营销网络的海尔电器，与国美签署了以现款现货交易为核心的战略合同。一块铁板被打破，国美仍试图维系自己的类金融模式，于是在结算问题上出现了"因人而异"的格局，结果却使没有得到同样待遇的美的、TCL 等大厂商和一些二三线品牌的生产厂商也感到不满，开始揭竿而起，向国美发难。因此，黄光裕被批捕，企业祸福未卜之时，供应商最先挤兑国美，国美一度陷入经营被动、资金匮乏的局面。

（2）脆弱的资金链

类金融模式能得到成功实施最关键的一点就是供应商对国美有充分信心，才能够给予国美较长的信用期，形成"规模扩张—销售规模提升—账面浮存现金上升—低成本资金用以扩张规模—进一步提升零售渠道价值—更多的账面浮存现金"的资金体内循环体系。但国美运作充分，设计完美的资金链，却由于其扩张速度过快而险象环生。

国美的扩张过程可分为从自主开店到资本并购两个阶段，其在自主开店达到一定规模的时候，走上了资本并购的道路。在 2004 年底至 2008 年底的 4 年间，国美的门店数量从 200 家升至 1300 家，并购是其门店跳跃式增长的一大原因。国美实现了"外生性扩张"，实行"以快制慢"的竞争策略，先后收购了上海永乐、北京大中、山东三联，三次并购支付的现金约 45.46 亿元。其中，对北京大中的收购是 36 亿元的全现金收购，分五次付清。最后一笔是在 2008 年 9 月 1 日，支付 6 亿元。显然，快速扩张带来的资金压力，国美本想依靠类金融模式顺利过关。但由于国美与供应商的关系紧张，加之国美前董事局主席、企业创始人黄光裕被警方带走接受调查引发供应商恐慌，事实上，这笔款项 2009 年仍未支付完。2009 年 2 月，国美电器宣布当年关闭 100 家左右门店，停下了多年来急行军般的门店扩张脚步。

为应对危机，国美将原来下属分公司对供应商付款的权利全部收回总部，同时要求对供应商从经销改为代销，也就是说，供应商 100 万元的账期款，如果在国美剩余库存是 40 万元，未结算费用 10 万元，那么国美要求必须减掉库存和未结算费用后向供应商付款。即按照原先模式供应商可以拿到 90 万元，而现在只能拿到 50 万元。2008 年末，国美不再允许滞销的产品退货处理，而且如果供应商有账期款 50 万元，则必须发同等或更高金额的货物后国美才会付款。其实，当供应商向国美索要货款或供货量来影响国美的资金量时，这种做法与银行挤兑的性质非常相近。一旦引发恐慌，不但会引发类金融企业发生财务危机，而且会通过供应链将风险层层传导至供货商以及供货商上游的企业，进而引发全供应链条上几乎所有关联企业的财务危机和信用危机。

截至 2008 年 6 月，国美的账面资产负债率为 69.83%，扣除 33.51 亿元的原始商誉和收购大中电器产生的约 30 亿元的虚拟商誉资产后，国美此时的实际资产负债率高达 88.84%，同时还面临着 2010 年 46 亿元的可转债偿还压力。净营运资金需求为负，资金向房地产业流出，并购导致庞大的现金缺口和借债，对国美的现金流产生负面冲击和管理压力。此时，如果现金流一旦因供应商"挤兑"而断裂，将会使国美立即遭遇严重财务危机；非但如此，多年超常规扩张，在经济下行周期也会形成现金流断裂之后的多米诺骨牌效应。黄光裕被带走调查之际，正是美国次债危机引发的全球性金融危机日益严重，开始影响实体经济并造成一定的信用危机。国美遭遇银行的突发性授信额度收缩，由 2008 年第四季度正常水平 36.46 亿元降到 2009 年第二季度的 20.33 亿元，形成了信贷压力。2009年下半年开始，国家持续调整房地产政策，致使房地产销售不景气，对资金占用造成较大的影响，在这种情况下，国美电器的现金流岌岌可危，陷入财务困境。

（3）资金链脆弱导致贝恩资本入侵

2008 年 11 月 24 日，在黄光裕被带走调查一周后国美在香港交易所正式停牌，股价暴跌至 1.12 港元。对于持有国美 2007 年 5 月发行的 46 亿元人民币的可转股债的债权人来说，停盘前股价与约定的 19.85 港元（拆细股份后为 4.96 港元）换股价相差甚远，因此大多数机构和债权人均选择将在 2010 年 5 月提前赎回这笔资金。也就是说，2010 年 5 月前国美必须准备好至少 46 亿元人民币的现金。然而，到 2008 年 12 月底，国美电器手上的可支配现金仅为 30.51 亿港元，比 2007 年末下降了 50% 以上；同时资产负债率由 2007年末的 35.53% 上升至 42.99%，且 2009 年一季度的利润同比下降 37.23%。此外，截至 2008 年底，应付票据、应付账款、可转换债券及银行借贷四项总额高达 166 亿元人民币。巨大的资金压力面前，国美高管层只有"自救"一条道路。除努力维系与供应商、银行之间的关系外，引入新的战略合作者进入董事会，以股权换现金，几乎成为当时国美的唯一选择。

2009 年 4 月，在国美提出了包括减少融资和新股发行规模，并同意发行"可转债"和增发"供股"等内容后，贝恩资本向国美紧急"输血" 32.36 亿港元现金（折合人民币28.48 亿元）。至此，国美电器因背负沉重"可转债赎回"包袱而绷紧数月的资金链条才得以松弛，更重要的是贝恩资本的加盟使资本市场挽回了对国美的信心，打消了投资人、银行机构、上游供应商、媒体乃至消费者对国美前景的忧虑。贝恩资本自 2009 年 6 月至2010 年 9 月持有该债券期间的累计收益率高达 116%，然而，如此高额的投资回报率却并不足以满足贝恩资本的野心。2010 年 8 月陈晓与黄光裕的控股权之争，最终促使贝恩资本在 2010 年 9 月将持有的 15.9 亿元人民币债务投资转为股票，占国美股份 9.98%，成为国美第二大股东，成功实现了入主国美的目标。

2. 苏宁类金融模式的超越

苏宁对类金融模式的运用能够超越国美，是因为围绕公司战略，实施了一整套财务战略来确保类金融模式优势的发挥，而尽力避开或化解类金融模式的关键风险。

（1）稳健的财务策略

与企业创始人张近东个人温和性格一致，苏宁一贯坚持"稳健经营"的方针，战略领先、模式创新推动着苏宁保持业绩快速增长。有别于国美采用的是"先相对集中、后逐步分散"的扩张模式，苏宁采取的是"先相对分散、后逐步集中"的扩张模式，同城店面总体上呈现上升趋势。与国美相比，苏宁虽然制定了"租、建、并、购"的综合开发策略，但更主要的是采取了"内生性扩张"战略，力图通过"自主开店"来铺设网络，很少采用资本运作的手段进行兼并。在扩张的过程中，苏宁的速度虽然远远慢于国美，但是从其销售业绩来看，无论是全国销售总额、单店销售额还是全国销售净利率、单店销售净利率，苏宁都要优于国美。苏宁追求的是质量加速度，采取"以强制快"的策略来抗衡国美。

如何应对快速扩张中的成本膨胀呢？苏宁的办法是"扩张+精细化"。连锁家电卖场大部分费用发生在"后台"，同城店面数量越多，对后台费用的分摊越多，规模效益也越明显。此外，在后台服务体系上，国美的物流发展以"物流外包"为主，将物流业务外包给专业的车队和仓储公司，此举虽然能够提高效率，符合国际的"外包趋势"与专业化协作，但容易导致对外包业务的控制能力弱化，成本较难控制。苏宁则采取"自建物流"，将物流建设作为企业核心竞争力和保障发展的一项重要战略，投资 120 亿元于物流建设，未来将在全国建设 60 个物流中心，实现全国的现代物流配送。苏宁运营模式里程碑式创新的核心是：借助先进的信息系统平台，将原来分散的物流配送中心，逐步按照区域整合为大的配送中心，相应的管理架构也由分散型转变为集中型。通过区域化、集中化和规模化的物流作业，苏宁电器的物流成本可从销售占比 0.5%降低到 0.3%，降幅高达 40%，同时随着店面增加，规模效益的边际贡献得到了快速提高。运营模式的差异，导致苏宁在扩张的过程中能够将前期战略积累的规模效益逐步释放，财务表现为盈利起平点比较低，但是业绩却能随着规模效益的不断释放，保持持续快速增长。

不能否认，苏宁的扩张同样得益于"类金融模式"。不过苏宁更擅长维系与供应商的关系，与国美占用供应商的货款主要体现在应付票据不同，苏宁欠供应商资金主要体现在应付账款科目，占用供应商资金时间相对较短。另外，相比于国美的财务策略，苏宁更稳健。如在 2009 年的快速扩张中，苏宁并没有过度依赖于占用供应商的资金。截至 2009 年，公司账面货币资金 134.43 亿元，其中 117.21 亿元的经营性应付项目形成的流动负债是公司主要的资金来源。而这时苏宁却从降低资产负债率、优化资产负债结构、提升财务稳健性的角度出发，通过非公开增发股票募集资金 30.55 亿元，这也体现了苏宁经营稳健、战略长远的风格[①]。2008~2011 年，苏宁在竞争对手国美苦苦挣扎于财务困境的泥淖中时，推行积极而稳健的财务策略，有力地支撑了自身对国美的超越。

（2）稳定的资金结构

分析国美和苏宁历年的报表数据发现（见表 1~表 8），两家企业存在"五高五低"的奇异现象：流动比率高、净现金需求负；应付款项高、银行借款低；资产负债率高、有息负债率低；利息收入高、利息支出低；其他业务收入高、毛利率较低（汤谷良，2008）。

这种数据特征来源于典型的"类金融模式"，通过推迟支付供应商的应付款项获得无息资金，故银行借款低；长期沉淀的资金形成企业稳定的正利息收入；通过收取供应商进

---

① 资料来源：作者根据苏宁电器披露的上市公司年报整理。

表 8　国美与苏宁的主要财务数据比较

年份	国美电器					苏宁电器				
	主营业务收入（亿元）	毛利率（%）	其他业务收入占利润总额（%）	净利润（亿元）	资产负债率（%）	主营业务收入（亿元）	毛利率（%）	其他业务收入占利润总额（%）	净利润（亿元）	资产负债率（%）
2004	97.16	9.81	61.74	5.81	73.19	91.07	9.75	132.40	1.81	57.80
2005	179.59	9.20	85.24	7.77	80.02	159.36	9.68	176.09	3.51	71.39
2006	247.20	9.55	83.16	9.43	75.25	249.27	10.68	88.59	7.2	63.71
2007	424.79	9.64	120.59	11.68	65.17	386.77	11.25	65.85	15.23	70.25
2008	458.89	9.82	164.23	10.99	68.36	483.11	14.53	53.74	22.60	57.85
2009	426.68	9.28	121.23	14.26	52.55	570.37	15.66	32.17	29.88	58.36
2010	509.10	11.63	86.33	19.62	59.31	742.27	16.59	23.64	41.06	57.08
2011	598.21	12.63	133.44	18.01	57.24	924.65	17.96	21.99	48.86	61.48

资料来源：根据国美电器和苏宁电器披露的上市公司年报整理。

场费、广告费、促销费、租赁费等形成"其他业务收入"，占利润总额比重较高，甚至造成国美主业不"主"，也使供应商以"预收款"等方式为公司提供了免费的现金来源。

不过，"五高五低"并存的财务现象是一种平滑类金融模式造成的财务风险的组合安排。相较于国美，苏宁的类金融模式较稳健，账面货币资金储备更加充足，银行有息负债率较低、资产负债率较低，其他业务收入占利润总额的比重持续下降，与供应商的共赢关系得到体现，有效地降低了企业的财务风险。而且，相比国美，无论是毛利率还是净利润，苏宁都高于国美，这也在一个侧面印证了苏宁卓越的成本控制能力。

（3）逼向零营运资本

营运资本是指企业流动资产减去流动负债后的余额，国美与苏宁的净营运资本见表 2，资产流动性见表 9。传统的财务比率分析认为，流动比率为 2 时企业的资金流动性较好，有能力偿还企业短期债务。2 倍流动比率只是在形式上体现财务稳健的标志，其实质上的

表 9　国美与苏宁的资产流动性状况

单位：%

年份	国美电器		苏宁电器	
	流动比率	营运资本占总资产比	流动比率	营运资本占总资产比
2004	1.33	24.01	1.52	30.32
2005	1.12	9.72	1.25	17.85
2006	1.04	2.56	1.46	20.32
2007	1.38	20.64	1.19	13.60
2008	1.22	12.13	1.38	15.03
2009	1.13	7.24	1.46	26.44
2010	1.20	10.88	1.41	18.81
2011	1.14	7.70	1.22	13.02

资料来源：根据国美电器和苏宁电器披露的上市公司年报整理。

偿债能力完全取决于现金储备、流动资产质量、资金周转速度以及流动负债的债务弹性等。近年来，很多国内外公司都奉行"零营运资本"财务结构，即在满足企业对流动资产基本需求的前提下尽可能降低在流动资产上的投资额，通过加速资金周转、调整资产结构、优化短期方式等获得额外财务收益。

国美、苏宁的流动比率均维持在 1.3 左右，而国美的营运资本占总资产的比重保持在 10%，苏宁为 20%。两家企业都通过"快快收钱、慢慢付钱"的方法，力图实现营运资本管理极限——零营运资本，降低资金的占用量，提高经营效益。零营运资本在提高盈利水平的同时，也使企业承担着较高的风险，一旦企业创造现金流量的能力降低，则发生财务危机的机会就大大增加。可以看出，在尽量降低营运资金的管理中，苏宁采取的策略更为稳健。

（4）以运营速度挤压资金风险

对类金融模式风险的防控，持续改进运营速度才是主动的防御策略。正如营运资本管理的 OPM 战略，保持流动性并不意味着必然要维持很高的营运资本和流动比率，只要企业能够加速应收账款和存货的周转，合理安排流动资产和流动负债的数量及期限以保证它们的衔接和匹配，就可以动态地保证企业的偿债能力。苏宁与国美均采用这种高风险和低成本的经营战略，公司对流动性的需求和对财务风险的控制，完全依靠现金流量的超常周转来实现。与国美相比，苏宁在 2010 年末有 193 亿元的现金储备，相对比较保守，但是一旦发生 210 亿元的"应付款项"的挤兑风潮，还是难以应对。只有运营速度才是根本，运营速度直接影响着企业的风险强度。

从营运速度上分析（见表 10），苏宁占有相对优势，但两个公司都存在大力改进的必要性和空间，苏宁的流动资产周转期明显低于国美，存货周转速度也快于国美。虽然苏宁的运营效率优于国美，但是与 2008 年之前相比，2009 年之后的流动资产周转期大幅上升，与其 2009 年开始积极扩张有直接关系。

表 10　国美与苏宁的运营速度

单位：天

年份	流动资产周转期	扣除货币资金后的流动资产周转期	流动资产周转期	扣除货币资金后的流动资产周转期
2005	167.29	133.06	62.67	34.83
2006	193.22	172.76	96.04	63.51
2007	198.28	157.81	101.64	50.97
2008	177.76	137.17	133.91	55.45
2009	155.98	122.06	222.07	69.59
2010	135.67	100.10	258.74	93.45
2011	112.52	83.65	268.29	123.33

资料来源：根据国美电器和苏宁电器披露的上市公司年报整理。

四、研究结论

本文以国美电器和苏宁电器案例为背景，剖析了类金融模式在企业扩张中的助力作用和可能风险。经营性动机理论和融资性动机理论，为类金融模式的存在提供了理论基础。案例研究表明，企业面临外部融资困难时，信贷配给观和融资优势观认为，运用类金融模式，有助于缓解规模扩张和资金瓶颈之间的矛盾，推动企业规模扩张和多元化发展。但是，类金融模式是一把"双刃剑"，一旦资金链断裂，其多米诺骨牌般的风险传导效应则影响企业声誉，威胁供应链安全，动摇商业信用的基础。因此，在企业扩张过程中，如何制定财务战略，配置企业资源，利用渠道价值，形成竞争优势，已成为国内外企业运用类金融模式健康持久发展的重要课题。本文的研究具有以下几个方面的创新与结论：

（1）供应链管理能力与管理效率决定类金融模式的成败

一些著名的跨国零售业巨头如沃尔玛、家乐福和戴尔等企业的经验已经证实，供应链管理是零售企业获取竞争优势的关键要素，也是类金融模式得以发展的基础。依据资本成本理论，综合资本成本最低的融资结构不但有利于企业改善投融资结构，而且是获取较高自由现金流量、实现企业价值的重要前提。类金融模式将商业信用融资运用到极致，获取低成本资金的同时，也形成了资金链对上游供应商的依赖，即企业对供应链管理的能力直接影响类金融模式这一财务手段的运用效果。一是维系类金融模式需要良好的市场信用环境来支撑。商业信用融资固然有助于降低企业的资本成本，但必须以良好的信用体系作为前提，一旦信用危机，企业之间互信双赢关系受到损害，类金融模式将无本可信，企业将失去获取大量浮游现金的机会，其扩张的脚步可能会戛然而止，而原本正常经营也可能受到釜底抽薪的打击。因而，企业应注重维护自己的商业信誉。二是渠道价值核心要素中某一个出现问题，都可能对供应链乃至整体资金链产生潜在威胁，因而与供应商形成良性的博弈合作关系，保持资金链稳定，是类金融模式长期稳定发展的关键。此外，现代化的连锁经营模式是物流、资金流和信息流有机整合下经营管理模式的标准化复制，对供应商进行高度整合，实施规模化采购，构建完善的信息平台以支撑信息的快速传递，用速度和低成本进行改造并拓展竞争空间，是类金融模式持续发展的重要因素。

（2）持续改进营运资本管理以实现类金融模式的价值优势

营运资本管理是实现企业战略发展目标和公司价值最大化的有效途径。零营运资本管理是营运资本管理中的一种风险决策方法，其关键在于速度，实质在于提高资本运用效率，以最小投入获取最大产出，这一思路与投入产出理论中的资源最佳配置原则是一致的。一个全面的营运资本管理计划应包括三个部分：收入管理（应收账款、订购程序、支付账单和收款）、供应链管理（存货和物流）以及支出管理（购买和付款）。简单来说，实现零营运资本管理，主要需从存货管理、应收账款管理和应付账款管理入手。"负现金需求"和"负现金周期"现象并非家电连锁商业企业独有,像电脑生产厂商戴尔公司、房地产企业、资源性生产企业等都有类似的财务表现。这种财务特征有助于筹集资金实现快速扩张,但也易导致致命的财务风险,广州家谊破产、普尔斯马特等48家连锁超市破产、山西田森超市破产以及天津市汇众房地产的全线停业,无一不是因为资金链紧张导致的。类金融企业实施营运资本管理应注重对货币资金、应收账款和流动负债的管理,从改善物流配送、采购库存管理等业务入手,持续改进经营效率,减少资金在各个环节的滞留,保证强大的创造现金流量的能力,从根本上防范流动性风险。

(3)以投融资策略及期限的匹配,降低类金融模式的风险

根据公司财务理论,债权人有能力和激励对债务人进行有效的监督,以类金融模式发展的企业,更需密切关注企业的债务结构,确保企业投融资策略相匹配。分析德隆系等若干企业的发展模式和经营战略不难发现,其资金链断裂的根本原因在于资金链条的紧张,长、中、短期的投资节奏欠佳,对资金回收缺乏掌控,这也为类金融模式企业敲响了警钟。而美国通用电气通过巧妙安排长周期业务和短周期业务以熨平行业周期和经济波动带来的不确定风险,和记黄埔注重金融和产业、产业链间的互补投资等以资产组合抵消零售业的风险,为类金融模式企业发展提供了借鉴。类金融企业的债务主要是流动负债,几乎没有长期负债;而在流动负债中,又以短期借款、应付账款、应付票据为主。因此,应密切关注企业的投资项目,一方面保证拥有足够的现金流以备日常运营之需,另一方面"短融长投"获取超额回报的前提是,精心安排好投资项目,如错开投资时间以产生足够的现金流、投资项目应能够实现现金流互补等。同时,兼顾投资周期、融资周期与金融扩张之间的匹配协调,理顺资金回流,确保企业资产的流动性,从投融资结构和策略两个方面防范类金融模式的风险。

参考文献

[1] Fewings D. R. Trade Credit as a Markovian Decision Process With an Infinite Planning Horizon [J]. Quarterly Journal of Business and Economics, 1992, 31 (4).

[2] Fisman R. Trade Credit and Productive Efficiency in Developing Countries [J]. World Development, 2001, 29 (2).

[3] Fisman R. Trade Credit, Financial Intermediary Development and Industry Growth [R]. NBER Working Papers, 2002.

[4] Fisman R., Love I. Trade Credit, Financial Intermediary Development, and Industry Growth [J]. Journal of Finance, 2003, 58 (1).

[5] Messmacher M. The Relationship between Trade Credit and Investment in Mexico: 1998-2000 [R]. Mimeo, Conference on Financial Markets in Mexico, 2001.

[6] Tirole J. The Theory of Corporate Finance [M]. Princeton, NJ: Princeton University Press, 2006.

[7] 郎咸平. 模式 [M]. 北京: 东方出版社, 2010.

[8] 刘程蕾, 田治威. 企业商业信用融资绩效研究——以我国批发零售业上市公司为例 [J]. 会计之友, 2010 (12).

[9] 谭伟强. 商业信用：基于企业融资动机的实证研究 [J]. 南方经济，2006（12）.

[10] 汤谷良. 资金运营战略：速度至上——基于国美、苏宁的流动性分析 [J]. 财务与会计（理财版），2008（6）.

[11] 吴红光. 国美苏宁类金融生存解读：拿什么钱来扩张 [J]. 新财富，2005（9）.

[12] 吴小丁. 大型零售店"进场费"与"优势地位滥用"规制 [J]. 吉林大学社会科学学报，2004（5）.

[13] 闫昕. 对国美、苏宁等家电连锁企业的"类金融"发展模式的思考 [J]. 商业现代化，2007（10）.

[14] 张良. 商业信用与企业业务增长之间关系的实证研究 [J]. 云南财贸学院学报（社会科学版），2007（6）.

[15] 张铁铸，周红. 上市公司商业信用的实证研究 [J]. 中南财经政法大学学报，2009（3）.

[16] 赵亚平，庄尚文. 跨国零售买方势力阻碍中国产业升级的机制及对策研究 [J]. 宏观经济研究，2008（10）.

The Case Studies on "Similar Financial": Gome and Suning

Yao Hong   Wei Haiyue

Abstract：In recent years, as the important power of business expansion, "similar financial" is developed rapidly in the domesitic and international retail, real estate and residents life service, widespread concerned by practitioners. According to the financing pecking order theory and financial strategy theory, by comparative the Gome and Suning Appliance, this study found that, "similar financial" is a double−edged sword, used properly be able to play its low−cost adavantage, and the resulting rapid scale expansion and strong profitability, but once out of control will lead to capital−strand, and the domino of risk conduction effect even endangers the financial security and social stability. This paper found that, in retailing development and espansion, paying attention to supply chain management, to ensure that investment and financing strategy and period of matching financial strategy, to enhance the operating speed of the working capital and liquidity, could help to control the risks of "similar financial".

Key Words：Similar Financial；Financial Risk；Zero Operating Capital；Asset Operating Capacity

中国上市公司营运资金管理调查：2011*

王竹泉　孙　莹　王秀华　张先敏　王贞洁　等①

【摘　要】本调查分别以 2011 年 2177 家上市公司、2010~2011 年 1864 家可比上市公司和 2007~2011 年 1347 家可比上市公司作为研究对象，进行了营运资金管理绩效的行业总体分析、行业趋势分析、地区比较分析和专题分析（外向型行业分析、战略性新兴产业分析等），从渠道和要素两个视角对上市公司营运资金管理状况进行了全面调查和透视，得到以下结论：①上市公司营运资金整体占用水平持续增高，营运资金管理绩效降低较为普遍；②上市公司营运资金要素管理水平较为成熟，但渠道管理意识有待加强；③上市公司对商业信用的依赖度较强、短期借款和供应链依赖度较为稳定；④高度外向型行业营运资金管理绩效较低或有较大幅度的降低；⑤战略性新兴产业营运资金管理绩效全面下滑。

【关键词】中国上市公司；营运资金管理调查；要素；渠道；排行榜

一、引言

营运资金管理是企业财务管理的重要内容。中国企业营运资金管理研究中心在国内率

* 本文选自《会计研究》2012 年第 12 期。

基金项目：本文受国家自然科学基金（70772024）和国家自然科学基金（71172099）资助，感谢财政部企业司、中国会计学会、中国海洋大学等对中国企业营运资金管理研究中心的支持。数据来源于中国企业营运资金管理研究中心"中国上市公司营运资金管理数据库（http://bwcmdatabase.ouc.edu.cn）"。

作者简介：王竹泉，中国海洋大学管理学院教授、中国企业营运资金管理研究中心主任。

① 本项调查由中国企业营运资金管理研究中心组织研究中心专兼职研究人员、博士、硕士研究生等 100 多人合作完成，主要参加人员有：王竹泉、孙莹、王秀华、张先敏、王贞洁、孙建强、罗福凯、纪建悦、高芳、杜媛、杜瑞、席龙胜、温琳、张园园、赵尔军、赵爽、郭晓莎、秦书亚、吕素萍、罗国磊、李小娜、汪伟、徐晓岚、封威威、于森林、杨凌雁、朱珺、李文妍、修小圆、牟宗鹏、柳艺、倪玥、王苑琢、于婷、朱大鹏、孙兰兰、刘梦皓、李克娜、路小会、李丹、韩腾飞、郭乐、王苏、任艳苹、隋国婷、张漫子、韩玉娇、王群、刘佳、张珍、齐鲁、刘姝婷、陈程程、崔海艳、刘雁冰、李月、赵倩倩、宋美艳、吴韶华、曹宏林、闫云格、李晓、闫丽丽、徐文玉、巩丽、文娟、任文艳、李聪聪、韩建新、姜卫、宋桂龙、刘晶璟、赵欣、高田雨、张雪菁、张世杰等，中国海洋大学会计学专业营运资金管理课程的部分本科生也参与了本项调查的数据采集。

先开展中国上市公司营运资金管理调查，自 2007 年以来，连续在《会计研究》发表了"中国上市公司营运资金管理调查：1997~2006"、"中国上市公司营运资金管理调查：2007~2008"、"中国上市公司营运资金管理调查：2009"和"中国上市公司营运资金管理调查：2010"。本调查是对 2011 年度中国上市公司营运资金管理状况的总结。2011 年度中国上市公司营运资金管理调查分为行业分析、地区分析、专题分析（包括外向型行业、战略性新兴产业上市公司营运资金管理分析等）三个主要部分，每一部分又包括营运资金占用分析、营运资金管理绩效水平及趋势分析和营运资金融资结构分析等内容，所采用的调查指标不仅包括传统的基于要素的营运资金管理绩效评价指标，还包括研究中心创立的基于渠道管理的营运资金管理绩效评价指标。

本调查报告由以下几部分组成：样本数据与调查体系、宏观经济形势分析、行业营运资金管理绩效总体分析、行业营运资金管理绩效趋势分析、地区营运资金管理绩效分析、营运资金管理专题分析和结论。

二、样本数据与调查体系

（一）样本数据

本文以深市和沪市 2011 年所有 A 股上市公司为研究对象。所有数据均来自于上市公司年度报告（年度报告均从巨潮资讯网上下载）以及中国上市公司营运资金管理数据库（http：//bwcmdatabase.ouc.edu.cn）。

样本的选取主要遵循以下几个原则：①数据完备，相关参数可以计算；②剔除金融类公司；③剔除数据异常[①] 的公司。基于上述原则，2011 年最终样本总量为 2177 家，并以中国证监会 2001 年 4 月 4 日公布的《上市公司行业分类指引》为基础[②]，结合企业实际主营业务进行调整，调整后具体行业分布情况如表 1 所示，样本的地区分布如表 2 所示。

---

① 异常数据剔除标准为采购渠道营运资金周转期或生产渠道营运资金周转期或营销渠道营运资金周转期或应付账款周转期超过行业平均营业周期的 1.5 倍与 365 天中较高者。即当行业平均营业周期的 1.5 倍大于 365 天时，上述四项周转期指标中有任意一项指标超过行业平均营业周期的 1.5 倍则剔除该样本；当行业平均营业周期的 1.5 倍小于 365 天时，上述四项周转期指标中有任意一项指标超过 365 天，则剔除该样本。

② 2001 年 4 月 4 日公布的《上市公司行业分类指引》分为 13 个行业，包括：农林牧渔业、采掘业、制造业、电力煤气及水的生产和供应业、建筑业、交通运输及仓储业、信息技术业、批发和零售贸易、金融保险业、房地产业、社会服务业、传播与文化产业、综合类。其中制造业又细分为食品饮料、纺织服装、木材家具、造纸印刷、石化塑胶、电子、金属非金属、机械设备、医药生物及其他 10 个子行业。

表 1   2011 年调查样本在行业间的分布情况

代码	A	B	C0	C1	C2	C3	C4	C5	C6	C7	C8	C9	D	E	F	G	H	J	K	L	M
样本量	40	55	84	71	12	37	247	131	184	423	135	26	70	52	70	170	120	121	56	30	43

表 2   2011 年调查样本在地区间的分布情况

地区	东部	中部	西部	合计
样本量	1471	384	322	2177

（二）指标选取

选取按渠道分类的经营活动营运资金周转期（包括营销渠道营运资金周转期、生产渠道营运资金周转期和采购渠道营运资金周转期）、理财活动营运资金周转期、营运资金周转期以及按要素分类的经营活动营运资金周转期（包括存货周转期、应收账款周转期和应付账款周转期）作为评价企业营运资金管理绩效的指标。具体计算方法参见"中国上市公司营运资金管理调查：2010,《会计研究》，2011 年第 12 期"。

三、2011 年宏观经济环境及其对各行业收入影响分析

2011 年，世界经济持续低迷，危机频发，国内物价上涨的压力大，房地产等行业长期积累的矛盾有待消化，中国经济面临较大的下行压力。收入规模特征能够有效地衡量各行业受宏观经济环境综合影响的程度。本部分将宏观经济对各行业的影响划分为三类：有利影响、影响甚微和不利影响。其中，有利影响的判断标准为扣除规模增长和通货膨胀因素后行业收入规模增长超过 10%；不利影响的判断标准为扣除规模增长和通货膨胀因素后行业收入规模缩减超过 10%；扣除规模增长和通货膨胀因素后收入规模变动率在 [-10%, 10%] 区间内则视为宏观环境对该行业影响甚微。21 个行业受宏观环境影响情况见表 3。

表 3   各行业受宏观经济环境影响状况分析表

行业	数量规模增幅	判断标准[①]	2010 年收入（亿元）	2011 年收入（亿元）	收入变动率	分析结论
农林牧渔业（A）	2.56%	[-2.71%, 18.91%]	470.84	694.25	47.45%	有利影响
采掘业（B）	34.15%	[27.25%, 55.53%]	40333.58	54482.4	35.08%	影响甚微
食品饮料业（C0）	5.00%	[-0.40%, 21.74%]	2839.85	4342.15	52.90%	有利影响
纺织服装业（C1）	4.41%	[-0.96%, 21.05%]	1302.77	1598.84	22.73%	有利影响

---

① 判断标准下限的计算方法为 (1-10%)×(1+数量规模增幅)×(1+通货膨胀率)，判断标准上限的计算方法为 (1+10%)×(1+数量规模增幅)×(1+通货膨胀率)。根据国家官方公布的统计数据显示，2011 年平均通胀率为 5.4%。

行业	数量规模增幅	判断标准	2010年收入（亿元）	2011年收入（亿元）	收入变动率	分析结论
木材家具业（C2）	20.00%	[13.83%, 39.13%]	184.33	224.98	22.05%	影响甚微
造纸印刷业（C3）	8.82%	[3.23%, 26.17%]	783.27	901.75	15.13%	影响甚微
石化塑胶业（C4）	14.88%	[8.98%, 33.19%]	5818.7	8050.91	38.36%	有利影响
电子业（C5）	13.91%	[8.06%, 32.07%]	2675.2	3366.03	25.82%	影响甚微
金属非金属业（C6）	12.88%	[7.08%, 30.87%]	19140.99	31961.57	66.98%	有利影响
机械设备业（C7）	19.83%	[13.67%, 38.93%]	18218.15	23243.25	27.58%	影响甚微
医药生物业（C8）	7.94%	[2.39%, 25.15%]	2663.03	3106.27	16.64%	影响甚微
其他制造业（C9）	4.00%	[−1.35%, 20.58%]	1035.23	1041.17	0.57%	影响甚微
电力煤气及水的生产供应业（D）	2.94%	[−2.35%, 19.35%]	4970.57	5908.07	18.86%	影响甚微
建筑业（E）	33.33%	[26.48%, 54.58%]	18252.33	21060.57	15.39%	影响甚微
交通运输及仓储业（F）	−6.67%	[−11.47%, 8.21%]	6478.59	5695.69	−12.08%	不利影响
信息技术业（G）	24.09%	[17.71%, 43.87%]	5328.33	5276	−0.98%	不利影响
批发零售贸易业（H）	11.11%	[5.40%, 28.82%]	9482.91	13223.3	39.44%	有利影响
房地产业（J）	0.83%	[−4.35%, 16.90%]	3428.07	1172.35	−65.80%	不利影响
社会服务业（K）	0.00%	[−5.14%, 15.94%]	1248.06	1030.75	−17.41%	不利影响
传播与文化产业（L）	30.43%	[23.73%, 51.22%]	359.99	548.66	52.41%	有利影响
综合类（M）	−14.00%	[−18.42%, −0.29%]	1132.96	1280.26	13.00%	有利影响

从表3可以看出，交通运输及仓储业（F）、信息技术业（G）、房地产业（J）和社会服务业（K）等四个行业受宏观环境的挑战超过机遇，表明宏观经济环境带来的影响是不利影响；采掘业（B）、木材家具业（C2）、造纸印刷业（C3）、电子业（C5）、机械设备业（C7）、医药生物业（C8）、其他制造业（C9）、电力煤气及水的生产供应业（D）和建筑业（E）九个行业的计算结果在上下限范围之内，表明宏观环境对其影响甚微；其余八个行业受宏观环境的综合影响最终表现为有利影响。

四、分行业上市公司营运资金管理总体分析

（一）分行业上市公司营运资金管理绩效分析

1. 行业层面绩效表现

2011年中国上市公司分行业营运资金周转期（按渠道）和营运资金周转期（按要素）分别见表4和表5。限于篇幅，2011年度中国上市公司营运资金管理绩效排行榜见中国企业营运资金管理研究中心"中国上市公司营运资金管理数据库（http://bwcmdatabase.ouc.edu.cn）"。

从表 4 和表 5 可以看出, 无论是从渠道视角看, 还是从要素视角看, 中国上市公司整体经营活动营运资金管理绩效及各渠道、各要素营运资金管理绩效均在恶化。其中, 经营活动营运资金管理绩效 (按渠道) 改善的仅有农林牧渔业 (A)、食品饮料 (C0)、纺织服装 (C1) 和综合类 (M) 四个行业, 占比 19.05%; 经营活动营运资金管理绩效 (按要素) 改善的仅有农林牧渔业 (A)、食品饮料 (C0)、纺织服装 (C1)、石化塑胶 (C4)、其他制造业 (C9)、社会服务业 (K) 和综合类 (M) 七个行业, 占 1/3。

2. 企业层面绩效表现

企业层面分析时, 本报告剔除 2011 年新上市公司、退市公司以及数据显著异常的公司后, 共获得 2010~2011 年可比样本 1864 家, 并将周转天数变化率划分为七个区间: 改善显著 (变化率≤-50%)、改善较大 (-50%<变化率≤-30%)、有所改善 (-30%<变化率≤-10%)、基本稳定 (-10%<变化率<10%)、有所降低 (10%≤变化率<30%)、降低较大 (30%≤变化率<50%) 以及降低显著 (变化率≥50%) 来对营运资金管理绩效变化情况进行反映。

从渠道视角看, 经营活动营运资金管理绩效及采购、生产和营销各渠道营运资金管理绩效改善公司占比分别为 34.76%、47.16%、45.55% 和 34.23%, 均不足 50%。各指标的变动幅度呈 "W" 形分布, 绩效改善显著和绩效降低显著的上市公司数量畸高, 致使整条曲线明显偏离正态分布。从要素视角看, 经营活动营运资金管理绩效及存货、应收账款和应付账款各要素营运资金管理绩效改善公司占比分别为 34.71%、40.08%、38.14% 和 50.97%, 除应付账款管理绩效改善比例略超过一半外, 其余均不足 50%。从各指标变动幅度上看, 各要素营运资金周转期变动幅度均呈正态分布, 但经营活动营运资金周转期 (按要素) 变动幅度却明显偏离正态分布, 绩效降低显著公司数量明显超过正常水平。

综上, 2011 年中国上市公司营运资金管理绩效出现全面下滑倾向, 尽管各要素营运资金单独管理的水平相对成熟, 但站在公司整体角度以及站在供应链高度对营运资金进行协同管理水平不成熟、不稳定。

(二) 分行业上市公司营运资金融资结构分析

在融资结构方面, 本报告选取了商业信用依赖度、短期借款依赖度和供应链依赖度三个指标进行分析, 其中, 商业信用依赖度主要反映企业采用商业信用方式融资满足经营活动营运资金占用的程度, 同时也可以反映企业和广义供应链[①] 之间资金占用及被占用的关系, 评价企业在供应链中的地位情况; 短期借款依赖度反映企业以短期借款方式筹集资金满足营运资金需求的程度; 供应链依赖度反映企业依赖供应链上下游资金来满足自身营运资金需求的程度。[②]

---

① 本文所称广义供应链既包括企业供应方和分销方, 还包括政府、企业工人等向企业提供信用融资的主体。
② 商业信用依赖度=经营活动的营运资金/存货-1; 短期借款依赖度=短期借款/(流动资产+各项减值准备); 供应链依赖度= (预收账款+应付账款+应付票据+其他应付款) /(流动资产+各项减值准备)。

表4 2007~2011年营运资金周转期（按渠道）指标

单位：天

行业 / 指标年份	采购渠道 2011	2010	2009	2008	2007	生产渠道 2007	2008	2009	2010	2011	营销渠道 2007	2008	2009	2010	2011	经营活动营运资金周转期 2007	2008	2009	2010	2011	营运资金周转期 2007	2008	2009	2010	2011
农林牧渔业 A	23	57	35	27	28	10	4	19	31	29	89	78	78	71	86	127	109	132	159	139	27	28	49	85	103
采掘业 B	-15	-16	-15	-11	-12	-7	-6	-6	-5	-5	10	11	13	-10	9	-9	-6	-7	-11	-11	-3	-1	-6	-7	-8
制造业 食品饮料 C0	7	7	3	7	9	5	7	7	6	3	14	13	11	10	4	28	27	21	23	14	27	37	51	64	60
纺织服装 C1	17	9	6	12	8	28	42	62	59	19	41	43	51	37	64	77	97	119	105	99	14	25	49	68	97
木材家具 C2	-6	-5	12	-3	-10	19	34	46	21	22	83	94	115	87	93	92	126	173	103	110	60	110	139	87	122
造纸印刷 C3	-12	-12	-14	-12	-13	4	11	-2	4	-5	63	66	90	88	105	54	64	74	80	88	-27	1	6	28	29
石化塑胶 C4	-10	-10	-10	-5	-7	-3	-3	1	3	0	41	42	55	45	49	31	33	46	38	40	-12	-6	-4	17	18
电子 C5	-41	-42	-52	-48	-45	3	8	1	-2	-4	95	108	114	107	114	54	68	64	63	69	46	71	94	131	140
金属非金属 C6	-3	-5	-9	-4	-2	8	7	11	9	13	20	19	29	25	28	27	23	31	29	39	-11	0	-12	-12	-11
机械设备 C7	-54	-50	-47	-37	-41	9	14	17	12	14	55	52	57	57	64	23	29	27	19	24	44	52	54	64	86
医药生物 C8	-22	-25	-36	-36	-36	12	5	4	4	2	94	89	95	93	100	70	58	63	72	80	36	43	78	119	147
其他制造业 C9	-39	-14	-5	2	-7	68	68	56	45	5	37	43	-19	-2	82	98	114	32	30	48	51	73	94	98	6
电力煤气及水的生产供应业 D	-26	-30	-21	-15	-22	-21	-11	-14	-20	-15	36	34	40	37	39	-7	9	4	-13	-2	-124	-143	-161	-187	-181
建筑业 E	-71	-56	-54	-50	-53	16	22	51	38	48	19	14	23	23	33	-19	-13	19	4	9	25	21	51	50	50
交通运输及仓储业 F	-32	-38	-49	-34	-30	-27	-31	-22	-12	-14	13	11	15	13	11	-44	-54	-56	-37	-35	-50	-68	-80	-29	-20
信息技术业 G	-83	-100	-103	-73	-45	4	7	13	-2	-1	35	31	48	56	46	-6	-34	-42	-46	-38	21	-18	-35	-25	-16
批发零售贸易 H	-30	-29	-29	-24	-26	2	3	10	10	9	15	12	15	17	22	-8	-8	-4	-2	1	-2	1	11	16	19
房地产业 J	-15	67	58	71	61	371	483	560	561	706	-73	-60	-107	-182	-155	359	494	511	447	536	368	494	544	538	535
社会服务业 K	-14	-26	-10	-16	-11	3	4	39	42	6	8	14	-23	-11	26	0	2	6	5	18	-57	22	39	89	60
传播与文化产业 L	-45	-45	-59	-62	-52	-14	-5	25	-5	-4	20	-2	19	34	50	-46	-69	-16	-16	1	84	131	132	182	217
综合类 M	-9	-12	-9	-17	-21	34	39	137	118	76	29	31	-6	11	11	41	53	122	117	78	-36	-28	74	116	74
上市公司平均	-26	-27	-27	-18	-19	11	12	25	21	24	26	23	27	24	26	18	17	24	18	23	7	11	19	26	29

注：采购渠道营运资金周转期+生产渠道营运资金周转期+营销渠道营运资金周转期=经营活动营运资金周转期，经营活动营运资金周转期+理财活动营运资金周转期=营运资金周转期。由于采用四舍五入的方式将周转期指标调为整数，故可能存在计算尾差。

表 5　2007~2011 年营运资金周转期（按要素）指标

单位：天

行业 / 指标年份	存货周转期					应收账款周转期					应付账款周转期					经营活动营运资金周转期（按要素）				
	2011	2010	2009	2008	2007	2011	2010	2009	2008	2007	2011	2010	2009	2008	2007	2011	2010	2009	2008	2007
农林牧渔业 A	148	163	136	145	154	28	32	38	37	40	26	29	31	34	37	150	166	143	149	156
采掘业 B	26	28	33	28	33	15	14	13	10	11	32	34	37	29	33	10	8	10	8	11
食品饮料 C0	55	66	67	75	70	18	21	19	18	20	23	27	31	32	32	50	60	56	61	58
纺织服装 C1	85	137	155	134	106	42	40	46	40	35	38	44	51	51	49	90	133	151	123	92
木材家具 C2	108	101	134	123	77	56	56	77	64	62	61	65	60	65	48	103	92	152	121	92
造纸印刷 C3	79	70	87	94	73	81	75	70	60	62	74	61	77	72	65	86	85	80	83	70
石化塑胶 C4	48	53	61	50	46	41	40	43	35	36	48	51	59	44	44	40	42	46	40	39
电子 C5	61	62	71	79	63	91	85	87	74	70	72	70	80	74	69	81	78	77	79	64
金属非金属 C6	63	62	77	54	57	30	27	31	23	26	45	48	59	41	39	48	41	48	36	43
机械设备 C7	70	64	68	73	64	83	72	74	62	57	91	84	88	77	74	63	53	53	57	47
医药生物 C8	63	59	59	59	58	78	75	75	67	70	50	52	60	60	61	91	82	74	66	67
其他制造业 C9	76	107	118	118	109	50	87	82	39	38	67	73	70	41	44	59	122	130	116	103
电力煤气及水的生产供应业 D	24	21	36	31	21	40	39	46	44	49	55	58	58	50	51	9	2	24	25	19
建筑业 E	95	76	74	66	60	59	52	79	59	60	104	88	90	86	86	50	41	63	38	34
交通运输及仓储业 F	15	16	14	9	8	25	24	28	22	25	51	56	66	49	46	−11	−15	−24	−17	−12
信息技术业 G	39	40	50	41	43	61	65	64	45	46	102	117	122	90	66	−2	−13	−9	−4	22
批发零售贸易 H	46	45	48	39	38	14	12	11	10	11	47	46	48	43	47	13	11	11	6	2
房地产业 J	914	769	783	732	568	12	13	15	14	18	75	75	86	80	124	851	708	712	666	462
社会服务业 K	37	89	96	61	58	40	46	37	31	28	40	65	56	47	38	36	70	77	45	48
传播与文化产业 L	65	57	74	75	66	40	39	44	27	33	75	65	84	92	81	31	31	35	9	18
综合类 M	136	179	206	117	87	30	33	34	33	46	54	57	61	18	65	112	155	108	132	69
上市公司平均	72	68	76	61	60	38	36	41	29	33	57	58	63	49	52	52	46	53	41	41

注：经营活动营运资金周转期（按要素）=存货周转期+应收账款周转期-应付账款周转期。由于采用四舍五入的方式将周转期指标调整为整数，故可能存在计算尾差。

从表 6 可以看出，在商业信用依赖度方面，21 个行业中有 16 个行业的商业信用依赖度连续两年小于 0，占比 76.19%，只有造纸印刷和医药生物两个行业连续两年的商业信用依赖度大于 0，说明我国上市公司大部分行业"占用别人资金"。这可能是因为我国上市公司大都集中着优势资源，代表着相应行业发展的领先力量，在供应链中处于比较优势的地位，话语权较强，因而能够"占用别人资金"。在短期借款依赖度方面，21 个行业中除电力煤气及水的生产供应业外，其他 20 个行业的短期借款依赖度值连续两年均在 0 至 1 之间，即适度短期借款。具体来说，20 个行业中 2010 年处于中度依赖①的行业有 6 个，处于轻度依赖的行业有 14 个，2011 年处于中度依赖的行业有 5 个，处于轻度依赖的行业有 15 个，说明中国上市公司大部分行业对短期借款的依赖程度适度且较为稳定。进一步分析发现，导致电力煤气及水的生产供应业短期借款依赖度值大于 1 的主要原因在于电力行业的短期借款依赖度较高。这意味着电力行业存在短借长投行为，该行业财务风险较高。在供应链依赖度方面，21 个行业中 2010 年有 8 个行业为轻度依赖②，9 个行业中度依赖，4 个行业高度依赖，2011 年有 6 个行业轻度依赖，12 个行业中度依赖，3 个行业高度依赖，均不存在过度依赖的行业。

表 6　2010~2011 年中国上市公司行业层面营运资金融资结构

行业	商业信用依赖度		短期借款依赖度		供应链依赖度	
	2010	2011	2010	2011	2010	2011
农林牧渔业 A	−0.05	−0.08	0.43	0.35	0.25	0.23
采掘业 B	−1.42	−1.39	0.18	0.17	0.70	0.67
食品饮料 C0	−0.66	−0.78	0.21	0.18	0.27	0.29
纺织服装 C1	−0.19	0.25	0.33	0.29	0.28	0.21
木材家具 C2	−0.04	0.08	0.30	0.28	0.25	0.24
造纸印刷 C3	0.22	0.08	0.39	0.47	0.34	0.33
石化塑胶 C4	−0.25	−0.06	0.33	0.37	0.41	0.36
电子 C5	0.07	0.16	0.20	0.22	0.24	0.27
金属非金属 C6	−0.45	−0.36	0.40	0.40	0.48	0.49
机械设备 C7	−0.65	−0.53	0.12	0.11	0.49	0.49
医药生物 C8	0.21	0.30	0.19	0.17	0.28	0.26
其他制造业 C9	−0.67	−0.41	0.07	0.34	0.57	0.51
电力煤气及水的生产供应业 D	−1.48	−0.82	1.24	1.07	0.72	0.62
建筑业 E	−0.91	−0.85	0.09	0.13	0.63	0.59
交通运输及仓储业 F	−2.94	−3.13	0.31	0.25	0.52	0.47
信息技术业 G	−1.95	−1.85	0.20	0.22	0.65	0.69

---

① 本文将短期借款依赖度划分为四个区间，[0, 30%] 界定为依赖适度中的低度依赖，(30%, 60%] 界定为依赖适度中的中度依赖，(60%, 100%] 界定为依赖适度中的高度依赖，(100%, +∞) 界定为短借长投。

② 本文将供应链依赖度划分为四个区间，[0, 30%] 界定为低度依赖，(30%, 60%] 界定为中度依赖，(60%, 100%] 界定为高度依赖，(100%, +∞) 界定为过度依赖。

行业	商业信用依赖度		短期借款依赖度		供应链依赖度	
	2010	2011	2010	2011	2010	2011
批发零售贸易 H	−0.98	−0.93	0.19	0.21	0.54	0.57
房地产业 J	−0.42	−0.42	0.06	0.08	0.31	0.36
社会服务业 K	−0.82	−0.38	0.16	0.28	0.38	0.32
传播与文化产业 L	−1.36	−1.18	0.03	0.03	0.26	0.34
综合类 M	−0.35	−0.41	0.26	0.28	0.28	0.39

五、上市公司营运资金管理趋势分析

（一）上市公司营运资金占用趋势分析

如表 7 所示，从营运资金占用总额趋势上看，2007~2011 年各行业上市公司总体上占用营运资金总额除 2010 年略有回落外，整体大幅增加，且 2011 年比 2007 年增幅达 245.25%，平均年增幅高达 42.17%，这表明中国上市公司占用营运资金总额呈现显著持续上升的趋势。营运资金净额为 15934.14 亿元，五年间增幅达 1534.47%，经营活动营运资金和投资活动营运资金同样呈持续上升趋势，平均增幅分别为 76.3% 和 42.4%，这表明经营活动营运资金的巨幅增加是各行业营运资金占用量高速上升的主要原因。

表 7   2007~2011 年中国上市公司营运资金占用水平

单位：亿元

项目 年份	营运资金占用总额		营运资金占用净额		经营活动营运资金（按渠道）		经营活动营运资金（按要素）		投资活动营运资金	
	总额	均值	总额	均值	总额	均值	总额	均值	总额	均值
2007	31681.38	23.09	974.88	0.71	3658.77	2.67	9087.32	6.62	8796.96	6.41
2008	46438.15	29.79	1480.43	0.95	4627.99	2.97	11331.90	7.27	14860.40	9.53
2009	95474.53	58.97	36678.97	22.66	6958.26	4.30	45425.73	28.06	21612.34	13.35
2010	87882.06	43.27	13676.07	6.73	9697.63	4.77	22397.52	11.03	29532.52	14.54
2011	109381.75	50.24	15934.14	7.32	15351.08	7.05	32321.30	14.85	35077.57	16.11

从单位上市公司营运资金占用趋势上看，2007~2011 年单位上市公司平均营运资金占用总额和营运资金净额均呈上升趋势，平均年增幅分别为 29.11% 和 564.38%，可见，营运资金净额的上升速度远比营运资金总额上升速度快。整体而言，经营活动营运资金的增速快于投资活动营运资金的增速，其中，按要素的经营活动营运资金平均年增幅为 67.43%，

按渠道的经营活动营运资金平均年增幅为 28.68%；而投资活动营运资金平均年增幅为 27.11%。可见少数行业上市公司营运资金虽有向投资活动配置的倾向，但还需要漫长的转型过程。

（二）分行业上市公司营运资金管理绩效趋势分析

1. 行业层面绩效变动趋势分析

由表 4 可见，从渠道视角看，2007~2011 年中国上市公司整体经营活动营运资金周转期（按渠道）变动呈波形延长趋势，其在 2008 年和 2010 年周转期相对较短，处于波谷；而 2007 年、2009 年和 2011 年的周转期相对较长，处于波峰。其中，采购渠道营运资金周转期呈阶梯状下降趋势，未来有可能继续下降；生产渠道营运资金周转期呈总体上升趋势；营销渠道营运资金周转期呈基本稳定趋势。从各行业看，五年间经营活动营运资金管理绩效（按渠道）呈基本稳定及各种改善趋势的行业有 8 个，占比 38.10%；呈各种下降趋势的行业有 9 个，占比 42.86%，其余行业无明显趋势；采购渠道营运资金管理绩效无明显变动趋势以及呈基本稳定的行业居多；生产渠道营运资金管理绩效呈总体下降和总体上升趋势的行业占绝大多数；营销渠道营运资金管理绩效呈基本稳定和总体下降趋势的行业占绝大多数。

由表 5 可见，从要素视角看，2007~2011 年中国上市公司整体经营活动营运资金周转期（按要素）及各要素营运资金周转期年均变动幅度均小于 10%，属于基本稳定趋势。从各行业看，五年间经营活动营运资金管理绩效（按要素）呈基本稳定及各种改善趋势的行业有 13 个，占比 61.90%；呈总体下降趋势的行业有 4 个，占比 19.05%，其余行业无明显趋势；存货、应收账款和应付账款管理绩效呈基本稳定趋势的行业最多，占比分别为 52.38%、61.90% 和 61.90%。

2. 企业层面绩效变动趋势分析

企业层面趋势分析时，本项调查对 2007~2011 年五年公司样本进行配比，得到可比样本 1347 家。从渠道视角看，经营活动营运资金管理绩效（按渠道）呈各种上升趋势的公司占比 28.58%，呈各种下降趋势的公司占比 43.28%，另有 17.97% 的公司无明显变动趋势，呈其他趋势公司数量均不足 10%。其中，采购渠道、生产渠道和营销渠道营运资金管理绩效呈基本稳定及各种上升趋势的公司占比分别为 50.04%、37.41% 和 43.06%。从要素视角看，经营活动营运资金管理绩效（按要素）呈各种下降趋势的公司数量最多，占比 39.64%；存货、应收账款和应付账款管理绩效呈基本稳定及各种上升趋势的公司占比分别为 49.29%、45.57% 和 50.78%。

（三）上市公司营运资金融资结构趋势分析

上市公司 2007~2011 年营运资金融资结构如表 8 所示。

1. 商业信用依赖度

21 个行业中采掘业和房地产业的商业信用依赖度"基本稳定"，食品饮料行业"总体

表8 中国上市公司 2007~2011 年融资结构趋势分析（行业层面）

行业	商业信用依赖度					短期借款依赖度					供应链依赖度				
	2007	2008	2009	2010	2011	2007	2008	2009	2010	2011	2007	2008	2009	2010	2011
农林牧渔业 A	-0.23	-0.26	0.01	-0.05	-0.08	0.46	0.45	0.49	0.43	0.35	0.37	0.37	0.28	0.25	0.23
采掘业 B	-1.24	-1.19	-1.35	-1.42	-1.39	0.12	0.30	0.19	0.18	0.17	0.62	0.59	0.63	0.70	0.67
食品饮料 C0	-0.58	-0.68	-0.72	-0.66	-0.78	0.30	0.28	0.22	0.21	0.18	0.42	0.42	0.38	0.27	0.37
纺织服装 C1	-0.29	-0.26	-0.23	-0.19	0.25	0.46	0.45	0.40	0.33	0.29	0.40	0.35	0.34	0.28	0.23
木材家具 C2	0.05	0.14	0.39	-0.04	0.08	0.33	0.46	0.26	0.30	0.28	0.22	0.22	0.21	0.25	0.24
造纸印刷 C3	-0.14	-0.45	0.02	-0.22	0.08	0.46	0.33	0.48	0.39	0.47	0.42	0.40	0.36	0.34	0.33
石化塑胶 C4	-0.21	-0.35	-0.23	-0.25	-0.06	0.50	0.47	0.46	0.33	0.37	0.43	0.43	0.43	0.41	0.40
电子 C5	-0.05	-0.22	-0.06	0.07	0.16	0.24	0.26	0.20	0.20	0.22	0.41	0.40	0.37	0.24	0.33
金属非金属 C6	-0.46	-0.69	-0.62	-0.45	-0.36	0.31	0.40	0.41	0.40	0.40	0.48	0.57	0.57	0.48	0.49
机械设备 C7	-0.51	-0.68	-0.71	-0.65	-0.53	0.18	0.17	0.16	0.12	0.11	0.51	0.55	0.53	0.49	0.49
医药生物 C8	0.17	-0.14	0.07	0.21	0.30	0.39	0.32	0.22	0.19	0.17	0.36	0.39	0.35	0.28	0.26
其他制造业 C9	-0.27	-0.07	-0.75	-0.67	-0.41	0.34	0.31	0.07	0.07	0.34	0.37	0.27	0.56	0.57	0.51
电力煤气及水的生产及供应业 D	-1.46	-0.81	-1.17	-1.48	-0.82	1.01	1.15	0.90	1.24	1.07	0.60	0.56	0.72	0.72	0.62
建筑业 E	-1.81	-1.51	-0.82	-0.91	-0.85	0.19	0.17	0.08	0.09	0.13	0.77	0.73	0.64	0.63	0.59
交通运输及仓储业 F	-14.74	-9.96	-4.73	-2.94	-3.13	0.44	0.46	0.34	0.31	0.25	0.63	0.64	0.51	0.52	0.47
信息技术业 G	-1.55	-2.34	-2.13	-1.95	-1.85	0.18	0.21	0.34	0.20	0.22	0.73	0.84	0.82	0.65	0.69
批发零售贸易 H	-1.35	-1.22	-1.21	-0.98	-0.93	0.25	0.26	0.19	0.19	0.21	0.71	0.64	0.46	0.54	0.57
房地产业 J	-0.50	-0.44	-0.38	-0.42	-0.42	0.11	0.10	0.05	0.06	0.08	0.44	0.40	0.35	0.31	0.36
社会服务业 K	-1.55	-1.82	-1.09	-0.82	-0.38	0.61	0.19	0.23	0.16	0.28	0.41	0.31	0.49	0.38	0.32
传播与文化产业 L	-2.35	-1.59	-1.33	-1.36	-1.18	0.23	0.16	0.08	0.03	0.03	0.51	0.46	0.42	0.26	0.34
综合类 M	-0.39	-0.16	-0.42	-0.35	-0.41	0.38	0.37	0.28	0.26	0.28	0.46	0.30	0.39	0.28	0.39

减弱"，纺织服装业和批发零售贸易业"持续增强"，木材家具业、造纸印刷业、石化塑胶业、电子业、医药生物业、电力煤气及水的生产供应业、建筑业、交通运输及仓储业、社会服务业和传播与文化产业共10个行业"总体增强"，农林牧渔业、金属非金属业、机械设备业、其他制造业、信息技术业和综合类共6个行业属于"其他"，无明显规律。从商业信用依赖度的绝对值来看，21个行业中有15个行业连续5年均小于0，即一直属于"占用别人资金"，另外，5年共105个指标值中有90个为负，这进一步证实中国上市公司集中着各行业的优势资源，代表着各行业先进的生产力，在整个供应链中占据着较为优势的地位，因而具有较强的话语权。总体来说，中国上市公司对商业信用的依赖度较强、商业信用利用度较为充分，且大部分行业对商业信用的依赖度有增强的趋势。

2. 短期借款依赖度

农林牧渔业、石化塑胶业、电子业、金属非金属业、批发零售贸易业和综合类共6个行业呈"基本稳定"态势，食品饮料业、纺织服装业、机械设备业和医药生物业共4个行业呈"持续减弱"态势，建筑业、交通运输及仓储业、社会服务业和传播与文化产业共4个行业呈"总体减弱"态势，采掘业、木材家具业、造纸印刷业、其他制造业、电力煤气及水的生产供应业、信息技术业和房地产业共7个行业属"其他"类，无明显规律。从各行业短期借款依赖度的绝对值来看，除电力煤气及水的生产供应业外，其他行业在2007~2011年的短期借款依赖度值均在0至1之间，即适度短期借款，财务风险较低。电力煤气及水的生产供应业除2009年的短期借款依赖度为0.9外，其他年份均大于1，存在利用短期借款进行长期投资的高风险行为。进一步分析发现，导致该行业短期借款依赖度偏高的主要原因在于电力行业的短期借款依赖度偏高。总体来说，中国上市公司除电力煤气及水的生产供应业短期借款依赖度偏高、存在短借长投行为外，其他行业都是适度短期借款，且大部分行业对短期借款的依赖度呈稳定或减弱趋势。

3. 供应链依赖度

农林牧渔业和传播与文化产业呈"总体减弱"态势，纺织服装业、造纸印刷业和建筑业共3个行业呈"持续减弱"态势，采掘业、木材家具业、石化塑胶业、金属非金属业、机械设备业、医药生物业、电力煤气及水的生产供应业、交通运输及仓储业、信息技术业、批发零售贸易业和房地产业共11个行业呈"基本稳定"态势，其他制造业呈"总体增强"态势，食品饮料业、电子业、社会服务业和综合类共4个行业属"其他"类，无明显规律。从各行业供应链依赖度的绝对值来看，21个行业中有12个行业连续5年的供应链依赖度都大于30%，即持续的中高度依赖，另外，5年共105个指标值中有86个大于30%，即大多为中高度依赖。总体来说，中国上市公司对供应链的依赖度较高，且大部分行业对供应链的依赖度保持"基本稳定"态势。

六、分地区营运资金管理调查总体分析

本调查对全国营运资金的调查研究划分到东部、中部、西部三个地区层次及 31 个省、自治区、直辖市（不包括香港、澳门和台湾地区，以下简称省区市）层次进行详细的对比分析。东部、中部、西部地区的界定按照我国行政区域通常的划分方法：东部沿海地区包括北京、天津、河北、山东、辽宁、上海、江苏、浙江、广东、福建、海南 11 个省市；中部地区包括山西、吉林、黑龙江、安徽、江西、河南、湖北、湖南 8 个省；西部地区包括四川、重庆、贵州、云南、西藏、陕西、甘肃、青海、宁夏、新疆、广西、内蒙古 12 个省区市。剔除异常数据后，2011 年我们调查的上市公司总数量为 2177 家，其中东部地区有 1471 家，占研究样本的 67.58%；中部地区有 384 家，占研究样本的 17.63%；西部地区有 322 家，占研究样本的 14.78%。

如图 1 所示，2011 年全国经营活动营运资金周转期（按要素）均值为 52 天，其中中部地区最短（48 天），西部地区最长（83 天），东部地区居中（50 天）。从地区层面分析可知，东部的海南省经营活动营运资金周转期（按要素）最短，为 1 天，西部的西藏周期最长，为 188 天。此外，经营活动周转期超过 100 天的还有东部地区的浙江省、广东省，中部地区的吉林省，西部地区的贵州省、陕西省。

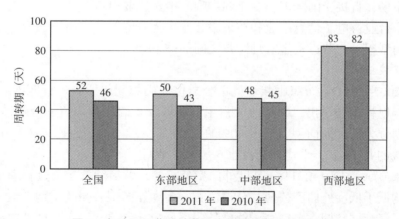

图 1 各地区经营活动营运资金周转期（按要素）

如图 2 所示，2011 年全国经营活动营运资金周转期（按渠道）均值为 23 天，其中东部地区最短（20 天），西部地区最长（48 天），中部地区居中（32 天）。从地区层面进行分析发现，西部地区的西藏经营活动周转期（按渠道）最长（169 天），东部的海南省周转期最短（−10 天）；此外，经营活动营运资金周转期（按渠道）为负值的还有东部地区的上海市和中部地区的山西省。

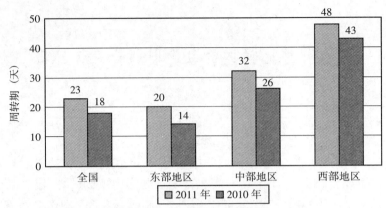

图2　各地区经营活动营运资金周转期（按渠道）

七、营运资金管理专题分析

（一）外向型行业营运资金管理分析

外向型上市公司是指以国外市场为主要销售场所的上市公司，其基本特征是生产和经营面向国际市场，直接受国际市场变化的影响。本文选取出口销售收入占主营业务收入比重较高的两个行业：电子信息产业和纺织服装业作为研究对象，研究在后金融危机时代这些公司的外向型程度与营运资金管理绩效之间的关系。

1. 纺织服装业

通过对 2007~2011 年纺织服装业上市公司按代码相同的原则进行匹配后，共得到 42 个可比样本。以样本公司出口外销收入占主营业务收入的比重均值是否超过 40% 为标准，将样本公司划分为低度外向型（低于 40% 的共 29 家，平均外销占比 13.93%）和高度外向型（高于 40% 的共 13 家，平均外销占比 63.69%）两组。

调查结果显示，2007~2011 年高度外向型公司的经营活动营运资金管理绩效（按渠道和按要素）均低于低度外向型公司。分渠道看，高度外向型公司的采购渠道、生产渠道和营销渠道营运资金周转期都普遍高于低度外向型公司。分要素看，高度外向型公司有着较高的存货周转期和较低的应付账款周转期，应收账款周转期则相差不大。另外，2007~2011 年高度外向型公司的经营活动营运资金周转期（按渠道和按要素）均呈现倒"U"形的态势（2009 年达到最高），而低度外向型公司呈现了"N"形的态势（分别在 2000 年和 2011 年达到高点）。

2. 电子信息产业

通过对 2007~2011 年电子信息产业上市公司按代码相同的原则进行匹配后，共得到

135 个可比样本。以样本公司出口外销收入占主营业务收入的比重均值是否超过 40%为标准，将样本公司划分为低度外向型（低于 40%的共 107 家，平均外销占比 7.5%）和高度外向型（高于 40%的共 28 家，平均外销占比 63.28%）两组。

调查结果显示，2007~2011 年电子信息产业的经营活动营运资金管理绩效（按渠道和按要素）均呈现了 N 型的态势，在经历了 2008 年和 2009 年的营运资金管理绩效下降以及 2010 年的短暂好转后，2011 年的营运资金管理绩效又进一步恶化。2011 年该行业经营活动营运资金管理绩效下降的原因在于其营销渠道营运资金管理绩效的下降，以及应收账款周转期和存货周转期的上升。对于外向型程度不同的公司，高度外向型的电子信息产业上市公司的经营活动营运资金周转期（按渠道和按要素）均值低于低度外向型公司，这意味着低度外向型公司有着较低的经营活动营运资金管理绩效。从渠道视角看，这主要是由于低度外向型公司有着较高的生产和营销渠道营运资金周转期；从要素视角看，这主要是因为低度外向型公司有着较高的存货和应收账款周转期。

（二）战略性新兴产业营运资金管理分析

战略性新兴产业是以重大技术突破和重大发展需求为基础，对经济社会全局和长远发展具有重大引领带动作用，知识技术密集、物质资源消耗少、成长潜力大、综合效益好的产业。现阶段我国战略性新兴产业包括节能环保、新一代信息技术、生物、高端装备制造、新能源、新材料、新能源汽车等七大行业。作为新的生产方式和新的商业模式的代表，战略性新兴产业营运资金管理调查有助于我们了解生产方式和商业模式与营运资金管理之间的关系。本项调查选取了 2009 年 111 家、2010 年 111 家和 2011 年 113 家战略性新兴产业上市公司为样本进行研究。

调查结果显示，无论是从渠道视角还是从要素视角看，战略性新兴产业整体的经营活动营运资金周转期与上年相比均有所延长，绩效下降幅度分别为 31.91%和 14.49%。各渠道中除采购渠道营运资金周转期有所缩短之外，生产渠道和营销渠道营运资金周转显著延长；各要素中除应付账款管理绩效有所上升外，其余各要素管理绩效均下降。各具体行业各指标的变化与行业整体基本一致。可见，战略性新兴产业 2011 年营运资金管理绩效均呈下滑趋势。

八、结　论

通过对 2011 年中国上市公司营运资金管理的调查和分析，可以得出以下结论：

（1）上市公司营运资金整体占用水平持续增高，营运资金管理绩效降低较为普遍

调查表明，2011 年有 56.22%的上市公司、2/3 的行业营运资金管理绩效与上年相比均有所降低。从渠道视角看，2011 年有 65.24%的上市公司、76.19%的行业经营活动营运资

金（按渠道）管理绩效与上年相比有所下降；从要素视角看，2011年有65.29%的上市公司、61.90%的行业经营活动营运资金（按要素）管理绩效同比下降。可见，从渠道视角、要素视角、企业层面、行业层面等各个层面、各个视角看，中国上市公司经营活动营运资金管理绩效均呈下降态势。

（2）上市公司营运资金要素管理水平较为成熟，但渠道管理意识有待加强

调查表明，企业层面采购渠道、生产渠道和营销渠道营运资金管理绩效变动幅度均呈"W"形或类"W"形，偏离正态分布；而企业层面存货、应收账款和应付账款管理绩效均呈正态分布。同时，从5年变动趋势上看，采购渠道、生产渠道、营销渠道以及经营活动（按渠道）营运资金管理绩效中，只有营销渠道营运资金管理绩效呈基本稳定趋势，而存货、应收账款、应付账款及经营活动营运资金（按要素）管理绩效均呈基本稳定趋势。可见，中国上市公司在营运资金管理过程中较为重视各个要素的管理，且管理水平较为稳定，却在很大程度上忽略了从渠道视角对营运资金进行掌控，使得各渠道营运资金管理绩效波动较大。

（3）上市公司对商业信用的依赖度较强、短期借款和供应链依赖度较为稳定

虽然从企业层面看，大部分上市公司的商业信用依赖度不稳定，在供应链中的地位波动较大，但从行业层面看，大部分行业的商业信用依赖度在增强，商业信用利用较为充分；除电力、煤气及水的生产供应业持续短借长投外，其他行业短期借款适度，且大部分行业对短期借款的依赖度较为稳定；上市公司对供应链的依赖度较高、利用上下游资金较充分，且对供应链的依赖度较为稳定。

（4）高度外向型行业营运资金管理绩效较低或有较大幅度的降低

次贷危机和欧债危机为外向型企业营造了不利的外部环境，降低了纺织服装这类传统外向型企业在营运资金管理中的优势，2011年纺织服装业上市公司经营活动营运资金占用大幅增加，外向型水平高的公司经营活动营运资金管理绩效较低。就电子信息产业而言，高度外向型的电子信息产业上市公司在2011年的经营活动营运资金管理绩效出现一定程度的下降，下降水平仅次于次贷危机时的2009年。

（5）战略性新兴产业营运资金管理绩效全面下滑

调查表明，无论是从渠道视角看，还是从要素视角看，战略性新兴产业经营活动营运资金管理绩效均呈下降趋势。各渠道中，除采购渠道有部分细分行业绩效有所上升外，其余渠道营运资金管理绩效均呈下降趋势；几乎所有要素营运资金管理绩效均出现严重下降趋势。

参考文献

［1］王竹泉，刘文静，高芳. 中国上市公司营运资金管理调查：1997-2006［J］. 会计研究，2007（12）：69-75.

［2］王竹泉，刘文静，王兴河，张欣怡，杨丽霏. 中国上市公司营运资金管理调查：2007-2008［J］. 会计研究，2009（9）：51-57.

［3］王竹泉，马广林. 分销渠道控制：跨区分销企业营运资金管理的重心［J］. 会计研究，2005（6）：28-33.

［4］王竹泉，逄咏梅，孙建强. 国内外营运资金管理研究的回顾与展望［J］. 会计研究，2007（2）：85-90.

［5］王竹泉，孙莹，王秀华，孙建强，王贞洁. 中国上市公司营运资金管理调查：2010［J］. 会计研究，2011（12）：52-62.

［6］中国企业营运资金管理研究课题组. 中国上市公司营运资金管理调查：2009［J］. 会计研究，2010（9）：30-42.

The Working Capital Management Survey of Chinese Listed Companies： 2011

Wang Zhuquan et al.

Abstract： The paper analyzes listed companies' performance of working capital management from the perspective of channel and element. The analysis includes the overall industries analysis and region comparison analysis with 2177 companies in 2011 and 1864 companies in 2010~2011 as examples, industries trend analysis with 1347 companies in 2007~2011 as examples, and thematic analysis such as export-oriented industries analysis, a strategic-emerging industries analysis and private companies analysis and so on. We drew five main conclusions according to above analysis. Firstly, the amplitude of working capital is increasing from 2007 to 2011, and the performance of working capital management deteriorated generally in 2011. Secondly, listed ompanies are more skilled in elements management than in channels management of working capital. Thirdly, listed companies rely more on commercial credit than on short-term loans and supply-chain. Fourthly, there is greatly reduction on the management performance of working capital in industry whose degree of export-oriented is more than 40%. Finally, the performance of working capital management is reduced in full-scale companies of strategic-emerging industries.

上市公司权益资本成本的测度与评价

——基于我国证券市场的经验检验 *

毛新述　叶康涛　张　頔

【摘　要】权益资本成本（CofEC）是公司筹资和投资决策时需要考虑的重要问题。然而，如何测定公司的权益资本成本，目前尚未得出统一的结论。本文在现有研究的基础上，从事后和事前两个角度测度了我国上市公司的权益资本成本，并从经济和统计两个角度对不同的测度进行了评价。研究得出，不同方法得出的权益资本成本测度差异明显，最大差异达到了 12.13%，这些差异对我国公司融资顺序（偏好）是否主要基于资本成本考虑的判断会造成重大影响。从经济角度看，事前权益资本成本测度要优于 CAPM 和 Fama-French 三因子模型下事后权益资本成本，在事前权益资本成本测度中，国内外文献中普遍运用的 GLS 模型下的 CofEC 表现不够理想，而 PEG 和 MPEG 模型下的 CofEC 能更好地捕捉各风险因素的影响，尽管其时间序列计量误差方差相对较大。

【关键词】盈余预测；统计预测模型；分析师预测模型；权益资本成本

一、引　言

资本成本一直是公司财务的核心概念之一。从微观层面看，资本成本是企业投资项目甄选与评价、融资方式选择等行为的重要标准，对公司的财务及业务决策起着至关重要的作用。从宏观层面看，资本成本是资本市场发展和相关制度建设的基本考量指标，对资本

* 本文选自《会计研究》2012 年第 11 期。

基金项目：本文的研究得到了国家自然科学基金项目（71202023、71072145），国家社会科学基金项目（11BGL020），教育部人文社会科学研究项目（10YJC790190、12YJA790132），北京市属高等学校人才强教项目（PHR20100512），北京市教委科技创新平台—跨国资本运营与会计准则趋同研究基地，中国企业集团发展研究基地和北京工商大学中国创业投资研究中心学术发展基金的资助。

作者简介：毛新述，北京工商大学商学院副院长；叶康涛，中国人民大学商学院副教授。

市场资源配置效率的提高及资金流向的正确引导起着极为关键的作用。遗憾的是，时至今日，财务理论仍未能对权益资本成本究竟如何准确地测度做出解答。权益资本成本（Cost of Equity Capital，CofEC）是现有股东投入资金的机会成本，只有高于此机会成本的收益才真正为股东创造价值，因此它是股东和管理层都极为关注的重要标杆。对权益资本成本的衡量不仅能为公司筹资与投资决策提供评价标准，也可为公司治理、信息披露，以及公司声誉的建立和评价等提供科学依据。

从目前来看，现有的权益资本成本测度方法无一例外都是基于西方（主要是美国）资本市场的状况提出的。相比美国股市三百多年的历史，我国股市从 1990 年至今仅仅经历了二十多年的发展，呈现更易受宏观政策因素影响、投机程度更高、监管体系不够完善、市场参与者风险识别能力较低等特点，这意味着我国股市的系统性风险相对较高，股票价格的噪声相对较大。在这一背景下，投资者要求的股票回报应当更高。但大量的研究表明，在我国股权融资成本低于债务融资成本，因而上市公司存在明显的股权融资偏好。那么，究竟应当采用何种模型测度股权融资成本？这些模型在中国的适用程度如何？不同模型测度结果有无差异？这些差异对评价我国上市公司的筹资和投资决策，特别是公司的融资偏好，以及信息披露等决策是否具有显著影响，国内尚未有文献对此问题展开深入研究。

借鉴已有的研究成果，本文从事后和事前两个角度测度了我国上市公司的权益资本成本，并从经济和统计两个角度对不同的测度进行了评价。本文的研究对于评价我国上市公司的筹资和投资决策，特别是公司的融资偏好，以及信息披露等决策具有重要参考意义。

二、已有文献回顾与评论

（一）权益资本成本的测度

1. 事后权益资本成本（ex post CofEC）的测度

Sharpe（1964）等在现代投资组合理论的基础上创立了资本资产定价模型（CAPM 模型）。资本资产定价模型以极其简明的方式表述了资产收益与风险的关系，认为风险资产的均衡收益率是其与市场组合收益率的协方差（β 系数）的函数，资产的收益率等于无风险利率加上由系统性风险所决定的风险溢价。通过 CAPM 模型获得的公司预期收益率（投资者要求的回报率），从公司的角度看，即为公司的权益资本成本。

然而，在 CAPM 模型中，对风险溢价的确定非常困难，以至于之后的实证研究并未能找到足够的证据来支持 CAPM 模型。Reinganum（1981）、Coggin 和 Hunter（1985）、Lakonishok 和 Shapiro（1986）以及 Fama 和 French（1992）等研究都未发现资产期望收益与β 系数存在正相关关系。

Fama 和 French（1993）认为 CAPM 模型对影响资产收益因素的界定过于狭隘，通过考虑市场风险溢价、公司市值、账面市值比三大因素，提出三因素模型（FFM 模型），从而为估计公司股票预期收益和公司预期资本成本提供了新的思路。遗憾的是，FFM 模型不仅缺乏强有力的理论支撑，而且，Fama 和 French（1997）在之后的研究中又发现，用这两个模型所估计出来的资本成本都十分不准确。估计误差的出现主要是由于对风险溢价和影响风险溢价的因素把握不准。

除 CAPM 和 FFM 模型外，Bower 和 Logue（1984），Goldenberg 和 Robin（1991）及 Elton、Gruber 和 Mei（1994）等提出套利定价模型（APT 模型）能够相对更好地测度资本期望回报率的观点。与 CAPM 模型预测所有证券的收益率都与唯一的公共因子——市场证券组合收益率存在着线性关系相比，APT 模型以收益率形成的多因素模型为基础，但是其并没能明确界定影响资本收益的因素，而只不过是一种广义的资本资产定价模型。

以上模型都是用已实现的股票回报来测度期望资产收益，得出的是事后资本成本（Elton，1999）。大量的经验证据表明，事后资本成本往往非常不准确（Blume 和 Friend，1973；Sharpe，1978；Froot 和 Frankel，1989；Elton，1999）。利用事后收益数据进行估计的前提假设是：在有效资本市场上，风险能够被正确地定价，平均已实现的收益数据是对未来收益的无偏估计。然而这一假设并不总是成立，由于市场并不是完全有效，事后的数据受到很多随机干扰，"噪声"很大。Gebhardt、Lee 和 Swaminathan（2001）研究得出，用 1979~1985 年的数据估计出的风险溢价比事后真正的市场风险溢价低很多。这一研究与 Claus 和 Thomas（2001）的结论一致。Fama 和 French（1997）采用 1963~1994 年纽约证券交易所、全美证券交易所及纳斯达克股市的交易数据也实证证明：无论是用 CAPM 模型还是 FFM 模型，估计标准误差都高于 3.0%。

2. 事前权益资本成本（ex ante CofEC）的测度

鉴于事后权益资本成本的不准确，近些年学者们将注意力转向对事前资本成本的测度。Claus 和 Thomas（2001），Gebhardt、Lee 和 Swaminathan（2001），以及 Pástor、Sinha 和 Swaminathan（2007）等提出隐含的权益资本成本（Implied Cost of Capital，ICC）的概念。ICC 是使股票未来现金流的现值等于现行股票价格的内含报酬率。

在 ICC 的估计中，权益资本成本的测度摆脱了对股价波动及过去已实现的股票收益数据的依赖，这种利用股票价格、短期与长期盈利预测数据来进行估计的方法为权益资本成本的测度另辟蹊径，同时使得与权益资本成本相关的信息披露、绩效评价等研究也得以向前推进了一大步。

事前权益资本成本的测度可大致分为三类：戈登增长模型、剩余收益模型和非正常盈余增长模型（Lee、So 和 Wang，2010）。

（1）戈登增长模型（Gordon Growth Model）

Gordon（1997）提出了当期股票价格等于未来预期股利的折现（戈登增长模型）。

$$P_t = \sum_{i=1}^{T-1} \frac{DPS_{t+i}}{(1+r_e)} + \frac{EPS_{t+T}}{r_e(1+r_e)^{T-1}}$$

其中，DPS_{t+i} 为 t + i 期的普通股每股股利，EPS_{t+T} 为 t + T 期的普通股每股收益。这一模型将无限期间的估值模型转化为有限期间估值模型。根据所选期间 T 的不同，现行研究中存在两种推导权益资本成本的方法。一种方法是选取 T = 1，即用一年的预测数据和现行股价推导权益资本成本（RE_EPR）。另一种方法是假定可预测区间为五年（即可获取预测数据的期间 T 为五年），依据这五年的预测数据和现行权益市价推导权益资本成本（RE_GGM）。

（2）剩余收益模型（GLS 模型）

剩余收益模型是由传统的贴现现金流量模型推导而来，其中，剩余收益是指账面收益与股东要求的必要报酬之差。企业只有获得高于股东必要报酬的收益，才算获得了真正的剩余价值。剩余收益模型认为企业内在价值等于账面价值的现值和剩余价值的现值之和。Gebhardt、Lee 和 Swaminathan（2001）对剩余收益模型进行了完善，提出 GLS 模型用来估计权益资本成本 r_e（RE_GLS）。

$$p_0 = bps_0 + \sum_{t=1}^{11} \frac{(ROE_t - r_e) \times bps_{t-1}}{(1 + r_e)} + \frac{(ROE_{12} - r_e) \times bps_{11}}{r_e \times (1 + r_e)^{11}}$$

其中，ROE_t 是 t 年预期净资产收益率，等于 eps_t/bps_{t-1}，其中 bps 是指每股净资产。

GLS 模型中，可预测区间通常为 12 年。其中，前三年使用分析师的预测数据；而从第四年起，假定公司的 ROE 向行业 ROE 历史数据（过去 9 年）的中位数等差回归。该模型最大的局限性在于其对企业未来 ROE 的预测。首先，ROE 等差回归这一假设在实际中很难成立，这不可避免地影响估计的准确性。其次，由于现代企业多是混业经营，业务常常跨多个行业，以至于对公司所属行业的划分越来越困难，这给行业 ROE 的计算带来困难。但 Gebhardt、Lee 和 Swaminathan（2001）还是实证证明这种方法估计出的 ICC 相对传统的 CAPM 模型、FFM 模型能够较好地反映企业的风险溢价。Lee、So 和 Wang（2010），Hou、Dijk 和 Zhang（2012）等也得出 GLS 模型较 CAPM 和 FFM 估计的权益资本成本的效果好。

（3）非正常盈余增长模型（PEG、MPEG、AGR 和 OJM）

PEG 与 MPEG 模型：

Easton（2004）提出了基于市盈率（PE Ratio）和市盈增长比率（PEG Ratio）的 PEG 模型和 MPEG 模型，这类模型假定非正常收益的增长率 agr_t 存在一个期望变化率 Δagr，且 $\Delta agr = (agr_{t+1}/agr_t) - 1$。

PEG 模型中假定 Δagr 恒定且为零，得到 r_e（RE_PEG）：

$$r_e = \sqrt{(eps_2 - eps_1)/P_0}$$

通过放宽 Δagr 为零的假设，只假定其不变，可得到 MPEG 模型下的 r_e（RE_MPEG）：

$$P_0 = \frac{eps_2 + r_e dps_1 - eps_1}{r_e^2} \rightarrow r_e^2 - r_e \times \frac{dps_1}{P_0} - \frac{eps_2 - eps_1}{P_0} = 0$$

$$r_e = \sqrt{eps_{t+2} + r_e dps_{t+1} - eps_{t+1}}/P_t$$

此外，通过构造下式，我们可以同时得到 r_e 和 Δagr 的估计值，无须对 Δagr 做出假定，这无疑会提高 ICC 估计的准确性（下式推导过程见 Easton（2004））。

$$ceps_2/P_0 = \gamma_0 + \gamma_1\, eps_1/P_0$$

其中 $\gamma_0 = r_{\Delta agr}(r_{\Delta agr} - \Delta agr)$，$\gamma_1 = (1 + \Delta agr)$，$ceps_2$ 为 $t = 2$ 期的收益（股利分配前）。

PEG 与 MPEG 模型的区别主要在于 PEG 模型不考虑长期增长，而是假设非正常收益的长期增长率等于短期增长率，它是 MPEG 模型的一个特例。

AGR 模型：

Easton（2004）提出了 $T = 2$ 时非正常盈余增长模型，通过求解下述方程获得 r_e（RE_AGR）：

$$P_t = \frac{eps_{t+1}}{r_e} + \frac{eps_{t+1}\{eps_{t+2} + r_e dps_{t+1} - (1 + r_e)eps_{t+1}\}}{r_e\left\{r_e - \dfrac{eps_{t+3} + r_e dps_{t+2} - (1 + r_e)eps_{t+2}}{eps_{t+2} + r_e dps_{t+1} - (1 + r_e)eps_{t+1}}\right\}}$$

OJM 模型：

Ohlson 和 Juettner-Nauroth（2005）认为股票价格与下一年的每股期望收益、每股收益的短期增长率、每股收益的长期增长率以及资本成本有关，而并不取决于股利。

$$P_0 = \sum_{t=1}^{\infty} dps_t/(1 + r_e)^t$$

$$= \frac{eps_1}{r_e} + \frac{eps_2 - eps_1 - r_e(eps_1 - dps_1)}{r_e(r_e - g_p)}$$

从上式可倒推出 r_e（RE_OJM）：

$$r_e = A + \sqrt{A^2 + \frac{esp_1}{P_0}\left[g_2 - (\gamma - 1)\right]}$$

其中，$\gamma = \lim\limits_{t \to \infty} \dfrac{eps_{t+1}}{eps_t} = g_p + 1$，$A \equiv (\gamma - 1 + dps_1/P_0)/2$，$g_2 = (eps_2 - eps_1)/eps_1$。该模型的优点在于只需要预测未来的盈利，而不需要对账面价值和 ROE 做出估计。

通过上述分析可以得出，事前资本成本测度模型的基础——剩余收益估值模型的运用基于一个重要假设，那就是干净剩余关系（Clean-surplus Relation）。正是基于干净剩余关系，由股利折现模型到剩余收益折现模型的推导才成立。因此，干净剩余关系在实践中成立与否是制约事前资本成本测度模型准确性的重要因素之一。

此外，各模型都对未来期间的收益做出了不同的假设，有些直接对 ROE 进行假设，有些对收益增长率做出假设，这些假设均有根据而非凭空捏造，但资本市场从来都不是一成不变的，这些假设与资本市场实际情况的契合程度难免影响模型测度的准确性。

（二）权益资本成本测度方法的评价

学者们提出各模型之前，都会对其估计的可靠性进行测试，或与其他模型进行比较以证明模型的有效性。检验方法主要有两类，一类是经济意义上的检验，即通过检验预期权益资本成本对未来已实现回报的解释力，以及检验风险因素对预期资本成本的影响是否符合预期。另一类是统计意义上的检验，主要检验权益资本成本时间序列预测计量误差的方差。具体如下：

1. 检验权益资本成本估计值对公司事后已实现回报的解释力

权益资本成本应当与事后已实现的回报呈正相关，并且，对未来回报的解释力越强，则权益资本成本估计越好。

Easton 和 Monahan（2003）在控制了影响未来折现率的因素（Return News）和影响未来现金流的因素（Cash-flow News）的前提下，通过计量误差的分析检验了各模型计算出的事前资本成本与事后真实回报的关系，结论认为对于预测数据的假定越少的模型，测度效果最佳。Guay 等（2005）分别在行业层面和公司层面检验了当年 ICC 估计值与第二年真实回报的相关关系，但由于文章重点在于研究分析师预测数据对估计的影响，所以并未对模型的优劣好坏给出结论。

这类方法的问题在于，众所周知股价的噪声难以避免，那么真实回报率本身的可靠性就成为检验结果可信度的重要制约因素。

2. 检验权益资本成本各截面估计值能否较准确反映及区分不同公司的风险

公司面临的风险是影响投资者预期回报的重要因素。已有研究表明，这些风险因素主要包括系统性风险（β 系数）、公司规模和账面市值比（Fama 和 French，1992，1993）、公司杠杆（Bhandari，1988）、价格惯性与股票价格波动性等。通常，β 系数越高、股票回报的波动性越大，公司杠杆越高，投资者面临的风险和要求的回报越高，因而与公司的权益资本成本正相关。由于投资者预期小公司将产生更大的收益，因此，公司市值规模越大，公司预期的资本成本越低，详见 Fama 和 Frech（1992）的分析。有关账面市值比、价格惯性与权益资本成本的关系，现有研究尚未得出一致的结论（Berk，1995；Dechow 等，2004；Jegadeesh 和 Titman，1993；Conrad 和 Kaul，1998）。

这种检验方法分析资本成本与其影响因素（一般是财务风险影响因素）之间的相关关系的符号与强弱。Easton（2003），Botoson 和 Plumlee（2002，2005），Gode 和 Mohanram（2003），Gebhardt、Lee 和 Swaminathan（2001）等将估计出的权益资本成本与风险变量（一般选取 β 系数、权益账面市值比、负债率、企业规模、收益波动、股价波动、行业等）进行回归，通过两者之间的相关关系（如回归系数的符号和大小，回归的估计误差大小等）来判断各模型的有效性。一般来说，相关程度越高、估计误差越小的模型估计出的结果更可靠。这种评价方法应用很广泛，理论上收益与风险的确存在很强的相关关系，可以作为模型估计准确性的判别标准。但是，这些风险变量本身是否有噪声，从而能否准确并全面地反映企业真实风险都还有待进一步的研究和检验。

考虑到信息披露是连接股票市场资金供给方和需求方的重要纽带，是投资者决策的重要参考依据。本文进一步采用深圳证券交易所对深圳证券市场上市公司信息披露质量的评级来衡量上市公司的信息披露总体质量，考察了各权益资本测度的经济有效性。

3. 权益资本成本时间序列误差方差的检验

Lee、So 和 Wang（2010）提出了评估权益资本成本质量的两维框架。即一方面检验各模型下权益资本成本估计值对已实现回报的解释力，另一方面计算和比较各模型下预期权益资本成本时间序列预测误差方差的大小及稳定程度。误差方差越小，越稳定，权益资本成本估计指标的效果就越好。借鉴 Lee、So 和 Wang（2010）的方法，本文以权益资本成本（CofEC）的时间序列计量误差的方差来判断 CofEC 的统计属性。

考虑到上述测度指标都在一定程度上依赖于有效市场的假定，因此，我们认为，CofEC 指标的优劣首先应当满足经济检验标准，当经济检验标准无法进行有效区分时，可通过统计方法进行进一步的检验。

从我国来看，迄今为止，学术界尚未构建起成熟的资本成本估算的理论框架和模型，通常的做法是利用国外已有的研究模型来进行测试。从现有文献来看，GLS 模型使用较为广泛（陆正飞和叶康涛，2004；曾颖和陆正飞，2006；黄娟娟和肖珉，2006；于李胜和王艳艳，2007；徐浩萍和吕长江，2007；于李胜、王艳艳和陈泽云，2008；沈洪涛、游家兴和刘江宏，2008；肖珉，2008；等等）。其他模型的使用则比较少见，如汪祥耀、叶正虹（2011）使用了 PEG 模型，沈洪波（2007），徐浩萍、吕长江（2007）使用了 OJM 模型，姜付秀、陆正飞（2006）使用了 CAPM 模型，王兵（2008）则直接用已实现的股票收益作为权益资本成本的测度。然而在选择国外模型时，这些研究并没有对上述模型在中国的适用性进行评价。

三、我国上市公司权益资本成本的测度

（一）数据与样本选择

本文以 2001~2009 年所有上市公司为初选研究样本，剔除了 B 股、中小板和创业板上市公司，以及每股股票价格、每股净资产、每股盈余以及每股股利等相关数据不全的公司。初始样本量为 11522 个。数据来源：除分析师预测数据来自 Wind 数据库外，其他数据均来自国泰安数据库。

（二）变量测度

在事前资本成本的估计中，预测盈余是最重要的基础数据。通常情况下，预测盈余的主要来源有以下三种：公司管理层、证券分析师和统计模型。在我国，公司管理层很少发布盈余预测，预测盈余主要来源于证券分析师和统计模型。国外大量的研究表明分析师的盈余预测要优于统计模型，在我国，岳衡和林小驰（2008）研究得出，我国证券分析师做出的盈余预测，同以年度历史数据为基础的统计模型得出的盈余预测相比，预测误差较小，证券分析师盈余预测具有一定的优势；但同某些以季度历史数据为基础的统计模型得出的盈余预测相比，预测误差较大，证券分析师盈余预测不具有优势。由于我国分析师预测起步较晚，截至目前，许多上市公司尚未受到分析师的关注，因此未有相关的分析师预测数据，这使得使用分析师预测数据估计 ICC 时会出现大量的缺失值。在最近的研究中，Hou、Dijk 和 Zhang（2012）发现，使用截面模型预测单个公司的盈余，同分析师预测的盈余具有很高的一致性，并具有更大的可靠性。这种方法不仅减少了因分析师预测数据缺失带来的样本量减少问题，而且可以获得未来多年的盈余预测数据，而分析师通常仅提供未来 1~2 年的预测数据。因此，本文主要基于 Hou、Dijk 和 Zhang（2012）所提出的方法估计未来盈余，以及通过 9 种方法来估计权益资本成本（CofEC）。为了检验统计预测模型在估计 CofEC 方面的有效性，本文还利用 2005~2009 年的样本，对同一 CofEC 估计方法下使用相同的观测数，对比分析了分析师预测模型和统计预测模型下 CofEC 的估计结果。

借鉴 Hou、Dijk 和 Zhang（2012）的方法，利用模型 1 使用过去 10 年（至少 6 年）的数据估计如下混合截面回归模型：

$$E_{j,t+\tau} = \beta_0 + \beta_1 EV_{j,t} + \beta_2 TA_{j,t} + \beta_3 DIV_{j,t} + \beta_4 DD_{j,t} + \beta_5 E_{j,t} + \beta_6 NEGE_{j,t} + \beta_7 ACC_{j,t} + \varepsilon_{j,t+\tau}$$

$E_{j,t+\tau}$ 表示 j 公司 t + τ 年的扣除非常项目前的盈余。所有解释变量以 t 年末的数据测度，EV 指公司价值，EV = 总资产 + 权益的市场价值 − 权益的账面价值，TA 是总资产，DIV 是支付的每股股利，DD 是指是否支付股利哑变量，NEGE 是指如果公司盈余为负取 1，ACC 是指总的应计。

为了减少极端值的影响，我们分年度对连续性变量在 0.5% 和 99.5% 的分位数上进行了缩尾处理（Winsorize）。模型 1 的回归结果见表 1。从表 1 可以看出，解释变量对领先 1 年盈余回归的 R^2 为 83%，对领先 5 期盈余回归的 R^2 仍可达 46%，这表明将模型 1 用于预测盈余较为合理。

利用上式估计的历史系数和最近可公开获得的非缩尾公司特征值获得预测盈余。

表 1　未来 1~5 年截面盈余预测模型的估计系数

被解释变量	E_{t+1}	E_{t+2}	E_{t+3}	E_{t+4}	E_{t+5}
EV	−0.014***	0.004***	0.000	0.010***	0.008**
	(−56.34)	(10.09)	(0.21)	(3.36)	(2.29)
TA	0.028***	0.007***	0.022***	0.047***	0.058***
	(76.68)	(12.97)	(13.78)	(14.34)	(14.67)
D	2.821***	−0.271***	−0.002	−0.390**	0.416*
	(80.01)	(−3.75)	(−0.02)	(−2.07)	(1.76)
DD	−7.292	90.336***	40.169**	51.781**	1.049
	(−0.59)	(6.44)	(2.50)	(2.48)	(0.04)
E	0.057***	0.853***	1.112***	1.017***	1.045***
	(4.81)	(33.25)	(27.85)	(17.09)	(14.10)
NEGE	−96.331***	83.895***	108.601***	116.852***	127.695***
	(−6.01)	(4.45)	(4.98)	(4.16)	(3.91)
ACC	−0.004	0.004	−0.109***	−0.181***	−0.096**
	(−1.08)	(0.62)	(−5.87)	(−5.54)	(−2.28)
常数项	43.399***	−28.682***	−43.921***	−103.368***	−93.756***
	(4.66)	(−2.75)	(−3.59)	(−6.54)	(−5.21)

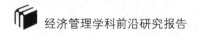

续表

被解释变量	E_{t+1}	E_{t+2}	E_{t+3}	E_{t+4}	E_{t+5}
N	12044	10708	9437	8145	6832
R–SQUARED	0.83	0.73	0.58	0.48	0.46
F 值	8405.57***	4164.78***	1876.10***	1089.25***	838.10***

利用第（一）部分中权益资本成本的测度模型，我们估计了权益资本成本的 9 个测度指标，分别为 RE_GLS、RE_PEG、RE_MPEG、RE_OJM、RE_EPR、RE_AGR、RE_GGM、RE_CAPM 和 RE_FFM。其中 RE_CAPM 和 RE_FFM 属于事后权益资本成本（事后 CofEC），其余指标为事前权益资本成本（事前 CofEC，即 ICC）。在 CAPM 和 FFM 模型中，本文使用截至当年年末加权市场回报的算术平均减去无风险利率作为预期市场风险溢价的测度，无风险利率以一年期整存整取定期利率为基础计算。分别以当年的日个股回报与市场回报为基础，和以截至当年年末前 60 个月（至少需要 24 个数据）的月个股回报与市场回报为基础估计 CAPM 和 FFM 模型的 β。在 ICC 的计算中，预测股利等于预测盈余乘以当年的实际股利支付率。当估计的 CofEC 大于 100% 或小于 0 时设为缺失值。2001~2009 年分年度权益资本成本（CofEC）的描述性统计见表 2。

表 2　分年度权益资本成本（CofEC）测度

年份	观测数（个）	RE_GLS	RE_PEG	RE_MPEG	RE_OJM	RE_EPR	RE_AGR	RE_GGM	RE_CAPM	RE_FFM	IR
2001	1141	8.38%	8.82%	9.43%	2.19%	2.13%	2.46%	3.75%	10.47%	25.00%	6.21%
2002	1210	4.79%	11.54%	12.33%	3.08%	3.21%	3.43%	5.93%	7.58%	18.80%	5.76%
2003	1270	4.65%	9.29%	10.33%	4.28%	3.93%	4.46%	5.45%	7.29%	13.30%	5.76%
2004	1325	7.42%	15.07%	16.27%	6.88%	5.11%	6.10%	7.69%	5.25%	14.16%	6.12%
2005	1315	8.18%	22.56%	23.92%	6.05%	6.98%	10.32%	9.70%	4.32%	8.58%	6.12%
2006	1321	5.58%	20.07%	20.68%	6.00%	5.57%	6.85%	7.64%	9.29%	10.27%	6.62%
2007	1330	2.90%	11.88%	12.12%	2.65%	2.39%	3.33%	4.30%	14.82%	29.21%	7.49%
2008	1330	6.47%	20.51%	21.10%	8.14%	7.05%	9.20%	8.96%	6.97%	10.24%	6.89%
2009	1343	4.06%	14.96%	15.23%	3.49%	2.80%	4.41%	5.53%	10.56%	17.02%	5.94%
均值	11585	5.57%	15.77%	16.50%	4.77%	4.37%	5.63%	6.68%	8.48%	15.82%	6.32%
中位数	11585	4.00%	14.05%	14.53%	3.28%	3.18%	3.18%	5.59%	7.65%	14.50%	6.12%
标准差	11585	6.99%	9.42%	9.50%	4.91%	4.14%	11.37%	5.04%	4.55%	9.50%	0.57%
最小值	11585	7.66E–06	0.17%	0.24%	0.00%	0.01%	3.07E–06	0.00%	0.16%	0.01%	5.76%
最大值	11585	100.00%	76.50%	76.50%	100.00%	45.43%	100.00%	85.54%	100.00%	100.00%	7.49%

注：IR 是指中国人民银行公布的金融机构 5 年以上人民币贷款基准利率。如果当年进行了利率调整，则取调整后各次贷款利率的算术平均。

从表 2 可以看出，各模型的总体均值中，最高的是 MPEG 模型（16.50%），最低的是 EPR 模型（4.37%），最大差异达到了 12.13%。2001~2009 年，所有事前资本成本模型的测度值变化趋势基本一致；除 PEG 与 MPEG 模型的测度值明显偏高外，其余模型的测度值也十分接近。在 2001~2009 年期间，基于 GLS 模型、OJM 模型、EPR 模型和 AGR 模型计算平均权益资本成本，较同一期间 5 年以上人民币贷款平均基准利率低，而其他模型则相反。因此，基于不同方法测度权益资本成本，将对我国公司融资顺序（偏好）是否主要基于资本成本考虑的判断造成重大影响。

可以看出，所有的事前资本成本测度模型在 2005 年、2006 年和 2008 年的测度值都相对较高，我们认为，这主要是因为股权分置改革（2005、2006）和全球性的金融危机（2008）的影响，股权分置改革和全球性的金融危机，一方面导致公司权益资本筹资的难度加大；另一方面受宏观经济形势的影响，资本市场的风险增大，这都将导致权益资本成本的增加。而事后资本成本模型则是在 2007 年就达到高点，仅反映了股票市场当年的发展。从这个角度来看，事前资本成本测度模型的测度效果相对更佳。

各权益资本成本（CofEC）测度的相关性见表 3。从表 3 看，事前资本成本模型的测度结果高度正相关，然而所有的 ICC 与事后权益资本成本的测度结果都没有正相关关系，这与 Gebhardt、Lee 和 Swaminathan（2001），Lee、So 和 Wang（2010）的结论相一致。

表 3　权益资本成本（CofEC）测度的相关性

	RE_GLS	RE_PEG	RE_MPEG	RE_OJM	RE_EPR	RE_AGR	RE_GGM	RE_CAPM	RE_FFM
RE_GLS		0.337	0.388	0.692	0.67	0.54	0.696	−0.395	−0.238
	—	(0.00)	(0.00)	(0.00)	(0.00)	(0.00)	(0.00)	(0.00)	(0.00)
RE_PEG	0.408		0.985	0.184	0.291	0.287	0.417	−0.33	−0.281
	(0.00)	—	(0.00)	(0.00)	(0.00)	(0.00)	(0.00)	(0.00)	(0.00)
RE_MPEG	0.478	0.977		0.269	0.378	0.363	0.484	−0.372	−0.29
	(0.00)	(0.00)	—	(0.00)	(0.00)	(0.00)	(0.00)	(0.00)	(0.00)
RE_OJM	0.702	0.287	0.399		0.945	0.763	0.84	−0.412	−0.193
	(0.00)	(0.00)	(0.00)	—	(0.00)	(0.00)	(0.00)	(0.00)	(0.00)
RE_EPR	0.687	0.418	0.533	0.935		0.854	0.767	−0.447	−0.25
	(0.00)	(0.00)	(0.00)	(0.00)	—	(0.00)	(0.00)	(0.00)	(0.00)
RE_AGR	0.386	0.385	0.452	0.485	0.573		0.595	−0.261	−0.155
	(0.00)	(0.00)	(0.00)	(0.00)	(0.00)	—	(0.00)	(0.00)	(0.00)
RE_GGM	0.692	0.51	0.612	0.852	0.818	0.479		−0.42	−0.215
	(0.00)	(0.00)	(0.00)	(0.00)	(0.00)	(0.00)	—	(0.00)	(0.00)
RE_CAPM	−0.395	−0.33	−0.372	−0.412	−0.447	−0.261	−0.42	1	0.617
	(0.00)	(0.00)	(0.00)	(0.00)	(0.00)	(0.00)	(0.00)	—	(0.00)
RE_FFM	−0.185	−0.281	−0.29	−0.193	−0.25	−0.155	−0.215	0.617	1
	(0.00)	(0.00)	(0.00)	(0.00)	(0.00)	(0.00)	(0.00)	(0.00)	—

注：对角线上方为 spearman 相关，对角线下方为 pearson 相关，括号内数据为显著性水平。

四、我国上市公司权益资本成本测度有效性的评价

1. 权益资本成本估计值对公司事后已实现回报解释力的检验结果

本文以未来 12 个月、24 个月和 36 个月的购买持有期回报作为未来已实现回报的测度，检验了每个公司权益资本成本测度对未来公司已实现回报的解释力（单变量回归，未报告常数项）。回归结果见表 4。从表 4 来看，事前 CofEC 对未来持有期回报均具有显著解释力，但事后 CofEC 对未来持有期回报的解释力很差，并与预期符号相反。

表 4　公司权益资本成本与未来公司已实现回报的回归结果

	Ret_{t+1}（未来 12 个月）	$Ret_{t+1}-_{t+2}$（未来 24 个月）	$Ret_{t+1}-_{t+3}$（未来 36 个月）
RE_GLS	1.884*** (5.72)	7.920*** (6.28)	2.973*** (3.46)
RE_PEG	4.307*** (27.84)	10.612*** (21.26)	3.644*** (8.28)
RE_MPEG	4.361*** (28.51)	11.036*** (22.70)	3.852*** (9.12)
RE_OJM	6.167*** (16.93)	10.919*** (13.28)	13.637*** (16.44)
RE_EPR	8.760*** (27.05)	17.564*** (17.24)	11.207*** (13.48)
RE_AGR	1.673*** (11.13)	4.679*** (9.18)	2.449*** (6.88)
RE_GGM	6.015*** (18.63)	14.545*** (14.48)	8.525*** (10.69)
RE_CAPM	−4.586*** (−9.54)	−14.641*** (−8.78)	−13.764*** (−5.77)
RE_FFM	−5.118*** (−29.13)	−7.155*** (−20.41)	−7.009*** (−16.50)

2. 公司风险因素对权益资本成本影响的检验结果

从经济意义上讲，权益资本成本应该同投资者所承担的风险具有显著关系。本文采用以下指标来测度风险：

（1）贝塔（BETA）

以截至上年末止的 60 个月的公司个股回报率和市场回报率（至少需要 24 个观测值），利用市场模型来估计 BETA。

（2）公司市值规模（SIZE）

以上年末公司总市值规模的对数测度 SIZE。

（3）账面市值比（BTM）

以上年末的净资产与权益市值的比测度 BTM。

（4）公司股票回报的标准差（STDRET）

以公司上年度日股票回报的标准差（STDRET）来测度股票回报的波动性。

（5）价格惯性（MOMENTUM）

以过去 1 年的持有期回报加上 1 的对数作为价格惯性的测度。

（6）公司杠杆（LEVERAGE）

以上年末公司的总负债与权益市值的比率作为公司杠杆的测度。

表 5 报告了风险替代指标与各权益资本成本测度的回归结果。从表 5 来看，各风险替代指标与 RE_PEG 和 RE_MPEG 的影响基本符合预期；而在 RE_GLS 模型中，BETA 不显著，SIZE 和 STDRET 的影响与预期相反；在 RE_OJM 和 RE_EPR 中，BETA 和 SIZE 的影响与预期相反；在 RE_AGR 和 RE_GGM 中，BETA 不显著，SIZE 的影响与预期相反；在 RE_CAPM 模型中，BETA 的影响与预期相反；在 RE_FFM 模型中，SIZE 的影响与预期相反。控制行业的影响后，结论基本不变。为了提高数据和结论的可比性，我们进一步在各个模型下使用完全相同的样本量进行比较，结论不变。

进一步考虑信息披露质量后的检验结果显示，在所有模型中，无论是单变量还是多变量检验，只有在 RE_PEG 和 RE_MPEG 模型中，信息披露质量的影响显著并符合预期，其他变量的检验结果同表 5 的结果变化不大（限于篇幅，未报告结果）。

表 5 公司风险因素对权益资本成本（CofEC）影响的回归结果

	RE_GLS	RE_PEG	RE_MPEG	RE_OJM	RE_EPR	RE_AGR	RE_GGM	RE_CAPM	RE_FFM
BETA	0.001 (0.23)	0.026*** (5.68)	0.024*** (5.22)	−0.005** (−2.57)	−0.005*** (−2.97)	0.001 (0.23)	−0.001 (−0.59)	−0.012*** (−6.74)	0.039*** (6.73)
SIZE	0.013*** (12.48)	−0.024*** (−16.27)	−0.021*** (−14.11)	0.017*** (22.13)	0.010*** (16.60)	0.003* (1.68)	0.021*** (27.03)	−0.004*** (−11.45)	0.007*** (6.37)
BTM	−0.001 (−0.19)	−0.025*** (−4.22)	−0.016** (−2.57)	0.030*** (10.76)	0.026*** (10.23)	0.007 (0.95)	0.032*** (13.28)	0.029*** (18.18)	0.032*** (6.44)
STDRET	−0.151** (−2.29)	0.017 (0.36)	−0.016 (−0.45)	−0.101*** (−3.11)	−0.081*** (−2.94)	−0.097*** (−2.85)	−0.110*** (−2.75)	0.158*** (2.85)	0.297*** (3.13)
MOMENTUM	0.001 (0.41)	0.011*** (6.23)	0.011*** (6.19)	0.012*** (13.95)	0.012*** (15.72)	0.017*** (6.80)	0.008*** (11.01)	0.010*** (15.06)	0.012*** (6.07)
LEVERAGE	0.015*** (7.34)	0.020*** (8.25)	0.018*** (7.43)	0.014*** (9.45)	0.009*** (6.93)	0.016*** (5.45)	0.024*** (16.50)	0.005*** (8.85)	0.003* (1.76)
常数项	−0.232*** (−9.98)	0.657*** (19.55)	0.600*** (17.65)	−0.334*** (−19.70)	−0.191*** (−13.64)	−0.010 (−0.28)	−0.405*** (−23.88)	0.168*** (19.86)	−0.068** (−2.55)
N	4311	5759	5759	6696	6696	6417	6978	8851	6947
R−SQUARED	0.07	0.09	0.07	0.20	0.13	0.01	0.28	0.11	0.05
F 值	42.29***	64.56***	53.71***	139.89***	110.83***	15.11***	196.63***	139.16***	33.82***

注：对模型进行多重共线性检验的结果显示，各模型的方差膨胀因子（VIF）均小于 2，模型不存在多重共线性。

3. 权益资本成本时间序列计量误差方差的比较

各权益资本成本测度的时间序列计量误差方差（均值和中位数乘以 100）见表 6。从表 6 来看，PEG、MPEG 和 ARG 测度的误差方差均值较高。剔除极端值的影响后，各权益资本成本测度的时间序列计量误差方差的中位数差异相对较小。

表 6 权益资本成本（CofEC）测度有效性的统计检验

变量	观测数	均值	中位数	标准差	最小值	最大值	偏度
Var_GLS	508	1.063	8.019	0.015	0.043	0.120	10.289
Var_PEG	508	3.994	21.674	0.194	0.406	0.869	7.772
Var_MPEG	508	3.608	16.573	0.204	0.454	0.966	6.710
Var_OJM	508	0.331	1.686	0.033	0.085	0.198	9.489
Var_EPR	508	0.130	0.200	0.027	0.062	0.153	4.016
Var_AGR	508	5.520	38.331	0.035	0.084	0.250	8.704
Var_GGM	508	0.175	0.263	0.050	0.102	0.192	4.220
Var_CAPM	508	0.324	0.897	0.114	0.139	0.171	6.006
Var_FFM	508	0.872	1.471	0.287	0.553	0.927	6.413

五、敏感性分析

为了检验统计预测模型在估计 CofEC 方面的有效性，本文利用 2005~2009 年的样本，对同一 CofEC 估计方法下使用相同的观测数，对比分析了分析师预测模型和统计预测模型下 CofEC 的估计结果（限于篇幅，本部分未报告结果）。结果显示，PEG、MPEG 和 AGR 模型下，运用分析师预测和统计预测估计的 ICC 值差异相对较大。但两种预测方法下估计 ICC 指标的总体模式一致，即运用 PEG 和 MPEG 模型估计的 ICC 值要远远大于其他方法下估计的 ICC 值。

同统计预测相比，基于分析师预测的公司权益资本成本对未来公司已实现回报同样具有显著正的影响。从风险替代指标与分析师预测模型下各权益资本成本测度的回归结果看，各风险替代指标与 RE_PEG 和 RE_MPEG 的影响与统计模型下的结果基本一致，而 GLS 模型的表现不够理想，BETA 和 LEVERAGE 不显著，SIZE 的影响与预期相反。在其他模型中，BETA 和 LEVERAGE 的影响与预期相符并且显著，但 SIZE 的影响与预期相反，或不显著。控制行业的影响后，结论基本不变。

由于分析师预测数据从 2005 年才能获得，因此无法通过公司的时间序列计量误差方差进行统计上的评价。

六、结论与政策建议

本文在现有研究的基础上，从实际（事后）和预期（事前）两个角度测度我国上市公司的权益资本成本，并从统计和经济两个角度对不同的测度进行了评价。研究得出：

第一，不同方法得出的权益资本成本测度差异显著。PEG 模型和 MPEG 模型下权益资本成本要明显高于其他模型下的事前权益资本成本，最大差异达到了 12.13%。这些差异对我国公司融资顺序（偏好）是否主要基于资本成本考虑的判断会造成重大影响。

第二，在权益资本成本测度指标的评价中，通过 CAPM 和 Fama-French 三因子模型估计的权益资本成本，对未来已实现回报的影响与预期相反，在与各公司风险的回归分析中，表现也不够稳定。因此，总体而言，事前权益资本成本测度模型要优于事后 CAPM 和 Fama-French 三因子模型。

第三，在事前权益资本成本测度中，国内外文献中普遍运用的 GLS 模型下权益资本成本表现不够理想，而 PEG 和 MPEG 模型下的权益资本成本能恰当地捕捉到各风险因素的影响，尽管其时间序列误差方差相对较大。我们认为，GLS 模型表现不够理想的主要原因可能是对预测盈余的假定过强。当经济标准和统计标准存在冲突时，应当首先考虑经济标准。

本文的研究可以为测度我国上市公司的权益资本成本、评价我国上市公司的筹资和投资决策，特别是公司的融资偏好，以及信息披露等决策提供重要的经验支持，也可以为经验研究中选择权益资本成本测度提供重要参考依据。

参考文献

[1] Claus J., J. Thomas. Equity Risk Premium as Low as Three Percent? Evidence from Analysts' Earnings Forecasts for Domestic and International Stocks [J]. Journal of Finance, 2001 (56): 1629-1666.

[2] Easton P. PE Ratios, PEG Ratios, and Estimating the Implied Expected Rate of Return on Equity Capital [J]. Accounting Review, 2004 (79): 73-96.

[3] Easton P., S. Monahan. An Evaluation of Accounting -based Measures of Expected Returns [J]. Accounting Review, 2005 (80): 501-538.

[4] Elton. Expected Return, Realized Return, and Asset Pricing Tests [J]. Journal of Finance, 1999 (54): 1199-1220.

[5] Fama E., K. French. Common Risk Factors in the Returns on Stocks and Bonds [J]. Journal of Financial Economics, 1993 (33): 3-56.

[6] Fama E., K. French. Industry Costs of Equity [J]. Journal of Financial Economics, 1997 (43): 93-153.

[7] Gebhardt W., C. Lee, B. Swaminathan. Towards an Implied Cost of Capital [J]. Journal of Accounting

Research, 2001 (39): 76-135.

[8] Gordon J., M. Gordon. The Finite Horizon Expected Return Model [J]. Financial Analysts Journal, 2001 (May/June): 52-61.

[9] Hou K., M. A. van Dijk, Y. Zhang. The Implied Cost of Capital: A New Approach [J]. Journal of Accounting Economics, 2012 (53): 504-526.

[10] Lee Charles M. C., Eric C. So, Charles C. Y. Wang. Evaluating Implied Cost of Capital Estimates [D]. Working Paper, Stanford University, 2010.

[11] Ohlson J., B. Juettner-Nauroth. Expected EPS and EPS Growth as Determinants of Value [J]. Review of Accounting Studies, 2005 (10): 349-365.

[12] 黄娟娟, 肖珉. 信息披露不透明度与上市公司权益资本成本 [J]. 中国会计评论, 2006 (1): 69-84.

[13] 姜付秀, 陆正飞. 多元化与资本成本的关系——来自中国股票市场的证据 [J]. 会计研究, 2006 (6): 48-56.

[14] 陆正飞, 叶康涛. 中国上市公司股权融资偏好解析 [J]. 经济研究, 2004 (8): 50-59.

[15] 沈洪波. 市场分割、跨境上市与预期资本成本 [J]. 金融研究, 2007 (2): 146-155.

[16] 沈洪涛, 游家兴和刘江宏. 再融资环保核查、环境信息披露与权益资本成本 [J]. 金融研究, 2010 (12): 159-172.

[17] 汪祥耀, 叶正虹. 执行新会计准则是否降低了股权资本成本——基于我国资本市场的经验证据 [J]. 中国工业经济, 2011 (3): 119-128.

[18] 王兵. 盈余质量与资本成本——来自中国上市公司的经验证据 [J]. 管理科学, 2008 (6): 67-73.

[19] 肖珉. 法的建立、法的实施与权益资本成本 [J]. 中国工业经济, 2008 (3): 40-48.

[20] 徐浩萍, 吕长江. 政府角色、所有权性质与权益资本成本 [J]. 会计研究, 2007 (6): 61-67.

[21] 于李胜, 王艳艳. 信息风险与市场定价 [J]. 管理世界, 2007 (2): 76-85.

[22] 于李胜, 王艳艳. 信息中介是否具有附加值?——理论与经验证据 [J]. 管理世界, 2008 (7): 134-144.

[23] 岳衡, 林小驰. 证券分析师 vs 统计模型: 证券分析师盈余预测的相对准确性及其决定因素 [J]. 会计研究, 2008 (8): 40-49.

[24] 曾颖, 陆正飞. 信息披露质量与股权融资成本 [J]. 经济研究, 2006 (2): 69-79.

Measuring and Evaluating Cost of Equity Capital: Evidence from Chinese Stock Markets

Mao Xinshu   Ye Kangtao et al.

Abstract: Cost of equity capital (CofEC) is the most important factor we need to consider when making financing and investment decisions. However, how to measure a company's cost of equity capital is still an unsolved problem.Based on existing research, in this paper we measure both the ex post and ex-ante cost of equity capital of China's listed companies, and evaluate the results from the economic and statistical perspective.The results show that the CofEC differences between the methods of measuring the cost of equity capital are significant, and the maximum difference reached 12.13%. These differences will surely have significant impact on our judgments about whether the order of our corporate financing (preferences) is mainly based on the cost of capital. From an economic perspective, the ex-ante cost of equity capital is superior to the ex-post cost of equity capital from the CAPM and Fama-French three-factor model.When measuring the ex-ante cost of equity capital, the commonly used GLS model doesn't have satisfactory performance, while the PEG and MPEG model of CofEC better capture the impact of various risk factors, although the time-series measurement error variance is relatively large.

并购目标识别：来自中国证券市场的证据 *

张金鑫　张艳青　谢纪刚

【摘　要】如何利用公开信息在并购公告发布前识别并购目标是并购研究的热点问题之一。本文以中国 A 股市场 2001~2008 年股权并购且控制权转移的目标公司为样本，采用单因素方差分析、多重共线性诊断和 Logistic 回归技术筛选变量并建立并购目标预测模型。研究发现，中国市场上的并购目标公司具有高财务杠杆、低偿债能力、盈利能力差、增长乏力、股权分散且股份流动性强等特点。虽然该模型解释能力较强，但其预测准确率不高，说明在中国市场上预测并购目标是难以实现的。

【关键词】并购目标；控制权转移；单因素方差分析；Logistic 回归

一、引言

什么样的上市公司容易成为并购目标企业，一直是证券投资实务以及金融理论研究关注的问题之一。早期的并购目标识别模型大都宣称有较强的预测能力（赵勇、朱武祥，2000）。例如，Simkowitz 和 Monroe（1971）指出，他们的多元离散模型正确地预测了所估计样本中并购公司的 83% 和未并购公司的 72%。Stevens（1973）表示其运用多元判别分析（MDA）对并购目标判别检验的正确率达到 70%。Dietrich 和 Sorense（1984）更声称其运用 Logistic 模型预测目标公司有高达 90% 的准确率。但也有学者对此不以为然，如 Jensen 和 Ruback（1983）指出预测未来的并购"如果不是不可能的话，至少也是十分困难的"；Castagna 和 Matolcsy（1985）选用了盈利能力、流动性、负债率等作为测量指标，结果表明利用财务指标对 20 世纪 70 年代并购目标的预测并不具有有效性。

Palepu（1986）总结了前人并购预测模型所存在的三个缺陷：①模型估计时选取等比

---

* 本文选自《会计研究》2012 年第 3 期。
作者简介：张金鑫，北京交通大学经济管理学院会计学副教授。

例样本（相同数目的并购与未并购公司），而不是随机抽取，没有适当的估计修正，得到估计参数和并购概率有偏和不一致，高估了模型的预测能力；②使用等比例检验样本进行检验的结果不能代表模型对总体的预测能力，因为总体一般相对不平衡（未被并购公司数目远大于被并购数目）；③判别阈值概率的选取未考虑相应的决策环境，而是简单地选择0.5。他采用更为严谨的方法对美国 1971~1979 年间发生的并购进行了预测检验，发现模型对并购发生的动机有较强的解释能力，但难以预测并购的发生，说明具有显著解释能力的模型并不意味着可以用于预测并购目标。

我国学者借鉴国外的研究成果，也开展了针对中国市场上并购目标预测的研究，所使用的研究方法基本是仿效 Palepu（1986）的方法。孙永祥、黄祖辉（1999）分析了 1994~1998 年股权结构与并购现象之间的关系，启动了国内在这一领域的研究，但其研究因只关注了目标公司的股权结构，使得研究结果对目标公司特征识别的贡献有限。赵勇、朱武祥（2000）对 1998 年下半年发生的国有法人控股权协议转让（不包括无偿划拨）的 31 家 A 股上市公司和 39 家随机抽取的控制样本公司进行了模型估计，但其研究样本选取年限过短，样本量过小，变量选择存在较大的主观性，也没有注意多重共线性问题，参照样本的选取也不够全面，研究结论不具说服力。李善民、曾昭灶（2003）分析了我国控制权转移的制度背景，并以 1999~2001 年 A 股市场发生控制权有偿转让的上市公司作样本，考察我国控制权转移公司的特征。遗憾的是，其拟合检验只是把用来建立回归模型的数据回代到模型，没有对未来数据做预测检验，从而没有触及并购目标预测问题。同时，他们用来判断 Logistic 回归模型性能的指标运用并不恰当。崔学刚、荆新（2006）基于我国的资本市场与制度环境，运用全样本研究思路，以 1999~2001 年我国 A 股市场全部上市公司作为估计样本，选取盈利能力、营运能力、偿债能力、成长能力、公司规模、买壳成本、资金实力/收益质量、股权结构、股权性质、价值低估程度 10 个方面的变量反映目标企业特征，发现我国上市公司控制权转移具有较好的可预测性。此外，国内学者在并购目标特征的深层次解释方面也进行了探索性的研究，如张彤、贺丹（2006）选取 2004 年内发生控制权转让的上市公司为样本，运用 ANOVA 和 Logistic 回归方法探求我国并购目标公司区别于非目标公司的财务特征，并对几种具有代表性的并购动机做出检验。但总体来看，限于我国并购市场发展时间较短，并购样本量相对有限，对模型的理解运用也存在一定的偏差，我国在此领域研究目前还处在较初级的水平。

本文以发生控制权转移公司为研究对象，采用 2001~2008 年的全样本，按照财务理论框架选用尽量全面的指标变量，利用单因素方差分析遴选出在目标样本与对照样本间具有显著差异的变量指标，以克服主观选取变量导致的偏差。然后运用 Logistic 回归等统计方法建立控制权转移的预测模型，同时采用更为严谨与科学的预测模型性能判别指标，识别了影响控制权转移行为的显著性因素，旨在克服上述研究中存在的问题。

二、样本选择及变量选取

（一）样本选择

本文基于全样本研究思路，选取 2001~2008 年我国 A 股市场全部上市公司作为估计样本，2001~2008 年发生股权并购并且控制权转移的公司为并购目标样本，具体筛选原则如下：①股权收购方在收购前不是目标公司的第一大股东，收购后则成为目标公司的第一大股东；②目标公司必须在发生第一大股东变更前一年已经在 A 股市场上挂牌；③如果一家上市公司一年中多次发生控制权转让，我们只取第一次；④对照样本为 A 股上市公司中除了目标公司样本外的其余公司，避免样本选择中的人为因素，尽量保持控制权市场中目标企业所占比例；⑤剔除金融、房地产行业的上市公司；⑥剔除数据缺失公司样本。

按照上面的筛选标准，综合 RESSET 数据库和 CSMAR 数据库的上市公司财务数据、股权结构数据以及控制权转移数据，最终得到 8415 家公司样本，其中目标企业样本 1368 家。样本总体描述性统计如下：

研究样本所在行业分布均衡，与实际上市公司分布基本吻合（见表 1）。其中建筑业与采矿业样本中并购目标公司所占比例略高于其他行业，在一定程度上说明建筑业和采矿业并购活动较为活跃。但各行业并购目标所占比例基本在 16% 左右，相差不大。从研究样本所发生的时间来看，我国并购交易数量逐年递增，且 2007 年开始出现显著增长（见表 2）。从研究样本的经营状况（以是否 ST 作为衡量标准）来看，总体样本中有 13.1% 样本为 ST 公司或 *ST 公司，而在目标公司中有 17.2% 的样本为 ST 公司或 *ST 公司，并购目标公司中的 ST 公司明显多于整体水平（见表 3）。这在一定程度上说明我国企业并购的

表 1 样本总体行业分布描述

单位：个

行　业	目标样本	对照样本	合计	目标样本所占比例（%）
采矿业	32	132	164	19.5
电力、燃气及水的生产和供应业	60	288	348	17.2
建筑业	34	134	168	20.2
交通运输、仓储和邮政业	47	305	352	13.3
科学研究、技术服务和地质勘查业	114	501	615	18.5
农、林、牧、渔业	39	196	235	16.6
批发、零售业	86	396	482	17.8
信息传输、计算机服务和软件业	89	429	518	17.2
制造业	818	4413	5231	15.6
租赁和商务服务业	6	38	44	13.6
合计	1325	6832	8157	16.2

表 2 样本总体年份分布描述

单位：个

年份	目标样本	对照样本	合计	比例（%）
2002	36	422	458	5.6
2003	20	443	463	5.7
2004	78	415	493	6.0
2005	107	1127	1234	15.1
2006	96	1174	1270	15.6
2007	185	1142	1327	16.3
2008	293	1128	1421	17.4
2009	510	983	1493	18.3
合计	1325	6832	8157	100

表 3 样本总体公司经营状况描述

单位：个

公司经营状况	目标样本	对照样本	合计	比例（%）
非 ST	1097	5992	7089	86.9
ST	139	549	688	8.4
*ST	89	291	380	4.7
ST 及 *ST 所占比例（%）	17.2	12.3	13.1	
合计	1325	6832	8157	100

"壳资源"动机驱动明显。

（二）变量选取

本文的研究目的在于识别控制权转移公司的主要财务及股权特征，并根据特征变量建立预测模型。出于这样的研究需要，我们拟根据中国控制权市场的特征和对前人研究文献所使用变量的总结设置备选变量。

Stevens（1973）研究美国 1966 年发生并购的公司特征时选用的指标包括代表流动性、盈利能力、财务杠杆、营运水平和其他 5 方面的 20 个财务指标。Palepu（1986）总结前人的研究，提出了 6 个目标公司特征的假设，并根据假设选取了股票平均超常收益、净资产收益率、销售额成长性、流动性、财务杠杆、总资产规模、市账率、市盈率 8 个指标。Adesoji 等（1999）专门研究了食品行业目标公司特征，结合财务特征和非财务因素选取了 21 个变量。赵勇、朱武祥（2000）以 14 个变量代表了股权结构、资金回流价值低估程度、资产运营状况、企业大小、买壳成本、企业负担、整合难易等 8 个方面的公司财务特征。李善民、曾昭灶（2003）从管理无效率、流动性、财务杠杆、资源增长不平衡、公司规模、股权分散、股份流动性和托宾 Q 假设 8 个假设出发，选取了 30 个指标。崔学刚、荆新（2006）对并购目标特征的研究中则选取盈利能力、营运能力、偿债能力、成长能力、公司规模、买壳成本、资金实力/收益质量、股权结构、股权性质、价值低估程度 10 个方面的指标。

综合前人研究，根据我国资本市场的特殊性，为尽量降低选取变量的主观性，本文选择了反映偿债能力、盈利能力、分红转增能力、现金流量、资本结构、经营发展能力、资产管理能力、每股指标、市价指标、股权集中度、股权结构等11个方面的127个变量，作为备选指标变量（见表4）。这些因素基本包括了前人研究中涉及的符合我国企业特征的所有假设。

表4 本研究中所使用的变量

变量类型	变 量
1. 偿债能力	流动比率、速动比率、超速动比率、营运资金/资产总额、利息保障倍数、偿债倍数、资产负债率、长期负债与营运资金比率、现金比率、产权比率、有形净值债务率、现金到期债务比、现金流动负债比、现金债务总额比
2. 盈利能力	扣除非经常性损益后的净利润、息税前利润、息前税后利润、EBIT/资产总额、息税折旧摊销前利润、销售净利率、销售毛利率、销售税金率、销售成本率、销售期间费用率、资产净利率、资本收益率、净资产收益率（摊薄）、净资产收益率（加权）、净资产收益率（扣除、摊薄）、净资产收益率（扣除、加权）、主营业务利润率、营业利润率、成本费用利润率、资本保值增值率、留存收益/资产总额、主营业务比率、非经常损益比率、实交所得税与利润总额比率
3. 分红转增能力	每股经营现金净流量（元/股）、股利支付率、留存盈余比率
4. 现金流量分析	自由现金流量、销售现金比率、总资产现金回收率、现金满足投资比率、现金再投资比率、净收益营运指数、现金营运指数、净利润现金含量、主营业务收入现金含量、强制性现金支付比率、外部融资比率、支付给职工的现金比率、经营活动现金净流量与净利润差、筹资活动产生的现金流量净额增长率、经营活动产生的现金流量净额增长率、投资活动产生的现金流量净额增长率
5. 资本结构	营运资金、股东权益比率、长期负债/股东权益、固定资产比率、无形资产比率、权益乘数、股东权益与固定资产比率、营运资金/借款、负债同比增长数（元）
6. 经营发展能力	净资产增长率、净利润增长率、主营业务收入增长率、主营业务利润增长率、营业利润增长率、利润总额增长率、总资产增长率、应收账款周转率增长率、固定资产周转率增长率、固定资产投资扩张率、资本项目规模维持率、存货周转率增长率、每股经营活动现金流量增长率、现金及现金等价物增长率、可持续增长率、每股净资产增长率_PBVgrrt、每股收益增长率
7. 资产管理能力	营业周期（天/次）、存货周转率（次）、存货周转天数（天/次）、应收账款周转率（次）、应收账款周转天数（天/次）、商业债权周转率（次）、流动资产周转率、总资产周转率（次）、股东权益周转率（次）、应付账款周转率（次）、财务杠杆效率
8. 每股指标	每股收益（摊薄）（元/股）、每股净资产（元/股）、每股公积金（元/股）、每股未分配利润（元/股）、每股经营活动现金流量（元/股）、每股现金及现金等价物（元/股）、每股营业利润（元/股）、每股主营业务利润（元/股）、每股主营业务收入（元/股）、每股净现金流量（元/股）、每股资本公积金（元/股）
9. 市价指标	企业价值对数、Q值、每股内涵价值（元/股）、EV/EBITDA比率、市场附加价值（元）、流通盘市场附加价值（元）、股票市值/总负债（Ⅰ）、股票市值/总负债（Ⅱ）、总负债/总资产市值（Ⅰ）、总负债/总资产市值（Ⅱ）
10. 股权集中度	股权集中度1、股权集中度5、股权集中度10、股权集中度11、H1指数、H5指数、H10指数、Z指数
11. 股本结构	国有股比例（%）、法人股比例（%）、流通股比例（%）、流通A股比例（%）

注：变量取自RESSET数据库和CSMAR数据库的上市公司财务数据、股权结构数据以及控制权转移数据，变量定义限于篇幅未能说明，如需要可查阅上述数据库说明文件。

三、模型建立和检验

建立预测模型的基本思路如下：首先，选择尽量全面的变量指标，并通过单因素方差（One-way ANOVA）分析筛选出在目标样本和对照样本间具有显著差异的变量，以此克服在变量选取问题上的主观性。其次，对筛选出的变量进行相关性分析，逐步删去高度相关变量，直至变量间不存在严重的多重共线性。最后，将通过相关性分析的变量代入 Logistic 回归分析，建立预测模型。

1. 单因素方差分析

计算 2001~2008 年 127 个变量的均值和方差，并对目标公司和非目标公司的变量进行单因素方差分析，筛选在两样本组间具有显著差异的 51 个变量。结果显示，目标公司与非目标公司指标变量均值在多方面存在显著差异，也可以说目标公司在多方面表现出与非目标公司不同的特征（见表 5）。

表 5　单因素方差分析结果

变量类型	变量	对照样本		目标样本		ANOVA	
		均值	方差	均值	方差	F	Sig.
偿债能力	超速动比率	0.93	1.54	0.85	1.64	2.94	0.05
	营运资金/资产总额	−0.01	1.91	−0.16	4.07	4.71	0.03
	资产负债率	0.60	2.18	0.77	4.29	4.69	0.03
	现金比率	0.55	1.21	0.48	1.42	2.98	0.04
	产权比率	2.18	12.37	3.49	28.26	7.62	0.01
	现金流动负债比	0.20	0.45	0.17	0.43	7.01	0.01
	现金债务总额比	0.16	0.37	0.13	0.38	6.50	0.01
盈利能力	息税前利润	3.18E+08	3.09E+09	1.28E+09	2.91E+10	7.28	0.01
	息前税后利润	2.33E+08	2.27E+09	9.01E+08	1.96E+10	7.66	0.01
	EBIT/资产总额	0.05	0.21	0.08	1.15	5.00	0.03
	息税折旧摊销前利润	4.86E+08	3.91E+09	1.51E+09	2.93E+10	7.89	0.00
	销售税金率	0.01	0.03	0.02	0.03	4.83	0.03
	净资产收益率（扣除、摊薄）	−0.07	1.61	−0.22	3.15	7.08	0.01
	主营业务利润率	0.23	0.17	0.22	0.18	3.47	0.06
现金流量	留存收益/资产总额	−0.28	10.49	−7.89	260.30	5.98	0.01
	总资产现金回收率	0.06	0.09	0.05	0.11	7.73	0.01
	现金营运指数	1.05	20.39	−0.24	34.38	3.56	0.06
	支付给职工的现金比率	0.10	0.33	0.18	1.99	11.83	0.00
	经营活动现金流量净额增长率	1.89	24.23	−18.36	694.64	5.95	0.01

变量类型	变量	对照样本		目标样本		ANOVA	
		均值	方差	均值	方差	F	Sig.
资本结构	股东权益比率	0.36	2.18	0.19	4.29	4.79	0.03
	固定资产比率	0.37	0.20	0.34	0.20	17.05	0.00
	无形资产比率	0.05	0.06	0.05	0.07	8.76	0.00
	权益乘数	3.33	13.99	4.67	28.87	6.87	0.01
经营发展能力	主营业务利润增长率	0.73	17.17	80.18	2912.69	5.24	0.02
	固定资产投资扩张率	−0.03	0.88	−0.21	0.57	53.32	0.00
	每股经营活动现金流量增长率	1.80	23.33	−17.49	693.33	5.43	0.02
每股指标	每股净资产（元/股）	2.80	1.84	2.66	2.10	6.01	0.01
	每股公积金（元/股）	1.61	1.15	1.52	1.17	6.13	0.01
	每股现金及现金等价物（元/股）	0.97	1.27	0.89	1.14	4.30	0.04
	每股营业利润（元/股）	0.22	0.58	0.17	0.85	4.99	0.03
	每股资本公积金（元/股）	1.33	1.06	1.26	1.08	4.83	0.03
市价比率	企业价值对数	21.76	1.03	21.91	1.03	23.63	0.00
	Q 值	2.55	13.26	32.97	1102.38	5.36	0.02
	每股内涵价值（元/股）	12.55	10.85	13.32	13.05	5.44	0.02
	市场附加价值（元）	2.60E+09	8.68E+09	3.28E+09	9.39E+09	6.78	0.01
	流通盘市场附加价值（元）	2.17E+09	8.59E+09	3.00E+09	9.34E+09	10.39	0.00
	总负债/总资产市值	0.37	0.23	0.36	0.23	4.55	0.03
股权集中度	股权集中度 1	0.12	0.19	0.10	0.16	19.72	0.00
	股权集中度 5	0.18	0.23	0.15	0.19	12.94	0.00
	股权集中度 10	0.20	0.24	0.18	0.20	9.65	0.00
	股权集中度 11	10.33	0.99	10.43	0.91	13.05	0.00
	H1 指数	0.05	0.12	0.03	0.10	25.88	0.00
	H5 指数	0.06	0.13	0.04	0.10	27.41	0.00
	H10 指数	0.06	0.13	0.04	0.10	27.38	0.00
股本结构	国有股比例（%）	27.34	25.40	24.42	24.02	15.39	0.00
	法人股比例（%）	22.87	24.67	20.18	23.19	13.88	0.00
	流通股比例（%）	67.99	31.40	81.82	28.38	229.20	0.00
	流通 A 股比例（%）	64.78	33.17	78.56	30.68	202.36	0.00

代表偿债能力的变量——营运资金/资产总额、超速动比率、现金流动负债比、现金债务总额比，目标公司小于非目标公司；而资产负债率、产权比率等指标，目标公司大于非目标公司。这说明，在偿债能力方面目标公司显著弱于非目标公司，即并购目标公司具有高负债、低偿债能力的特点。

代表盈利能力的相对变量——净资产收益率（扣除、摊薄）和主营业务利润率，目标样本要小于对照样本且均为负值，反映目标企业具有较低的盈利能力。

代表现金流量的变量——留存收益/资产总额、总资产现金回收率和经营活动现金流量净额增长率三个指标，目标公司显著低于非目标公司，说明并购目标公司获取现金及现金流控制能力比较低。

代表资本结构的变量相对于非目标公司而言，目标公司具有较高的无形资产比率及权益乘数。无形资产比率指标没有出现在前人的研究结果中，本研究引入该变量进行单因素方差检验得到显著结果。无形资产相对于固定资产具有便于整合、处理折价损失较小的特点，这在一定程度上也反映了我国并购交易的买壳动机。而目标公司的权益乘数较高也与公司的高负债率和偿债能力较差等特点相一致。

在经营发展能力方面，目标公司的固定资产投资扩张率、资本项目规模维持率均为负值并且显著低于非目标公司，这表明并购目标公司扩张能力较弱，公司发展缓慢或已开始衰退。

代表股权集中度的各个变量的单因素方差分析中，目标公司股权集中度 1、股权集中度 5、股权集中度 10、股权集中度 11、H1 指数、H5 指数、H10 指数等均表明目标公司具有股权分散的特点，这种股权结构使得并购方易于获得控制权地位，降低并购成本。

代表股权结构的法人股比例、国有股比例表现出目标企业低于非目标企业，而流通股比例、流通 A 股比例则表现为目标企业高于非目标企业，说明目标企业具有股份流动性好的特点。

总体来看，我国控制权市场中并购目标公司具有高财务杠杆、低偿债能力、盈利能力差、增长乏力、股权分散且股份流动性强等特点。

2. 变量多重共线性处理

当自变量存在多重共线性时，回归系数的方差随着多重共线性强度的增加而加速增长，会造成回归方程高度显著的情况下，有些回归系数通不过检验，甚至出现回归系数的正负号得不到合理的经济解释（何晓群，2005），这就需要我们进行相关变量处理以消除变量的多重共线性。常用的诊断多重共线性方法主要有容忍度、方差膨胀因子、条件指数、方差比例等，本文采用方差膨胀因子（VIF）方法进行诊断，通过逐步剔除方差膨胀因子大于 10 的变量，直至得到不存在严重多重共线性的变量。

通过 VIF 进行多重共线性诊断发现，产权比率、股东权益比率、资产负债率、息前税后利润、留存收益/资产总额、经营活动现金流量增长率、每股资本公积金、股权集中度 10、股权集中度 11、H1 指数、H5 指数、H10 指数和流通 A 股比例这 13 个变量的方差膨胀因子指数显著大于 10。剔除未通过多重共线性检验变量，重新诊断共线性。

剔除变量后重新检验结果表明，剩余变量之间不存在严重的多重共线性，VIF 均小于 10。至此，我们得到在目标样本和对照样本之间具有显著差异，且不存在严重相关性的 38 个变量。

3. Logistic 回归及模型建立

将通过变量多重共线性处理的变量依次代入 Logistic 回归模型，去除回归方程中不显著的变量，直至回归模型和变量回归系数均显著，最终得到 9 个显著变量。将回归系数显著的 9 个变量全部代入 Logistic 模型，得到如表 6 所示的回归参数值。

表 6 预测模型参数值

解释变量	系数	标准差	Wald 值	显著水平
现金营运指数	−0.002	0.002	2.074	0.050
支付给职工的现金比率	0.134	0.058	5.416	0.020
固定资产比率	−0.599	0.174	11.908	0.001
固定资产投资扩张率	−0.155	0.058	7.050	0.008
企业价值对数	0.082	0.041	3.932	0.047
总负债/总资产市值 II	0.380	0.184	4.277	0.039
股权集中度 1	−0.973	0.536	3.300	0.049
股权集中度 5	1.301	0.433	9.028	0.003
流通股比例	0.017	0.002	106.608	0.000
Constant	−4.601	0.864	28.379	0.000
Chi−square	356.152			
Sig.	0.000			
−2 Log likelihood	7110.019a			
Nagelkerke R^2	0.115			

Logistic 回归模型的整体检验（Omnibus Test）的似然比卡方统计量为 356.152，相当于最小二乘法回归中的 Nagelkerke R^2 为 0.115[1]，考虑到本文选取的样本量，这一数值也算是比较高的，可以认为预测模型拟合效果是很好的，利用 SPSS 17.0 的 Binary Logistic 过程进行分析，得到以下预测模型：

$$\ln\frac{p}{1-p} = -4.061 - 0.002\ \text{现金营运指数} + 0.134\ \text{支付给职工的现金比率} - 0.599\ \text{固定资产比率} - 0.155\ \text{固定资产投资扩张率} + 0.082\ \text{企业价值对数} + 0.38\ \text{总负债/总资产市值} - 0.973\ \text{股权集中度} 1 + 1.301\ \text{股权集中度} 5 + 0.017\ \text{流通股比例}$$

回归方程中固定资产比率、固定资产投资扩张率、股权集中度 5（即前五大股东持股比例之和）、流通股比例等变量回归系数在 0.001 水平上显著，现金营运指数、支付给职工的现金比率、企业价值对数[2]、总负债/总资产市值 II[3] 和股权集中度 1（即第一大股东持股比例）等变量的回归系数在 0.05 水平上显著。其中，现金营运指数、固定资产比率、股权集中度 1 和固定资产投资扩张率系数为负，其他变量系数均为正值，说明上市公司成为控制权转移目标公司的可能性分别随着现金营运指数、固定资产比率、第一大股东持股比例和固定资产投资扩张率的提高而降低，随着支付给职工的现金比率、企业价值对数、总负债/总资产市值 II、前五大股东持股比例之和以及流通股比例的提高而提高。因此，

---

[1] 国内学者选取的小样本实证中 Nagelkerke R^2 值一般在 0.10 左右。国外学者实证选取较大样本，Nagelkerke R^2 值相对较小，其中，Palepu 在实证中选取的一个较好模型的 Nagelkerke R^2 值为 0.0907。

[2] 企业价值对数=LN（股票市值+净债务）。

[3] 总资产市值=负债+股票总市值。

Logistic 回归结果显示公司盈利能力、偿债能力、资本结构、股权分散程度、运营能力和股权性质对公司成为并购目标公司具有很强的解释能力。进一步分析模型的解释变量，可以看出，业绩越差、偿债能力越差、大股东持股比例越小、公司规模越大、公司运营能力越低、无形资产比例和流通股比例越大的公司，其控制权被转移的概率越大，这些特征均较好地符合我国控制权市场的特点，基本符合壳资源假设的基本特征。

4. 预测模型拟合度检验

进行拟合度检验前，我们首先要确定概率阈值（Cut Value），国内学者在研究中主要采用等比例抽样的方法，所以可以简单地选取 0.5，由于本文选取全样本研究，故选用 E(P) 的估计值，即目标样本占总样本的比例 0.1626（Cut Value = 1367/8411）作为概率阈值对模型进行检验。

进行 Logistic 回归模型拟合检验的常用工具是有偏分类表，在有偏分类表中可以计算总正确率、敏感度、指正度等指标来估计模型的拟合程度和预测准确性（见表 7）。有偏分类表是将观测事件分为发生和不发生两类，通过比较预测情况和观测的实际情况来判断模型拟合度。总正确率表示预测模型的预测准确程度和整体预测效果，是被正确分类的事件数和事件总数之比，即总正确率 =（被正确判定为非目标公司数 + 被正确判定为目标公司数）/样本公司总数 = (3774 + 942)/8411 = 56.1%，表示发生控制权转移的目标公司和非目标公司被正确分类的程度为 56.1%。敏感度（Sensitivity）是指正确预测事件发生的案例数与观测事件发生的总数之比，表示通过预测模型准确预测出的发生事件占实际发生事件的比重，即敏感度 = 被正确预测为目标公司的事件数/实际发生控制权转移的目标公司数 = 942/1367 = 68.9%，说明通过预测模型准确预测出的目标公司占实际发生控制权转移的目标公司数的 68.9%。指定度（Specificity）是指正确的事件未发生数与实际观测事件未发生总数之比，表示被预测模型准确预测出的为发生事件占实际未发生事件的比重，即指定度 = 被正确预测为非目标公司数/样本中非目标公司数 = 3774/7044 = 53.6%，说明被正确预测出的非目标公司数占样本中实际的非目标公司数的 53.6%。可以看出，总正确率与指定度两个指标并不能达到较高满意度，说明在中国证券市场中仅依赖财务指标而准确预测并购目标是难以实现的。

表 7　回归拟合有偏分类表

单位：家

实际	预测 （阈值 = 0.1626）		
	非目标公司	目标公司	总数
非目标公司	3774	3270	7044
目标公司	425	942	1367
总数	4199	4212	8411
总正确率	56.10%		
敏感度	68.90%		
指定度	53.60%		

四、结 论

本文通过对我国上市公司 2002~2009 年发生控制权转移的 1367 家并购目标公司以及 7044 家配对的非目标公司进行了配比实证分析，结果显示并购目标公司具有较为明显的可识别的财务特征，即公司盈利能力、偿债能力、资本结构、股权分散程度、运营能力和股权性质对公司成为并购目标公司具有很强的解释能力。进一步分析模型的解释变量，可以看出，业绩越差、偿债能力越差、大股东持股比例越小、公司规模越大、公司运营能力越低、无形资产比例和流通股比例越大的公司，其控制权被转移的概率越大。这基本符合并购目标"壳资源"的假设。

本预测模型通过全样本回代检验，有 56.1% 的总正确率，68.9% 的敏感度和 53.6% 的指定度。这表明以财务模型的方法预测未来的并购目标其结果是难以令人满意的，这与崔学刚、荆新（2006）对中国市场的研究结论不同，但与 Palepu（1986）对美国市场的研究有着相同的结论。由于目标公司在我国控制权转移市场上比例太小，使得模型出现第二类错误的概率大大升高，也就是说，模型会把太多的非目标公司预测成目标公司，在这样的情况下，单纯依靠财务预测模型获得超额收益比较困难。未来的研究可以考虑分行业、分年度考查并购目标的特征，以反映我国资本市场在发展过程中政策法规、行业性质、目标企业特征等方面的动态变化。

参考文献

［1］Adesoji A., N. Rodolfo, F. Zafar. Predicting Mergers and Acquisitions in the Food Industry ［J］. Agribusiness, 1999（15）: 1–23.

［2］Barnes P. The Identification of U. K. Takeover Targets Using Published Historical Cost Accounting Data: Some Empirical Evidence Comparing Logic with Linear Discriminate Analysis and Raw Financial Ratios with Industry–relative Ratios ［J］. International Review of Financial—Analysis, 2000, 9（2）.

［3］Castagna A. D., Z. P. Matolcsy. Accounting Ratios and Models of Takeover Target Screens Some Empirical Evidence ［J］. Australian Journal of Management, 1985, 10（1）.

［4］Dietrich J. K., E. Sorensen. An Application of Logit Analysis to Prediction of Merger Targets ［J］. Journal of Business Research, 1984, 12（3）.

［5］Jensen M. J., R. S. Ruback. The Market for Corporate Control: The Scientific Evidence ［J］. Journal of Financial Economics, 1983（11）.

［6］Palepu K. G. Predicting Takeover Targets: A Methodological and Empirical Analysis ［J］. Journal of Accounting and Economics, 1986, 8（1）.

［7］Simkowitz M. R., J. Monroe. A Discriminate Analysis Function for Conglomerate Targets ［J］. Southern Journal of Business, 1971（12）.

［8］Stevens D. L. Financial Characteristics of Merged Firms：A Multivariate Analysis ［J］. Journal of Financial and Quantitative Analysis，1973（8）：149–158.

［9］崔学刚，荆新. 上市公司控制权转移预测研究［J］. 会计研究，2006（1）：77–82.

［10］李善民，曾昭灶. 控制权转移的背景与控制权转移公司的特征研究［J］. 经济研究，2003（11）：54–64.

［11］孙永祥，黄祖辉. 上市公司的股权结构与绩效［J］. 经济研究，1999（12）：23–30.

［12］张彤，贺丹. 上市并购目标公司的特征研究［J］. 商业研究，2006（19）：26–30.

［13］赵勇，朱武祥. 上市公司兼并收购可预测性［J］. 经济研究，2000（4）：19–25.

Identifying Acquisition Target：Evidence from China Stock Market

Zhang Jinxin et al.

Abstract：How to predict acquisition target by using publicly available financial information receives attentions from scholars and professionals. This paper takes targets which are equity acquisitions and took place from 2001 to 2008 in China stock market as samples, establishes acquisition targets predicting model via ANOVA, collinearity diagnostic and Logistic regression. The empirical study shows that acquisition targets characters high leverage, low solvency and profitability, low growth, dispersal equity with high liquidity. Although it can identify characteristics of acquisition targets, predicting model with low accuracy indicates that it is difficult to predict acquisition targets in China market.

双重上市、IPO 抑价与大规模融资行为
——来自中国公司 IPO 的证据 *

覃家琦　邵新建　赵映雪

【摘　要】本文以中国 1993~2009 年期间的 1158 家 IPO（其中 A+H 公司 36 家）为样本，实证检验了 A+H 双重上市与公司 IPO 行为之间的关系。研究发现：A+H 双重上市与单位权益发行价、IPO 定价效率、融资规模效率均显著负相关，表明 A+H 双重上市非但没有给公司带来 IPO 溢价，反而导致更高的 IPO 抑价。进一步分析表明，A+H 公司的更高 IPO 抑价与其大规模的股票发行数量显著正相关，正是 A+H 公司的大规模股票发行迫使发行人和承销商采取低价策略以保证成功 IPO，并导致 A+H 公司具有偏好在热市期上市的择时行为。

【关键词】双重上市；IPO 抑价；大规模融资；随机边界分析

一、导　言

通常认为，相对于纯粹在内地 A 股市场上市的公司而言，在香港 H 股市场上市的公司，往往是公司治理水平比较高、业绩比较好的质优公司。因此，当 H 股公司回归 A 股市场实现 A+H 双重上市（Dual-listings）时，境内投资者将愿意为这些公司支付更高的 A 股发行价格，即存在双重上市的 IPO 溢价。而 A+H 公司也将因为投资者的追捧而能够大规模募集资金。

* 本文选自《金融研究》2012 年第 3 期。

基金项目：本文受国家自然科学基金项目（70902048，71102075，71101028）、教育部人文社科项目（09YJC630134）、中央高校基本科研业务费专项资金（NKZXB10102）、对外经济贸易大学学术创新团队项目和对外经济贸易大学"211 工程"三期建设项目资助。

作者简介：覃家琦，管理学博士，南开大学商学院副教授，E-mail：qinjiaqii@yahoo.com；邵新建，经济学博士，对外经济贸易大学国际经济贸易学院讲师；赵映雪，经济学博士，对外经济贸易大学国际经济贸易学院讲师。

关于 A+H 公司的 IPO 溢价，潘越（2008）曾发现双重上市公司比非双重上市公司能够通过 A 股 IPO 筹集到更多的权益资本，表明境内投资者愿意支付更高的价格或 IPO 溢价。但才静涵和王一萱（2007）通过 2000~2006 年中国上市公司在境内外市场市盈率的比较分析，发现上海证券市场中的 A+H 公司市盈率并不显著区别于其他 A 股公司。这表明A+H 公司在二级市场上并未获得更高的价格。既然如此，其一级市场的发行价格是否更高将值得我们关注。

尽管更高的发行价格容易筹集更多的资金，但在农业银行案例中，我们似乎看到较低的发行价格与最高的融资规模并行不悖。那么，从统计上看，中国 A+H 公司是否比纯 A股公司具有更高的 IPO 发行价呢？A+H 公司是否凭借着更高的 IPO 发行价而筹集到更多的资金呢？本文试图回答这些问题。本文的贡献主要有三点：第一，采用随机边界分析法（SFA：Stochastic Frontier Approach）而不是首日回报率来度量 IPO 抑价，降低了二级市场交易价格的影响。第二，在 SFA 的运用上，区分了产出变量的决定因素和技术效率的影响因素。第三，实证结果发现 A+H 双重上市非但没有给公司带来 IPO 溢价，反而导致更高的 IPO 抑价。

下文安排如下：第二部分为文献回顾；第三部分基于中国 A+H 双重上市的制度背景和现有文献，提出相关研究假设；第四部分对 IPO 抑价的 SFA 方法进行简介；第五部分以中国 IPO 公司为样本，对相关假设进行实证检验；第六部分为研究结论与政策建议。

二、文献回顾

IPO 抑价问题曾引起大量学者的研究并形成了各种解释，Ljungqvist（2006）已经对这些研究进行了优秀的综述，因此本文不再赘述。但关于双重上市公司的 IPO 抑价研究相对较少。Chan、Wu 和 Kwok（2007）运用 SFA 方法研究了全球发行对美国 IPO 公司的发行价格的影响，发现全球 IPO 的定价效率比本土 IPO 发行高出 3.1%。沈洪波（2007）、肖珉和沈艺峰（2008）发现 A+H 公司比单纯的 A 股公司具有更低的权益资本成本，沈洪波（2008）发现 A+H 公司具有更高的托宾 Q，但这些证据并不能表明 A+H 公司在 IPO 时存在溢价。潘越（2008）以 1993~2007 年间的 IPO 为样本，结果发现单位权益发行价与双重上市虚拟变量显著正相关，表明双重上市公司的 A 股 IPO 存在溢价。

在研究方法上，大部分研究采用首日回报率［即（首日收盘价-发行价格）/发行价格］来度量 IPO 抑价，但如何降低二级市场对首日收盘价从而对 IPO 抑价的影响，成为研究的一个重要议题。目前看来，引入随机边界分析方法来计算实际发行价与公允发行价（Fare Offer Price）的比率正越来越受到学者们的推崇，这个比率通常被称为 IPO 定价效率（Pricing Efficiency，PE）。Hunt-McCool、Koh 和 Francis（1996）首先意识到，采用 SFA 方法仅需上市前的信息就可以度量 IPO 抑价。此方法还为许多文献所使用（Francis 和 Hasan，

2001；Koop 和 Li，2001；Chen、Hung 和 Wu，2002；Chan、Wu 和 Kwok，2007；童艳和刘煜辉，2010）。

然而，尽管 SFA 回归模型的一般表达式为对数形式 $\ln(Y)=\alpha_0+\sum\alpha_i\ln(X_i)+v-u$，其中 Y 为因变量，X 为自变量，v 为随机干扰项，u 为 Farrell（1957）所定义的技术效率（Technical Efficiency，记为 ξ）的函数，即 $u=-\ln(\xi)$，但这种形式是以 Y=f（X）满足 Cobb-Douglas 函数关系即 $Y=\prod X_i^{\alpha_i}$ 为前提的。在这个地方，上述采用 SFA 方法研究 IPO 抑价的文献存在研究方法上的两个不足：第一，将线性回归模型简单地改造成 SFA 回归模型，即假设线性回归模型为 $Y=\alpha_0+\sum\alpha_i X_i+v$，通过加入 u 便直接改造成 SFA 回归模型：$Y=\alpha_0+\sum\alpha_i X_i+v-u$，例如 Chan、Wu 和 Kwok（2007）。这种处理无法区分发行价格 OP 和技术效率 ξ 的影响因素，因为技术效率的影响因素已经被纳入 OP 的回归模型中了。第二，当自变量不满足 Cobb-Douglas 函数关系时强行使用线性对数化的 SFA 回归模型，例如，童艳和刘煜辉（2010）。这种处理并不符合 SFA 的基本原理，也没有区分发行价格 OP 和技术效率的影响因素。为此，本文的 SFA 模型将力图克服上述不足。

三、制度背景与研究假设

国外学者指出双重上市可传递公司在注重投资者保护、严格披露信息、降低控制权私人收益、规范公司管理等方面的信号。Coffee（2002）认为在美国上市可以传递公司会计水平提高、信息披露政策完全、增长机会更高等信号。Benos 和 Weisbach（2004）也认为一个公司可以通过在具有更高信息披露和监管标准的市场（例如美国市场）双重上市来承诺在未来将私人收益降到更低的水平以便保护中小股东的利益。Doidge（2004）、O'Connor（2006）表明在美国双重上市一般导致非美国公司的普通股股东的保护水平的提高。Doidge 等（2009）认为，如果双重上市前控股股东的私人收益较高，那么控股股东将不愿意在美国双重上市。

如果上述信号传递机制成立，那么赴港上市行为将会使境内投资者相信：相对于纯 A 股上市公司而言，赴港上市公司具有相对竞争优势，良好的公司治理将会促使其自由现金流增加，进而公司股票价格和公司价值将增加，投资者据此将愿意在这些 H 股公司回归 A 股市场 IPO 时支付更高的价格。与潘越（2008）一样，我们以单位权益发行价格（等于每股发行价格除以每股净资产）来检验 H 股公司是否在 A 股 IPO 时获得更高的价格，并提出如下假设：

H1：从 H 股回归 A 股的公司的单位权益发行价格将高于其他 A 股公司。

我们已经指出，以发行价格 OP 来检验 IPO 溢价可能违反"其他条件相同"从而可比性较差，为此我们可以设想：给定一个公司的关键变量，这些关键变量决定了一个最优的发行价格；如果实际的发行价格更加接近于这个理论上的最优发行价，那么我们就可以说这个公司获得了更高的发行价。以实际发行价格除以最优发行价所获得的比率，正是文献回顾中曾指出的基于 SFA 计算的 IPO 定价效率（PE）。正如 Chan、Wu 和 Kwok（2007）所指出的，股票的全球发行将能缓解股票需求的非弹性（Inelasticity）而使得发行价更高；全球发行一般由声誉很高的会计师事务所来审计，由声誉较高的承销商来承销，这也会导致发行价格更高；全球发行会吸引更多的投资者参与到一级市场中，投资者的信息获取能力提高从而愿意给予更公平的价格。这三个因素会导致全球发行的 IPO 定价效率更高。对于中国 H 股公司而言，上述三个因素同样起作用，因此，我们假设：

H2：从 H 股回归 A 股的公司的 IPO 定价效率将高于其他 A 股公司。

如果 H1 和 H2 成立，那么我们可以说回归 A 股的 H 股公司在 IPO 时获得了更高的价格，存在 IPO 溢价效应。由此，在同样的发行规模条件下，A+H 公司所募集的实际融资规模将更加接近最优融资规模。与计算 PE 的方法类似，如果以实际融资规模来构造随机边界，那么也将能计算出 IPO 公司的一个技术效率，我们称其为融资规模效率（Financing Scale Efficiency，FSE）。为此我们假设：

H3：从 H 股回归 A 股的公司的融资规模效率将高于其他 A 股公司。

四、IPO 抑价的 SFA 度量

上文 H2 中的 IPO 定价效率和 H3 中的融资规模效率都将采用 SFA 来计算。在此我们有必要简要介绍 SFA 的基本原理及其在 IPO 抑价问题上的应用。[①] 假设在确定性条件下，企业的生产函数可表示为：$Y = f(X)$，其中，X 为要素投入向量，Y 为给定 X 和生产技术 $f(\cdot)$ 条件下的最优产出向量。然而，在现实世界中，企业可能存在各种自身低效率行为导致企业无法实现最优产出。假设企业实际产出为 Y'，则实际产出与最优产出的比值 Y'/Y，便是 Farrell（1957）所定义的技术效率，记为 ξ，则 $\xi \in [0, 1]$。当 $\xi = 1$ 时表示技术有效，当 $\xi < 1$ 时表示技术低效。在考虑了技术效率后的生产函数可以写为：$Y = f(X)\xi$。

现实中的企业还受到不确定性因素的影响，因此可在确定性生产函数中引入随机干扰项，此时的生产函数称为随机边界生产函数，其形式为：$Y = f(X)\exp(v)$，其中，$v \sim iid.$ $N(0, \sigma_v^2)$，v 的值可正可负，当 $v = 0$ 时，表示没有不确定性。如果同时考虑企业的技术效率和随机干扰项，并定义：$u = -\ln(\xi)$，即 $\xi = \exp(-u)$，则生产函数可以写为：

$$Y = f(X)\exp(-u)\exp(v) = f(X)\exp(v - u) \tag{1}$$

通过对数化，式（1）可表达为线性形式：

$$\ln Y = \ln f(X) + v - u \tag{2}$$

---

① 限于篇幅，本文无法详细介绍 SFA，感兴趣者可以参阅文献 [14]。

如果 Y=f(X) 满足 Cobb-Douglas 函数关系，则式（2）可以变为线性对数化的形式：$\ln(Y) = \sum \alpha_i \ln(X_i) + v - u$。在将 SFA 应用到 IPO 抑价问题上时，我们曾在文献回顾中指出目前采用 SFA 度量 IPO 抑价的一些文献不满足上述线性对数化关系。为了克服这种不足，我们首先假设股票的发行价格满足如下关系：$OP = PV(E)/N$。其中，$PV(E)$ 为公司权益的现值，N 为股票发行数量。进一步地，由于权益现值等于未来自由现金流（FCF）的现值（无杠杆条件下），即 $PV(E) = FCF/r$（r 为折现率并假设恒定），而自由现金流来自于公司的生产；再根据微观经济学的基本原理，生产可表达为公司资本 K 和劳动 L 的 Cobb-Douglas 函数，因此，我们假设权益现值 PV（E）也为资本 K 和劳动 L 的 Cobb-Douglas 函数，即：$PV(E) = K^{\alpha} L^{\beta}$。在此基本关系的基础上，引入系统误差项 u 和随机误差项 v，即可得到股票发行价（OP）的随机边界函数：

$$OP = (K^{\alpha} L^{\beta}/N)\exp(v-u) \tag{3}$$

两边取对数，我们可获得实际发行价的随机边界回归模型，如式（4）所示，据此通过对 u 的估计进而通过 u 与 ξ 的关系 $u = -\ln(\xi)$，我们可以估计出技术效率值。由于该值等于实际发行价格与最优发行价格的比值，因此该值可以作为对 IPO 定价效率 PE 的度量。PE 越小，表明实际发行价格越偏离最优发行价格，公司的 IPO 抑价程度也就越高。

$$\ln OP = \alpha_0 + \alpha_1 \ln K + \alpha_2 \ln L - \alpha_3 \ln N + v - u \tag{4}$$

此外，由于实际融资规模 F 大致等于发行价格乘以发行数量，即 $F = OP \times N$，因此根据式（3），F 也可以大致表示为资本 K 和劳动 L 的 Cobb-Douglas 函数，其随机边界函数可表示为：$F = K^{\alpha} L^{\beta}\exp(v-u)$，其随机边界回归模型如式（5）所示。据此估计出的技术效率值为实际融资规模与最优融资规模的比值，我们以此来度量融资规模效率 FSE。

$$\ln F = \alpha_0 + \alpha_1 \ln K + \alpha_2 \ln L + v - u \tag{5}$$

五、来自中国公司 IPO 的证据

（一）实证模型与变量说明

为了检验 H1~H3，我们构建了如下形式的截面回归模型：

$$Y = \alpha_0 + \alpha_1 AH + \sum \alpha_i X_i + \varepsilon \tag{6}$$

其中：Y 为被解释变量，包括单位权益发行价格 PPE、IPO 定价效率 PE、融资规模效率 FSE。AH 为解释变量，即是否 A+H 双重上市。X 为控制变量。鉴于中国 IPO 数据涉及比较长的时间段（1993~2009 年），而在此期间 IPO 政策也屡屡变更，因此我们设置较多的控制变量来控制其他因素的影响，包括公司变量、中介机构变量、市场变量、其他变量四类。

各变量的具体含义如表 1 所示，其中需要特别说明的变量如下。

表1 变量定义

变量类型	符号			释义
被解释变量			PPE	单位权益发行价格
			PE	IPO 定价效率。通过随机边界分析计算获得
			FSE	融资规模效率。通过随机边界分析计算获得
解释变量			AH	是否 A+H 双重上市。"是"则取值 1，"否"则取值 0
控制变量	公司变量	董事会与管理团队	CHCEO	董事长是否兼任总经理。"兼任"取值 1，否则取值 0
			CCSH	董事长与总经理是否持股。"任何一人持股"则取值 1，否则取值 0
			BS	董事会规模
			IDR	独立董事比例。等于独立董事人数除以董事会规模
			MAGE	管理团队平均年龄。将所有成员年龄加总再取平均数
			MEDU	管理团队平均学历。"中专及以下"1 分，"大专"2 分，"本科"3 分，"硕士"4 分，"博士"5 分。将所有成员得分加总再取平均数
		投资者	DEBTR	负债比率。等于负债除以总资产
			FSHA	第一大股东持股比例
			LIQ	流通股比例
		其他	LNA	资产规模。取资产的对数
			EPS	每股收益
	中介机构变量		CPA	会计师事务所声誉
			UW	承销商声誉
			UWTYPE	CSMAR 披露的 5 种承销方式，共设 4 个虚拟变量
			PRTYPE	CSMAR 披露的 5 种发行定价办法，共设 4 个虚拟变量
			OFTYPE	CSMAR 披露的发行方式。有 13 种，共设 12 个虚拟变量
	市场		EXCH	上市交易所类型。"在上交所上市"取值 1，"在深交所上市"取值 0
			HOT	热市期。"属于热月"则取值 1，否则取值 0
	其他变量		PLACE	注册所在地。共涉及 32 个省市自治区，共设 31 个控制变量
			INDUS	行业控制变量。根据中国证监会 1998 年制订的 13 类 CSRC 行业代码，再将制造业按照二级代码分类，共设 21 个行业虚拟变量
			YEAR	年度控制变量

（1）HOT，即市场热市期

我们仿照 Alti（2006）的做法，先按年度汇总各月的 IPO 数量，然后计算三个月的移动平均值，再计算整个样本期间（即 1993~2009 年）各月 IPO 数量的中位数，最后计算各月对应的三个月移动平均值与中位数的差。如果差大于零，则认为该月份为热市场月，在该月份进行 IPO 的公司，其 HOT 值取 1；如果差小于或等于零，则认为该月份为冷市场月，在该月份进行 IPO 的公司，其 HOT 值取 0。

（2）UW 与 CPA，即主承销商和会计师事务所的声誉

我们根据主承销商的各年承销额（以公司实际募集资金总额来度量）、会计师事务所的各年审计金额（以公司资产来度量）来排名，取当年机构数量的 10%（如非整数则四舍五入）作为高信誉机构，取值 2 分；取当年机构数量的 10%~30% 为中等声誉机构，取值 1 分；剩下的为低声誉机构，取值 0。

（3）PE 与 FSE 通过对式（4）、式（5）进行 MLE 回归获得

回归中各变量的数据采集方法如下：OP 取公司 IPO 时的发行价格，K 取公司上市时的注册资本，L 取公司上市时的职工人数，N 取公司上市时的股票发行数量，F 取公司 IPO 时的实际募集资金总额。这里，我们将发行价格 OP（或融资规模 F）的决定因素与技术效率 ξ 的影响因素区分开来，以避免我们在文献回顾中指出的第一种不足。

（二）数据来源及处理

中国公司开始双重上市的年份始于 1993 年，因此本文样本期间始于 1993 年，截至 2009 年。全部数据来自 CSMAR 和 CCER 的 IPO 及 IPO 前的数据库，但主要以 CSMAR 为主。我们剔除了如下样本：①资产负债率等于 0 或者大于等于 1 的样本；②每股收益 EPS 为负或超过 10 的样本；③发行面值不等于 1 的样本，因为这样的每股价格不具有可比性；④数据不全的样本。最终我们获得 1158 家样本用于检验 H1 和 H2，其中 A+H 公司 36 家；但检验 H3 的样本只有 1132 家，其中 A+H 公司 35 家。样本数据的这个差异源于 H3 的检验需要用到实际融资额，但只有 1132 家样本提供了实际融资额并且其他数据齐全。本着尽量保留样本的原则，我们没有将整体样本缩减到 1132 家，而是采用 1132 家样本对 H3 进行独立检验。

（三）描述性统计

各变量描述性统计略去（需要的读者可以向作者索取）。我们这里仅对一些关键变量与 AH 的关系进行分析，结果如表 2 所示。其中，A+H 公司的 PPE、PE、FSE，无论均值还是中位数均显著低于其他公司；但 A+H 公司的股票发行规模 N、实际融资规模 F、资产规模 LNA，无论是均值还是中位数都显著高于其他公司。

表 2　关键变量的单因素分析

变量	AH = 0			AH = 1			方差齐性	p 值	
	观测值	均值	中位数	观测值	均值	中位数		t	U
PPE	1122	3.9948	3.6168	36	3.2740	2.3009	不齐	< 0.05	< 0.01
PE	1122	0.6006	0.6235	36	0.4949	0.4614	不齐	< 0.01	< 0.01
FSE	1097	0.5959	0.6191	35	0.4438	0.3913	不齐	< 0.01	< 0.01
N	1122	7456.83	4000	36	149443	88250	不齐	< 0.01	< 0.01
F	1122	51846	30000	36	1200000	334000	不齐	< 0.01	< 0.01
LNA	1122	20.0215	19.8865	36	24.1025	24.0537	不齐	< 0.01	< 0.01

（四）回归分析

在对 H1~H3 进行回归分析时，我们全部采用修正了 White 异方差的截面稳健（Robust）回归。H1 的回归结果如表 3 所示。其中，模型（1）为未考虑 AH 变量的回归，

模型（2）为仅考虑 AH 且控制了相关变量的回归，模型（3）在模型（2）基础上加入了更多的控制变量，模型（4）在模型（3）基础上加入了变量 LNA 以及 LNA 与 AH 的交叉项 AHLNA。结果表明，四个模型中 AH 与 PPE 均显著负相关，双重上市公司具有更低的PPE；而且，AHLNA 的系数显著为正，公司资产规模越大，AH 对 PPE 的负向影响程度越高。

表3　H1 的回归结果

	(1)		(2)		(3)		(4)	
	Coef.	t	Coef.	t	Coef.	t	Coef.	t
CONS	10.8428	(3.31)[a]	4.2384	(3.94)[a]	5.5182	(2.63)[a]	11.5412	(3.24)[a]
AH			−1.1418	(−3.05)[a]	−0.8225	(−1.82)[c]	−14.0514	(−2.88)[a]
AHLNA							0.5951	(2.75)[a]
CHCEO	0.0794	(0.44)			0.1038	(0.57)	0.0492	(0.28)
CCSH	−0.0172	(−0.11)			−0.0179	(−0.11)	−0.0157	(−0.09)
BS	−0.0552	(−2.05)[b]			−0.0668	(−2.5)[b]	−0.0506	(−1.89)[c]
IDR	4.6142	(1.69)[c]			4.6586	(1.7)[c]	4.9686	(1.81)[c]
MAGE	−0.0500	(−2.01)[b]			−0.0617	(−2.55)[b]	−0.0489	(−1.99)[b]
MEDU	0.6654	(3.29)[a]			0.6339	(3.17)[a]	0.6920	(3.47)[a]
DEBTR	1.5136	(2.69)[a]			0.8565	(1.52)	1.5574	(2.72)[a]
FSHA	1.3553	(3.13)[a]			1.1477	(2.63)[a]	1.3668	(3)[a]
LIQ	−1.1002	(−1.1)			−0.6641	(−0.73)	−0.9615	(−1.01)
LNA	−0.3242	(−2.32)[b]					−0.3858	(−2.13)[b]
EPS	1.5399	(1.98)[b]			1.4844	(1.91)[c]	1.5399	(1.94)[c]
CPA	−0.1356	(−1.17)			−0.2213	(−1.82)[c]	−0.1156	(−0.99)
UW	0.2732	(2.79)[a]			0.2470	(2.54)[b]	0.2824	(2.87)[a]
EXCH	−0.0662	(−0.49)			−0.1038	(−0.78)	−0.0891	(−0.67)
HOT	0.2131	(1.15)			0.2309	(1.24)	0.2092	(1.14)
PLACE	控制		控制		控制		控制	
INDUS	控制		控制		控制		控制	
YEAR	控制		控制		控制		控制	
UWTYPE	控制		控制		控制		控制	
OFIYPE	控制		控制		控制		控制	
PRTYPE	控制		控制		控制		控制	
F	6.27[a*]		5.43[a*]		6.16[a*]		6.25[a*]	
R²	0.3776		0.3089		0.3733		0.3819	
N	1158		1158		1158		1158	

注：①a、b、c 分别代表 1%、5%、10%的显著性水平（下同）；括号内为经过 White 异方差调整后的 t 值。②* 表示该 F 值及 p 值是没有修正异方差的 OLS 回归的 F 值和 p 值。尽管本文报告的 OLS 回归都是经过异方差调整的结果，但因为在 STATA 的稳健回归中经常不报告 F 值和 p 值，故此以未修正异方差的 OLS 所报告的 F 值和 p 值来代替。

为检验 H2 和 H3，我们先根据式（4）和式（5）进行 SFA 回归，结果表明模型存在显著的系统误差，式（4）、式（5）的 SFA 方程设置是合理的。由此可以计算出 PE、FSE，并对 H2、H3 进行检验，结果如表 4 所示。其中，模型（9）、模型（10）用于检验 H2。两个模型的 R^2 都超过 60%，解释能力较高，但结果显示 AH 与 PE 显著负相关，H2 未获得支持。模型（11）、模型（12）用于检验 H3。两模型 R^2 都超过 51%，模型具有一定的解释能力，但两模型均表明 AH 与 FSE 显著负相关，H3 也未得到支持。

表 4 H2 和 H3 的回归结果

因变量	(9) PE		(10) PE		(11) FSE		(12) FSE	
	Coef.	t	Coef.	t	Coef.	t	Coef.	t
CONS	0.4975	(5.95)[a]	0.4615	(3.48)[a]	0.4822	(5.85)[a]	0.6904	(4.42)[a]
AH	−0.1563	(−4.94)[a]	−0.1251	(−3.73)[a]	−0.2086	(−5.42)[a]	−0.1663	(−4.26)[a]
CHCEO			0.0236	(3.37)[a]			0.0219	(2.52)[b]
CCSH			0.0079	(1.14)			−0.0054	(−0.58)
BS			−0.0039	(−2.87)[a]			−0.0054	(−3.33)[a]
IDR			0.0186	(0.33)			0.0083	(0.13)
MAGE			−0.0033	(−4.06)[a]			−0.0034	(−3.31)[a]
MEDU			−0.0038	(−0.54)			−0.0089	(−1.01)
DEBTR			0.0748	(3.01)[a]			0.0862	(2.8)[a]
FSHA			0.0024	(0.13)			−0.0150	(−0.6)
LIQ			−0.0158	(−0.29)			−0.1533	(−2.1)[b]
LNA			0.0066	(1.28)			0.0021	(0.34)
EPS			0.1129	(4.16)[a]			0.1524	(7.7)[a]
CPA			−0.0043	(−0.97)			−0.0042	(−0.77)
UW			0.0080	(2.14)[b]			0.0087	(1.95)[c]
EXCH			−0.0005	(−0.08)			0.0146	(1.54)
HOT			0.0068	(0.93)			0.0075	(0.85)
PLACE~PRTYPE	控制		控制		控制		控制	
F	22.38[a*]		25.66[a*]		12.77[a*]		15.23[a*]	
R^2	0.6481		0.7149		0.5187		0.6041	
N	1158		1158		1132		1132	

（五）对结果的解释：大规模融资的影响

至此，H1~H3 均未获得支持；相反地，它们各自的备择假设均获得显著支持。究竟是什么原因导致这一结果呢？鉴于双重上市存在显著的 IPO 抑价，因此我们对 IPO 抑价理论进行重新解读，发现无论是信息不对称理论，还是所有权与控制权理论，它们的核心观点与共同观点均在于：发行人和承销商之所以主动抑价，在于让更多的投资者参与申购以使发行成功，又不至于令公司陷入某些大投资者的控制。这里的一个关键假设是：公司的发行规模得足够大，否则小规模发行将容易产生超额申购与控制权集中。由此的一个推论便是：公司的发行规模越大，IPO 抑价程度越高，否则容易申购不足而发行失败。不管上述各种抑价理论强调的是哪些因素，其实背后起主导作用的是公司 IPO 的发行规模。

考虑发行规模后我们便可以解释如下令人疑惑的现象：既然双重上市的 A 股 IPO 被低估，为什么我们看到这些公司大部分实现了超大规模融资？为什么这些公司的融资规模能不断刷新 A 股 IPO 纪录？这是因为，由于实际融资规模大致等于发行价乘以股票发行数量，即 F = OP × N，由于 OP 被抑价，能够解释超大规模融资的唯一因素便只有股票发行数量。在表 3 的单变量分析中，我们确实看到 A+H 公司的发行数量 N、实际融资规模 F 均显著高于其他公司。尽管中国 IPO 制度已实行多次制度改革，发行价格 OP 越来越市场化，但在 IPO 决策的时间顺序上，始终是由公司和承销商事先决定拟发行股票的数量并在招股说明书中加以规定。即使公司和承销商预料到 OP 被压低也没有关系，只要增加股票发行数量 N 就可以让实际融资额创出历史新高。

而根据式（3）我们知道，在其他条件不变情况下，N 的增大必然引起 P 的下降。这也可以从 IPO 的行为主体之间的博弈来理解：由于社会财富的分散化，大规模发行的公司，必须让更多的投资者参与申购才可能成功；而更高的发行价格只会让一些投资者望而却步，导致申购不足；因此，股票发行规模越大，公司和承销商将被迫将 OP 压得越低。

由此推论，既然 A+H 公司的 A 股发行规模显著高于其他公司，其 OP 也应该被压得更低；OP 被压低后，在每股净资产相等条件下，单位权益发行价 PPE 也就更低，从而形成了如下行为逻辑：由于股票发行规模 N 很大，发行人和承销商被迫压低发行价格 OP 以便成功发行，OP 的下降导致单位权益发行价 PPE 以及定价效率 PE 均下降。这便与前文关于 H1 与 H2 的检验结果形成相互支持，逻辑上前后一致。

为了检验这一点，我们直接以发行价格为因变量，采用多元回归方法来检验 OP 与对数化的发行规模即 LNN 的关系，结果如表 5 中模型（13）和模型（14）所示。模型（13）直接检验 OP 与 LNN 的关系，结果表明两者显著负相关。模型（14）中加入了 AH 与 LNN 的交乘项 AHLNN 以检验 AH 是否增强了 LNN 与 OP 的负相关关系，结果表明 AH 的系数显著为负，AHLNN 的系数则显著为正，表明 AH 本身会降低 OP，正如会降低 PPE 一样；而且 AH 会增强 LNN 与 OP 的负相关关系，这点与预期相符。

表 5　发行价与发行规模、热市期的关系

	(13)		(14)		(15)		(16)	
	Coef.	t	Coef.	t	Coef.	t	Coef.	t
CONS	−1.8881	(−0.34)	−3.0042	(−0.52)	−3.5133	(−0.6)	−3.0200	(−0.53)
AH			−16.9841	(−2.77)[a]	−3.9591	(−2.42)[b]	−24.0460	(−3.07)[a]
LNN	−2.6584	(−6.29)[a]	−3.0032	(−6.82)[a]	−2.7264	(−6.23)[a]	−3.1096	(−6.99)[a]
AHLNN			1.5055	(2.49)[b]			1.8341	(2.69)[a]
AHHOT					4.2836	(2.1)[b]	5.3734	(2.45)[b]
CHCEO	0.4703	(1.54)	0.4197	(1.37)	0.5148	(1.68)[c]	0.4548	(1.49)

续表

	(13)		(14)		(15)		(16)	
	Coef.	t	Coef.	t	Coef.	t	Coef.	t
CCSH	0.4259	(1.4)	0.3916	(1.28)	0.4009	(1.3)	0.3904	(1.28)
BS	−0.1175	(−2.29)[b]	−0.1085	(−2.13)[b]	−0.1167	(−2.28)[b]	−0.1017	(−2.05)[b]
IDR	2.1996	(0.68)	2.7534	(0.84)	2.1988	(0.67)	2.5732	(0.8)
MAGE	−0.0752	(−1.91)[c]	−0.0692	(−1.77)[c]	−0.0756	(−1.93)[c]	−0.0713	(−1.84)[c]
MEDU	0.3372	(1.19)	0.4373	(1.53)	0.4058	(1.41)	0.5075	(1.75)[c]
DEBTR	−2.7321	(−2.56)[b]	−3.2582	(−3.05)[a]	−2.9398	(−2.76)[a]	−3.1501	(−2.94)[a]
FSHA	0.9855	(1.34)	0.9384	(1.23)	0.8526	(1.14)	0.9709	(1.29)
LIQ	−2.2030	(−1.11)	−2.4201	(−1.29)	−2.5912	(−1.32)	−2.4122	(−1.27)
LNA	1.7710	(4.85)[a]	1.9586	(4.83)[a]	1.9146	(4.79)[a]	1.9977	(4.95)[a]
EPS	5.1551	(3.58)[a]	5.0439	(3.49)[a]	5.0213	(3.48)[a]	4.9526	(3.47)[a]
CPA	−0.2710	(−1.5)	−0.2317	(−1.28)	−0.2717	(−1.5)	−0.2315	(−1.28)
UW	0.4079	(2.49)[b]	0.4363	(2.65)[a]	0.4242	(2.58)[a]	0.4471	(2.72)[a]
EXCH	−0.1411	(−0.6)	−0.1490	(−0.64)	−0.1629	(−0.72)	−0.2170	(−0.95)
HOT	0.6796	(2.22)[b]	0.6914	(2.28)[b]	0.5722	(1.88)[c]	0.5396	(1.78)[c]
PLACE~PRTYPE	控制		控制		控制		控制	
F	17.33[a*]		17.27[a*]		17.23[a*]		17.44[a*]	
R^2	0.6287		0.6329		0.6044		0.6376	
N	1158		1158		1158		1158	

事实上，如果再联系 A+H 公司的 H 股上市历史，那么我们对这些公司回归 A 股时采取低价策略的行为就不会觉得奇怪了。尽管中国公司 1993 年起开始赴港上市，但中国公司的国际形象在相当长的时间内并未得到全球投资者认可，即便这些公司具有境内的政策垄断地位也未能获得认可，一个典型的例子是中国海洋石油总公司 1999 年海外 IPO 的夭折。因此，在股票发行价上，H 股公司始终未能获得主动权，国际投资银行如美林、高盛、摩根士丹利等全都建议中国公司采取低价策略以便顺利发行。有了 H 股的价格作为参照物，这些公司在回归 A 股时将面临发行价格的"限高魔咒"：一方面，A 股过高的发行价将阻碍广泛投资者的参与；另一方面，A 股发行价如果相对 H 股价格过高的话，发行人的行为有可能会被社会舆论斥为"贱卖国有资产"。因此，A+H 公司的 A 股发行价注定了只能采取低价策略。投资者之所以愿意申购大规模发行的公司包括 A+H 公司，也许仅在于其发行价格较低。投资者并不认为 A+H 公司优质，这层"面纱"已被一些研究所证实（潘越，2007；覃家琦和刘建明，2010)，并可能早已被投资者所识破，使得信号传递理论对于中国 A+H 公司而言难以成立。这点在中国农业银行身上似乎体现得更明显：中国农业银行的业绩对于中国投资者而言无所谓好，尽管其 A 股发行价只有 2.68 元，但凭借超大规模的发行量，其实际融资额仍创下 A 股历史之最。投资者也许并非看重农行的"优质"，而是仅仅因为农行的"超低"发行价而参与申购。

除了低价策略，A+H 股公司要想成功大规模发行，还需要另外一个条件：在 A 股投资者热情高涨的时期上市。这点正如 IPO 热市理论所指出的那样，否则低迷的市场人气仍然会导致申购不足。要检验这一点，我们只需要进行 Logit 回归以检验 AH 是否与 HOT 显著相关，结果表明两者显著相关，[①] 表明双重上市公司确实会选择在热市场月回归 A 股。潘越（2008）认为它们这样做是为了获得更高的发行价格。但需要强调的是，这个"更高的发行价格"并非相对于"其他公司的发行价格"而言，因为对 H1~H3 的检验结果已经表明 A+H 双重上市会带来更高的抑价。这个"更高的发行价格"只能相对于"不在热市期进行 IPO 所获得的发行价"而言。表 6 中的模型（15）和模型（16）证实了这点。可以看到，模型（15）和模型（16）中 HOT 的系数均显著为正，表明 HOT 在整体上会提高发行价格，H 股公司在热市期上市也会受益。但 AH 的系数显著为负，这表明，整体而言，AH 双重上市会导致发行价格更低。

六、研究结论与政策建议

本文以中国 1993~2009 年期间的 1158 家 IPO（其中 A+H 公司 36 家）为样本，实证检验了 A+H 双重上市与公司 IPO 行为之间的关系。研究发现：A+H 双重上市与单位权益发行价 IPO 定价效率、融资规模效率均显著负相关，表明 A+H 双重上市非但没有给公司带来 IPO 溢价，反而导致公司产生更高的 IPO 抑价。进一步分析表明，A+H 公司的更高 IPO 抑价与其超大规模的股票发行数量显著正相关，其行为逻辑可以总结为：由于股票发行规模大，发行人和承销商为了成功发行被迫采取低发行价格策略，这导致了单位权益发行价、IPO 定价效率、融资规模效率的下降；但正是大规模的股票发行数量导致了 A+H 公司在低发行价条件下仍能不断打破 A 股融资规模历史纪录。而且，大规模发行也导致 A+H 公司具有喜欢在热市期上市的择时行为。

对以上结论我们采取多种方法进行了稳健性检验，结果没有实质性变化。尽管我们在 A+H 公司的 IPO 抑价问题上没有获得与潘越（2008）一样的结论，但我们赞同潘越（2007）的结论：A+H 公司在融资显著改善条件下业绩反而逐年下滑的事实表明，其募集资金并未得到有效使用，H 股公司回归 A 股双重上市存在利用其特殊身份和国内便利的融资条件进行"圈钱"的嫌疑。不仅如此，当 A 股 IPO 融资规模历史纪录被 A+H 公司陆续打破时，甚至全球最大 IPO 纪录也分别被中国工商银行和中国农业银行打破时，我们看到的不仅是这些公司自身的融资冲动，而且可能还存在"打破世界纪录"的冲动。规模，不管是公司的资产规模，还是 IPO 的融资规模，对 A+H 公司的行为都更具有决定意义。由此得出的政策含义也就不言自明：抑制这些公司的融资冲动，在规模扩张的同时更应该注

---

① 限于篇幅这里没有列示结果，感兴趣者可向作者索取。

重锻造核心竞争力；还需要对这些公司的融资计划、资金使用情况进行更严格的审核和监管，提高募集资金的使用效率。

参考文献

［1］Alti A. How Persistent is the Impact of Market Timing on Capital Structure? ［J］. Journal of Finance, 2006, 61 (4): 1681-1710.

［2］Benos E., M. S. Weisbach. Private Benefits and Cross-Listings in the United States ［J］. Emerging Markets Review, 2004 (5): 217-240.

［3］Chan Y. C., C. Wu, C. C. Y. Kwok. Valuation of Global IPOs: A Stochastic Frontier Approach ［J］. Review of Quantitative Finance and Accounting, 2007 (29): 267-284.

［4］Chen A., C. C. Hung, C. Wu. The Underpricing and Excess Returns of Initial Public Offerings in Taiwan Based on Noisy Trading: A Stochastic Frontier Model ［J］. Review of Quantitative Finance and Accounting, 2002 (18): 139-159.

［5］Coffee J. Racing Towards the Top? The Impact of Cross-listings and Stock Market Competition OD Intemational Corporate Governance ［J］. Columbia Law Review, 2002, 102 (7): 1757-1832.

［6］Doidge C. U. S. Cross-Listings and the Private Benefits of Control: Evidence from Dual-Class Finns ［J］. Journal of Financial Economics, 2004, 72 (3): 519-553.

［7］Doidge C., G. A. Karolyi, K. V. Lins, D. P. Miller, R. M. Stulz. Private Benefits of Control, Ownership, and the Cross-Listing Decision ［J］. Journal of Finance, 2009, 64 (1): 425-466.

［8］Farrell M. J. The Measurement of Productive Efficiency ［J］. Journal of the Royal Statistical Society, 1957, 120 (3): 253-281.

［9］Francis B. B., I. Hasan. The Underprieing of Venture and Nonventure Capital IPOs: An Empirical Investigation ［J］. Journal of Financial Services Research, 2001 (19): 99-113.

［10］Hunt-McCool J., S. C. Koh., B. B. Francis. Testing for Deliberate Underpricing in the IPO Premarket: A Stochastic Frontier Approach ［J］. The Review of Financial Studies, 1996, 9 (4): 1251-1269.

［11］Koop G., K. Li. The Valuation of IPO and SEO Finns ［J］. Journal of Empirical Finance, 2001 (8): 375-401.

［12］Ljungqviat A. IPO Underprieing ［M］//B. Espen Eckbo. Handbook of Corporate Fillxlnce Empirical Corporate Finance. North-Holland: Elsevier, 2006.

［13］O'Connor T. G. Cross-Listing in the U.S. and Domestic Investor Protection ［J］. Quarterly Review of Economics & Finance, 2006, 46 (3): 413-436.

［14］［美］舒伯利·C.昆伯卡，C.A.诺克斯·拉维尔. 随机边界分析 ［M］. 刘晓宏，杨倩译. 上海：复旦大学出版社，2007.

［15］才静涵，王一萱. 中国企业海外上市市盈率比较研究 ［R］. 深圳证券交易所研究报告，2007.

［16］潘越. 中国公司双重上市行为研究 ［M］. 北京：北京大学出版社，2007.

［17］潘越. 双重上市与市场择时 ［J］. 厦门大学学报（哲学社会科学版），2008 (4): 34-41.

［18］沈洪波. 市场分割，跨境上市与预期资金成本 ［J］. 金融研究，2007 (2): 146-155.

［19］沈洪波. 中国企业双重上市与企业溢价研究 ［M］. 北京：北京大学出版社，2008.

［20］覃家琦，刘建明. A+H 双重上市与公司业绩关系的实证分析 ［J］. 管理科学，2010，23 (5): 32-42.

［21］童艳，刘煜辉. 中国 IPO 定价效率与发行定价机制研究 ［M］. 北京：中国金融出版社，2010.

［22］肖珉，沈艺峰. 跨地上市公司具有较低的权益资本成本吗? ［J］. 金融研究，2008（10）：93-103.

Dual-Listings，IPO Underpricing and Large Volume Financing：Evidence from China

Tan Jiaqi   Shao Xinjian   Zhao Yingxue

Abstract：In this paper，we use 1158 IPO examples；including 36 A+H companies，to empirically examine the relationship between A+H dual hstings and IPO behavior. We find that A+H dual listing has significantly negative relationship with the offering price of unit equity，IPO pricing efficiency and financing scale efficiency，which indicates that A+H dual listing not only fails to bring IPO premium，but leads to higher IPO underpricing. Further analysis shows that A+H company's higher underpricing has a significantly positive correlation with the large volume of issuing. It's the large volume issuing that force the issuers and underwriters to adopt lower offering price strategy，and lead to A+H companies'market timing behavior.

Key Words：Dual-Listings；IPO Under Pricing；Large Volume Financing；Stochastic Frontier Approach

基于财务视角的价值投资策略实证研究 *

黄惠平　彭　博

【摘　要】从 20 世纪 80 年代初开始，金融学、会计学研究发现的投资异象，开启了学术界对有效市场假说的质疑和挑战。异象研究的出现说明证券市场上错误定价是不断发生的。Grossman 和 Stiglitz（1980）精辟地指出了有效市场理论中存在的悖论。如果股票价格在任何时候都完全、无偏地反映了投资者所拥有的信息，那么，投资者完全可以不去从事收集、分析信息的工作，而是直接从股票的市场价格上推导出市场上所有关于股票内在价值的信息。本文从价值规律的基本理论出发，利用上市公司财务信息和市场交易信息，寻找和构造适用于中国证券市场的有效投资策略。本文将财务信息与估值指标相结合，筛选出财务状况好且价值被低估的公司，并证明此种策略较之其他策略能获得更大收益。本文将财务信息的指标划分为 9 个，每个指标以 1 和 0 表示优劣，并加总得到 F_SCORE 值。9 个指标度量了公司的盈利能力、杠杆率/流动性、经营效率，F 值越大说明公司基于财务视角的基本面越好。在估值指标中，用低 P/B（P/E、P/S）表示股票价值被低估。本文证明了价值投资在我国的有效性，并证明通过选取高 F_SCORE 值和低估值指标公司组合的策略能产生更大的收益；本文也为投资者提供了一种简单的能获得更大收益的价值投资策略。

【关键词】价值投资；财务信息；估值指标；F_SCORE

一、引言

古人云：取法其上，得乎其中；取法其中，得乎其下。投资有方法，只要方法正确，一定能成功。在证券投资问题上，学术界和投资行业关注的首要问题是证券市场是否有效

* 本文选自《经济管理》2012 年第 9 期。
基金项目：国家自然科学基金项目"产权安排、避税行为与企业价值研究"（71002027）。
作者简介：黄惠平（1963~），女，上海人。南京大学商学院副教授，博士，研究方向是财务会计与资本市场。E-mail：njuhuanghuiping@126.com；彭博（1990~），男，江苏南京人。南京大学商学院硕士研究生，研究方向是财务会计与资本市场。E-mail：pengboben@163.com。

的问题。Fama（1970）把市场有效性定义为股票价格是否及时、充分、完整地对投资者已经掌握的信息做出反应。有效资本市场理论（EMH）认为，如果股票价格因为某种原因偏离了其内在价值，套利者在追求超额投资回报的动机驱使下会马上采取行动，通过交易使股票价格回归到其内在价值上来，并且这个过程是在瞬间完成的，所以，持久的错误定价是不存在的。从 20 世纪 80 年代初开始，金融学、会计学研究发现的投资异象开启了学术界对 EMH 的质疑和挑战。异象研究的出现说明，证券市场上错误定价是不断发生的。Grossman 和 Stiglitz（1980）精辟地指出了 EMH 中存在的悖论。之后，大量实证研究都找到了有效市场的反例，对传统资本市场理论，特别是 EMH 提出了挑战。如果股票价格在任何时候都完全、无偏地反映了投资者所拥有的信息，那么，一个投资者完全可以不去从事收集、分析信息的工作，而是直接从股票的市场价格上推导出市场上所有关于股票内在价值的信息。所以，一个重要的问题是研究股票的价格偏离其内在价值、出现错误定价及异象的原因，使聪明的投资者能够正确理解信息并进行交易。

基于市场的非有效性，证券分析之父格雷厄姆提出了价值投资策略，指当股票价格低于其价值时买入股票，而当价格高于其价值时卖出股票。他的学生巴菲特，运用价值投资策略，历经数十年股市荣枯洗礼，缔造出惊人的投资成果，从而成为纵横华尔街的常胜将军。价值投资在国外已有了几十年的发展历史，经受了市场的考验。从价值规律"价格是价值的表现形式；价格围绕价值上下波动"的基本理论出发，有效利用上市公司财务信息和市场交易信息，寻找和构造适用于中国证券市场的有效投资策略，具有实际意义。

价值投资策略的关键在于内在价值评估，经典价值投资理论认为，股票的内在价值取决于公司未来创造的现金流的贴现值，所以，以什么来预测公司未来现金流及风险来评估股票内在价值，就成了一个十分关键的问题。周勤业、卢宗辉等通过问卷调查对上市公司各类公开信息对投资者决策的影响程度进行了排序，年度报告被排在第一位。而对财务报告信息的进一步调查发现，投资者最关注的是年报中的财务数据。

本文利用中国沪深 A 股市场数据，参照 Piotroski 的思路，将财务信息与估值指标相结合，检验能否使投资者获得更大的收益。本文的创新之处在于，根据价值投资理论的本质，基于财务视角先选择基本面好的公司，再在其中选择价值被低估的公司形成组合，检验组合形成后持有 1~5 年的投资收益率。研究发现，本文构建的投资组合产生的收益率高于其余几个组合的收益率。本文证明了价值投资在我国的有效性，这也为投资者提供了一种简单的、能获得更大收益的价值投资策略。本文的研究有助于逐渐改变目前中国证券市场上中小投资者跟风炒作，希望在短期内获得高额回报的投机理念和过度炒作的现象，有助于我国证券市场投资水准的提高，对于提倡理性投资、培养投资者的价值投资理念、抑制过度投机是非常有益的。

二、文献综述

1. 估值指标投资策略

Rosenberg、Reid 和 Lanstein（1984），Fama 和 French（1992），Lakonishok、Shleifer 和 Vishny（1994）研究表明，投资高 B/M 公司组合的平均收益率高于投资低 B/M 公司组合的平均收益率。不过这个平均超额收益率主要来源于其中的一些表现良好的公司，而许多表现不佳的公司无法获得平均超额收益率。Fama 和 French（1992）认为，高 B/M 可被用来反映公司财务困境，超额收益的获得是对风险的一种补偿。研究发现，高 B/M 与一些衡量财务困境的指标有很强的关联性。Lakonishok、Shleifer、Vishny（1994）指出，高 B/M 公司与低 B/M 公司平均收益率的差别来源于市场的错误定价。高 B/M 公司代表的是被"忽视"的公司，由于之前的不良表现，使投资者对它们未来的表现感到过于悲观，研究发现，这种过分的悲观在未来被纠正，即当季度盈利报告出来时会出现意想不到的收益。

卢大印（2006）从理论角度探讨了股价、净市值比率（B/M）、销市率（S/P）以及益本比率（E/P）用于界定价值股和成长股的理论依据。实证检验发现，基于股价、净市值比率、销市率划分的价值股组合可以获得高于成长股组合的收益率，即采取买进价值股的价值策略可以获得高于买进成长股策略的收益率。林树（2011）基于 E/P、B/M、C/P、GS 构造单变量和双变量的投资组合，结果发现，除以个别指标构造的投资组合外，价值股组合的持有收益率在持有期前两年显著高于魅力股组合，但在第三年则没有发现显著差异；以双变量为选股指标构造的投资组合比以单变量构造的投资组合存在更为显著的收益反转，价值投资策略在中国股票市场依然适用。

2. 基本面分析投资策略

在 Frankel 和 Lee（1998）的研究中，要求投资者购买价格低于价值的股票。评估低估的方式是通过利用分析师对公司未来盈利的预测和价值评估模型。这种策略在三年期的收益率上表现得比较成功。Hayes（1998）研究发现，分析师不愿意跟踪那些表现不好、发行量低、规模小的公司。Miller 和 Piotroski（1999）研究表明，这些有财务困境的公司经理试图向资本市场预测公司未来的信息时，他们会遇到信用危机。Ou 和 Penman（1898）指出，从历史财务报告中产生的一系列指标可以准确地预测未来收益的变化，但缺点在于需要运用复杂的方法和大量的历史信息来做必要的预测。为了克服这些计算成本和避免过度拟合数据，Lev 和 Thiagarajan（1993）寻找了 12 个对分析有用的财务指标，他们发现，这些财务指标在控制了当前的盈余，公司规模和宏观经济状况下，与当期的收益有一定的关联。Abarbanell 和 Bushee（1997）研究了 Lev 和 Thiagarajan（1993）的 12 个指标在预测未来收益变化和分析师对未来收益预测的准确度，他们发现，这些指标很有效。与这些研究相似，Abarbanell 和 Bushee（1998）记录了以这 12 个基本指标为基础的投资策略，每年产生了近 13.2% 的收益。

陆璇（2001）采用 Ou 和 Penman（1989）、Abarbanell 和 Bushee（1997）所用的方法对 A 股公司的年报进行分析，从定性和定量的角度证明了上市公司的财务报告中所提供的信息有助于对公司未来的盈利状况进行预测。从定性的角度看（用 Ou 和 Penman 的方法），作者根据公司当年的财务数据对其下一年收益的变化趋势（增加或下降）的概率拟合了一个 Logistic 回归模型，结果得到了很好的拟合模型。从定量的角度看（用 Abarbanell 和 Bushee 的方法），作者根据公司当年的财务数据对其下一年收益的变化值用多元线性模型进行拟合并预测，结果拟合的效果也相当好。张平（2006）通过将投资者的收益分解为股票标的本身的价值增值和股价在偏离价值过程中的收益，构建了二维指标下的投资策略。以价值判断指标 B/M 表征股价是否偏离价值，以价值运动指标 ROA 表征股票标的本身价值的变化，通过实证研究，证实了基于此方法构建的投资策略的有效性，同时还验证了中国股市近些年来在不断成熟和发展，价值规律在市场中起着越来越重要的作用。

通过对上述文献的回顾可以看出，国内外学者对价值投资策略的研究主要集中在两个方面：一是将估值指标低的股票定义为价值股，反之定义为成长股，不考虑公司的品质；二是研究股价与财务信息的关系，不考虑估值指标。这些都是早期的价值投资的理念，随着时代的变化，价值投资也应与时俱进。本文根据价值投资理念提出，基本面好同时估值指标低的股票才是价值股，并将估值指标与财务指标相结合，对 Piotroski（2000）二维投资策略逆向分析，寻求可以获得更高收益的投资策略。

三、理论分析及研究假设

价值投资理论是遵循股票价格围绕其内在价值运动的规律，此规律源于斯密、李嘉图、马克思等人的价值规律理论。尽管股票价格有很大的波动，但其内在价值是可以认知并且可以计量的。短期内市场受各种因素的影响，使股票的价格经常偏离其内在价值，但长期内股价向内在价值回归，因为市场存在自我纠偏的机制，长期看市场价格与内在价值趋同。巴菲特的至理名言是："证券市场短期内是一个投票机，但长期内是称重机。"价值投资的精髓就是利用安全边际原则在市场价格明显低于内在价值时买入股票，在显著高出时卖出股票。而内在价值与股价的差额（安全边际）越大，投资风险就越小，预期收益也越高。正是由于股票价格围绕其内在价值上下波动，价值投资才能起作用，价值存在于这种波动的夹缝中。格雷厄姆将这种现象形象地比喻为"市场先生"，他认为，市场行为是人类的集体心理行为，它反映过于乐观或者过于悲观的市场情绪，市场行为的结果就是使得股票价格围绕价值上下波动。价值投资者认为，购买价值被低估的公司的股票会带来巨大的投资收益。这一观点明确了价格和价值的对应关系，也就是说，任何公司股票的价格都是由其内在价值基础支撑的。

在国外理论与实践当中，通常将市净率（P/B）、市盈率（P/E）、市销率（P/S）低的股票定义为价值股，反之定义为成长股，研究发现，价值股的收益率显著大于成长股的收益率。Rosenberg、Reid 和 Lanstein（1984），Fama 和 French（1992），Lakonishok、Shleifer 和 Vishny（1994），Basu（1977）研究表明，价值股的收益率显著高于成长股。本文认为，在中国证券市场中，通过运用价值投资策略，投资者可以寻找内在价值被市场相对低估、具有安全边际的价值股。由此，本文提出如下假设：

H1：运用估值指标 P/B（P/E、P/S）策略在我国证券市场上进行投资可以获得超额收益。

股票的价值是股票的本质，而价格是股票本质的表现。也就是价格是现象，现象以本质为基础，由本质决定，并表现本质。从一定意义上讲，价值规律描述的价值决定价格，其实就是"本质决定现象，现象表现本质"。随着我国证券市场的发展，上市公司的基本面和科学的估值方法越来越受到投资者关注，成为股票定价的重要因素，价值投资已经成为一种重要的投资理念，其主要侧重于对股票内在价值的研究。这一理念认为，公司由于目前存在一些非致命的问题而导致股票的价格低于公司自身的价值，这时投资者应投资于这些股票，一旦企业走出这些困境，其股价必然大幅上涨，从而让投资者获得超额收益。在研究公司内在价值的过程中，投资者往往通过各种公开信息了解公司，进行基本面分析，做出投资决策。而财务信息是影响公司投资价值的重要因素，基于财务指标评估体系来评估公司的投资价值，有利于投资者更进一步了解公司，在降低投资风险的同时获得更高的收益。价值投资的真谛在于：通过对股票基本面的分析，估计股票的内在价值，并通过对股价和内在价值的比较去发现并投资那些市场价格低于其内在价值的股票，以期获得超过大盘指数的超额收益。格雷厄姆认为，内在价值和投机因素是影响股票市场价格的两大因素。两者之间的相互作用会使股票的市场价格围绕股票的内在价值不停变动，价值因素只能部分影响市场价格。价值因素是由公司经营的客观因素决定的，并不能直接被市场或交易者发现，需要通过大量的分析才能在一定程度上近似地确定，通过投资者的认知和决策间接地影响市场价格。由于存在过度投机、操纵市场和一些黑幕现象等，价格偏离价值只是暂时的，长期价格会向价值回归，价格充分体现股票的价值；财务基本面分析之所以能为投资者带来超额收益率，是由于财务信息是公司运行情况的指示器，良好的运营不断增加公司上行的空间，而这终将反映在公司的股票价值上。普通投资者总是有限理性的，好公司的价值不会马上被投资者发现，持有这些公司的股票甚至在市场波动中还会遭受短期的损失，但是，时间的推进与公司业绩的不断向好，投资者会逐渐认识到好公司的价值，股票价格会因不断受到追捧而上涨，长期持有这类股票的投资者也因此将取得超额回报。因此，本文提出如下假设：

H2a：股票的投资收益率与公司的基本面因素相关，基本面因素对投资收益率具有解释能力。

H2b：选择高 F_SCORE 与低 P/B（P/E、P/S）投资策略收益率高于其他组合的投资收益率。

耐心是价值投资的关键，长期投资的收益率高于短期投资是由于以下几个原因：①价值比价格变动得慢，而价格在长期内最终向价值回归。变动慢的价值比变动快的价格更容易为投资者所掌握，而价值对价格的主导作用只有在长期内才能够发挥作用，因此，从价格与价值的二元变动规律来看，长期投资优于短期投资。②短期投资使得投资者过于接近市场，很容易受到市场价格波动和其他投资者情绪的影响，从而采取非理性的决策行为；长期投资有助于投资者远离市场，将有更多的时间和精力关注公司本身的经营效益，从而不容易受到市场价格波动和其他投资者不良情绪的影响，能够正确评估公司的内在价值。因此，长期投资的人较之短期投资者更为理性，其投资决策更准确，投资收益更高。在金融市场上，情绪影响往往在短期内占据主导，情绪波动导致资金的流入流出，导致对股票供求的急剧变化，这些都使得价格不断呈现出脱离内在价值的运动。当交易者不顾公司的内在价值而追逐某些股票时，经常使得这些股票市盈率过高，于是贪婪占据了短期投资者的心智。当交易者因为恐惧而卖出那些基本面良好的股票时，消极的情绪完全压过了投资者的理性。由此可见，投机思维和情绪主导投资者，那些短期投资者失败的原因主要是因为他们离市场太近，整日盯着股价的波动，受到市场其他投资者情绪的影响，忽视了公司的内在价值，从而无法做出理性的投资决策。巴菲特认为，要想做出理性的投资决策，正确地评估公司的内在价值，就应该远离市场，免受其他投资者情绪的影响，从而使自己更亲近公司，将目光和注意力集中于公司的基本面，而不需要每天盯住市场价格的变动，关注公司的股价状况。③长期投资可以利用复利原理，利滚利，因此，财富增值的速度远快于短期投资。更为重要的是，长期投资避免了反复交易所产生的成本，可以节省很多交易费用。从累计收益和交易成本的角度来看，长期投资的收益率高于短期投资的收益率。

希格尔的研究表明，在 1802~1997 年的近二百年间，股票的投资收益率在很多时候都会偏离长期平均水平，但是，长期股票实际平均年投资收益率非常稳定，约为 7%，远远超过债券的收益率水平。因此，耐心的长期投资者们总能获得较大的收益。而巴菲特则以 1899~1998 年详细的历史数据解释说明了这 100 年间美国股市走势与 GNP 走势完全背离的原因。他的研究表明，美国 20 年平均整体投资报酬率为 7% 左右，但短期投资报酬率却会因为利率、预测投资报酬率和心理因素的综合作用而不断波动。基于此，本文提出如下假设：

H3：运用价值投资策略，长期投资的收益率大于短期投资的收益率。

四、研究设计

1. 样本的选择及数据来源

本文研究的对象是沪深 A 股市场中 1998~2009 年的所有上市公司。之所以选择从 1998 年开始，主要考虑到我国上市公司从 1998 年开始编制现金流量表，便于现金流指标的获取。在此基础上，本文剔除了如下样本：①由于金融类公司的特殊性，其被排除在外；②剔除了 P/B、P/E、P/S 为负数的样本公司；③剔除了指标不完整的样本公司。最后得到 14655 个公司年样本。本文的数据来自万德数据库，所用的软件为 STATA11。

2. 变量的定义

本文从基于公司财务视角的三个方面——盈利性、杠杆率/流动性和经营效率选取九个财务指标来衡量公司财务基本面的好坏。在本文中，每个公司指标被分为"好"或者"坏"，这依赖于指标对未来价格和收益的影响。如果这个指标是"好"的，这个指标的变量等于 1，否则等于 0。F_SCORE 是九个二进制指标的加总。这个加总值被用来衡量公司基本面的好坏，并且用来决定是否购买该公司股票。

（1）盈利性

盈利性显示了公司从经营活动中获得资金的能力。因此，一个正的盈利趋势预示了公司将来产生现金流的潜在能力。本文用 NI、CFO 和 ΔNI 三个变量来衡量这些因素。NI 等于非经常性项目前的净收入除以年初总资产，CFO 等于经营活动现金流除以年初总资产。如果公司的 NI（CFO）为正，则虚拟变量 F_NI（F_CFO）等于 1，否则等于 0。ΔNI 等于本年的 NI 减去上年的 NI。如果 ΔNI>0，虚拟变量 F_ΔNI 等于 1，否则等于 0。Sloan（1996）指出，正的应计项目对未来的收益是个不好的信号，而负的应计项目对未来的收益是好的信号。应计项目用变量 ACCRUAL 表示，等于当年非经常性收益前的净收入减去经营活动的现金流，再除以年初总资产（NI−CFO）。如果 ACCRUAL<0，即 NI<CFO，F_ACCRUAL 等于 1，否则为 0。

（2）杠杆率、流动性和资金来源

ΔLEVER 关注公司长期负债的变化。杠杆率等于长期负债除以总资产，若有增加视为不好的信号。对于一个财务有困境的公司来说，筹集外部的资本，表明它没有能力从内部获取资金。另外，长期负债的增加可能使公司财务灵活性受到限制。如果公司的杠杆率下降，虚拟变量 F_ΔLEVER 为 1，否则为 0。ΔLIQUID 衡量了公司当年与上年的流动比率的变化。流动比率等于流动资产除以流动负债。如果公司的流动性提升，虚拟变量 F_ΔLIQUID 等于 1，否则为 0。如果公司组合形成前发行普通股，ISSUANCE 等于 0，否则为 1。与长期负债率的增加相似。财务有困境的公司从外部募集资本被认为它们没有能力从内部获取足够的资金来履行它们的远期责任。

（3）经营效率

ΔMARGIN 定义为公司当年的毛利率减上年的毛利率。毛利率的增加表明了要素成本的改进，存货成本的减少，公司产品价格的提升。如果 ΔMARGIN 为正，虚拟变量 F_ΔMARGIN 等于 1，否则为 0。ΔTURN 定义为公司当年的资产周转率减去上年的资产周转率。资产周转率的增加表明公司有更强的生产能力。这个增长来源于更高效的经营或是销售的增长。如果 ΔTURN 为正，虚拟变量 F_ΔTURN 等于 1，否则为 0。

（4）F_SCORE

F_SCORE = F_NI + F_ΔNI + F_CFO + F_ACCRUAL + F_ΔMARGIN + F_ΔTURN

+ F_ΔLEVER + F_ΔLIQUID + ISSUANCE

低 F_SCORE 表明公司只有很少好的基本面指标，而高 F_SCORE 表明公司有很多好的基本面指标。考虑到有九个指标，F_SCORE 可以取值 0~9。作为对历史表现的综合衡量，F_SCORE 被看作与公司未来表现和股票收益率呈正相关性。本文的投资策略基于选择高 F_SCORE 的公司，而不是基于某个特定的指标。回归模型变量，收益率（RETURN）用复权价计算，估值指标 P/B 表示市净率、P/E 是市盈率、P/S 是市销率，控制变量（LMV）取总市值的对数。有关变量的定义如表 1 所示。

表 1　变量定义

变量类型	变量名	计算公式
因变量	RETURN	一年持有期收益率=（本年末复权价–上年末复权价）/上年末复权价
	NI	非经常性项目前的净收入/年初总资产，NI > 0 得分为 1，否则为 0
解释变量	CFO	经营活动现金流/年初总资产，CFO > 0 得分为 1，否则为 0
	ΔNI	本年的 NI–上年的 NI，ΔNI > 0 得分为 1，否则为 0
	ACCRUAL	NI–CFO，ACCRUAL < 0 得分为 1，否则为 0
	ΔLEVER	（本年长期负债/本年总资产）–（上年长期负债/上年总资产），ΔLEVER < 0 得分为 1，否则为 0
	ΔLIQUID	本年流动比率–上年流动比率，ΔLIQUID > 0 得分为 1，否则为 0
	ΔMARGIN	本年毛利率–上年毛利率，ΔMARGIN > 0 得分为 1，否则为 0
	ΔTURN	本年总资产周转率–上年总资产周转率，ΔTURN > 0 得分为 1，否则为 0
	ISSUANCE	上年发行新股为 0，否则为 1
	F_SCORE	上面九个指标得分加总和
	MARGIN	毛利率=销售毛利/销售收入
	TURN	总资产周转率=营业收入净额/平均资产总额
	P/B	总市值/净资产
	P/E	总市价值盈余
	P/S	总市值/销售收入
	F_SCORE×P/B	F 值与 P/B 交互项
控制变量	LMV	LOG（总市值）
	YEAR	年度哑变量，以 1998 年为基准

3. 模型的构建

$$RETURN_t = \beta_0 + \beta_1 NI_t + \beta_2 CFO_t + \beta_3 MARGIN_t + \beta_4 TURN_t + \beta_5 ACCRUAL_t + \beta_6 P/B_t$$
$$+ \beta_7 LMV_t + \sum YEAR + U_t \tag{1}$$

$$RETUR_t = \beta_0 + \beta_1 F\_SCORE_t + \beta_2 P/B_t + \beta_3 ISSUANCE_t + \beta_4 ACCRUAL_t + \beta_5 LMV_t$$
$$+ \sum YEAR + U_t \tag{2}$$

$$RETUR_t = \beta_0 + \beta_1 F\_SCORE_t + \beta_2 P/B_t + \beta_3 F\_SCORE_t \times P/B_t + \beta_4 ISSUANCE_t$$
$$+ \beta_5 ACCRUAL_t + \beta_6 LMV_t + \sum YEAR + U_t \tag{3}$$

五、实证结果

1. 基于 F_SCORE 策略的实证结果及分析

由表 2、图 1 可知，在 1998~2009 年中，每年按高 F 值与低 F 值组合作为样本的形成期，然后计算样本形成后持有一年的收益率（1999~2010 年），除 2007 年、2009 年外，其余每年高 F_SCORE 公司的一年收益率都比低 F_SCORE 公司要高，且差异显著。究其原因，2007 年上证指数从 2715 点上涨到 5261 点，平均涨幅为 94%；2008 年从 1880 点上涨到 3277 点，平均涨幅为 74%。这两年处于大牛市，市场非理性行为非常严重，有些股票的股价严重偏离内在价值，说明在牛市中应卖出股票（价格高于价值），符合价值投资的理念。

由表 3、图 2 可知，在 1~5 年的投资期间中，高 F_SCORE 公司的收益率与低 F_SCORE 公司的收益率差值（t 值）分别为 0.124（4.08）、0.034（1.68）、0.482（6.23）、0.667（6.06）、0.713（5.27），每年均为正值，且除第二年外，其余四年差异显著，这证明了高 F_SCORE 策略的有效性。并且发现，从第三年开始，随着投资期限的增加，收益率随之增加，且两组收益率差额随之增加，这证明了长期投资的有效性。H2a、H3 得到了验证。

表 2   一年期基本面投资策略收益率

年份	高 F 值（6~9）	低 F 值（0~5）	高−低	样本数
1999	0.261	0.201	0.060	752
2000	0.741	0.669	0.072	845
2001	−0.210	−0.228	0.019	979
2002	−0.171	−0.214	0.043	1057
2003	−0.075	−0.170	0.095	1124
2004	−0.131	−0.161	0.030	1189
2005	−0.097	−0.162	0.064	1289
2006	1.015	0.834	0.181	1303
2007	1.989	2.027	−0.038	1367
2008	−0.568	−0.571	0.003	1482
2009	1.430	1.482	−0.052	1559
2010	0.169	0.125	0.044	1620
平均收益率	0.403	0.349	0.054	
T 值			(3.23)	

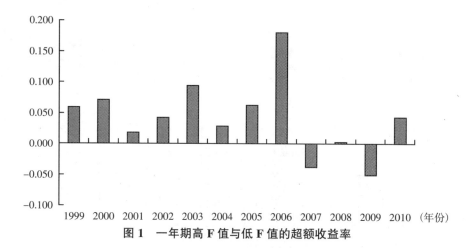

图 1　一年期高 F 值与低 F 值的超额收益率

表 3　基于 F 值 1~5 年基本面投资策略收益率

	1 年	2 年	3 年	4 年	5 年
全样本	0.376	0.783	0.849	1.373	1.710
F 值：1	0.074	0.551	0.139	1.019	1.160
F 值：2	0.306	0.801	0.600	1.157	1.586
F 值：3	0.318	0.794	0.698	1.139	1.453
F 值：4	0.362	0.800	0.662	1.059	1.375
F 值：5	0.361	0.716	0.715	1.192	1.593
F 值：6	0.367	0.789	0.862	1.397	1.697
F 值：7	0.447	0.843	1.173	1.764	2.227
F 值：8	0.405	0.761	1.058	1.845	2.001
F 值：9	0.427	0.903	1.205	1.973	2.583
低（0~3）	0.308	0.789	0.658	1.141	1.477
中（4~6）	0.363	0.765	0.753	1.228	1.566
高（7~9）	0.432	0.822	1.139	1.808	2.190
高 F– 全样本	0.056	0.039	0.290	0.435	0.480
T 值	(3.24)	(1.11)	(6.64)	(7.05)	(6.17)
高 F– 低 F	0.124	0.034	0.482	0.667	0.713
T 值	(4.08)	(1.68)	(6.23)	(6.06)	(5.27)

2. 基于 P/B（P/E、P/S）分组排序的实证结果及分析

本文参照 LSV（1994）的思路，每年按 P/B 从低到高排序，分为五等份，取前后 20%
的股票形成组合，然后分别计算组合形成后持有 1 年、2 年、3 年、4 年、5 年的收益率。
由于每年的样本组合数不同，所以在计算持有 1~5 年平均收益率时，采用加权平均计算。
从表 4 可知，在 1~5 年投资期中，基于 P/B 投资策略，低 P/B 公司与高 P/B 公司年收益率
差额的平均值（t 值）分别为 0.134（4.82）、0.223（3.96）、0.333（5.64）、0.469（5.49）、
0.562（5.04），5 年均为正值且差异显著，这证明了 P/B 投资策略的有效性，并且发现，投

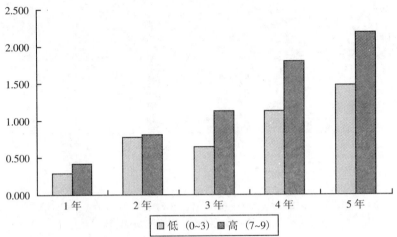

图 2 高 F 值与低 F 的收益率（1998~2009 年，年均收益率）

表 4 高 P/B 与低 P/B 收益比较

投资期	高 P/B 收益率（成长股）	低 P/B 收益率（价值股）	低 P/B 与高 P/B 收益率差	T 值
1 年	0.3	0.434	0.134	(4.82)
2 年	0.643	0.866	0.223	(3.96)
3 年	0.638	0.971	0.333	(5.64)
4 年	1.064	1.533	0.469	(5.49)
5 年	1.32	1.882	0.562	(5.04)

资期限越长，收益率越大，两组收益率差额越大，这证明了长期投资的有效性。运用 P/E、P/S 得到同样的结论。H1、H3 得到了验证。

3. 基于估值指标与 F_SCORE 的实证结果及分析

从表 5 可知，无论是在高 P/B 组合还是在低 P/B 组合中，高 F_SCORE 组合的收益率高于低 F_SCORE 组合的收益率。在 1~5 年的投资期间中，除了第一年为负值外，其余四年高 F_SCORE 和低 F_SCORE 组合的收益率差额均为正值，且差异显著，这说明选择财务基本面好的公司投资策略的有效性，与 Piotroski（2000）的研究一致，证明在中国资本市场中价值投资策略是有效的。

表 5 P/B 与 F_SCORE 收益率表

投资期	F_SCORE	高 P/B	低 P/B	低 P/B-高 P/B
1 年	F 值（0~3）	0.173	0.457	0.284
	F 值（4~6）	0.294	0.428	0.134
	F 值（7~9）	0.361	0.436	0.075
	高-低	0.188	−0.021	
	T 值	2.99	−0.29	

投资期	F_SCORE	高 P/B	低 P/B	低 P/B–高 P/B
2 年	F 值（0~3）	0.594	0.887	0.293
	F 值（4~6）	0.620	0.844	0.224
	F 值（7~9）	0.704	0.911	0.207
	高–低	0.109	0.024	
	T 值	0.76	0.17	
3 年	F 值（0~3）	0.491	0.740	0.249
	F 值（4~6）	0.577	0.885	0.307
	F 值（7~9）	0.806	1.299	0.494
	高–低	0.315	0.559	
	T 值	2.25	3.40	
4 年	F 值（0~3）	0.716	1.504	0.788
	F 值（4~6）	0.964	1.357	0.393
	F 值（7~9）	1.397	2.011	0.614
	高–低	0.681	0.506	
	T 值	3.310	2.10	
5 年	F 值（0~3）	1.083	1.947	0.864
	F 值（4~6）	1.258	1.665	0.407
	F 值（7~9）	1.560	2.457	0.897
	高–低	0.477	0.510	
	T 值	1.89	1.61	

4. 基于 F_SCORE 与估值指标的实证结果及分析

从表 6 可知，先按 F_SCORE 排序，并选取高 F_SCORE 公司构成初始组合，再在该组合中按 P/B 排序，得到低 P/B 组合和高 P/B 组合收益率差额，在 1~5 年投资期中，每年低 P/B 组合和高 P/B 组合的收益率差额均为正数，且差异显著，这说明先选择财务状况好的公司，再在其中选择被低估的公司的投资策略是有效的；在高 F_SCORE 与低 P/B 公司组合中，随着投资时间的增长，收益率和收益率差额也随之增长，这证明长期投资的有效性。运用 P/E、P/S 可以得到同样的结论。

表 6 基于 F_SCORE 与估值指标的收益率表

投资期		F_SCORE		
		F（0~3）	F（7~9）	高 F– 低 F
1 年	全样本	0.308	0.432	0.124
	高 P/B	−0.027	0.049	0.076
	中 P/B	0.221	0.344	0.124
	低 P/B	0.791	0.929	0.138
	高 – 低	0.818	0.880	
	T 值	(13.61)	(19.70)	

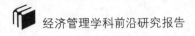

续表

投资期		F_SCORE		
		F（0~3）	F（7~9）	高 F- 低 F
2 年	全样本	0.789	0.822	0.034
	高 P/B	0.088	0.082	−0.005
	中 P/B	0.480	0.610	0.130
	低 P/B	1.727	1.679	−0.048
	高 - 低	1.639	1.597	
	T 值	(11.38)	(17.76)	
3 年	全样本	0.658	1.139	0.482
	高 P/B	−0.017	0.178	0.195
	中 P/B	0.518	1.025	0.507
	低 P/B	1.473	2.136	0.663
	高 - 低	1.490	1.958	
	T 值	(12.35)	(19.06)	
4 年	全样本	1.141	1.808	0.667
	高 P/B	−0.010	0.402	0.412
	中 P/B	0.627	1.618	0.991
	低 P/B	2.586	2.825	0.240
	高 - 低	2.596	2.423	
	T 值	(12.88)	(16.21)	
5 年	全样本	1.477	2.190	0.713
	高 P/B	0.175	0.307	0.132
	中 P/B	0.958	1.979	1.021
	低 P/B	3.430	3.792	0.362
	高 - 低	3.255	3.485	
	T 值	(11.42)	(18.26)	

5. 四种投资策略收益率比较

由图 3 可知，在 1~5 年的投资期中，基于高 F_SCORE 与低 P/B 投资策略所获得的收益率显著高于其他三种策略；基于二维指标投资策略的收益率高于基于一维指标投资策略的收益率，且持有期越长，收益越高，这也说明价值投资策略在中国资本市场中的有效性。

6. 稳健性检验

为了进一步考察本文结果的稳健性，本文作了如下稳健性测试：将估值指标分别用市盈率（P/E）、市销率（P/S）作进一步检验，如图 4 所示，结果文中的结论都成立。

7. 多元回归结果与分析

表 7 列示了模型 1~模型 3 的回归结果。在模型 1 中，控制了规模后，NI、CFO、MARGIN、TURN 与 RETURN 显著正相关，应计项目 ACCRUAL 与收益率呈负相关，说明财务基本面指标能解释股票的收益率，H2 得到验证；P/B 与 RETURN 显著负相关，说明

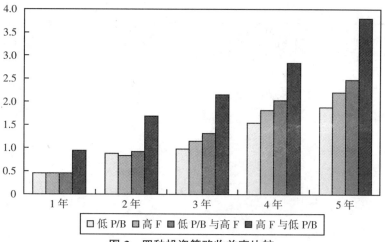

图 3　四种投资策略收益率比较

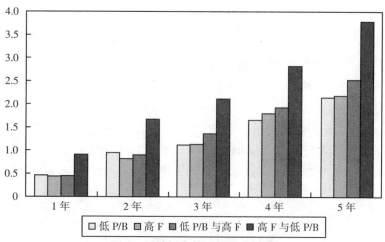

图 4　四种投资策略收益率比较

表 7　多元回归结果

变量名	模型 1 (RETURN)	模型 2 (RETURN)	模型 3 (RETURN)
NI	8.25e−06*** (3.10)		
CFO	1.48e−05*** (5.37)		
MARGIN	3.86e−06** (1.91)		
TURN	1.74e−05*** (3.71)		
ACCRUAL	−6.33e−06** (−2.40)	−8.73e−06*** (−4.36)	−8.72e−06*** (−4.36)

续表

变量名	模型 1 (RETURN)	模型 2 (RETURN)	模型 3 (RETURN)
F_SCORE		0.030*** (5.61)	0.028 (5.30)
P/B	−2.04e−04** (−1.78)	−2.235e−04** (−2.08)	−0.002** (−2.52)
F_SCORE × P/B			3.122e−04** (2.28)
ISSUANCE		−0.014 (−0.44)	−0.014 (−0.43)
LMV	−0.257*** (−29.15)	−0.232*** (−27.99)	−0.232*** (−27.97)
_cons	3.276*** (30.28)	3.050*** (27.10)	3.057*** (27.15)
YEAR	控制	控制	控制
Adj R−squared	0.062	0.057	0.057

注：***、**、* 分别表示在 1%、5%、10%的水平上显著。

估值指标越低，收益率越高，H1 得到验证。

在模型 2 中，控制了规模后，F_SCORE 与 RETURN 显著正相关，说明收益率与财务基本面相关，H2 得到验证；P/B 与 RETURN 显著负相关，H1 得到验证。

在模型 3 中，加入了交互变量，控制了规模后，F_SCORE 与 RETURN 显著正相关，P/B 与 RETURN 显著负相关，F_SCORE 与 P/B 的交互项与收益率呈显著的正相关，说明财务基本面好且价格被低估的股票能获得高的超额收益，H2b 得到验证。

六、结论、建议与展望

本文以沪深 A 股 1998~2009 为样本，将财务信息与估值指标相结合，采用实证研究的方法，检验了四种投资策略：高 F_SCORE 组合与低 F_SCORE 组合的收益率；低估值指标组合与高估值指标组合的收益率；先选择低估值指标公司组合，再在其中选择高 F_SCORE 公司组合策略；先选择高 F_SCORE 公司组合，再在其中选择低估值公司组合策略。检验证明了在中国资本市场价值投资策略的有效性。结果表明：①高 F_SCORE 组合收益率高于低 F_SCORE 组合的收益率。②低 P/B 组合的收益率高于高 P/B 组合的收益率，这一点与以往的学者研究一致。③将低 P/B 与 F_SCORE 相结合，运用二维指标作进一步研究，结果表明：先选择高 F_SCORE 的，再从其中选择低 P/B 的二维投资策略，比通过 F_SCORE 或 P/B 等指标进行的一维投资策略以及先选择低估值指标，再在其中选择高 F_SCORE 的投资策略产生的收益更大、更显著，这也是本文的创新之处。④通过 1~5 年投资期的数据可知，持有期越长，收益越大，说明投资需要耐心，在熊市中播种，在牛市中收割。因为，熊市中存在大量的安全边际，到处是"黄金"和"黑马"。⑤多元回归结果表明，P/B 与股票的收益率负相关、F_SCORE 与股票的收益率正相关并在 1% 水平上显著。本文为投资者提供了一种简单的能获得较大收益的投资策略，即先选择高 F_SCORE公司组合，再在其中选择低估值指标组合进行投资，并长期持有。一个正确的投资理念能引导我国证券市场的健康发展，在管理层频推"价值投资理念"的背景下，2012 年 5 月 1日创业板退市制度的实施以及 2012 年 7 月 7 日主板、中小板退市制度的实施，将有助于价值投资理念回归 A 股市场，价值投资在我国势在必行。但是，我国证券市场确实也存在一些历史遗留的问题，价值投资理念依旧是少数人的投资理念，如何引入价值投资理念是当前面临的一个问题，因此，本文提出如下建议：要大力培育和发展机构投资者；特别要加强对投资者投资理念的教育和投资知识的培训；建立一套适合我国上市公司的价值评估体系。

目前学术界对于上市公司内在价值是否能认知、是否能定量也有很多争议，价值投资的关键在于上市公司内在价值的评估，这也是作者今后进一步研究的方向。

参考文献

[1] Abarbanell J., Bushee B. Abnormal Returns to a Fundamental Analysis Strategy [J]. The Accounting Review, 1998, 73 (1): 19–45.

[2] Abarbell J., Bushee B. Fundamental Analysis, Future Earnings and Stock Prices [J]. Journal of Accounting Research, 1997, 35 (1): 1–24.

[3] Fama E., French K. The Cross –section of Expected Stock Returns [J]. The Journal of Finance, 1992, 6 (2): 427–465.

[4] Frankel R., Lee C. M. C. Accounting Valuation, Market Expectation, and Cross –sectional Stock Returns [J]. Journal of Accounting and Economics, 1998, 25 (3): 283–319.

[5] Hayes R. The Impact of Trading Commission Incentives on Analysts, Stock Coverage Decisions and Earnings Forecasts [J]. Journal of Accounting Research, 1998, 36 (2): 299–320.

[6] Lakonishok J., Shleifer A., Vishny R. Contrarian Investment, Extrapolation and Risk [J]. The Journal of Finance, 1994, 49 (5): 1541–1578.

[7] Lev B., Thiagarajan R. Fundamental Information Analysis [J]. Journal of Accounting Research, 1993, 31 (2): 190–215.

[8] Miller G., Piotroski J. The Role of Disclosure for High Book –to–market Firms [D]. University of Chicago Working Paper, 2000.

[9] Ou J., Penman S. Accounting Measure, Price–earnings Ratio, and the Information Content of Security Prices [J]. Journal of Accounting Research, 1989, 27 (Sup.): 111–144.

[10] Piotroski J. Value Investing: The Use of Historical Financial Statement Information to Separate Winners from Losers [J]. Journal of Accounting Research, 2000, 38 (Sup.): 1–41.

[11] Rosenberg B., Redi K., Lanstein R. Persuasive Evidence of Market Inefficiency [J]. The Journal of Portfolio Management, 1985, 11 (3): 9–16.

[12] Sloan R. Do Stock Prices Fully Reflect Information in Accruals and Cash Flows about Future Earnings [J]. The Accounting Review, 1996, 71 (3): 289-315.

[13] 林树, 夏和平, 张程. 价值投资策略在中国 A 股市场的可行性——基于几项财务指标的研究 [J]. 上海立信会计学院学报, 2011 (1).

[14] 卢大印, 林成栋, 杨朝军. 中国股市价值策略实证分析 [J]. 重庆大学学报, 2006 (6).

[15] 陆璇, 陈小悦, 张岭松, 刘慧霞. 中国上市公司财务基本信息对未来收益的预测能力 [J]. 经济科学, 2001 (6).

[16] 王永宏, 赵学军. 中国股市 "惯性策略" 和 "反转策略" 的实证分析 [J]. 经济研究, 2001 (6).

[17] 肖军, 徐信忠. 中国股市价值反转投资策略有效性实证研究 [J]. 经济研究, 2004 (3).

[18] 张平, 郭磊. 基于上市公司财务信息的投资策略研究 [J]. 上海立信会计学院学报, 2006, 20 (1).

[19] 周勤业, 卢宗辉, 金瑛. 上市公司信息披露与投资者信息获取的成本效益问卷调查分析 [J]. 会计研究, 2003 (5).

Empirical Research of Value Investing
——Based on the Financial Angel

Huang Huiping   Peng Bo

Abstract: Efficient market hypothesis (EMH) believes that if the stock price deviates from its value for some reason, arbitragers will immediately take actions under the motivation of pursuing extra profit, so the stock price will return to its value through these transactions. EHM believes the process will be completed instantly, so the mispricing will not exist.

Starting from the early years of 1980s, investing anomalies found in financial research and accounting research make the academia begin to question and challenge the efficient market hypothesis. The anomalies in research show that mispricing keeps happening. Grossman and Stiglitz (1980) have brilliantly pointed out the paradox in EMH. If the stock price can completely and fairly reflect the information owned by investors at any time, then investors do not need to collect and analyze information. Instead, they can directly infer all the information of the inner value of stocks just by their prices. Based on the inefficiency of the market, Graham, the father of securities analysis, came up with the strategy of value investing, which means investors should buy stocks when their prices are lower than their values and sell stocks when their prices are higher than their values. Starting from the law of value "price is the expression form of value; price fluctuates around the value", effectively using the financial information of listed companies and market trade information, finding and constructing effective investing strategies which suit for China's stock market, will be meaningful. In the paper, the financial information is divided into 9 signals, and if the signal is good, it equals 1; or it equals 0. Finally, 9 signals are aggregated. These 9 signals measure the profitability, lever/liquidity and operating efficiency of firms. The higher the F_SCORE is, the stronger the financial condition is. In terms of value signals, firms with low P/B, P/E and P/S mean that they are undervalued. This paper has proved the efficiency of value investing in our country, and provided the investors with a simple investing strategy which can gain extra profit.

Key Words: Value Investing; Financial Information; Valuation Indicators; F_SCORE

中国会计研究之管窥
——基于《中国会计评论》前廿期内容之分析 *

刘应文　张　鹏　曾建光

【摘　要】《中国会计评论》自 2003 年创刊以来，一直在倡导运用经验式研究和分析式研究等国际主流的研究方法，探讨中国的本土经济现象。本文根据中国知网引用及下载数据，对《中国会计评论》前廿期的载文情况、论文标题、摘要、关键词、参考文献等进行文献内容计量分析，研究发现，《中国会计评论》录用论文对经验式研究和分析式研究等国际主流研究方法的运用逐步趋于规范，研究主题密切关注我国的经济、管理的变革和发展热点，借鉴国际先进研究成果的同时高度关注中国制度背景，为理论的发展做出重要贡献，影响力不断提升，与国内的其他重要经济、会计学术期刊交相辉映，成为国内具有重要影响力的会计学术研究期刊之一。与此同时，我们也发现论文在写作用语规范性等方面还存在不足，有待进一步提高。

【关键词】《中国会计评论》；中国会计研究；内容分析；被引频次；下载频次

一、引　言

《中国会计评论》是由北京大学、清华大学、北京国家会计学院发起，十余所综合大学联合主办，北京大学出版社出版，主要面向大学会计教育界和学术界发行的一本与国际学术研究相接轨、积极关注中国会计与财务问题的大型会计理论学术期刊。自 2003 年创刊以来，截止到 2010 年 6 月，已出版 20 期；自 2007 年起，由半年刊改为季刊。《中国会计评论》倡导运用经验式研究和分析式研究等国际主流的研究方法，探讨中国的本土经济

---

* 本文选自《中国会计评论》2012 年 6 月第 10 卷第 2 期。

作者简介：刘应文，北京大学光华管理学院，北京科技大学经管学院；张鹏，北京大学光华管理学院；曾建光，北京大学光华管理学院，E-mail: zensgjg@pku.edu.cn。

现象，内容涵盖（但不局限于）财务会计、管理会计、审计、税务、公司财务、会计师职业道德等领域；秉承学术、中立、公正的原则，参照国际规范学术期刊的运作形式，实行匿名审稿制以确保稿件的学术质量和公正公平性；经过八年的发展，《中国会计评论》已在中国会计学术研究中具有重要影响力，并已被北京大学、清华大学、上海财经大学等众多国内著名高校列为重要学术期刊之一（《中国会计评论》简介，2011）。

《中国会计评论》从无到有、不断壮大的过程，也是我国会计学术研究积极吸收国际学术研究经验、不断摸索和进步的历程。《中国会计评论》2003年创刊之时，正是实证会计研究刚刚引入中国之际。多年的改革开放使得我国的经济制度和经济运行模式发生了天翻地覆的变化，会计制度与实务不断革新发展，新的思潮也不断传入国内，这些巨变最终孕育出一种新的"会计革命"——实证会计研究，用科学的研究方法去探索现实经济问题，以帮助解释、预测经济问题，推动经济发展。在一些海外归国学者的大力宣传和国内学者的呼应下，实证会计研究于20世纪90年代末正式引入中国，并迅速呈现出方兴未艾之势，蔡祥（2008）这样评价实证会计研究的冲击："（实证会计研究）使每一个关注会计学术的人都感受到了其对传统会计研究范式倾覆式的影响。"与实证会计研究迅速发展的欣欣向荣景象相对的是，在我国刊载实证会计研究论文的学术期刊匮乏，此时的刊物对版面和字数都有着严格限制，导致研究者在这些限制下很难深入、细致地讨论研究主题，"短平快"成为此时论文的重大缺陷（蔡祥等，2003）。《中国会计评论》正是在这种背景下创刊的，可谓实证会计研究者的一场"及时雨"。经过十余年的发展，实证会计研究如今已经成为我国会计学术研究的主流方向，越来越多的会计学术研究者加入这一洪流之中；实证会计研究论文的质量也逐步提高，很多研究已经走出国门、走向世界，在国际顶级学术期刊发表，成为世界了解中国经济的一扇窗户，因而也有人认为我国的会计实证研究已经进入了"国际化"阶段。数年中，《中国会计评论》也迅速发展，已经成为中国会计学术研究的重要学术期刊之一，受到研究者和高校的认可和拥护。如今，回顾总结《中国会计评论》20期的发展和得失具有重要意义，不仅有助于期刊的发展进步，而且也能够由此窥见十多年来中国会计学术研究的改革发展之路，对未来的发展具有一定的启示作用。

本文根据中国知网（http：//www.cnki.net/）收录的文献以及相关数据，运用规范的文献研究方法，对《中国会计评论》前20期的文献进行了比较全面、系统的分析。研究发现，《中国会计评论》录用论文对经验式研究和分析式研究等国际主流研究方法的运用逐步趋于规范，研究主题密切关注我国的经济、管理的变革和发展热点，借鉴国际先进研究成果的同时高度关注中国制度背景，为理论的发展做出重要贡献，影响力也在不断提升，与国内其他重要经济类、会计类学术期刊交相辉映，成为国内具有重要影响力的会计学术研究期刊之一。与此同时，我们也发现论文在写作用语规范性等方面还存在不足，有待进一步提高。

本文的研究具有如下贡献：首先，对于《中国会计评论》而言，回顾并总结办刊得失显得尤为重要，能够为之后的发展提供思路；其次，从《中国会计评论》的发展历程中我们也能够从中窥见十余年来我国会计学学术研究的演进轨迹，为未来的发展提供启示；最后，对于从事会计学学术研究的人员来说，本文的研究结论能够帮助他们了解《中国会计评论》刊载的论文情况并可以了解到会计学学术研究的前沿动态。

本文着重分析《中国会计评论》刊载论文的内容和质量，故首先从论文数量、被引情况等方面着手分析期刊的总体情况，而后再着重分析论文的研究主题，以期对办刊思路有一个清晰的认识。

二、载文及其影响力分析

期刊的载文数量反映了期刊的信息量，而载文的被引用和被下载情况则反映了载文的质量。本文通过搜索中国知网（http：//www.cnki.net/）（截止到 2010 年 1 月 5 日 17：10）获得《中国会计评论》从 2003 年创刊至 2010 年第二期共 20 期的全部载文情况，以及载文被中国知网所收录期刊的引用情况和被中国知网用户的下载情况。《中国会计评论》前 20 期整体的载文量、被引用情况和下载情况如表 1 所示。

表 1 学术类文献载文、被引和下载情况表

Panel A 学术类论文的总体情况					
项目	一般论文	论文评述	综述	会议纪要（述评）	总计
篇次（占比）	152（67%）	54（24%）	5（2%）	17（7%）	228（100%）
被引频次	1285	51	34	8	1378
平均被引频次	8.45	0.94	6.8	0.47	6.04
下载频次	52618	9954	3001	3726	69299
平均下载频次	346.17	184.33	600.2	219.18	303.94

Panel B 一般学术论文情况								
年份	期数	平均篇数	总篇次	被引篇次	被引频次	平均有效被引频次	总下载频次	平均下载频次
2003	1	12	12	11	155	14.09	2730	227.50
2004	2	11.5	23	18	304	16.89	5902	256.61
2005	2	10	20	17	286	16.82	5565	278.25
2006	2	8.5	17	117	244	2.09	7734	552.43
2007	3	6.67	20	19	185	9.74	10426	521.30
2008	4	6.25	25	21	103	4.90	11705	468.20
2009	4	5.57	23	5	8	1.6	7390	321.30
2010	2	6	12	0	0	0	1166	97.17
合计	20	7.6	152	107	1285	11.76	52618	346.17

Panel C 论文评述、会议纪要和综述情况									
年份	论文评论			会议纪要			综述		
	篇次	被引频次	下载频次	篇次	被引频次	下载频次	篇次	被引频次	下载频次
2003	12	6	1841	0	0	0	1	20	526

Panel C 论文评述、会议纪要和综述情况

年份	论文评论			会议纪要			综述		
	篇次	被引频次	下载频次	篇次	被引频次	下载频次	篇次	被引频次	下载频次
2004	16	7	2307	0	0	0	0	0	0
2005	18	29	3286	2	3	647	0	0	0
2006	8	9	2520	5	3	812	0	0	0
2007	0	0	0	3	1	640	2	13	1900
2008	0	0	0	3	1	872	1	1	311
2009	0	0	0	2	0	612	1	0	264
2010	0	0	0	2	0	143	0	0	0

（一）总体载文情况

《中国会计评论》前 20 期刊载的文章总计 308 篇，其中学术论文 228 篇，其他文章包括编辑部的公告、征文信息、纪念类文章等共计 80 篇。学术论文中，一般论文 152 篇，占比 67%；评论类论文 54 篇，占比 24%，这是《中国会计评论》的办刊重要特色之一。对刊载的论文进行评论和讨论，能够帮助读者更好地把握论文的主题、优缺点，从而更好地理解文章，是一种非常好的交流方式，国际会计研究的顶级三大期刊之一的 *Journal of Accounting Research* 就一直保有这种特色。此外，综述类论文 5 篇，占比 2%；学术会议方面的报道总共刊载了 17 篇，占比 7%。

从中国知网所收录期刊对《中国会计评论》前 20 期引用情况来看，所有学术类文献总计被引用 1378 次，平均被引 6.04 次。具体来说，一般论文的总计被引 1285 次，平均每篇被引 8.45 次，居于首位；综述类文献平均被引次数为 6.8 次，位居第二；论文评述类文章总计被引 51 次，平均每篇被引 0.94 次；最后是会议纪要，平均被引 0.47 次。可以看出，对于论文评述和会议纪要的文献的引用偏低，说明研究者对这类文献的认可程度并不高。

而从中国知网用户对《中国会计评论》前 20 期下载数量来看，所有学术类文献总计被下载引用 69299 次，平均被下载 303.94 次。具体来看，综述类文献平均下载次数为 600.2 次，位居首位，这符合人们的阅读和研究习惯；然后是一般论文 346.17 次，最后是会议纪要 219.18 次和论文评述 184.33 次。

表 1 Panel B 报告的是各期的一般学术论文载文、被引频次和下载频次的情况。从表 1 Panel B 可知，第一，《中国会计评论》发行模式经历数次变化，由 2003 年的年刊演变到 2004~2006 年的半年刊和 2007 年的四月刊，再到 2007 年后的季刊；第二，《中国会计评论》每期刊载也经历由多到少最后趋于稳定，2007 年之前，每期刊载的论文不等，一般在 10 篇左右，而 2007 年之后每期刊载的论文数量基本保持在 6 篇左右，总体来说，平均每期近 8 篇；第三，从被引的篇次来看，2009 年之前刊载的论文每篇几乎都被中国知网所

收录期刊引用过，这反映出《中国会计评论》在读者和研究人员之中具有一定的影响力，而 2009 年之后的论文由于发表时间尚短，被引次数略低；第四，从被引频次来看，被引次数最多的主要集中在 2004 年第 1 期和 2005 年第 1 期，这与 CSSCI 引用情况一致（曾建光，2010），而 2008 年之后的引用不高的原因很可能是文献引用通常具有 2~3 年左右的时滞；第五，从下载频次来看，平均下载频次最高的主要集中在 2007 年第 1 期至 2008 年第 2 期，这可能与随着办刊时间增加，《中国会计评论》逐步得到认可，并于 2008 年成为 CSSCI 收录的核心期刊等因素有关。

表 1 Panel C 报告的是对论文评论文章、会议纪要和综述文章的载文、被引和下载频次情况分年度描述的结果。从表 1 Panel C 可知：第一，评论类的论文被引用的频次和下载的次数都较低，并且在 2006 年之后刊载数量为零，这可能是因为已刊载的评论类的论文质量不够高，无法满足读者和研究人员的需求，也无法达到《中国会计评论》的质量要求，因而被停止刊载。第二，会议纪要的论文从 2005 年开始刊载，以后每年都有相关的会议纪要。会议纪要有助于读者了解目前会计学方面的会议以及这些会议关注的话题等学术信息。然而，已刊载的会议纪要全部是报道国内的会计学会议，而且没有覆盖国内其他重要会议，也没有报道国际的重要会议，可能发挥的作用尚有限。第三，综述类的论文刊载数量最少，而 2007 年的两篇综述，下载次数高达 1900 次，这些表明读者和研究人员对于综述类论文的需求较大，因而《中国会计评论》可以对综述论文给予更大的重视，会计研究者也可以在这一方面有所作为。

以上是对《中国会计评论》从 2003 年创刊至 2010 年第 2 期共 20 期的全部载文情况，以及载文被中国知网所收录期刊的引用情况和被中国知网用户的下载情况的整体性描述统计。可以看到，《中国会计评论》逐步趋于规范化，并且刊载的论文已经具有一定的影响力。

（二）最受关注的论文情况及其分析

论文被下载和被引用说明论文受关注和受认可的程度，是论文质量的重要衡量指标之一。那么，哪些论文最受读者和研究人员关注和认可呢？表 2 的 Panel A 和 Panel B 分别列出最受读者和研究人员认可和关注的前十篇论文。

表 2　最受认可和关注的前十大论文

序号	论文篇名	作者	年（期）	被引频次	下载频次
Panel A 被引频次排名前十的论文					
1	大股东的隧道挖掘与制衡力量——来自中国市场的经验证据	唐清泉、罗党论、王莉	2005（1）	106	708
2	股权结构与大股东利益实现方式的选择——中国资本市场利益输送的初步研究	刘峰、贺建刚	2004（1）	103	788
3	审计定价影响因素研究——来自中国上市公司首次审计费用披露的证据	伍利娜	2003（1）	62	495
4	A 股亏损公司的盈余管理行为与手段研究	陈晓、戴翠玉	2004（2）	49	618

续表

Panel A 被引频次排名前十的论文					
序号	论文篇名	作者	年（期）	被引频次	下载频次
5	上市公司审计收费影响因素研究——来自上市公司2001~2003年的经验证据	张继勋、徐奕	2005（1）	43	359
6	我国审计收费影响因素之实证分析	朱小平、余谦	2005（1）	37	361
7	关联交易和会计盈余的价值相关性	洪剑峭、方军雄	2004（2）	37	420
8	信息披露、收益不透明度与权益资本成本	黄娟娟、肖珉	2006（1）	34	776
9	上市公司的财务指标与审计意见类型相关性的实证分析	朱小平、余谦	2003（1）	29	301
10	盈余质量的市场反应	柳木华	2006（2）	29	546
Panel B 下载频次排名前十的论文					
序号	论文篇名	作者	年（期）	下载频次	被引频次
1	投资者保护研究综述：财务会计信息的作用	魏明海、陈胜蓝、黎文靖	2007（1）	1280	28
2	机构投资者、公司治理与上市公司股利政策	翁洪波、吴世农	2007（3）	1168	24
3	关联交易、线下项目与盈余管理——来自中国上市公司的经验证据	高雷、宋顺林	2008（1）	952	11
4	什么决定了盈余管理程度的差异：公司治理还是经营绩效？——来自中国证券市场的经验证据	孙亮、刘春	2008（1）	832	8
5	股权结构与大股东利益实现方式的选择——中国资本市场利益输送的初步研究	刘峰、贺建刚	2004（1）	788	103
6	掏空、财富效应与投资者保护——基于上市公司关联担保的经验证据	高雷、宋顺林	2007（1）	779	28
7	债务重组会计准则变更的经济后果	罗炜、王永、吴联生	2008（2）	779	11
8	信息披露、收益不透明度与权益资本成本	黄娟娟、肖珉	2006（1）	776	34
9	解析新会计准则对会计信息价值相关性的影响	罗婷、薛健、张海燕	2008（2）	754	22
10	会计信息可靠性与盈余持续性——来自沪、深股市的经验证据	彭韶兵、黄益建	2007（2）	730	12

　　表2的 Panel A 报告的是根据被引频次排名前十的论文情况。从表2的 Panel A 可知，第一，在排名前十位的论文中，被引频次也存在较大的差异，前两篇论文的被引频次比较接近且都超过了100次，但是它们的下载频次却相差80次，表明读者和研究人员更关注第二篇论文。排名第三的论文的被引频次与前两篇论文的被引频次相差较大，差距超过了40次，下载频次也超过了300次，排名第四和排名第五的论文的被引频次较接近，而排名第六、第七和第八的论文的被引频次较接近，但是下载频次却相差太大。排名第九和排名第十的论文的被引频次一样，但是下载频次差距太大。排名前十的论文中，有四篇论文与审计研究相关。第二，从排名第一和第二的论文来看，它们关注的主题比较相近，都关注中国资本市场上的大股东侵占的问题，排名第一的论文只是关注存在的现象，而排名第二的论文更多地关注存在的方式和形式，但是读者和研究人员潜在地更关注排名第二的论文。这可能表明，如果要研究中国资本市场上大股东侵占的问题，首先需要关注这种侵占

的方式和形式，然后再进行进一步的深入研究，还有可能在于作者的影响力的差异。第三，除去排名第一和第二的论文以及审计相关的论文，其他四篇论文都是研究我国资本市场上的盈余质量相关的问题，这也表明关于盈余质量的研究一直是中国资本市场的研究热点问题之一。在这四篇论文中，排名第八的论文受到潜在的关注最多，表明信息披露与盈余管理的经济后果的相关研究受到更多研究人员的关注。第四，在四篇关于审计的论文中，三篇都是与审计收费相关的研究，由于从 2001 年开始，实施上市公司审计收费信息强制披露制度以及投资者可以起诉会计师事务所法规的出台，因此，在我国关于审计收费的研究是一个新的研究热点。

表 2 的 Panel B 报告的是根据论文的下载频次排名前十位的论文情况。从表 2 的 Panel B 可知，第一，从下载频次看，排名前十位的论文之间的下载频次方差较大，其中，前两位论文的下载频次相差 112 次之多，而排名靠后的论文的下载频次差距较小，这表明读者和研究人员的潜在关注主要集中在投资者保护、公司治理以及盈余管理相关的研究主题上；第二，读者和研究人员的潜在关注最高的是一篇论文综述，再次佐证了上面的结论，即高质量的综述非常受到读者和研究人员的关注；第三，从潜在关注的主题上看，主要集中在投资者保护、公司治理、盈余管理、会计信息等相关主题上；第四，潜在关注的主题中，没有关于审计的主题。

对比表 2 的 Panel A 和 Panel B 可知，第一，表示实际影响力的被引频次最多的十篇论文与具有潜在影响力的下载频次最多的十篇论文中，只有两篇论文同时入选，这两篇论文都涉及在我国存在的投资者保护问题，一个是从股权结构的视角考察，另一个是从信息披露的视角进行考察；第二，表 4 和表 5 共同的主题都是：投资者保护问题和盈余管理，不同之处在于被引频次中更多地关注到了审计收费的问题，而下载频次中更多地关注了会计信息的问题；第三，下载频次最多的论文是关于会计信息的综述论文，这也表明读者和研究人员确实需要高质量的综述论文，这验证了表 1 和表 2 的推断；第四，实际关注的和潜在关注的主题存在较大的差异，潜在关注的较少关注审计方面的主题，这也表明，随着审计收费的强制披露的时间推移，关于审计收费的研究日渐趋于成熟，读者和研究人员的关注度开始下降。

以上是对《中国会计评论》前 20 期的最受读者和研究人员认可和关注的论文及其被引用情况和下载情况的描述性统计。从中可以看出，最受读者和研究人员认可和关注的论文的主题基本一致：大股东利益侵占、审计和会计盈余等研究主题受到研究者的普遍关注，并且《中国会计评论》上刊载的这些主题的论文广受认可；读者和研究人员的潜在关注主要集中在投资者保护、公司治理以及盈余管理相关的研究主题上；高质量的综述非常受读者和研究人员的关注。

三、论文的研究主题分析

论文的主题主要通过论文标题、副标题、摘要以及关键词反映出来，因而这一部分对《中国会计评论》前 20 期论文的上述部分进行逐一分析，以期总结出期刊的办刊思路和逻辑。

（一）标题分析

论文标题体现论文主题，对论文起着画龙点睛的作用，因而至关重要。有时为了更好地限定主题的范围，作者也会在论文的题目中增加副标题。

1. 主标题分析

好的主标题应该是言简意赅却不失吸引力的。过长或者过短的主标题均可能无法很好地概括论文研究的主题，因而从主标题的数字上可以窥见论文的写作水准。图 1 报告了除会议纪要和点评类之外的 157 篇学术论文主标题采用的字数（英文单词个数）总体分布情况，其中横坐标表示的是论文的编号，纵坐标表示的是主标题的字数（英文单词个数）。图 1 报告了未处理过和处理过的标题字数。本文处理的标准是：剔除标点符号，剔除助词"的"、"of"、"吗"等，连词"与"、"及"，其他没有额外信息的词，如"我国"、"研究"、"实证研究"。从图 1 可知，《中国会计评论》的刊载学术论文的主标题的字数大多数在 10 个字左右，但是主标题使用的非核心主题词较多，也即存在一定的冗余，这说明刊载论文的行文有待加强。

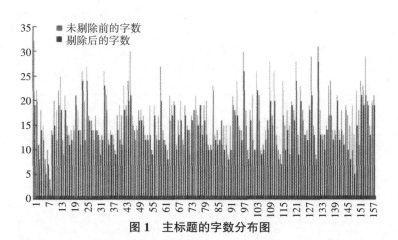

图 1 主标题的字数分布图

主标题的主题词出现的频次体现了匿名审稿人的用稿取向，而主题词被引用频次和被下载次数表明读者的关注程度，因而通过分析主标题的核心词汇可以总结出刊载论文关心的研究主题。为了统一口径、减少统计误差，本文对原始数据进行了如下处理：第一，剔除三篇英文论文，剔除助词和标点符号，剔除"程度"、"差异"、"决定"、"中国"、"我国"、"公司"（但不剔除"公司治理"）、"会计"（但不剔除"会计方法"），剔除"股票市场"、"上市公司"、"实证检验"、"解释"、"分析"、"影响因素"等辅助用语；第二，将近似主题合并，把"新准则"改为"新会计准则"，"首次公开发行"、"新上市公司"改为"IPO"。统计之后得到主题词及其使用频次情况，见表3。采用表3同样的处理方法，把主标题按照主题词进行拆分，参照程刚（2001）的做法，在表4中列出被引用频次超过5次的下载情况及其转化率情况，其中，转化率=下载频次/引用频次，以度量下载频次的有效性。表4所列的主题词是按照拆分后的主标题的词语，根据它们的相关性进行归类得到的。

表3 在主标题中使用频次超过1次的相关主题词

序号	相关主题词	使用频次	序号	相关主题词	使用频次	序号	相关主题词	使用频次
1	盈余质量	34	17	IPO	7	33	R&D	3
2	审计	23	18	股票市场	7	34	异常	3
3	市场反应	20	19	信息披露	7	35	制度环境	3
4	公司治理	13	20	会计信息	5	36	税收	3
5	大股东	11	21	股利政策	5	37	成员企业	2
6	控股股东	10	22	现金	4	38	变迁	2
7	资本结构	10	23	董事会	4	39	比较	2
8	财务	9	24	激励	4	40	B股	2
9	公司业绩	9	25	经济后果	4	41	代理理论	2
10	价值	9	26	配股	3	42	定向增发折价	2
11	高管	8	27	关联交易	3	43	独立董事	2
12	股权结构	8	28	关联性	3	44	财富效应	2
13	会计准则	8	29	内幕交易	3	45	股票收益	2
14	融资	8	30	企业集团	3	46	股权分置改革	2
15	增发	2	31	内部资本市场	2	47	实验	2
16	机构投资者	2	32	亏损	2	48	新股	2

表4 引用超过5次的相关主题词以及下载情况表

序号	相关主题词	引用频次	下载频次	转化率	序号	相关主题词	引用频次	下载频次	转化率
1	大股东	297	5929	19.96	9	价值	74	3029	40.93
2	盈余管理	178	8638	48.53	10	财务	72	2286	31.75
3	公司治理	172	5794	33.69	11	信息披露	69	2833	41.06
4	股权结构	170	3937	23.16	12	盈余信息	68	5433	79.90
5	审计收费	163	2430	14.91	13	关联交易	60	1877	31.28
6	会计信息	92	4371	47.51	14	股利	56	2034	36.32
7	市场反应	85	5998	70.56	15	亏损	56	1442	25.75
8	审计师	81	1743	21.52	16	投资者保护	56	2186	39.04

序号	相关主题词	引用频次	下载频次	转化率	序号	相关主题词	引用频次	下载频次	转化率
17	实证模型	53	306	5.77	40	案例研究	19	395	20.79
18	研究综述	49	2737	55.86	41	B股	18	367	20.39
19	掏空	46	1212	26.35	42	配股	17	632	37.18
20	公司绩效	43	2697	62.72	43	会计师事务所	17	896	52.71
21	高管	43	2506	58.28	44	声誉溢价	17	521	30.65
22	现金流	43	1767	41.09	45	内生性	14	586	41.86
23	审计意见	41	1101	26.85	46	可靠性	13	1114	85.69
24	会计准则	38	3113	81.92	47	税收	13	845	65.00
25	激励	37	2505	67.70	48	比较	12	638	53.17
26	融资	37	1791	48.41	49	经济后果	12	1296	108.00
27	不透明度	34	776	22.82	50	上市公司特别处理	12	259	21.58
28	IPO	32	2404	75.13	51	企业集团	10	1315	131.50
29	审计质量	32	2565	80.16	52	成员企业	9	857	95.22
30	财富效应	29	976	33.66	53	承销商	9	417	46.33
31	监督	27	386	14.30	54	新股	9	328	36.44
32	董事会	25	1476	59.04	55	招股说明书	9	177	19.67
33	机构投资者	25	1604	64.16	56	法律环境	8	921	115.13
34	盈余预测	25	933	37.32	57	恶性增资行为	5	219	43.80
35	资本结构	24	1218	50.75	58	竞争形态	5	151	30.20
36	内幕交易	22	2640	120.00	59	内部资本市场	5	871	174.20
37	前景理论	22	754	34.27	60	时机	5	579	115.80
38	资产重组	22	581	26.41	61	成本效益	5	549	109.80
39	增长	21	768	36.57	62	实验研究	5	219	43.80

从表3可知，第一，盈余质量、审计和市场反应是使用频率最高的前三名主题词，这体现出《中国会计评论》最关注的是与资本市场相结合的会计和审计问题；而公司治理、股权结构、企业价值也跻身使用频率最高的前十名主题词中，这说明公司治理问题、股权结构等公司财务问题也受到匿名审稿人的高度重视。第二，会计准则、信息披露、企业融资、分配等话题也是匿名审稿人重点关注的问题。第三，主题词的使用具有一定的聚集效应，大部分集中在前十个主题词上，表明在这20期刊载的论文里，主要还是着重研究在中国新兴资本市场上出现的与审计相关，与市场反应、盈余管理和股东结构相关的问题。

从表4可知，第一，在所有被引用的论文中，用户最关心的前五大主题词分别是与大股东、盈余管理、公司治理、股权结构、审计收费相关的主题，这些主题词表明研究人员在研究中国资本市场的问题时，最关心的是具有中国特色的国有企业中国有股的一股独大、最让人诟病的盈余质量、如何提高公司治理水平以及公司治理相关的经济后果、股权结构以及如何通过外部审计达到提高财报质量等问题。第二，在引用超过5次的主题词中，关于研究方法的主题词——案例研究和实验研究引用频次分别达到19次和5次，这表明在研究方法方面，采用案例研究和实验研究受到的关注度较高，表明采用案例研究和实验研究的论文具有较高的价值。第三，从下载频次来看，盈余管理的下载频次最高达到8638次，其次是市场反应以及大股东、公司治理和盈余信息，这四个主题词都超过了5000次，但是与盈余管理的主题词差距太大，达3000余次，这表明在我国资本市场的研究中和实务中，与盈余管理相关的研究在这八年间是一个比较热点的研究领域，如果在这期间，研究盈余管理相关的问题发表的概率较大。第四，从转化率的角度看，与实证模型、监督、审计收费、大股东、B股相关的主题，表明对于这八年来，我国的会计学相关的研究人员迫切关注的是如何与国际会计学的研究接轨，如何做好实证研究，这也佐证了《中国会计评论》主办的中国实证会计国际研讨会的初衷以及如何改善中国的资本市场环境等。

以上是对《中国会计评论》前20期论文主标题及其相关论文的被引用情况和下载情况的描述性统计。从中可以看出，在主标题中使用最多的前三个主题词是与审计、市场反应、盈余管理相关的研究，其次是与股东结构相关的研究；在所有被引用的论文中，用户最关心的前五大主题词分别是大股东、盈余管理、公司治理、股权结构、审计收费，与上文出现频率排名一致。

2. 副标题分析

读者和研究人员通过论文的副标题，可以更加精准地把握作者的论文主旨范围。表5 Panel A报告了论文题目使用了副标题的论文篇数、被引频次以及下载频次的情况。从表5 Panel A可知，第一，带有副标题的论文占总篇数比例为39.91%；第二，带有副标题的论文占总的被引频次比例达到43.2%，下载的频次占比达到43.9%，都比总篇数的占比高出3%，这表明带有副标题的论文较其他论文受到读者和研究人员更多的关注，这可能是由于带有副标题的论文增加了更多的可检索的关键词，增加了被搜索到的概率。

表5 Panel B报告了带有副标题论文的分类论文的篇数、被引情况和下载情况，其中，转化率=被引下载频次/被引频次，度量有效下载率，也即平均被引一次需要平均下载多少次。从表5 Panel B可知，第一，在带有副标题的论文中，除了会议纪要和评论之外的论文采用的较多，达到54篇，占比达到59.34%；第二，从被引篇次占比来看，评论论文被引的占比和其他论文被引的占比达到57.69%和77.78%，表明带有副标题的论文确实被引用的比例很高，也就是被研究人员实际关注的比例较高。

为了更进一步考察这些副标题的内容，表6报告了除会议纪要和评论之外的论文副标题的内容的分析结果。本文对副标题中辅助性词语进行了剔除，并对相近的词语进行了统一。经过这些规整后，在所有的除会议纪要和评论之外的论文的副标题中，采用最多的是"经验证据"，达到43次，其次是"中国"，达到35次，"上市公司"达到29次，而"比较"和"沪市"达到3次，其余的大都是1次。

通过表5和表6的分析，我们可以看出，论文作者在使用副标题的时候，应该尽量增加一些比较能画龙点睛的主题词，同时，也提醒审稿人需要关注论文的副标题，使其更能锦上添花。

表 5　带有副标题论文被引和下载情况表

Panel A 带有副标题论文的总体情况

年份	篇数	总篇数	占比（%）	被引频次	总被引频次	占比（%）	下载频次	总下载频次	占比（%）
2003	6	25	24.00	65	181	35.91	1479	5097	29.02
2004	12	39	30.77	134	311	43.09	3005	8209	36.61
2005	22	40	55.00	216	318	67.92	5525	9498	58.17
2006	10	30	33.33	48	256	18.75	3564	11066	32.21
2007	7	25	28.00	74	219	33.79	3873	12966	29.87
2008	17	29	58.62	60	105	57.14	8453	12888	65.59
2009	11	26	42.31	7	8	87.50	3987	8266	48.23
2010	6	14	42.86	0	0	0	534	1309	40.79
总计	91	228	39.91	604	1398	43.20	30420	69299	43.90

Panel B 带有副标题论文的分类情况

项目	篇数	被引篇数	占比（%）	被引频次	被引下载频次	转化率	下载频次	被引下载占比（%）
一般论文	54	42	77.78	577	19234	33.33	21973	87.53
评论	26	15	57.69	21	3757	178.90	5428	69.22
会议纪要	11	3	27.27	6	1352	225.33	3019	44.78
合计	91	60	65.93	604	24343	40.30	30420	80.02

表 6　带有副标题的论文情况表

主题词	被引篇数	总篇数	被引频次	下载频次	主题词	被引篇数	总篇数	被引频次	下载频次
中国上市公司经验证据	18	20	239	9958	新旧会计准则	1	2	1	884
比较	3	3	18	1482	中美股票市场	1	1	5	497
××××~××××年	2	3	49	575	企业集团	1	2	5	634
沪市	2	3	13	552	上市集团	1	1	1	458
股权分置	1	1	2	450	关联担保	1	1	28	779
AB 股市场	1	1	4	171	利益输送	1	1	103	788
独立董事	1	1	8	591	审计费用	1	1	62	495
法和金融	1	1	3	147	审计市场	1	2	2	605
股价和交易量	1	1	2	133	分析师	1	1	4	238
大股东	1	1	16	248	资产计价	1	1	2	382
理论框架	1	1	2	433	一体化	1	1	4	171
流通股价值	1	1	3	154	制造业	0	1	0	26
内生性	1	1	8	453	股权高溢价	0	1	1	380
超额交易量	1	1	5	579	投资者情绪	0	1	0	168
年报	1	1	5	579	ERP	0	1	0	238
季报	1	1	5	579	内部资本市场	0	1	0	9
披露时差	1	1	5	579	月相效应	0	1	0	154

（二）关键词分析

关键词是文章中涉及的最重要的主题，并且关键词在文献检索、文献聚类和文献分类等方面有着十分重要的作用，因而关键词是论文非常重要的一部分。表 7 列出了《中国会计评论》前 20 期论文作者使用频次最高的前 44 个相关关键词。综观这些关键词，大致可以归入会计盈余、公司治理、股权结构、审计、企业投融资等主题，而这些主题是近年来会计、财务实务中最突出、最重要的问题，同时也是制度制定者、媒体等重点关注的主题，这说明《中国会计评论》立足中国企业的实际问题，与时代的脉搏紧密相连。此外，从表 7 中还可以看到作者在关键词的使用上存在一定的不规范性，例如财务、资产、税收等词语就过于宽泛，不适合用作关键词，这些也是期刊在今后的发展中需要完善的方面。

表 7　论文中使用频次最高的前 44 个相关关键词表

相关关键词	使用频次	相关关键词	使用频次	相关关键词	使用频次	相关关键词	使用频次
盈余管理	27	盈余信息	11	审计质量	6	掏空	5
市场环境	18	大股东	10	应计	6	税收	5
公司治理	16	会计准则	10	资产	6	机构投资者	4
股权结构	16	审计师	9	董事会	5	内部资本市场	4
控股股东	15	盈余质量	9	独立董事	5	审计收费	4
公司业绩	15	高管	8	股票收益	5	审计费用	4
模型特征	14	实证分析	8	关联交易	5	审计意见	4
财务	12	投资	7	集团公司	5	R&D	4
IPO	11	ST制度	6	融资	5	信息不对称	4
价值相关性	11	股利	6	上市公司	5	影响因素	4
会计准则	11	会计师事务所	6	股票市场	5	公司价值	3

论文标题的主题词和关键词都是反映论文核心内容的重要部分，都要求选用的词语具有精练、概括能力强的特点。比较表 3 和表 7 可知，第一，两者表达的核心内容趋于一致；第二，都存在冗余的现象；第三，学术用词存在一定的不规范性和随意性。

表 8 则是根据作者实际使用的与该关键词相关的论文被引频次超过 4 次的排序，但剔除了专指性差的关键词如"实证研究"、"影响因素"等，其中，有效下载比=被引的下载频次/总下载频次，截止时间是 2011 年 1 月 9 日 15：12。

表 8　被引频次大于 4 次的关键词表

关键词	篇数	被引篇数	被引频次	平均有效被引	被引的下载频次	被引的平均下载频次	总下载频次	转化率	有效下载
股权结构	5	5	144	28.8	2367	473.40	2367	16.4	1.00
机构投资者	4	3	131	43.67	2312	770.67	2482	18.9	0.93
现金股利	2	2	130	65.00	1174	587.00	1174	9.03	1.00

关键词	篇数	被引篇数	被引频次	平均有效被引	被引的下载频次	被引的平均下载频次	总下载频次	转化率	有效下载
独立董事	3	2	114	57.00	1299	649.50	1446	12.7	0.90
利益输送	2	1	103	103.00	788	788.00	1149	11.2	0.69
关联交易	3	3	97	32.33	1990	663.33	1990	20.5	1.00
审计收费	4	2	80	40.00	720	360.00	1088	13.6	0.66
盈余管理	17	9	79	8.78	4739	526.56	6791	85.9	0.70
价值相关性	9	7	75	10.71	2970	424.29	3739	49.9	0.79
公司治理	12	7	69	9.86	4086	583.71	4928	71.4	0.83
控股股东	5	4	69	17.25	2001	500.25	2169	31.4	0.92
掏空	4	3	51	17.00	1705	568.33	1714	33.6	0.99
信息不对称	4	3	51	17.00	2057	685.67	2418	47.4	0.85
审计质量	6	6	49	8.17	2928	488.00	2928	59.8	1.00
公司业绩	6	6	47	7.83	2324	387.33	2324	49.50	1.00
会计盈余	3	3	45	15.00	1340	446.67	1340	29.80	1.00
盈余质量	4	3	39	13.00	1689	563.00	1935	49.60	0.87
IPO	7	4	37	9.25	1879	469.75	2358	63.70	0.80
股利政策	3	3	37	12.33	1648	549.33	1648	44.50	1.00
盈余持续性	4	3	34	11.33	1793	597.67	2101	61.80	0.85
会计信息	2	2	34	17.00	1484	742.00	1484	43.70	1.00
信息披露	1	1	34	34.00	776	776.00	776	22.80	1.00
公司价值	3	3	32	10.67	1061	353.67	1061	33.20	1.00
控制权	2	1	29	29.00	488	488.00	802	27.70	0.61
盈利预测	2	2	21	10.50	733	366.50	733	34.90	1.00
资本结构	2	2	17	8.50	494	247.00	494	29.10	1.00
大股东变更	2	2	16	8.00	431	215.50	431	26.90	1.00
新会计准则	2	1	16	16.00	705	705.00	1217	76.10	0.58
会计业绩	2	1	15	15.00	331	331.00	544	36.30	0.61
内部资本市场	4	2	14	7.00	1133	566.50	1388	99.20	0.82
审计意见	2	2	14	7.00	812	406.00	812	58.00	1.00
财务困境	2	2	13	6.50	717	358.50	717	55.20	1.00
现金收益	2	2	13	6.50	1102	551.00	1102	84.80	1.00
应计总额	2	2	13	6.50	1157	578.50	1157	89.00	1.00
增发	2	2	12	6.00	479	239.50	479	39.90	1.00
内幕交易	3	3	11	3.67	1320	440.00	1320	120.00	1.00
市场效率	2	2	10	5.00	305	152.50	305	30.50	1.00
股票市场改革	1	1	8	8.00	564	564.00	564	70.50	1.00
会计师事务所任期	1	1	7	7.00	523	523.00	523	74.71	1.00
交易量	2	2	6	3.00	479	239.50	479	79.80	1.00
套利	2	2	5	2.50	607	303.50	607	121.00	1.00

从表 8 可知，第一，实际使用的关键词中，盈余管理采用的最多，达到 17 篇次，其次是公司治理和价值相关性，分别为 12 篇次和 9 篇次，表明匿名审稿人最关注与盈余管理相关的话题，然后关心的是公司治理以及公司价值方面的话题；第二，从被引的关键词来看，股权结构和机构投资者是研究人员最关注的话题，是与股权结构和机构投资者相关的话题；第三，从转化率来看，现金股利、利益输送和独立董事的关键词排名前三，表明与现金股利、利益输送和独立董事相关的话题是中国资本市场上较受关注的话题。

表 9 和表 10 是前 20 位被引论文的相关关键词，按照年度进行统计的结果，其中不包括非会计专业词汇影响因素、实证分析和上市公司等。从表 9 和表 10 可知，会计盈余、价值相关性、审计、公司治理、独立董事、机构投资者和股权结构等话题在 2005~2010 年各年间均受到高度重视。从表 9 和表 10 可以看到各年中关键词出现的频率也有所差异。

表 9　被引前 10 位的关键词的年度分布表

关键词	年份	总篇数	被引篇数	总被引	有效下载	总下载	关键词	年份	总篇数	被引篇数	总被引	有效下载	总下载
股权结构	2004	2	2	109	978	978	利益输送	2004	1	1	103	788	788
	2005	1	1	10	277	277		2009	1	0	0	0	361
	2006	1	1	24	683	683	会计盈余	2005	1	1	21	611	611
	2007	1	1	1	429	429		2006	1	1	15	670	670
机构投资者	2005	1	1	106	708	708		2007	2	2	17	915	915
	2007	1	1	24	1168	1168		2008	4	4	25	2171	2171
	2008	1	1	1	436	436		2009	5	1	1	372	1924
	2009	1	0	0	0	170		2010	4	0	0	0	500
现金股利	2004	2	2	130	1174	1174	价值相关性	2004	2	2	12	661	661
独立董事	2005	1	1	106	708	708		2005	1	1	37	420	420
	2006	1	0	0	0	147		2008	3	3	25	1517	1517
	2008	1	1	8	591	591		2009	3	1	1	372	1141
关联交易	2004	1	1	49	618	618	公司治理	2005	2	2	16	634	634
	2005	1	1	37	420	420		2006	1	1	10	550	550
	2008	1	1	11	952	952		2007	2	2	27	1505	1505
审计收费	2004	1	1	37	361	361		2008	2	2	16	1397	1397
	2005	1	1	43	359	359		2009	2	0	0	0	555
	2009	2	0	0	0	368		2010	3	0	0	0	287

表 10　被引前 10 到前 20 的关键词的年度分布表

关键词	年份	总篇数	被引篇数	总被引	有效下载	总下载	关键词	年份	总篇数	被引篇数	总被引	有效下载	总下载
控股股东	2004	1	0	0	0	168	掏空	2006	1	1	19	449	449
	2005	1	1	16	248	248		2007	1	1	30	806	806
	2006	1	1	14	586	586		2009	1	1	2	450	450
	2007	2	2	39	1167	1167		2010	1	0	0	0	9

续表

关键词	年份	总篇数	被引篇数	总被引	有效下载	总下载	关键词	年份	总篇数	被引篇数	总被引	有效下载	总下载
信息不对称	2004	1	1	9	177	177	审计质量	2006	1	1	8	451	451
	2007	2	2	42	1880	1880		2007	3	3	34	1436	1436
	2009	1	0	0	0	361		2008	2	2	7	1041	1041
公司业绩	2004	2	2	10	347	347	会计盈余	2004	1	1	5	503	503
	2006	1	1	22	315	315		2005	1	1	37	420	420
	2008	2	2	13	1212	1212		2006	1	1	3	417	417
	2009	1	1	2	450	450	IPO	2003	1	1	6	136	136
盈余质量	2003	1	1	29	546	546		2005	1	0	0	0	204
	2007	1	1	9	599	599		2006	3	2	26	1154	1301
	2009	2	1	1	544	790		2008	1	1	5	589	589
股利政策	2003	1	1	5	210	210		2010	1	0	0	0	128
	2004	1	1	8	270	270	盈余持续性	2005	1	1	21	611	611
	2007	1	1	24	1168	1168		2007	2	2	13	1182	1182
	2008	0	0	0	0	0		2009	1	0	0	0	308

例如，2003~2007 年上市公司的融资、公司治理问题最受关注，而 2007 年之后与会计盈余问题的相关主题最受关注。

我们从这些不同的关键词可知，第一，每年刊载的论文的侧重点存在着一定的差异，但是与公司治理、盈余管理、审计和盈余质量相关的研究问题一直是 2005 年之后的热点研究领域，这可能与以下制度变化有关：

（1）2001 年 5 月中国证监会颁布了《上市公司治理原则与标准（征求意见稿）》，2002 年 1 月 7 日中国证监会正式颁布实施了《上市公司治理准则》，该准则的导言特别强调："本准则是评判上市公司是否具有良好的公司治理结构的主要衡量标准，对公司治理存在重大问题的上市公司，证券监管机构将责令其按照本准则的要求进行整改。"中国证监会在 2001 年 8 月 16 日发布了了《关于在上市公司建立独立董事制度的指导意见》，要求上市公司"在 2002 年 6 月 30 日前，董事会成员中应当至少包括两名独立董事；在 2003 年 6 月 30 日前，上市公司董事会成员中应当至少包括 1/3 的独立董事"。这个规定要求上市公司设立独立董事和审计委员会，其中审计委员会的首要职责在于确保上市公司如实编制和披露会计信息；上市公司必须参照执行关于公司治理结构的规定和要求，在此准则颁布实施后，制度实施后的经济后果及其相关研究问题自然成为研究我国资本市场的热点问题和前沿问题。

（2）中国证监会 2001 年 2 月 22 日发布了《亏损上市公司暂停上市和终止上市实施办法》，之后中国证监会又在 2001 年 11 月 30 日颁布、2002 年 1 月 1 日起施行《亏损上市公司暂停上市和终止上市实施办法（修订）》，该办法规定："公司出现最近三年连续亏损的情形，证券交易所应自公司公布年度报告之日起十个工作日内做出暂停其股票上市的决定。"2003 年 3 月 18 日中国证监会又发布《关于执行〈亏损上市公司暂停上市和终止上市实施办法（修订）〉的补充规定》。上市公司若连续两年亏损，就要被进行 ST（特别处理）；若连续三年亏损，则要被摘牌。这一系列关于亏损公司的政策规定都给上市公司施加了盈利方面的政策压力，在这些压力之下，上市公司的管理层为了公司的利益或（和）个人的利益，都有动机去操纵公司利润，进行盈余管理，因而盈余管理也就成为会计研究的热点问题和前沿问题。

（3）1999 年 3 月证监会颁布了《中国证券监督管理委员会关于上市公司配股工作有关问题的通知》，规定上市公司的配股资格："公司上市超过三个完整会计年度的，最近三个完整会计年度的净资产收益率平均在 10% 以上；上市不满三个完整会计年度的，按上市后所经历的完整会计年度平均计算；属于农业、能源、原材料、基础设施、高科技等国家重点支持行业的公司，净资产收益率可以略低，但不得低于 9%；上述指标计算期间内任何一年的净资产收益率不得低于 6%。"在我国融资渠道比较单一的情况下，上市公司从证券市场筹措资金是其重要的筹资方式之一，因此，上市公司为了配股的需要，管理层有动机进行盈余管理；上市是否进行了利润操纵或是进行了盈余管理，作为独立的第三方的审计师出具的审计意见是判断上市公司是否为了配股而进行利润操纵或是进行了盈余管理的重要的判断依据，故这些问题对于中国资本市场的发展都具有重要的研究意义。

第二，与股权结构相关的研究领域主要集中在 2007 年之前，这可能与股权分置改革有关。2001 年 6 月 12 日，国务院颁布了《减持国有股筹集社会保障资金管理暂行办法》，但由于市场效果不理想，2001 年 10 月 22 日宣布暂停。2004 年 1 月 31 日国务院发布了《国务院关于推进资本市场改革开放和稳定发展的若干意见》，明确提出"积极稳妥解决股权分置问题"。这个意见的出台，意味着真正开始着手解决我国证券市场上长期存在的流通股与非流通股之分的现状，对股权分置改革以及由此带来的最优股权结构的设计研究提出了紧迫的需求（王奇波、宋常，2006）。随着时间的推移，关于我国上市公司股权结构的研究已经不再是研究热点。

第三，与 IPO 相关的问题则主要集中在 2006 年之前，在我国资本市场的历史上存在过 6 次 IPO 的暂停和 7 次 IPO 重启，最近两次的 IPO 暂停分别发生在 2005 年 5 月 25 日和 2008 年 9 月 16 日，最近一次的 IPO 重启发生在 2009 年 6 月 19 日，由于论文发表存在一定的时延，故《中国会计评论》目前刊载的论文主要还是研究前五次 IPO 重启和 IPO 暂停的问题，在中国资本市场发展的这么短暂的时间里，发生如此之多的 IPO 重启事件，对于中国新兴资本市场究竟意味着什么？暂停与重启背后的动因以及经济后果等相关研究都有利于中国资本市场的健康发展，也就成为研究中国资本市场的热点问题。

第四，与股利政策和现金股利相关的问题则主要集中在 2004 年之前，这主要是由于我国证券市场同时存在 A 股和 B 股市场，而且从 2000 年开始，较多的 B 股公司开始增发 A 股，导致 A 股成为新的融资渠道，对 B 股产生一定的替代作用，因此，在这样的特殊制度背景下，有必要研究产生这种替代作用的机制以及两个相对独立的市场对于股利和盈余质量的反应等相关问题。

第五，2008 年和 2009 年分别刊载了一篇关于会计准则的论文，其中 2008 年关于会计准则的论文被引用了 16 次，表明 2007 年新会计准则的实施必然是一个研究热点问题。

（三）摘要分析

摘要又称概要、内容提要。学术论文的摘要主要提供论文的梗概内容，不对论文进行评论、补充或者解释，以简明、准确无误地描述论文的核心内容为目的。摘要应具有独立性和自明性，同时，读者即使不阅读全文，也能获得论文的研究结论等必要信息。《中国会计评论》规定摘要不超过 200 字。现对《中国会计评论》前 20 期的除会议纪要等之外的论文的摘要进行分析。《中国会计评论》前 20 期刊载的 228 篇论文中，只有 150 篇带有中文摘要，实际采用的字数如图 2 所示。同时，按照上面部分的做法，对摘要进行处理，以剔除对论文主旨思想没有贡献的词语：剔除 "的"、"地"、"得"、"从"、"对"、"吗"、"基于"、"非常"、"很"、"在"、"将"、"根据" 等助词、介词和副词，剔除 "本文"、"我们"、"采用"、"尝试"、"作者"、"发现"、"本文对"、"研究了"、"考察"、"结果表明"、"通过"、"A 股上市公司"、"中国上市公司"、"实证证据" 等后，就能较准确地代表摘要的真正信息含量，也即真正提供给读者和研究人员有用的信息，方便读者和研究人员甄别其真正需要的论文，减少了他们的负担。剔除前后，摘要的字数（按照时间顺序和页码顺序排序后）的对照如图 2 所示。

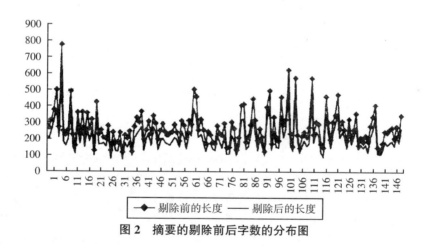

图 2 摘要的剔除前后字数的分布图

图 2 的纵坐标是摘要的字数，横坐标轴是含有摘要的论文。从图 2 可知，第一，每篇论文摘要的字数相差较大，最多的字数居然超过 700 字，剔除后也超过 600 字，没有剔除前，绝大多数都超过了《中国会计评论》规定的 200 字，即使经过以上的剔除，超过 200 字的也不少，这表明，论文的作者在表达论文的主旨时，语言冗长，没有通过摘要对论文进行简要表达，偏离了摘要的本意，增加了读者和研究人员的阅读负担；第二，对匿名审稿人来说，需要对摘要提出修改意见，对投稿的研究人员来说，需要加强摘要的写作，尽量简要，内容突出；第三，从时间序列上看，2005 年之前和 2008 年之后的摘要的字数波动性最大，而中间年份的波动性则较小。

四、引用文献分析

学术研究大部分是在前人的基础上进行的。学术论文中的参考文献是论文中不可缺少的重要的组成部分，它不仅反映了论文作者的学术水平，对于相关研究的扩展内涵进行了充分的研究，同时也是一种学术道德的体现，是对研究人员工作的一种尊重。基于此，我们就《中国会计评论》的参考文献，考察《中国会计评论》刊载的学术论文的作者对于相关研究的把握以及国内外主要相关期刊的参考。由于各大期刊随着时间的不同，其影响力会发生一定的变化，并且《中国会计评论》在 2008 年被 CSSCI 收录以及在 2008 年开始进入稳步发展期，因此为了更好地考察《中国会计评论》刊载的论文的参考来源，在本小节仅考察从 2009 年第 1 期至 2010 年第 2 期共六期的参考文献，根据表 11 可知，在这六期中，《中国会计评论》共刊载了论文 40 篇，其中 37 篇论文引用了其他论文共 1234 条，分别来自学位论文、报刊、工作论文、期刊论文等，引用文献情况如表 11 所示，该表是根据文献的类别按照中英文分别统计得到的分布情况，其中占比是指在中文和英文中的分别占比情况；总占比是指各个类别在所有的引用条数中的占比情况；平均引用条数是指总体类别的平均引用条数，即等于中英文总条数与引用了参考文献的论文总数之比。

从表 11 可知，第一，《中国会计评论》刊载的论文的参考来源主要来自期刊论文，其中英文期刊论文最多，达到 596 篇，平均每篇论文引用了近 29 篇期刊论文，这表明刊载的论文比较全面地总结了前人的研究工作，是在前人的研究工作基础上进行研究；第二，从引用的文献类别看，仅中文文献中使用了报纸、证监会通知和会议论文，其中证监会通知一般不应该作为参考文献，只能作为论文中的标注内容使用；第三，在中英文的参考文献中，都存在未知的参考文献类型，这是由于参考文献不完整导致的，这需要引起匿名审

表 11 引用文献来源类别情况表

类别	中文	占比（%）	英文	占比（%）	总占比（%）	平均引用条数
博士学位论文	4	0.74	2	0.29	0.49	0.16
书籍	29	5.36	34	4.91	5.11	1.70
报纸	9	1.66	0	0	0.73	0.24
工作论文	14	2.59	58	8.37	5.83	1.95
未知	2	0.37	1	0.14	0.24	0.08
硕士学位论文	1	0.18	1	0.14	0.16	0.05
证监会通知	2	0.37	0	0	0.16	0.05
期刊论文	467	86.32	596	86	86.14	28.73
研究报告	4	0.74	1	0.14	0.41	0.14
会议论文	9	1.66	0	0	0.73	0.24
合计	541	100	693	100	100	33.35

稿人的注意，这可能是由于论文作者的不严谨所致；第四，英文参考文献较中文参考文献较多使用未正式发表的工作论文。

此外，在整理引用文献过程中，发现引用文献存在一些著录不规范的问题，没有严格遵循《中国会计评论》的要求，比如，参考文献缺乏期刊名。这些问题，都要求匿名审稿人在审稿的过程中，不仅关注论文的内容，也需要关注参考文献的格式问题，这样便于读者更好地利用《中国会计评论》。还有就是参考文献的来源尽量采用公认的较好的期刊上的论文，以增强论文的说服力和学术严谨性。

为了更好地考察《中国会计评论》刊载的论文引用文献的来源情况，从而可以从侧面考察刊载的论文质量水准。根据引用文献的来源期刊，按照期刊的影响力统计得到引用来源期刊情况，如表 12 所示。

表 12　引用期刊情况表

中文期刊名称	条数	中文占比(%)	总占比(%)	英文期刊名称	条数	英文占比(%)	总占比(%)
《会计研究》	98	20.99	7.94	*Journal of Accounting and Economics*	82	13.76	6.65
《经济研究》	65	13.92	5.27	*Journal of Finance*	65	10.91	5.27
《管理世界》	39	8.35	3.16	*The Accounting Review*	64	10.74	5.19
《中国会计与财务研究》	31	6.64	2.51	*Journal of Accounting Research*	49	8.22	3.97
《中国会计评论》	29	6.21	2.35	*Journal of Financial Economics*	45	7.55	3.65
《金融研究》	26	5.57	2.11	*American Economic Review*	30	5.03	2.43
《证券市场导报》	9	1.93	0.73	*Quarterly Journal Economics*	13	2.18	1.05
《审计研究》	7	1.50	0.57	*Contemporary Accounting Research*	6	1.01	0.49
《中国社会科学》	2	0.43	0.16	*Journal of Financial Research*	3	0.50	0.24
其他中文期刊	161	34.48	13.05	其他英文期刊	239	40.10	19.37
合计	467	100.00	37.84	合计	596	100.00	48.30

从表 12 可知：第一，引用最多的文献来自《会计研究》，其次来自 *Journal of Accounting and Economics*、《经济研究》、*Journal of Finance*、*The Accounting Review*，来自这五大期刊的文献占全部参考文献的 30.32%。第二，来自前三大中文期刊的文献的占比为 16.37%，而来自前三大英文期刊的文献的占比为 17.11%，这表明《中国会计评论》刊载的论文的引用文献更倾向于前三大英文期刊。第三，在引用的前三大英文期刊中，*Journal of Finance* 的占比高于国际三大顶级期刊中的两大——*The Accounting Review* 和 *Journal of Accounting Research*，同时，在中文参考期刊中来自《金融研究》的占比排名很靠后，这表明，目前国际会计研究更倾向于与金融结合，而国内的研究却更局限于会计学学科内。第四，从来源期刊来看，引用文献除了会计学本学科所属的学科大类外，还倾向于采用经济学类的期刊，如《经济研究》和 *American Economic Review*，这表明《中国会计评论》刊载的论文不仅仅局限于会计学、管理学。第五，《中国会计评论》的自引用占比达到了 2.35%，在偏好实证研究的期刊中仅次于《经济研究》和《管理世界》，这表明《中国会计评论》的声誉开始在研究人

员中得到一定程度的认可，当然也不能排除投稿人的有意为之，以提高稿件的录用概率。

五、论文受资助分析

在我国，学术研究受到国家和社会的广泛资助。受资助的研究成果常常以论文或报告的形式进行发表。那么，《中国会计评论》前20期的论文受资助的情况又是怎样呢？表13报告了总体的资助项目来源情况的数据（截止到2010年1月5日17：10）。表13中的国家自然科学类基金包括国家自然科学基金项目、国家自然科学基金青年科学基金项目、国家自然科学基金委创新研究群体科学基金项目和国家自然科学基金重点项目；教育部类基金包括教育部"十五"规划项目、教育部博士点基金项目、教育部高等学校优秀青年教师教学科研奖励计划项目、教育部人文社会科学"十五"规划项目、教育部人文社会科学研究青年基金项目、教育部人文社会科学重点研究基地重大项目、教育部人文社科规划项目、教育部新世纪优秀人才培养计划等；省市级基金是指来自各个省直辖市内的基金，包括各个省市级的基金，包括10项上海市的、2项广东省的、1项黑龙江省的、1项江苏省的和1项四川省的基金；校级基金是指来自各个高校的基金，包括来自复旦大学、中国人民大学等十个大学的23个基金项目。受惠篇次是指论文受到资助的基金，一篇论文存在有多个基金的资助，平均有效被引频次为总被引频次与被引篇次之比，平均下载频次为总下载频次与受惠篇次之比。

表 13　资助资金来源情况表

资助资金来源	受惠篇次	被引篇次	总被引频次	平均有效被引频次	总下载频次	平均下载频次	转化率
国家自然科学类基金	51	31	271	8.7	19084	374.2	70.4
国家社会科学基金	6	4	69	17.3	2624	437.3	38.0
教育部类基金	24	9	46	5.1	6029	251.2	131.1
笹川良一优秀青年教育基金	1	1	3	3.0	424	424.0	141.3
中国香港研究资助局基金	1	1	28	28.0	779	779.0	27.8
曙光计划	2	0	0	0	515	257.5	0
中国博士后科学基金	3	1	11	11.0	1364	454.7	124.0
省市级基金	15	6	24	4.0	5141	342.7	214.2
校级基金	23	14	92	6.6	9227	401.2	100.3
财政部重点会计科研课题	1	1	4	4.0	238	238.0	59.5
国家留学基金	1	0	0	0	149	149.0	0
合计	128	68	548	8.1	45574	356.0	83.2

从表13可知，第一，《中国会计评论》前20期的论文资助来源最多的是国家自然科学基金，达到51篇次，其次是教育部类的基金和校级基金，分别为24篇次和23篇次，来

自国家社会科学基金的项目偏少；第二，受资助的论文绝大多数来自国家和部委级的项目，校级和省市级的项目较少，只有 38 篇次，占比为 29.7%；第三，从有效被引次数来看，中国香港研究资助局资助项目资助的论文被引次数最高，其次是国家社会科学基金资助的论文；第四，省市级资助的论文被引用率偏低，这表明这类资助的论文质量有待于进一步提高；第五，从论文被引和下载的频次来看，中国香港研究资助局资助的论文质量最高，平均大约下载 28 次就被引用一次，这在一定程度上可以表明，在资助科研方面，中国香港地区的资助资金的产出率较内地高，这也许与资助资金的管理水平有关，当然，这个结论也可能存在一定的偏颇。

为了更清楚地了解《中国会计评论》论文资助资金来源在各个年度的详细分布情况，统计结果如表 14 所示。

表 14　资助资金来源的年度分布情况表

资助资金来源 \ 年份	2003	2004	2005	2006	2007	2008	2009	2010
国家自然科学类基金	3	7	4	0	5	12	14	6
国家社会科学基金	1	2	1	0	0	1	1	0
教育部类基金	1	3	1	0	1	3	7	8
笹川良一优秀青年教育基金	0	0	0	0	0	1	0	0
中国香港研究资助局基金	0	0	0	0	1	0	0	0
曙光计划	0	0	0	0	0	0	2	0
中国博士后科学基金	0	0	0	0	0	1	2	0
省市级基金	0	1	0	0	0	3	7	4
校级基金	1	2	1	0	3	3	10	3
财政部重点会计科研课题	0	0	1	0	0	0	0	0
国家留学基金	0	0	0	0	0	0	0	1
合计	6	15	8	0	10	24	43	22

从表 14 可知，第一，随着《中国会计评论》创刊时间的推移，资助来源类别和资助资金的数量呈上升趋势，且这种趋势在 2007 年之后增长趋势更强，这也许与 2007 年 CSSI 宣布收录《中国会计评论》有关；第二，2006 年刊载的论文没有获得任何级别的基金资助，这可以认为是表 1 中的 2006 年的平均有效被引频次较 2009 年之前的年份偏低的原因之一；第三，在 2003~2005 年，2004 年刊载的论文受资助比 2003 年与 2005 年受资助的基金数量之和还多，这也可以认为是 2004 年较 2003 年与 2005 年被引篇次和有效被引频次都偏高的原因之一。

从以上可知，论文受到不同级别基金资助，其被引用和被读者和研究人员关注的程度也不一样，基金级别越高，受到关注的程度也越高。这也在一定程度上佐证了高级别的基金的获得者提供了较好的论文，进而为资助基金的质量提供了一定的参考。

六、研 究 结 论

本文在中国知网提供的被中国知网收录的期刊的引用期刊以及相关的下载期刊的基础上，运用科学计量学方法，对《中国会计评论》2003~2010 年第 2 期共 20 期的论文的载文情况、论文标题、摘要、关键词、参考文献等进行文献内容计量分析，研究发现：

（1）创刊以来的 20 期，《中国会计评论》经历了较多的变革，根据读者和科研人员的需求在不断调整办刊方案。在 2007 年以前，刊载了较多的点评论文，但是通过被引频次和下载频次，我们可以知道刊载的点评论文质量有待提高，之后《中国会计评论》的点评类论文几乎没有刊载，《中国会计评论》及时对于版面的调整，表明以《中国会计评论》主编以及匿名审稿人为主的工作人员对期刊质量的高标准要求。

（2）从《中国会计评论》在中国知网上的被引频次和下载频次看，《中国会计评论》刊载的 4 篇综述论文得到了读者和研究人员的极大关注。

（3）《中国会计评论》刊载的论文几乎都是考察中国经济的问题，对于中国经济，特别是中国资本市场的发展表现出了极大的关注。

（4）《中国会计评论》刊载的论文绝大部分是实证研究方面的论文，采用的研究方法都是与国际一流期刊一致的。

（5）《中国会计评论》的参考文献大多数来源于学术界普遍认为的国际一流期刊或国内一流期刊，并且《中国会计评论》自引用也得到了较高的提高。

（6）《中国会计评论》刊载的论文受到较多科研资金的资助，特别是国家级课题资金的资助，但省市级资助的论文被关注的较少。

（7）《中国会计评论》的匿名审稿人对于论文的审稿倾注了很多的心血，对于《中国会计评论》的口碑的树立做出了极大的贡献，但是在论文的写作方面，特别是论文体例方面，希望匿名审稿人今后能够给予一定的关注，同时也要求投稿者加强论文的严谨性，以方便读者和研究人员更便捷地利用《中国会计评论》。

综上所述，《中国会计评论》经过八年来的努力与艰辛，目前已成为中国会计学及其相关学科理论研究中具有一定影响力的期刊，为了更好地服务读者和研究人员，切实提高中国会计研究的水平，《中国会计评论》在论文的质量方面还需要进一步的提升。

参考文献

[1] 蔡祥. 实证会计理论的发展：反思与展望 [J]. 中大管理研究，2008（1）：1-28.

[2] 蔡祥，李志文，张为国. 中国实证会计研究述评 [J]. 中国会计与财务研究，2003（2）：155-215.

[3] 程刚.《管理世界》被引用的定量分析 [J]. 管理世界，2001（1）：215-217.

[4] 王奇波，宋常. 国外关于最优股权结构与股权制衡的文献综述 [J]. 会计研究，2006（1）：83-94.

［5］曾建光.《中国会计评论》2003~2009 年被引分析［J］. 中国会计评论，2010（2）：223–234.

［6］《中国会计评论》简介. http：//www.gsm.pku.edu.cn/article/1183/4405.html，2011–01–15.

Research and Analysis of the Content in China Accounting Review

Liu Yingwen　Zhang Peng　Zeng Jianguang

Abstract：China Accounting Review started publication from 2003 to provide a platform for researchers to explore economics in Chinese mainland. This paper uses data from databases of CNKI（http：//www.cnki.net/） about the cited frequency and downloaded frequency of published papers in *China Accounting Review*，to analysis and discuss the quality of the papers and provide a review about accounting research in China. We find that the papers using the latest global methods pay more attention to the new problems and topics happened in China and impact the academic research in China. We also find that the journal has more and more effect on accounting research in China and must be improved the quality of writing criterion.

Key Words：*China Accounting Review*；Accounting Research in China；Content of Papers；Cited Frequency；Downloaded Frequency

第二节

英文期刊论文精选

Title：Are Overconfident CEOs Better Innovators?

Periodical：*The Journal of Finance*

Author：David Hirshleifer，Angie Low，Siew Hong Teoh

Date：August 2012

Abstract：Previous empirical work on adverse consequences of CEO overconfidence raises the question of why firms hire overconfident managers. Theoretical research suggests a reason: overconfidence can benefit shareholders by increasing investment in risky projects. Using options-and press-based proxies for CEO overconfidence，we find that over the 1993~2003 period，firms with overconfident CEOs have greater return volatility，invest more in innovation，obtain more patents and patent citations，and achieve greater innovative success for given research and development expenditures. However，overconfident managers achieve greater innovation only in innovative industries. Our findings suggest that overconfidence helps CEOs exploit innovative growth opportunities.

Key Words：Overconfident；Innovation；R&D Investments

文章名称：《过度自信的 CEO 是更好的创新者吗?》

期刊名称：《金融杂志》

作者：戴维·赫什利弗、安吉·洛、张秀航

出版时间：2012 年 8 月

内容摘要：先前关于 CEO 过度自信的负面影响研究引发出一个问题，那就是为什么公司会聘用过度自信的经理人。相关理论研究认为，其中一个原因是过度自信能够通过增加风险项目投资使股东受益。本研究分别选取以选择和压力为基础的两个过度自信的替代变量，结果发现，在 1993~2003 年间，过度自信 CEO 所在公司收益的波动性更大，创新项目的投资更多，会获得更多的专利和专利引文，对于既定的研究与开发支出能够实现更大的创新成功。然而，只有在创新型产业中，过度自信的经理人才能实现更大的创新成功。我们的研究结果表明，过度自信会帮助 CEO 发掘出创新成长机会。

关键词：过度自信；创新；R&D 投资

Title：Capital Investment and Momentum Strategies

Periodical：*Review of Quantitative Finance and Accounting*

Author：Guohua Jiang，Donglin Li，Gang Li

Date：August 2012

Abstract：The main purpose of this paper is to investigate whether capital investment can affect stock price momentum. We provide empirical evidence that momentum strategies tend to be more profitable for stocks with large capital investment or investment changes. We present a simple explanation for our empirical results and show that our finding is consistent with the behavioral finance theory that characterizes investors'increased psychological bias and the more limited arbitrage opportunity when the estimation of firm value becomes more difficult or less accurate.

Key Words：Capital Investment；Momentum Strategy；Momentum Profit；Behavioral Finance

文章名称：《资本投资与惯性策略》

期刊名称：《计量财务和会计评论》

作者：姜国华、李东林、李港

出版时间：2012 年 8 月

内容摘要：这篇文章意在研究资本投资是否能够影响股价惯性。我们的研究表明，惯性策略对有大量资本投资或投资变化的股票来说更有利可图。我们对实证结果作了简单的解释，并且发现本文的结果与行为金融理论相一致：当企业价值评估变得困难或不准确时，投资者心理偏见会增长并且会出现更多的有限套利机会。

关键词：资本投资；惯性策略；惯性利润；行为财务

Title： Capital Structure and Large Investment Projects

Periodical： *Journal of Corporate Finance*

Author： Evan Dudley

Date： 2012

Abstract： This paper provides empirical evidence that lumpy investment projects provide firms with the opportunity to adjust leverage at low marginal cost. Consistent with a theoretical model，I find that ①firms sequence equity before debt during the financing period of their investment projects，and ②that firms adjust their leverage ratios toward their target leverage during these investment periods. I also show that proactive increases in leverage observed in other studies can be explained by the evolution of firms'target leverage ratios over the financing period of a project. My results are consistent with trade−off theory and imply that firms move toward their target capital structures when they invest.

Key Words： Capital Structure；Lumpy Investment；Leverage；Adjustment Costs；Financing Deficit；Market Timing

文章名称：《资本结构与大型投资项目》

期刊名称：《公司财务》

作者： 埃文·达德利

出版时间： 2012 年

内容摘要： 本文研究发现总投资项目为公司提供了在较低的边际成本水平上调整杠杆的机会。与理论模型一致，作者发现：①在公司投资项目的融资期间，公司会优先考虑股权融资，其次是债券融资；②公司会在投资期间针对其目标杠杆调整它的杠杆比率。作者还发现，在其他研究中观察到的积极增加杠杆可以解释为公司在项目融资期间目标杠杆率的改善。本文的研究结果与权衡理论一致，即在投资时，公司的资本结构会趋向于目标资本结构。

关键词： 资本结构；总投资；财务杠杆；调整成本；财政赤字；市场时机

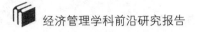

Title：CEO Incentives and the Cost of Debt

Periodical：*Review of Quantitative Finance & Accounting*

Author：Kenneth W. Shaw

Date：April 2012

Abstract：Motivated by concerns that stock-based compensation might lead to excessive risk-taking, this paper's main purpose is to examine the relations between CEO incentives and the cost of debt. Unlike prior research, this paper uses the sensitivities of CEO stock and option portfolios to stock price (delta) and stock return volatility (vega) to measure CEO incentives to invest in risky projects. Higher delta (vega) is predicted to be related to lower (higher) cost of debt. The results show that yield spreads on new debt issues are lower for firms with higher CEO delta and are unrelated to CEO vega. The results also show that yield spreads are higher for firms whose CEOs hold more shares and stock options. In sum, the results suggest that both percentage-ownership and option sensitivity variables are important in understanding relations between CEO incentives and the cost of debt.

Key Words：CEO Compensation；Cost of Debt；Stock Options

文章名称：《CEO 激励与债务成本》

期刊名称：《计量财务和会计评论》

作者：肯尼思·W.肖

出版时间：2012 年 4 月

内容摘要：考虑到股权激励可能会引发 CEO 过度承担风险，本文主要研究了 CEO 激励与债务成本之间的关系。与之前的研究不同，在衡量 CEO 投资高风险项目的动机时，本文选取了 CEO 所持股票以及期权对股价变动（Delta）和对股票收益波动（Vega）的敏感性作为替代变量。更高的 Delta 值（Vega 值）与更低（更高）的债务成本相关。结果表明，对于有着更高 CEO Delta 值的公司来说，新发行的债券利差更低，而新发行债券的利差与 CEO Vega 值无关。并且，利差较高的公司 CEO 持有更多的股票和股票期权。总之，研究发现，与 CEO 所持股票份额以及与 CEO 所持期权多少相关的敏感性变量都可以用来解释 CEO 激励与债务成本之间的关系。

关键词：CEO 薪酬；债务成本；股票期权

Title: Corporate Governance and Capital Structure Dynamics

Periodical: *The Journal of Finance*

Author: Erwan Morellec, Boris Nikolov, Norman Schurhoff

Date: June 2012

Abstract: We develop a dynamic tradeoff model to examine the importance of manager-shareholder conflicts in capital structure choice. In the model, firms face taxation, refinancing costs, and liquidation costs. Managers own a fraction of the firms' equity, capture part of the free cash flow to equity as private benefits, and have control over financing decisions. Using data on leverage choices and the model's predictions for different statistical moments of leverage, we find that agency costs of 1.5% of equity value on average are sufficient to resolve the low-leverage puzzle and to explain the dynamics of leverage ratios. Our estimates also reveal that agency costs vary significantly across firms and correlate with commonly used proxies for corporate governance.

Key Words: Corporate Governance; Capital Structure; Financing Policy

文章名称：《公司治理与资本结构动态》

期刊名称：《金融杂志》

作者：欧文·莫莱克、鲍里斯·尼古洛、诺曼·舒尔霍夫

出版时间：2012 年 6 月

内容摘要：作者通过建立一个动态权衡模型，验证了在资本结构决策中管理者和股东之间冲突的重要性。在模型中，企业面临税收、再融资成本和清算费用。管理层拥有公司的部分股权，并能够从股权中争夺部分自由现金流作为控制权私人收益。同时，管理层控制着企业融资的决策权。利用杠杆选择和杠杆不同统计时期的模型预测数据，作者发现，平均 1.5% 股权价值的代理成本可以解决低负债问题，并且可以解释杠杆比率的动态变化。研究还发现，代理成本对于不同的公司来说会变化很大，而且与公司治理常用的替代变量相关。

关键词：公司治理；资本结构；融资政策

Title：Customer –Base Concentration：Implications for Firm Performance and Capital Markets

Periodical：*The Accounting Review*

Author：Panos N. Patatoukas

Date：2012

Abstract：This study investigates whether and how customer –base concentration affects supplier firm fundamentals and stock market valuation. I compile a comprehensive sample of supply chain relationships and develop a measure（CC）to capture the extent to which a supplier's customer base is concentrated. In contrast to the conventional view of customer –base concentration as an impediment to supplier firm performance，I document a positive contemporaneous association between CC and accounting rates of return， suggesting that efficiencies accrue to suppliers with concentrated customer bases. Consistent with a cause–and– effect link between customer –base concentration and supplier firm performance，analysis of intertemporal changes demonstrates that CC increases predict efficiency gains in the form of reduced operating expenses per dollar of sales and enhanced asset utilization. Using stock returns tests，I find that investors underreact to the implications of changes in customer –base concentration for future firm fundamentals when setting stock prices. A trading strategy that exploits investors'underreaction yields abnormal stock returns over the 30–year period studied.

Key Words：Customer–base Concentration；Supply Chain Collaboration；DuPont Analysis； Market Efficiency

文章名称：《客户群集中：对公司绩效与资本市场的影响》

期刊名称：《会计评论》

作者：帕诺斯·N.帕特托卡斯

出版时间：2012 年

内容摘要：本文调查研究了客户群集中是否并如何影响供应商的基本面和股市估值。 作者整理了一个供应链关系的综合性样本并提出一个能够测量供应商客户群集中程度的方 法（CC）。与传统的把客户群集中看作供应商绩效障碍的观点相比，作者研究发现，CC 与会计收益率之间是正相关关系，这一关系反映出集中的客户群能够提高供应商的效率。 与客户群集中和供应商绩效之间的因果关系相一致，跨时期的变化分析表明，CC 以减少 每一美元销售的营业费用和提高资产利用率的形式来实现预期的公司效绩提升。利用股票 收益测试，研究发现，当设定股票价格时，投资者对未来公司基本面中客户群集中变化的 影响反应不足。在 30 年的时间窗口研究中，一种利用投资者反应不足的交易策略能够带 来异常的股票收益。

关键词：客户群集中；供应链协作；杜邦分析；市场效率

Title：Determinants of Cross–Border Mergers and Acquisitions

Periodical：*The Journal of Finance*

Author：Isil Erel，Rose C. Liao，Michael S. Weisbach

Date：June 2012

Abstract：The vast majority of cross–border mergers involve private firms outside of the United States. We analyze a sample of 56，978 cross–border mergers between 1990 and 2007. We find that geography，the quality of accounting disclosure，and bilateral trade increase the likelihood of mergers between two countries. Valuation appears to play a role in motivating mergers：firms in countries whose stock market has increased in value，whose currency has recently appreciated， and that have a relatively high market –to –book value tend to be purchasers，while firms from weaker–performing economies tend to be targets.

Key Words：Cross –border Mergers；Private Firm；Accounting Quality；Economic Development

文章名称：《跨境并购的决定因素》

期刊名称：《金融杂志》

作者：伊西尔·厄尔、罗斯·C.里奥、迈克尔·S.韦斯巴赫

出版时间：2012 年 6 月

内容摘要：绝大多数跨境并购涉及美国境外的私人企业。我们分析了 1990~2007 年间 56978 份跨境并购的样本，发现地理因素、会计信息披露的质量和双边贸易会增加两国之间企业并购的可能性。估值在促成兼并上的作用似乎很重要：那些股票市场价值增加的国家、货币升值的国家、市场价值与账面价值比相对较高的国家，这些国家中的公司往往是购买者，而来自经济欠发达国家的公司往往是被收购的目标。

关键词：跨境并购；私人企业；会计信息质量；经济发展

Title: Disclosures of Insider Purchases and the Valuation Implications of Past Earnings Signals

Periodical: *The Accounting Review*

Author: David Veenman

Date: January 2012

Abstract: This study examines whether disclosures of insider equity purchases on Securities and Exchange Commission (SEC) Form 4 resolve uncertainty regarding the valuation implications of reported earnings. Defining information uncertainty as ambiguity about firm value arising from low earnings precision, I predict and find that insider purchase filings trigger more positive market reactions in firms with greater information uncertainty (lower quality accruals). After controlling for future earnings changes, I further find that market reactions to purchase filings are predictably associated with prior earnings changes. The strength of this effect is increasing in the magnitude of insider purchases, as well as the level of information uncertainty. Overall, these findings suggest that, in addition to signaling future earnings information, Form 4 purchase filings help investors learn about the valuation implications of past earnings signals.

Key Words: Insider Trading; Information Uncertainty; Accruals Quality; Earnings Persistence

文章名称:《内幕交易披露与过去盈余信号的估值影响》

期刊名称:《会计评论》

作者:戴维·维恩曼

出版时间:2012年1月

内容摘要:本文研究了基于证券交易委员会4号标准所要求的内部股权购买披露是否能解决报告盈余的估值影响的不确定性。通过将信息不确定性定义为由较低盈余预测精度导致的公司价值不明确,研究发现,信息的不确定性越大(应计质量越低),公司内部交易申报所引起的市场反应也越积极。在控制未来收益的变化后,研究还发现,交易申报的市场反应是可预测的,并且与之前的盈余变化相关。这种影响的强度会随着内部交易数量以及信息不确定性水平的增加而加大。总之,这些发现表明,除了向市场传递企业未来的盈余信息之外,4号标准所要求的交易申报也能够帮助投资者了解过去盈余信号的估值影响。

关键词:内部交易;信息不确定性;应计质量;盈余持续性

Title：Dividend Reductions，the Timing of Dividend Payments and Information Content

Periodical：*Journal of Corporate Finance*

Author：Balasingham Balachandran，Chandrasekhar Krishnamurti，Michael Theobald，Berty Vidanapathirana

Date：August 2012

Abstract：Australian companies pay dividends semi –annually with smaller "interim" payments and larger "final" payments. Interim dividends are declared and paid within a less full information environment than final dividends. We analyze the interactions between the timing of dividends and their information content，controlling for share repurchase and tax effects. Dividend reductions that are not associated with share repurchases are statistically significantly related to future abnormal earnings and provide strong support for the information content of dividend reductions. The percentage of dividend reduction is stronger for interim than for final dividend reductions. The market reaction is negatively related to the reduction in imputation tax credit and reacts more aggressively and negatively to interim as compared to final dividend reductions.

Key Words：Price Reactions；Australia；Dividend Reductions；Information Content；Franked and Unfranked；Interim and Final

文章名称：《股利削减、股利支付时间与信息内容》

期刊名称：《公司财务》

作者：巴拉辛汉姆·巴拉钱德雷恩、钱德雷斯克哈·克里斯那穆提、迈克尔·西奥博尔德、伯提·维达纳帕斯拉纳

出版时间：2012 年 8 月

内容摘要：澳大利亚的公司以更小的"期中"支付和更大的"期末"支付方式每半年支付一次股利。期中股利的宣布和支付所在的信息环境要比期末股利更不完全。在控制股份回购和税收的影响后，作者分析了股利分配时机和信息内容之间的相互影响。不涉及股份回购的股利削减与未来异常收益有显著关联关系，这一发现表明，股利削减确实含有一定的信息内容。期中股利削减的份额要比期末股利削减的份额大。市场反应与税收抵免的削减负相关，并且相比于期末股利的削减，市场反应与期中股利的削减呈现出更为强烈的负相关关系。

关键词：价格反应；澳大利亚；股利削减；信息内容；税务减免与非税务减免；期中和期末

Title：Does Investment-related Pressure Lead to Misreporting? An Analysis of Reporting Following M&A Transactions

Periodical：*The Accounting Review*

Author：Daniel A. Bens, Theodore H. Goodman, Monica Neamtiu

Date：May 2012

Abstract：This study examines whether managers alter their financial reporting decisions in the face of investment-related pressure. We define investment-related pressure as the increased pressure managers feel to retain their job following an M&A poorly received by the market. We hypothesize that managers attempt to assuage pressure by delivering strong performance post-merger, creating incentives for misreporting. Our findings indicate that acquirers with more negative M&A announcement returns are more likely to misstate financial statements in the post-investment period and the issuance of misstated financials mitigates this pressure, at least in the near term. Our study contributes to the literature on the relation between corporate investing and financial reporting by showing how investment-related pressure leads to misreporting, even in a setting where the costs (e.g., greater probability of detection) are high. Our study also has implications for the large body of research that evaluates various consequences of M&As using post-merger performance. Specifically, researchers should be careful to distinguish real from misstated financial performance in the post-investment period.

Key Words：Misreporting; Investment; Mergers and Acquisitions; Pressure on Managers

文章名称：《投资压力会导致谎报吗？来自于并购交易报告的分析》

期刊名称：《会计评论》

作者：丹尼尔·A.本斯、西奥多·H.古德曼、莫妮卡·尼姆休

出版时间：2012 年 5 月

内容摘要：本文研究了经理人面对投资压力时是否会改变他们的财务报告决策。作者将投资压力定义为当并购不能为市场所接受时，经理人想保住他们的工作这一不断增大的压力。作者假设，经理人试图通过向市场传递企业在并购后强劲的表现来缓解压力，这一假设预示着经理人有错报的动机。研究发现，有更多负面并购公告回报的收购方更有可能在投资后期误报财务报表，而至少在短时间内，误报的财务报表的发布会减缓经理人的压力。本文对相关研究的贡献在于，通过论述即使在高成本（如面临高的被发现的可能性）的情况下，投资压力也会导致错报这一观点，本文揭示了公司投资与财务报告之间的关系。另外，本文也为那些关注并购结果的研究提供了一定的启示，尤其是在投资后期，研究者应该仔细辨别真实的财务业绩和错报的财务业绩。

关键词：谎报；投资；并购；经理人压力

Title：Dynamic CEO Compensation

Periodical：*The Journal of Finance*

Author：Alex Edmans，Xavier Gabaix，Tomasz Sadzik，Yuliy Sanikov

Date：October 2012

Abstract：We study optimal compensation in a dynamic framework where the CEO consumes in multiple periods，can undo the contract by privately saving，and can temporarily inflate earnings. We obtain a simple closed-form contract that yields clear predictions for how the level and performance sensitivity of pay vary over time and across firms. The contract can be implemented by escrowing the CEO's pay into a "Dynamic Incentive Account" that comprises cash and the firm's equity. The account features state-dependent rebalancing to ensure its equity proportion is always sufficient to induce effort，and time-dependent vesting to deter short-termism.

Key Words：CEO Compensation；Dynamic Incentive Account；Contract

文章名称：《CEO 动态薪酬》

期刊名称：《金融杂志》

作者：亚历克斯·埃德曼兹、泽维尔·加贝克斯、托玛兹·萨泽克、尤利叶·桑涅科沃

出版时间：2012 年 10 月

内容摘要：我们建立了一个 CEO 在多个时期消费的动态框架，研究最优薪酬结构可以使 CEO 通过私有储蓄取消契约，也可以暂时增加盈余。通过利用一个简单的封闭式契约，我们可以清楚地预测不同时间和不同公司中薪酬水平及其业绩敏感性变化。该契约通过将 CEO 薪酬支付托管给"动态激励账户"来实施，这个账户包括现金和公司的股权。该账户强调"状态依赖型"平衡调整以保证其内部的股权比例足以起到激励 CEO 努力工作的作用，同时该账户也强调"时间依赖型"既得利益以避免短期主义行为的出现。

关键词：首席执行官薪酬；动态激励账户；契约

Title：Gray Markets and Multinational Transfer Pricing

Periodical：*The Accounting Review*

Author：Romana L. Autrey，Francesco Bova

Date：March 2012

Abstract：Gray markets arise when a manufacturer's products are sold outside of its authorized channels，for instance when goods designated by a multinational firm for sale in a foreign market are resold domestically. One method multinationals use to combat gray markets is to increase transfer prices to foreign subsidiaries in order to increase the gray market's cost base. We illustrate that，when a gray market competitor exists，the optimal transfer price to a foreign subsidiary exceeds marginal cost and is decreasing in the competitiveness of the domestic market. However，a multinational's discretion in setting transfer prices may be limited by mandatory arm's length transfer pricing rules. Provided gray markets exist，we characterize when mandating arm's length transfer pricing lowers domestic social welfare relative to unrestricted transfer pricing. We also demonstrate that gray markets can lead to higher domestic tax revenues，even when gray market firms do not pay taxes domestically.

Key Words：Transfer Pricing；Gray Markets；Regulation

文章名称：《灰色市场和跨国公司转移定价》

期刊名称：《会计评论》

作者：罗曼娜·L.奥特里、弗朗西丝·波瓦

出版时间：2012 年 3 月

内容摘要：当制造商销售产品超出其授权销售渠道时，灰色市场就会出现，例如一个跨国公司将国外市场指定销售的商品在国内转售。跨国公司打击灰色市场的一种方法是向国外子公司提高转移价格来增加灰色市场的基本成本。结果表明，当一个灰色市场的竞争者出现时，国外子公司的最优转移价格超过边际成本，并且该最优转移价格会随着国内市场竞争度的增加而有所降低。然而，在制定转移价格时，跨国公司的自由裁量权会因强制公平的转移价格制度而受限制。如果灰色市场存在，相比自由转移价格，强制公平转移价格会降低国内社会福利。研究还表明，虽然具有灰色市场的企业在国内不交税，但是灰色市场会带来更高的国内税收收入。

关键词：转移定价；灰色市场；监管

Title：Investor Relations，Firm Visibility，and Investor Following

Periodical：*The Accounting Review*

Author：Brian J. Bushee，Gregory S. Miller

Date：May 2012

Abstract：We examine the actions and outcomes of investor relations（IR）programs in smaller，less-visible firms. Through interviews with IR professionals，we learn that IR strategies have a common goal of attracting institutional investors and that direct access to management，rather than increased disclosure，is viewed as the key driver of the strategy's success. We test for the effects of IR programs by examining small-cap companies that hired IR firms in a differences-in-differences research design with controls for changes in disclosure and determinants of the decision to initiate IR. Relative to a matched sample of control firms，we find that companies initiating IR programs exhibit greater increases in institutional investor ownership and a shift toward investors that normally would not follow the companies. We also find greater improvements in analyst following，media coverage，and the book-to-price ratio. Our results indicate that IR activities successfully improve visibility，investor following，and market value.

Key Words：Investor Relations；Disclosure；Institutional Investors；Analysts；Media

文章名称：《投资者关系、企业知名度和投资者关注》

期刊名称：《会计评论》

作者：布赖恩·J.布希、格雷戈里·S.米勒

出版时间：2012 年 5 月

内容摘要：我们研究了在低市值、低知名度的公司中，投资者关系（IR）的表现和结果。通过采访 IR 的专业人士，我们了解到 IR 战略有一个吸引机构投资者的共同目标，并且发现战略成功的关键驱动力是直接管理而不是增加披露。通过运用 Differences-in-differences 研究设计，并控制信息披露差异以及实施 IR 决策的决定因素，我们选取了低市值公司来检测 IR 的效果。相对于控制样本公司，我们发现，实施 IR 计划的公司会增加机构投资者持股比例以及转向那些不关注公司的投资者。我们还发现，公司会在分析师跟踪、媒体报道和账面价值/市值方面有更大的改善。结果表明，IR 可以成功地改善公司的知名度、投资者关注和市场价值。

关键词：投资者关系；披露；机构投资者；分析师；媒体

Title: Management Forecast Accuracy and CEO Turnover

Periodical: *The Accounting Review*

Author: Sam (Sunghan) Lee, Steven R. Matsunaga, Chul W. Park

Date: November 2012

Abstract: We investigate whether management forecast accuracy provides a signal regarding CEOs' ability to anticipate and respond to future events by examining the relation between management forecast errors and CEO turnover. We find that the probability of CEO turnover is positively related to the magnitude of absolute forecast errors when firm performance is poor and that this positive relation holds for both positive and negative forecast errors. In addition, we find that the positive relation between CEO turnover and the absolute forecast errors is concentrated in the sample of less entrenched CEOs. Our findings indicate that boards of directors use management forecast accuracy as a signal of CEOs' managerial ability and that managers bear a cost for issuing inaccurate forecasts.

Key Words: Management Forecast Accuracy; CEO Ability; CEO Turnover

文章名称:《管理层预测准确性和 CEO 变更》

期刊名称:《会计评论》

作者: 萨姆（萨哈）·李、史蒂文·R.松、查·W.帕克

出版时间: 2012 年 11 月

内容摘要: 我们通过检验管理层预测准确性和 CEO 变更的关系来研究管理层预测准确性是否会提供一个 CEO 对未来事件的预测能力和反应能力的信号。我们发现，当公司绩效不好时，CEO 变更的可能性与预测误差大小的绝对值呈正相关关系，同时这一关系在分别考虑正向误差以及负向误差的情况下依然成立。除此之外，我们发现，当 CEO 的持股比例较低时，CEO 变更与预测误差的绝对值之间的正相关关系更加显著。我们的研究表明，董事会将管理层预测准确性作为评价 CEO 管理能力的信号，同时也表明管理层将承担不准确预测的成本。

关键词: 管理层预测准确性；CEO 能力；CEO 变更

Title：On the Life Cycle Dynamics of Venture –Capital and Non –Venture –Capital – Financed Firms

Periodical：*The Journal of Finance*

Author：Manju Purl，Rebecca Zarutskie

Date：December 2012

Abstract：We use data over 25 years to understand the life cycle dynamics of VC – financed and non–VC–financed firms. We find successful and failed VC–financed firms achieve larger scale but are not more profitable at exit than matched non–VC–financed firms. Cumulative failure rates of VC–financed firms are lower，with the difference driven largely by lower failure rates in the initial years after receiving VC. Our results are not driven by VCs disguising failures as acquisitions or by certain types of VCs. The performance difference between VC–financed and non–VC–financed firms narrows in the post–internet bubble years，but does not disappear.

Key Words：Venture–capital；Life Cycle；Exit

文章名称：《风险投资和非风险投资融资企业的生命周期动态》

期刊名称：《金融杂志》

作者：曼朱·普里、丽贝卡·扎拉斯凯

出版时间：2012 年 12 月

内容摘要：我们使用超过 25 年的数据来了解风险投资和非风险投资融资企业的生命周期动态。我们发现，相比非风险投资融资企业，成功和失败的风险投资融资企业可以达到更大的规模，但是在退出时并不能获得更多的利润。在被注入风险投资之后的最初几年里，由于低失败率因素的驱使，风险投资融资企业累计失败率低。我们的结果不受风险投资在收购时失败因素的干扰，也并不局限于对特定的风险投资而言。在后互联网泡沫时代，风险投资和非风险投资融资企业的绩效差异缩小了，但是不会消失。

关键词：风险投资；生命周期；退出

Title：The Role of Stock Liquidity in Executive Compensation

Periodical：*The Accounting Review*

Author：Sudarshan Jayaraman，Todd T. Milbourn

Date：March 2012

Abstract：We explore the role of stock liquidity in influencing the composition of CEO annual pay and the sensitivity of managerial wealth to stock prices. We find that as stock liquidity goes up，the proportion of equity-based compensation in total compensation increases while the proportion of cash-based compensation declines. Further，the CEO's pay-for-performance sensitivity with respect to stock prices is increasing in the liquidity of the stock. Our main findings are supported by additional tests based on shocks to stock liquidity and two-stage least squares specifications that mitigate endogeneity concerns. Our results are consistent with optimal contracting theories and contribute to the ongoing debate about the increasing trend of both equity-based over cash-based compensation and the sensitivity of total CEO wealth to stock prices rather than earnings.

Key Words：Stock Liquidity；Executive Compensation；Optimal Contracting

文章名称：《股票流动性对高管薪酬的作用》

期刊名称：《会计评论》

作者：苏达沙·杰伊拉曼、托德·T.米尔本

出版时间：2012年3月

内容摘要：我们探讨股票流动性对CEO年薪组成和管理层财富与股票价格敏感性的影响。我们发现，随着股票流动性上升，股权薪酬占总薪酬的比例增加，而现金薪酬比例下降。此外，CEO薪酬与业绩（股票市场表现）敏感性会随着股票流动性的增加而增加。另外，我们的主要结果在进一步的测试中也依然成立，这些测试包括基于股票流动性冲击的测试以及运用两阶段最小二乘法的测试，其中两阶段最小二乘法可以减轻内生性问题。我们的结果与最优契约理论是一致的，并且对一些持续的争论有一定的贡献意义，这些争论包括"股权薪酬是否比现金薪酬更有效"以及"CEO总财富对股价的敏感性是否高于对盈利的敏感性"。

关键词：股票流动性；高管薪酬；最优契约

Title：Transfer Prices：A Financial Perspective

Periodical：*Journal of International Financial Management & Accounting*

Author：Nilufer Usmen

Date：January 2012

Abstract：The arguments for and against transfer pricing schemes so far have focused on profit-seeking approaches based on tax differentials, or on evasion of government enforced goods and fund flow restrictions. This article shifts to a value-seeking framework where transfer prices act as strategic tools that may enhance value for the multinational with a foreign affiliate by exploiting financial and/or tax arbitrage that also lead to ownership arbitrage. The results show that there is an optimal level of transfer price depending on the specific exchange rate distribution when the cost structure allows for a penalty for overcharging. Moreover, this article introduces a new form of tax arbitrage benefit of transfer prices that is based on present value of tax shields.

Key Words：Transfer Prices；Value-seeking；Tax Arbitrage；Financial Arbitrage

文章名称：《转移价格：一个财务视角》

期刊名称：《国际财务管理与会计》

作者：尼鲁费尔·乌斯曼

出版时间：2012 年 1 月

内容摘要：目前为止，对于转移价格方案的争论集中于两个方面：基于税收差异追求利润和对政府执行的商品和资金流动限制逃税。本文的观点是追求价值，转移价格作为战略工具，可以通过利用财政或税收套利来提高有国外子公司的跨国公司的企业价值。其中财政或税收套利可以带来所有权套利。结果表明，转移价格的最优水平取决于当成本结构允许对过高收费的处罚时具体的汇率分布。同时，本文介绍了一种转移价格的税收套利的新形式，即基于避税现值。

关键词：转移价格；追求价值；税收套利；财政套利

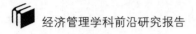

Title：Which CEO Characteristics and Abilities Matter

Periodical：*The Journal of Finance*

Author：Steven N. Kaplan，Mark M. Klebanov，Morten Sorensen

Date：June 2012

Abstract：We exploit a unique data set to study individual characteristics of CEO candidates for companies involved in buyout and venture capital transactions and relate these characteristics to subsequent corporate performance. CEO candidates vary along two primary dimensions：One that captures general ability and another that contrasts communication and interpersonal skills with execution skills. We find that subsequent performance is positively related to general ability and execution skills. The findings expand our view of CEO characteristics and types relative to previous studies.

Key Words：CEO Characteristics；CEO Abilities；General Ability；Communication and Interpersonal Skills；Execution Skills

文章名称：《CEO 特质和 CEO 能力哪个重要》

期刊名称：《金融期刊》

作者：史蒂文·N.卡普兰、马克·M.克莱巴诺、莫滕·索伦森

出版时间：2012 年 6 月

内容摘要：我们利用独特的数据集来研究有收购和风险投资交易公司的 CEO 候选人的个人特质以及这些特质对公司后来业绩的影响。CEO 候选人主要有两个方面的不同：基本能力、沟通和人际交往能力与执行能力的对比。我们发现，企业后来的业绩与基本能力和执行能力呈正相关关系。这个发现扩大了以前研究对 CEO 特质和类型的研究视角。

关键词：CEO 特质；CEO 能力；基本能力；沟通和人际交往能力；执行能力

Title: Why Do Firms Go Public? The Role of the Product Market

Periodical: *Journal of Business Finance & Accounting*

Author: Abe De Jong, Carel A. Huijgen, Teye A. Marra, Peter Roosenboom

Date: January/March 2012

Abstract: This paper investigates the effect of product market characteristics on the decision to go public. When firms decide to go public or remain private, they trade off product market related costs and benefits. Costs arise from the loss of confidential information to competitors, e.g., in the IPO prospectus and subsequent mandated public disclosures, while benefits emerge from raising capital allowing the firm to strengthen its position in the product market. Our results show that UK firms are more likely to go public when they operate in a more profitable industry and in an industry with lower barriers to entry. These firms are more likely to go public in order to improve their position in the product market and to deter new entrants into the industry. However, firms from more competitive industries and firms with smaller market share are less likely to go public. For these firms the loss of confidential information to rivals outweighs the benefits of going public.

Key Words: Going Public; Initial Public Offering; Product Market Competition; Confidential Information

文章名称：《公司为什么上市？产品市场的作用》

期刊名称：《企业财务与会计》

作者：阿贝·德乔、凯尔·休界根、泰伊·A.马拉、彼得·罗森博姆

出版时间：2012 年 1~3 月

内容摘要：本文探讨了产品市场特征对企业上市决策的影响。当公司决定上市或者不上市时，它们会权衡产品市场相关的成本和收益。成本产生于对竞争对手机密信息的损失，例如，在 IPO 招股说明书和随后规定的公开披露中。同时，公司可以在产品市场中通过融资获利，加强自己的地位。作者的研究结果表明，当公司经营高利润的行业或行业有低的进入壁垒时，英国公司更有可能上市。为了改变自己在产品市场的地位和阻止新进入者进入，这些公司更有可能上市。但是，更具竞争力行业和市场份额较小的企业不太可能上市。对于这些企业而言，对竞争对手机密信息的损失远远超过了上市的好处。

关键词：上市；首次公开募股；产品市场竞争；机密信息

Title：Why Does the Law Matter? Investor Protection and its Effects on Investment, Finance, and Growth

Periodical：*The Jouranal of Finance*

Author：R. David Mclean, TianYu Zhang, Mengxin Zhao

Date：February 2012

Abstract：Investor protection is associated with greater investment sensitivity to Q and lower investment sensitivity to cash flow. Finance plays a role in causing these effects; in countries with strong investor protection, external finance increases more strongly with Q, and declines more strongly with cash flow. We further find that Q and cash flow sensitivities are associated with ex post investment efficiency; investment predicts growth and profits more strongly in countries with greater Q sensitivities and lower cash flow sensitivities. The paper's findings are broadly consistent with investor protection promoting accurate share prices, reducing financial constraints, and encouraging efficient investment.

Key Words：Investor Protection; Investment; Finance; Growth; Tobin Q

文章名称：《为什么法律重要？投资者保护以及其对投资、筹资和成长性的影响》

期刊名称：《金融期刊》

作者：R.戴维·麦克琳、张天宇、赵梦鑫

出版时间：2012 年 2 月

内容摘要：投资者保护与较高的投资—托宾 Q 敏感性、较低的投资—现金流敏感度有关。融资对这些关系有重要的作用，在具有较强投资者保护的国家，外部融资会随托宾 Q 的增加而显著增加，同时会随现金流的增加而显著减少。我们进一步发现，托宾 Q—现金流敏感性与事后投资效率相关；在更大的托宾 Q 敏感度和较低的现金流敏感度的国家，投资活动可以更强地预测增长性和利润。本文的研究结果与投资者保护可以提高股价的准确性、减少财务约束和促进高效率投资的结论相一致。

关键词：投资者保护；投资；筹资；成长性；托宾 Q

第三章　财务管理学学科 2012 年出版图书精选

　　本报告以上述财务管理理论结构为划分基础，对 2012 年国内外与财务管理理论相关的出版图书进行梳理。本次文献资料整理共得到与财务管理理论相关的图书 186 种，其中：国外出版图书 58 种，国内出版图书 128 种。英文图书主要来自亚马逊英文网站和Wileyson 数据库，中文图书则以亚马逊中文网站和当当网上检索到的 2012 年财务管理理论图书为准。基于此，考虑到财务管理理论发展的系统性、前瞻性、融合性、实用性等方面的要求，从研究内容、研究方法、研究视角等方面，通过财务管理专家团队的一致评选，评选出 16 本优秀中文图书和 14 本优秀英文图书。

第一节

中文图书精选

书名：《财务风险防范》

作者：宋常

出版时间：2012 年 5 月

出版社：中信出版社

内容提要： 始于 2008 年席卷全球的金融危机，对世界各国经济产生了不同程度的冲击，且其影响在一定范围内仍在持续和蔓延。众所周知，这场源自美国次贷危机的全球金融风暴与过度金融创新不无关联，但隐藏其后的却是既往对风险管理的重视不足甚至极端漠视，凸显出风险防范体制的异常脆弱和严重缺陷。财务风险作为一种信号传递，在一定意义上能够客观全面地反映企业的经营好坏。在市场经济中，财务风险对每一个企业而言都是客观存在的，特别是在我国的经济体制还有待进一步改革和完善的背景下，企业的财务风险呈现出多样性和复杂性，企业财务风险防范能力与企业的兴衰成败息息相关。因此，对企业财务风险防范作全面系统而深入的研究和思考具有极其重要的现实意义。

《财务风险防范》一书包括七章，第一章概括性地对财务风险的基本知识和财务风险防范的基本内容进行了阐述，而财务风险防范的基本程序则是本章阐述的重点；第二章主要从债务和股权两个方面阐述了筹资风险及其防范措施，并对租赁与其他方式的筹资风险及其防范措施进行了阐述；第三章主要从项目和证券两个方面阐述了投资风险及其防范措施；第四章着重从流动资产和流动负债两个方面阐述了资金营运风险及其防范措施；第五章着重结合并购的不同阶段阐述了并购风险及其防范措施；第六章重点阐述了海外上市、跨国并购和跨国经营的风险及其防范措施；第七章重点阐述了有利于防范财务风险的财务预警与财务预警系统的相关内容。

《财务风险防范》一书的创新点在于：第一，起点高。本书适应了新形势、新情况、新任务，跳出了狭隘的传统范围，站在经济全球化的高度，以全新的视角，研究财务风险问题，并采用最新研究成果，指导企业财务风险管理活动。第二，内容全面。本书抓住了与总会计师工作密切相关的领域全方位展开，既各自有不同的重点内容，分别形成独立整体，又彼此衔接构成一个完整的体系，同时与各项管理制度密切结合，相互补充，具有较强的系统性和包容性。第三，理论与案例结合。本书通过理论阐述和案例分析，较完整地展现动态的财务风险防范脉络和方法，以供企业借鉴参考并使之能在复杂多变的理财环境中，适时修正甚或合理调整其财务风险防范策略和举措。

书名：《高校财务管理与控制》
作者：金云美
出版时间：2012 年 11 月
出版社：中国经济出版社

内容提要： 随着我国市场经济的建立，高校逐步确立了政府和受教育者共同分担教育成本的原则，特别是 21 世纪初高校连续大规模扩招，需要大量的资金投入建设，但因高校建设项目多、规模大，高校财政拨款和自有资金不能满足现实的需要，导致了大规模融资建设情况的发生，从而使高校经济业务变得更加复杂，这时人们才认识到财务工作的重要性。财务人员从默默无闻的工作者，走到了学校经济管理的台前。但是目前高校财务管理的行政行为还是多于经济行为。已经过去了的高校大规模贷款，如果从单纯的经济角度看，任何一个风险投资家都不会有这样疯狂的举动。从经济的角度管理经济，是未来高校财务管理必然的发展趋势。怎样从高校办学规律和经济的角度，在财务管理实践基础上研究和总结高校财务管理规律，将财务运作控制在可控范围内，提高高校财务管理的技术含量和技术水平，并给初入高校财务管理行列的管理者提供指导和参考，是本书试图达到的目标和解决的问题。

《高校财务管理与控制》一书共七章，可分为五个部分。第一章是第一部分，总体介绍高校财务管理环境和目标，高校财务管理的基本目标是建立运行有效的财务管理系统，主要目标是筹资最大化，终极目标是资金使用效益最大化，同时还介绍了高校财务管理的控制内容和控制系统；第二章是第二部分，介绍了管理层决策指挥系统，阐述了财务领导体制及管理机构、财务管理模式选择、分级管理体制建立、分级管理经济责任、管理和控制制度设计；第三章是第三部分，主要介绍了授权审批管理系统中的授权审批和审批管理制度、分级审批管理的建立；第四章至第六章是第四部分，介绍了财务部门管理系统，重点介绍了二级财务机构监管和会计人员的管理；第七章是第五部分，介绍了内部审计监督控制系统，其中包括授权审批审计监督、财务审计监督、经济法律文书监督、采购和招标监督控制、制度失灵与外部监督。

《高校财务管理与控制》一书的贡献在于：第一，本书并不是就财务论财务、就管理论管理，而是从高校的全局出发，把高校财务活动置于整个事业活动中，把高校财务管理置于高校管理的全局之中，系统地阐述了高校的财务管理与控制问题；第二，本书应用系统论和控制论的理论和方法，把高校财务管理活动分为相对独立又互相联系的四个系统，在阐述财务管理的过程中渗入了控制论的思想，把控制论的方法应用到具体的业务管理控制之中，使读者能够更好地理解高校财务管理活动；第三，针对性较强，具有较强的可应用性和可操作性。

书名：《股权分置改革后控股股东新的掏空行为研究》

作者：吴育辉

出版时间：2012 年 4 月

出版社：北京大学出版社

内容提要：控股股东的掏空行为长期以来是我国资本市场存在的一个顽疾。控股股东通过占用上市公司资金，利用上市公司进行违规担保以及其他关联交易侵害上市公司和中小股东利益的案例屡见不鲜，对我国资本市场的健康发展造成了非常恶劣的影响。2005年 4 月，股权分置改革启动，一方面解决了股权分置问题；另一方面在推进股权分置改革的同时，监管机构也积极出台各项法律法规，加强上市公司治理，提高中小投资者保护。那么，控股股东掏空行为在股权分置改革之后是否还继续存在呢？上市公司内部治理机制能否对控股股东掏空行为发挥有效的监督和约束作用？对这些问题的探究，不仅具有重要的理论意义，而且对于提高我国上市公司治理水平，加强对中小股东的利益保护，促进我国资本市场的长期发展，具有非常重要的实践意义。

《股权分置改革后控股股东新的掏空行为研究》一书共分为七章。第一章为导论，介绍了研究背景与选题动机、研究思路、主要内容和研究框架，以及改进与创新之处。第二章为文献回顾，对国内外的大股东掏空行为的相关文献进行了梳理和回顾，为本书的研究做好了理论铺垫。第三章对本书所研究问题的相关制度背景进行分析。第四章至第六章着重探讨和研究了控股股东在股票减持过程中、定向增发过程中和股权激励过程中的掏空行为，并通过典型案例剖析其中的原因。第七章是全书的总结，具体包括主要结论、研究启示与政策建议，并分析了本书研究的局限性及未来的研究方向。

《股权分置改革后控股股东新的掏空行为研究》一书的创新之处在于：第一，研究选题创新。本书以股权分置改革后上市公司及其控股股东出现的三种新的财务行为——"股票减持"、"定向增发"和"股权激励"作为研究出发点，通过案例分析和系统性的实证研究，发现并揭示了这三种财务行为背后隐含的新的控股股东掏空行为及其表现形式，并分别研究和探讨了公司内部治理机制对三种掏空行为的约束作用。第二，研究视角和内容创新。之前的文献多从"现金流掏空"或"资产掏空"的角度研究控股股东掏空行为，而本书尝试从"股权掏空"的角度进行分析；另外，之前文献主要关注控股股东"显性"的掏空行为及其表现形式和特征，而本书则把视角放在"隐性"的行为研究上。第三，研究方法改进。本书采用案例分析与实证研究相结合的研究方法，通过收集数据进行大样本研究，检验并验证了我国上市公司控股股东通过采取三种新的掏空方式损害了中小投资者的利益。

书名：《股权分置改革与中国资本市场》

作者：廖理等著

出版时间：2012 年 11 月

出版社：商务印书馆

内容提要：股权分置改革是中国资本市场自建立以来最重要的一次变革，随着股权分置问题的解决，原非流通股股东与流通股股东也将从利益不一致甚至对立转为利益趋同，大股东更愿意提高上市公司质量、谋求长期发展，这样可以和公众股股东一样通过股价上涨获得更多合法的股权收益。与此同时，随着股改限售期的结束，解禁的限售股逐步上市交易，资本市场迎来大扩容时代。但大扩容也会给资本市场带来很大的供给压力，增加了市场的不确定性。因此，本书从上市公司和资本市场两个角度对股改进行了实证检验，丰富和完善了公司金融理论和资本市场理论，有利于读者更深刻地理解中国的公司治理和资本市场。

《股权分置改革与中国资本市场》一书分为五个部分：第一部分是股改与公司治理。本部分分别研究了股权分置改革是否提高了上市公司治理水平、公司治理的不同组成部分以及不同类型的公司股改前后治理水平变化有何差异、股改进度与公司治理改善的关系。第二部分为股权分置改革与机构投资者行为。本部分研究了机构投资者在股权分置改革中的积极行为与其经济后果。第三部分研究了股权分置改革、控制权收益与利益侵占。本部分分别预期了全流通后对上市公司控制权会有所减少、全流通后上市公司控制权价值会有所降低、全流通后上市公司控制权市场有效性会得到提高。第四部分研究了股权分置改革与市场反应。第五部分为股权分置改革、市场扩容与限售解禁的信息含量。股权分置改革对资本市场的影响最重要的一个方面就是会给市场带来很大的资金压力。本部分从限售解禁的市场反应与其影响因素两个角度研究了限售股解禁的信息含量。

《股权分置改革与中国资本市场》一书的创新之处在于：第一，本书发现，在股权分置的背景下，大股东有激励去掏空上市公司，而在全流通后，大股东的利益机制发生变化，将会降低渠道行为，增加企业价值；第二，全流通与国外限售股的不同之处在于全流通兼具公司治理的正面效应和扩容的负面效应，本书在国内首次建立股票供给和需求模型，分析了在扩容压力以及公司治理改善两个冲击下，流通股股东的超额收益将会如何变化；第三，研究了中国特色的限售股解禁的市场反应，并进一步研究了市场超额收益与公司特征的关系。

书名：《国有企业财务治理》

作者：何召滨

出版时间：2012 年 12 月

出版社：人民出版社

内容提要：当前，我国国有企业及国有控股企业正处于经济转型的特殊历史时期，它们是国民经济的重要支柱，承载着经济结构优化及升级、参与国际竞争等重要历史使命。但在国有企业改革发展中，存在着经济运行质量不高、核心竞争力不强、激励约束机制不足、法人治理结构不完善等一系列特殊、复杂的问题。通过完善国有企业财务治理体系，实施有效的财务控制模式，构建科学的财务治理体系，进而提高国有企业财务治理效率，是推进我国国有企业发展和壮大的必由之路。

《国有企业财务治理》一书共有八章，可分为三个部分，第一部分是第一章，即导论部分，主要介绍本书的研究背景及意义、文章的结构安排及研究方法、本书主要创新点和局限性以及中外相关研究综述及评价。第二部分是第二章，介绍了财务治理基本理论体系。第三部分是第三章至第八章，是本书的核心部分，研究了国有企业财务治理的主要问题。其中，第三章介绍了国有企业财务治理框架。根据国有企业财务治理存在的主要问题及成因分析，提出了解决国有企业财务治理思路。第四章介绍了国有企业财务治理基础——模式选择及资本结构。治理模式的选择奠定了财务治理方向，资本结构的选择决定了财务治理的基础。第五章研究了国有企业财务治理核心——财权配置。财权配置是财务治理的核心，在研究财权配置基本理论、原则及逻辑框架基础上，分析了国有企业特有的委托代理关系及存在问题，并从财务治理结构、多级委托代理结构、财权分层三维度进行了国企多层财权配置研究，重点对财权配置的集权与分权进行了研究，创新探索了构筑相对集权式的国有企业财务管控模式。第六章介绍了国有企业财务治理抓手——业绩考核。当前国有企业激励机制的现状决定了业绩考核是激励机制的根本。第七章研究了国有企业财务治理工具——信息披露。第八章介绍了国有企业财务治理的支撑——财务内控。

《国有企业财务治理》一书在对国内外有关国有企业财务治理文献进行全面、系统的总结和评述的基础上，对我国国有企业财务治理的理论及应用体系进行了深入研究，其主要创新点如下：第一，将财务治理理论体系按照理论基础、基本理论及应用理论分别研究，创新设计了国有企业财务治理框架；第二，针对国有企业特有的委托代理关系及存在的问题，从财务治理结构、多级委托代理链条以及财权分层角度分别论述了国有企业三维度多层次财权配置模型，在解析国有企业相对集权财务控制模式选择的缘由基础上，就如何构筑相对集权式的国有企业财务管控模式做出创新探索；第三，在系统研究国有企业激励机制的基础上，指出了目前国有企业业绩考核缺陷，并就完善归属母公司净利润、EVA 及股权激励等考核手段提出创新性合理化建议，明确提出归属母公司 EVA 概念，并指出以归属于母公司所有者综合收益总额作为年度业绩主要考核指标的合理性。

书名：《并购视角下的大企业竞争力研究》
作者： 姚海鑫
出版时间： 2012 年 6 月
出版社： 经济管理出版社

内容提要： 近几年来，全球经济一体化浪潮和金融危机的冲击，既给中国的大企业提供了追赶世界领先水平的良好机遇，也给中国大企业的发展带来了前所未有的挑战。如何在复杂的国际经济环境中生存和发展，如何在激烈的国内外市场竞争中占有一席之地，是中国大企业必须思考的问题。而毋庸置疑的是，并购已成为许多企业扩大规模、获取新的资源、提高效率，进而增加企业价值和股东财富、增强企业竞争力的重要而有效的途径之一。从并购角度看，中国企业正卷入全球并购的浪潮之中。那么，中国企业特别是大企业应如何应对外资并购带来的挑战，传统的大企业如何扬长避短、挖掘现实的和潜在的优势等问题亟须解决，因此，研究企业竞争力与并购的相互关系及其作用机理，探求应对外资并购挑战、提高企业竞争力的途径与措施，对中国大企业在未来国际市场竞争中寻求竞争优势并确立领先地位，无疑具有重要的现实意义。

《并购视角下的大企业竞争力研究》一书的核心主要是深入研究大企业竞争力与并购之间的相互作用机理并进行实证检验，揭示通过并购提升大企业竞争力的途径。本书共包含九章。第一章是绪论，主要包括问题的提出、研究目的及意义、文献综述、研究思路与方法等。第二章介绍了并购视角下大企业竞争力的界定与度量，主要包括大企业竞争力及其表现、大企业竞争力的度量与评价、并购视角下大企业竞争力的界定等。第三章研究了大企业竞争力与并购的关系：作用机理及理论解释。第四章是并购增强大企业竞争力的实证分析。将以我国 2009 年发生股权并购的 46 家上市公司为大企业研究样本，运用因子分析法构建大企业竞争力综合评价模型。第五章是大企业竞争力对并购影响的实证分析。包括两个方面：一是大企业竞争力对并购成败影响的实证检验，用逻辑回归分析方法；二是大企业竞争力对并购定价或溢价影响的实证研究，采用多元线性回归分析方法。第六章是在前面分析的基础上，探讨如何通过并购增强大企业的竞争力。第七章是大企业竞争的并购溢出效应。在阐述大企业通过竞争所产生的并购溢出效应的同时，又指出并购后如何实现这些效应。第八章介绍了我国近几年发生的几个典型的大企业并购重组案例分析。第九章是研究结论，对全书的研究进行了总结。

《并购视角下的大企业竞争力研究》一书的创新点在于：第一，通过对已有文献关于企业竞争力及其表现、大企业界定的分析与梳理，对并购视角下大企业竞争力进行了界定和多维度量；第二，借助于微观经济学、交易成本、产权等理论，创新地给出了大企业竞争力与并购相互作用的"正反向双环路"关系图；第三，运用多元回归分析、描述统计分析、多指标综合评价、案例分析等方法，以中国上市公司为样本，从两个方面实证检验了并购对提升大企业竞争力的作用和大企业竞争力对并购所产生的影响。

书名：《公司动态财务理论》

作者：吴树畅

出版时间：2012 年 6 月

出版社：经济管理出版社

内容提要：21 世纪，信息技术的发展和经济全球化使公司的财务环境呈现出复杂性和不确定性。公司只有与时俱进，才能保持可持续发展；公司财务理论也应不断创新与发展，才能为不断发展的公司提供财务实践指导。环境、财务行为、公司价值是财务理论的核心概念，公司财务行为必须适应环境变化，才能不断创造公司价值。从纵向看，在不同生命周期阶段，公司面临的财务环境是不同的，财务管理模式也不同，公司需要在不同生命周期阶段实现财务管理模式的转换以顺应环境的变化。从横向看，信息化社会和全球化经济拓展了公司理财的时空边界，系统的不确定性和复杂性增强了，对于公司来说，如何适应快速变化的环境，客观上需要对传统财务理论进行创新与发展。基于此，本书在奈特不确定性财务环境下，研究了公司如何培育、构建动态财务能力，适时调整财务政策、资产结构等，优化资源配置，以创造价值。

《公司动态财务理论》一书共包含八章：第一章总体介绍了公司的财务环境以及其不确定性，为本书的研究环境奠定基础；第二章介绍了公司动态财务能力（包括财务柔性、权变财务与动态财务能力）及公司动态能力的构建，并以中联重科为例分析了公司动态财务能力；第三章对公司财务状态的含义作了介绍与分类，并确定标准对其进行评判；第四章是公司财务机会的识别，介绍了财务机会识别的意义，并对识别的影响因素进行了分析，最后以煤炭储备开发为例，分析了投资时机的选择；第五章是公司财务政策选择，首先介绍了财务政策的含义、类别和内容，然后分别对公司生命周期、经济周期、产品生命周期的财务政策选择进行了分析；第六章是公司财务行为的选择，分别介绍了资产组合选择、投资策略选择、融资行为选择，并建立了投资行为选择决策模型；第七章介绍了公司动态管控模式，首先阐述了公司管控模式的分类与比较，然后分析了公司管控模式选择的影响因素；第八章是公司动态财务治理，介绍了风险依存状态与或有选择权，动态财务治理及其机理，并对风险分散机制的选择进行了分析。

与国内同类著作相比，本书的突出特点在于：第一，基于完美假设条件提出的公司财务理论模型缺乏对现实应有的解释力和预测力。本书结合新的经济形势，将公司财务理论动态化，以适应快速变化发展的现实环境。第二，本书将动态财务理论运用到现实的例子当中，能够让理论与现实更紧密地结合，也能使理论得到发展。第三，书中的理论更契合我国的实际，对我国公司的财务理论研究而言，本书具有积极的指导作用。

书名：《股权投资基金运作——PE 价值创造的流程》（第二版）

作者：叶有明

出版时间：2012 年 10 月

出版社：复旦大学出版社

内容提要：中国股权投资基金行业在过去的数年中经历了快速的发展，但较快的发展速度可能会埋下隐患，特别是那些以投资 Pre-IPO（上市前融资）项目为主的股权投资基金，热衷于追逐"赚快钱"，其投资回报率将过度依赖于股票市场（主要是二级市场）。当股票市场长期低迷时，这些基金的投资将难以获得理想的回报。投资 Pre-IPO 项目在特定的历史时期的确可以为基金"赚快钱"，但却难以持久，原因在于这种投资方式偏离了价值创造的投资理念。中国股权投资基金行业需要向价值创造的理念回归，如此才能基业长青。在投资之后，股权投资基金要将注意力放在资源整合与改善管理方面，要努力提高企业创造利润的能力和效率。本书以"价值创造"为核心理念，对 PE 做了系统的介绍，无论是对企业经营者还是对个人投资者，都具有实践指导意义。

《股权投资基金运作——PE 价值创造的流程》（第二版）一书共有十个章节，大致分为三个部分。第一部分为第一章，是全书的理论基础，主要介绍了 PE 的概念、类型、组织形式、从业人员要求、投资策略等基本情况，为后面的 PE 投资流程介绍做铺垫。第二部分即第二章，主要对 PE 的发展历史做了简单的回顾，并重点介绍了四次 PE 浪潮。第三部分是本书的核心部分，涵盖了第三章至第十章，首先介绍了 PE 投资的流程，包括项目初选、前期调研、尽职调查、估值、交易、退出，并且对每个步骤进行了详细的描述，然后重点阐述了 PE 投资项目管理与价值创造，PE 参与投资项目的运营管理是全方位的：从最初的财务控制与组织结构调整，到逐渐推进的人力资源整合、流程再造、供应链管理优化、质量体系改善等运营方面，乃至行业内整合。正是通过持续不断的努力，PE 才得以实现被收购企业的价值增值。

《股权投资基金运作——PE 价值创造的流程》（第二版）一书的创新点主要包括：第一，目前国内真正探究 PE 行业存在的核心价值的书籍很少，该书以敏锐的眼光聚焦了 PE 的投资理念——价值创造，以及在执行层面 PE 是如何践行这一投资理念的；第二，将估值方法和交易结构单独作为一章并进行详细介绍，并对估值的概念进行了系统性的定义，足以看出作者对估值方法和交易结构的重视，同时也提示读者对估值和交易结构要有足够的了解；第三，本书将理论与案例相结合，能够让读者对 PE 的理解更加透彻，有助于我国 PE 的健康发展。

书名：《基于利益相关者视角的非营利组织财务开发策略研究》

作者：程博

出版时间：2012 年 3 月

出版社：浙江大学出版社

　　内容提要：随着市场经济体制的逐步建立，现代社会化建设和经济实力逐步增强，但是经济建设与其他建设的矛盾逐步突出，中国正处于从传统社会向现代社会的社会转型期。非营利组织（NPO）作为现在三元社会结构体系中的重要组成部分，在"政府"和"市场"双双失灵之时，为社会提供公共产品和公共服务配送，填补政府和市场的空当，实现社会可持续发展。因此，如何促进非营利组织的发展是中国社会能否成功转型的关键。然而，资金瓶颈制约着非营利组织的生存与发展。如何进行有效的财务开发，为非营利组织注入新鲜血液，以供其稳定生存和蓬勃发展是亟待解决的问题。

　　《基于利益相关者视角的非营利组织财务开发策略研究》一书以非营利组织财务开发策略为逻辑主线，在理论分析的基础上，提出了非营利组织财务开发策略概念框架，以期为非营利组织提供解决财务开发问题的思路和方法，指导非营利组织进行有效的财务开发。本书不仅阐述了非营利组织财务开发的概念、内涵、原则、理论基础以及基于利益相关者的公共关系概念模型与财务开发策略分析，而且对非营利组织与政府之间、非营利组织与营利组织之间、非营利组织与其他非营利组织之间以及非营利组织与个人之间的财务开发占优策略进行了分析，进而以"壹基金"为例采用半结构性访谈的方法对其财务开发策略进行了经验检验，并提出了相应的发展建议。为了保障非营利组织财务开发有序进行，构建非营利组织财务开发保障机制，本书还通过对非营利组织审计导向的逻辑推演、非营利组织信息披露框架体系构建与设计以及信息披露机制的调节作用做了较为深入的论述。

　　《基于利益相关者视角的非营利组织财务开发策略研究》一书的创新之处在于：从利益相关者角度为"壹基金"这类非营利组织财务开发构建了一个概念框架，并从经济学（以博弈论为主）角度为非营利组织财务开发构建了一个分析框架，基于利益相关者视角提出了一系列财务开发策略，力图对我国非营利组织财务开发提供有效指导，改善了资金短板。这不仅为我国的非营利组织财务开发提供了指导意见，而且为相关理论提供了更多的中国经验，具有一定的学术价值和实践意义。

书名：《2005中国上市公司治理评价研究报告》
作者：南开大学公司治理研究中心治理评价课题组
出版时间：2012年12月
出版社：商务印书馆

　　内容提要：随着经济全球化的发展，公司治理改革已经成为全球性的焦点问题。近二十年来，公司治理研究从以美国为主到英、美、日、德等主要发达国家，进一步扩展到转轨时期的新兴市场经济国家。为了适应公司治理实践的需要，公司治理的研究领域在不断扩大，由最初对企业性质、委托代理理论、交易成本、所有权与控制以及公司治理概念等公司治理基础理论，发展为公司治理的结构与运作、跨国公司治理以及网络治理等公司治理应用层的研究。近年来，各国公司治理实务的发展，使得无论是投资者、政府监管部门还是上市公司自身，都产生了对公司治理状况进行评价的客观要求。

　　《2005中国上市公司治理评价研究报告》一书以上市公司的公开数据为依据，运用中国公司治理评价系统，从六个维度进行评价。本书共包括三个部分八章内容：第一部分（第1章），主要对中国上市公司治理评价从意义、研究现状及分析、系统设计与优化、指数模型与指数等级四个方面进行概述；第二部分（第2章），从公司治理总体、行业以及第一大股东最终控制人类型等方面对中国上市公司的治理状况进行了评价；第三部分（第3章至第8章）是本书的核心部分，将公司治理结构与机制从股东行为、董事会、监事会、经理层、信息披露以及利益相关者等方面来进行测评。其中：股东行为的测评从上市公司独立性、中小股东权益保护以及关联交易规范程度三方面进行；董事会治理质量的测评，主要从董事会高效运作的角度，从保障公司科学决策的目标出发，以有效的运作机制为评价重点；对于监事会的评价，从监事会运行状况、监事会结构与规模和监事胜任能力三个方面测评；经理层评价主要从任免制度、执行保障以及激励约束机制三个方面及不同行业、第一大股东不同性质等视角进行；信息披露评价主要从信息披露的相关性、可靠性、及时性三个方面进行；利益相关者评价主要从参与性和和谐性两方面来进行。

　　《2005中国上市公司治理评价研究报告》一书的独特之处在于：第一，在理论上构筑了以公司治理边界为核心范畴的公司治理理论体系，并进一步拓展了公司治理的研究领域；第二，基于评价指标体系，构建中国公司治理指数（CCGI[NK]），并将"中国上市公司治理评价指标体系"从"股东权益"、"董事会"、"监事会"、"经理层"、"信息披露"、"利益相关者"六个维度，构建了包括6个一级指标、19个二级指标在内的评价体系；第三，基于大量、翔实的数据信息对2003~2008年1000多家上市公司进行了全面量化评价分析，供政府监管部门以及证券交易的工作人员及相关学者借鉴和参考。

书名：《提升企业价值：首席财务官》

作者：秦志华、李满威

出版时间：2012 年 6 月

出版社：东北财经大学出版社

　　内容提要：首席财务官起源于欧美，在西方资本市场经济国家得以逐步完善并盛行，现已成为国际知名企业的主流财务管理体制。近年来，全球经济一体化的进程加速，我国企业迅速融入了世界经济竞争行列，资本相互渗透、交易相互依存、管理日益趋同，首席财务官制度也顺应我国企业国际化的潮流并在国内迅速兴起。然而，我国企业与国外企业有着体制、文化、法律、理念等诸多方面的不同，而且首席财务官制度处于雏形阶段：理论尚在形成，专业法律制度还不完善，成熟的模式比较缺乏，所需的制度文化氛围还未形成，队伍建设与提升还需要不断加强。因此，实践先行的我国首席财务官体制面临着许多问题，需要快速解决。

　　《提升企业价值：首席财务官》一书以首席财务官的工作为研究对象，以企业实践中的财务问题为切入点，运用财务管理和公司治理的理论与方法，分析事件中的成功与失败案例。在内容安排上，强调理论与实践相融合，一方面系统探讨首席财务官的工作内容；另一方面突出实际工作中的重点业务，有针对性地提出工作难点及解决思路。全书大致分为三部分：第一部分（第 1 章至第 3 章）是首席财务官的工作基础，分析首席财务官的制度体系、职能与职位、企业财务会计系统，对首席财务官的工作平台进行总体描绘；第二部分（第 4 章至第 12 章）是首席财务官工作的介绍，以财务管理为基础，沿着财务管理的循环路径展开，包括计划阶段（财务战略、全面预算管理）、实施阶段（筹资管理、投资管理、营运资本管理、收益管理）、控制阶段（财务控制）、总结检查阶段（财务报告、财务分析），逐章说明首席财务官的核心业务，介绍业务工作所需的理论工具和实践技能；第三部分（第 13 章）说明首席财务官的高阶业务，介绍企业资本运作的原则以及几种典型的资本运作方式。通过上述三个部分的系统分析，揭示首席财务官的工作责任与权力、任务与方法、理论与实践、经验与教训，推动首席财务官工作的发展。

　　《提升企业价值：首席财务官》一书的创新之处在于：第一，将企业财务管理作为首席财务官的业务工作内容，根据其工作特点，丰富了财务管理、企业财务控制、企业资本运作等高级财务管理内容；第二，以企业管理的系统性思维为指导，把财务工作置身于企业实际经营环境中，揭示其运作方式和作用方式；第三，从首席财务官的双重职能出发，主张现代企业的首席财务官制度应该注重体系的相对独立性，一方面承继传统的企业会计核算和财务管理职能并上升到战略高度实施管理，另一方面对企业生产经营系统进行监督管理和风险控制，从而形成董事会直接领导、与首席执行官分工合作、相互监督的财务管理体制。

书名：《上市公司流动性影响因素研究》

作者：陈霞

出版时间：2012 年 9 月

出版社：西南财经大学出版社

内容提要： 在市场环境和金融环境变幻莫测、资本市场暗流涌动的背景下，能否安全并可持续发展是上市公司最担心的问题。资本市场的不完善导致外部资金和内部资金不能完美替代，公司遇到流动性需求时并不能很容易地筹集到所需的资金。为避免无法支付经营性需求和偿债需求带来的"血栓性"危险，以及缺乏投资资金导致的发展良机丧失，公司保持适度流动性的价值得以凸显。

《上市公司流动性影响因素研究》一书基于企业内部控制研究背景，以所有者财务理论为研究视角，在详细分析上市公司流动性风险的基础上，提出上市公司流动性是其生命力之所在的观点，以此展开对上市公司流动性问题的研究。本书共包括九章，作者分析了中国上市公司流动性的持有动机，提出了公司流动性分层理论和评价指标，从宏观因素、行业因素和企业内部特征因素三个层面对公司流动性影响因素及其作用机理进行了较为深入系统的定性和定量研究，总结研究结果并对上市公司保持合适流动性提出可行性建议和控制管理措施。这一研究成果有助于拓展对上市公司流动性的理解与思考，有助于上市公司流动性管理的操作，可为财务理论研究与实践操作提供有益的帮助。

《上市公司流动性影响因素研究》一书的创新之处在于：第一，提出了公司流动性分层理论，从绝对流动性、相对流动性、综合流动性和完全流动性四个纵向层次对公司流动性的内涵进行了重新界定和分类研究；第二，将上市公司流动性持有动机与制度环境、控制权、公司治理、稳健经营、投资需求、风险防范等有机地结合起来，提出上市公司流动性持有动机具有多元性特征的观点，论证了资产结构、营运资金管理效率、经营现金流、成长性对公司流动性有显著影响；第三，提出了宏观因素对上市公司流动性的整体趋势和总体状态分布会产生影响；第四，提出了流动性因行业特征、竞争程度不同而存在差异；第五，根据分层理论提出了建立健全流动性管理体系和预警机制的研究框架与模式。

书名：《上市公司货币资金使用效率问题研究》

作者： 韩世君

出版时间： 2012 年 10 月

出版社： 经济科学出版社

    内容提要： 上市公司如何合理有效地使用货币资金，是上市公司经营管理水平的重要体现，也是公司理财理论和实践中的一个重要问题。合理控制货币资金留存比率，提高货币资金使用效率，对于提升上市公司盈利能力和股东回报水平、增强上市公司实力和市场竞争力都具有重要意义。目前我国上市公司的货币资金使用效率普遍较低，与发达国家上市公司相比更是存在很大差距。因此深入研究分析我国上市公司货币资金使用效率低下的内外部各方面的原因，并探索改进的有效途径和措施，逐渐引起越来越多的理论和实际工作者的重视。

    《上市公司货币资金使用效率问题研究》一书以北京市上市公司为重点剖析对象，研究揭示目前我国上市公司资金留存和使用方面的主要问题，深入分析产生这些问题的主要影响因素，并在此基础上探讨改进上市公司资金管理、提高货币资金使用效率的方法和途径。本书共分为十章：第一章为概论，通过对上市公司货币资金留存与使用方面存在的问题和成因进行探讨，针对问题产生的内外根源提出改进的途径；第二章为进一步研究的理论准备，对国内外关于货币资金持有的理论及实证分析进行综述和简评；第三章至第六章分别从行业结构、股权再融资、债券融资和治理结构四个方面探讨其对上市公司货币资金留存比例的影响；第七章至第九章分别探讨上市公司投资支出规模、投资收益率和现金股利政策及其影响因素；第十章为相关法规及指引。

    《上市公司货币资金使用效率问题研究》一书的创新之处在于：第一，基于理论与实证检验的结合，全面分析国内外关于上市公司货币资金持有问题，并结合中国现状进行实证分析；第二，从行业市场结构、股权再融资、债券融资和治理结构四个方面深入分析其对上市公司货币资金留存水平的影响，对上市公司提出了相关的建议和意见；第三，以北京上市公司为样本，对北京上市公司的货币资金使用效率问题进行针对性实证分析，为其他上市公司的货币资金使用提供了可借鉴的经验。

书名：《企业融投资行为、信息披露与资本成本》

作者：支晓强

出版时间：2012 年 5 月

出版社：东北财经大学出版社

内容提要：我国资本市场经历了摸索起步到逐步完善这个过程，正在逐渐成长为一个公平交易的融投资平台。在资本市场中，信息作为一个极其重要的因素，将投资方、融资方、监管方等各种类型的角色联系起来，信息质量的高低将直接决定整个资本市场上资源是否得到有效的优化配置，决定着资本市场是否健康地发展。因此，保证我国资本市场的信息披露质量是一项不容忽视的工作。信息披露是将投资方、融资方联系起来的必要因素，信息披露的质量对投资者的投资决策将产生重要的影响，投资者因为信息不对称导致不能准确预测未来可能承担的风险，在此情况下，投资者会提高预期回报率增加融资方的权益资本成本。

《企业融投资行为、信息披露与资本成本》一书通过实证研究，利用我国资本市场的数据对各种研究假设进行检验，旨在证实或证伪主流的财务理论及明确其适用条件和框架。此书共分两篇，分别研究企业融投资行为的关系，以及信息披露与资本成本的关系。第一篇分别从企业特征、管理层激励、控股股东性质三个维度来讨论企业内部内源融资与企业投资行为之间的关系，然后从代理冲突中不太被关注的股东债权人的角度来讨论融投资行为之间的关系；第二篇针对资本市场中的基础制度安排之一——信息披露，研究了信息披露与资本成本的关系。从理论层面分析了信息披露如何以及怎样影响资本成本，并利用资本市场的数据分析了信息披露质量对资本成本的具体影响，还研究了投资者利益保护对企业权益资本成本的影响。

《企业融投资行为、信息披露与资本成本》一书的创新之处在于：第一，从企业特征、管理层激励、控股股东性质、债权人角度探讨了企业融资与企业投资行为之间的关系；第二，深入研究了信息披露和资本成本之间的关系，提出了信息披露影响资本成本的三条路径——降低投资者的估计风险、降低信息不对称和影响投资决策；第三，对目前企业面对的真实的融投资决策以及信息披露、资本成本问题提供了理论指导以及实践检验，给研究者以及企业提供参考价值。

书名：《企业集团财务协同控制研究》

作者： 冯自钦

出版时间： 2012 年 9 月

出版社： 经济管理出版社

内容提要： 在经济组织的演变过程中，为适应社会化生产和参与市场竞争的需要，企业集团通过并购、联合和重组的方式，逐渐超越了一般性中间组织的界限，实现了由小到大、由弱到强的转变，以应对风险，共享资源，实现规模经济、范围经济和协同经济，这已经成为当今市场经济的主导。近年来，我国企业集团整体规模进一步扩大，资产总额和销售收入持续强劲增长，在国际竞争中的整体表现呈良性发展趋势。然而，限于资源、技术和能力的约束，我国大部分企业集团在世界竞争的大范围内还处于劣势地位，整体协同创造价值的能力仍需大幅度提高，突出表现在战略性适应环境的能力、配置资源的能力和协调利益关系的能力等多个方面。

《企业集团财务协同控制研究》在总结国内外学者近年来在企业集团协同管理理论、财务控制理论和价值效应理论及应用方面研究成果的基础上，结合当今企业集团领域的研究热点，沿着"基本理论—机理—模型—评价体系—实证分析"的研究路径进行分析。首先，结合企业集团的耗散结构特征、协同竞争特征和动态耦合特征，界定了企业集团财务协同控制的经济学内涵，论述了企业集团理论、财务理论、自组织理论、复杂系统协同控制理论的内容和指导意义；其次，从财务协同控制的必要性分析入手，研究了财务协同控制与价值效应的关系，分析了企业集团财务协同控制的动因、要素和能力空间，系统探讨了企业集团财务协同控制系统的作用关系；最后，采用问卷调查和结构方程模型的方法对企业集团财务协同控制的价值效应模型进行了研究。

《企业集团财务协同控制研究》一书的创新之处在于：第一，从财务协同控制角度出发，以企业集团财务协同管理为切入点，采用文献研究法、逻辑研究法、问卷调查法、定性分析与定量研究法等多种方法分析了企业集团财务协同控制理论；第二，运用结构方程模型构建和分析了企业集团财务协同控制的价值效应模型，建立了基于财务协同控制的企业集团价值效应二维矩阵评价模型和三维立体评价模型；第三，以经济增加值、自由现金流量、现金盈利值、现金盈利增加值、投入资本及现金流量指标为基础建立了评价的指标体系，以计算机辅助管理为手段，对我国设备制造行业的 70 家企业集团进行了评价分析。

书名：《2012中国并购与股权投资基金年鉴》
作者： 全国工商联并购公会、中国股权投资基金协会
出版时间： 2012年1月
出版社： 首都经济贸易大学出版社

　　内容提要： 随着2008年由次贷危机引起的本轮全球金融危机有所缓和，全球经济从2012年伊始进入了缓慢复苏的过程。全球范围的宽松货币政策制造了充裕的流动性，后危机时代企业纷纷抓住机遇进行战略调整和布局，促进了全球市场回暖。投资者面对美、欧、亚三足鼎立的全球私募股权投资市场，尽管欧美国家的私募股权投资规模将在未来几年内缩减约30%，但在亚洲国家强劲增长的同时，欧洲的政治和经济一体化进程将为该区域市场带来新的机遇，而美国的私募股权市场则会在受困企业和科技领域拥有"特殊的机会"。中国国内在"保增长、扩内需、调结构"的方针指引下，国民经济增长升级、产业结构调整等需求日益凸显，加上国家产业政策的大力支持，中国并购市场和私募股权市场保持了较为活跃的态势。

　　《2012中国并购与股权投资基金年鉴》一书全面记录了2010年和2011年国内国际并购市场与股权投资市场的风云变幻。本书共分为五章。第一章对中国并购与股权投资基金发展进行综述，主要分析全球和中国的并购市场以及私募股权市场以及募资、投资、退出情况。第二章主要介绍了2010年中国十大并购案例和PE事件。针对并购，主要从并购交易概述、并购背景、战略投资动因、交易过程和内容、并购之后、并购点评六个方面来叙述；针对PE事件，主要从事件描述和点评两个角度来介绍。第三章主要从金融业、能源矿产业、材料业、制造业、IT通信技术业、互联网电子商务业、建筑地产业、文化传媒创意产业、交通运输业、食品饮料业、医疗保健业、商贸物流业、旅游服务业和公共服务业14个热点行业的行业趋势分析、并购分析、PE分析三方面来阐释。第四章与第五章主要列举并购与股权投资基金法规、文献及事件。本书对中国的年鉴既从宏观着眼，深入分析国内国际并购与股权投资的现状与趋势，细致勾画各行业的并购整合与股权投资态势，又从微观入手，解读具体并购与股权投资案例，介绍并购操作与投资方法。

　　《2012中国并购与股权投资基金年鉴》一书的创新之处在于：第一，对中国并购和股权投资行业进行了全面系统的概括与描述，内容丰富充实；第二，运用理论和实践相结合的方法，通过对主要的并购和PE案例进行分析，使得对此部分内容的分析更加透彻与深入；第三，从行业的角度来剖析目前并购和股权投资市场的趋势，研究范围广泛，并且具有代表性；第四，研究结果具有实践指导意义，为广大投资者、管理者以及研究者提供了可供参考的价值。

第二节

英文图书精选

书名：Financial Literacy for Managers：Finance and Accounting for Better Decision-Making

经理人的财务素养：财务与会计知识能够帮助制定更好的决策

作者：Richard A. Lambert

出版时间：2012 年 5 月

出版社：Wharton Digital Press，Second Edition

内容提要：经理人对于公司来说无疑是至关重要的，一旦决策成功或失败将会给公司带来巨大的变化。他们必须持续衡量公司策略的价值，以此来评估他们的决策的效果，并且要不断修正策略来适应环境的变化，同时制定新的策略使公司能够健康长远发展。哪些业务可以投入更多的资源而哪些业务可以去掉？哪些资源没有充分利用？像这样的经营决策需要经理人具有良好的知识储备，而财务方面的知识则是重中之重。但许多经理人并没有财务会计方面的知识、背景，因此他们并没有办法来解决这些问题。他们不知道公布的财务报告也能帮助他们进行决策，甚至他们完全忽视财务报告。所有这些行为都对公司的财务健康状况产生影响。本书意在帮助经理人理解和使用财务报表，抓住财务报表的精髓能够帮助经理人更好地决策。

《经理人的财务素养：财务与会计知识能够帮助制定更好的决策》一书包括六章：第一章阐述了财务报表的重要性以及从财务报表中可以得到哪些有用的信息。财务报表不仅反映一个企业的财务状况和财务健康度，同时也透露出企业未来的发展前景，只有充分读懂财务报表，才能了解这些信息。第二章强调了决策执行的方式和时机会影响财务绩效。时机非常关键，过早或过晚都会对财务绩效产生不利影响。同时，不同的执行方式也会影响效果，因此经理人要慎重选择执行方式。第三章介绍了损益表的使用。损益表可以反映出公司的收入、费用和利润，这些内容都对决策具有非常重要的影响。作者详细说明了损益表的使用技巧，对收入、费用和利润的数字所反映出来的企业状况作了重点阐述，意在使经理人掌握其中隐藏的信息。第四章介绍了资产负债表的使用。资产收益率、净资产收益率、资产负债率等这些指标同样含有企业财务情况的信息，作者试图将这些概念生动地展现在读者面前，并将其用在公司实务中。第五章说明了成本信息的利用。成本是对资源消耗所付出的代价，它可以直接反映出公司的经营效果，因此要时刻关注公司的成本情况。第六章介绍了对投资机会的价值评估。对投资机会的评估有很多方法，利用现金流进行分析是主要的评估方式。

《经理人的财务素养：财务与会计知识能够帮助制定更好的决策》一书的独特之处在于：第一，本书并不是为经理人介绍财务报表的汇编，而是教授他们怎样解释和利用财务报表上的数字所反映出来的信息，具有灵活性和实用性；第二，本书针对性较强，针对经理人因为财务知识的缺乏而导致决策失误，本书由财务报表入手，深入分析财务报表中的数字所反映出来的企业经营状况信息，以供经理人参考和使用；第三，本书用通俗、易懂的语言，将财务报表上枯燥的数字生动形象地表述出来，加以大量的应用实例，引导读者体验透析财务报表的全过程。

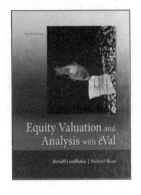

书名： Equity Valuation and Analysis with eVal
        股票分析与 eVal 估值

作者： Russell Lundholm，Richard Sloan

出版时间： 2012 年 10 月

出版社： McGraw Hill Higher Education

内容提要： 财务分析和估值的基本理论早已产生，但开始应用则较晚。随着经济全球化及财务理论的快速发展，公司的内在价值逐渐被人们所重视。内在价值不仅是公司真实价值的体现，也能够反映出公司未来的发展潜力。因此，正确的价值分析和估值成为众多投资者和学者的追求。本书缩小了股票估值的理论性处理与利用真实数据进行实证研究之间的差距，并认为对未来财务情况的全面预测是正确估值的关键，而其他大部分估值过程也都是类似的。

《股票分析与 eVal 估值》一书可分为两部分。第一部分是理论介绍，首先总体上阐述了股票估值的背景和意义，并介绍了相关的业务是怎样进行的，然后重点介绍了会计分析、财务比率分析、现金流分析、资本成本等基础理论，并对结构预测和预测的细节作了阐述，最后介绍了估值和估值率的一些问题，并提醒读者在平时应该注意股票估值与分析中遇到的陷阱。前面的理论都是为估值做铺垫，正确的估值不仅需要财务理论，其他方面的理论知识也非常重要。第二部分主要是案例分析，首先介绍了估值的工具 eVal，这是一种基于 Excel 的工作表，当使用者仅仅关注一般计算时它会引导使用者关注预测与估值过程。然后通过 23 个典型的案例，对前面的理论和估值工具进行使用，以期理论与实践结合，使该工具更具有实用性。这些案例中包括著名的美国在线与时代华纳的并购案例、亚马逊的估值等。

《股票分析与 eVal 估值》一书的独特之处在于：第一，预测和估值的过程是非常重要的，而估值人员往往过度关注数字和表格，本书提供的估值工具 eVal 则让读者关注预测与估值的过程，从而能够正确地进行估值预测。第二，使用估值工具 eVal，利用较多的案例说明估值与预测看重的不是数字和图表，而是其过程。只有注重估值与预测的过程，才能理解估值的真正含义，才能深入了解一个企业，看清其真正的价值所在。第三，本书将理论与实践紧密结合，通过大量案例使读者对估值的理解更加深刻。

书名： High-Profit IPO Strategies: Finding Breakout IPOs for Investors and Traders

高收益 IPO 策略：为投资者和交易者寻找 IPO 机会

作者： Tom Taulli

出版时间： 2012 年 11 月

出版社： Bloomberg Press

内容提要： 通常来说，首次公开发行（IPO）会引起社会公众极大的反响，产生巨大的波动性，并且会给投资者和交易者带来短期和长期的获利机会。在过去几年中，从社交网络和云计算到移动技术，这些行业已经展现出巨大的发展潜力。而这类行业公司的 IPO 价格在几个月内的宽幅波动，已经为有远见的投资者呈现出巨大的投资机会。虽然在过去十几年中经历了两次经济衰退和一次金融危机，但这些公司中仍然有很多公司成功地实行了 IPO，比如谷歌和 Salesforce.com，甚至有很多顶级交易并不是科技公司参与的。IPO 对于公司的成长和发展来说是非常关键的，不管是对于投资还是融资，都能为公司带来巨大的效益。因此，本书详细介绍了 IPO 投资与交易的必要元素，使读者更加深入地理解 IPO，并为读者提供了找出有发展前景公司的方法。

《高收益 IPO 策略：为投资者和交易者寻找 IPO 机会》一书可分为四个部分：第一部分介绍了最基本的一些理论，包括 IPO 整个过程的运作机制、获得股份的多种途径等。第二部分重点介绍了研究、风险和策略问题。网络资源是非常重要的信息来源，利用网络资源来制定招股说明书并应对风险，可以达到更好的效果；在挖掘出了潜在的 IPO 风险因素的同时，制定了能够适用于许多行业的有效策略。第三部分详细介绍了许多 IPO 市场，包括科技、生物技术、金融服务、零售商、能源提供商和房地产投资信托（REITs），并阐述它们之间不同的行业特点和 IPO 特点，以及需要注意的风险因素。第四部分关注了特殊交易，例如抽资脱离，介绍了它与其他交易的不同之处和特有风险，并讨论了以二级市场为主的新兴市场的流行，以及给资本市场带来的影响。

《高收益 IPO 策略：为投资者和交易者寻找 IPO 机会》一书的创新之处在于：第一，对 IPO 交易策略进行了更深入复杂的讨论，挖掘出 IPO 过程中难以理解的部分，并验证了关注财务报表分析的重要性；第二，之前的研究很少涉及多个领域的 IPO 讨论，本书深入分析了多个领域有价值的 IPO，为读者提供投资建议；第三，本书的内容从最基本的 IPO 投资知识到高级的投资技巧都包括在内，不管是初次涉及投资理论的新手还是资深的专业投资人，都可以在本书中找到自己所需要的内容。

书名：Leveraged Buyouts：A Practical Introductory Guide to LBOs

　　　杠杆收购：实用入门指南

作者：David Pilger

出版时间：2012 年 6 月

出版社：Harriman House Publishing

内容提要：杠杆收购具有创新性，但有时候也会引起争议。通常用债务收购一个目标公司需要慎重的判断，在承担债务和长期绩效之间权衡利弊是一个严峻的挑战。因此，财务分析师的角色便成为成功的杠杆收购的关键。他们对于目标公司的分析和对于杠杆收购的预期能为一次可行的交易奠定基础，也能提示收购过程中潜在的危险。本书阐述了杠杆收购中的基本原则，并详细介绍了行业标准的杠杆收购。通过理解杠杆收购分析的基本技术和原则，并结合书中的模型，读者将投资者视角更深层次地理解杠杆收购，并能够像一名金融行业的专业人员一样使用这些技术。

《杠杆收购：实用入门指南》一书共有十五章，可分为两部分。第一部分是第一章至第四章，阐述了杠杆收购的基础理论及框架。首先对杠杆收购作了总体介绍，然后详细介绍了杠杆收购的目的、杠杆的优势、杠杆的风险以及杠杆收购的经济后果，并对杠杆收购中交易者的行为特征进行分析，最后作者以从业者的角度，对财务报表以及财务报表在杠杆收购中的应用进行了深度剖析。第二部分是第五章至第十五章，详细分析了杠杆收购。第五章谈论了杠杆收购的交易者类型以及费用情况，重点对资金来源、提高杠杆的效果、交易企业的价值做了研究，并找出了衡量目标企业价值的方法；第六章介绍了损益表以及其中反映出的公司未来的成长情况；第七章对费用结构以及合适的费率做了详细介绍；第八章针对损益表预测情况做了介绍，并利用事件来检验预测；第九章介绍了杠杆收购各阶段的利润及税收情况；第十章分析了杠杆收购的税息折旧及摊销前利润；第十一章对杠杆收购的现金流进行了研究；第十二章介绍了未偿还债务余额、杠杆的偿还、额外现金、净利息收入等；第十三章重点关注了杠杆收购的回报以及未来收益情况；第十四章介绍了其他比率分析，比如债务比率、规模比率等；第十五章介绍了敏感性分析结构指数。

《杠杆收购：实用入门指南》一书的独特之处在于：第一，以从业者的角度对杠杆收购做了详尽的介绍，使读者能够更加深层次地理解杠杆收购；第二，本书介绍的杠杆收购的技术通俗易懂，容易操作，即使是非专业人士也能够很好地掌握；第三，本书图文并茂，涉及的内容广泛，覆盖了杠杆收购的各个方面。

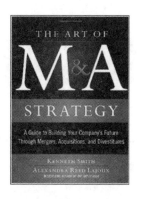

书名： The Art of M&A Strategy：A Guide to Building Your Company's Future through Mergers，Acquisitions，and Divestitures

并购战略的艺术：通过合并、收购和资产剥离构建公司未来的指南

作者： Kenneth Smith，Alexandra Reed Lajoux

出版时间： 2012 年 1 月

出版社： McGraw-Hill Contemporary

内容提要： 在快速全球化、技术的快速进步以及国家政策巨大变化的驱动下，产业结构调整已经非常普遍，无论是传统行业还是高科技新兴产业，都面临着产业结构的深化调整。并购作为产业结构调整的方式之一，已经越来越受到多数公司的认可，国际上也掀起一阵"并购潮"。然而，公司并购的成功率仍然非常低。许多公司因并购失败面临着巨大的风险。在国际经济新环境下，最好的竞争方式就是让并购成为公司总体经营战略和核心竞争力的一部分。《并购战略的艺术：通过合并、收购和资产剥离构建公司未来的指南》一书将并购战略的类型和过程逐步详细地展现在读者面前，并以现实中成功地在总体经营战略中使用并购战略的公司为例，比如思科、通用、谷歌及许多其他的公司，将这个复杂的问题清晰简洁地描述出来。

《并购战略的艺术：通过合并、收购和资产剥离构建公司未来的指南》一书可分为三个部分，第一部分阐述了并购在战略中创造价值的原理。对于每一个公司战略而言，并购作为一种工具，它是需要规划的，包括业务投资组合的构建和管理、参与行业整合、公司发展以及利用并购创造"实物期权"。书中使用了历史上一些著名的例子来说明并购中不同类型策略的成功运用。第二部分介绍了怎样去指导成功的并购战略的发展和执行。首先回顾了战略规划，重点说明了怎样确定并购的地位和作用，并考虑了行业背景、竞争规则及战略选择的影响。然后着重分析了应该怎样寻找和筛选合作伙伴、如何选择买还是卖、董事会应该怎样参与并购决策。第三部分的重点是将并购作为一项持续的并购战略计划，尤其是并购反映了全球化的影响以及全球范围内的产业重组。当并购成为战略的核心时，竞争性并购技巧是必要的，因此本部分重点介绍了之前的并购整合例子中的多数战略，以及如何在整个过程中使用这些战略，更重要的是，介绍成功的并购项目所需的核心竞争力。

《并购战略的艺术：通过合并、收购和资产剥离构建公司未来的指南》一书的独特之处在于：第一，提出将并购作为公司总体经营战略的一部分，把并购上升到公司战略的高度，重视并购给公司带来的影响；第二，并购是经营战略的关键因素，本书提供了一种全新的并购工具和技术，使读者能够轻松并熟练运用；第三，借鉴之前并购的成功案例，从中抽取出经验和教训并加以分析，供读者参考。

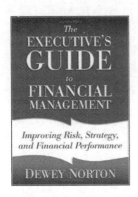

书名：The Executive's Guide to Financial Management：
Improving Risk，Strategy，and Financial Performance
财务管理的执行指南：加强风险、策略和财务绩效

作者：Dewey Norton

出版时间：2012 年 12 月

出版社：Palgrave Macmillan

内容提要：过去，公司间经济业务往来单一，交易简单，财务人员并不需要掌握复杂的技术和技巧。随着经济社会的快速发展，公司间经济业务不断增多且变得复杂，金额也不断增大，各种新型的交易形式也为财务人员的工作增加了难度，这使得公司对财务人员的要求越来越高。然而，财务人员面对大量的业务难题时往往不知所措，不知该从哪里开始解决，该怎样设置问题的优先级，哪些任务应当搁置以后再处理。对于这些问题的处理，高级管理人员之间也会产生分歧。因此，如何提高财务人员的能力，及时有效地解决财务问题，成为公司面临的主要任务。

《财务管理的执行指南：加强风险、策略和财务绩效》一书可分为三个部分：第一部分介绍了风险管理和竞争策略，并为读者提供了一些评估整个财务体系绩效的工具，通过工具的使用，使得评估财务表现、分析业务流程等变得非常便捷有效。第二部分将这些工具进行优化和增强，使其能够让金融专业人士有效地解决问题，并以具有时效性的方式来加强会计控制和其他财务管理职能。通过加强这些工具，让其更具有适应性，能够适应快速变化的经济业务形式，改善财务管理任务和现金流，让使用者能够应对面临的问题。利用这些工具，本书分析了 33 家公司的财务评估结果，并预测了五年后的经济效果。第三部分介绍了如何优化管理现金流，使现金流能够充分发挥其作用，又不至于过剩而产生机会成本，并且要根据不同行业的情况来制定现金流策略。盈利策略计划的制定也是非常重要的，优秀的盈利策略计划可以使公司扭亏为盈。

《财务管理的执行指南：加强风险、策略和财务绩效》一书的创新之处在于：第一，本书创新性地针对财务人员提出了面对财务问题时所需要的解决方法，并为他们提供有效便捷的工具，能够使其把问题处理得更好；第二，本书在原来研究的基础上，完善了评估财务绩效的工具，使其更具有适应性，能够在不同环境、不同行业中适用，灵活性和可用性大大加强；第三，突破性地从现金流角度，提出优化财务管理职能的方法，并通过制定盈利策略计划来改善公司的财务状况。

书名：Financial Statement Analysis and Security Valuation
　　　　财务报表分析与证券评估
作者：Stephen H. Penman
出版时间：2012 年 4 月
出版社：McGraw Hill Higher

内容提要：财务报表作为企业财务状况和经营业绩的重要反映，成为上市公司定期公布的法定资料，随着资本市场的发展而日益受到人们的重视。通过对企业财务报表所提供的会计数据的分析，可以评估企业价值，对企业的发展前景进行预测，从而做出合理决策，最终达到市场有效。财务报表分析的最终目的和意义在于能够为投资者、债权人以及管理者做经济决策提供依据。证券市场中左右公司股价变化的因素众多，但从根源上讲，价格围绕价值上下波动，企业自身的经营状况和发展潜力才是决定公司股价未来走势的关键。财务报表分析就是通过运用专业的分析方法将企业的财务状况、经营成果、现金流量展现出来，预测企业未来发展前景，从而为投资者提供决策依据。

《财务报表分析与证券评估》一书介绍了如何通过财务报表分析获取相应的财务信息，从而评估企业的价值，并与当前市场股价进行比较，提供了一个切实可行的分析方法。目前在国内的证券市场中，由于财务报表的专业性及报表分析的复杂性使得国内投资者尤其是中小投资者并不把报表分析作为其进行投资决策的方法和依据。本书首先介绍投资、价值评估以及财务报表等基本概念，对企业价值评估和财务报表有了进一步的了解。其次将企业的四张报表即所有者权益变动表、资产负债表、利润表、现金流量表与企业的经营活动相联系，全面系统地阐释了财务报表分析的方法，并对企业的盈利性、成长性和可持续性作了详细的分析。再次通过对企业市价与账面价值比、市盈率进行评价，以及对企业战略分析、财务报表质量分析预测企业的价值。最后将风险作为单独的一章，对企业的股权风险和信用风险进行详细分析。

《财务报表分析与证券评估》一书的创新之处在于：第一，探讨了如何利用财务报表来揭示企业价值，认为财务报表本身是企业价值信息的载体，财务报表分析是通过财务报表数据分析企业价值的工具；第二，分析了传统财务报表自身、财务报表分析指标和分析方法在分析企业价值时存在的局限性，在此基础上提出了对传统财务报表分析的改进，也就是对财务报表自身、分析指标和分析方法的改进，以使财务报表分析与企业价值更加相关；第三，将企业风险作为预测企业价值的其中一个环节，使得对企业价值的评估体系更加完善与准确。

书名： Business Valuation：Using Financial Analysis to Measure a Company's Value

企业价值评估：利用财务分析来衡量企业的价值

作者： Guy Parmentier，Bart Cuypers

出版时间： 2012 年 1 月

出版社： Intersentia Ltd.

内容提要： 随着市场经济的发展，现代企业制度逐步建立，产权市场不断成熟，以企业为对象的资产业务迅速发展。人们日益清楚地认识到，在市场经济条件下，作为商品生产者的企业本身也是一种商品，可以在市场上进行估价和买卖。现代资本市场的迅速发展，极大地促进了企业资源在不同所有者之间的流动。近年来，企业并购、重组、股权交易、风险投资等产权交易活动蓬勃开展，而企业估价问题则是产权交易能否实现的核心问题之一。在企业经营决策中，企业价值的评估发挥着不可或缺的作用。企业财务管理的主要目标是实现最大化的企业价值，企业的经营决策可行与否，在很大程度上是由该决策是否有助于企业价值增加所决定的，而在企业价值评估中财务分析的重要性是不容忽视的。

《企业价值评估：利用财务分析来衡量公司的价值》一书以财务分析基本方法的应用为重点，系统地阐述了战略分析、会计分析、财务分析、发展能力分析、效绩评估和企业价值评估的方法和实例，为读者提供了对企业进行全方位分析的方法。书中指出，财务分析是指以会计核算资料、财务会计报告和其他相关资料为依据，采用一系列分析技术和方法，对企业等经济组织的财务状况、经营成果、资金使用效率、总体财务管理水平以及未来发展趋势等进行的分析和评价。现代企业价值评估以财务分析为基础，通过对环境、战略、财务报表、财务效率等分析，采用一系列科学方法，对企业价值进行综合评估，从而进行合理正确的决策。以财务分析的视角衡量企业的价值，其分析的结果更有利于反映企业的真实情况，满足会计信息使用者的需求。

《企业价值评估：利用财务分析来衡量企业的价值》一书的创新之处在于：第一，以财务分析为研究视角，不仅为非金融专业人士提供了分析方法，而且为更多有经验的人提供借鉴价值；第二，将静态的财务数据与债务相结合，提供了一个动态的金融分析工具；第三，理论与实践相结合，不仅通过理论分析如何衡量企业的价值，更多地利用财务分析详细地阐释了衡量企业价值的应用。

书名：Empirical Finance for Finance and Banking

实证金融研究方法：以金融和银行业为例

作者：Robert Sollis

出版时间：2012 年 2 月

出版社：Wiley

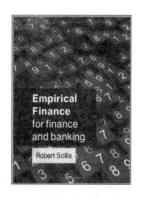

内容提要： 随着经济与金融的快速发展，人们对高质量的金融人才需求越来越高，实证金融近年来在国内外得到了飞速发展，实证金融是当前的一个热点研究领域。现代金融学一个大的发展趋势是金融理论的微观化和金融工具的数量化，实证金融研究是一个"发现"过程，这种发现主要基于金融现象本身，而不依赖于我们想从金融现象中发现什么。实证金融研究是一个观察、解释所看到的金融现象然后进行预测的过程。但在这个过程之前，必须拟订一个计划。需要决定你要观察和分析的金融现象，即解决要观察什么金融现象和如何研究这些金融现象这两个问题，这就是金融研究设计所要解决的问题。实证金融涵盖了金融研究的众多领域，如资产定价和公司金融等。随着现代金融理论的快速发展，数学工具在金融领域的作用逐渐受到人们重视，实证金融也受到了重视。

《实证金融研究方法：以金融和银行业为例》一书针对金融领域中的一系列重要问题为读者提供了一些非技术性的指导，而实证研究方法在这些问题的研究中起着重要作用。本书的前三章主要介绍了本书的整体结构框架，并对实证金融中普遍采用的经济计量学和统计学方法进行了简要回顾，如随机变量与随机过程、回归与波动，然后重点介绍了实证金融研究方法在金融和银行等研究领域中的应用，这些领域包括投资组合理论、资产定价模型和多因子模型、市场有效性、汇率和利率的拟合和预测、利率期限结构、风险价值（VaR）等。对每一个领域为一章内容，主要从概述、模型简介、实证范例、小结等部分来进行详细的介绍。此书对实证金融研究方法的介绍系统全面、通俗易懂，同时运用实际案例对这些方法的操作进行演示，使读者更容易理解并熟练掌握。

《实证金融研究方法：以金融和银行业为例》一书的创新之处在于：第一，此书是实证金融研究领域的权威性著作，对这一领域的研究进行了全面的概括与描述；第二，对实证金融研究方法进行了系统和翔实的介绍，在理论分析的基础上结合案例分析，使得读者对于实证金融研究方法的了解与掌握更加容易；第三，此书以金融和银行业为例，深入介绍了实证金融研究，其研究结果为金融和银行业提供了可借鉴的经验和价值。

书名： Genesis of the Financial Crisis
金融危机的成因
作者： Roderick Macdonald
出版时间： 2012 年 5 月
出版社： Palgrave Macmillan

内容提要： 2007 年 4 月，美国新世纪金融公司申请破产保护，美国次贷危机正式爆发，然后危机迅速蔓延至世界各个国家，发展成为全球性的金融危机，对全球经济发展造成了极大的影响。国际金融危机的爆发，不仅给世界各国经济带来了严重损害，而且给全球思想文化领域也带来巨大的冲击和震荡。危机的爆发说明资本主义基本矛盾在不断激化，面对这次危机，世界各国都在反思调整，世界社会主义事业也迎来机遇和挑战。在全球化不断深化的今天，世界经济、政治的发展越来越具有整体性，金融危机的后续影响也逐渐显现。欧洲债务危机愈演愈烈，美国也出现了后金融危机时期的"攻占华尔街事件"。因此从多维角度去剖析这场金融危机，探讨其产生的机理和原因，分析其所带来的启示和反思具有十分重要的理论和现实意义。

《金融危机的成因》一书对 2007~2010 年金融危机的成因进行了详细的阐释，目前很多学者对金融危机的原因的解释是不完整或根本就是错误的，这本书将所有这些观点进行了系统的概览和总结，并讨论了主流经济学家和奥地利学派经济学家对金融危机的见解。本书共分为三个部分，第一部分介绍关于 2007~2010 年金融危机的本质、影响以及解决金融危机的方式，重点对金融危机的三个影响进行了分析：日常经济交易的困难；融资来源减少；通货紧缩。第二部分主要针对金融危机的成因，从住房投资、银行和基金抵押贷款、资本市场等方面作了详细的解释，认为：超前消费模式的刺激、激进房地产金融政策的影响、贷款机构放松了信用风险的管理、利率上升导致房地产市场泡沫的破裂；以资产证券化为代表的金融工具的过度滥用、金融监管的缺失等导致了金融危机的产生。第三部分列举了四位奥地利经济学家即保罗·克鲁格曼、约瑟夫·斯蒂格利茨、路易吉·津加莱斯和约翰·科克伦对金融危机的观点，总结了他们对金融危机的看法和意见。

《金融危机的成因》一书的创新之处在于：第一，对金融危机的本质、成因和影响进行了系统、全面的分析，让读者对金融危机有了更深刻的理解；第二，针对目前不同学者对金融危机成因的不同解释做了翔实的分析，并对金融危机的成因进行了总结；第三，从经济学家的角度，主要是几位奥地利经济学家的看法，进一步探讨了金融危机的产生根源，使其内容更加翔实。

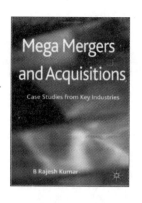

书名：Mega Mergers and Acquisitions：Case Studies from Key Industries

大型并购：来自重点行业的案例研究

作者：B. Rajesh Kumar

出版时间：2012 年 11 月

出版社：Palgrave Macmillan

内容提要：随着市场机制的不断完善和行业竞争的日趋激烈，传统依靠自身经营积累扩充企业价值的内部增长方式已经渐渐被企业间各式各样的产权交易所替代。20 世纪 90 年代后半期，全球并购活动达到了前所未有的高潮。作为企业获得战略性发展的重要方式之一，兼并收购已成为企业界和学术界关注的对象，其在经济发展过程中所起到的作用也越来越明显。并购逐渐成为中国证券市场上配置资源的一种重要方式，也逐渐成为中国企业成长过程中所采用的重要战略。并购是否创值成为近年来国内金融和财务领域的研究热点之一。

《大型并购：来自重点行业的案例研究》一书在对近几年中外企业并购和重组案例梳理的基础上，精选了各个行业最新的、比较有影响的并购经典案例，涉及医药、科技、电信、媒体和娱乐、电子电气、能源、金融、消费品、金属、汽车和航空等领域。书中针对每一个行业分为一章内容，从行业的趋势发展、并购背景、并购内容、并购动因分析、并购效果及总结五个方面来深入探讨每个行业、每个企业并购的整个过程，从并购企业角度出发，探讨如何进行并购战略决策，对并购可行性作深入、全面的分析，从而选择最佳的并购目标和时机，制订切实可行的并购方案，有效避免各种并购风险，实现并购战略的预期目标。通过深入分析，总结出每个行业实施大型并购的特点以及不同企业进行并购的特色。通过对这些案例的研究、学习，有助于更好地把握各个行业企业并购的发展趋势和规律，了解和掌握企业并购的基本理论、实践经验和具体操作方法，提高企业并购的实际操作能力。

《大型并购：来自重点行业的案例研究》一书的创新之处在于：第一，采用案例研究方法，对目前重点行业的并购案例进行深入分析，涉及的内容广泛，包括医药、科技、电信、媒体和娱乐、电子电气、能源、金融、消费品、金属、汽车和航空等；第二，作者通过分析并购的背景、内容和动机等，引领读者深入了解每一个行业的并购交易情况；第三，基于深入的案例研究分析，从行业角度看，并购是企业生存期内的一个非常规事件，并购战略的制定和实施是一个极其复杂的过程，需对多种因素进行综合分析，揭示了企业并购活动的行业及企业自身的原因，为企业并购提供可借鉴之处。

书名：Mergers and Acquisitions: The Critical Role of
Stakeholders
兼并和收购：利益相关者的关键作用
作者：Helen Anderson, Virpi Havila, Fredrik Nilsson
出版时间：2012 年 11 月
出版社：Routledge

内容提要：随着经济全球化的发展，全球并购活动愈演愈烈。企业并购是市场经济条件下企业生存与发展的理性选择，其根本动因来自企业自身及其利益相关者追逐利益的动机。并购是企业一种自愿的和有偿的产权交易活动，它已经逐渐成为企业追求价值最大化、提高发展效率的有效资本运作模式。并购作为企业寻求快速增长的重要手段之一，不论其动机如何，最终都引致了社会资源的重新分配，并对企业各利益相关者产生重大影响。利益相关者理论为企业管理提供了一种新思维。综观现代经济，大部分企业都是通过并购这种方式发展壮大的。如何通过合理和有效的途径进行企业并购，实现经济结构的优化和产业升级，完善公司的治理结构，吸引投资者以及活跃证券市场，一直是政府、企业管理者、学术界以及广大投资者共同关注的重要课题。

《兼并和收购：利益相关者的关键作用》一书从利益相关者的角度，研究目前企业实施并购后成功和失败的原因，探讨了其利益相关者在并购活动中发挥的重要作用。本书根据利益相关者的类别分为四个部分来叙述。第一部分是股东和高级管理人员，主要通过两个并购案例分别说明公司社会责任的重要性以及高级管理者在并购过程中的动机和作用。第二部分是中层管理人员和员工，这一部分通过三个并购案例说明在并购过程中子公司经理、内部审计人员等对并购的影响。第三部分主要从供应商和客户的角度来探讨他们在并购活动中对企业的影响。第四部分分析了公共机构，如政府、银行等，对企业并购产生的作用。四个部分均根据具体的案例详细地分析了利益相关者在企业并购前后所起到的关键作用，深刻揭示了利益相关者对并购的重要性。

《兼并和收购：利益相关者的关键作用》一书的创新之处在于：第一，研究视角新颖。从利益相关者的角度来研究企业并购成功与失败的原因，展示了内部和外部利益相关者在此过程中的重要作用。第二，每篇案例在详细描写案情的基础上，都有详细的定性与定量分析，在介绍案情和进行分析时，设有画龙点睛式的点评，每篇案例最后都有理论联系实际的总评。第三，案例的选材既有系统性，又有专题性，重点突出，将企业并购成功与失败的原因剖析透彻，为企业并购总结了经验和教训。

书名：Risk Management and Corporate Governance

风险管理和公司治理

作者：Abolhassan Jalilvand，Tassos Malliaris

出版时间：2012 年 1 月

出版社：Routledge

内容提要： 随着经济迅猛发展和竞争日益加剧，这无疑给公司带来了更多的不确定性，对公司决策的科学性提出了更高的要求。人们认识到只有建立一套完善的治理系统才能解决舞弊、腐败和管理不当等问题，才能实现有效的风险管理。公司治理的核心是风险管理，公司治理这一制度安排所决定的公司目标、决策者及风险和收益的分配都是围绕风险展开的。风险直接影响目标的实现，而决策者对风险的喜好程度、控制和管理直接决定目标的实现及其实现程度。治理结构中的各主体需要承担特定的风险和相应的收益。影响公司治理的因素实质上都是不确定的，是企业在实现目标过程中产生风险的根源。同时，公司治理体现着组织应对风险的战略反应，其核心就是确保有效风险管理的适当性，所以公司治理中还含有战略性的风险管理。因此，有效地进行风险管理和公司治理，变得越来越重要。

《风险管理和公司治理》一书共包括四个部分（共 15 小节），第一部分（第 1~4 节）主要介绍风险管理和公司治理的绩效影响。第 1 节介绍公司治理效果不明显时管理层的行为；第 2 节主要介绍公司股票回购和公司治理之间的道德问题和困境；第 3 节介绍了风险管理在确定审计费用中的补充替代作用；第 4 节介绍了股权激励和公司治理的关系。第二部分（第 5~8 节）主要从董事会风险监督、套期保值强度以及美国银行的非系统风险、投资者认知、投资组合等介绍风险管理理论和实践方法。第三部分（第 9~11 节）介绍了公司治理和风险管理的全球性，主要从公司治理的理论框架、全球化银行贷款、银行的公司治理三节内容来叙述。第四部分（第 12~15 节）从企业政治消费和股东权利、披露、数据完整性和预防身份盗窃保护、信用衍生品四节内容来介绍公司治理和风险管理的法律法规。

《风险管理和公司治理》一书的创新之处在于：第一，从风险管理的角度研究公司治理，提出风险管理作为公司治理的重要环节，如何提高公司治理的有效性。第二，从法律和政治环境的外部性，探讨公司采用财务和经营决策，对风险管理和公司治理的影响。第三，本书基于实践和理论相结合的角度，探讨了风险管理方法，为企业经营者提供了借鉴的意义和价值。

书名：Behavioral Finance and Wealth Management：How to Build Optimal Portfolios that Account for Investor Biases
行为财务和财富管理：如何建立最优组合解释投资者偏差

作者：Michael Pompian

出版时间：2012 年 1 月

出版社：Wiley

内容提要：20 世纪 80 年代兴起的行为财务学是一门多学科交叉的边缘理论，它是在对现代财务理论体系的基本假设，尤其是在对有效市场假设（EMH）和资产定价模型（CAPM）的挑战和质疑背景下形成的。随着现代心理学与财务学的交叉与融合，对投资问题的考察逐渐深入到行为和心理研究层次，行为财务理论日益兴起。与传统财务理论相比，行为财务理论在对投资者行为进行分析时更注重投资者在决策过程中的实际心理活动对其决策行为的影响，在此基础上通过研究投资者如何在判断中发生系统性错误来解释资本市场中存在的一些异常现象，进而提出与之相应的一系列投资策略，对现代财务理论的缺陷进行了弥补。该理论主要从实证角度研究人们如何理解和利用信息做出投资决策，以及认知偏差对决策过程的影响。

《行为财务和财富管理：如何建立最优组合解释投资者偏差》一书将 20 个最突出的个人投资者偏差的知识运用到改进的行为资产配置决策中，并提供给投资者和财务顾问一本"自救"的书，探讨了如何将最新的前沿研究应用到投资者偏差中以及实施投资策略。本书共分为六个部分，第一部分（第 1~3 节）介绍了行为财务的基本理论，主要包括什么是行为财务、行为财务与传统财务的区别、行为财务的作用、行为财务的实际应用、行为财务的历史发展，并且引入了行为偏差。第二部分至第四部分（第 4~23 节）分别从信念毅力偏差、信息处理偏差、情感偏差三个方面介绍投资者偏差，其中信念毅力偏差包括认知失调偏差、保守主义偏差、确认偏差、代表性偏差、控制偏差以及事后偏差，信息处理偏差包括心理账户偏差、锚定偏差、框架偏差、可用性偏差、自我归隐偏差、结果偏差和近因偏差，情感偏差包括损失厌恶偏差、过度自信偏差、自我控制偏差、现状偏差、禀赋偏差、后悔厌恶偏差和亲和力偏差。第五部分（第 24~25 节）采用案例研究法分析了行为财务资产配置的应用。第六部分（第 26~27 节）对行为投资者的类型进行了详细的阐释。

《行为财务和财富管理：如何建立最优组合解释投资者偏差》一书的创新之处在于：第一，对投资者偏差进行详细的分类阐释，研究对象与内容更加严谨与翔实；第二，运用最新的案例研究表明投资者行为如何改变来改善他们的投资决策；第三，提供可行的方法建立投资组合，帮助投资者实现长期的财务目标。

第四章 财务管理学学科2012年大事记

本报告对2012年国内与财务管理学学科相关的会议进行梳理，共召开相关会议6次，分别是中国会计学会2012年学术年会、中国会计学会财务成本分会2012学术年会暨第25届理论研讨会、中国会计学会财务管理专业委员会2012学术年会暨第18届中国财务学年会、中国会计学会管理会计与应用专业委员会2012年度学术研讨会、2012营运资金管理高峰论坛、第四届海峡两岸会计学术研讨会。

在市场经济体制下，我国企业间的竞争日趋白热化，实施有效的财务管理愈加重要。第一，财务管理可以提高企业的资金使用效率，促进企业经营发展；第二，财务管理可以帮助企业避免投资风险、降低投资成本；第三，财务管理的有效实施有助于国家相关政策法规的贯彻落实。随着我国经济发展和企业改革的不断深入，财务管理理论和实践有了很大进步，总体水平不断提高，涌现出很多新型经济活动和金融产品，如"战略性重组"、"虚拟公司"、"权证"等，极大促进并丰富了我国资本市场的发展，同时也为财务管理学学科带来更多发展机遇与挑战。

处于知识经济、信息经济的当下，完善我国财务管理学学科的核心内容、提高财务管理的企业内地位、加强各界人士对财务管理学学科的深刻认识等，成为财务管理学学科发展的重要使命。为实现先进理论与实践知识的共享，加快财务管理学学科建设，业内经济人士和学者举办了众多大型学术会议。这些会议一般规模较大、与会者数量众多，提交的论文专业性较强，对现代财务管理理论的发展有突出贡献。综观2012年，国内召开与财务管理学学科相关的会议有6次，具体内容和主要观点综述如下。

第一节 中国会计学会2012年学术年会

在面临国际政治经济环境复杂多变、国内经济发展困难重重的新形势下，国内企业的发展也遇到了空前的挑战，会计作为企业经营管理过程中的重要一环，所体现出来的作用也越发地突出。过去的经验表明，会计和财务理论研究对会计准则制定、会计实务发展以及企业财务实践等的指导作用是毋庸置疑的，当前全球化会计准则的制定、会计准则国际趋同以及国际会计准则应用的经济后果等问题的讨论仍充斥着会计理论界；管理会计理论和实务的创新方兴未艾；资本市场财务与会计问题的关注度正处在白热化阶段；企业内部控制的讨论随着经济全球化的进程愈加激烈；企业社会责任会计也随着低碳经济的发展受到学者越来越多的关注；而作为培养会计人才、提高会计人才队伍素质的会计教育问题永远都是会计未来发展的重要基础。正是在这样的大背景下，由中国会计学会教育分会主办、云南财经大学会计学院承办的中国会计学会 2012 年学术年会于 7 月 6~8 日在昆明召开。与会专家和代表围绕着"新经济形势下的财务与会计问题"这一主题，分别从会计准则、管理会计理论与应用、公司财务与资本市场、内部控制与审计、公司治理、会计教育、社会责任与信息披露等领域开展了深入的学术交流和探讨。本次学术年会所取得的成果是丰厚的，报告人的真知灼见、点评人的精彩评论、参会代表的踊跃发言，无不体现了大家对会计学术研究的热忱，闪烁着对会计理论思考和探索的智慧光芒。以下按照交流论文的领域，将财务管理相关的专题内容综述如下（陈红、余怒涛、陈永飞，2012）。

一、公司财务与资本市场

公司财务和资本市场会计问题依然是本次年会的热点问题，年会收到这方面的论文数量也是最多的。事实上，会计制度、会计准则的具体运用，会计理论研究的实践检验都是通过公司财务来实现的，而资本市场为这一系列问题的研究提供了最好的平台。中国上市公司普遍存在的过度投资行为，说明管理层对风险表现出明显的偏好，这与委托代理理论中的管理层风险厌恶假设相悖，管理层激励与企业业绩的关系是学者以及资本市场投资者关注的热点问题，有效的薪酬设计方案有助于提升公司的业绩，也有助于改善存在于公司管理层与所有者之间的代理矛盾。步丹璐等研究发现，高管薪酬与业绩存在黏性，而且该黏性特征在地方控股企业明显高于中央控股企业，而民营企业的高管薪酬黏性特征较弱，高管薪酬与营业业绩的黏性较弱，而与风险业绩存在较为明显的黏性特征，高管薪酬与风险业绩的黏性特征在地方控股企业中显著高于中央控股企业。章永奎等认为政治联系的确显著增加了民营上市公司的内部薪酬差距，政治联系显著增加了民营上市公司薪酬差距的黏性，即业绩变动一个单位，在业绩下降的情况下，政治联系的民营上市公司的内部薪酬差距减少的幅度显著低于业绩增加时薪酬差距增加的幅度，高管的政治联系在一定程度上削弱了民营上市公司薪酬激励契约的有效性。张金若认为拥有更大权力的 CEO，确实可能攫取了更大的薪酬福利，不仅高管团队的薪酬问题可能是一个代理问题，CEO 薪酬也可能是一个代理问题，相对于国有企业，民企的 CEO 薪酬占比显著更高，这进一步支持了国企 CEO 目标的多元化，其政治前途等因素可能弱化了他们对薪酬的要求，从而他们更注意与其他高管薪酬的公平性。林乐研究发现，与实际控制人不兼任薪酬委员会委员的公司相比较，实际控制人以董事身份兼任薪酬委员会委员的公司中经理人薪酬—业绩敏感度更高，且这一关联关系只出现在业绩指标质量相对较高的公司中。这意味着，对于私人控股上市公司来说，实际控制人通过直接参与薪酬委员会的运作可有效监督和改进经理人激励，同时该机制的效果依赖于公司业绩指标的质量，这为我国私人控股上市公司实际控制人的正面治理作用提供了证据。而在独立董事和股东之间的代理问题未得到很好解决之前，完全独立的薪酬委员会未必是最优的制度安排。

新兴资本市场上的政治联系在很大程度上影响了资本市场的发展，企业的投融资策略、企业生产经营、企业高管薪酬设计、业绩预测甚至是企业的盈余管理行为等都被证实与政治关联存在一定的相关性。在我国，政府干预企业经营活动和大股东控制上市公司是普遍存在的现象。章卫东以我国上市公司资产注入事件为研究对象，研究发现，政府控股股东比民营控股股东资产注入的动机更强烈；当政府控股上市公司被 ST 时，政府控股股东通过向国有控股上市公司注入资产"支持"上市公司的动机比民营控股股东更加强烈，从而导致 ST 国有控股上市公司在资产注入之后业绩增长更快。王鹏的研究认为董事会中的政治联系在一定程度上影响了会计稳健性，特别是在私营企业中这一影响效果更加明显，同时会计稳健性会有效地提升公司价值，但是如果存在政治联系，这一相关性将被削弱。刘运国和廖歆欣也发现当地方政府出现财务困境时，地方政府会通过增加地方国企的投资来达到增加财政收入的目的。饶茜等发现会计信息透明度可以显著改善企业的投资不足和投资过度，提升企业的投资效率。相对于国有企业，非国有企业中的这种作用效果更为显著，政治关联的存在，显著降低了会计信息透明度对投资不足和投资过度的改善作用，而这一负面作用，在非国有企业里更为显著。作为一种市场替代机制，政治关联在企业资源配置的过程中发挥着举足轻重的作用。唐洋等的研究发现政治关联通过信贷融资对恶性增资产生影响，政治关联越紧密，企业的信贷融资越容易导致恶性增资。杜颖洁则发现民营上市公司高管具有的银行关系能够显著提高公司的银行借款率，且在市场化程度越低的地区，银行关系对借款可得性的影响越显著，且民营上市公司高管具有的银行关系能够显著延长公司的银行借款期限，在相同条件下，具有银行关系的民营上市公司能够享受更低的银行借款抵押要求，同时，民营上市公司高管具有的银行关系能够显著降低公司的借款成本。

二、公司治理

公司治理问题是制约企业竞争的决定因素，也是保证企业持续成长的关键所在。好的公司治理应该能够有效地解决公司各个层面存在的代理问题，并进一步给公司的业绩带来显著正面的影响。很多学者从公司治理的不同层面研究了公司治理的效率问题。最近几十年中，公司治理一直都是学术界讨论的热点，而针对公司治理问题的研究依然没有消退的迹象，当前的研究将这一问题分解得更细致，也研究得更深入透彻。陈运森从独立董事所处董事网络的位置特征出发，通过社会网络分析方法衡量了独立董事在整个董事网络中位置的差别及其对降低代理成本和提高代理效率的影响。实证结果发现，公司独立董事网络中心度越高，管理层—股东的第一类代理问题及大股东—中小股东的第二类代理问题都越低，但公司的产权背景会削弱这种作用的发挥；进一步地，独立董事网络中心度越高，公司资产运营越有效率，即代理效率也越高。结论表明独立董事并不都是"花瓶"，不同董事网络背景的独立董事治理行为是有差异的，社会网络视角是区分独立董事治理行为的有效手段，这为"独立董事作用之谜"的解决提供了经验证据。杜兴强等研究发现董事非正常离职的上市公司的会计业绩、市场业绩显著更低，违规概率显著更高，董事的年龄越大、受教育程度越高、具有会计或投行背景，非正常离职的概率显著更高，而董事持有公司股份越多，或董事同时兼任公司高管，则非正常离职概率显著越低。文芳研究了董事会成员特征与管理者自信程度的关系，发现董事会成员年龄异质性、任期异质性和职业经验的异质性都对管理者信心具有明显的抑制作用，与国有上市公司相比，非国有上市公司中董事会成员特征对管理者信心的影响更为显著，管理者的政治联系可以增强其在公司中的地位和威信，弱化董事会的监督和制约机制。王进朝等则讨论了上市公司 CEO 更换对会计师事务所变更的影响。

公司治理作为现代公司的一种基础性制度安排，其主要目的是缓解委托人与代理人之间的委托代理问题、降低委托代理成本。从理论层面而言，有效的公司治理结构不仅能够控制上市公司操控应计项目的盈余管理行为，也应该能够对真实盈余管理行为产生重要的抑制作用。顾鸣润等发现国有上市公司的董事会规模和公司治理综合水平能够显著地降低真实盈余管理，但作为外部公司治理机制之一的独立审计不能有效地抑制国有企业管理者的真实盈余管理活动；民营上市公司的董事会规模和公司治理综合水平对真实盈余管理的影响不显著，但是外部独立审计和董事会独立性能够显著地抑制管理层的真实盈余管理行为。这表明，产权性质不仅对公司真实盈余管理行为具有重要影响，而且也显著地影响了公司治理机制对真实盈余管理的限制作用。刘永泽和唐大鹏从社保基金持有上市公司股票前后公司盈余管理变化的角度来衡量社保基金持股对上市公司的治理效果。研究结果表明社保基金与其他投资机构者一样发挥了监督作用，能够积极参与公司治理，有效地抑制盈余管理，提高公司的治理水平，同时发现，国有持股比例、公司规模对社保基金的这种治理效应也有一定影响。肖成民认为较强的事前动机促使公司选择会计准则遵循度较低的盈余管理方式，但较强的事后监管会促使公司选择会计准则遵循度较高的盈余管理方式，降低融资监管对会计盈余相关指标的依赖以及加强事后处罚力度是规范公司盈余管理行为、提升会计信息质量的有效方式。张子余通过理论分析认为增加监管需要更加全面审慎考虑监管带来的成本效益；若发现企业存在明显的"真实盈余管理"迹象，其很大概率也存在灰色"应计盈余管理"行为。

三、管理会计理论与应用

管理会计作为会计学的重要分支，目前正越来越受到理论界和实务界的关注，本次年会的学者通过规范分析、案例分析以及问卷调查等手段从不同层面考察了管理会计的理论应用和实际效果。潘飞等在整合交易成本经济学理论、组织权变理论和资源观的基础上，建立了一个完整的包含跨组织 MCS 导因（控制问题与能力）、自身机制（正式控制/非正式控制）、业绩效果的研究框架，并深入研究了中国特色的制度背景如何作用于跨组织 MCS。

其研究成果将为企业提升管理控制水平、增强核心竞争力提供有力指导。财务战略在驱动、维持特定盈利模式和轻资产战略中的作用究竟如何？汤谷良等在分析企业盈利模式和轻资产战略文献研究的基础上，架构了作为核心企业的"企业价值→财务战略（现金流结构主导）→盈利模式（轻资产模式）→商业活动与资本行为→财务业绩"这样一个轻资产模式的价值创造与管理体系，并以苹果公司作为案例进行研究，结果表明战略性财务安排在积淀核心资源和能力、驱动业务系统整合以及维护优质盈利状况方面的驱动作用是强大的。苹果公司围绕现金战略为核心的其他财务安排设计——集聚核心资源投入在研发、营销等高附加值环节，在策略外包方面通过巨额现金储备保障整个供应链的有效管控，很好地维持了苹果公司长期健康的轻资产经营模式。

在管理会计制度变迁及相关技术应用方面，刘俊勇等就平衡计分卡影响财务绩效的机理进行了案例研究，并依据案例建立了平衡计分卡与财务绩效传导模型，指出平衡计分卡影响组织变革，而组织变革影响财务绩效，该项研究对于平衡计分卡的应用和理论研究有一定的借鉴意义。王延等则通过问卷调查和实证检验的方法对关于管理会计变革过程以及管理会计变革过程的影响因素等问题展开了研究。Won-Ki Lee 等则检验了企业在引入了诸如 JIT 等高级制造环境技术之后管理会计系统对公司绩效的影响。

第二节　中国会计学会财务成本分会 2012 学术年会暨第 25 届理论研讨会

中国会计学会财务成本分会 2012 学术年会暨第 25 届理论研讨会于 2012 年 5 月 19 ~ 20 日在南京召开，本届研讨会以"低碳经济、企业社会责任与财务创新"为主题，来自全国各地政府机关、高等院校及实务界的 100 多位专家学者围绕"社会责任与公司财务"、"财务成本与公司治理"和"会计、审计与内部控制"三方面内容展开研讨。与财务管理相关的专题内容综述（达青，2012）如下。

一、社会责任与公司财务

南京农业大学经济管理学院姜涛指出，董事会是上市公司信息披露事项的管理机构，上市公司是否披露社会责任信息、采用何种形式披露、在多大程度上披露都取决于董事会的决策和监督。食品类上市公司应积极应对公众和媒体关于食品质量和安全问题的质疑。增强企业与利益相关者的和谐程度，有利于企业和社会的可持续发展。通过设置审计委员会、提名委员会等专门委员会监督企业社会责任的履行及其信息披露，通过提高薪酬激励董事会成员勤勉工作的积极性，就企业社会责任信息披露问题进行专门讨论，提高企业社会责任信息披露程度。

对于上市公司自愿披露的动机，国有企业与民营企业具有一定的差异。南京财经大学会计学院张正勇指出，媒体关注程度、行业敏感度、顾客远近度、产品市场竞争与公司社会责任报告自愿披露之间存在显著的正向关系。在国有控股公司和民营控股公司中，社会责任报告自愿披露动机具有一定差异性，无论是民营上市公司还是国有上市公司，以上关于社会责任报告自愿披露动机的各类显著影响都不再存在，因此，动机的影响效果仅限定在公司是否自愿披露社会责任报告这一决策层面，对于公司决定自愿披露后的信息披露水平高低并没有显著影响。

湖南商学院会计学院郑玲认为，如何将可持续发展战略与企业的经济利益结合起来，让企业以积极的愿景实施环境战略，是资源价值流转会计要研究的核心问题，其根本目的是实现资源（能源）节约、经济价值增值与环境负荷降低三赢。以流量管理为指导思想，以实现环境与发展的协调为目标，将企业视为一个物质流、价值流和信息流"三流合一"的系统。企业的成本是由价值流所耗费的资源所决定的，并在物质流、价值流、信息流中伴随着新价值的创造和各种资源的消耗，通过对价值流的分析和优化可以找到更多的成本控制机会。

中国海洋大学管理学院会计学系王竹泉提出，企业是企业契约选择者的集体选择达到一种可接受的均衡状态，财务报告使用者是所有与企业经济活动相关、与所有者价值创造与实现相关的利益相关者，并非仅限于企业的资金提供者——股东与债权人。2010年的《财务报告概念框架：报告主体》征求意见稿从经济实质而非法律形式上界定了财务报告的编报边界。但在实践中，一些新型业务主体的权益资本所有者早已不限于物质资本提供者——股东，由利益相关者共同拥有所有权的现象已不罕见，这类企业的所有者主体拓展至多类利益相关者。企业的初始账面价值等于其所有者投入资本的初始价值，通用财务列报正是要展现这些经济活动的静态财务状况、动态收益获得，并通过同时描述经济活动的财务状况变动来从不同侧面共同反映立体化的经济活动，这些会计信息也就构成了通用财务报告的主要列报内容。

目前企业忽视产品质量、员工福利、环境保护、消费者权益等影响资本市场长期稳定的事件频频发生，央企对社会责任信息披露的重视程度对市场的完善有重要作用。对此，西南财经大学会计学院余海宗指出要从企业自身到国家政策制定等多方面对社会责任信息披露的保障提出要求。政策制定部门要提高企业社会责任意识；明确资本市场各主体在社会责任信息披露中的权利和义务；加强社会责任信息披露的监督；建立统一的社会责任报告编报标准；完善相关激励考核机制。

中南财经政法大学程亭认为，国家生态环境和公民环境权利保护已成为我国经济社会发展过程中关注的重要问题，环境审计在保护国家生态安全和公民环境权利中具有一定作用。我国环境审计工作体系的设计应以确保政府和企业受托环保责任的履行为己任，其工作安排要与我国经济社会发展战略保持一致，以保护国家生态安全和公民环境权利为终极目标。各级政府审计机关应切实履行在环境审计中的职责，构筑起环境政府治理的"免疫系统"。CPA审计组织在环境市场治理中将环境审计融入相关审计与鉴证业务，在财务报表审计中要关注环境事项，将环境审计嵌入内部控制审计和社会责任报告鉴证，同时要探索提供排放审计服务，逐步形成完善的环境审计工作体系，推动我国环境审计的进一步发展。

二、财务成本与公司治理

山东财经大学会计研究中心夏宁提出高管薪酬与企业绩效正相关而与行业绩效负相关，薪酬—业绩敏感度与企业风险负相关。夏宁指出，随着企业风险的加大，企业薪酬—业绩敏感度下降，说明我国上市公司在制定高管薪酬时虽然考虑了企业绩效，但也考虑了企业面临的风险因素，尤其是在经营环境风险比较大的情况下，弱化高管薪酬与企业绩效之间的联系，减轻了高管承担的薪酬压力。夏宁建议，在保障高管权益的同时，企业还应考虑高管阅历、企业产品的市场结构、企业自身经济实力等其他因素的影响，提供适当的工资弹性提高高管人员的工作动力，加强股权激励，强化高管整体意识，综合多方面影响因素制定合理的高管薪酬契约，控制委托代理矛盾。

中南财经政法大学会计学院何威风认为，管理者晋升到更高职位不仅使其获得更多薪酬，而且可以获得更多的荣誉和在职消费，这使得管理者可能存在有晋升动机的盈余管理行为。与获得更多薪酬相比，管理者可能更为关注是否获得晋升，这是因为晋升有可能带来巨大的货币和非货币利益，因而，在以会计信息为基础的相对业绩考核中，管理者为了获得晋升就有可能进行盈余管理，治理企业盈余管理不仅需要良好的薪酬机制，更需要设计合理的晋升激励机制。

北京工商大学何玉润指出，企业管理层利用"权力"影响上市公司的现金股利支付，管理层权力越大，股利支付率越小；不同所有权性质下，管理层权力对企业现金股利影响不同；中央企业中管理层权力对现金股利的影响最为明显，"内部人控制"最为严重。何玉润同时提出几点政策建议：一是必须加强资本市场建设，建立促使企业理性分配的市场机制。二是必须进一步完善上市公司的公司治理机制，解决内部人控制问题。三是必须进一步建立和完善企业绩效考核制度的约束机制。

湖南大学工商管理学院杨艳通过研究多元化战略资源配置与企业不同发展阶段的关系得出：处于成长期的企业，集中优势资源的专业化更有利于股东价值创造，而对于成熟期的企业，相关多元化和一体化更有利于提高经营绩效。企业进行业务领域战略选择时，必须考虑企业自身所处发展阶段的资源与能力条件的匹配性，根据自身所具备的资源和能力来确定其发展目标，制定其战略选择，避免盲目实行多元化扩张。杨艳认为，我国企业多元化经营失败多、成功少，关键是许多企业忽略自身所处的发展阶段的资源和核心竞争优势的限制，盲目实行多元化经营。因此，实施多元化战略的关键是，必须考虑企业所处的发展阶段，进而提高多元化战略潜在的利益可能性，从而提高企业的绩效。

内部资本市场配置效率是内部资本市场研究的起点也是终点，而内部资本市场效率除了作为理性经济人行为结果的影响之外，还受到参与人非理性因素的影响。东南大学会计系陈菊花认为，内部资本市场配置效率、效果如何并不能完全从传统理论中得到解释。从投资者及管理者非理性这一全新视角研究影响内部资本市场资本配置的影响因素，揭示其内在联系，提出改善内部资本配置效率措施非常重要。

安徽工业大学管理学院王明虎认为，我国商业银行对不同区域企业的信贷政策有显著区别，这种区别表现在两个方面：从信贷融资比例看，东部地区银行信贷融资比例比中西部地区明显要高；从贷款利率来看，东部地区贷款利率也明显高于中西部地区。随着我国金融改革的不断深入，我国银行业竞争逐渐增强，由此产生了对区域信贷政策差异的抵消作用，监管部门应继续放松银行业的进入管制，增强银行业的竞争力度，放松金融价格管制，推进利率市场化。全面改善区域金融布局，实现区域金融的逐步均衡。

第三节　中国会计学会财务管理专业委员会 2012 学术年会暨第 18 届中国财务学年会

2012 年 11 月 17~18 日，由中国会计学会财务管理专业委员会与中国财务学年会联合主办、广西大学商学院承办、广西会计人才"小高地"办公室协办的中国会计学会财务管理专业委员会 2012 学术年会暨第 18 届中国财务学年会在广西南宁召开。两个年会合在一起召开，不仅增添了本届年会的魅力，也彰显了财务与会计的和谐发展。本届年会分大会主题报告和分组研讨两个部分，其中主题报告 8 场、分组报告 40 场，有近百人参加会议的报告、主持或评论。本次会议与财务管理相关的专题内容综述如下（韦德洪、杨海燕、徐全华，2012）。

一、财务基本理论研究

财务基本理论的发展和创新对财务实践有着重要的指导作用，因此，财务基本理论研究是本届年会讨论的重要议题。王化成认为，财务管理理论研究的起点应该是财务管理环境，研究内容应涉及公司治理与筹资决策、公司治理与投资决策、公司治理与分配决策三个方面，通过规范研究、经验研究、市场研究、实验研究等研究方法完善五项理论：筹资理论、投资理论、分配理论、控制权理论、行为财务理论。郭复初则从国家层面出发，提出了国家财务理论。众所周知，国有资本在国民经济发展中发挥着主导作用、调控作用和参与国际竞争的作用，但如何加强国有资本的管理，则是一个值得研究的问题。现代企业两权分离，财政统管国企财务，存在政企不分、投资时滞、企业"失血"、赤字财政等问题，这要求学界重新研究国家财政与财务的关系。郭复初认为，国家财务理论从基础理论研究发展到应用理论与发展理论研究，从个人研究发展到团队研究，从学术研究发展到政策研究，已形成财务理论研究中一个全新的重要领域，对我国国有资产管理体制改革与监督管理发挥着重要促进作用。回顾国家财务理论发展过程，认真总结国有资产监管实践经验，对进一步深入研究国家财务理论，完善国有资产管理、监督与运营体系均有重要意义。从企业层面来看，企业财务理论的发展对企业的可持续发展有着重要意义。李心合提出，应该将供应链作为内生性变量来处理，即将供应链关系概念和模型嵌入财务学的各个主要领域，包括营运资金管理、投融资管理和利润分配等领域，构造供应链内生的公司财务学理论。而对于传统的重比率、轻质量的公司财务分析理论，张新民提出了自己的看法，他认为应该建立以利润质量为核心的系统化分析方法，这样才能看清企业战略、企业管理与竞争力、企业效益与质量、企业成本决定机制、企业价值、企业风险和企业前景。按照罗纳德·W.梅利歇尔等（2009）的观点，企业理财属于微观层面的金融学范畴。企业理财（财务管理）市场与金融市场有密切的联系，企业理财市场也属于金融市场的范畴，企业理财市场要素与金融市场要素既有联系又有区别。王玉春从我国企业理财市场要素的变迁管窥企业财务管理变化，他认为企业理财市场是理财主体为实现财务管理目标，运用理财工具融通资金和实现资金增值的市场，理财市场要素主要由理财主体、理财工具、理财对象和交易价格构成。结果发现，财务管理的变化主要是：企业理财主体由政府主导到企业主导，理财工具由单一到多样、由原生到衍生，理财对象由财务资本到财务资本和人力资本等转变，理财价格由政府规制到市场主导的转变。除此之外，随着经济的发展和社会的进步，人力资源也越来越重要，企业财务管理也需要以人为本。"以人为本"是科学发展观的本质和核心，科学发展观是我国企业实施以人为本的财务战略的基本指导思想。王海兵认为，人本财务管理是对片面的物本位、利本位财务管理模式的扬弃和发展，他对人本财务管理的概念、环境、本质、假设、目标、主体、对象和职能等若干重要的基础理论问题进行了探讨，提出以人为本的财务管理，要求企业既重视效率也要重视公平，不仅做到"内部人"和"外部人"之间的横向公平，还要做到"当代人"与"后代人"之间的纵向公平。

二、公司治理与资本市场问题研究

公司治理与资本市场问题依然是本届年会讨论的热点，也是年会收到论文数量最多的议题。我国特殊的制度背景和公开的财务数据为这类问题的研究提供了很好的机会。目前，我国上市公司普遍存在过度投资行为，说明管理层存在过度自信心理，对风险表现出明显的偏好。如何解决过度投资问题，缓解股东与管理层之间的利益冲突是学者所关注的热点问题。杨兴全等认为，虽然管理层权力显著提高了上市公司的现金持有水平，由管理层权力导致的高额现金持有行为具有负面的价值效应，但是管理层权力对现金持有行为的影响受到企业所在地区市场化进程的影响，市场化进程能够降低管理层权力与现金持有水平的正相关性，并进一步弱化了管理层权力导致的高额现金持有行为的负面价值效应。进一步研究发现：权力强大的管理层持有高额现金的行为加剧了过度投资，而市场化进程能够在一定程度上约束管理层利用权力持有大量现金进行过度投资的行为。李连军和杜勇则从所有权性质的角度研究企业的投资现金流敏感性。研究发现，地方国有企业与民营企业的投资现金流敏感性强于中央国企；地方国企存在过度投资行为，而民营企业则投资不足。胡国柳和周遂实证检验了管理者过度自信与上市公司会计信息稳健性程度的关系，以及两者的相关性对企业过度投资行为的影响。结果发现：短期内，管理者过度自信心理与企业的会计稳健性程度负相关，同时两者的相关作用对过度投资影响不显著；长期内，管理者过度自信心理同企业的会计稳健性程度正相关，同时两者的相关作用显著加剧了企业的过度投资行为。赵岩和陈金龙则从社会资本的角度研究企业的投融资行为。研究发现，企业投资现金流敏感性随着融资约束的提高而减弱，企业通过积累和提高企业社会资本来缓解融资约束和降低投资—现金流敏感性。此外，有效的高管薪酬设计方案也有助于改善股东与管理层之间的代理矛盾。夏宁和李民提出了基于知识表示支持系统的高管薪酬设计方案，首先采用知识表示系统对高管薪酬进行结构化处理，其次利用专家系统从计算机处理得到的优化解中进行选择，最后对高管薪酬知识库进行了构建，目的是在合理规范与控制高管薪酬的基础上保持对高管的激励。

除了对公司代理问题的研究外，学者还对公司治理的其他领域进行了研究，如政治关联对企业融资及经营绩效的影响。吴一平和芮萌利用 2010 年全国民营企业的调查数据，选取了人大代表和政协委员这两种有代表性的政治资本，从政治级别和政治职务这两个维度来刻画政治资本的异质性，检验了异质性的政治资本对民营企业银行贷款的影响。研究发现，政治级别每增加 1 个单位，民营企业获得银行贷款的可能性至少增加 1.9%；而政治职务每增加 1 个单位，民营企业获得银行贷款的可能性至少增加 11.4%。更为重要的是，政治级别和政治职务对获得银行贷款的正面影响是相互替代的。辛琳也认为，在中国，关系很重要，关系管理可以提高企业经营业绩。又如股权结构的作用。郝晓雁从理论和实证两方面分析了股权结构的财务治理效应，发现当前存在股权结构不合理导致股东剩余财权安排不当，董事会虚设，缺乏有效的激励、约束、监督机制，政府的公共财务监督规则的保障力度不足等问题，并提出了具体建议。许敏和王静华发现最终控股人、股权集中度和高管持股比例对 R&D 投入与企业绩效均有调节作用，但最终控股人和股权集中度对其调节作用更为显著。张顺葆的研究则发现：企业间信任与资本结构呈显著负相关关系，并且这种负相关关系在耐用品行业中会加强，在法治环境和地区信任环境较好的情况下会减弱，在行业垄断情况下会减弱。

在资本市场研究方面，主要集中于公司 IPO 抑价和超募现象以及事件的市场反应的研究。国外关于 IPO 的研究发现了一个重要异象：新股短期发行抑价之谜，即新股首日收盘价一般显著高于其发行价（Stoll 和 Curley，1970）。随后很多研究提出一些理论试图解释 IPO 抑价，但都未能完全解释清楚。谭劲松等以分析师对新股内在价值的预测衡量公司的内在价值，试图区分 IPO 首日回报率的抑价部分和溢价部分，结果发现，平均而言，IPO 首日回报率高达 66.6%，其中 IPO 溢价为 44.6%，IPO 抑价为 22.0%；IPO 溢价与投资者情绪变量相关，而 IPO 抑价与投资者情绪变量无关；IPO 溢价较高的公司，其股价上市后会出现反转。可见，IPO 溢价是 IPO 首日回报率的主要部分。2009 年 5 月，我国证监会发布了《关于进一步改革和完善新股发行体制的指导意见》(征求意见稿),拉开了我国新一轮密集 IPO 的序幕。针对本轮 IPO 启动以来的超募现象,刘惠萍发现上市公司 IPO 募集资金超募现象惊人,超募资金大量闲置,资金配置效率低下,造成社会资源的巨大浪费。再考察目前的货币政策,发现存贷差在不断扩大,社会资金面趋紧、流动性压力大增,她建议应该尽快将储架发行制度引入到新股发行制度改革中,以遏制超募现象、提高资金配置效率、缓解社会资金压力,这对保持经济稳定增长大有裨益。郭金凤等从行业管制和盈余管理的角度研究公司融资超募现象,发现盈余操控程度与融资超募比率正相关,在 IPO 前发行公司不仅进行了应计利润操控,而且也进行了销售操控,当发行公司处于管制性行业中时,其盈余操控被发现的风险较高,因此倾向于选择更为隐蔽的销售操控、生产操控手段;而当发行公司处于非管制性行业中时,应计利润盈余操控与融资超募率显著正相关。在事件的市场反应研究方面,于李胜和王艳艳从债权人的角度研究了政府角色以及由此产生的预算软约束对股价同步性的影响,以及这种影响在国有企业与非国有企业中是否存在非对称性。结果发现:国有银行贷款比例与股价同步性成正比,两者的正相关关系在非国有企业中显著弱于国有企业,进一步研究还发现国有银行贷款比例越高,股票暴跌风险越大。这些结果综合说明,政府角色以及由此产生的预算软约束是影响股价同步性的重要因素之一。李涛等运用事件研究法实证检验了《营业税改征增值税试点方案》(简称《试点方案》)对交通运输业和部分现代服务业上市公司的冲击效应,发现《试点方案》公布事件对上市公司有显著的冲击效应和明显的市场反应。

三、财务与会计问题相结合研究

近年来,越来越多的学者将财务与会计问题结合起来研究,这不仅丰富了财务与会计的研究方法,也实现了财务与会计的和谐发展。检验我国会计准则实施效果的研究就是财务与会计问题相结合的范例。刘政准等发现,中国实施国际财务报告准则后,对于盈余平稳化及股价有显著正向影响,企业在导入国际财务报告准则之后,整体会计质量较高;制度环境对盈余平稳化有显著负向影响,对股价则有正向显著影响,说明在制度环境较好的地区还是会有盈余管理现象的;而国际会计准则导入之后,制度环境对盈余平稳化虽然还是负向影响,但其系数小于制度环境对盈余平稳化的影响,说明导入国际会计准则对整体环境还是有正向影响的,只是影响力还不如制度环境本身。这一研究对我国政府具有政策启示作用,因为除了实施国际会计准则可以改善上市公司会计质量外,另一个影响会计质量的重要因素为法律制度环境。由于各个省份市场发展程度不一致,导致制度环境差异很大,这将影响公司会计质量的提升,同时也会影响投资人对公司报表的信赖程度。梁权熙的研究也发现,新会计准则的实施有助于遏制管理层的盈余管理行为或降低其通过盈余管理隐藏公司特质信息的能力。唐妤和何力军则针对所得税准则的价值相关性进行研究,发现在 2007 年实施所得税会计准则之后,相比递延法和利润表债务法,资产负债表债务法下的所得税会计信息具有增量的价值相关性,但未能验证资产负债表债务法相比应付税款法具有增量的价值相关性。可见,将我国实施的新会计准则与公司治理或股价反应等财务后果相结合,能更好地发现新会计准则的实施效果,为政府部门制定和完善新会计准则提供政策支持。会计准则作为规范会计行为的制度安排发挥了重要作用,这种重要性不仅体现在微观层面,也体现在宏观层面。张先治和于悦构建了一个描述会计准则变革、微观企业财务行为与宏观经济发展之间相互关系的研究框架,通过分析发现,在资本市场投资者情绪的作用下,会计准则变革引发的企业财务行为的变化通过一种加速传导机制作用于资本市场和宏观经济,准则本身又在经济发展的推动下不断进行调整和改进。根据此研究结论,会计的学科地位应该得到进一步提升。另外,既然会计在经济社会生活中发挥的作用越来越大,那么会计准则在制定时就需要考虑更多的预期与非预期影响,从而根据会计的影响范畴进行更加完善的改革。

此外,还有一些其他财务与会计相结合的研究。如王建明和贺建刚从内幕交易、薪酬与债务契约、盈余管理、盈利预测和市场压力等财务视角研究会计重述的诱因,并对会计重述的机制和后果进行了分析。孙晓妍则以 2004~2008 年上市公司的合并事件为研究样本,实证检验资本市场对合并事件的反应。研究发现,资本市场对合并事件反应剧烈,为合并公司股东创造价值,实现企业合并的短期协同效应。钱争彦和童娜琼详细研究了信息披露质量与公司的权益资本成本的关系。研究发现,总体信息披露质量与资本成本之间存在显著负相关关系;权益成本与业绩预告数量、盈余披露质量之间存在显著相关关系。

第四节　中国会计学会管理会计与应用专业委员会 2012 年度学术研讨会

在当前国际化经营背景下,中国企业如何立足本土,放眼全球,整合运用管理会计理论与方法,"挖潜增效",提升价值创造能力显得尤为重要。正是基于这样的宏观和微观背景,由中国会计学会管理会计与应用专业委员会主办、暨南大学管理学院承办、中国航空技术广州有限公司协办的"中国会计学会管理会计与应用专业委员会 2012 年度学术研讨会"于 2012 年 11 月 23~24 日在广州召开。来自学术界与实务界的百余位专家和学者围绕"国际化与价值创造:管理会计及其在中国的运用"这个主题,分别从管理会计的未来、管理会计实践、预算管理、成本管理、绩效评价、高管薪酬、管理控制系统与企业价值分析等领域展开深入的学术交流与研讨,取得了预期成效。与财务管理相关的专题内容综述如下(胡海波、胡玉明,2012)。

一、管理会计的未来

中国企业越来越普遍地运用管理会计辅助经营管理决策与战略的制定并取得显著成

效。刘玉廷指出，中国企业已经占到了"世界 500 强"的 10% 以上，中国企业已经在与国外的跨国公司同台竞技，作为实施管理会计的领导者，中国的总会计师或 CFO 必须要提高自身的胜任能力，财政部将推进中国总会计师或 CFO 与国际趋同，制定《企业财务管理评估制度》，增强中国企业的核心竞争力。本次会议的主持人顾惠忠以中美两国 CEO 上班后所关注的"第一件事"的差异为例，阐述中外企业领袖对现金流量管理的不同看法，进而指出《企业财务管理评估制度》的出台必将促进管理会计在中国企业的运用。

在全球化、信息化浪潮汹涌的 21 世纪，作为国际商业语言的会计，受到了前所未有的巨大挑战。杨雄胜认为管理会计国际化应该与整个会计国际化平行。中国会计学者有责任面对中国现实，总结中国会计优良的历史遗产并与西方会计有效地结合起来，要站在人类历史发展的制高点研究管理会计，吹响中国管理会计走向国际的"集结号"，促使中国管理会计在新的历史条件下的大发展。顾惠忠指出，杨雄胜教授从历史与国际化的角度分析了管理会计使命，提醒管理会计的学术界与实务界要明确责任，正视压力，为推动管理会计在中国的发展发挥更大的作用。

管理会计靠现金流量信息为生。汪一凡认为财务会计的应计制核算把原始凭证加工为漠视现金收付的记账凭证，目标只在于编制利润表和资产负债表，而"应计制"一旦占据核算主流地位，基于手工数据处理环境，管理会计就成为无源之水、无本之木。为了突破这种困境，必须建立现金版的《大管理会计准则》，从技术上打通"外账"和"内账"，有法可依地完成"切换"，进入"大管理会计"时代。

二、管理会计实践

管理会计的生命力就在于其与企业管理实践的紧密结合。在本次研讨会上，管理会计实践主题受到高度重视，相关论文数量最多。这从侧面反映出中国管理会计的进步。管理会计不仅广泛运用于企业组织，而且逐步运用于公共部门。刘运国等采用案例研究的方法，分析了工商行政管理部门如何构建并运用作业成本法计算并分析其市场监管与行政执法两项工作的成本，以期最终达到控制行政成本的目的，从而为政府与非营利组织应用作业成本法提供实践经验。点评人傅元略认为刘运国等的研究选题新颖，但建议将研究拓展到政府绩效考核层次，并与政府行政管理信息系统相结合。

20 世纪 80 年代以来，管理会计领域逐步流行价值链和战略成本管理思想。为了适应企业的战略发展目标，浙江传化集团公司确立了企业管理以财务管理为中心的管理理念，推动企业上下级彻底转变思维模式，把"质量最高点、成本最低点"作为一种基本精神和要求写入企业的文化手册，创建了"大集团战略、小核算体系"的符合中国国情和企业文化的管理会计体系。张明明认为这个闪烁着价值链战略成本管理思想的经验，已经为浙江传化集团公司带来巨大效益，值得学术界很好地总结并推广运用。点评人王满认为管理会计研究要"接地气"，应该紧密结合案例，期望能尽快看到基于中国企业实践提炼形成的真正属于中国自己的管理会计理论与方法，希望张明明进一步挖掘案例企业的经验，提高

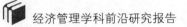

其借鉴意义。

潘林武以深南电路公司战略成本管理的成功实践为例，指出"全员参与，强调重点"是企业成功实施战略成本管理的关键。张延魁探讨了中航工业西安飞机制造有限公司国际合作项目成本控制的经验，指出"坚持走国际合作道路，持续完善商业模式，加强内部成本控制"是提高国际合作产品的收入规模和盈利能力的根本保证。

孙丽通过 AVIC-JC "跨境贸易与结构安排"的实例，指出管理会计已从单一维度管理转向多维度管理，从而在参与决策、制定经营战略方面扮演着越来越重要的角色。温胜精则认为"管理层难觅管理会计思维，CEO 任期较短与管理会计着眼未来的碰撞，没有找到沟通的共同语言"，因此，管理会计如何与业务融合仍然面临困境。

基于企业信息化环境，管理会计实施的效果通常差强人意，陈秀凤等认为这主要源于企业综合信息化管理与管理会计系统设计这两个方面的原因。点评人张明明认为陈秀凤等研究的问题非常重要，没有信息技术支持，许多管理功能难以实现，但建议基于更大的系统如现代集成制造系统（CIMS）构思论文架构设计。

三、预算管理

预算管理这个主题也是本次研讨会的重点议题。于李胜等通过对 210 份有效问卷的分析，深入讨论了环境、战略、组织结构对预算控制紧度的影响：环境不确定性越高，实施差异化战略的企业的预算控制紧度越低；相反，组织分权程度越高以及实施成本领先战略的企业预算控制紧度越高。于李胜等还发现，成本领先战略对预算控制紧度的影响最大，同时，组织分权程度受到环境不确定性、战略的影响，在环境不确定性、战略对预算控制紧度的影响中起着重要的中介作用。点评人潘飞认为尽管使用权变理论作为基础，但缺少一个完整的理论框架，建议从文献中寻找一个完整的权变理论分析框架，建议检验未回收问卷的样本，完善结构方程模型。

吉利等运用扎根理论分析方法，基于对某国有大型施工企业实务人员的深度访谈，首次探讨和检验了地方政府干预对工程项目间接成本的影响。吉利等通过构建理论模型、研究假设并检验 177 个工程项目成本数据，发现作为工程项目实体性消耗的直接成本构成对工程项目间接成本的预算约束，但地方政府干预仍然导致超预算间接成本，且超预算间接成本和地方政府干预对间接成本的影响均与项目性质相关。点评人许金叶认为吉利等的研究角度新颖、研究方法严谨，是一篇有理论价值与实践意义的论文，但研究目标、研究逻辑、研究方法与研究结论依然存在一些有待改进的问题，如仅研究"国有大型施工企业"能否推出所有政府干预企业的结果。

邓余春总结了集团企业全面预算管理的现状，深入剖析其原因，提出借助"云计算"这个计算机技术革命，辅助集团企业建立完善的全面预算管理体系。点评人陈秀凤认为应该结合"云计算"的功能，进一步探讨"云计算"工具或手段如何体现全面预算管理过程，建议增加文献综述并突出论文结构的内在逻辑性。

四、成本管理

国内外大量的经验研究结果都表明，企业的成本费用存在着黏性问题。2007 年，中国上市公司开始执行新会计准则。新会计准则尤其是《资产减值》准则会对上市公司计提和转回资产减值准备以及相应的会计处理产生影响，江伟等正是利用中国上市公司执行新会计准则这个制度环境变化，通过考察管理层应计盈余管理行为的变化，检验管理层的应计盈余管理行为是否以及如何对企业的成本黏性产生影响。

王满等则从管理者预期角度，选取我国沪深两市 A 股 1044 家上市公司作为研究样本，分析费用黏性成因。他们发现中国上市公司不仅存在费用黏性，也存在费用反黏性。点评人江伟认为，论文首次证实在管理者乐观预期和管理者悲观预期的影响下，中国上市公司不仅存在费用黏性并且存在费用反黏性，但研究设计等方面可能存在某些问题，如没有控制企业是否连续两年出现销售收入下降的情况（Successive Decrease）和经济增长率（Growth）等因素影响的作用。

企业的发展过程存在着一个"大企业增长悖论"。许金叶基于复杂性成本的特殊性质，对复杂性成本进行了识别。他认为，应该基于复杂性理论而不是还原性理论，并应该从遵循"货币化、精确、平衡"的"传统会计思维定式"向遵循三个"重于"、三个"并重"的"现代会计思维定式"转变，采用基于效果的复杂性成本的衡量方法。点评人吉利认为，论文提出了一个关于"规模不经济"的新解释，试图以复杂性成本解释"大企业增长悖论"之谜，但缺乏更多的经验证据验证作者的观点。

传统理论认为，差异化和低成本战略是两种不同的竞争战略。王佩的研究表明，基于新经济环境，企业和消费者的双重理性选择，使低成本和差异化的融合成为一种必要，而通过价值链环节的拓展又使融合战略具有可行性。因此，从长期来看，通过实施合理的成本管理战略，差异化与低成本可以兼得并成为企业长期的制胜法宝。

五、管理控制系统与企业价值分析

在企业"做强做大"的发展历程中，有效的管理控制机制日益成为一个紧迫的关键性课题。傅元略提出管理控制机制设计的新理念，构建了基于"战略目标—责任落实—过程控制—考核激励"四个方面融合管理控制机制的创新模式。

20 世纪 90 年代以来，会计领域逐步关注跨组织管理控制系统的研究，但没有取得一致的结论，也缺乏整合性研究。潘飞等在整合交易成本经济学理论、组织权变理论和资源观的基础上，建立了一个完整的包含跨组织管理控制系统决定因素（控制问题与能力）、控制机制（正式控制与非正式控制）和业绩后果的研究框架，首次将跨组织管理控制系统与其各个决定因素和经济后果置于综合研究框架之中。在理论上，这可能是一个重要突破。

事实上，无论是管理控制系统的创新模式还是跨组织管理控制系统的研究框架，如果期待取得真正的突破，都必须深深地根植于中国企业实践，提炼出具有鲜明中国特色的元素。这方面正是今后学术界与实务界需要通力合作的领地。

任何管理会计工具的有效性最终都取决于能否辅助企业持续创造价值。胡海波等以2007~2010年度"两型社会"建设配套改革试验区上市公司为研究样本，以经济增加值和市场增加值为被解释变量，研究了企业社会责任绩效对价值创造的影响。胡海波等研究发现，上市公司的社会责任总绩效的提升会显著降低当期的经济增加值和市场增加值；具体到公司对各个利益相关者的贡献而言，对政府贡献的提升能显著地增加上市公司的价值创造能力，对投资者贡献和职工贡献的增加反而降低上市公司的价值创造能力，而对剩余的其他利益相关者的贡献的增加则对上市公司的价值创造没有显著影响。这就解释了为什么上市公司更多地注重与政府关系的"和谐"而选择性地忽视其他利益相关者的诉求。点评人王艳茹认为论文选题较好，实证研究规范、细致，但某些变量的选取需要进一步斟酌。参与讨论的潘飞则建议进一步探讨企业社会责任绩效与价值创造之间的中介变量，从而打开问题的"黑匣子"。

第五节　2012营运资金管理高峰论坛

2012年12月1日，由中国会计学会、中国海洋大学等单位共同主办的"2012营运资金管理高峰论坛"在青岛召开，来自政府部门、高等院校、科研院所、企事业单位的150多名专家、学者出席了本次论坛。与会代表紧密结合当前国内外经济形势与企业现实需求，围绕"营运资金管理与财务风险评估"这一主题进行了深入的交流与探讨。与财务管理相关的专题内容综述如下（王竹泉、房巧玲、杜瑞，2012）。

一、运营资金管理与财务风险评估体系研究

合理、完善的制度与体系是企业持续健康发展的基础和保障。要提高企业的营运资金管理水平，就需要强化制度与体系建设。财政部企业司司长刘玉廷指出，企业核心竞争力来自于技术和管理两个核心要素。当技术创新转至应用阶段时，管理尤为重要，财务管理又成为管理的重中之重。因此，财政部企业司给予企业财务管理特别关注，希望通过一种制度安排来规范、推动市场经济条件下的企业财务管理能力的模式构建，联合理论界、实务界共同推动企业转型升级，提高企业核心竞争力，推动企业发展与国际接轨、参与国际竞争。

中国企业营运资金管理研究中心主任王竹泉教授在对营业活动与营运资金、流动性与营运资金、业务财务一体化与营运资金分析的基础上，提出了"营运资金"、"营运资本"

的概念界定。他将"营运资金"界定为企业在营业活动（经营活动和投资活动）中净投入或净融通的流动资金，同时将流动资产减去流动负债差额的部分称为"营运资本"，并从营运资金需求预测、营运资金管理绩效评价、营运资金配置结构分析和营运资金融资结构分析等方面对新概念的运用进行了说明。此外，他还提出了"基于渠道的营运资金绩效评价体系"以及"经营活动营运资金占比"、"营运资本依赖度"、"短期借款依赖度"等指标，从营运资金管理的视角为企业财务管理能力和财务风险评估提供了重要参考。

暨南大学副教授白华基于资金安全管理的视角探讨了营运资金管理与财务风险控制问题。她指出，资金安全是广义的、动态的。研究企业经营管理全过程中资金运动的安全，应站在企业战略发展的全局，从宏观视角予以看待。基于这一理念，她认为，资金安全管理体系建设的总体思路应是通过人事管理、重要事项管理、资金管理、信息管理和监督检查，构建"5M资金安全管理体系"。

二、营运资金管理的新思维和新理念

本次论坛上，与会代表提出了诸多新的思想与理念，为营运资金管理的理论与实践探索提供了新的视角和新的方向。南京大学会计与财务研究院副院长李心合教授提出了"嵌入供应链的营运资金管理理论框架"，他认为，营运资金管理必须嵌入供应链，营运是因，资金是果。营运资金管理应逐步实现"从资金到营运"的重心转移，应当整合财务与业务、资金与运营，构造基于业务的资金管理体系和财务管理理论。在管理模式上，应转向以客户为中心的营运资金管理模式，即客户选择—公司设计—资金管控的模式。在规则设置上，核心企业与从属企业应实现资金协同和共享，避免"两头沾"；从属企业应依附与独立并举，避免"寄生性"及"多米诺骨牌效应"。

中国社会科学院研究员张金昌认为，营运资金研究所涉及的核心问题，实际上是核心指标的计算问题，清晰定义是开展进一步研究的前提。在基本概念界定方面，他认为，营运资金和营运资本两者虽在数值上相等，但在意义上类似借贷的两方，不可混同。关于营运资金的需求预测，他指出，营运资金需求是各方面综合的结果，可以将静态、存量预测和动态、增量调整相结合，并注意研究宏观信贷政策对企业资金供求关系、资金链断裂的影响程度，研究企业融资结构、融资环境变化对企业资金需求、经营效率的影响，研究不同市场结构、发展状态下企业资金需求的特点和规律。

中国海洋大学教授罗福凯对营运资本的性质进行了研究，认为营运资本是企业多种实时性要素资本的集合，它主要由货币资本和短期生产要素资本构成，其特征是周转期短并与产品生产周期基本吻合。科学技术是影响营运资本属性和存量的重要因素，而且营运资本存量多少将在一定程度上制约着企业经营战略和商业模式的选择。

三、营运资金管理和财务风险评估的实践创新

海尔电器集团有限公司财务总监彭家钧介绍，海尔集团的营运资金管理经历了从"零应收"到"零库存"再到"零营运资本"的一系列创新。在经营方面，海尔集团实行了由关注制造向关注服务的商业模式转型；在资金管理方面，在内部通过资金集约中心和金融集成中心将金融资本、产业资本融合，实现协同效应，在外部则通过客户与供应商的营运资金管理支持供应链金融。同时，海尔还通过信息系统关注上下游的营运资金，通过管理信息平台和预算体系实现了全价值链的营运资金信息共享。在此基础上产生的"人单合一"双赢模式是海尔营运资金管理的新模式。

大唐电信科技产业集团（简称"大唐电信"）总会计师高永岗探讨了营运资金管理的业务金融化趋势。他指出，企业通过业务金融化获得研发阶段、采购付款阶段、销售回款阶段、资产管理、投资、融资的金融支持，并运用资产证券化、信托融资、BOT 等金融创新方法满足企业营运现金流需求。此外，他还结合大唐电信科技股份有限公司的存货理财融资项目、出口保理项目和中国人民大学附属中学单一资金信托项目，介绍了营运资金管理的实践经验。

青岛银行财务计划部刘晓曙介绍了内部资金转移定价在青岛银行的实践与应用，指出内部资金转移定价的实施使得分支机构盈利结构、资产负债管理模型和利率风险管理结构都由差额资金管理模式转变为 FTP 计价模式，从而优化了利率风险管理，促进了资源向高盈利业务倾斜，实现了合理引导产品定价的战略目标。

中国煤炭科工集团有限公司总会计师蒋占华回顾了煤炭企业黄金十年的经营状况，就未来的可持续发展提出了推进煤电一体化、促进产业升级、发展新能源等重要战略举措，并总结了煤炭科工集团为改善资金营运能力所采用的集中授信、集中采购、资金集中管理、建立票据池等一系列措施，为其他企业加强营运资金管理提供了借鉴。

中国石油天然气集团公司财务资产部副处长杜亚怀介绍了中石油客户信用管理系统的基本情况。该系统将现有的客户平台、ERP 业务系统、FMIS 系统对接融合，实现了准确识别并量化客户风险水平的目标，并将信用风险防范向业务前端延伸，实现了全程信息化管理，提高了客户价值管理水平，实现了信用文化普及，对于中石油降低信用风险、提高营运资金管理水平具有重要意义。

四、运营资金管理和财务风险评估的多维透视

与会代表还就营运资金管理和财务风险的相关议题展开了多维度探讨。中国会计学会副会长刘永泽教授探讨了企业内部控制面临的问题和困惑，包括把内控建设和企业的管理完全割裂开来、对内部控制的认识比较片面等，出现这些问题的原因主要是缺少科学的内控制度评价标准和监督机制。他指出，好的内部控制制度应包括两个方面，一个是组织层

级，另一个是业务层级。如果只关注业务层级而不触及组织层面，那内部控制的效果就会大打折扣。

中国社会科学院《中国工业经济》杂志社社长李海舰教授从战略成本管理的视角进行了探讨。他认为，对于企业财务管理来说，传统成本管理方式属于下位解，战略成本管理属于上位解。战略成本管理与传统成本管理的区别表现在诸多方面：传统成本管理模式具有局部性、内部性、有形性、可计量性、矛盾性、有限性的特点；战略成本管理则有总体性、外部性、无形性、不可计量、战略性、和谐性和无限性的特点。

中山大学管理学院院长助理刘运国教授探讨了地方政府的财政困境与地方国企的投资效率，通过实证研究发现：地方政府出现财政困境时，有动机通过增加地方国企的投资支出来实现增加财政收入的目的，并且这种干预的动机和结果在对地方财政贡献越小的企业身上表现得越明显。

南京理工大学经济管理学院副院长温素彬教授基于企业社会责任的视角探讨了营运资金管理问题。他认为，企业社会责任是对利益相关者投入的多元资本的回报，营运资金管理渗透在企业各环节的社会责任管理之中，企业社会责任是提高营运资金管理效率的根本保证和途径。根据我国制造业上市公司社会责任相关数据也可以看出，社会责任评级较高公司的营运资金效率较高。

中国海洋大学王贞洁基于我国电子信息产业的上市公司经验数据，探讨了外向型水平与上市公司营运资金管理绩效问题，发现在欧债危机和次贷危机的不利影响下，电子信息产业上市公司普遍采取了保守的营运资金管理策略，但一些具有竞争力的企业却显示出较高的经营活动营运资金管理绩效。

天津财经大学吴娜探讨了宏观经济因素对营运资本管理的影响。通过实证研究发现，我国上市公司的营运资本管理与宏观经济政策和宏观经济状况密切相关，不同的行业对不同的宏观经济变量变化的敏感性不同；营运资本管理受宏观因素影响的差异具有稳定性。

中国海洋大学孙莹通过实证研究发现：存货持有量是影响经营活动营运资金需求量的主要因素；企业目前的主要营业活动正由经营活动向投资活动偏移；外在因素对营运资金需求量的影响程度明显小于内在因素。

第六节　第四届海峡两岸会计学术研讨会

2012 年 9 月 24~25 日，第四届海峡两岸会计学术研讨会在厦门召开，本届研讨会由中国会计学会、台湾政治大学联合主办，厦门市财政局（对台会计合作与交流基地）、厦门大学和厦门国家会计学院联合承办。海峡两岸会计界的专家学者共同就企业会计准则、内部控制和公司治理等议题进行了交流。与财务管理相关的专题内容综述如下（李斐然，2012）。

一、会计准则和会计理论研究

南京大学会计与财务研究院李心合认为，财务会计与管理会计之间存在鸿沟。跨越鸿沟，既需要变革管理会计又需要变革财务会计，重点应关注三个方面：①财务会计模式的多元化。一味地固守应计制基础，一味地追求决策有用性，一味地默认完全成本会计，均无法填平财务会计与管理会计之间的鸿沟。财务会计领域需要放弃单一模式，建立应计制与现金制、公允价值与历史成本、决策有用观与受托责任观兼容的多元化运作模式。财务会计多元化模式的设计，必须确立"需求导向"的观念，充分考虑为管理会计发挥作用创造更好的条件或基础。财务会计模式多元化还要求变革单一模式下形成的财务报告制度，重新设计财务报表列报方式。②改造管理会计的决策和评价模型。管理会计所涉及的决策模型、控制模型和业绩评价模型等，不能一味地追求"高精尖"的数学模型，模型的设计必须既考虑科学性又考虑其数据基础与财务会计数据的对接性，否则再高深的模型最终只能束之高阁，难以付诸实践。③整合和扩展会计报告和信息披露制度。目前国际上通行的披露制度在涉及会计信息时基本上都是"财务报告"的信息，也就是财务会计的信息，很少涉及管理会计的信息，这与业界对管理会计的功能"定位"（对内会计）有关。对外披露的信息应当既有财务会计信息又有管理会计信息。何种财务会计信息和何种管理会计信息需要披露，以何种方式和形式披露等问题，都需要研究和设计，并且在设计时需要充分考虑各类信息使用者的"共性化"和"个性化"的信息需求，体现"以客户为中心"的信息披露模式。这是一个追求个性化的时代，任何忽视用户个性化信息需求而只关注"通用需要"的做法，都会被时代所抛弃。

福建江夏学院会计学系郭岚认为，我国的企业资产减值准备准则在形式上与 IAS 36（《国际会计准则第 36 号——资产减值》）基本保持一致，但 IAS 36 更多是考虑了欧美等西方国家的运用环境，我们虽然在技术层面上可以参照西方的规定，但在实际运用过程中还要受到许多条件的制约，比如我国的资本市场条件不够完善，法律环境、监管制度等是否支持，公允价值、现金流量的取值是否合理等，这些问题都直接制约着我国减值准则的具体操作。郭岚给出的建议是：首先，可仿效 IASB（国际会计准则理事会）的做法，明确列出无形资产所包含的具体内容，比如专利权、商标权、专有技术、非专利技术、著作权、土地使用权、特许经营权、租赁权、网址、域名、软件等，这样明确了无形资产的内容，促使企业能够完整地计量无形资产。其次，要强化我国的评估体系，由于无形资产有时不容易单独产生现金流量，而相关的资产组或资产组组合的确认比较主观和任意，这样会增加减值测试的复杂性，从而降低信息的可靠性和相关性。我国会计准则在无形资产减值迹象上的判断的确认并没有单独的具体操作指南，在未来工作中，可细化这部分工作。最后，IASB 此次公允价值准则的改革已基本与 FASB（美国会计准则委员会）趋同，而美国等西方国家与我国的内外因环境存在差异。我们还是要坚持我们的立场，积极建立完善的、适用我国现状的公允价值体系，从而化解无形资产、商誉等资产的计量问题。

针对公允价值在我国的运用，西南财经大学会计学院邹燕等建议：首先，准则制定的相关部门应基于我国实情来制定公允价值计量准则并逐步推进公允价值在我国的运用，这样才能促进我国市场经济的发展，有效解决公允价值计量实务运用问题，保持我国企业会计准则持续趋同。其次，在加强准则培训的同时及时出台准则应用指南，以提高准则实施效果。再次，制定估值技术的相关指南、培养相关的评估人才，可考虑适时将评估师纳入审计鉴证业务中，在提高对外财务报告信息相关性的同时保证信息的可靠性程度。最后，加强监管部门的监督功能，建立并完善准则运行的反馈机制。

二、公司治理问题

首都经济贸易大学杨世忠等提出了改善上市公司会计信息披露质量的政策性建议：①明确监管层对公司行为的价值导向。企业虽然是营利性组织，但是作为一个利益主体，其逐利行为必须遵循建立在不损害其他利益主体基础之上的资本市场规则。资本市场监管层首先要明确上市公司的行为价值导向，那就是使上市公司成为对社会公众、对资源环境及子孙后代负责任的造福于人类的经济组织。正如奥林匹克不允许运动员通过作弊手段赢得奖牌一样，资本市场监管层也不能允许上市公司通过舞弊来谋求自身的利益，要特别注意防范上市公司的投机取巧和"劣币驱逐良币"行为。②继续推动完善公司治理结构的制度建设。上市公司的最大风险承担者是股东，完善公司治理结构的目标是在风险与收益成正比的原则指导下充分保障股东权益。基于此来推动完善董事会决策制度、董事遴选制度、独立董事管理制度（包括遴选、培训、履职、考核、薪酬等）、董事会管控审计制度、经营管理委员会报告制度等。同时，基于上市公司是营利性经济组织的基本属性，淡化其政治色彩。③建立、完善和推动落实股利分红制度，扩大股东投资经营回报比重。总的看来，中国股票市场参与者的投机性强，无论是广大的中小股东还是上市公司，都普遍存在投机取巧和短期盈利的浮躁心态，这不仅不利于股市的稳定，而且也不利于上市公司认真做好自己的主业。作为市场监管层，有必要引导股东从公司的经营与发展中获益，而不是把投资的回报完全建立在股价的波动上面。④建立上市公司高管薪酬约束制度。对上市公司高管的激励手段不能单一。一方面，要加大其经济利益与公司经营成效挂钩的比重，减少其经济利益与股价挂钩的比重；另一方面，要对其薪酬水平与公司员工最低薪酬水平之间的倍数有所限制。同一公司内部员工薪酬与 CEO 薪酬之间百倍以上的差距，不仅不符合公平准则，而且也有悖于劳动价值规律。⑤加大监管与处罚力度，提高上市公司的违规成本。一些上市公司披露会计信息违规是因为违规收益远远高于违规成本，监管层应加大监管力度和处罚力度，使其违规收益远远低于违规成本，便能够有效遏制其违规动机的形成。⑥完善会计规范，压缩财务报告粉饰空间。政府财政部门作为会计规范的制定者，其立场应有别于投资者，会计规范应立足于责任的明晰与可追溯，即以会计信息的真实可靠为其第一质量特征，定期公布上市公司会计信息披露质量与违规受罚的相关信息。

山东大学威海校区商学院曲国霞等结合我国上市公司治理状况，提出以下建议：①完善公司的内部控制制度。随着我国《企业内部控制基本规范》及其配套指引的发布与实施，意味着我国内控制度的建设取得了突破性进展。相关公司应改善控制环境，加强风险意识，及时识别可能面临的风险，进行风险评估，确定风险应对策略；强化内部监督，审计委员会、独立董事、监事会应保持充分的独立性、尽职尽责，强化监督职能，提高监督技能。②优化股权结构。面对我国上市公司股权高度集中的现状，应当逐步降低股权集中度，降低大股东的持股比例，增加流通股的份额。增强公司大股东之间的相互制衡作用，通过大股东之间的相互约束，减少控股股东利用控制地位而做出损害公司和其他股东利益的行为，从而完善公司治理结构，带动公司管理的良性发展，降低公司的财务风险，减少公司财务危机的发生。③不断优化董事会、监事会的结构。设置适中的董事会、监事会的规模，以较低的成本获取较高的决策监督效率；优化董事会构成，增加独立董事的比例，确保其真正保持充分的独立性，真正参与企业的公司治理，尽职履行其监督职权，增强董事会决策的客观程度，为董事会决策创造良好的制度环境；发挥监事会的作用，保持其独立性，提高监事自身技能，强化监督职能。④建立完善的经理层激励制度。薪酬激励能给公司高管人员带来短期的直接利益，股权激励能确保公司高管人员注重公司的长期发展。两种激励方式的同时采用，能激发高管人员的工作热情和责任感，提高公司营运效率，降低经营风险和财务风险，保证公司的长期稳定发展。

山西财经大学郝晓雁提出了强化我国上市公司股权结构的财务治理效应的对策：①优化股权结构，合理配置财务治理权。可以通过分行业限制国有股的最高持股比例和改变国有股持股主体、引入其他所有制性质的投资主体来实现减持国有股。通过健全证券市场的信息披露机制、增加证券市场的流动性、完善投资者保护立法、加强司法执行效率来加强中小投资者保护，从而降低大股东持股比例。我国的股市还不很发达，过于分散的股权结构不适合我国国情，上市公司的股权结构应朝着股权适度集中，即有相对控股股东存在并有其他大股东与之相制衡的方向发展。优化股权结构使财务战略决策权集中在股东会和董事会手中，财务战术决策权和公司的日常经营管理权集中在经理人员的手中，财务监督权则分散在公司内部和外部。明确股东会、董事会和经理层的权、责、利，让它们之间形成良好的制衡机制。通过制定累计投票权和中小股东诉讼等保护中小投资者的制度来提高中小投资者在上市公司财务治理结构中的作用。②完善财务治理机制。两权分离导致了利益冲突，必须完善绩效评价机制，投资人才能客观地了解经营者的努力程度，进而采取合适的激励约束措施，制定让债权人满意的绩效考核制度。由于我国外部市场不完善，在制定财务激励约束制度时应注意经营者的来源和激励手段的选取。我国上市公司特别是国有上市公司的大部分经营者是行政任命的人员，他们不是我们的激励对象。从激励手段来看，长期激励要比短期激励更有利于公司价值的提高。从我国现阶段来看，股票期权并不是经营者理想的报酬选择，但是随着各种制度和市场的健全，股票期权将是一种很好的长期激励手段。我们还可以通过引入经济价值增量（EVA）和市场价值增量（MVA）等指标，合理分配"剩余索取权"，适当负债经营，与职业经理人建立长远契约关系等措施，进一步完善公司的激励约束机制和绩效评价机制。同时，我们要完善我国上市公司财务相机治理机制。当债务人不能按时还本付息时，债权人有权拥有公司的控制权，外部利益相关者有权通过适当的措施来维护自己的合法权益。③规范财务治理行为。要建立分层财务决策机制，各层财务主体分别行使自己的财务决策权限，协调配合，尽职尽责，做到不越权。把资产负债率控制范围内的限额举债权赋予经营者，对于经营者自行决策的融资项目应该由所有者审查或备案；对内投资决策权应该限额交给经营者，超过限额的投资项目必须由股东审批；给予经营者适当的收益分配权，避免经营者逆向选择。通过会计委派制、全面预算管理、财务相机治理、重大事项报告制度来规范财务监督行为。

三、内部控制问题

中南财经政法大学会计学院康均等认为，公司可以从以下几个方面来提高内部控制有效性：①基于目前我国大部分公司第一大股东的持股比例较高，股权比较集中，所以应当适当削减大股东的持股比例，使其降到合理水平。待股东持股比例相差不大时，其更能团结一致，为了自身利益，积极参与公司经营管理，完善内部控制建设，提高内部控制有效性。②提高年终股东大会出席率，使股东在各项重大决策中充分发挥决策和监督作用，减少公司执行不利于股东利益的事项的可能性，从而提高内部控制有效性。③在中国特色市场经济体制中，让董事长兼任总经理，鼓励其尽全力为公司办事，发挥个人潜力，为公司谋发展，提高公司经济效益。④适当扩大企业规模，在保证成本效益原则的前提下投入更多的内部控制资源，建立更完善的内部控制制度，提高内部控制的有效性。⑤发展积极向上的企业文化，受到过谴责的高管人员必须清出高管队伍，消除不良因素并且给其他高管以警示。⑥在企业处于成熟期时加强内部控制建设会取得更好的效果。

从政府监管角度看，我国上市公司相关制度没有得到有效执行，究其原因不是规范内控的制度缺乏而是监督制度执行的力度不够，即上市公司违反制度不披露内控信息或者对于存在需要披露的缺陷而有意回避的违规成本过低。为此，哈尔滨工程大学经济管理学院李瑛玫等建议：①建立内控信息披露的管理制度，尤其是惩罚制度，并赋予其法律效力，增加上市公司的违规成本。政府监管部门应该给上市公司施加压力，应该明确规定不按照规范和指引的规定进行操作，会导致极其不利的后果；对于"一句式"披露内控缺陷或披露无实质内容，监管部门应该提出警告，情况严重的给予经济处罚，并将相关情况在交易所网站上充分披露；对于不如实披露重大缺陷或重要缺陷的公司，监管部门应该对公司董事长、审计委员会负责人等进行经济处罚，直至刑事处罚。这一点可以借鉴美国 SOX 法案相关部分的处罚条款。②政府相关部门应按照不同的行业或不同类别的公司，分别建立内控缺陷的认定标准和内控缺陷的披露标准，减少公司披露的选择性行为，同时应规定内控缺陷披露的格式。

福州大学管理学院会计系许萍等认为企业应注重内部控制环境的建设：内部控制环境包括企业文化、社会责任、组织架构、发展战略、人力资源等，它是实施有效的内部控制的基础，尤其是企业文化，对一家企业的生存和发展至关重要，就好比是一个人的世界观和价值观。企业之所以在披露内部控制相关信息时会出现各种非政策性问题，就是因为企业自身的修养不够，企业的管理层和经营者在内部控制体系中还没找准自己的方位，没有很好地进行控制，才会出现应付了事、披露前后不一致等问题。企业只有不断提高自身学习、掌握政策的能力，加强对投资者、公众负责的意识，诚实经营，尽可能让信息需求者多了解企业文化、企业内涵、企业内部控制体系，才能够提高企业的经营管理水平，才能够吸引更多的投资者。

第五章 财务管理学学科 2012 年 文献索引

本报告的文献索引包括中文期刊和英文期刊两个部分。其中，中文期刊索引源自《中国社科文献索引》（2012~2013）与财务管理学学科相关的期刊论文（2012 年公开发表），经过遴选共计 463 篇；英文期刊索引源自上海财经大学会计学院公布的"会计财务英文期刊目录"中的 14 种（经过挑选），与财务管理学学科相关的期刊论文经过遴选共计 270 篇。

第一节 中文期刊索引

［1］"官员型"高管、公司业绩和非生产性支出/逯东（西南财经大学，611130）；林高；黄莉等//金融研究，2012（6）：139–153.

［2］"管理层讨论与分析"信息披露质量——来自沪深 300 指上市公司 2003~2007 年的证据/李燕媛（中南财经政法大学会计学院，430074）//山西财经大学学报，2012，34（12）：92–104.

［3］"内部控制：应用、评价、审计"暨第五届立信会计学术研讨会会议综述/叶飞腾（上海立信会计学院，201620）；王扬//会计研究，2012（11）：91–93.

［4］《我国上市公司纵向并购的战略动因与经营绩效分析》一书评介/郝颖（重庆大学经济与工商管理学院，400030）；罗竹凤//经济评论，2012（6）：157–158.

［5］CEO 政治关系与薪酬—回报的非对称敏感性/郭剑花（广东商学院会计学院，510320）；雷宇//山西财经大学学报，2012，34（4）：87–97.

［6］CFO 是否对会计信息有独立影响力？——基于 CFO 与 CEO 更换视角的研究/都卫峰（上海财经大学，200433）//中国会计评论，2012，10（4）：473–494.

［7］COSO 框架的新发展及其评述——基于 IC–IF 征求意见稿的讨论/林斌（中山大学管理学院，510275）；舒伟；李万福//会计研究，2012（11）：64–95.

［8］IT 治理、内部控制与公司绩效关系研究/王凡林（吉林大学经济学院，130023）；杨周南//财政研究，2012（6）：63–67.

［9］QFII 持股与上市公司的现金股利——来自 2008–2011 年中国 A 股上市公司的证据/吴卫华（西安交通大学管理学院，710049）；万迪昉//山西财经大学学报，2012，34

（11）：46-53.

[10] VC是更积极的投资者吗？——来自创业板上市公司创新投入的证据/付雷鸣（西安交通大学管理学院，710049）；万迪昉；张雅慧//金融研究，2012（10）：125-138.

[11] 并购对价方式选择：公司特征与宏观经济冲击/刘淑莲（东北财经大学会计学院，116025）；张广宝；耿琳//审计与经济研究，2012，27（4）：55-65.

[12] 并购对中国上市公司研发绩效的影响研究——以医药行业为例/杨军敏（上海对外贸易学院工商管理学院，201620）；曹志广//商业经济与管理，2012（4）：26-30.

[13] 并购后高管变更、合法性与并购绩效——基于制度理论的视角/乐琦（华南师范大学经济与管理学院，510006）//管理工程学报，2012，26（3）：15-21.

[14] 并购后控制与并购绩效的关系研究：基于合法性的调节效应/乐琦（华南师范大学经济与管理学院，510006）；蓝海林//管理学报，2012，9（2）：225-232.

[15] 并购目标识别：来自中国证券市场的证据/张金鑫（北京交通大学经济管理学院，100044）；张艳青；谢纪刚//会计研究，2012（3）：78-95.

[16] 并购频率与管理层私利——基于过度自信视角的经验分析/张广宝（东北财经大学会计学院，116025）；施继坤//山西财经大学学报，2012，34（6）：96-104.

[17] 并购审计风险模型研究/潘峰（北京交通大学经济管理学院，100044）//中央财经大学学报，2012（2）：86-89.

[18] 并购效率及其影响因素研究/郭妍（山东大学管理学院，250100）//财经纵横，2012（9）：152-155.

[19] 并购中的董事会特征与股东财富研究综述/胡朝晖（中国人民银行广州分行，510120）//经济问题探索，2012（11）：141-146.

[20] 并购重组是掏空还是支持——基于资产评估视角的经验研究/陈骏（南京审计学院，210029）；徐玉德//财贸经济，2012（9）：76-84.

[21] 并购重组与民营经济绩效的实证研究/韩坚（苏州大学商学院，215021）；钱濛//中国软科学，2012（7）：148-158.

[22] 不确定环境下的项目融资租赁租金计量模型研究——基于出租人视角/宋晓华（华北电力大学经济与管理学院，102206）；祖丕娥；陈灵青等//会计研究，2012（10）：21-25.

[23] 不完全信息下基于双目标的博弈并购决策研究/陈绍刚（电子科技大学数学科学学院，611731）；程艳华//管理科学，2012，25（6）：35-42.

[24] 财务报表重述与财务报告内部控制评价——基于戴尔公司案例的分析/袁敏（上海立信会计学院，201620）//会计研究，2012（4）：28-35.

[25] 财务报告质量评价研究：文献回顾、述评与未来展望/孙光国（东北财经大学会计学院，116025）；杨金凤//会计研究，2012（3）：31-38.

[26] 财务变量的风险信息含量研究——基于中国A股制造业面板数据的实证分析/吴良海（中央财经大学，100048）；谢志华；杜海霞等//中国会计评论，2012，10（2）：139-156.

[27] 财务会计的信任功能/雷宇（广东商学院会计学院，510320）//会计研究，2012（3）：26-30.

[28] 财务困境类公司资产结构的价值相关性研究/董南雁（西安交通大学管理学院，710049）；贾宗武；张俊瑞//统计与信息论坛，2012，27（5）：60-65.

[29] 财务危机预测主要方法比较研究/李清（吉林大学商学院，130012）；于萍//数理统计与管理，2012，31（4）：689-706.

[30] 财务舞弊侦测——以中国上市公司为例研究/刘博（中央财经大学金融学院，100081）；韩晓琴//数理统计与管理，2012，31（1）：177-183.

[31] 财务战略驱动企业盈利模式——美国苹果公司轻资产模式案例研究/戴天婧（对外经贸大学国际财务与会计研究中心，100029）；张茹；唐谷良//会计研究，2012（11）：23-32.

[32] 财务治理、投资效率与企业经营绩效/高明华（北京师范大学经济与工商管理学院，100875）；朱松；杜雯翠//财经研究，2012，38（4）：123-133.

[33] 财政管理创新实践——基于财务工程魔方的 5S 管理体系/金怡（徐州工程机械集团进出口有限公司，221004）//华东经济管理，2012，26（12）：67-69.

[34] 产品市场竞争、公司治理与公司价值/曹廷求（山东大学经济学院，250100）；田金秀//山西财经大学学报，2012，34（1）：94-101.

[35] 产品市场竞争、公司治理与社会责任信息披露——来自中国上市公司社会责任报告的经验证据/张正勇（南京财经大学会计学院，210046）//山西财经大学学报，2012，34（4）：67-76.

[36] 产品市场竞争程度、控股股东性质与公司治理绩效/梁英（吉林大学商学院，130012）；梁喜农//当代经济研究，2012（12）：75-78.

[37] 产品市场竞争视角下负债和投资关系研究/刘凤良（中国人民大学中国经济改革与发展研究院，100872）；连洪泉//山西财经大学学报，2012，34（3）：108-116.

[38] 产权范式的企业收益分配问题研究/张荣武（广东商学院会计学院，510320）；沈庆元//财经理论与实践，2012（7）：69-73.

[39] 产权性质、独立审计与上市公司现金股利分配/徐寿福（上海对外贸易学院金融管理学院，201620）//审计研究，2012（6）：71-81.

[40] 产权性质、风险业绩和薪酬粘性/步丹璐（西南财经大学会计学院，610074）；张晨宇//中国会计评论，2012，10（3）：325-346.

[41] 产权性质、公司治理与真实盈余管理/顾鸣润（云南财经大学会计学院，650221）；杨继伟；余怒涛//中国会计评论，2012，10（3）：255-274.

[42] 产权性质、税收成本与上市公司股利政策/孙刚（上海财经大学会计学院，200433）；朱凯；陶李//财经研究，2012，38（4）：134-144.

[43] 产权性质、制度环境与内部控制/刘启亮（武汉大学经济与管理学院，430072）；罗乐；何威风等//会计研究，2012（3）：52-61.

[44] 超额现金持有水平与产品市场竞争优势——来自中国上市公司的经验依据/张会丽（北京师范大学经济与工商管理学院，100875）；吴有红//金融研究，2012（2）：183-195.

[45] 成本管理信息租金、内部冲突与控制绩效——基于施工项目的实验研究/王新（西南财经大学国际商学院，611130）；毛洪涛；曾静//会计研究，2012（8）：25-33.

[46] 成长性、现有资产与β关系的上市公司的实证研究/朱宏泉（西南交通大学经济管理学院，610031）；范露萍；舒兰//管理学报，2012，9（2）：303-309.

[47] 创始人保护、替罪羊与连坐效应——基于会计违规背景下的高管变更研究/瞿旭（西南财经大学会计学院，611130）；杨丹；苏斌等//管理世界，2012（5）：137-156.

[48] 创新型企业公司治理结构与绩效关系研究——基于中国创业板上市公司的经验证据/周建（南开大学商学院，300071）；王鹏飞；李文佳等//经济与管理研究，2012（4）：107-115.

[49] 创业板公司并购价值评估问题研究/王竞达（首都经济贸易大学财政税务学院，100070）；瞿卫菁//会计研究，2012（10）：26-34.

[50] 创业投资治理行为与新创企业绩效—— 一个中介模型及讨论/刘晓博（清华大学高校德育研究中心，100084）；吴晓晖//研究与发展管理，2012，24（2）：67-78.

[51] 创业者的自信、乐观与新企业绩效——基于145家新企业的实证研究/朱芳（南开大学商学院，300071）；张玉利；田莉//经济管理，2012，34（1）：83-93.

[52] 创业者社会资本与新企业融资工具选择/黄福广（南开大学商学院，300071）；李广；孙树智//当代财经，2012（3）：114-121.

[53] 创造透明度：XBRL与信息披露/杜美杰（北京语言大学国际商学院会计系，100083）//中国会计评论，2012，10（2）：225-232.

[54] 从资金成本与企业盈利视角研判A股市场走势/陈建（中国人民大学经济学院，100872）；王剑雨；林鲁东//财经市场，34（7）：68-69.

[55] 大股东交易能够改善股票市场效率吗——基于股价信息含量的视角/韩京芳（武汉纺织大学经济学院，430073）；王珍义//山西财经大学学报，2012，34（7）：38-45.

[56] 大股东控制、多元化经营与公司价值/袁玲（石河子大学经济与管理学院，832003）//经济经纬，2012（6）：112-116.

[57] 大股东控制对现金持有影响的研究——基于我国上市公司的实证数据/武晓玲（西安交通大学管理学院，710049）；詹志华；翟明磊//山西财经大学学报，2012，34（7）：116-124.

[58] 大股东控制权对股权激励效果的影响/周仁俊（华中科技大学管理学院，430074）；高开娟//会计研究，2012（5）：50-58.

[59] 大股东控制与现金持有量关系的经验研究——基于融资约束背景/姜毅（东北财经大学津桥商学院，116023）//山西财经大学学报，2012，34（5）：106-114.

[60] 大股东能有效控制管理层吗？——基于国美电器控制权争夺的案例研究/祝继高

（华中科技大学管理学院，430074）；王春飞//管理世界，2012（4）：138-158.

[61] 大股东身份、生态社会责任与企业价值——基于化学原料及化学制品行业的研究/林晓华（武汉长江工商学院经济与外语学院，430065）；林俊钦；高燕//宏观经济研究，2012（8）：75-82.

[62] 大小非相关盈余管理问题的实证研究/孙凤英（吉林大学商学院，130012）；孙阳//当代经济研究，2012（3）：88-92.

[63] 大型央企集团财务治理模式及其制度创新/罗乾宜（中国兵器工业集团，100821）//会计研究，2012（4）：50-57.

[64] 代理问题、公司治理模式与业绩自利性归因倾向——基于美、中、日三国的数据比较/孙曼丽（中国人民大学，100872）；王竹君；蒋艳霞//会计研究，2012（1）：68-74.

[65] 担保模式对中小企业融资的影响研究/邢晟（郑州轻工业学院经济与管理学院，450002）//经济体制改革，2012（2）：136-139.

[66] 定向增发股票解禁期市场反应的实证研究/冯科（北京大学，100871）；赵洋；何理//北京工商大学学报，2012，27（2）：90-96.

[67] 定向增发企业的营运资金管理研究——来自中国上市公司的证据/曹玉珊（江西财经大学会计发展研究中心，330013）//经济管理，2012，34（8）：129-137.

[68] 董事会特征与内部控制目标的实现——来自中国上市公司的经验证据/宋文阁（南京财经大学会计学院，210046）；荣华旭//财经理论与实践，2012（9）：64-69.

[69] 董事网络、独立董事治理与高管激励/陈运森（中央财经大学会计学院，100081）；谢德仁//金融研究，2012（2）：168-182.

[70] 董事网络：定义、特征和计量/谢德仁（清华大学经济管理学院，100084）；陈运森//会计研究，2012（3）：44-51.

[71] 董事长个人特征、代理成本与营收计划的自愿披露/万鹏（浙江工商大学财务与会计学，310018）；曲晓辉//会计研究，2012（7）：15-23.

[72] 独立董事：监督还是咨询？——银行背景独立董事对企业信贷融资影响的研究/刘浩（上海财经大学会计与财务研究院，200433）；唐松；楼俊//管理世界，2012（1）：141-169.

[73] 独立董事的网络特征与公司代理成本/陈运森（中央财经大学会计学，100081）//经济管理，2012，34（10）：67-76.

[74] 对私募投资中"对赌协议"的法经济学思考——兼评我国首例司法判决/李睿鉴（北京大学，100871）；陈若英//广东商学院学报，2012（6）：82-90.

[75] 多视角下的企业价值创造/宋海燕（四川大学工商管理学院，610064）//统计与决策，2014（24）：196-198.

[76] 多元化战略、公司治理与绩效：一个理论综述/秦兴俊（山西财经大学学报编辑部，030006）；张雨；宋泾溧等//河北经贸大学学报，2012，33（6）：26-31.

[77] 非财务信息、外部融资与投资效率——基于外部制度约束的研究/程新生（南开

大学公司治理研究中心，300071）；谭有超；刘建梅//管理世界，2012（7）：137-150.

[78] 非金融上市公司可供出售金融资产管理研究/王珏（东北财经大学研究生院，116025）//财经问题研究，2012（4）：59-65.

[79] 非效率定价、管理层股权激励与公司股票股利/韩慧博（对外经济贸易大学国际财务与会计研究中心，100027）；吕长江；李然//财经研究，2012，38（10）：47-100.

[80] 分红保险、代理理论与保险公司股权代理成本/李冰清（南开大学经济学院，300071）；焦永刚；赵娜//金融研究，2012（12）：193-206.

[81] 风险投资对我国创业板公司业绩增长的影响/陈见丽（广东金融学院会计系，510521）//财经科学，2012（3）：50-58.

[82] 风险投资机构的网络位置与退出期限：来自中国风险投资业的经验证据/董建卫（西安理工大学经济与管理学院，710054）；党兴华；陈蓉//经济与金融，2012，24（9）：49-56.

[83] 风险投资机构网络位置影响成功退出的机理/党兴华（西安理工大学经济与管理学院，710054）；董建卫；杨敏利//科研管理，2012，33（10）：129-137.

[84] 风险投资机构自身特征对企业经营绩效的影响研究/孙杨（南京财经大学金融学院，210046）；许承明；夏锐//经济学动态，2012（11）：77-80.

[85] 风险投资空间行为研究：文献综述与启示/袁新敏（东华大学工商管理学院，200051）//中国科技论坛，2012（8）：64-69.

[86] 风险投资与天使投资对创业企业创新活动的影响/买忆媛（华中科技大学管理学院，430074）；李江涛；熊婵//研究与发展管理，2012，24（2）：79-84.

[87] 风险资本对高新技术企业治理结构影响研究/刘凤元（华东政法大学国际金融法律学院，201620）//北京工商大学学报，2012，27（5）：90-97.

[88] 风险资本市场发展影响因素的实证研究/刘崴（西安交通大学经济金融学院，710075）//经济体制改革，2012（2）：127-130.

[89] 孵化器服务创新能力与企业风险资本的获得/郭韬（中国科学技术大学管理学院，230026）；洪进；赵定涛//中国科技论坛，2012（11）：65-121.

[90] 杠杆、债务期限结构与企业投资——来自中国上市公司的证据/马如飞（中南大学商学院，410083）；王艳//经济与管理研究，2012（8）：55-63.

[91] 高管持股、择时披露与市场反应/张馨艺（首都经济贸易大学会计学院，100070）；张海燕；夏冬林//会计研究，2012（6）：54-60.

[92] 高管激励、监管风险与公司税负——基于制造业上市公司的实证研究/吕伟（南京大学商学院，210093）；李明辉//山西财经大学学报，2012，34（5）：71-78.

[93] 高管控制权、资本扩张与企业财务风险——来自国有上市公司的经验证据/代彬（四川外国语学校国际商学院，400031）；彭程//经济与管理研究，2012（5）：21-30.

[94] 高管权力、现金持有及其价值效应/杨景岩（中国电信股份有限公司北京分公司，100010）；鲍睿；卢闯//中央财经大学学报，2012（9）：90-96.

[95] 高管权力与公司治理效率——基于国有上市公司高管变更的视角/刘星（重庆大学经济与工商管理学院，400030）；代彬；郝颖//管理工程学报，2012，26（1）：1-11.

[96] 高管身份特征对盈余质量影响的实证研究/万宇洵（湖南大学工商管理学院，410082）；肖秀芬//财经理论与实践，2012（11）：57-60.

[97] 高管特征与公司绩效相关性研究——基于国有与非国有控股上市公司的对比/佟爱琴（同济大学经济与管理学院，200092）；邵鑫；杜旦//科学学与科学技术管理，2012，33（1）：166-172.

[98] 高管团队结构差异性与企业并购关系实证研究/杨林（南京财经大学工商管理学院，210046）；杨倩//科研管理，2012，33（11）：57-67.

[99] 高管团队薪酬差异与企业绩效关系研究：行业特征的跨层调节作用/李绍龙（中国科技大学管理学院，230026）；龙立荣；贺伟//南开管理评论，2012，15（4）：55-65.

[100] 高管薪酬、避税寻租与会计信息披露/陈冬（武汉大学经济与管理学院会计系，430072）；唐建新//经济管理，2012（5）：114-122.

[101] 高管薪酬、公司成长性水平与相对业绩评价/胡亚权（华中科技大学经济学院，430074）；周宏//会计研究，2012（5）：22-28.

[102] 高管薪酬激励会关注债权人利益吗？——基于我国上市公司债务期限约束视角的经验证据/陈骏（南京审计学院，210029）；徐玉德//会计研究，2012（9）：73-81.

[103] 高管薪酬与公司绩效：国有与非国有上市公司的实证比较研究/刘绍娓（湖南大学工商管理学院，410079）；万大艳//中国软科学，2013（2）：90-101.

[104] 高管薪酬与公司绩效相关性研究——基于中国上市公司数据的实证分析/刘绍娓（中国人民大学公共管理学院，100872）；陈超凡//价格理论与实践，2012（6）：74-76.

[105] 高管员工薪酬差距、董事长成熟度与创造性产出研究/程新生（南开大学商学院，300071）；宋文洋；程菲//南京大学学报，2012（4）：47-59.

[106] 高技术企业和一般企业内部控制制度比较研究/韩玲（东北财经大学会计学院，116025）//云南财经大学学报，2012（6）：129-136.

[107] 公开谴责、董事会变更与盈余管理——基于财务舞弊公司面板数据的研究/韩小芳（南京财经大学会计学院，210046）//财贸研究，2012（5）：148-156.

[108] 公开增发业绩门槛与盈余管理/王克敏（南开大学商学院，300071）；刘博//管理世界，2012（8）：30-42.

[109] 公平偏好、高管团队锦标激励与企业绩效/黄邦根（安徽财经大学经济学院，233030）//商业经济与管理，2012（11）：63-70.

[110] 公平信息披露与分析师预测精度——来自中国上市公司的经验证据/刘少波（暨南大学金融研究所，510632）；彭绣梅//证券市场导报，2012（3）：33-38.

[111] 公司财务冗余对投资规模的影响研究——基于代理成本和产品市场竞争的视角/毕晓芳（天津财经大学商学院，300222）；姜宝强//经济与管理研究，2012（5）：98-106.

[112] 公司财务松懈：识别模型、经济后果与治理对策/王文兵（四川大学工商管理

学院，610064）；干胜道；段华友//财经科学，2012（10）：46-54.

[113] 公司持有现金和负债是相互替代的吗？/韩忠雪（西安电子科技大学经济管理学院，710071）；尚娟；程蕾//会计与财务管理，2012，24（4）：150-160.

[114] 公司动机、审计师声誉和自愿性内部控制鉴证报告/方红星（东北财经大学会计学院，116025）；戴捷敏//会计研究，2012（2）：87-95.

[115] 公司复杂性、最优董事会及其独立性选择/杨青（复旦大学经济学院，200433）；朱晓洋；方悦平等//金融研究，2012（8）：125-138.

[116] 公司经营绩效影响高管变更吗——来自地方国有上市公司的证据和启示/冯旭南（上海大学管理学院，200444）；李心愉//管理评论，2012，24（12）：166-173.

[117] 公司政治治理影响企业的运营效率吗——基于中国上市公司的非参数检验/雷海民（西安交通大学管理学院，710049）；梁巧转；李家军//中国工业经济，2012（9）：109-121.

[118] 公司治理、投资者异质信念与股票投资风险——基于中国上市公司的实证研究/李维安（东北财经大学工商管理学院，116025）；张立党；张苏//南开管理评论，2012，15（6）：135-146.

[119] 公司治理、转让价格与盈余管理/陈亮（广东金融学院会计系，510521）//华东经济管理，2012，26（8）：116-120.

[120] 公司治理内在逻辑关系冲突：董事会行为的视角/郝云宏（浙江工商大学工商管理学院，310018）//中国工业经济，2012（9）：96-108.

[121] 公司治理与社会责任：被动回应还是主动嵌入/高汉祥（常熟理工学院管理学院，215500）//会计研究，2012（4）：58-64.

[122] 公司治理与中小企业融资方式/郭桂霞（对外经济贸易大学国际经济研究院，100029）；巫和懋//经济学，2011，11（1）：135-154.

[123] 公司治理质量、投资者信心与股票收益/雷光勇（对外经济贸易大学国际财务与会计研究中心/国际商学院，100029）；王文；金鑫//会计研究，2012（2）：79-86.

[124] 公允价值会计信息对银行贷款契约有用吗——基于上市公司数据的实证检验/刘慧凤（山东大学管理学院，250100）；杨扬//财贸经济，2012（1）：57-63.

[125] 公允价值计量改革对公司利润分配的影响/刘慧凤（山东大学管理学院，250100）//证券市场导报，2012（9）：22-26.

[126] 供应链融资的风险测度与管理——基于中国银行交易数据的实证研究/牛晓健（复旦大学经济学院，200433）；郭东博；裘翔等//金融研究，2012（11）：138-151.

[127] 供应链应收账款融资的决策分析与价值研究/鲁其辉（浙江大学管理学院，31005）；曾利飞；周伟华//管理科学学报，2012，15（5）：10-18.

[128] 供应商机会主义行为对信息共享与运营绩效的影响/叶飞（华南理工大学工商管理学院，510640）；张婕；吕晖//管理科学，2012，25（2）：51-60.

[129] 股利税收效应与中小投资者保护/卢月根（江西财经大学公共管理学院，

330013)；王春飞//税务研究，2012（11）：38-41.

[130] 股利政策影响因素研究述评与展望/霍晓萍（桂林理工大学管理学院，541004）//经济与管理研究，2012（8）：82-89.

[131] 股票定向增发、盈余管理与公司业绩滑坡/李增福（华南师范大学经济与管理学院，510006）；黄华林；连玉君//数理统计与管理，2012，31（5）：941-950.

[132] 股票期权激励机制在我国的发展方向探析/丁保利（审计署卫生药品审计局，100044）；王胜海；刘西友//会计研究，2012（6）：76-80.

[133] 股权分置改革、盈余管理与高管薪酬业绩敏感性/陈胜蓝（内蒙古大学经济管理学院，010021）；卢锐//金融研究，2012（10）：180-192.

[134] 股权分置改革后上市公司股权激励的有效性/杨慧辉（上海对外贸易学院，201620）；赵媛；潘飞//经济管理，2012，34（8）：65-75.

[135] 股权分置制度变迁、股权激励与现金股利——来自国有上市公司的经验证据/强国令（上海财经大学金融学院，200433）//上海财经大学学报，2012，14（2）：48-89.

[136] 股权激励、制度环境与盈余管理——基于上市公司数据的实证分析/宋文阁（南京财经大学会计学院，210046）；荣华旭//经济经纬，2012（3）：90-94.

[137] 股权激励报酬契约与盈余质量的关系研究/毕晓方（天津财经大学商学院，300222）//审计与经济研究，2012，27（6）：75-82.

[138] 股权激励与股利分配——来自中国上市公司的经验证据/肖淑芳（北京理工大学管理与经济学院，100081）；喻梦颖//会计研究，2012（8）：49-57.

[139] 股权集中度与创新绩效：国有企业与家族企业的比较研究/李婧（上海政法学院经济管理学院，201701）；贺小刚//商业经济与管理，2012（10）：40-51.

[140] 股权投资基金与企业实际投资的实证研究/刘媛媛（北京大学经济学院，100871）；黄卓；何小锋//商业经济与管理，2012（10）：80-87.

[141] 股权性质、环境不确定性与会计信息的治理效应/申慧慧（首都经济贸易大学会计学院，100070）；吴联生//会计研究，2012（8）：8-16.

[142] 股权制衡、并购信息披露质量与主并公司价值——基于中国上市公司的模型与实证研究/蒋弘（重庆大学经济与工商管理学院，400044）；刘星//管理工程学报，2012，26（4）：17-25.

[143] 股权制衡与内部控制有效性——基于 2008~2010 年酿酒类上市公司的案例分析/李颖琦（上海立信会计学院立信会计研究院，201620）；俞俊利//会计研究，2012（2）：50-56.

[144] 关联贷款与商业银行的薪酬契约——基于我国商业银行的经验证据/张敏（中国人民大学商学院，100872）；刘颛；张雯//金融研究，2012（5）：108-122.

[145] 关联交易与薪酬契约/张圣利（南京大学会计与财务研究院，210093）//中国会计评论，2012，10（3）：347-368.

[146] 管理层持股、领导权结构与财务重述/马晨（西安交通大学管理学院，710049）；

张俊瑞//南开管理评论，2012，15（2）：143-150.

[147] 管理层持股的利益趋同效应研究——基于中国 A 股上市公司盈余持续性的检验/宋建波（中国人民大学商学院，100872）；田悦//经济理论与经济管理，2012（12）：99-109.

[148] 管理层权力、机会主义动机与股权激励计划设计/王烨（安徽财经大学会计学院，233030）；叶玲；盛明泉//会计研究，2012（10）：35-41.

[149] 管理层权力视角下的盈余管理研究——基于应计及真实盈余管理的检验/林芳（中南财经政法大学会计学院，430223）；冯丽丽//山西财经大学学报，2012，34（7）：96-104.

[150] 管理者激励：从激励效应到激励契约影响因素/赵宇恒（吉林大学管理学院，130022）//南京大学学报，2012（2）：151-157.

[151] 管理者薪酬、在职消费与公司绩效——基于合作博弈的分析视角/冯根福（西安交通大学经济与金融学院，710061）；赵珏航//中国工业经济，2012（6）：147-158.

[152] 国家文化视角的内部控制研究/李志斌（扬州大学商学院，225009）//会计研究，2012（10）：49-53.

[153] 国有独资转为国有控股的动因及市场反应——基于湖北宜化集团改制的案例研究/余玉苗（武汉大学经济与管理学院，430072）；周楷唐；苏巨雄//当代财经，2012（1）：121-128.

[154] 国有公司控制权私人收益的悖论与立法选择/陈晓军（山东农业大学文法学院，250021）；杜凤君//江西财经大学学报，2012（3）：113-120.

[155] 国有企业集团母子公司的管控模式/任伟林（武汉理工大学管理学院，430070）//统计与决策，2012（11）：178-181.

[156] 国有上市公司民营化绩效研究/余玮（上海对外贸易学院金融管理学院，201620）；郑颖//管理评论，2012，24（5）：44-52.

[157] 过往绩效与公司风险投资：高管政治网络的调节效应/戴维奇（浙江财经学院，310018）；魏江；余纯国//科研管理，2012，33（1）：138-146.

[158] 海外并购中的"中国溢价"/刘宏（首都经济贸易大学经济学院，100070）//价格理论与实践，2012（4）：75-76.

[159] 含有无风险资产的情绪最优投资组合/谢军（华南理工大学金融证券研究中心，510006）；杨春鹏；闫伟//系统管理学报，2012，21（4）：540-545.

[160] 行政垄断、公司规模与 CEO 权力薪酬/王雄元（中南财经政法大学会计学院，430073）；何捷//会计研究，2012（11）：33-38.

[161] 横向并购：我国房地产业集中度演变与发展路径研究/杨蕙馨（山东大学管理学院，250100）；王继东；徐召红//经济学动态，2012（4）：19-26.

[162] 横向并购反垄断控制的福利标准选择研究/余东华（山东大学经济学院，250100）//复旦学报（社会科学版），2012（6）：94-104.

[163] 横向合并控制中的资产剥离问题——基于古诺竞争的分析/白雪（山东大学产业经济研究所，250100）；林平；臧旭恒//中国工业经济，2012（1）：90-100.

[164] 后股权分置改革时代股权激励契约下的盈余管理研究/杨慧辉（上海对外贸易学院，201620）；潘飞；赵媛//中国会计评论，2012，10（4）：411-429.

[165] 后股权分置时代控股股东减持与上市公司的价值关系——基于双重差分模型的分析/万立全（河南财经政法大学会计学院，450002）//经济经纬，2012（12）：85-89.

[166] 互联网金融模式研究/谢平（中国投资有限责任公司，100010）；邹传伟//金融研究，2012（4）：11-22.

[167] 环境信息披露制度、公司治理和环境信息披露/毕茜（西南大学经济管理学院会计系，400716）；彭珏；左永彦//会计研究，2012（7）：39-47.

[168] 会计——税收差异与薪酬契约/刘行（中国人民大学商学院，100872）；叶康涛//中国会计评论，2012，10（2）：179-199.

[169] 会计稳健性对公司债权融资效率的影响/吴娅玲（重庆工商大学会计学院，400067）//经济管理，2012，34（10）：139-147.

[170] 会计稳健性会影响股权再融资行为吗——来自中国上市公司的经验证据/梁上坤（南京大学商学院，210093）；赵刚；董宣君//山西财经大学学报，2012，34（12）：114-124.

[171] 会计职能·财务报告性质·财务报告体系重构/刘峰（中山大学现代会计与财务研究中心，510275）；葛家澍//会计研究，2012（3）：15-19.

[172] 会计准则、内部控制与公司治理相关问题研究——海峡两岸会计学术交流动态/章永奎（厦门大学管理学院会计系，361005）；刘峰//会计研究，2012（10）：87-90.

[173] 会计准则变迁与企业管理层行为的协调联动研究/孙光国（东北财经大学会计学院，116025）；刘爽//管理世界，2012（8）：167-168.

[174] 或有资本在企业巨灾风险融资中的运用/高海霞（西南财经大学保险学院，610074）//经济学家，2012（8）：99-101.

[175] 货币薪酬结构对经理管理防御行为影响的实验研究/白建军（西安理工大学经济与管理学院，710054）；李秉祥//中国软科学，2012（10）：88-103.

[176] 货币政策影响公司投资的双重效应研究/张西征（东华大学旭日工商管理学院，200051）；刘志远；王静//管理科学，2012，25（5）：108-119.

[177] 机构持股、信息质量与应计异象/刘斌（重庆大学经济与工商管理学院，400044）；张健//审计与经济研究，2012，27（6）：67-82.

[178] 机构投资者持股对新股增发折价影响的实证研究/王俊飚（北京大学光华管理学院，100871）；刘明；王志诚//管理世界，2012（10）：172-173.

[179] 机构投资者持股能提高上市公司会计信息质量吗？——兼论不同类型机构投资者的差异/杨海燕（广西大学商学院，530004）；韦德洪；孙健//会计研究，2012（9）：16-23.

[180] 机构投资者持股能提高上市公司盈余持续性吗？——基于中国 A 股上市公司的经验证据/宋建波（中国人民大学商学院，100872）；高升好；关馨姣//中国软科学，2012（2）：128-138.

[181] 机构投资者持股与流动性成本——来自中国上市公司的经验证据/雷倩华（中山大学管理学院，510275）；柳建华；龚武明//金融研究，2012（7）：182-195.

[182] 机构投资者持股与中国上市公司现金股利政策/魏志华（厦门大学经济学院，361005）；吴育辉；李常青//证券市场导报，2012（10）：41-60.

[183] 机构投资者对资本市场定价效率的影响研究——基于股价同步性的实证检验/解维敏（东北财经大学会计学院，116025）//价格理论与实践，2012（12）：74-75.

[184] 基于 BP 神经网络的企业财务危机预警变量改进探索/龚小凤（中南财经政法大学会计学院，430073）//财经问题研究，2012（10）：111-116.

[185] 基于 GONE 理论的上市公司财务报告舞弊识别研究/洪荭（武汉理工大学管理学院，430070）；胡华夏；郭春飞//会计研究，2012（8）：84-90.

[186] 基于 SVM 的金融企业内部会计控制效率评价/周洋（山东科技大学经济管理系，271000）；沈传河//统计与决策，2012（17）：186-188.

[187] 基于并购视角的企业动态能力研究综述/苏志文（武汉大学经济与管理学院，430072）//外国经济与管理，2012，34（10）：48-56.

[188] 基于财务报表基本面信息的上市公司盈余质量评价/余怒涛（厦门大学管理学院，361005）；李红琨；戴建红//山西财经大学学报，2012，9（34）：115-124.

[189] 基于财务报告的内部控制缺陷影响因素研究/齐保垒（西安交通大学管理学院，710049）；田高良//管理评论，2012，24（4）：133-140.

[190] 基于财务视角的价值投资策略实证研究/黄惠平（南京大学商学院，210093）；彭博//经济管理，2012，34（9）：129-139.

[191] 基于公平视角的企业集团内部资金配置激励模型/高永如（河海大学商学院，210098）//决策与统计，2012（21）：183-185.

[192] 基于公司治理视角的信息披露影响因素分析/郁玉环（华中科技大学管理学院，430074）//数量经济技术经济研究，2012（8）：64-78.

[193] 基于供应链的科技型中小企业融资模式分析/刘迅（湖北经济学院会计学院，430205）；颜莉//决策与统计，2012（5）：186-188.

[194] 基于股东侵占模型的大股东减持行为研究/曹国华（重庆大学经济与工商管理学院，400044）；林川//审计与经济研究，2012，27（5）：97-104.

[195] 基于股东特质的控制权转移的盈余管理研究/韩勇（四川大学，610064）；干胜道；刘博//经济理论与经济管理，2012（12）：85-98.

[196] 基于股权结构的上市公司现金股利政策实证分析/涂必玉（浙江工商大学财务与会计学院，310018）//经济纵横，2012（11）：105-108.

[197] 基于环境价值链的企业绩效评价体系研究/陈永丽（重庆工商大学会计学院，

400067）；邹航//经济体制改革，2012（2）：118–122.

［198］基于机会成本的转移定价决策/万寿义（东北财经大学会计学院，116025）；崔健波//价格理论与实践，2012（5）：78–79.

［199］基于控制权配置视角的上市公司股权激励偏好研究/李春玲（燕山大学经济管理学院，066004）；苏广艳//经济与管理研究，2012（11）：23–28.

［200］基于扩展杜邦分析法的我国中小企业盈利模式优化路径分析研究/马春华（中南大学，410083）//经济问题探索，2012（10）：85–88.

［201］基于历史业绩的风险投资报酬激励机制/李云飞（电子科技大学经济与管理学院，610054）//软科学，2012，26（1）：55–58.

［202］基于利益相关者交易结构的商业模式理论/魏炜（北京大学汇丰商学院，100871）；朱武祥；林桂平//管理世界，2012（12）：125–131.

［203］基于流动性风险管理的 EVA 改进研究/长青（内蒙古工业大学管理学院，010051）；张永正；白丽娜//财经问题研究，2012（3）：104–109.

［204］基于模糊综合评判的中小型企业绩效评估/陈洋洋（中央财经大学管理科学与工程学院，100081）//统计与决策，2012（15）：177–179.

［205］基于企业生命周期的智力资本对企业价值影响研究/李冬伟（华东交通大学经济管理学院，330100）；李建良//管理学报，2012，9（5）：706–714.

［206］基于企业视角的国际品牌价值驱动因素实证研究/王分棉（对外经济贸易大学，100029）；周煊//经济问题探索，2012（9）：116–120.

［207］基于区间分析的实物期权定价/李汶华（天津大学管理与经济学部，300072）；丁慧娟；郭均鹏//系统管理学报，2012，21（3）：399–408.

［208］基于熵理论的上市公司运营绩效与风险分析/聂名华（中南财经政法大学金融学院，430073）；张鹏//云南财经大学学报，2012（6）：105–113.

［209］基于熵模型计量的内部控制信息披露质量指数研究/张晓岚（西安交通大学经济与金融学院，710061）；沈豪杰；杨默//西安交通大学学报，2012，32（1）：29–34.

［210］基于实物期权的投资项目价值评估法研究/俞云（安徽工程大学管理工程学院，241000）；何朝林//价格理论与实践，2012（8）：70–71.

［211］基于收购溢价的初始持股对竞购时机影响/章伟果（西安理工大学经济与管理学院，710054）；扈文秀；张涛//系统管理学报，2012，21（3）：303–311.

［212］基于双重成本控制标准的成本计算与收益分配研究/孟凡生（哈尔滨工程大学经济管理学院，150001）；甄晓非//华东经济管理，2012，26（11）：117–121.

［213］基于现金流量模型的高校财务风险评价体系/徐明稚（东华大学管理学院，200051）；张丹；姜晓璐//会计研究，2012（7）：57–64.

［214］基于相关者利益最大化的企业财务战略/蔡维灿（中国社会科学院工业经济研究所，100836）；李春瑜//经济管理，2012，34（7）：135–143.

［215］基于效率视角研究国有企业利润来源——来自15个工业细分行业的证据/魏峰

（安徽大学经济学院，230601）；荣兆梓//工业经济研究，2012（1）：9-16.

[216] 基于债转股的企业并购支付方式的博弈/周媛媛（南京航空航天大学经济与管理学院，210016）；李帮义//系统管理学报，2012，21（4）：452-460.

[217] 基于真实交易盈余管理的股权制衡治理效应/林芳（中南财经政法大学会计学院，430223）；许慧//山西财经大学学报，2012，34（1）：83-93.

[218] 基于资源配置的公司治理策略分析——以2006~2010年上市的公司为例/黄志忠（南京大学会计学系，210093）//会计研究，2012（1）：36-42.

[219] 激励、福利还是奖励：薪酬管制背景下国有企业股权激励的定位困境——基于泸州老窖的案例分析/辛宇（中山大学管理学院，510275）；吕长江//会计研究，2012（6）：67-75.

[220] 集团企业财务风险管理框架探讨/张继德（北京工商大学商学院，100048）；郑丽娜//会计研究，2012（12）：50-54.

[221] 技术并购、创新与企业绩效：机制和路径/于成永（南京财经大学，210046）；施建军//经济问题探索，2012（6）：103-109.

[222] 技术多元化、互补资产与企业绩效/贾军（南京航空航天大学经济与管理学院，211106）；张卓//研究与发展管理，2012，24（6）：64-72.

[223] 家族控制、双重委托代理冲突与现金股利政策——基于中国上市公司的实证研究/魏志华（厦门大学经济学院，361005）；吴育辉；李常青//金融研究，2012（7）：162-181.

[224] 监督抑或跟随：机构投资者治理角色研究来自舞弊公司机构持股行为的经验证据/袁春生（江西师范大学财政金融学院，330022）//财经理论与实践，2012，176（33）：54-60.

[225] 监管约束下我国商业银行资本增长与融资行为/李维安（南开大学公司治理研究中心，300071）；王倩//金融研究，2012（7）：15-30.

[226] 交叉上市、治理环境与上市公司超额现金价值/曹森（北京大学光华管理学院，100871）//管理科学，2012，25（4）：31-43.

[227] 交叉上市对股利政策稳定性的影响分析——给予捆绑效应的视角/程子健（西安交通大学管理学院，710049）；张俊瑞；李彬//经济与管理研究，2012（11）：77-86.

[228] 解析利润之谜/徐幼民（湖南大学经济与贸易学院，410079）//财经理论与实践，2012，175（33）：44-48.

[229] 金融产业资本与实体经济利润合理分配研究/陆岷峰（南京财经大学金融学院，222000）；张惠//经济学动态，2012（6）：53-57.

[230] 金融发展、权益资本跨国流入与创新投资/王昱（大连理工大学管理与经济学部经济学院，116024）；成力为//科学学与科学技术管理，2012，33（11）：102-109.

[231] 金字塔结构、税收负担与企业价值：基于地方国有企业的证据/刘行（中国人民大学商学院，100872）；李小荣//管理世界，2012（8）：91-105.

[232] 经济利润、市场竞争与企业价值/吴战篪（暨南大学会计系，510632）；易晓燕//财经理论与实践，2012，177（33）：63-67.

[233] 控股股东利益动机、成长期权与投资时机决策/冉戎（重庆大学贸易与行政学院，400030）；郝颖；刘星//管理科学学报，2012，15（7）：86-94.

[234] 控制权、媒介功用与市场治理效应：基于财务报告重述的实证研究/贺建刚（南京财经大学会计学院，210046）；魏明海//会计研究，2012（4）：36-43.

[235] 控制权配置、制度环境与家族企业治理转型——基于国美电器"控制权之争"的案例研究/徐细雄（重庆大学经济与工商管理学院，400030）//商业经济与管理，2012（5）：16-23.

[236] 控制权稀释威胁影响上市公司并购支付方式选择吗/李双燕（西安交通大学经济与金融学院，710049）；汪晓宇//当代经济科学，2012，34（3）：58-66.

[237] 控制权转移、资产评估与公允价值应用——以浙江省 M 林场的改制为例/祖建新（浙江农林大学经济管理学院，311300）//云南财经大学学报，2012（3）：139-145.

[238] 控制性股权结构对债务融资的影响研究/蓝辉旋（西南交通大学经济管理学院，610031）；文旭情；贾阳//经济体制改革，2012（3）：139-143.

[239] 跨国并购的知识溢出效应分析/谢运（平安证券投资银行事业部，518001）//财经科学，2012（12）：80-87.

[240] 跨国公司规避风险的转移定价策略——兼论我国企业跨国经营转移定价规避风险的策略/张辑（华东政法大学商学院，201620）//价格理论与实践，2012（12）：81-82.

[241] 跨国公司母子公司知识冲突与知识转移绩效关系研究/易加斌（哈尔滨商业大学管理学院，150028）//中国科技论坛，2012（7）：101-107.

[242] 跨区域并购的一体化机制研究——基于不完全合约的视角/张建忠（南京大学经济学院，210093）//华东经济管理，2012，26（1）：51-55.

[243] 林业企业实物期权法价值评估研究/张卫民（北京林业大学经济管理学院，100083）；王冠//云南财经大学学报，2012（6）：137-145.

[244] 论财务风险管理与防范对策/张素会（国药乐仁堂医药集团股份有限公司财务处，050000）//河北经贸大学学报，2012，33（3）：48-50.

[245] 论大股东股权质押与上市公司财务：影响机理与市场反应/艾大力（中央广播电视大学经济管理学院，100039）；王斌//北京工商大学学报，2012，27（4）：72-76.

[246] 媒体报道的公司治理作用——双重代理成本视角/罗进辉（厦门大学管理学院，361005）//金融研究，2012（10）：153-166.

[247] 煤炭产业价值链各环节利益分配与转移问题研究——基于阜新矿业集团煤炭企业价值链案例的调查分析/于萍（东北财经大学工商管理学院，116025）；白珩//财经问题研究，2012（10）：38-43.

[248] 美国最新横向并购指南解析及对中国的启示/吴汉洪（中国人民大学经济学院，100872）；周德发//云南财经大学学报，2012（1）：101-107.

［249］民营企业债务和投资行为研究——基于上市民营企业面板/王锦华（山东财经大学工商管理学院，250220）；程兵；胡翔//宏观经济研究，2012（11）：72-78.

［250］民营上市公司实际控制人与现金股利研究/王爱国（山东财经大学会计学院，250014）；宋理升//管理评论，2012，2（2）：97-107.

［251］内部控制、公司治理与风险管理—— 一个职能论的视角/白华（暨南大学管理学院，510632）//经济学家，2012（3）：46-54.

［252］内部控制、信息环境与资本成本——来自中国上市公司的经验证据/林斌（中山大学管理学院，510275）；孙烨；刘瑾//市场证券导报，2012（11）：26-31.

［253］内部控制报告审计的制度效应/张继东（北京第二外国语学院国际会计与财务研究中心，100024）；王立彦；伍丽娜//经济科学，2012（4）：105-116.

［254］内部控制对财务报告可靠性起到保证作用了吗？——来自我国上市公司的经验证据/孙光国（东北财经大学会计学院，116025）；莫冬燕//财经问题研究，2012（3）：96-102.

［255］内部控制鉴证、审计师声誉与权益资本成本——基于2009~2010年A股上市公司的经验分析/施继坤（东北财经大学会计学院，116025）//云南财经大学学报，2012（4）：139-147.

［256］内部控制能有效规避财务困境吗？/李万福（中山大学管理学院，510275）；林斌；林东杰//财经研究，2012，38（1）：124-134.

［257］内部控制缺陷与债务成本——基于财务信息质量视角/孔凡峰（西南财经大学会计学院，611130）//广东商学院学报，2012（3）：75-82.

［258］内部控制审计收费的影响因素探析——基于我国A+H股上市公司的数据分析/黄秋菊（东北财经大学会计学院，116025）//价格理论与实践，2012（10）：68-69.

［259］内部控制审计信号的有效性及定价效应/吴益兵（厦门大学管理学院，361005）//经济管理，2012，34（8）：138-143.

［260］内部控制效率：理论框架与测度评价/李连华（浙江财经学院会计学院，310018）；唐国平//会计研究，2012（5）：16-21.

［261］内部控制与公司实际税负/李万福（福州大学管理学院，350108）；陈晖丽//金融研究，2012（9）：195-205.

［262］内部控制质量、企业风险与权益资本成本——理论分析与实证检验/闫志刚（东北财经大学会计学院，116000）//经济经纬，2012（5）：107-111.

［263］内部资本市场、关联交易与公司价值研究——基于我国上市公司的实证分析/邵毅平（浙江财经学院会计学院，310018）；虞凤凤//中国工业经济，2012（4）：102-114.

［264］内部资本市场运行机制与经济后果——基于中石油大司库项目资金结算模式创新的案例研究/张瑞君（中国人民大学商学院，100872）；孙寅//管理学报，2012，9（11）：1593-1599.

［265］扭亏上市公司盈余管理与公司治理的关系研究/李青（西安交通大学经济与金

融学院，710061）；闵绥燕//统计与信息论坛，2012，27（4）：77-82.

[266] 配股融资影响市场的程度与途径研究/饶明（信达证券股份有限公司，100031）//市场证券导报，2012（5）：67-77.

[267] 品牌价值评估体系及其方法选择/王熹（天津大学管理与经济学部，300072）//价格理论与实践，2012（3）：85-86.

[268] 平衡计分卡在国家大学科技园发展绩效中的应用研究——以重庆大学科技园为例/李林（重庆大学公共管理学院，400044）；耿伶利；王永宁//中国科技论坛，2012（12）：44-49.

[269] 平衡计分卡在医院绩效管理体系中的应用/薛辉（武汉大学中南医院，430071）；杨文胜//统计与决策，2012（18）：183-185.

[270] 平衡计分卡理念下的产业技术路线图战略执行力研究/佟瑞（暨南大学管理学院，510632）；李从东//科学学与科学技术管理，2012，33（6）：115-121.

[271] 企业并购定价的内部控制研究/周军（山东大学（威海）商学院，264209）//价格理论与实践，2012（9）：86-87.

[272] 企业并购对企业成长的影响及其机理分析/杜传忠（南开大学经济与社会发展研究院，300071）；郭树龙//财经问题研究，2012（12）：102-110.

[273] 企业并购如何创造价值——基于东航和上航并购重组案例研究/唐兵（中国东方航空集团，215123）；田留文；曹锦周//管理世界，2012（11）：1-8.

[274] 企业并购式成长的投融资战略分析——以吉利汽车为例/张荣刚（西北政法大学经济管理学院，710063）；尹永波；周璐//中央财经大学学报，2012（3）：71-75.

[275] 企业并购中的风险控制：专业咨询机构的作用/孙轶（北京大学光华管理学院战略管理系，100871）；武常岐//南开管理评论，2012，15（4）：4-14.

[276] 企业财务预警实证分析——以我国9家上市饲料公司为例/罗怡（四川电力职业技术学院经济管理系，610072）；廖运岗//财经科学，2012（9）：51-56.

[277] 企业供应链融资能力研究/刘迅（湖北经济学院会计学院，430205）//财经问题研究，2012（5）：88-93.

[278] 企业规模与融资来源的实证研究——基于小企业银行融资抑制的视角/谭之博（北京大学国家发展研究院中国经济研究中心，100871）；赵岳//金融研究，2012（3）：166-179.

[279] 企业集团财务管控与上市公司现金持有水平研究/纳鹏杰（云南财经大学MBA教育学院，650221）；纳超洪//会计研究，2012（5）：29-38.

[280] 企业集团财务控制动态模式的组织、位置与发展路径/刘剑民（江西财经大学会计学院，330013）//管理世界，2012（12）：181-182.

[281] 企业集团内部资金配置的激励模型/高永如（河海大学商学院，210098）//统计与决策，2012（9）：179-182.

[282] 企业集团依赖关系、战略一致性与绩效：一个网络视角的研究/罗彪（中国科

学技术大学管理学院，230026）；余杰杰//经济管理，2012（8）：40-52.

[283] 企业利益相关者的投资与收益概念模型构建/南星恒（兰州商学院会计学院，730020）//华东经济管理，2012，26（1）：92-97.

[284] 企业内部财务控制制度创新/刘文锦（成都工业学院工商管理系，610031）//财经科学，2012（10）：117-124.

[285] 企业内部控制与财务危机预警耦合研究——一个基于契约理论的分析框架/徐光华（南京理工大学经济管理学院，210094）；沈弋//会计研究，2012（5）：72-76.

[286] 企业内部控制专家系统研究——以 GLNT 集团采购成本控制为例/吕敏康（中南财经政法大学会计学院，430073）；许家林//会计研究，2012（12）：61-67.

[287] 企业社会责任信息披露、媒体关注度与企业财务绩效关系研究/陶文杰（清华大学经济管理学院，100084）；金占明//管理学报，2012，9（8）：1226-1232.

[288] 企业社会责任与财务绩效的实证研究/陈德萍（广东外语外贸大学财经学院，510420）//统计与决策，2012（12）：178-181.

[289] 企业社会责任与财务绩效关系研究——基于交通运输行业上市公司的数据分析/李伟（大连海事大学交通运输管理学院，116025）//财经问题研究，2012（4）：89-94.

[290] 企业社会责任与资本约束——来自中国上市公司的证据/刘计含（西南交通大学经济管理学院，610031）；王建琼//管理评论，2012，24（11）：151-157.

[291] 企业投资决策与财务风险的动态关系——基于外贸型上市公司的实证研究/彭程（四川外语学院国别经济与国际商务研究中心，400031）；杨红；黄荣//云南财经大学学报，2012（4）：114-121.

[292] 企业现金持有的影响因素研究综述/袁卫秋（南京财经大学，210046）；于成永；邹苏苏//经济问题探索，2013（1）：134-138.

[293] 企业型科技企业孵化器高管股权激励研究/王忠（清华大学，100084）；赵黎明；高常水//经济问题探索，2012（10）：81-84.

[294] 全行业视角下我国上市公司并购重组差异性研究——基于函数性数据分析方法/李纪华（西安交通大学，710061）；张倩肖//经济问题探索，2012（9）：121-127.

[295] 融资供给视角下我国上市公司债务融资决策研究/王建琼（西南交通大学经济管理学院，610031）；闵连星；洪璐//软科学，2012，26（1）：94-114.

[296] 融资需求、产权性质与股权融资歧视——基于企业上市问题的研究/祝继高（对外经济贸易大学国际财务与会计研究中心，100027）；陆正飞//南开管理评论，2012，15（1）：141-150.

[297] 融资约束抑或代理冲突？上市公司非效率投资动因研究/蔡吉甫（江西财经大学会计学院，330013）//财经论丛，2012（3）：86-91.

[298] 融资约束与代理成本对上市公司非效率投资的影响——基于双边随机边界模型的实证度量/张宗益（重庆大学经济与工商管理学院，400044）；郑志丹//管理工程学报，2012，26（2）：119-126.

[299] 商業模式、營運效應與企業績效——對生產技術創新和經營方法創新有效性的實證研究/程愚（廈門大學管理學院，361005）；孫建國；宋文文等//中國工業經濟，2012（7）：83-95.

[300] 上市公司併購績效影響因素分析/祁繼鵬（中國人民大學商學院，100872）；王思文//財經問題研究，2012（9）：81-86.

[301] 上市公司併購重組支付方式體系存在的問題及對策/趙立新（中國證券監督管理委員會，100033）；蔡曼莉；陳曉潔//市場證券導報，2012（8）：4-9.

[302] 上市公司財務靈活性、再融資期權與股利迎合策略研究/王志強（廈門大學管理學院，361005）；張瑋婷//管理世界，2012（7）：151-163.

[303] 上市公司的地理特徵影響機構投資者的持股決策嗎？——來自中國證券市場的經驗證據/宋玉（南京理工大學經濟管理學院，210094）；沈吉；范敏虹//會計研究，2012（7）：72-79.

[304] 上市公司定向增發定價中的錨定效應研究/俞軍（河海大學商學院，210098）//經濟經緯，2012（6）：150-155.

[305] 上市公司高管更替模式對企業績效的影響/劉新民（山東科技大學組織治理與競爭研究所，266590）；王壘//南開管理評論，2012，15（2）：101-107.

[306] 上市公司股權激勵計劃對股利分配政策的影響/呂長江（復旦大學管理學院會計系，200433）；張海平//管理世界，2012（11）：133-143.

[307] 上市公司股權激勵問題探析/宮玉松（山東財經大學，250014）//經濟理論與經濟管理，2012（11）：78-83.

[308] 上市公司股權激勵制度差異及影響因素——基於市場強制力與組織強制力的替代效應/李樂（四川大學工商管理學院，610064）；毛道維//財經科學，2012（11）：75-83.

[309] 上市公司集團化經營與現金持有水平——基於集團多元化和內部資本市場效率視角的分析/曾義（石河子大學經濟與管理學院，832003）//經濟與管理研究，2012（11）：69-78.

[310] 上市公司價值信息披露的經濟後果研究/鄭軍（中南民族大學管理學院，430074）//中國軟科學，2012（11）：100-110.

[311] 上市公司網絡財務報告系統評價研究/王海林（首都經濟貿易大學會計學院，100070）；張書娟//審計研究，2012（5）：76-85.

[312] 上市公司無形資產結構、行業特徵分析/趙敏（浙江財經學院，310018）//商業經濟與管理，2012（11）：91-96.

[313] 上市公司現金股利分配政策研究/黃雷（西華大學管理學院，610039）；李明；葉勇//軟科學，2012，27（7）：118-122.

[314] 上市公司信息披露、投資者信息識別與博弈均衡/肖紹平（中南大學商學院，410083）//中央財經大學學報，2012（2）：90-96.

[315] 上市公司營運資本管理政策研究——基於製造業的經驗證據/袁衛秋（南京財

经大学会计学院，210003）//云南财经大学学报，2012（4）：105-113.

[316] 上市公司终极控制特征与现金持有及市场价值/徐光伟（重庆大学经济与工商管理学院，400030）；刘星；谭瑾//山西财经大学学报，2012，2（34）：76-84.

[317] 上市公司自愿性信息披露现状及其监管研究/李慧云（北京理工大学，100081）；吕文超//统计研究，2012，29（4）：86-91.

[318] 社会资本与集群中小企业融资行为的效度测算/刘桔林（湖南大学经济贸易学院，410205）//决策与统计，2012（13）：181-183.

[319] 社会资本与企业融资研究前沿探析/罗磊（暨南大学管理学院企业管理系，510632）；苏晓华//经济学动态，2012（2）：99-104.

[320] 深市上市公司信息披露质量的市场效应/王玉春（南京财经大学会计学院，210046）；冯存//产业经济研究，2012（4）：81-88.

[321] 什么因素决定公司并购中融资方式的选择？交易成本视角/翟进步（清华大学经济管理学院，100084）；王玉涛；李丹//中国会计评论，2012，10（1）：17-32.

[322] 审计委员会特征对上市公司内部控制缺陷的影响/董卉娜（上海立信会计学院会计与财务学院，201620）；朱志雄//山西财经大学学报，2012，1（34）：114-124.

[323] 生产方式、商业模式与财务关系/宗承刚（山东农业大学经济管理学院，271018）//华东经济管理，2012，26（12）：99-104.

[324] 剩余收益模型与股票未来回报/饶品贵（暨南大学管理学院会计系，510632）；岳衡//会计研究，2012（9）：52-58.

[325] 实际控制人对内部控制信息披露的影响——基于2009~2010年深圳主板A股上市公司的实证研究/韩小芳（南京财经大学会计学院，210046）//山西财经大学学报，2012，12（34）：83-91.

[326] 实际控制人性质、慈善捐赠与公司业绩/郭剑花（广东商学院会计学院，510320）//广东商学院学报，2012（6）：66-74.

[327] 实际税率影响会计稳健性的实证研究/周泽将（安徽大学商学院，230601）//山西财经大学学报，2012，3（34）：117-124.

[328] 市场地位、商业信用与企业经营性融资/张新民（对外经济贸易大学国际财务与会计研究中心，100029）；王珏；祝继高//会计研究，2012（8）：58-65.

[329] 市场化进程、产权配置与上市公司资产剥离业绩——基于同属管辖交易视角的研究/徐虹（安徽工业大学管理学院会计系，230009）//南开管理评论，2012，15（3）：110-121.

[330] 市场化进程、多元化经营与公司现金持有/杨兴全（石河子大学经济与管理学院，832000）；曾春华//管理科学，2012，25（6）：43-54.

[331] 市场集中、控制权特征与内部控制鉴证报告披露/佟岩（北京理工大学管理与经济学院，100081）；冯红卿；吕栋//会计研究，2012（6）：61-66.

[332] 收购方为什么要在兼并交易中雇用投资银行/同生辉（中央财经大学中国金融

发展研究院，100081）//当代经济科学，2012，34（1）：66-74.

[333] 双重异质信念下中国上市公司融资决策研究/马健（北京航空航天大学经济管理学院，100191）；刘志新；张力健//中国管理科学，2012，20（2）：50-56.

[334] 税收负担、会计稳健性与薪酬业绩敏感/周泽将（安徽大学商学院，230601）；杜兴强//金融研究，2012（10）：167-179.

[335] 税收制度的公司治理效应研究前沿探析与未来展望/张斌（安徽财经大学工商管理学院，233030）；徐琳//外国经济与管理，2012，34（5）：75-80.

[336] 税制改革与公司投资价值相关性/万华林（上海立信会计学院会计与财务学院，201620）；朱凯；陈信元//经济研究，2012（3）：65-75.

[337] 私募股权投资对公司治理模式的影响/徐子尧（四川大学经济学院，610065）；边维刚；李迎莹//财经科学，2012（7）：26-33.

[338] 私募股权投资与被投资企业高管薪酬契约——基于公司治理视角的研究/王会娟（北京大学光华管理学院，100871）；张然//管理世界，2012（9）：156-167.

[339] 所有制、行业垄断与高管薪酬差距——来自中国上市公司2010年的证据/包宁（云南民族大学，650031）；杜雯翠；王晓倩//经济问题探索，2012（9）：128-134.

[340] 探索内部控制制度的哲学基础/杨雄胜（南京大学会计学，210093）；熊焰韧；李翔等//会计研究，2012（11）：57-63.

[341] 退市公司价值相关性研究/张艺馨（中国人民大学商学院会计系，100872）//财经问题研究，2012（11）：67-70.

[342] 外部审计和现金股利的公司治理角色：替代抑或互补/魏锋（重庆大学经济与工商管理学院，400030）//审计研究，2012（4）：76-82.

[343] 外部治理环境与上市公司债权人治理效率/王贞洁（中国海洋大学管理学院，266100）；沈维涛//山西财经大学学报，2012，3（34）：98-107.

[344] 外资参股与上市公司价值——基于信息透明度视角的实证分析/苏国强（广东商学院金融学院，510320）；李政//财经问题研究，2012（10）：56-60.

[345] 危机冲击、大股东"管家角色"与企业绩效——基于中国上市公司的实证分析/连燕玲（上海财经大学国际工商管理学院，200433）；贺小刚；张远飞//管理世界，2012（9）：142-155.

[346] 我国创业板上市公司中风险投资的介入与退出动机研究/吴翠凤（厦门大学管理学院，361005）；吴世农；刘威//经济管理，2012，34（10）：128-138.

[347] 我国电信运营企业品牌价值评估研究/何瑛（北京邮电大学经济管理学院，100876）；郝雪阳//价格理论与实践，2012（11）：72-73.

[348] 我国非营利组织绩效会计相关问题研究/姜宏青（中国海洋大学管理学院，266100）//会计研究，2012（7）：32-38.

[349] 我国高校控股上市公司治理及绩效分析/贾一伟（北京交通大学交通运输学院，100044）//研究与发展管理，2012，24（5）：117-122.

[350] 我国股市价值投资策略的超额收益研究/郭瑜（复旦大学，200433）//价格理论与实践，2012（7）：78-80.

[351] 我国国有控股上市公司治理：现实困境及制度求解——基于双重委托代理理论的分析框架/陈红（中南财经政法大学金融学院，430073）；杨凌霄//当代经济研究，2012（3）：64-70.

[352] 我国民营上市公司股权制衡度与公司绩效关系分析/余澳（对外经济贸易大学国际经济贸易学院，100029）；李昀桦；薛熙//经济纵横，2012（6）：110-113.

[353] 我国奶牛价值评估问题研究/胡海川（内蒙古农业大学经济管理学院，010018）；张心灵；范文娟//价格理论与实践，2012（8）：72-73.

[354] 我国品牌资产价值证券化分析/郭洪（西南财经大学工商管理学院，610074）；薛大东；杜青龙//中国软科学，2012（6）：113-119.

[355] 我国企业海外并购价值创造决定因素实证研究/陈泽（华中科技大学管理学院，430074）；侯俊东；肖人彬//中国科技论坛，2012（12）：62-68.

[356] 我国企业合并会计准则的实施：问题与对策/汪俊秀（广东金融学院，510521）//财政研究，2012（6）：71-73.

[357] 我国商业银行并购贷款业务发展研究/许华伟（四川大学，610000）//经济问题探索，2012（10）：156-160.

[358] 我国上市公司并购绩效的实证研究——基于 EVA 模型/陆桂贤（南京财经大学金融学院，210003）//审计与经济研究，2012，27（2）：104-109.

[359] 我国上市公司财务治理结构有效性研究的新途径——信息传染效应的引入/陈永丽（重庆工商大学会计学院，400067）；龚枢//管理世界，2012（10）：184-185.

[360] 我国上市公司股权激励计划择时问题研究/张治理（安徽财经大学，233030）；肖星//管理世界，2012（7）：181-182.

[361] 我国上市公司交叉持股的现状分析及启示/赵翠（河北大学经济学院，071002）//河北经贸大学学报，2012，33（1）：59-64.

[362] 我国上市公司内部控制信息披露现状——基于云南贵州两省上市公司的数据分析/孟昭贤（贵州广播电视大学黔西南分校，562400）//经济体制改革，2012（5）：106-110.

[363] 我国上市公司配股后的业绩下降之谜——基于信息不对称及委托代理理论的分析/倪敏（南京审计学院，210029）；张耀中//山西财经大学学报，2012，10（34）：77-87.

[364] 我国上市公司现金分红决策研究/张跃文（中国社会科学院金融研究所，100732）//市场证券导报，2012（9）：27-32.

[365] 我国私募股权投资基金的监管问题与对策研究/丁世国（天津大学，300072）；张保银//经济问题探索，2012（12）：110-114.

[366] 我国推出融资融券交易促进了标的股票的定价效率吗？——基于双重差分模型的实证研究/许红伟（上海交通大学安泰经济与管理学院，200240）；陈欣//管理世界，2012（5）：52-61.

［367］我国政府部门内部控制框架体系的构建研究/刘永泽（东北财经大学会计学院，116025）；张亮//会计研究，2012（1）：10-19.

［368］我国中小上市公司财务失败预警研究——基于财务指标和公司治理指标的综合考察/梁琪（南开大学经济学院，300071）；过新伟；石宁//经济管理，2012，34（3）：123-132.

［369］我国中小上市企业财务比率行业差异比较/范惠玲（广东外语外贸大学，510420）；孟丁//决策与统计，2012（16）：186-188.

［370］我国中央企业重组驱动的多元化与 EVA 研究/袁晓玲（西安交通大学经济与金融学院，710061）；白天元；李政大//华东经济管理，2012，26（4）：31-35.

［371］无形资产行业特征、内部结构与公司绩效关系研究/赵敏（浙江财经学院会计学院，310018）//财经论丛，2012（6）：57-63.

［372］吸收能力、知识转移与跨国公司的突破性创新绩效/秦剑（南开大学国际商务研究所，300457）//财经科学，2012（11）：84-93.

［373］现金持有具有战略效应吗——来自中国上市公司的经验证据/常亮（中山大学岭南学院，510275）//山西财经大学学报，2012，10（34）：106-115.

［374］现金流波动、盈利稳定性与公司价值——基于沪深上市公司的实证研究/陈海强（厦门大学王亚南经济研究院，361005）；韩乾；吴锴//金融研究，2012（9）：181-194.

［375］现金流风险研究综述/刘金霞（北京航空航天大学经济管理学院，100191）；韩立岩；娄静等//管理评论，2012，24（2）：65-70.

［376］限售股解禁背景下控制权私人收益/吴冬梅（东北大学工商管理学院，110004）；庄新田；张元//系统管理学报，2012，21（4）：470-477.

［377］新股现金分红后长期表现研究/黄祥钟（福州大学管理学院，350108）//经济与管理研究，2012（8）：73-81.

［378］薪酬委员会独立性与更高的经理人报酬—业绩敏感度——基于薪酬辩护假说的分析和检验/谢德仁（清华大学经济管理学院，100084）；林乐；陈运森//管理世界，2012（1）：121-139.

［379］信贷约束、股利分红与企业预防性储蓄动机——来自中国 A 股上市公司的证据/余静文（复旦大学经济学院，200433）//金融研究，2012（10）：97-110.

［380］信息不对称视角下的现金持有量问题研究——基于金融市场微观结构测度的实证检验/陈辉（广东金融学院中国金融转型与发展研究中心，510521）；顾乃康//山西财经大学学报，2012，7（34）：105-115.

［381］信息优势、择时行为与大股东内幕交易/蔡宁（厦门大学管理学院，361005）//金融研究，2012（5）：179-192.

［382］研发投入与公司绩效：股权制衡还是股权集中？——基于国有上市公司的实证研究/张其秀（同济大学经济与管理学院，200092）//科学学与科学技术管理，2012，33（7）：126-132.

[383] 研发支出资本化与管理层薪酬契约——来自中国证券市场的经验证据/林钟高（安徽工业大学会计系，243002）；刘捷先//财经论丛，2012（2）：90-97.

[384] 央企经营业绩的 EVA 评价有效性研究/赵岩（华侨大学工商管理学院，361021）；陈金龙//宏观经济研究，2012（6）：92-99.

[385] 异质性债权人防御型治理与上市公司非效率投资——基于控股环境调节效应的实证研究/王旭（山东大学管理学院，250100）//云南财经大学学报，2012（6）：114-122.

[386] 银行股权关联、货币政策变更与上市公司现金管理/陈栋（清华大学经济管理学院，100084）；陈运森//金融研究，2012（12）：122-136.

[387] 银行控股公司的绩效与公司治理结构——来自中国经验的实证研究/薛华溢（对外经济贸易大学国际经济贸易学院，100004）；吴青//中央财经大学学报，2012（10）：37-42.

[388] 银行破产的财务因素分析：金融危机冲击下美国银行业的实证/杨海珍（中国科学院研究生院管理学院，100190）；荆中博；魏先华等//中国管理科学，2012，20（1）：71-78.

[389] 银行债权的公司治理效应研究——基于广东上市公司的实证分析/王满四（广州大学商学院，510006）；邵国良//会计研究，2012（11）：49-56.

[390] 盈余储备、投资决策与信息含量——来自我国房地产上市公司 1995~2010 年的经验证据/刘嫒嫒（北京大学光华管理学院，100871）；刘斌//会计研究，2012（6）：38-45.

[391] 盈余构成、持续性差异与财务分析师盈余预测——基于我国 A 股上市公司的经验分析/季侃（东北财经大学会计学院，116025）；仝自强//山西财经大学学报，2012，2（34）：106-114.

[392] 盈余管理方式选择、行为隐性化与濒死企业状况改善——来自 A 股特别处理公司的经验证据/蔡春（西南财经大学会计学院，611130）；朱荣；和辉//会计研究，2012（9）：31-39.

[393] 盈余管理与高管离任：董事长还是财务负责人/孙茂竹（中国人民大学商学院，100872）；张雯；代江蕾//山西财经大学学报，2012，12（34）：105-113.

[394] 盈余管理与国有公司高管晋升效率/廖冠民（中央财经大学会计学院，100081）；张广婷//中国工业经济，2012（4）：115-127.

[395] 营运效率、竞争有效性与企业绩效——基于中国 A 股房地产与电器上市公司的经验/罗彪（中国科学技术大学管理学院，230026）；王琼；闫维维等//软科学，2012，26（9）：114-120.

[396] 营运资金与企业价值的情境研究—— 一项基于资源冗余视角的经验性证据/王秀华（中国海洋大学管理学院，266100）；王竹泉//山西财经大学学报，2012，6（34）：78-85.

[397] 应对并购风险的可转债与阶段性支付模型与案例研究/万迪昉（西安交通大学管理学院，710049）；高艳慧；徐茜//中国管理科学，2012，20（5）：38-46.

［398］再论公司财务概念框架/曹越（湖南大学工商管理学院，410082）//会计研究，2012（4）：44-49.

［399］在建工程、公司治理与盈余价值相关性——来自2002~2011年中国A股上市公司的经验证据/罗进辉（厦门大学管理学院，361005）；吴祖光；黄震//山西财经大学学报，2012，11（34）：115-124.

［400］增值税"扩围"试点对融资租赁行业发展的若干影响/刘若鸿（对外经济贸易大学，100029）；史燕平//税务研究，2012（7）：46-49.

［401］债权人监督与ST公司经理人代理成本/苏玲（中央财经大学会计学院，100081）//北京工商大学学报（社会科学版），2012，27（3）：74-79.

［402］债权治理与盈余质量：来自中国证券市场的经验证据/杨继伟（云南财经大学会计学院，650221）；汪戎；陈红//管理评论，2012，24（9）：75-82.

［403］债务保守、投资机会与中国上市公司资本投资/蒲文燕（华中科技大学管理学院，430074）；张洪辉；肖浩//管理评论，2012，24（4）：36-44.

［404］债务期限结构与企业投资行为的实证研究/袁卫秋（南京财经大学会计学院，212001）//河北经贸大学学报，2012，33（5）：64-67.

［405］债务融资和掠夺——来自中国家族上市公司的证据/冯旭南（上海大学管理学院，200444）//经济学，2012，11（3）：943-966.

［406］债务治理、高质量审计与公司价值？——来自我国A股上市公司的经验证据/廖义刚（江西财经大学会计学院，330013）；杨小燕；黄洁//江西财经大学学报，2012（4）：29-37.

［407］债务治理、高质量审计与自由现金流过度投资——来自我国A股上市公司的经验证据/廖义刚（江西财经大学会计学院，330013）//山西财经大学学报，2012，9（34）：74-84.

［408］整体上市与股东财富、经营业绩关系的实证研究/王永海（武汉大学经济与管理学院，430072）；章涛//经济评论，2012（3）：130-134.

［409］证券发行管制下的地方"护租"与上市公司财务困境风险化解/章铁生（安徽工业大学管理学院，243002）；徐德信；余浩//会计研究，2012（8）：41-48.

［410］证券市场融资的产业升级效应研究/王新霞（西安交通大学经济与金融学院，710061）；冯雷//西安交通大学学报（社会科学版），2012，32（4）：41-45.

［411］政府干预、大股东资产注入：支持抑或掏空/章卫东（江西财经大学会计发展中心，330013）；张洪辉；邹斌//会计研究，2012（8）：34-40.

［412］政府干预、机构持股与公司业绩/吴先聪（西南政法大学管理学院，401120）//管理评论，2012，24（10）：38-48.

［413］政府干预、企业生命周期与并购绩效——基于我国地方国有上市公司的经验数据/王凤荣（山东大学经济研究院，250100）；高飞//金融研究，2012（12）：137-150.

［414］政府控制、成长性与企业现金持有价值/赵卫斌（南京大学商学院会计学系，

210093）；陈志斌//当代经济科学，2012，34（1）：88-127.

[415] 政府控制、管理层代理动机与国企治理/高文亮（河北金融学院会计系，071051）；程培先//山西财经大学学报，2012，6（34）：86-95.

[416] 政府控制、企业并购及其绩效——来自中国证券市场的经验证据/张雯（中国人民大学商学院，100872）；孙茂竹；张胜//经济与管理研究，2012（8）：5-13.

[417] 政府控制、收入操纵与营业收入计划实现程度——来自中国资本市场的经验证据/万鹏（厦门大学管理学院会计系，361005）；曲晓辉//当代财经，2012（2）：109-120.

[418] 政府治理、控制权结构与投资决策——基于家族上市公司的经验证据/陈德球（对外经济贸易大学国际财务与会计研究中心，100029）；李思飞；雷光勇//金融研究，2012（3）：124-138.

[419] 制度背景、控股股东与上市公司异常派现/黄桂杰（北京语言大学国际商学院，100083）//当代经济研究，2012（11）：83-87.

[420] 制度变革、盈余持续性与市场定价行为研究/陆宇建（南开大学商学院，300071）；蒋玥//会计研究，2012（1）：58-66.

[421] 制度变迁、管理层股权激励和公司投资——来自股权分置改革的经验证据/强国令（上海财经大学金融学院，200433）//山西财经大学学报，2012，3（34）：89-97.

[422] 制度变迁、集团客户重要性与非标准审计意见/陆正飞（北京大学光华管理学院，100871）；王春飞；伍利娜//会计研究，2012（10）：71-78.

[423] 制度环境、产权性质与公司绩效/苏坤（西北工业大学管理学院，710072）//云南财经大学学报，2012（4）：129-138.

[424] 制度环境与管理层持股的激励效应/沈红波（复旦大学金融研究院，200433）；潘飞；高新梓//中国工业经济，2012（8）：96-108.

[425] 制度条件、机构投资者与上市公司市场价值/李海英（天津财经大学商学院，300222）；毕晓芳//经济与管理研究，2012（2）：5-14.

[426] 治理环境、股权特征与非财务信息披露——以中国上市公司为研究样本/赵颖（天津外国语大学国际商学院，300204）//山西财经大学学报，2012，5（34）：115-124.

[427] 中部地区上市公司营运资金管理调查总体分析/孙建强（中国海洋大学管理学院，266100）；李晓；闫云格//华东经济管理，2012，26（6）：46-50.

[428] 中层管理者多重角色行为对企业绩效影响的实证研究/樊耘（西安交通大学管理学院，710049）；纪晓鹏；邹艺//管理工程学报，2012，26（2）：1-11.

[429] 中国财务与会计和谐发展研究——中国会计学会财务管理专业委员会 2012 年学术年会暨第 18 届中国财务学年会综述/韦德洪（广西大学商学院，530004）；杨海燕；徐全华//会计研究，2012（12）：87-90.

[430] 中国电信业省际运营效率评价与影响因素研究——基于四阶段 DEA 方法的实证研究/韩磊（北京邮电大学经济管理学院，100876）；苑春荟//产业经济研究，2012（3）：26-32.

[431] 中国风险投资业绩影响因素研究/范宏博（清华大学经济管理学院，100084）//科研管理，2012，33（3）：128-135.

[432] 中国国有企业整体上市绩效研究/魏成龙（河南大学工商管理研究所，475004）；许萌；杨松贺//经济管理，2012，34（9）：61-76.

[433] 中国企业技术并购的经营业绩研究/孙忠娟（清华大学经济管理学院，100084）；谢伟//科学学研究，2012，30（12）：1825-1829.

[434] 中国企业跨国并购隐性知识转移的关键影响因素研究——基于江苏制造业企业问卷的分析/孔群喜（南京财经大学产业发展研究院，210003）；宣烨；袁天天//科学学与科学技术管理，2012，33（2）：82-103.

[435] 中国企业跨国交易模式选择机理——基于动态面板模型的分析/吕延方（东北财经大学数学与数量经济学院，116025）；王冬//经济管理，2012，34（9）：140-148.

[436] 中国上市公司"高送转"股利政策分析——基于股权结构的视角/徐慧玲（华中科技大学经济学院，430074）；吕硕夫//经济问题，2012（11）：84-88.

[437] 中国上市公司并购绩效实证研究——基于会计指标和价值指标的比较分析/王宋涛（华南师范大学经济与管理学院，510006）；涂斌//广东商学院学报，2012（3）：66-74.

[438] 中国上市公司分红现状与趋势研究/安青松（中国上市公司协会，100034）//市场证券导报，2012（11）：16-20.

[439] 中国上市公司高额现金持有行为溯因：融资约束理论抑或委托代理理论/宋常（中国人民大学商学院，100872）；刘笑松；黄蕾//当代财经，2012（2）：121-128.

[440] 中国上市公司机构持股时对大股东控制与盈余管理关系的影响研究/高群（西安交通大学经济与金融学院，710061）；黄谦；任志刚//统计与信息论坛，2012，27（3）：43-49.

[441] 中国上市公司营运资金管理调查：2011/王竹泉（中国海洋大学管理学院，266100）；孙莹；王秀华//会计研究，2012（12）：28-35.

[442] 中国上市公司终极所有权结构及演变/李伟（国家统计局统计科学研究所，100826）；于洋//统计研究，2012，29（10）：52-58.

[443] 中美上市公司高管薪酬差距与公司绩效的比较研究/胡玲（中国社会科学院财经战略研究院，100836）；黄速建//经济管理，2012，34（7）：93-102.

[444] 中外政府财务报告审计现状比较与启示——2011年巴西联邦政府财务报告审计专题研讨会综述/罗涛（审计署财政审计司，100830）//审计研究，2012（4）：39-42.

[445] 中小板上市公司IPO：并购扩张还是内部成长？/陈玉罡（中山大学管理学院，510275）；窦倩；柳杭//市场证券导报，2012（4）：55-63.

[446] 中小板上市企业股票融资的地区差异与产业结构升级研究/严武（江西财经大学金融管理国际研究院，330013）；刘斌斌//财贸经济，2012（10）：74-81.

[447] 中小股东仅能"搭便车"么？——来自深交所社会公众股东网络投票的经验证据/黎文靖（暨南大学管理学院，510632）；孔东民；刘莎莎等//金融研究，2012（3）：

152-165.

[448] 中小企业财务结构与债务融资——基于浙江的实证研究/王秀祥（中国民生银行杭州分行中小企业授信评审部，310009）；张建方//管理评论，2012，24（7）：99-109.

[449] 中小企业品牌质押融资估值模型构建研究/刘红霞（中央财经大学会计学院，100081）//中央财经大学学报，2012（1）：82-85.

[450] 终极控股权、控制层级与经济增加值——基于北京上市公司数据/王雪梅（首都经济贸易大学工商管理学院，100070）//软科学，2012，26（2）：113-118.

[451] 终极控制人、多元化战略与现金持有水平/王福胜（首都经济贸易大学，100070）；宋海旭//管理世界，2012（7）：124-169.

[452] 终极控制人、可持续增长与国企分红/杨汉明（中南财经政法大学会计学院，430073）；刘广瑞//决策与统计，2012（12）：182-185.

[453] 终极控制人、控制权转移与投资效率——基于上市公司并购事件的研究/付强（重庆大学经济与工商管理学院，400030）；郝颖//经济与管理研究，2012（11）：5-16.

[454] 专业化企业集团的内部资本市场与价值创造效应——基于中国三峡集团的案例研究/王化成（西南交通大学经济管理学院，610031）；曾雪云//管理世界，2012（12）：155-185.

[455] 资本自由化、内部资本配置与代理成本/吴晓晖（厦门大学管理学院，361005）；Qi Zeng//管理科学学报，2012，15（10）：60-74.

[456] 资产结构、资产效率与企业价值/张俊瑞（西安交通大学管理学院，710049）；张健光；高杰//管理评论，2012，24（1）：127-137.

[457] 资产结构与证券价格的非线性动态模型/刘祥东（北京科技大学经济管理学院，100083）；刘澄；王立民//中国管理科学，2012，20（6）：10-17.

[458] 子公司绩效目标虚减操纵行为与激励机制对策研究/罗彪（中国科学技术大学管理学院，230026）；李嘉玲//中国管理科学，2012，20（4）：125-135.

[459] 自由现金流、管理层防御与企业绩效/刘银国（安徽财经大学，233030）；张琛//经济学动态，2012（4）：62-67.

[460] 自由现金流与在职消费——基于所有制和公司治理的实证研究/刘银国（合肥工业大学管理学院，230009）；张琛//管理评论，2012，24（10）：18-25.

[461] 自愿披露能提高上市公司信息披露质量吗——基于我国上市公司业绩预告的分析/韩传模（天津财经大学商学院，300222）；杨世鉴//山西财经大学学报，2012，7（34）：67-74.

[462] 自主创新企业纵向合作研发的利润分配——考虑补贴激励的演化博弈仿真研究/耿智琳（湖北经济学院统计与应用数学系，430205）；张耀峰//财经问题研究，2012（10）：92-96.

[463] 组织间业绩评价的理论发展与平衡计分卡的改进：基于战略联盟情景/支晓强（中国人民大学商学院，100872）；戴璐//会计研究，2012（4）：79-86.

第二节　英文期刊索引

〔1〕 Abderrahim Taamouti. Moments of Multivariate Regime Switching with Application to Risk-return Trade-off 〔J〕. Journal of Empirical Finance，2012（19）：292-308.

〔2〕 Abe De Jong. Why Do Firms Go Public? The Role of the Product Market 〔J〕. Journal of Business Finance & Accounting，2012（39）：165-192.

〔3〕 Adam S. Koch，Craig E. Lefanowicz，John R. Robinson. The Effect of Quarterly Earnings Guidance on Share Values in Corporate Acquisitions 〔J〕. Journal of Corporate Finance，2012（18）：1269-1285.

〔4〕 Adrian Buss，Grigory Vilkov. Measuring Equity Risk with Option-implied Correlations 〔J〕. The Review of Financial Studies，2012（25）：3113-3140.

〔5〕 Alessandro Beber，Daniela Fabbri. Who Times the Foreign Exchange Market? Corporate Speculation and CEO Characteristics 〔J〕. Journal of Corporate Finance，2012（18）：1065-1087.

〔6〕 Alex Edmans，Xaver Gabaix. Dynamic CEO Compensation 〔J〕. The Journal of Finance，2012（5）：1603-1647.

〔7〕 Alexander Woods. Subjective Adjustments to Objective Performance Measures：The Influence of Prior Performance 〔J〕. Accounting，Organizations and Society，2012（37）：403-425.

〔8〕 Alexander W. Butler，Umit G. Gurun. Educational Networks，Mutual Fund Voting Patterns，and CEO Compensation 〔J〕. The Review of Financial Studies，2012（25）：2533-2562.

〔9〕 Ali K. Ozdagli. Financial Leverage，Corporate Investment，and Stock Returns 〔J〕. The Review of Financial Studies，2012（25）：1034-1069.

〔10〕 Álvaro Cartea，Jonatan Saúl，Juan Toro. Optimal Portfolio Choice in Real Terms：Measuring the Benefits of TIPS 〔J〕. Journal of Empirical Finance，2012（19）：721-740.

〔11〕 Amber Anand，Paul Irvine，Andy Puckett. Performance of Institutional Trading Desks：An Analysis of Persistence in Trading Costs 〔J〕. The Review of Financial Studies，2012（25）：558-597.

〔12〕 Amedeo De Cesari，Susanne Espenlaub，Arif Khurshed. The Effects of Ownership and Stock Liquidity on the Timing of Repurchase Transactions 〔J〕. Journal of Corporate Finance，2012（18）：1023-1050.

〔13〕 Amy Y. Zang. Evidence on the Trade-Off between Real Activities Manipulation and

Accrual−Based Earnings Management [J]. The Accounting Review, 2012 (87): 675−703.

[14] Anders G. Ekholm. Portfolio Returns and Manager Activity: How to Decompose Tracking Error into Security Selection and Market Timing [J]. Journal of Empirical Finance, 2012 (19): 349−358.

[15] Andre Carvalhal. Do Shareholder Agreements Affect Market Valuation? Evidence from Brazilian Listed Firms [J]. Journal of Corporate Finance, 2012 (18): 919−933.

[16] Andrés Guiral. Corporate Social Performance, Innovation Intensity, and Financial Performance: Evidence from Lending Decisions [J]. Behavioral Research in Accounting, 2012 (24): 65−85.

[17] Andrei Shynkevich. Short−term Predictability of Equity Returns along Two Style Dimensions [J]. Journal of Empirical Finance, 2012 (19): 675−685.

[18] Andrew H. Chen, Frank J. Fabozzi, Dashan Huang. Portfolio Revision under Mean−variance and Mean−CVaR with Transaction Costs [J]. Rev Quant Finan Acc, 2012 (39): 509−526.

[19] Andrew J. Patton, Michela Verardo. Does Beta Move with News? Firm−Specific Information Flows and Learning about Profitability [J]. The Review of Financial Studies, 2012 (25): 2791−2839.

[20] Andrew Van Buskirk. Disclosure Frequency and Information Asymmetry [J]. Rev Quant Finan Acc, 2012 (38): 411−440.

[21] Andrey Golubov, Dimitris Petmezas. When it Pays to Pay Your Investment Banker: New Evidence on the Role of Financial Advisors in M&As [J]. The Journal of Finance, 2012 (1): 271−310.

[22] Andy Heughebaert, Sophie Manigart. Firm Valuation in Venture Capital Financing Rounds: The Role of Investor Bargaining Power [J]. Journal of Business Finance & Accounting, 2012 (39): 500−530.

[23] Anja De Waegenaere, Richard C. Sansing, Jacco L. Wielhouwer. Multinational Taxation and R&D Investments [J]. The Accounting Review, 2012 (87): 1197−1217.

[24] Anne M. Magro, Sarah E. Nutter. Evaluating the Strength of Evidence: How Experience Affects the Use of Analogical Reasoning and Configural Information Processing in Tax [J]. The Accounting Review, 2012 (87): 291−312.

[25] Annita Florou, Peter F. Pope. Mandatory IFRS Adoption and Institutional Investment Decisions [J]. The Accounting Review, 2012 (87): 1993−2025.

[26] Anonymous. CFOs Holding on to Cash Reserves [J]. Financial Management, 2012 (2): 9−10.

[27] Antonio Gledson de Carvalho, George G. Pennacchi. Can a Stock Exchange Improve Corporate Behavior? Evidence from Firms' Migration to Premium Listings in Brazil [J]. Journal of

Corporate Finance, 2012 (18): 883–903.

［28］Anup Agrawal, Tareque Nasser. Insider Trading in Takeover Targets ［J］. Journal of Corporate Finance, 2012 (18): 598–625.

［29］Asher Curtis. A Fundamental–Analysis–Based Test for Speculative Prices ［J］. The Accounting Review, 2012 (87): 121–148.

［30］Ashiq Ali, Mustafa Ciftci. Market Underestimation of the Implications of R&D Increases for Future Earnings: The US Evidence ［J］. Journal of Business Finance & Accounting, 2012 (39): 289–314.

［31］Ashwini K. Agrawal. Corporate Governance Objectives of Labor Union Shareholders: Evidence from Proxy Voting ［J］. The Review of Financial Studies, 2012 (25): 188–226.

［32］Asli Ascioglu, Shantaram P. Hegde, Gopal V. Krishnan. Earnings Management and Market Liquidity ［J］. Rev Quant Finan Acc, 2012 (38): 257–274.

［33］Augustine Duru, Raghavan J. Iyengar, Ernest M. Zampelli. Performance Choice, Executive Bonuses and Corporate Leverage ［J］. Journal of Corporate Finance, 2012 (18): 1286–1305.

［34］Azizjon Alimov, Wayne Mikkelson. Does Favorable Investor Sentiment Lead to Costly Decisions to Go Public? ［J］. Journal of Corporate Finance, 2012 (18): 519–540.

［35］B. Candelon, C. Hurlin, S. Tokpavi. Sampling Error and Double Shrinkage Estimation of Minimum Variance Portfolios ［J］. Journal of Empirical Finance, 2012 (19): 511–527.

［36］Balasingham Balachandran, Chandrasekhar Krishnamurti, Michael Theobald. Dividend Reductions, the Timing of Dividend Payments and Information Content ［J］. Journal of Corporate Finance, 2012 (18): 1232–1247.

［37］Barbara, Jens Robert. The Value of Extended Delegation in Dynamic Agency ［J］. Management Accounting Research, 2012 (23): 158–170.

［38］Bart Dierynck, Wayne R. Landsman, Annelies Renders. Do Managerial Incentives Drive Cost Behavior? Evidence about the Role of the Zero Earnings Benchmark for Labor Cost Behavior in Private Belgian Firms ［J］. The Accounting Review, 2012 (87): 1219–1246.

［39］Bart M. Lambrecht. A Lintner Model of Payout and Managerial Rents ［J］. The Journal of Finance, 2012 (5): 1761–1810.

［40］Behavioral Research in Accounting. The Effect of Positive and Negative Financial and Nonfinancial Performance Measures on Analysts' Recommendations ［J］. Behavioral Research in Accounting, 2012 (24): 47–64.

［41］Beixin Lin, Rong Yang. Does Regulation Fair Disclosure Affect Analysts' Forecast Performance? The Case of Restructuring Firms ［J］. Rev Quant Finan Acc, 2012 (38): 495–517.

［42］ Benjamin E. Hermalin, Michael S.Weisbach.Information Disclosure and Corporate Governance ［J］. The Journal of Finance, 2012 (1): 195–233.

［43］ Bernard S. Black, Antonio Gledson de Carvalho. What Matters and for Which Firms for Corporate Governance in Emerging Markets? Evidence from Brazil ［J］. Journal of Corporate Finance, 2012 (18): 934–952.

［44］ Bikki Jaggi, Ferdinand A. Gul, Thomas Sing Chiu Lau. Auditor Industry Specialization, Political Economy and Earnings Quality: Some Cross–Country Evidence ［J］. Journal of International Financial Management & Accounting, 2012 (13): 24–61.

［45］ Bo Becker, Per Stromberg. Fiduciary Duties and Equity–debtholder Conflicts ［J］. The Review of Financial Studies, 2012 (25): 1932–1969.

［46］ Brandon Julio, Youngsuk Yook. Political Uncertainty and Corporate Investment Cycles ［J］. The Journal of Finance, 2012 (1): 45–83.

［47］ Brian J. Broughman, Jesse M. Fried. Do VCs Use inside Rounds to Dilute Founders? Some Evidence from Silicon Valley ［J］. Journal of Corporate Finance, 2012 (18): 1104–1120.

［48］ Brian J. Bushee, Gregory S. Miller. Investor Relations, Firm Visibility, and Investor Following ［J］. The Accounting Review, 2012 (87): 867–897.

［49］ Brian K. Akins, Jeffrey Ng, Rodrigo S. Verdi. Investor Competition over Information and the Pricing of Information Asymmetry ［J］. The Accounting Review, 2012 (87): 35–58.

［50］ Brian M. Burnett, Bradrick M. Cripe, Gregory W. Martin. Audit Quality and the Trade–Off between Accretive Stock Repurchases and Accrual–Based Earnings Management ［J］. The Accounting Review, 2012 (86): 1861–1884.

［51］ Bruce Bettinghaus. Idle Capacity Costs: It isn't Just the Expense ［J］. Management Accounting Quarterly, 2012 (13): 1–7.

［52］ Bryan K. Church, R. Lynn Hannan. Shared Interest and Honesty in Budget Reporting ［J］. Accounting, Organizations and Society, 2012 (37): 155–167.

［53］ C. Edward Fee, Charles J. Hadlock, Joshua R. Pierce. What Happens in Acquisitions? Evidence from Brand Ownership Changes and Advertising Investment ［J］. Journal of Corporate Finance, 2012 (18): 584–597.

［54］ C. N. V. Krishnan, Ronald W. Masulis, Randall S. Thomas. Shareholder Litigation in Mergers and Acquisitions ［J］. Journal of Corporate Finance, 2012 (18): 1248–1268.

［55］ Caterina Giannetti. Relationship Lending and Firm Innovativeness ［J］. Journal of Empirical Finance, 2012 (19): 762–781.

［56］ Chandra Subramaniam. Mandated Recognition of Employee Stock Option Expense: The Case of Canada ［J］. Journal of International Financial Management & Accounting, 2012 (23): 63–91.

［57］ Chen Lin, Ping Lin, Hong Zou. Does Property Rights Protection Affect Corporate

Risk Management Strategy? Intra-and Cross-country Evidence [J]. Journal of Corporate Finance, 2012 (18): 311-330.

[58] Cheng Shou Lu, Lanfeng Kao, Anlin Chen. The Effects of R&D, Venture Capital, and Technology on the Underpricing of IPOs in Taiwan [J]. Rev Quant Finan Acc, 2012 (39): 423-445.

[59] Chia-Jane Wang. Board Size and Firm Risk-taking [J]. Rev Quant Finan Acc, 2012 (38): 519-542.

[60] Chotibhak Jotiasthira. Asset Fire Sales and Purchases and the International Transmission of Funding Shocks [J]. The Journal of Finance, 2012 (6): 2015-2050.

[61] Christine A. Parlour, Richard Stanton. Financial Flexibility, Bank Capital Flows, and Asset Prices [J]. The Journal of Finance, 2012 (5): 1687-1722.

[62] Christopher G. Schwarz. Mutual Fund Tournaments: The Sorting Bias and New Evidence [J]. The Review of Financial Studies, 2012 (25): 914-936.

[63] Chuang-Chang Chang, Miao-Ying Chen. Re-examining the Investment-uncertainty Relationship in a Real Options Model [J]. Rev Quant Finan Acc, 2012 (38): 241-255.

[64] Chun-Pin Hsu, Chin-Wen Huang, Wan-Jiun Paul Chiou. Effectiveness of Copula-extreme Value Theory in Estimating Value-at-risk: Empirical Evidence from Asian Emerging Markets [J]. Rev Quant Finan Acc, 2012 (39): 447-468.

[65] Clara Xiaoling Chen, Michael G. Williamson.Reward System Design and Group Creativity: An Experimental Investigation [J]. The Accounting Review, 2012 (87): 1885-1911.

[66] Clement Kong Wing Chow, Michael Ka Yiu Fung.Investment Opportunity Set, Political Connection and Business Policies of Private Enterprises in China [J]. Rev Quant Finan Acc, 2012 (38): 367-389.

[67] Costanza Meneghetti. Managerial Incentives and the Choice between Public and Bank Debt [J]. Journal of Corporate Finance, 2012 (18): 65-91.

[68] Cynthia P. Guthrie, Carolyn Strand Norman, Jacob M. Rose.Chief Audit Executives' Evaluations of Whistle-Blowing Allegations [J]. Behavioral Research in Accounting, 2012 (24): 87-99.

[69] Dain C. Donelson, John M. McInnis, Richard D. Mergenthaler. Rules-Based Accounting Standards and Litigation [J]. The Accounting Review, 2012 (87): 1247-1279.

[70] Dan S. Dhaliwal, Albert Tsang. Nonfinancial Disclosure and Analyst Forecast Accuracy: International Evidence on Corporate Social Responsibility Disclosure [J]. The Accounting Review, 2012 (87): 723-759.

[71] Daniel A. Bens, Theodore H. Goodman, Monica Neamtiu. Does Investment-Related Pressure Lead to Misreporting? An Analysis of Reporting Following M&A Transactions [J]. The

Accounting Review, 2012 (87): 839–865.

［72］ Daniel L. Thornton, Giorgio Valente. Out-of-Sample Predictions of Bond Excess Returns and Forward Rates: An Asset Allocation Perspective ［J］. The Review of Financial Studies, 2012 (25): 3141–3168.

［73］ Darius P. Miller, Natalia Reisel. Do Country-Level Investor Protections Affect Security-Level Contract Design? Evidence from Foreign Bond Covenants ［J］. The Review of Financial Studies, 2012 (25): 408–437.

［74］ David H. Erkens, Mingyi Hung, Pedro Matos. Corporate Governance in the 2007–2008 Financial Crisis: Evidence from Financial Institutions Worldwide ［J］. Journal of Corporate Finance, 2012 (18): 289–411.

［75］ David J. Denis, Stephen B. McKeon. Debt Financing and Financial Flexibility Evidence from Proactive Leverage Increases ［J］. The Review of Financial Studies, 2012 (25): 1897–1929.

［76］ David J. Smith, Jianguo Chen, Hamish D. Anderson. The Relationship between Capital Structure and Product Markets: Evidence from New Zealand ［J］. Rev Quant Finan Acc, 2012 (38): 1–24.

［77］ David L. Dicks.Executive Compensation and the Role for Corporate Governance Regulation ［J］. The Review of Financial Studies, 2012 (25): 1971–2004.

［78］ David Morelli. Security Returns, Beta, Size, and Book-to-Market Equity: Evidence from the Shanghai A-share Market ［J］. Rev Quant Finan Acc, 2012 (38): 47–60.

［79］ David Naranjo-Gil, Gloria Cuevas-Rodriguez. The Effects of Incentive System and Cognitive Orientation on Teams' Performance ［J］. Behavioral Research in Accounting, 2012 (24): 177–191.

［80］ David Veenman. Disclosures of Insider Purchases and the Valuation Implications of Past Earnings Signals ［J］. The Accounting Review, 2012 (87): 313–342.

［81］ Dennis Y. Chung, Karel Hrazdil. Speed of Convergence to Market Efficiency: The Role of ECNs ［J］. Journal of Empirical Finance, 2012 (19): 702–720.

［82］ Devin M. Shanthikumar. Consecutive Earnings Surprises: Small and Large Trader Reactions ［J］. The Accounting Review, 2012 (85): 1709–1736.

［83］ Dichu Bao, Kam C. Chan, Weining Zhang. Asymmetric Cash Flow Sensitivity of Cash Holdings ［J］. Journal of Empirical Finance, 2012 (18): 690–700.

［84］ Dirk Hackbarth, David C. Mauer. Optimal Priority Structure, Capital Structure, and Investment ［J］. The Review of Financial Studies, 2012 (25): 748–796.

［85］ Dong H. Kim, Duane Stock. Impact of the TARP Financing Choice on Existing Preferred Stock ［J］. Journal of Corporate Finance, 2012 (18): 1121–1142.

［86］ Erwan Morellec, Boris Nikolov. Corporate Governance and Capital Structure Dynamics

［J］. The Journal of Finance，2012（3）：803-848.

［87］ Eseoghene J. Idolor. Financial Ananlysis of Assessment of Impact of Micro—Financing Insitutions towards Poverty Reduction in Nigeria［J］. Journal of Financial Management and Analysis，2012（25）：51-71.

［88］ Evan Dudley. Capital Structure and Large Investment Projects［J］. Journal of Corporate Finance，2012（18）：1168-1192.

［89］ Fei Du，Guliang Tang，S. Mark Young. Influence Activities and Favoritism in Subjective Performance Evaluation：Evidence from Chinese State-Owned Enterprises［J］. The Accounting Review，2012（87）：1555-1588.

［90］ Felix Zeidler，Mark Mietzner，Dirk Schiereck. Risk Dynamics Surrounding the Issuance of Convertible Bonds［J］. Journal of Corporate Finance，2012（18）：273-290.

［91］ Feng Zhang. Information Precision and IPO Pricing［J］. Journal of Corporate Finance，2012（18）：331-348.

［92］ Francesco Franzoni，Eric Nowak. Private Equity Performance and Liquidity Risk［J］. The Journal of Finance，2012（6）：2341-2373.

［93］ Francis A. Longstaff，Jiang Wang. Asset Pricing and the Credit Market［J］. The Review of Financial Studies，2012（25）：3169-3215.

［94］ Frederico Belo，Xiaoji Lin. The Inventory Growth Spread［J］. The Review of Financial Studies，2012（25）：278-313.

［95］ G. Mujtaba Mian，Srinivasan Sankaraguruswamy. Investor Sentiment and Stock Market Response to Earnings News［J］. The Accounting Review，2012（87）：1357-1384.

［96］ Ge Bai，Ranjani Krishnan. Role of Management Accounting Systems in the Development and Efficacy of Transactive Memory Systems［J］. The Journal of Finance，2012（24）：201-220.

［97］ George D. Cashman. Convenience in the Mutual Fund Industry［J］. Journal of Corporate Finance，2012（18）：1326-1336.

［98］ Greg Nini，David C. Smith，Amir Sufi. Creditor Control Rights，Corporate Governance，and Firm Value［J］. The Review of Financial Studies，2012（25）：1714-1761.

［99］ Guilherme Kirch，Paulo Renato Soares Terra. Determinants of Corporate Debt Maturity in South America：Do Institutional Quality and Financial Development Matter?［J］. Journal of Corporate Finance，2012（18）：980-993.

［100］ Guillermo Benavides，Carlos Capistrán. Forecasting Exchange Rate Volatility：The Superior Performance of Conditional Combinations of Time Series and Option Implied Forecasts［J］. Journal of Empirical Finance，2012（19）：627-639.

［101］ Guohua Jiang，Donglin Li，Gang Li. Capital Investment and Momentum Strategies［J］. Rev Quant Finan Acc，2012（39）：165-188.

［102］ Gustavo Grullon. Real Options, Volatility, and Stock Returns ［J］. The Journal of Finance, 2012 (4): 1499-1537.

［103］ H. Belo -Osagie. Financial Management Digest Emerging Risk Management Challenges ［J］. Journal of Financial Management and Analysis, 2012 (25): 91-94.

［104］ Hadiye Aslan, Praveen Kumar. Strategic Ownership Structure and the Cost of Debt ［J］. The Review of Financial Studies, 2012 (25): 2257-2299.

［105］ Haiqiang Chen, Paul Moon Sub Choi. Does Information Vault Niagara Falls? Cross-listed Trading in New York and Toronto ［J］. Journal of Empirical Finance, 2012 (19): 175-199.

［106］ Halild D. Kaya. Impact of Business Cycles on Retail and Wholesale Firms' Asset Values Leverage Ratios and Cash Flows: Evidence Form U.S. Listed Firms ［J］. Journal of Financial Management and Analysis, 2012 (25): 39-50.

［107］ Hoje Jo, Yongtae Kim, Dongsoo Shin. Underwriter Syndication and Corporate Governance ［J］. Rev Quant Finan Acc, 2012 (38): 61-86.

［108］ Hsihui Chang, Hiu Lam Choy, Kam-Ming Wan. Effect of the Sarbanes-Oxley Act on CEOs' Stock Ownership and Pay-performance Sensitivity ［J］. Rev Quant Finan Acc, 2012 (38): 177-207.

［109］ Huasheng Gao, Jarrad Harford, Kai Li. CEO Pay Cuts and Forced Turnover: Their Causes and Consequences ［J］. Journal of Corporate Finance, 2012 (18): 291-310.

［110］ Ing-Haw Cheng, Konstantin Milbradt. The Hazards of Debt: Rollover Freezes, Incentives, and Bailouts ［J］. The Review of Financial Studies, 2012 (25): 1070-1110.

［111］ Iris C. Stuart, Douglas F. Prawitt. Firm -Level Formalization and Auditor Performance on Complex Tasks ［J］. Behavioral Research in Accounting, 2012 (24): 193-210.

［112］ Isil Erel, Rose C. Liao, Michael S. Weisbach. Determinants of Cross -Border Mergers and Acquisitions ［J］. The Journal of Finance, 2012 (3): 1045-1081.

［113］ Isil Erel, Brandon Julio, Woojin Kim. Macroeconomic Conditions and Capital Raising ［J］. The Review of Financial Studies, 2012 (25): 342-376.

［114］ Itzhak Ben -David, Francesco Franzoni, Rabih Moussawi. Hedge Fund Stock Trading in the Financial Crisis of 2007 -2009 ［J］. The Review of Financial Studies, 2012 (25): 2-54.

［115］ Jan Bena, Peter Ondko. Financial Development and the Allocation of External Finance ［J］. Journal of Empirical Finance, 2012 (19): 1-25.

［116］ Janne O. Y. Chung, Carolyn A. Windsor. Empowerment through Knowledge of Accounting and Related Disciplines: Participatory Action Research in an African Village ［J］. Behavioral Research in Accounting, 2012 (24): 161-180.

［117］ Jason D. Schloetzer. Process Integration and Information Sharing in Supply Chains

[J]. The Accounting Review, 2012 (87): 1005-1032.

[118] Jean Helwege, Vincent J. Intintoli, Andrew Zhang. Voting with Their Feet or Activism? Institutional Investors' Impact on CEO Turnover [J]. Journal of Corporate Finance, 2012 (18): 22-37.

[119] Jeffrey Hobbs, Tunde Kovacs, Vivek Sharma. The Effects of Tacit Knowledge on Earnings Management Behavior in the Presence and Absence of Monitoring at Different Levels of Firm Performance [J]. Journal of Empirical Finance, 2012 (19): 94-108.

[120] Jeffrey Hobbs, Tunde Kovacs, Vivek Sharma. The Investment Value of the Frequency of Analyst Recommendation Changes for the Ordinary Investor [J]. Journal of Empirical Finance, 2012 (19): 94-108.

[121] Jennifer L. Blouin, Linda K. Krull, Leslie A. Robinson. Is U.S. Multinational Dividend Repatriation Policy Influenced by Reporting Incentives? [J]. The Accounting Review, 2012 (87): 1463-1491.

[122] Jeong-Bon Kim, Roland Lipka, Heibatollah Sami. Portfolio Performance and Accounting Measures of Earnings: An Alternative Look at Usefulness [J]. Rev Quant Finan Acc, 2012 (38): 87-107.

[123] Jeremy D. Douthit, Linwood W. Kearney, Douglas E. Stevens. Can Agent Cheap Talk Mitigate Agency Problems in the Presence of a Noisy Performance Measure? An Experimental Test in a Single-and Multi-Period Setting [J]. Journal of Management Accounting Research, 2012 (24): 135-158.

[124] Jeremy Michels. Do Unverifiable Disclosures Matter? Evidence from Peer-to-Peer Lending [J]. The Accounting Review, 2012 (87): 1385-1413.

[125] Jia-Wen Liang, Mei-Feng Lin, Chen-Lung Chin. Does Foreign Institutional Ownership Motivate Firms in an Emerging Market to Increase Voluntary Disclosure? Evidence from Taiwan [J]. Rev Quant Finan Acc, 2012 (39): 55-76.

[126] Jin Wang. Do Firms' Relationships with Principal Customers Suppliers Affect Shareholders' Income? [J]. Journal of Corporate Finance, 2012 (18): 860-878.

[127] Jing Lu, Robin K. Chou. Does the Weather Have Impacts on Returns and Trading Activities in Order-driven Stock Markets? Evidence from China [J]. Journal of Empirical Finance, 2012 (19): 79-93.

[128] Ji-Woong Chung, Berk A. Sensoy, Michael S. Weisbach. Pay for Performance from Future Fund Flows: The Case of Private Fquity [J]. The Review of Financial Studies, 2012 (25): 3260-3304.

[129] Joanne Horton, Yuval Millo. Resources or Power? Implications of Social Networks on Compensation and Firm Performance [J]. Journal of Business Finance & Accounting, 2012 (39): 399-426.

[130] John C. Easterwood, Charu G. Raheja. The Evolution of Boards and CEOs Following Performance Declines [J]. Journal of Corporate Finance, 2012 (18): 727-744.

[131] John L. Campbell, Dan S. Dhaliwal, William C. Schwartz. Financing Constraints and the Cost of Capital: Evidence from the Funding of Corporate Pension Plans [J]. The Review of Financial Studies, 2012 (25): 869-912.

[132] John R. Graham, Si Li, Jiaping Qiu. Managerial Attributes and Executive Compensation [J]. The Review of Financial Studies, 2012 (25): 143-186.

[133] Jordan Siegel, Prithwiraj Choudhury. A Reexamination of Tunneling and Business Groups: New Data and New Methods [J]. The Review of Financial Studies, 2012 (25): 1764-1798.

[134] Judson Caskey, John S. Hughes. Assessing the Impact of Alternative Fair Value Measures on the Efficiency of Project Selection and Continuation [J]. The Accounting Review, 2012 (87): 483-512.

[135] Junming Hsu, Weiju Young. Pre-IPO Acquirers' Issuance Cost and Long-Run Performance: Do Their M&A Disclosures Matter? [J]. Journal of Business Finance & Accounting, 2012 (39): 141-164.

[136] Kalle Kraus, Torkel Strömsten. Going Public: The Role of Accounting and Shareholder Value in Making Sense of an IPO [J]. Management Accounting Research, 2012 (23): 186-201.

[137] Katherine Guthrie. CEO Compensation and Board Structure Revisited [J]. The Journal of Finance, 2012 (3): 1149-1167.

[138] Kathyin Barraclough, Robert E. Whaley. Early Exercise of Put Options on Stocks [J]. The Journal of Finance, 2012 (4): 1423-1456.

[139] Kathryn Kadous, Lisa Koonce, Jane M. Thayer. Do Financial Statement Users Judge Relevance Based on Properties of Reliability? [J]. The Accounting Review, 2012 (87): 1335-1356.

[140] Kenneth W. Shaw. CEO Incentives and the Cost of Debt [J]. Rev Quant Finan Acc, 2012 (38): 323-346.

[141] Kiridaran Kanagaretnam, Gerald J. Lobo, Robert Mathieu. CEO Stock Options and Analysts' Forecast Accuracy and Bias [J]. Rev Quant Finan Acc, 2012 (38): 299-322.

[142] Lanfang Wang, Susheng Wang. Economic Freedom and Cross-border Venture Capital Performance [J]. Journal of Empirical Finance, 2012 (19): 26-50.

[143] Lanfang Wang, Susheng Wang. Endogenous Networks in Investment Syndication [J]. Journal of Corporate Finance, 2012 (18): 640-663.

[144] Leonce L. Bargeron. Do Shareholder Tender Agreements Inform or Expropriate Shareholders? [J]. Journal of Corporate Finance, 2012 (18): 373-388.

［145］ Leyuan You, Ali M. Parhizgari, Suresh Srivastava. Cross-listing and Subsequent Delisting in Foreign Markets ［J］. Journal of Empirical Finance, 2012 (19): 700-716.

［146］ Li Zhang. The Effect of Ex Ante Management Forecast Accuracy on the Post-Earnings-Announcement Drift ［J］. The Accounting Review, 2012 (87): 1791-1818.

［147］ Lian Fen Lee. Incentives to Inflate Reported Cash from Operations Using Classification and Timing ［J］. The Accounting Review, 2012 (87): 1-33.

［148］ Linda Allen, Turan G. Bali, Yi Tang. Does Systemic Risk in the Financial Sector Predict Future Economic Downturns? ［J］. The Review of Financial Studies, 2012 (25): 3000-3036.

［149］ M. Martin Boyer. Is Corporate Governance Risk Valued? Evidence from Directors' and Officers' Insurance ［J］. Journal of Corporate Finance, 2012 (18): 349-372.

［150］ Mai Dao, K. Raghunandan, Dasaratha V. Rama. Shareholder Voting on Auditor Selection, Audit Fees, and Audit Quality ［J］. The Accounting Review, 2012 (87): 149-171.

［151］ Manapol Ekkayokkaya, Tulaya Pengniti. Governance Reform and IPO Underpricing ［J］. Journal of Corporate Finance, 2012 (18): 238-253.

［152］ Manju Puri, Rebecca Zarutskie. On the Life Cycle Dynamics of Venture-Capitaland Non-Venture-Capital-Financed Firms ［J］. The Journal of Finance, 2012 (6): 2246-2292.

［153］ Mao-Wei Hung, Yu-Jane Liu, Chia-Fen Tsai. Managerial Personal Diversification and Portfolio Equity Incentives ［J］. Journal of Corporate Finance, 2012 (18): 38-64.

［154］ Marco Pagano, Paolo Volpin. Securitization, Transparency, and Liquidity ［J］. The Review of Financial Studies, 2012 (25): 2418-2453.

［155］ Margaret H. Christ, Karen L. Sedatole, Kristy L. Towry. Sticks and Carrots: The Effect of Contract Frame on Effort in Incomplete Contracts ［J］. The Accounting Review, 2012 (87): 1913-1938.

［156］ Mark Hirschey, Hilla Skiba, M. Babajide Wintoki. The Size, Concentration and Evolution of Corporate R&D Spending in U.S. Firms from 1976 to 2010: Evidence and Implications ［J］. Journal of Corporate Finance, 2012 (18): 496-518.

［157］ Mark Humphery-Jenner. The Impact of the EU Takeover Directive on Takeover Performance and Empire Building ［J］. Journal of Corporate Finance, 2012 (18): 254-272.

［158］ Mark R. Huson, Yao Tian. Compensation Committees' Treatment of Earnings Components in CEOs' Terminal Years ［J］. The Accounting Review, 2012 (87): 231-259.

［159］ Marsha B. Keune, Karla M. Johnstone. Materiality Judgments and the Resolution of Detected Misstatements: The Role of Managers, Auditors, and Audit Committees ［J］. The Accounting Review, 2012 (87): 1641-1677.

［160］ Martin Bugeja, Zoltan P. Matolcsy, Helen Spiropoulos. Is There a Gender Gap in CEO Compensation? ［J］. Journal of Corporate Finance, 2012 (18): 849-859.

［161］ Mary E. Barth, Gaizka Ormazabal, Daniel J. Taylor. Asset Securitizations and Credit Risk ［J］. The Accounting Review, 2012 (87): 423-448.

［162］ Matti Keloharju, Samuli Knüpfer, Juhani Linnainmaa. Do Investors Buy What They Know? Product Market Choices and Investment Decisions ［J］. The Review of Financial Studies, 2012 (25): 2921-2958.

［163］ Mehrez Ben Slama, Dhafer Saidane, Hassouna Fedhila. How to Identify Targets in the M&A Banking Operations? Case of Cross-border Strategies in Europe by Line of Activity ［J］. Rev Quant Finan Acc, 2012 (38): 209-240.

［164］ Michael Fauikender, Mitchell Petersen. Investment and Capital Constraints: Repatriations Under the American Jobs Creation Act ［J］. The Review of Financial Studies, 2012 (25): 3351-3388.

［165］ Michael McKenzie, Stephen Satchell, Warapong Wongwachara. Nonlinearity and Smoothing in Venture Capital Performance Data ［J］. Journal of Empirical Finance, 2012 (19): 782-795.

［166］ Ming Dong, David Hirshleifer, Siew Hong Teoh. Overvalued Equity and Financing Decisions ［J］. The Review of Financial Studies, 2012 (25): 3645-3683.

［167］ Mireta Gine, Maria Guadalupe. The Vote is Cast: The Effect of Corporate Governance on Shareholder Value ［J］. The Journal of Finance, 2012 (5): 1943-1977.

［168］ Mirko S. Heinle, Christian Hofmann, Alexis H. Kunz. Identity, Incentives, and the Value of Information ［J］. The Accounting Review, 2012 (87): 1309-1334.

［169］ Mohamed Azzim Gulamhussen, Carlos Pinheiro, Rui Sousa. The Influence of Managerial Ownership on Bank Market Value, Performance, and Risk: Evidence from Banks Listed on the Stoxx Global Index ［J］. Journal of International Financial Management & Accounting, 2012 (23): 122-153.

［170］ Mohammed Alzahrani, Meziane Lasfer. Investor Protection, Taxation, and Dividends ［J］. Journal of Corporate Finance, 2012 (18): 745-762.

［171］ Morten Bennedsen, Kasper Meisner Nielsen, Thomas Vester Nielsen. Private Contracting and Corporate Governance: Evidence from the Provision of Tag-along Rights in Brazil ［J］. Journal of Corporate Finance, 2012 (18): 904-918.

［172］ Nadia Albu. Factors Associated with the Adoption and Use of Management Accounting Techniques in Developing Countries: The Case of Romania ［J］. Journal of International Financial Management & Accounting, 2012 (23): 245-276.

［173］ Nan Hu, Xu Li, Ling Liu. Can Government Policies Induce Earnings Management Behavior: Evidence from Chinese Public Listed Firms ［J］. Journal of International Financial Management & Accounting, 2012 (23): 187-207.

［174］ Naohisa Goto, Konari Uchida. How Do Banks Resolve Firms' Financial Distress?

Evidence from Japan [J]. Rev Quant Finan Acc, 2012 (38): 455-478.

[175] Narjess Boubakri, Omrane Guedhami, Dev Mishra. Political Connections and the Cost of Equity Capital [J]. Journal of Corporate Finance, 2012 (18): 541-559.

[176] Neelam Rani. Impact of Mergers and Acquisitions on Returns to Shareholders of Acquiring Firms: Indian Economy In Perspective [J]. Journal of Financial Management and Analysis, 2012 (25): 1-24.

[177] Nick Wilson, Mike Wright, Donald S. Siegel. Private Equity Portfolio Company Performance during the Global Recession [J]. Journal of Corporate Finance, 2012 (18): 193-205.

[178] Nicolae Ga Rleanu, Stavros Panageas, Jianfeng Yu. Technological Growth and Asset Pricing [J]. The Journal of Finance, 2012 (4): 1265-1292.

[179] Nicole Y. Choi, Richard W. Sias. Why Does Financial Strength Forecast Stock Returns? Evidence from Subsequent Demand by Institutional Investors [J]. The Review of Financial Studies, 2012 (25): 1550-1587.

[180] Nikolay Gospodinov, Masayuki Hirukawa. Nonparametric Estimation of Scalar Diffusion Models of Interest Rates Using Asymmetric Kernels [J]. Journal of Empirical Finance, 2012 (19): 595-609.

[181] Nilabhra Bhattacharya, Frank Ecker. Direct and Mediated Associations among Earnings Quality, Information Asymmetry, and the Cost of Equity [J]. The Accounting Review, 2012 (87): 449-482.

[182] Olaf Korn, Clemens Paschke, Marliese Uhrig-Homburg. Robust Stock Option Plans [J]. Rev Quant Finan Acc, 2012 (39): 77-103.

[183] Om Sai Ram. Financial Managemnet Indicators to Aid Decision Making [J]. Journal of Financial Management and Analysis, 2012 (25): 25-31.

[184] Onur Bayar, Thomas J. Chemmanur. What Drives the Valuation Premium in IPOs versus Acquisitions? An Empirical Analysis [J]. Journal of Corporate Finance, 2012 (18): 451-475.

[185] AP Gwilym O. Problems Encountered When Using High Frequency Financial Market Data: Suggested Solutions [J]. Journal of Financial Management & Analysis, 2012 (7): 15-28.

[186] Panos N. Patatoukas. Customer-Base Concentration: Implications for Firm Performance and Capital Markets [J]. The Accounting Review, 2012 (87): 363-392.

[187] Peter Christoffersen, Vihang Errunza, Kris Jacobs. Is the Potential for International Diversification Disappearing? A Dynamic Copula Approach [J]. The Review of Financial Studies, 2012 (25): 3712-3751.

[188] Peter M. Demarzo, Michale J. Fishman. Dynamic Agency and the Q Theory of

Investment [J]. The Journal of Finance, 2012 (6): 2297–2340.

[189] Pieere Collin–Dufresne, Robert S. Goldstein. On the Relative Pricing of Long–Maturity Index Options and Collateralized Debt Obligations [J]. The Journal of Finance, 2012 (6): 1983–2014.

[190] Pinghsun Huang, Yan Zhang. Does Enhanced Disclosure Really Reduce Agency Costs? Evidence from the Diversion of Corporate Resources [J]. The Accounting Review, 2012 (87): 199–229.

[191] Preface. Contemporary Corporate Finance Research on South America [J]. Journal of Corporate Finance, 2012 (18): 879–882.

[192] Qi Chen, Xiao Chen, Katherine Schipper. The Sensitivity of Corporate Cash Holdings to Corporate Governance [J]. The Review of Financial Studies, 2012 (25): 3610–3644.

[193] Qigui Liu, Gary Tian. Controlling Shareholder, Expropriations and Firm's Leverage Decision: Evidence from Chinese Non–tradable Share Reform [J]. Journal of Corporate Finance, 2012 (18): 782–803.

[194] R. David Mclean, Tianyu Zhang. Why Does the Law Matter? Investor Protection and Its Effects on Investment, Finance, and Growth [J]. The Journal of Finance, 2012 (1): 313–350.

[195] Rafam Wojakowski. How Should Firms Selectively Hedge? Resolving the Selective Hedging Puzzle [J]. Journal of Corporate Finance, 2012 (18): 560–569.

[196] Raghuram G. Rajan. Presidential Address: The Corporation in Finance [J]. The Journal of Finance, 2012 (4): 1173–1216.

[197] Rahul Bishnoi. Comparative Relationship between Cost of Equity Capital and Leverage in Matched Sets of Multinational Corporations and U.S. Domestic Firms [J]. Journal of Financial Management and Analysis, 2012 (25): 75–84.

[198] Ranjani Krishnan, Jamshed J. Mistry, V. G. Narayanan. A Field Study on the Acceptance and Use of a New Accounting System [J]. Journal of Management Accounting Research, 2014 (24): 103–134.

[199] Richard B. Evans, Richard B. Evans. Institutional Investors and Mutual Fund Governance: Evidence from Retail –Institutional Fund Twins [J]. The Review of Financial Studies, 2012 (25): 3530–3571.

[200] Richard Barker, John Hendry, John Roberts. Can Company –fund Manager Meetings Convey Informational Benefits? Exploring the Rationalisation of Equity Investment Decision Making by UK Fund Managers [J]. Accounting Organizations and Society, 2012 (37): 207–222.

[201] Robert Couch, Michael Dothan, Wei Wu. Interest Tax Shields: A Barrier Options

Approach [J]. Rev Quant Finan Acc, 2012 (39): 123-146.

[202] Robert H. Chenhall. Developing an Organizational Perspective to Management Accounting [J]. Journal of Management Accounting Research, 2012 (24): 65-76.

[203] Robin Greewood, Samuel G. Hanson. Share Issuance and Factor Timing [J]. The Journal of Finance, 2012 (2): 761-797.

[204] Roland Fuss, Denis Schweizer. Short and Long-term Interactions between Venture Capital Returns and the Macroeconomy: Evidence for the United States [J]. Rev Quant Finan Acc, 2012 (38): 391-410.

[205] Ron Kaniel, Shuming Liu, Gideon Saar. Individual Investor Trading and Return Patterns around Earnings Announcements [J]. The Journal of Finance, 2012 (2): 639-680.

[206] Ronald C. Anderson, David M. Reeb. Family-Controlled Firms and Informed Trading: Evidence from Short Sales [J]. The Journal of Finance, 2012 (1): 351-385.

[207] Ronald W. Anderson, Andrew Carverhill. Corporate Liquidity and Capital Structure [J]. The Review of Financial Studies, 2012 (25): 798-837.

[208] Roni Michaely, Michael R. Roberts. Corporate Dividend Policies: Lessons from Private Firms [J]. The Review of Financial Studies, 2012 (25): 711-746.

[209] Rui Albuquerque. Skewness in Stock Returns: Reconciling the Evidence on Firm Versus Aggregate Returns [J]. The Review of Financial Studies, 2012 (25): 1630-1672.

[210] Russ Wermers, Tong Yao, Jane Zhao. Forecasting Stock Returns through an Efficient Aggregation of Mutual Fund Holdings [J]. The Review of Financial Studies, 2012 (25): 3489-3529.

[211] Russell Golman, Sudeep Bhatia. Performance Evaluation Inflation and Compression [J]. Accounting, Organizations and Society, 2012 (37): 534-543.

[212] S. Jane Jollineau, Thomas W. Vance, Alan Webb. Subordinates as the First Line of Defense against Biased Financial Reporting [J]. Journal of Management Accounting Research, 2012 (27): 1-24.

[213] Sam Allgood, Kathleen A. Farrell, Rashiqa Kamal. Do Boards Know When They Hire a CEO That is a Good Match? Evidence from Initial Compensation [J]. Journal of Corporate Finance, 2012 (18): 1051-1064.

[214] Sandeep Dahiya, Korok Ray. Staged Investments in Entrepreneurial Financing [J]. Journal of Corporate Finance, 2012 (18): 1193-1216.

[215] San-Lin Chung, Chi-Hsiou Hung, Chung-Ying Yeh. When Does Investor Sentiment Predict Stock Returns? [J]. Journal of Corporate Finance, 2012 (19): 217-240.

[216] Sara Ferreira Filipe. Equity Order Flow and Exchange Rate Dynamics [J]. Journal of Empirical Finance, 2012 (19): 359-381.

[217] Sean T. McGuire, Thomas C. Omer, Dechun Wang. Tax Avoidance: Does Tax-

Specific Industry Expertise Make a Difference? [J]. The Accounting Review, 2012 (87): 975-1003.

[218] Seth Armitage. Demand for Dividends: The Case of UK Water Companies [J]. Journal of Business Finance & Accounting, 2012 (39): 464-499.

[219] Shao-Chi Chang, Sheng-Syan Chen, Robin K. Chou. Local Sports Sentiment and Returns of Locally Headquartered Stocks: A Firm-level Analysis [J]. Journal of Empirical Finance, 2012 (19): 309-318.

[220] Shawn Mobbs, Charu G. Raheja. Internal Managerial Promotions: Insider Incentives and CEO Succession [J]. Journal of Corporate Finance, 2012 (18): 1337-1353.

[221] Sris Chatterjee, Kose John, An Yan. Takeovers and Divergence of Investor Opinion [J]. The Review of Financial Studies, 2012 (25): 227-277.

[222] Stephanie A. Sikes, Robert E. Verrecchia. Capital Gains Taxes and Expected Rates of Return [J]. The Accounting Review, 2012 (87): 1067-1086.

[223] Stephen Gates, Jean-Louis Nicolas. Enterprise Risk Management A Process for Enhanced Management and Improved Performance [J]. Management Accounting Quarterly, 2012 (13): 28-38.

[224] Stephen J. Brown, Bruce D. Grundy, Craig M. Lewis. Convertibles and Hedge Funds as Distributors of Equity Exposure [J]. The Review of Financial Studies, 2012 (25): 3078-3112.

[225] Steve Buchheit, Derek Dalton, Tom Downen. Outcome Feedback, Incentives, and Performance: Evidence from a Relatively Complex Forecasting Task [J]. Behavioral Research in Accounting, 2012 (24): 1-24.

[226] Steven N.Kaplan, Mark M. Klebanov. Which CEO Characteristics and Abilities Matter? [J]. The Journal of Finance, 2012 (3): 973-1007.

[227] Steven R. Matsunaga, Chul W. Park. Management Forecast Accuracy and CEO Turnover [J]. The Accounting Review, 2012 (87): 2095-2122.

[228] Stijn Masschelein, Eddy Cardinaels, Alexandra Van den Abbeele. ABC Information, Fairness Perceptions and Interfirm Negotiations [J]. The Accounting Review, 2012 (87): 951-973.

[229] Sudarshan Jayaraman, Todd T. Milbourn. The Role of Stock Liquidity in Executive Compensation [J]. The Accounting Review, 2012 (87): 537-563.

[230] Sugata Roychowdhury, Ewa Sletten. Voluntary Disclosure Incentives and Earnings Informativeness [J]. The Accounting Review, 2012 (87): 1679-1708.

[231] Susana Yu. New Empirical Evidence on the Investment Success of Momentum Strategies Based on Relative Stock Prices [J]. Rev Quant Finan Acc, 2012 (39): 105-121.

[232] Susanne Espenlaub, Arif Khurshed. IPO Survival in a Reputational Market [J].

Journal of Business Finance & Accounting, 2012 (39): 427-463.

［233］T. J. Atwood, Michael S. Drake, James N. Myers. Home Country Tax System Characteristics and Corporate Tax Avoidance: International Evidence ［J］. The Accounting Review, 2012 (87): 1831-1860.

［234］Teodora Paligorova, Zhaoxia Xu. Complex Ownership and Capital Structure ［J］. Journal of Corporate Finance, 2012 (18): 701-716.

［235］Terence J. Pitre. Effects of Increased Reporting Frequency on Nonprofessional Investors' Earnings Predictions ［J］. Behavioral Research in Accounting, 2012 (24): 91-107.

［236］Tereza Tykvová, Mariela Borell. Do Private Equity Owners Increase Risk of Financial Distress and Bankruptcy? ［J］. Journal of Corporate Finance, 2012 (18): 138-150.

［237］Terrance R. Skantz. CEO Pay, Managerial Power, and SFAS 123 ［J］. The Accounting Review, 2012 (87): 2151-2179.

［238］Terry. Is Earnings Quality Associated with Corporate Social Responsibility? ［J］. The Accounting Review, 2012 (87): 761-796.

［239］Theo Cotrim Martins, Walter Novaes. Mandatory Dividend Rules: Do They Make it Harder for Firms to Invest? ［J］. Journal of Corporate Finance, 2012 (18): 953-967.

［240］Thierry Foucault, Laurent Frésard. Cross-Listing, Investment Sensitivity to Stock Price, and the Learning Hypothesis ［J］. The Review of Financial Studies, 2012 (25): 3306-3347.

［241］Thomas H. Noe, Michael J. Rebello. Optimal Corporate Governance and Compensation in a Dynamic World ［J］. The Review of Financial Studies, 2012 (25): 480-521.

［242］Thomas J. Boulton, Marcus V. Braga-Alves, Kuldeep Shastri. Payout Policy in Brazil: Dividends Versus Interest on Equity ［J］. Journal of Corporate Finance, 2012 (18): 968-979.

［243］Thomas W. Hall, Andrew W. Higson. Haphazard Sampling: Selection Biases Induced by Control Listing Properties and the Estimation Consequences of these Biases ［J］. Behavioral Research in Accounting, 2012 (24): 101-132.

［244］Thouraya Triki, Loredana Ureche-Rangau. Stock Options and Firm Performance: New Evidence from the French Market ［J］. Journal of International Financial Management & Accounting, 2012 (32): 154-185.

［245］Timothy R. Burch, Vikram Nanda, Sabatino Silveri. Taking Stock or Cashing in? Shareholder Style Preferences, Premiums and the Method of Payment ［J］. Journal of Empirical Finance, 2012 (19): 558-582.

［246］Tingjun Liu. Takeover Bidding with Signaling Incentives ［J］. The Review of Financial Studies, 2012 (25): 522-556.

［247］Tom Engsted, Thomas Q. Pedersen. Return Predictability and Intertemporal Asset

Allocation: Evidence from a Bias-adjusted VAR Model [J]. Journal of Empirical Finance, 2012 (19): 241-253.

[248] Tor-Erik Bakke, Toni M. Whited. Threshold Events and Identification: A Study of Cash Shortfalls [J]. The Journal of Finance, 2012 (3): 1083-1111.

[249] Umit G. Gurun, Alexander W. Butler. Don't Believe the Hype: Local Media Slant, Local Advertising, and Firm Value [J]. The Journal of Finance, 2012 (2): 561-597.

[250] Utpal Bhattacharya, Andreas Hackethal, Simon Kaesler. Is Unbiased Financial Advice to Retail Investors Sufficient? Answers from a Large Field Study [J]. The Review of Financial Studies, 2012 (25): 975-1032.

[251] Vasia Panousi, Dimitris Papanikolaou. Investment, Idiosyncratic Risk, and Ownership [J]. The Journal of Finance, 2012 (3): 1113-1148.

[252] Viet Anh Dang, Minjoo Kim, Yongcheol Shin. Asymmetric Capital Structure Adjustments: New Evidence from Dynamic Panel Threshold Models [J]. Journal of Empirical Finance, 2012 (19): 465-482.

[253] Viral Acharya, Sergei A. Davydenko, Ilya A. Strebulaev. Cash Holdings and Credit Risk [J]. The Review of Financial Studies, 2012 (25): 3573-3609.

[254] Vivek Mande, Myungsoo Son. CEO Centrality and Meeting or Beating Analysts' Earnings Forecasts [J]. Journal of Business Finance & Accounting, 2012 (39): 82-112.

[255] Vladimir Atanasov, Vladimir Ivanov. Does Reputation Limit Opportunistic Behavior in the VC Industry? Evidence from Litigation against VCs [J]. The Journal of Finance, 2012 (6): 2215-2246.

[256] W. Brooke Elliott, Frank D. Hodge, Lisa M. Sedor. Using Online Video to Announce a Restatement: Influences on Investment Decisions and the Mediating Role of Trust [J]. The Accounting Review, 2012 (87): 513-535.

[257] Wen-Chun Lin, Shao-Chi Chang. Corporate Governance and the Stock Market Reaction to New Product Announcements [J]. Rev Quant Finan Acc, 2012 (39): 273-291.

[258] Wendy J. Bailey, Kimberly M. Sawers. In GAAP We Trust: Examining How Trust Influences Nonprofessional Investor Decisions Under Rules -Based and Principles -Based Standards [J]. Behavioral Research in Accounting, 2012 (24): 25-46.

[259] Wenxia Ge, Jeong -Bon Kim, Byron Y. Song. Internal Governance, Legal Institutions and Bank Loan Contracting around the World [J]. Journal of Corporate Finance, 2012 (18): 413-432.

[260] Wikil Kwak, Yong Shi, Gang Kou. Bankruptcy Prediction for Korean Firms after the 1997 Financial Crisis: Using a Multiple Criteria Linear Programming Data Mining Approach [J]. Rev Quant Finan Acc, 2012 (38): 441-453.

[261] Wioletta Dziuda, Jordi Mondria. Asymmetric Information, Portfolio Managers, and

Home Bias [J]. The Review of Financial Studies, 2012 (25): 2109-2154.

[262] Wolfgang Karl Härdle, Nikolaus Hautsch, Andrija Mihoci. Modelling and Forecasting Liquidity Supply Using Semiparametric Factor Dynamics [J]. Journal of Empirical Finance, 2012 (19): 610-625.

[263] Xinyi Liu, Dimitris Margaritis, Peiming Wang. Stock Market Volatility and Equity Returns: Evidence from a Two-state Markov-switching Model with Regressors [J]. Journal of Empirical Finance, 2012 (19): 483-496.

[264] Yang-Cheng Lu, Hao Fang, Chien-Chung Nieh. The Price Impact of Foreign Institutional Herding on Large-size Stocks in the Taiwan Stock Market [J]. Rev Quant Finan Acc, 2012 (39): 189-208.

[265] Yingdi Wang. Secondary Buyouts: Why Buy and at What Price? [J]. Journal of Corporate Finance, 2012 (18): 1306-1325.

[266] Yiwei Fang, Bill Francis, Iftekhar Hasan. Product Market Relationships and Cost of Bank Loans: Evidence from Strategic Alliances [J]. Journal of Empirical Finance, 2012 (19): 653-674.

[267] Yuan Gao, Derek Oler. Rumors and Pre-announcement Trading: Why Sell Target Stocks before Acquisition Announcements? [J]. Rev Quant Finan Acc, 2012 (39): 485-508.

[268] Zhiguo He. Dynamic Compensation Contracts with Private Savings [J]. The Review of Financial Studies, 2012 (25): 1493-1549.

[269] Zhiguo He, Wei Xiong. Rollover Risk and Credit Risk [J]. The Journal of Finance, 2012 (2): 391-429.

[270] Zhiyong An. Taxation and Capital Structure: Empirical Evidence from a Quasi-experiment in China [J]. Journal of Corporate Finance, 2012 (18): 683-689.

后 记

　　一部著作的完成需要许多人的默默贡献，闪耀着的是集体的智慧，其中铭刻着许多艰辛的付出，凝结着许多辛勤的劳动和汗水。

　　本书在编写过程中，借鉴和参考了大量的文献和作品，从中得到了不少启悟，也汲取了其中的智慧菁华，谨向各位专家、学者表示崇高的敬意——因为有了大家的努力，才有了本书的诞生。凡被本书选用的材料，我们都将按相关规定向原作者支付稿费，但因为有的作者通信地址不详或者变更，尚未取得联系。敬请您见到本书后及时函告您的详细信息，我们会尽快办理相关事宜。

　　由于编写时间仓促以及编者水平有限，书中不足之处在所难免，诚请广大读者指正，特驰惠意。